U0927972

# 中国制冷行业战略发展研究报告

中国制冷学会　组织编写

中国建筑工业出版社

**图书在版编目（CIP）数据**

中国制冷行业战略发展研究报告/中国制冷学会组织编写. —北京：—中国建筑工业出版社，2016.4
ISBN 978-7-112-19253-3

Ⅰ.①中… Ⅱ.①中… Ⅲ.①制冷装置-机械工业-工业发展-研究报告-中国 Ⅳ.①F426.44

中国版本图书馆 CIP 数据核字（2016）第 053402 号

本书紧紧围绕我国经济发展和技术支撑中制冷技术的作用和需求，分析预测未来几年能源生产和消费、建筑环境、食品冷链、北京冬奥会、生命科学、互联网大数据等方面中制冷技术发展趋势，以及制冷空调的关键技术、设备等。全面反映了当前形势下我国制冷行业发展状况以及国家各行业对制冷技术的需求。

责任编辑：张文胜
责任校对：陈晶晶　姜小莲

**中国制冷行业战略发展研究报告**
中国制冷学会　组织编写
*
中国建筑工业出版社出版、发行（北京西郊百万庄）
各地新华书店、建筑书店经销
霸州市顺浩图文科技发展有限公司制版
北京市安泰印刷厂印刷
*
开本：787×1092毫米　1/16　印张：29　字数：722千字
2016年4月第一版　2016年4月第一次印刷
定价：**85.00**元
ISBN 978-7-112-19253-3
（28486）

**版权所有　翻印必究**
如有印装质量问题，可寄本社退换
（邮政编码 100037）

# 本书编委会

**主编：** 江　亿　张　华

**委员：**（按姓氏笔画排序）

于志强　马　进　马一太　马国远　王如竹　王志强

尹从绪　石文星　申　江　田长青　田明力　付　林

邢子文　任传林　刘宝林　刘拴强　刘　静　刘晓华

李　震　李善根　杨一凡　邱利民　张秀平　陈焕新

邵双全　范增年　林文胜　孟鑫洋　胥　义　夏建军

黄　辉　谢晓云　蔡小荣　翟晓强

# 前　言

在炎热的环境中保持凉爽是人类几千年的梦想，制冷技术的出现使这种梦想变成现实。空调、冰箱已成为现代人们日常生活不可或缺的设备。人类可以在地球最冷和最热的地方生活和工作。制冷技术发展成为一门应用非常广泛的学科，除了与现代人们的医、食、住、行息息相关，还为基础建设和工程提供技术支撑，如地下工程、水利工程、天然气储运、气体分离与液化、大型设施设备（如数据中心、激光器等）的冷却等。同时，制冷技术还为“高新技术”的研究提供重要保障，如超导、超流、核能、天文等方面的研究。

当前，中国经济步入新常态，创新驱动发展战略将发挥突出作用，我国制冷行业正处于创新发展的深刻变化之中。为了全面总结我国制冷行业的发展和需求，中国制冷学会自筹经费，组织国内专家和企业编写《中国制冷行业战略发展研究报告》一书。经过调研、研究讨论和编写，历时一年完成。本书结合行业和时代特点，以中国制冷行业发展的机遇和挑战开篇，从需求和技术两个层面全面阐述制冷技术的创新发展和应用。根据国内经济对制冷行业的需求，介绍了能源生产和消费革命，建筑环境，食品冷链，生命科学，高科技，2022年冬季奥林匹克运动会，互联网、大数据中相关的制冷技术应用和需求，对今后的发展做出了分析。并从制冷系统的角度详细的阐述了制冷工质、制冷（热泵）循环、压缩机技术、换热器技术、制冷阀件、变频控制、吸收式热泵、除湿与加湿技术、冷藏冷冻系统和冷链装备的现状和发展。本书较全面地反映了当前我国制冷行业发展概况。

本书编写过程中得到清华大学、上海理工大学、上海交通大学、天津大学、浙江大学、天津商业大学、华中科技大学、北京工业大学、西安交通大学、广州大学、中国科学技术大学、中国科学院理化技术研究所、国内贸易工程设计研究院、合肥通用机械研究院、烟台冰轮股份有限公司、大连冷冻机股份有限公司、珠海格力电器股份有限公司、广东美的暖通设备有限公司、海尔集团、浙江三花股份有限公司、北京格瑞力德空调科技有限公司、上海万格科学器材有限公司等的大力支持和参与。衷心感谢参与编写工作的全体专家和企业的辛勤劳动和无私奉献。

中国制冷学会

**2016 年 3 月**

# 目　　录

# 中国制冷行业发展的机遇和挑战

江 亿

我国制冷行业历经改革开放前的30年和改革开放后近40年两个阶段。第一阶段主要通过自力更生，满足人民生活和工业企业、国防科技基本需要的初级阶段。第二阶段是快速发展阶段，制冷行业成为涉及建筑、食品、交通、信息、能源、医学和各种高科技领域的重要行业，发展成为现代化社会发展、运行中不可或缺的重要领域，制冷产品多样，质量提高，行业一跃成为“世界制造大国”。

改革开放以来，我国制冷行业得到飞速发展，具有全行业的产值体量大、行业国际化普及快、行业渗透力强、行业国际影响显著提高等特征。图1是自1987年以来制冷行业全行业产品增加值的变化和这段时间内我国GDP的增长状况。在改革开放初期制冷行业几乎是从零起步，随着我国改革开放，制冷空调行业与我国经济一样驶入快车道，高速发展。在改革开放的前20年（1978～1997年），制冷行业产值与GDP几乎同步发展；而最近20年的发展速度高于GDP的增长。从1999年到2012年我国GDP增长了近6倍，年增长率14.8%，而制冷产业全行业产品增加值却增长了8.3倍，平均年增长17.7%！这表明，随着社会和经济的发展，我国的经济发展从解决“温饱”问题逐渐发展到提高国家竞争力、提高科学技术水平和人民生活质量。而现代化水平的提高和人民生活质量的提高对制冷技术的各种需求也不断提高，由此加速了制冷行业的发展。

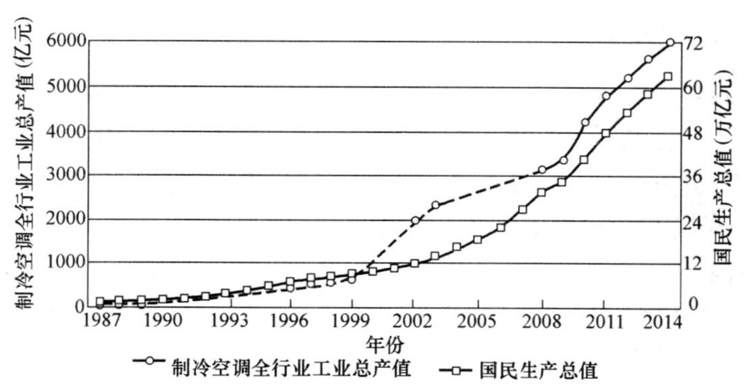


图1 制冷行业全行业工业总产值与国民生产总值

面对我国制冷空调行业发展新形势，创新驱动、转型发展是行业发展的新理念。谈起制冷行业，人们马上就会想到食品的冷冻冷藏和建筑与室内环境的空调制冷。这确实是制冷业两个最主要的应用领域，关系到人的“食、住、行”。然而，随着社会进步和科技发展，制冷渗入到社会的各个领域和人民生活的各个角落，营造不同温度范围的环境以满足各种需要：制备接近0K绝对温度的环境以满足科学探索的需求；营造低于120K以下极低温环境而用于超导、气体分离液化及一些国防尖端技术中；为了生命科学的研究和医学需要而创造－40℃以下的深冷环境；为食品加工储藏和保鲜而维持的－40～10℃的储藏保鲜环境；以及为了保证人的舒适健康所营造的常温舒适环境。随着节能减排要求的不断提高，采用基于制冷技术的热泵手段高效地制备热量也开始成为获取常温范围内的热量的重要途径，于是制冷技术又在各类35～100℃热量的制备中获得广泛应用。

2014年随着国际经济形势的变化，我国经济发展步入新常态，GDP由以前持续的高速增长回落到7%。然而，制冷产业全行业产品增加值并没有出现大幅回落，仍然维持在7%以上，这是由于经济产业结构的调整，更增加了社会各界对制冷的需求，表现出制冷行业的坚强性和旺盛生命力。在经济发展的新常态下，尽管建筑业的发展将出现软着陆，由此新建项目对制冷空调产品的需求将有所减少，并且随着国际经济形势的变化，空调制冷产品的出口量的增长也开始下滑。新常态下制冷行业具有如下特点：随着国家对民生的进一步关注，提高食品质量和确保食品安全性的要求将使全国的冷链建设进入快行道；我国大力发展燃气的能源战略将使能源领域对制冷技术与装备的需求成倍增长；互联网＋和大数据技术的发展又将形成对数据中心冷却的巨大需求；全民健康工程的建设又会促进在生命科学和医学中制冷技术应用的飞速发展；现代化国防建设也不断对制冷行业提出新的需求和挑战。这样，就使得制冷行业的发展不会减速，而是面临更大的机遇和挑战。经过适应性调整之后，很可能还会出现更大的发展态势。

最近的中央财经工作会议上，习近平总书记强调要“进行供给侧结构性改革”。如何使制冷行业通过这一改革，根据变化了的经济形势而调整、创新，进而实现持续发展，就需要对所面对的社会经济发展态势有清楚的认识。这包括：节能减排与低碳发展的要求，改善大气环境治理雾霾的需要，新型城镇化的发展需求，民生建设和扩大内需的经济发展需求，全面提高中国制造业水平的战略，以及互联网＋、“一带一路”战略。这些新需求和新战略，需要全行业共同研究，走出一条转型发展、创新发展之路。

## 1　节能减排与低碳发展

制冷行业和制冷设备用电量大，能耗高。制冷行业是提供营造全温度范围的人工热环境的设备，而这些设备的运行主要依靠电力。在现代化建筑中，空调耗电占到建筑耗电总量的20%～50%，电子、生物、甚至车辆制造等许多现代化生产过程中，空调电耗也高达生产耗电的50%以上，而食品冷藏冷冻行业的耗电则主要是用于制冷。初步统计制冷相关设备的运行消耗的电力目前已经接近我国总发电量的25%，超过我国能源总消耗量的10%。因此，制冷行业的发展，必须高度关注我国能源、环境和低碳的形势，以适应国家的节能减排和低碳发展的战略。

图2是我国改革开放以来能源消费状况的变化，包括能耗总量、占世界能源消费总量之比以及人均能源消费量的变化。我国的能源消费总量已跃居世界第一（22%，美国第二，16%）。图3为2013年世界主要国家人均能源消费量，从图中可见，我国人均能源消费量也已经超过世界人均水平，但与美国、西欧北欧各国的人均用能还有2～3倍之差。图4为我国目前的能源结构，可以看到至今燃煤仍占我国一次能源的66%。尽管燃油、燃气占总能源的比例约23%，但已有50%以上的燃油、燃气依赖于进口。我国是世界上

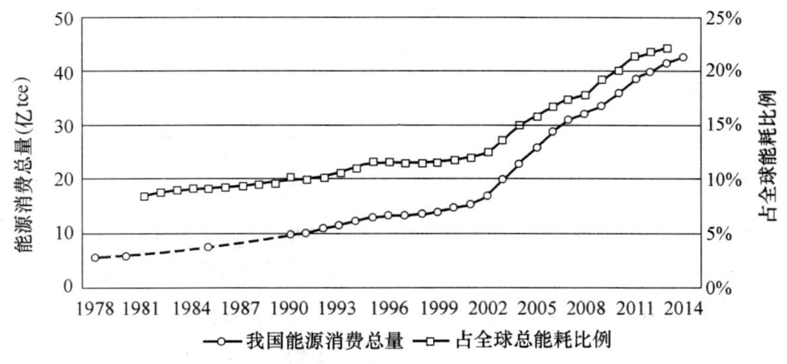


图 2　我国能源消费总量

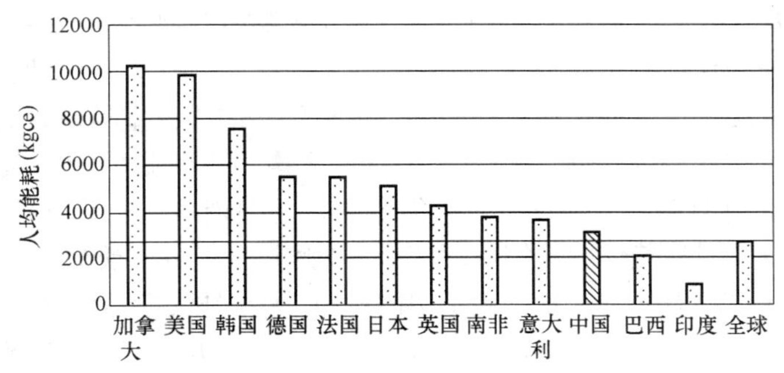


图 3　2013 年世界主要国家人均能源消费量

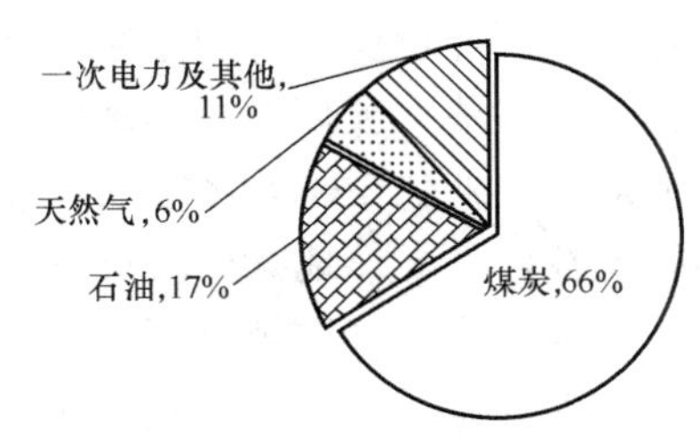


图 4　2014 年我国能源结构

燃煤使用量占能源总量比例最高的国家，按照全球发展的态势，燃煤比例必然要逐步降低。我国根据煤炭资源、煤炭生产状况和改善大气环境的要求出发，煤炭消耗量也不会再提高。而国内至今尚未发现新的大型燃油、燃气资源，增加燃油、燃气消费的比例就只能靠加大进口，这又会增加我国燃油、燃气的对外依存度，从而影响能源安全。核电、水电、太阳能、风能等可再生能源之和目前不到我国能源总量的 10%，尽管目前全力发展，但至 2025 年之前，其总量也很难超过 8 亿 tce。我国未来的能源会如何发展？如果随着 GDP 的增长和人民生活水平的提高，能源消费持续增长，那么即使人均消费量达到美国人均水平的一半，都要使我国的能耗总量在目前的基础上增长 65%。如何供应这一增量？燃煤量不能再增加，燃油、燃气量即使进口量翻倍也只能使总量增长 10%，核电、水力以及其他的可再生能源更是很难满足这样的巨大缺口。因此，只能靠节能，改变我们的经济发展模式，在不增加或少增加能源消耗总量的前提下实现经济的持续增长。这是中国经济和社会要持续发展唯一可以走的路。为此，国家发展改革委规划，到 2025 年全国能源消费总量应控制在 47 亿～49 亿 tce，仅比目前增加 20%。按照这一目标，工业、交通、建筑三大主要的耗能领域的总量控制目标，其具体指标见表 1。

我国目前能源消费侧现状和未来规划目标　　表 1

| 用能领域 | 2014 年能耗 | 规划的 2025 年能耗 |
|---|---|---|
| 工业 | 25 亿 tce | 28 亿 tce |
| 交通 | 7 亿 tce | 9 亿 tce |
| 建筑运行 | 8 亿 tce | 11 亿 tce |

按照我国两个一百年进入小康、大康的战略目标，2025 年的 GDP 应该比 2014 年增长 60%～100%，而能源消耗量仅能增加 15%～20%。这就需要改变经济发展模式，从能耗与 GDP 同步增长的以增加产量推动 GDP 增长的模式转变为产量不变、通过提高产品质量，实现“精品制造”和“精品服务”来拉动经济增长的新模式。这样的变化和调整，对制冷行业是一个挑战，但需求会变化，精品制造和精品服务需要更好的环境控制，也就要求新的和更多的制冷产品。因此这对制冷行业来说又会是一个难得的机遇。

与降低能源消耗这一战略目标并行的就是减少温室气体排放的任务。中央已经非常明确中国在应对气候变化这一全人类的大事中要承担大国的责任，从被动转为主动，对外要积极参与到国际上缓解气候变化的活动中，对内要切实减排温室气体，通过低碳化促进我国的能源结构的调整和经济转型。2015 年中美联合声明中明确中国的碳排放峰值力争在 2030 年之前出现，并且到那时我国可再生能源将占能源消费总量的 20%以上，同时还要进一步消减其他各类温室气体的使用。2015 年 11 月在世界各国研讨进一步缓解气候变化的巴黎会议上，我国政府又进一步明确了中国积极减少碳排放和消减其他温室气体的具体行动纲领。为了落实我国政府承诺的减排目标，在“十三五”期间将逐步确定行业和各地区的碳排放配额，进而为全面实施碳交易打下基础。以后，碳排放权将成为可以在市场进行交易的商品，减少碳排放既可以为节能减排做实质性贡献，还可以从碳交易中获得经济收益。与制冷行业相关的温室气体排放主要是制冷系统消耗能源造成直接和间接的碳排放，以及一些可破坏大气臭氧层的制冷工质的泄漏。积极开展制冷工质替换，是制冷行业在应对气候变化中需要承担的特殊使命。提高各类制冷设备和制冷系统的用能效率，降低运行能耗，是间接地减少碳排放的主要途径。此外，各类煤层气、低浓度油气等向大气排放，也属于温室气体排放。回收这些可燃气，变废为宝，不仅可部分替代燃煤，而且减少了温室气体排放。制冷行业在气体分离、液化等回收利用这些低浓度燃气的技术和应用，也是为减少温室气体排放做出的积极贡献。

这些年来，雾霾现象是困扰我国社会和经济发展、改善民生的严峻问题。我国东部地区大面积接连出现的区域性雾霾现象对居民健康、生活和心理状况都带来严重影响。尽快改善雾霾状况成为社会各界的强烈呼声，也成为对各级政府提出的重要的业绩要求。除了提高能效，降低制冷系统的运行能耗，从而间接地减少在发电时排放的污染物对雾霾的“贡献”外，制冷技术对减少造成雾霾的污染物排放还可以做出直接的贡献。我国北方冬季供暖的大量燃煤锅炉是造成冬季雾霾的重要污染源，其中农村的大量散煤、土暖气消耗的燃煤尽管不到同期北方地区燃煤总消耗量的 10%，但由于其没有任何消烟除尘措施，且燃烧效率低下，这些散煤造成的 $PM_{2.5}$ 的直接排放约占到同期燃煤直接排放的 $PM_{2.5}$ 总量的一半以上。消除冬季农村土暖气的散煤，最有效的方式是用电驱动的空气源热泵进行供暖，热泵供暖有两方面好处：一方面，空气源热泵产生相同热量所消耗电力的折算煤耗量约为散煤土暖气煤耗量的 50%；另一方面，相同量燃煤发电产生的 $PM_{2.5}$ 的直接排放仅为散煤土暖气 $PM_{2.5}$ 直接排放的 6%～7%。如何研发出适合于农村民宅冬季供暖用的空气源热泵，高效、低成本、易维护，如何把空气源热泵大面积推广下去，真正实现农村供暖的“无煤化”，是制冷行业为缓解雾霾应承担的社会责任和机遇。

城镇建筑冬季供暖的燃煤燃气锅炉是生成雾霾的污染物排放的又一大类设备，燃煤锅炉直接排放大量 $PM_{2.5}$，并且排放可二次生成 $PM_{2.5}$ 的硫化物和氮氧化合物。燃气锅炉尽管直接排放的粉尘已经很少，但仍排放大量可二次生成 $PM_{2.5}$ 的氮氧化合物，同时所排放实际为水蒸气的大量白烟，也对生成雾霾有重要贡献。挖掘各类工业余热作为城镇供暖热源从而替代锅炉，回收燃气锅炉排放的水蒸气提高燃气锅炉效率并消除白烟和氮氧化合物的排放，回收大型燃煤锅炉排烟中的潜热余热并对其进一步净化，这都需要多种制冷和热泵技术。目前这些技术在内蒙古、山西、山东和北京的很多城市的大量示范工程中都取得了显著的节能与减少污染物排放的效果。让这些技术在北方地区全面应用推广，取消农村的小散煤炉，净化城里的大锅炉，制冷行业可以为治理冬季雾霾做出突出贡献。

## 2 新型城镇化建设和基础设施建设

2000 年以来的城镇化建设和大规模基础设施建设是这一时期我国 GDP 持续增长的重要拉动力。15 年来，我国城镇化率从 40%增长到 50%以上，城镇建筑总量从 150 亿 $m^2$ 增长到 350 亿 $m^2$。高铁从零起步，目前运行里程已经成为世界第一，地铁运行里程数也从 2000 年的不足 500km 发展到目前的 3000km。水电站、核电站的建设也在这段时间得到飞速发展。城镇化和基础设施的建设和发展，形成对制冷空调设备的巨大需求，从而也拉动了制冷行业的技术进步和规模扩大，这可能是 2000 年以来制冷行业的平均年增长率高于这段时间 GDP 的年增长率的主要原因。

现在中国经济进入优化调整的新阶段。城镇化和基础设施建设会有何调整？由此对制冷行业又有何影响？图 5 是我国 2000 年来城乡建筑总量的逐年变化。目前建成建筑已达 560 亿 $m^2$，正在施工尚未完工的建筑 120 亿 $m^2$。据此，我国城乡建筑总量很快将达到 700 亿 $m^2$，按照 14 亿人口总量计算，人均建筑面积（包括居住建筑和公共建筑、商业建筑）将达到 $50m^2$。图 6 世界主要国家人均建筑面积状况，图中表明，如果我国人均建筑面积达到 $50m^2$，尽管和美国、北欧、西欧国家相比还有很大差距，但在亚洲就会成为人均建筑规模最大的国家。亚洲之所以人均建筑规模相对美欧要低，是因为亚洲地少人多、资源紧缺、环境容量相对较小。这就使得亚洲的发达国家和地区的城镇化是相对资源节约的城镇化途径，是在较小的建筑规模下实现的城镇化。中国和这些亚洲邻国相比，土地资源、环境容量更为短缺，在生态文明的发展理念指导下，不可能走美国那种“大房大车”的发展模式，因此很难再持续前些年的做法，每年 20 亿～30 亿 $m^2$ 的城镇房屋竣工面积，大规模房屋建设应该接近尾声，建筑业很快将实现“软着陆”。不考虑已经开工的项目，到 2025 年我国城镇新建项目的总量将在 100 亿 $m^2$ 左右，每年新开工建筑总量逐步将减缩到 10 亿 $m^2$。由此，对赖以民用建筑为基础的制冷空调产业该如何调整市场方向，并调整自己的产品结构，就成为需要深入研究的问题。

在可能的新建项目中，与制冷行业关系密切的有如下领域：

**地铁和城市轨道交通。**目前我国城市轨道交通运行里程数为 3000km，规划到 2025

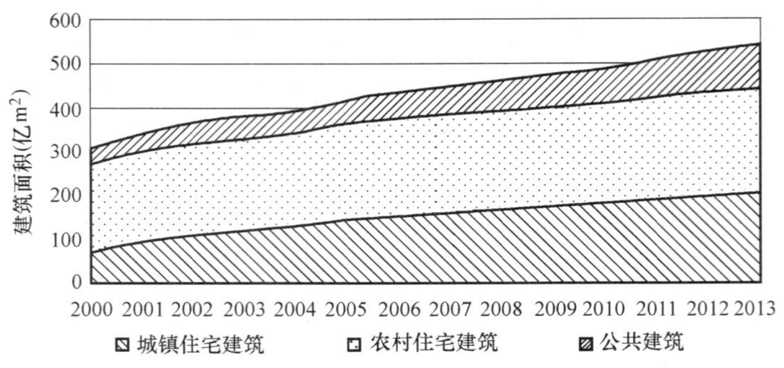


图 5　我国 2000 年来城乡建筑总量的逐年变化

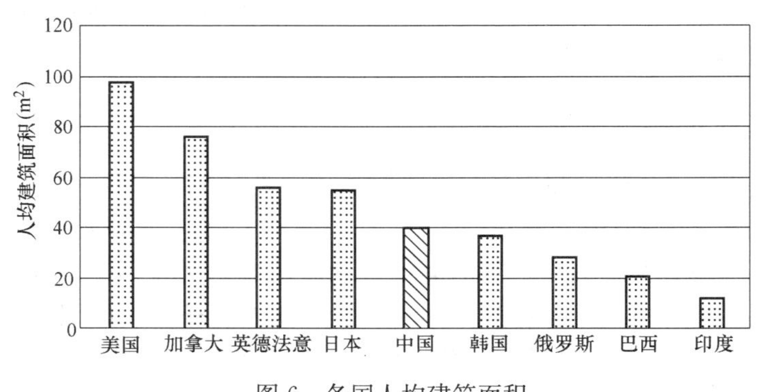


图 6　各国人均建筑面积

年，我国 79 个城市轨道交通总里程数将发展到 13385km，新建车站 1 万座以上，世界上一多半的地铁都将建在中国。地铁也是耗电大户，预计未来全国地铁耗电将达到每年 480 亿度，接近目前全国总用电量的 0.8%。而 50%以上的地铁用电是车站的辅助用电，其中空调和通风占车站耗电量的 70%以上。以前地铁空调沿用大型公共建筑中央空调的方式，在系统结构上并不适合地铁的特点，导致系统复杂、投资大、占地多、能耗高。研究开发新的专门使用于地铁车站的空调系统和专用装备，应该是制冷空调行业节能减排的社会责任，也是为大规模地铁建设做贡献的机遇。

**机场和高铁车站。**目前全国规划和正在兴建的大型机场和高铁项目数量巨大，成为基础设施建设中的重要内容，如北京、上海、成都、青岛、厦门等地的新机场等。建成的大型机场和高铁车站往往成为当地的耗电大户，空调制冷又是其高电耗的主要原因。对于这种高大空间、人员密集程度随时变化的交通枢纽建筑，也需要彻底改变空调制冷系统的形式，从而适应其建筑和人员流动特点，大幅度降低运行电耗。为了满足这些新的系统形式的要求，有不少新的制冷空调产品待研究、待开发。

**大型数据中心。**支持互联网+的信息平台也属于重要的基础设施。面对大数据爆炸的发展趋势，建立大型数据中心，满足信息量爆炸式增长对硬件平台的需求，成为各相关行业争先发展的重要领域。大型数据中心设备用电密度高、设备发热量大，冷却系统是维持其安全运行的基础保障。目前大型数据中心单位面积发热量超过 1kW/m$^2$，每个项目需要的冷量都高达数十兆瓦，冷却系统用电占到整个数据中心的 1/3～1/2。由于数据中心完全是显热负荷，芯片只要在40℃以下就可以正常工作，因此冷却系统工作状况与民用空调完全不同。利用目前集中式空调的设计参数和设备，就会导致目前的高能耗状况。根据数据中心的具体要求，发展专用的机房冷却设备，也是制冷行业需要高度关注的领域。

## 3 民生建设，全面实现小康的需要

在新常态下中国经济的发展将从大规模城镇建设和基础设施建设逐步转为进一步改善居民生活水平，内需驱动，从而全面实现小康。深层次提高生活水平的重点将是医疗服务水平、食品安全与健康水平、文化教育水平和消除贫困人口缩小贫困差别。在这些民生发展建设工程中，制冷行业需要关注什么？

**提高医疗服务水平。**现代医学与制冷技术密切相关。目前正在全国各地兴建的血液、细胞、精子、皮肤等基础材料的储存库，需要快速冷冻技术和长期低温维持的环境；多种疫苗、试剂、药品也需要不同的储存温度环境；采用制冷技术营造低温环境还是新发展起来的治疗手段；制冷技术成为开发新型手术和治疗器械的新方向。建立现代化的生命科学研究体系需要低温技术提供基础保障，建立全民健康保障的医疗系统需要大规模的低温储存体系，发展现代医疗技术需要基于制冷技术的医学器械。这三方面都是全面改善医疗水平对制冷行业提出的需求。

**提高食品安全水平。**食品安全健康是小康社会的基本要求。我国目前食品安全健康水平已落后于经济发展水平和居民收入水平。相比发达国家的现状，尽管中国有“民以食为天”的文化，在食品加工和储藏保鲜上的人均投入却远低于发达国家。由于食品加工、储存和运输过程中造成的变质、腐烂和品质下降既影响了居民的饮食水平，还造成食物的巨大浪费。现在已经是全面建设冷链、提高食品安全、消除储运过程损耗的时候了。在产地全面实行预冷、在加工过程中实现速冷、在储运过程中的保冷以及在销售终端的持续保冷保鲜，是实现全过程高水平冷链的四大关键环节，也将是“十三五”规划中的重要任务。制冷行业是冷链建设的主力军，怎样在这一大规模建设中全面形成冷链的规划建设、装备制造、运行管理能力，进而进军全球的冷链市场，应该是制冷行业需面对的重要课题。

**发展文化教育事业。**全面建设小康的又一项重要任务就是进一步发展我国的文化教育事业。扩大文体设施建设、改善贫困地区中小学办学环境，是发展文化教育事业的两个重要方面。而其中制冷行业也有其需要承担的任务。在贫困地区中小学，冬季普遍没有供暖设施。教室内温度不到10℃，严重影响学生的正常学习。根据学校的特点，空气源热泵是高效低成本解决中小学校教室冬季供暖的最佳方案。为北方和长江流域农村大约7000万中小学生提供冬季教室的供暖设备，这是一项百亿投资的大工程。需要研究专门的低成本、易维护、高效率、专门用于供暖的空气源热泵产品。冬奥会即将在中国举办，利用这一机遇，有关部门提出开展全民冰雪运动，提高中华民族素质的倡议。这需要冰雪运动场馆、大量的制冰造雪装备，也是对制冷行业提出的重大需求。

**改善边远地区人民居住状况。**我国贵州省部分地区、四川省西部藏区等水电资源丰富，化石能源匮乏，冬季气候寒冷，缺少有效的冬季供暖设备，大多数居民室内环境恶劣。分散的空气源热泵是为这些地区提供供暖的最适合技术方式。此外，为了治理雾霾，华北、华中地区农村开始消减散煤土暖气的行动。而空气源热泵也成为替代散煤土暖气的最适宜方式之一。怎样针对这些需求，开发、生产和推广适宜的热泵产品，也是制冷行业需要重视的领域。

## 4 制造业发展模式的转型

我国当前经济结构调整的一个重大举措就是改变制造业的发展模式。长期以来制造业关注数量而忽视质量，靠巨量的低价产品实现走出国门，使中国成为世界第一的制造大国。国际市场的饱和使我们不可能继续靠增大产量来维持制造业的持续发展，必须实现由增量向增质的转变，在总量不再增加的基础上通过质的大幅度提升来实现制造业的持续增长。这就将使整个制造业出现大的调整和变革，开展精品制造工程。面对这一形势，制冷行业一方面也应该实现量到质的转变，通过创新，由世界上的制冷大国发展到制冷强国；另一方面又要充分抓住制造业全面升级换代的机会，为他们提供各种适宜的制冷产品。同时，节能减排也成为规范制造业转型发展的主要要求，降低制造业营造生产环境的能源消耗，也是制冷行业需要面对的重要课题。

**高水平净化环境。**现代高质量生产过程的重要标志之一就是对生产环境的高洁净要求。不仅是电子产品产业，纳米相关技术产业，现在正在兴起的生物制药和生物技术产业也是对环境净化程度要求极高的行业。我国在 20 世纪末已经全面具有营造高洁净环境的各项技术。但是，环控系统都成为这类产业的最主要能耗。如何降低运行能耗是高洁净环境技术面临的大问题。通过新的系统形式和相应的高效产品，洁净环境的运行能耗可以有大幅度的下降。而这些低能耗高洁净度的装备和系统不仅可以为工业领域节能产生重要效果，也成为今后大量新建和改建的洁净环境室工程提供产品时竞争的关键点。

**高精度恒温恒湿环境。**机械制造等行业升级改造的重点则是加工环境的高精度恒温恒湿。同样，降低能耗成为目前工业用恒温恒湿环境营造的突出需要。根据初步调查，现在各种工业加工过程的恒温恒湿环境营造系统的运行能耗可以降低 50%以上。避免冷热抵消、干湿抵消，是这种环境系统运行节能的主要途径。这同样需要新的系统形式，新的设备产品。加快此类高效节能的系统和产品的研发，迎接即将到来的制造业改造引发的对恒温恒湿环境的爆炸式需求，应是制冷行业的责任和机遇。

**极干燥环境。**许多高新技术和产品的生产环境、实验环境和储藏环境需要低湿或极低湿环境，这也构成对制冷技术与产品的新的需求。例如正在飞速发展的电池制造过程就要求极低的室内露点温度，依靠目前的转轮除湿，高温再生，大量的冷热抵消导致高运行能耗。很多国防装备的生产、存放和使用过程也要求低湿环境。除湿产品和低湿环境营造正在成为制冷行业的一个新领域。

**人工气候实验环境。**高性能、高可靠性产品的再一个需求就是大范围的热环境适应性，于是提供大范围温湿度变化的环境实验室也成为制造业发展的新需求。从登月装置实验、军工产品实验，到高压输电防冰雪实验，各行各业都要求各式各样的热环境实验室。随着制造业的全面调整改造，这类实验室将成为一些产业必备的实验环境，这也就成为制冷行业面临的新的市场。

**高污染过程的环境控制。**另一类工业生产过程需要升级改造的是生产过程生成大量污染物的室内环境控制。这里的典型是汽车制造过程中的喷漆工艺。为保证喷漆质量需要控制环境的温湿度，同时还必须排除室内生成的大量油气污染物。目前此类生产车间都实行全面通风换气，环境控制的能耗往往成为全厂的主要能耗。降低这类生产过程的环控能耗，并进一步提高温湿度调控水平，是制造业升级改造中的重要任务，也是制冷行业应该积极配合提供合适的技术与产品的领域。

## 5 为一带一路建设服务

随着国内大规模城镇化和基础设施建设的软着陆，我国巨大的建筑产业向何处发展？随着我国制造业出口趋于平稳、甚至在2015年出现下滑，进出口如何持续拉动中国经济发展？面对国内巨大的产能过剩，如何实现中国经济的持续发展？面对这些问题，中央提出“一带一路”战略，并开始通过多方面工作一步步落地实施。“一带一路”就是在路上沿当年的丝绸之路向西、向北方向走出国门，经中亚、西亚、至欧洲，帮助沿途各国进行基础设施建设；海上则是沿当年郑和下西洋之路向南、向西，至东南亚、非洲，开展基础设施建设。通过“一带一路”区域的城市建设和基础设施建设，把我们的周边国家建设好，实现共同发展。当年日本通过家电产业实现了经济腾飞，韩国通过信息产业也进入了发达国家队列。中国要实现经济的持续发展，实现14亿人口大国的腾飞，需要有在全球领先的更大的产业。由于近二十年来我国城镇化发展和大规模基础设施建设，我国在这一领域已经有大量世界最强的技术能力和产业能力。如在大型钢结构，高铁、大桥、大坝、电力设施建设上世界领先的建设能力，钢铁、建材等基础材料上世界领先的产能。通过“一带一路”走出去，从规划、设计、建造到全套材料和设备的出口，可以大规模拉动经济发展，缓解去产能的困难，并稳定周边环境，使中国与周边邻国共同富足，和谐发展。这一战略何等英明！这一步的成功将是中华现代史上的光辉一页，也将开辟世界上各国相互支持和谐发展的新格局。

“一带一路”有多大？图7～图11给出这些国家的基本情况。规划的“一带一路”涉及66个国家，包括39%的世界人口、75%的全球GDP、53%的全球能源产量以及59%的全球能源消费量。

制冷行业在“一带一路”战略发展中有什么机遇？城镇化建设、基础设施建设需要大量的空调制冷设备。正是近十多年来我国的大规模城市建设拉动了制冷行业超过GDP增长速度的发展，那么未来即将开启的“一带一路”大规模建设又会给制冷行业带来哪些机遇和挑战？我们应该怎样与相关行业携手合作，开辟这一新天地？怎样在这一大规模开发

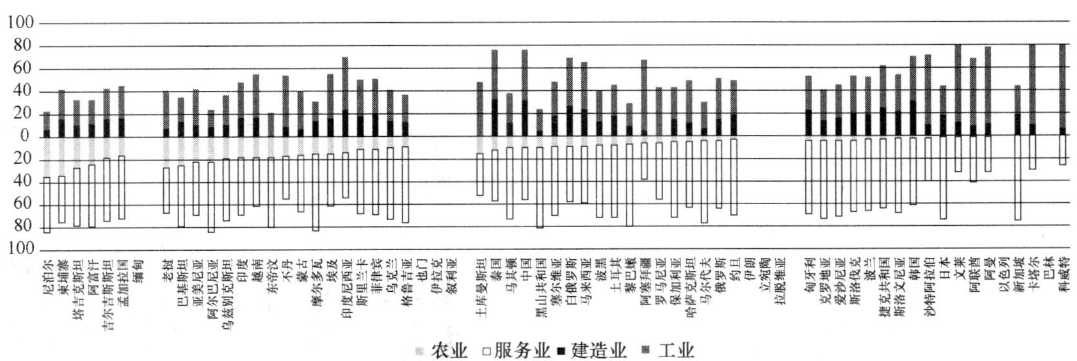


图7 “一带一路”国家各产业占GDP的比例

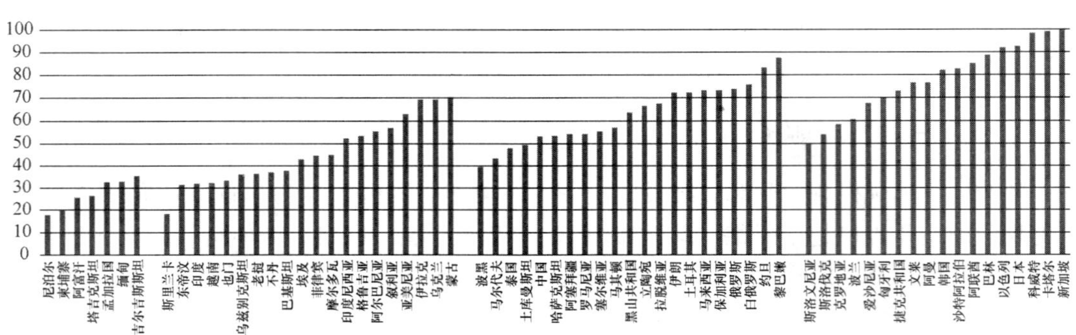


图 8 “一带一路”各国城镇化程度（城镇人口占总人口比例）

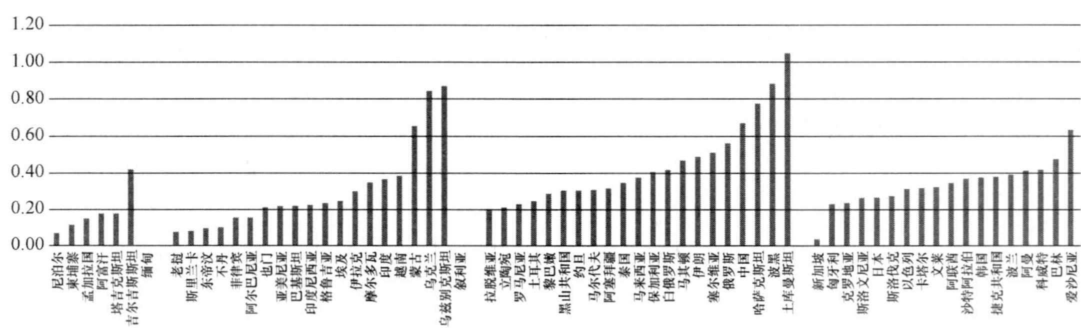


图 9 “一带一路”各国单位 GDP 能耗（千克标准油/PPP 美元）

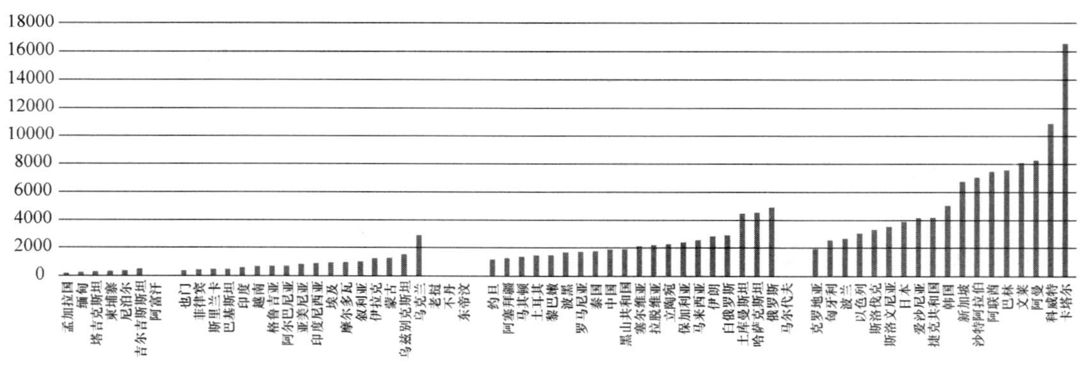


图 10 “一带一路”各国人均能耗（千克标准油/人）

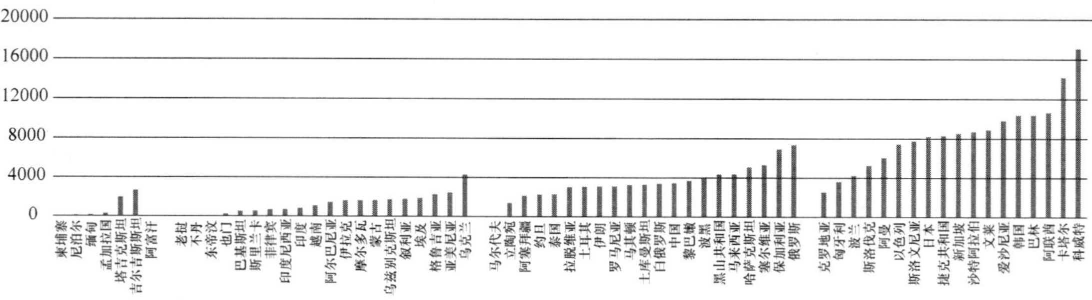


图 11 “一带一路”各国人均发电量（kWh/人）

建设中建立起新的高水平科学性的标准、规范体系以保证建设项目的高起点、高质量，同时也打破欧美标准垄断的现状？怎样使我们的装备、产品适应这些新的高水平标准？这些都需要我们尽快谋划、开展工作，从高端做起。

本书是上述内容的全面展开。前 7 章分别从能源领域、城镇化发展、食品安全、生命科学领域发展、高科技发展、信息化发展以及冬奥会的需求七个方面分析讨论了在新常态下全社会对制冷行业发展的需求和挑战，第 8 章则列出针对这些需求制冷行业主要的核心技术的现状和发展。希望这本书对制冷行业的企业、学术研究界以及高校在规划未来的企业发展、科研方向以及教学内容中有所启发、帮助，为我国制冷行业新的腾飞做一个铺垫。

## 参考文献


［1］ 刘晓红. 中国制冷空调行业二十年发展情况分析. 制冷与空调，2010，10（1）：4-9.

［2］ 刘晓红，吴利平，高珊. 国内外制冷空调行业市场分析. 制冷与空调，2009（3）：1-7.

［3］ 张朝晖，陈敬良，刘晓红，等. 再谈中国制冷空调行业的转型升级发展. 制冷与空调，2014（1）：1-5.

［4］ 张朝晖，陈敬良，刘晓红，等. 关于制冷空调行业转型升级发展的思考. 制冷与空调，2013，13（1）：1-5.

［5］ 张朝晖，陈敬良，高钰，等. 制冷空调行业制冷剂替代进程解析. 制冷与空调，2015，15（1）：1-8.

［6］ 中华人民共和国国家统计局. 中国统计年鉴 2015. 北京：中国统计出版社，2015.

［7］ The World Bank［EB/OL］，http：//data. worldbank. org/products/wdi.

［8］ Internal Energy Agency［EB/OL］，http：//www. iea. org/statistics/statisticssearch/.

［9］ 彭琛，江亿，姜克隽 等. 中国建筑能耗总量上限的确定. 建设科技，2015（14）：27-35.

［10］ 江亿，李强，薛澜 等. 我国绿色消费战略研究. 中国工程科学，2015，17（8）：110-121.

［11］ 清华大学建筑节能研究中心. 中国建筑节能年度发展研究报告 2015. 北京：中国建筑工业出版社，2015.

［12］ 林立身，江亿，燕达 等. 我国建筑业广义建造能耗及 $CO_2$ 排放分析. 中国能源，2015，37（3）：5-10.

［13］ 清华大学建筑节能研究中心. 中国建筑节能年度发展研究报告 2014. 北京：中国建筑工业出版社，2014.

［14］ 李国庆. 城市轨道交通用能与节能的思考. 2015

［15］ 李国庆. 城市轨道交通通风空调系统的现状及发展趋势. 暖通空调，2011，41（6）：1-6.

［16］ 清华大学建筑节能研究中心. 中国建筑节能年度发展研究报告 2010. 北京：中国建筑工业出版社，2010.

［17］ 潘秋生. 中国制冷史. 北京：中国科学技术出版社，2008

# 第 1 章　能源生产和消费革命与制冷技术

## 1.1　燃气工程中的制冷技术

燃气是气体燃料的总称，它能燃烧而放出热量，供城市居民和工业企业使用。燃气的种类很多，主要有天然气、人工燃气、液化石油气和沼气。天然气分为五种：气田气（或称纯天然气）、石油伴生气、凝析气田气、煤层气和页岩气。

近年来，世界能源格局正在经历深刻的变革，天然气在能源结构中的比重日益增大。以美国为代表的国家近年来实现了页岩气等非常规天然气的大规模商业化开采。以固态或液态燃料气化并经进一步处理得到合成天然气也正在成为天然气供应的重要补充，其中特别重要的是煤制合成天然气。

液化天然气（LNG）作为天然气的一种便捷的储运形式，在天然气国际贸易中的比例也日益增大。但气质成分差别很大的各种气源（常规、非常规、合成天然气）、新气田所处的极端而严苛的气候条件和自然条件（极地、海上等）、对处理能力从微型化到极大化的不同需求（单套装置年产量从 $10^3$～$10^7$ t）等，都为天然气的液化技术尤其是其中核心的制冷技术提出了重大需求。

在大型煤气化中需要特大型的空分装置。煤气化对空分装置有特殊的要求，而且空分装置也可能与煤气化后继的甲烷化系统、整体煤气化联合循环（IGCC）系统等进行整合，得到整体优化的大系统。与煤气化相反的过程，也就是用天然气通过化学变化制取高品质油品或其他液体产品（GTL）甚至固体产品的技术近年来也得到了产业化。与煤气化相似的是，GTL 过程也需要大型空分装置的配合。

本节主要介绍天然气液化、煤气化、GTL 等领域相关的制冷技术，阐述了相关产业发展背景、关键技术和发展趋势。由于以燃气作为主要能源供应的分布式能源、冷热电联供等系统另有章节论述，本节没有涉及。

### 1.1.1　与制冷技术相关的燃气产业发展背景

#### 1.1.1.1　天然气和 LNG 产业发展概况

1. 天然气行业总体发展趋势

世界天然气产业近年来稳步发展，这种稳步增长得以实现首先源于天然气探明储量的大幅增长。表 1.1-1 显示，2014 年世界天然气探明储量较 1994 年增长了 57%，而同期中国天然气探明储量增长了 1 倍（本节所列出的中国统计数据均不含中国台湾地区）。

有充足的资源量作保障，而天然气又是传统化石能源中最清洁的一种，所以世界上天然气消费量一直处在增长的趋势中。图 1.1-1 显示，近年世界天然气生产和消费基本维持上升趋势，从 2004 年到 2014 年间增长约 1/4。世界作为一个整体，很自然地，生产量和消费量基本相同，中间只想差一点损耗。而同期中国天然气生产和消费的增长速度远高于

世界和中国天然气探明储量（单位：$10^{12}m^3$） 表 1.1-1

| | 1994 年 | 2004 年 | 2014 年 |
|---|---|---|---|
| 世界 | 119.1 | 156.5 | 187.1 |
| 中国 | 1.7 | 1.5 | 3.5 |

注：1. 1.1 节所列出的中国统计数据均不含中国台湾地区；2. 1.1 节所列出的气体（含 LNG 等液化气体）体积，如未特别指明，均指标准状态下的体积。

世界总体水平，两者分别增加 2.1 倍和 3.5 倍。而且，从 2007 年开始，中国天然气消费量就超过了生产量，而且超出的数量越来越大，中国以管道天然气和液化天然气的形式进口了大量天然气。

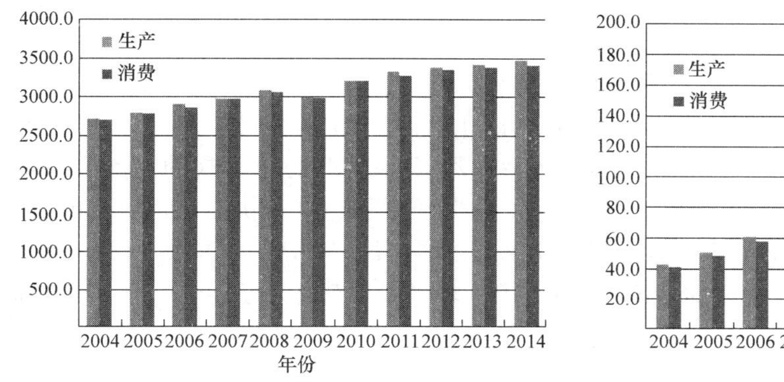


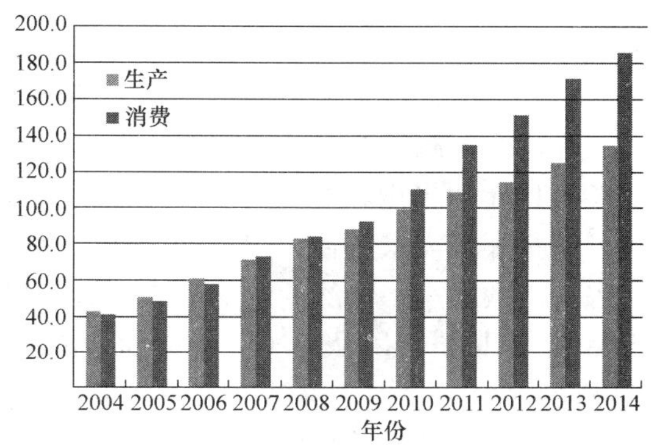


图 1.1-1 世界和中国天然气生产与消费量（单位：$10^9m^3$）

中国以进口液化天然气满足国内需求的情况并非个案。世界上越来越多的国家和地区将 LNG 这种储运便捷、高效清洁的能源形式作为满足能源需求的重要选择。如图 1.1-2 所示，世界 LNG 产量在过去十年中有很大增长。2014 年 LNG 国际贸易量已达 $333.3\times10^9m^3$，正好占世界天然气国际贸易总量的 1/3。日本、韩国这两个国内几乎不生产天然气、地理上没有或很少陆地边界的经济大国，所需天然气完全以 LNG 的形式从国外进口，因而也顺理成章地成为世界前两位 LNG 进口大国。中国从 2006 年才开始进口 LNG，短短几年就成为世界第三大进口国，2014 年进口量已达到 $27.1\times10^9m^3$。

对于天然气在未来国际能源结构中的地位，国际能源署（IEA）于 2011 年发布的能

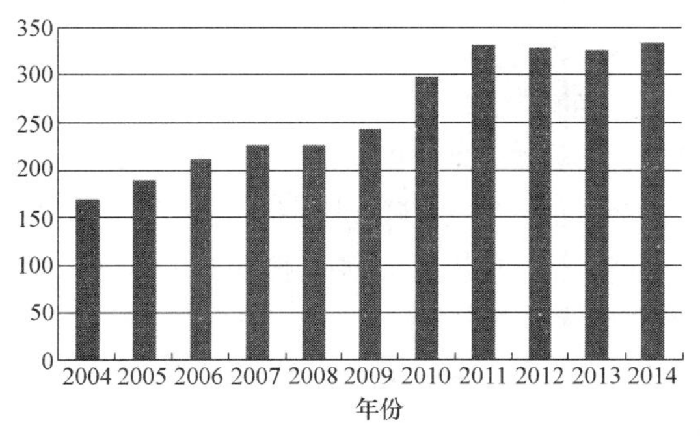


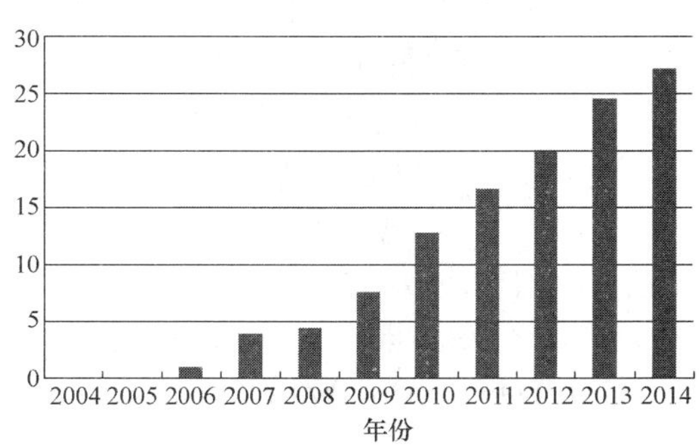


图 1.1-2 世界 LNG 国际贸易量和中国 LNG 进口量（单位：$10^9m^3$）

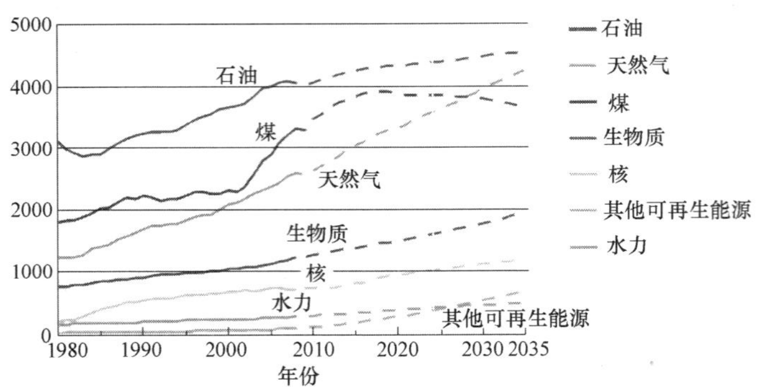


图 1.1-3 天然气黄金时代远景（单位：$10^6$t 油当量）

源展望报告中提出了著名的“天然气黄金时代远景（GAS Scenario）”。

在这个预测中，全球一次能源需求从 2008 年的 $12.3\times10^9$t 油当量增加到 2035 年的 $16.8\times10^9$t 油当量，增幅为 35%。相对于 2008 年，2035 年所有能源形式的需求都会增长，只是煤炭需求会在中间时段达到峰值后下降。这期间增长速度最快的是可再生能源，但因其基数太小，最终的绝对值和相对值都不会太高。增长最强劲的一次能源形式无疑是天然气，其需求量从 2008 年的 $3.1\times10^{12}$ $m^3$ 增长到 2035 年的 $5.1\times10^{12}$ $m^3$，增幅达 62%。

虽然 IEA 的 GAS Scenario 只是众多预测模型中的一种，但各种无论乐观还是悲观的模型预测中，几乎都把天然气的增幅预测得较高，只是具体的幅度有所差异而已。

2. 供给侧：非常规天然气

对天然气消费的乐观预测，必须建立在供给和需求两方面具体分析的基础之上。

在供给侧，如前所述，天然气探明储量的不断增加为天然气生产的大幅度提高奠定了现实的基础。但探明储量的增加并不仅仅来源于陆上常规气田，新的探明储量有相当比例来自于海上、极地等非常规地域，同时也来自于页岩气、煤层气、致密砂岩气等非常规类型的天然气。

按照 IEA 的 GAS Scenario 模型，到 2035 年，非常规天然气将占天然气生产总量的 24%（2008 年只占 12%），其中页岩气 11%、煤层气 7%、致密砂岩气 6%。按照这一预测，从 2008 年到 2035 年天然气需求增量的 40%将由非常规天然气提供。目前，非常规天然气的生产主要在美国和加拿大。美国在大约十年前还被认为将很快成为世界最大的天然气进口国；正是因为非常规天然气尤其是页岩气的大规模商业化生产，美国已经成为天然气出口国，一些原本设计建设为 LNG 进口接收站的设施，已直接转型为 LNG 出口终端。到 2035 年，中国（煤层气和页岩气）、俄罗斯（致密气）、印度（页岩气）、澳大利亚（煤层气）的非常规天然气在国内天然气生产中也会占到相当比例。从图 1.1-4 可以看出，美国、中国和加拿大三个国家的非常规天然气产量将超过常规天然气。按照这一预测，从 2008 年到 2035 年天然气需求增量的 40%将由非常规天然气提供。

下面以煤层气为例对非常规天然气介绍。煤层气俗称瓦斯，是与煤矿伴生的以甲烷为主要成分的混合气体，是一种潜在的高效洁净能源。近年来，随着能源危机的不断加剧，煤层气的开发和利用已得到世界各国的广泛重视。同时，甲烷的温室效应是二氧化碳的

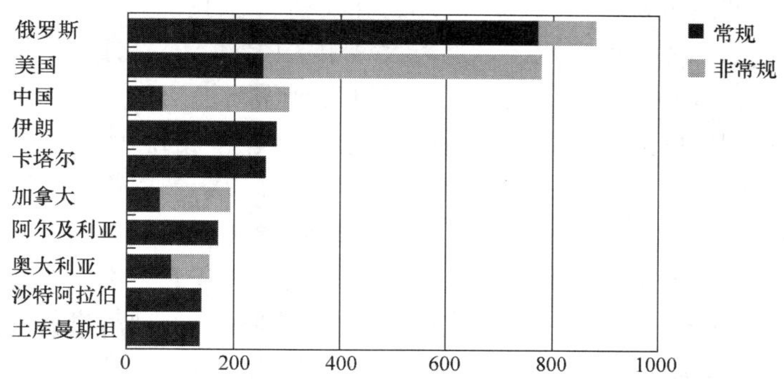


图 1.1-4 世界主要天然气生产国 2035 年产量预测（单位：$10^9$ $m^3$）

21 倍，因此每利用 1 亿 $m^3$ 煤层气就相当于减排二氧化碳 150 万 t。加快煤层气开发，不断提高利用率，可大幅度降低温室气体排放，保护生态环境。此外，瓦斯爆炸长期制约着我国煤矿安全生产。加快煤层气开发利用，强力推进煤矿瓦斯先抽后采、抽采达标，有利于从根本上预防和避免煤矿瓦斯事故。综上，煤层气的合理开发和利用，不仅可以在一定程度上补充天然气资源，缓解油气资源不足，而且可以减少温室气体的排放，改善煤矿生产安全，具有重要的经济效益和社会效益。

我国煤层气资源丰富，全国大于 5000 亿 $m^3$ 的含煤层气盆地（群）共有 14 个，据 2005 年全国煤层气资源评价成果，全国煤层埋深 2000m 以浅的煤层气总资源量达 36.81 万亿 $m^3$ 之多，位居世界第三，与我国常规陆上天然气资源基本相当，且分布与其互补。但是相对于丰富的储量，我国煤层气利用非常有限。2005 年，全国利用量仅约 10 亿 $m^3$。为促进煤层气的有效利用，国家发展改革委颁布了专项全国煤层气“十一五”开发利用规划，规划提出到 2010 年中国煤层气年产量达 100 亿 $m^3$，利用量达 80 亿 $m^3$，新增煤层气探明地质储量 3000 亿 $m^3$，逐步建立煤层气和煤矿瓦斯开发利用产业体系。2010 年全国煤层气实际抽采量 88 亿 $m^3$，利用量为 36 亿 $m^3$，虽然没能完成“十一五”规划的要求，但相比 2005 年增长较多。国家能源局编制的《煤层气开发利用“十二五”规划》提出，2015 年我国煤层气产量达 300 亿 $m^3$，到 2015 年新增探明地质储量 1 万亿 $m^3$。可见，国家对煤层气开发利用非常重视。

根据开采方式的不同，我国煤层气主要可分为两种：一种为在地面钻孔开采，这种方式得到的煤层气纯度很高，甲烷含量往往在 90%以上，其他杂质较少；另一种煤层气是在井下抽采，俗称矿井气。这种煤层气由于混入了空气而含有大量的氮和氧，甲烷含量往往很低，有些只有 30%甚至更低。目前我国由于地面钻孔技术仍不成熟，且我国大多数煤矿的煤层气与煤的结合方式紧密，很难从地面长时间稳定抽采，导致大多数煤层气都以矿井气的形式进行开采，因此很大一部分都为低浓度煤层气，利用困难。在 2010 年的 88 亿 $m^3$ 煤层气抽采量中，矿井气抽采量 73.5 亿 $m^3$，占到了 83.5%，但其利用量为 25 亿 $m^3$，利用率仅 34%；而地面煤层气产量 14.5 亿 $m^3$，其利用量则达到了 11 亿 $m^3$，利用率超过 75%。可见，需加快发展低浓度矿井气的利用技术，从而提高煤层气资源利用率。“十二五”规划中提出，2015 年，需达到煤层气地面开发 160 亿 $m^3$，基本全部利用；井下瓦斯抽采 140 亿 $m^3$，利用率 60%以上。

煤层气的利用方式主要包括发电、民用、化工等。但我国煤层气资源的分布具有偏、散、小的特点：气源远离大型工业区，远离大城市居民区；气井分布不集中，气源形不成规模；单井产量小，可开采期短。因此，不适宜发展需要长期稳定的大量气源的大型发电厂或化工厂。而小型发电或民用需求量有限，因此，煤层气的高效远距离输送是限制煤层气有效利用的重要原因。煤层气远距离运输的主要途径包括管道输送和液态运输。煤层气的产地往往在偏远山区，远离天然气管网，且气质和常规天然气不同，不便或不宜进入现有管网，新建管网则投资大成本高。此外，低浓度煤层气资源更不适于管道输送。因此液化是煤层气储运的一个较好选择。开采出的煤层气经预净化处理后进行液化提纯，成为合格的液化天然气（LNG）产品，且体积减小为原来的约1/600，极大地方便了从产地到用户的储运，因而是一种高效储运技术，是煤层气利用的一种重要途径。

3. 需求侧：减碳与污染控制

2015年，在经历多年漫长、艰苦卓绝的谈判后，《联合国气候变化框架公约》近200个缔约方一致同意通过《巴黎协定》。《巴黎协定》设定了全球应对气候变化的长期目标，即把全球平均气温比工业化之前水平的升高幅度控制在2℃之内并努力限制在1.5℃之内，到2030年全球碳排放量控制在400亿t，2080年实现净零排放。

在《巴黎协定》谈判过程中，我国提出的自主贡献目标是到2030年左右碳排放达到峰值，并争取尽早达到峰值，单位GDP碳排放比2005年下降60%～65%，非化石能源占一次能源消费比重达到20%左右，森林蓄积量比2005年增加45亿$m^3$左右。

很明显，要达到上述目标，任务是艰巨的。尤其是对于中国，即使上述非化石能源占一次能源消费比重达到20%左右得以实现，也还不能因此就实现2030年碳排放达峰和单位GDP碳排放比2005年下降60%～65%的目标。要达到这些目标，还需要至少两方面的努力，一是降低生产过程能耗，二是在化石能源部分以碳排放少的燃料替代碳排放多的燃料，更具体地说，就是以天然气替代煤。

除了温室气体排放问题外，近年来空气污染问题也日益引起重视。按照世界卫生组织（WHO）的要求，对于人来说，安全的空气污染物浓度如表1.1-2所示。对照这样的标准，世界上很多地方，尤其是以煤为主要一次能源的地方，污染控制还有相当艰巨的路要走。

**空气污染物浓度指标（单位：μg/$m^3$）　　表1.1-2**

| $PM_{2.5}$ | | $PM_{10}$ | | $O_3$ | $NO_2$ | | $SO_2$ | |
|---|---|---|---|---|---|---|---|---|
| 年平均 | 24h平均 | 年平均 | 24h平均 | 8h平均 | 年平均 | 1h平均 | 24h平均 | 10min平均 |
| 10 | 25 | 20 | 50 | 100 | 40 | 200 | 20 | 500 |

几种传统化石燃料的碳排放和污染排放存在着较大差别。当然，同一种燃料在不同应用场合碳排放几乎相当，但污染排放也会有明显差异。表1.1-3是2005年美国大型燃煤和天然气发电厂主要污染物排放值。

**美国大型电厂污染物排放量（单位：kg/MWh）　　表1.1-3**

| $PM_{2.5}$ | | $PM_{10}$ | | $NO_2$ | | $SO_2$ | |
|---|---|---|---|---|---|---|---|
| 燃煤 | 天然气 | 燃煤 | 天然气 | 燃煤 | 天然气 | 燃煤 | 天然气 |
| 0.27 | 0.050 | 0.33 | 0.054 | 1.9 | 1.0 | 5.4 | 0.020 |

对于中小型锅炉等应用场合来说，污染排放控制措施会远远少于大型电厂，污染物排放会明显上升，不同燃料的排放强度相对值也会有所不同。图 1.1-5 是美国中小型用户不同燃料碳排放和污染物排放相对值，其中设定燃煤排放值为 1。

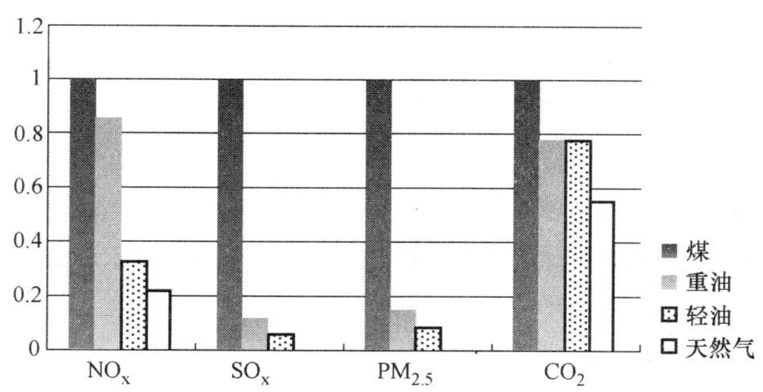


图 1.1-5 中小用户碳排放和污染物排放对比

虽然在不同的应用场合污染物排放相对值会有所不同，但天然气在任何场合几乎不排放 SOx 和 $PM_{2.5}$，碳排放只有煤的约 55%，NOx 排放也明显降低。显然，在化石能源还不能完全或大部分被可再生能源替代的未来几十年内，提高天然气的利用比例显然是降低碳排放和污染物排放的最现实可行的路径。

再来看一下实际的一次能源结构。从图 1.1-6 可以看出，世界能源结构中，传统化石能源煤炭、石油和天然气大致呈“三分天下”的状态；但在中国能源结构中，却是煤炭一家独大，天然气只占到 6%。

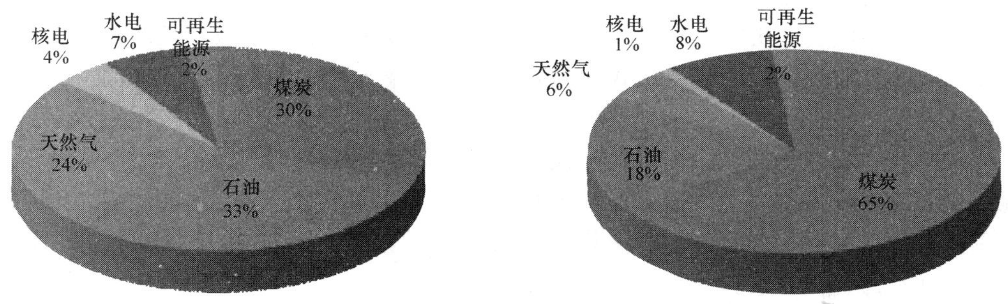


图 1.1-6 2014 年世界和中国一次能源结构

如果说碳排放引起全球变暖还不是普通公众日常关心的问题的话，以严重雾霾天气为代表的恶劣的空气质量已经日益挑战公众的忍耐力，这反过来又会转化为政府实现减少碳排放和控制污染排放双重目标的重大推动力。这样的推动力必将强劲地促使天然气的需求量持续上升。

#### 1.1.1.2 煤气化与 GTL 产业发展概况

1. 煤气化

除了上面提到页岩气、煤层气等严格意义上的非常规天然气之外，人们的生产、生活实践会产生出多种含大量甲烷的混合气体，如工业或农业生产过程产生的沼气、煤气化得到的合成气、焦炭生产副产的焦炉煤气、多种化工过程产生的尾气等。这些混合气体，要么甲烷本来就是主要的可燃成分，要么可以通过甲烷化的过程将以氢和一氧化碳为主的成分转化成以甲烷为主的成分。这一类燃气本来并非“天然”，但它们在很大程度上与天然气相近，因此也可以被归入非常规天然气这一大类。例如合成气或焦炉煤气甲烷化后得到的气体被称为合成天然气。

合成天然气（Synthetic Natural Gas，SNG）是指根据甲烷化反应原理，利用相应的设备将含碳资源（包括煤制合成气和焦炉煤气）转化为甲烷的技术。

近年来，我国对天然气的消费需求正在不断增长。从我国能源资源储存情况来看，通过煤炭气化将部分煤炭转化成天然气加以利用是一项重要的战略选择。尤其是将一些低热值褐煤、禁采的高硫煤或地处偏远地区运输成本高的煤炭资源就地转化成天然气加以利用，将是一条很好的煤炭利用途径。

我国基础能源格局的特点是“富煤贫油少气”，长期以来，煤炭在我国能源结构中一直占有绝对主导地位，在我国一次能源的生产和消费总量中占有率分别为76%和69%。随着我国经济的快速发展，对能源的需求量将不断提高，而我国“富煤贫油少气”的能源结构特点决定了煤炭资源将在未来很长一段时期内继续作为能源主体被开发和利用。然而，煤炭中含有的硫、氯、氮等有害物质在直接燃烧后被排放到环境中，会引起严重的环境污染。有关资料表明，以煤为主的能源结构是形成以城市为中心的大气污染的重要原因，排入大气中90%的$SO_2$、70%的烟尘、85%的$CO_2$来自于燃煤。目前，我国已成为世界上环境污染最严重的国家之一，这不仅严重威胁到我国的生态环境，同时也会造成极大的经济损失。从长远的发展观点来看，我国以煤为主的能源消费结构正面临着严峻挑战，如何解决燃煤引起的环境污染问题已迫在眉睫，煤炭工业走可持续发展道路势在必行。我国快速增长的能源和原材料需求，特殊的能源结构，以及经济与环境的可持续发展，都需要大力发展煤炭的有序、清洁和高效利用，其中发展新型煤化工产业是煤炭清洁利用过程中的重要方面，同时也是我国提高煤炭利用率、减少污染的发展方向。

在各种煤炭利用技术，特别是清洁利用技术中，煤制天然气虽然在技术以及全生命周期的碳排放上尚有不足之处，但也具有很多独到的优势。煤制天然气与煤制甲醇、煤制二甲醚以及煤制油技术的对比数据见表1.1-4。

在这四种技术中，煤制天然气能量效率最高，耗水量和$CO_2$排放量均较低，是煤制能源产品有效的利用方式。

**几种煤炭利用技术工艺指标** **表1.1-4**

| 指标 | 煤制甲醇(t) | 煤制二甲醚(t) | 间接煤制油(t) | 煤制天然气①($10^3m^3$) | 煤制天然气② $10^3m^3$ |
|---|---|---|---|---|---|
| 低位热值(GJ) | 20.259 | 28.405 | 42.642 | 34.612 | 34.878 |
| 能耗(GJ) | 46.194 | 75.063 | 122.213 | 65.836 | 75.852 |
| 能量效率(%) | 43.86 | 37.84 | 34.89 | 52.57 | 45.98 |
| 水耗(t) | 15.0 | 22.0 | 16.0 | 5.63 | 6.84 |
| 单位热值水耗(t/GJ) | 0.746 | 0.775 | 0.375 | 0.160 | 0.196 |
| $CO_2$排放(t/GJ) | 0.159 | 0.160 | 0.143 | 0.126 | 0.134 |

注：①采用Lurgi气化技术；②采用水煤浆气化技术。

煤制天然气是指将煤气化产生的合成气通过甲烷化制成合成天然气。经过干燥脱水后的主要组成是 $CH_4$ 和 $CO_2$，以及少量的 $H_2$、CO 和 $N_2$，见表 1.1-5。各工艺产品含氢量为 0.7%～17.5%。其中得到商业化应用的 Lurgi 和 TREMP 工艺生产的 SNG 含氢量分别为 0.9%和 3.2%；而后三种工艺的产品含氢量均大于 10%，但这三种工艺均未得到工业化应用。TREMP 工艺因中间气中含 4.4%的 $N_2$，因此其产品含氮量较高。各工艺产品的 CO、$C_2^+$ 含量等均相差不大。

**各甲烷化工艺的产品组成（单位：vol. %）**　　**表 1.1-5**

| 组分 | Lurgi | | TREMP | | HICOM | | RMP | | ICI | |
|---|---|---|---|---|---|---|---|---|---|---|
| | 原料 | 产品 | 原料 | 产品 | 原料 | 产品 | 原料 | 产品 | 原料 | 产品 |
| $H_2$ | 69.1 | 0.9 | 71.9 | 3.2 | 20.5 | 11.7 | 49.8 | 17.5 | 57.0 | 15.6 |
| CO | 17.8 | 0.1 | 10.8 | 0.0 | 22.1 | 2.3 | 49.8 | 1.6 | 41.3 | 0.8 |
| $CH_4$ | 11.8 | 96.4 | 12.4 | 84.5 | 55.6 | 83.6 | 0.3 | 80.9 | 0.1 | 78.2 |
| $C_2^+$ | 0.2 | 0.1 | 0.0 | 0.0 | 0.0 | 0.0 | 0.0 | 0.0 | 0.0 | 0.0 |
| $N_2$ | 1.0 | 2.5 | 4.8 | 12.4 | 1.8 | 2.3 | 0.0 | 0.0 | 1.6 | 5.4 |
| 总计 | 100 | 100 | 100 | 100 | 100 | 100 | 100 | 100 | 100 | 100 |

注：表中组分为除去水分与 $CO_2$ 后的值。

焦炉煤气又称焦炉气，是指用几种烟煤配制成炼焦用煤，在炼焦炉中经过高温干馏后，在产出焦炭和焦油产品的同时所产生的一种可燃性气体，是炼焦工业的副产品。焦炉煤气的主要成分为氢气和甲烷。我国每年有大量的焦炉煤气直接排放燃烧，经济损失达数百亿元。由于国家节能减排的政策，焦炉煤气的综合利用受到了越来越多的关注。在焦炉煤气的各种利用方式中，对于焦炉煤气产量小的中小型焦化企业，不适合生产甲醇。为此，王清涛等多人都提出了利用焦炉煤气甲烷化合成天然气的工艺。

可见，煤制天然气和焦炉煤气的组分与常规天然气有所区别，特别是含有氢气，都属于含氢甲烷气。对这种含氢甲烷气进行液化，必须考虑含氢量的影响。

2. 天然气制合成油（GTL）

天然气一般作为一种燃料被消耗掉，转化成能量，生成无甚价值的二氧化碳，也就完成其使命了。但天然气还有一种利用途径，就是作为生产其他化学品的原料。实际上，可以由天然气作为原料生成的化学品很多，其中一个正在蓬勃发展的方向是利用天然气制取合成油，相应的技术也被更广义地称作气变液（Gas to Liquid，GTL）技术。

天然气制合成油（GTL）过程不同于液化天然气（LNG），液化天然气是使气体温度冷却而成为超冷的液体，并通过这一形式用油轮运送，然后在目的地被再气化。费-托（F-T）合成可使分子发生化学转化，经精制后，生产诸如柴油、汽油、航空煤油或石化产品。南非和卡塔尔均拥有商业化规模装置。

合成油的质量远高于天然石油，其最重要的优点是不含硫、氮、镍杂质和芳烃等非理想组分，属于清洁燃料，完全符合现代发动机的严格要求和日益苛刻的环境法规。通过费-托工艺将天然气转化成合成油的柴油燃料含硫小于 1ppm，芳烃含量小于 1%（体积百分数），十六烷值大于 70。显然，GTL 技术为生产清洁燃料开辟了一条新途径。

GTL 工艺的发展前景之一是用废弃的天然气资源来生产有价值的液体燃料，此类天然气包括油田伴生气（含油天然气，现常用处理方法是放向火矩或再注入油层）和偏远的天然气（这些气田的天然气因数量不大而未采用常规方法开采）。据统计，2007 年世界上通过火炬燃烧浪费掉的伴生气总量为 1470 亿 $m^3$，形成巨大的资源浪费。

GTL 技术特别有可能用于海上伴生气的回收。毕竟，陆上伴生气如果达到一定的规模，采用管道方式应该还是首选。但海上伴生气（甚至包括海上气田）情况有所不同。图 1.1-7 列出了几种可用于海上天然气回收的技术方案大致的经济性评价结果。从图中可以看出，当运输距离较近时，规模较小时采用压缩天然气（CNG）或规模较大时采用管道输送（如果敷设管道不存在不可克服的障碍或者不是成本太高的话）是比较简单而且合理的选择。当距离较远且规模较大时，采用液化天然气（LNG）方案是比较合理的。但由于海上 LNG 的生产成本毕竟高于陆上，当距离较远但气源规模不大时，LNG 方案的经济性可能较差。这时，比较合理的方案就更有可能是天然气制合成油（GTL）了，因为 GTL 虽然成本比 LNG 还高，但产品价值高也许可以使这类天然气的回收在经济上可行。

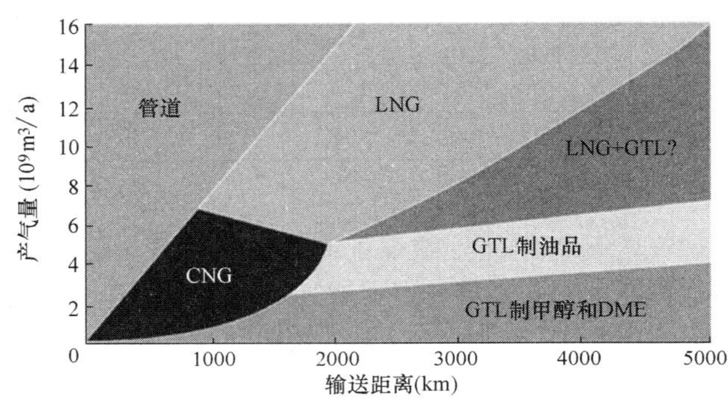


图 1.1-7　海上天然气回收方案的经济性对比

对于海上气田生产 LNG 或 GTL 油品，可以作这样的对比：生产 LNG 效率高，可以回收约 90%的天然气；工厂投资小于 GTL；需要特殊的运输船和气化终端；作为汽车燃料的应用仍然有限。而如果生产 GTL 油品，总的效率较低，产品热值只相当于天然气的约 70%；工厂投资较大；产品可用常规油轮运输；可以生产高品质柴油和汽油作为车辆燃料；产品的价值较高。总体来看，LNG 是现在的主流方案，GTL 虽然进展较慢，但同样具有较好的前景。

GTL 技术的另一种应用前景则在于像卡塔尔这样的天然气产地。卡塔尔拥有非常丰富的天然气资源，而且地处海岸，具有非常便利的海运条件。很自然地，卡塔尔生产了大量的 LNG（产量为世界第一）销往全球，LNG 生产也成为该国最重要的经济支柱。但是，卡塔尔毕竟不希望自己销往世界的产品太单一，这样容易因世界局势的发展形成不利的冲击，而如果产品结构更丰富的话就会更容易应对局势的变化；另一方面，用天然气生产出合成油，也能得到价值更高的产品，在油价明显高于天然气价的现实背景下，也有可能获取更加丰厚的利润。

## 1.1.2　液化天然气产业发展

### 1.1.2.1　常规天然气液化流程回顾

所谓天然气液化，其本质就是将处于常温状态的天然气降温至其冷凝温度、使之从气态变为液态的过程，液化过程的核心也就是如何为天然气提供冷量。因此，制冷与低温技术是整个天然气液化过程的核心技术。

由于各个天然气液化项目在气源条件、处理能力等方面存在重大差别，天然气液化的流程多种多样。从制冷方式上，可分为级联式（又称复叠式或阶式）、混合制冷剂循环、带膨胀机的循环等几种循环模式；从运行方式上，可分为基本负荷型装置和调峰型装置；从装置规模上，可分为大、中、小型装置；从装置所处位置来看，目前基本均为陆上固定式装置，但很快会有海上（浮式或固定式）装置。各种流程形式各有其优缺点，很难说哪种流程是对任何项目都适合的，而是应该根据项目的具体特点选择最合适的流程。

1. 级联式流程

在多种多样的制冷方式中，真正适合在大工业应用中制取低温冷量的方式主要还是蒸气压缩制冷和气体膨胀制冷。尤其是前者，由于其效率较高，适合于大型装置，因此成为天然气液化工业中制冷方式的首选，而级联式液化流程正是构建在蒸气压缩制冷循环的基础上的。

图 1.1-8 为液化天然气工业中常用的三级级联式循环流程图。通常，高、中、低三级循环的制冷剂分别采用丙烷、乙烷（或乙烯）、甲烷。

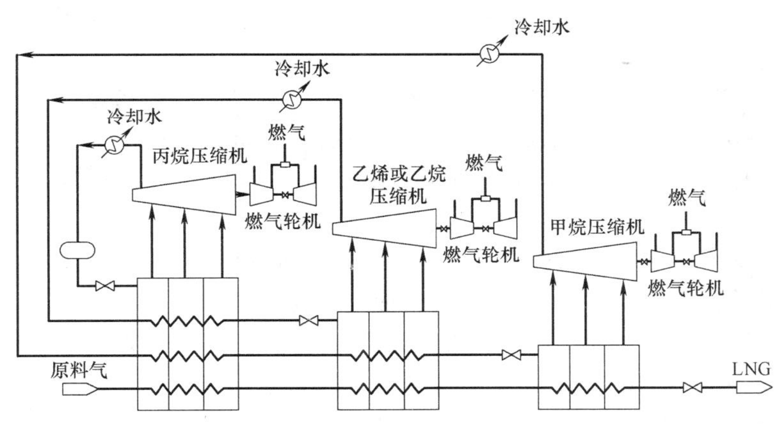


图 1.1-8　级联式天然气液化流程

在制冷领域更喜欢把这样的循环叫做复叠式循环。当然，图 1.1-7 所示循环与教科书上的复叠式循环存在以下主要区别：1）由于低温压缩机出口温度往往明显高于环境温度，所以低温级循环的冷凝负荷也可由环境冷源（水或空气）承担一部分后再进入蒸发冷凝器，这样可以进一步节省能耗；2）由于天然气经历的是从常温到液化温度的连续降温过程，并非只需要最低温度的冷量，因此，高温级节流后的制冷剂除用于冷凝低温级制冷剂外，也同时用于冷却天然气，这样可以缩小天然气与制冷剂之间的传热温差；3）为进一步缩小天然气与制冷剂之间的传热温差，三级级联式循环的每一级均采用三级压缩（视需要还可采用更多级压缩）。

早期的天然气液化装置多采用级联式液化循环，世界上最早的两套大型 LNG 装置（20 世纪 60 年代建成的阿尔及利亚 Camel 项目和美国阿拉斯加的 Kenai 项目）均采用了级联式循环。该流程的应用一度沉寂，后来康菲公司推出了优化级联式流程，从 20 世纪末开始又陆续建成了多个采用级联式流程的大型项目。由于其制冷原理的简单以及较高的运行效率，级联式循环在天然气液化工业中至今仍占有一席之地。2014 年，采用级联式循环生产的 LNG 占世界 LNG 总产量约 13%，并且预计未来其份额还有可能进一步增大。

2. 单混合制冷剂循环流程

级联式天然气液化流程采用了制冷工业中成熟的蒸气压缩制冷循环，流程效率较高。但级联式液化流程也存在两个较为明显的缺点：1）设备太多。该流程由三套完整的蒸气压缩式制冷循环构成，每个循环都有自己一整套设备部件。2）传热温差较大。制冷剂在蒸发时是定温的，而被冷却的天然气温度则是连续下降的，在换热器中只能保证冷端有合理的较小温差，而热端温差就必然会太大；采用多级压缩能在一定程度上减小温差，但级数太少温差减小的程度有限，级数太多又会使设备和流程过于复杂。

那么，如果能找到一种制冷剂，随着自身的蒸发过程其蒸发温度不断升高，那不是可以只用一套制冷机组同时能实现制冷剂蒸发温度与天然气降温过程相匹配吗？用多种制冷剂配制成的混合制冷剂（Mixed Refrigerant，MR）就能实现这一点。混合制冷剂由多种沸点不同的制冷剂组成，在蒸发器中吸热后，首先蒸发出来的是以低沸点组分为主的制冷剂，继而是以中间沸点组分为主的制冷剂，最后才是以高沸点组分为主的制冷剂。在这样一个蒸发过程中，随着较低沸点的组分的蒸发，剩余未蒸发的制冷剂液体的组分也不断发生变化，对应液体的蒸发温度不断上升。由此，一个从很低温度到较高温度的连续变温制冷过程就实现了。

如果整个循环只有一组混合制冷剂（虽然流程各处的混合制冷剂组分不一定相同），则这种循环叫做单混合制冷剂（SMR）循环。当然，如同单工质蒸气压缩制冷循环一样，为了达到更低的制冷温度并保证压缩机的压缩比不致过高，SMR 循环也可以采用多级压缩。

天然气液化过程采用的 SMR 流程中，混合制冷剂一般由氮和 C1～C5 烷烃（其中 C2 很多时候用乙烯代替乙烷）中的几种物质组成。通常，增加 MR 成分种类会提高系统效率，但也会增加系统的复杂性。

实际工程采用的 SMR 循环在流程结构上有所差别，比较有影响的有 APCI 公司的 SMR 流程和 Black & Veatch 公司的 PRICO 流程。

图 1.1-9 为 PRICO 流程简图。混合制冷剂蒸气吸入压缩机，加压至中压，经冷却后分为气液两相。气相回到压缩机被加压至高压，液相由级间泵加压至相同压力，两股流体混合后进入气液分离器。分离后的气体制冷剂直接进入冷箱，液相由一个冷剂泵输送入冷箱。制冷剂在冷箱内经预冷后节流，产生的低温流体为天然气液化提供冷量，同时也对自身 MR 进行预冷。蒸发后的制冷剂全部被吸入压缩机低压进口。

PRICO 流程采用单一压力的单级制冷系统，设备数量少，布置紧凑，操作简单，所需制冷剂储存量较少。

相对于级联式流程，从设备简化方面来看，SMR 流程收到了立竿见影的效果。原有的三套制冷系统被简化为一套，压缩机等关键设备数量大大减少，装置复杂程度大大降低。尤其是 PRICO 流程，其单一压力级别的设计使得流程得到进一步简化。

但 SMR 流程对传热温差的改善方面却不尽如人意。在整个温度区间，虽然在某些部分制冷剂升温曲线和天然气降温曲线贴合得较好，但很多区域还是存在着较大的温差。由此带来的结果是，SMR 流程的效率相对级联式流程来说不但未能提高，甚至还有所降低。

对于不断追求能耗指标的大型液化工厂来说，能耗指标不太理想的 SMR 流程显然是

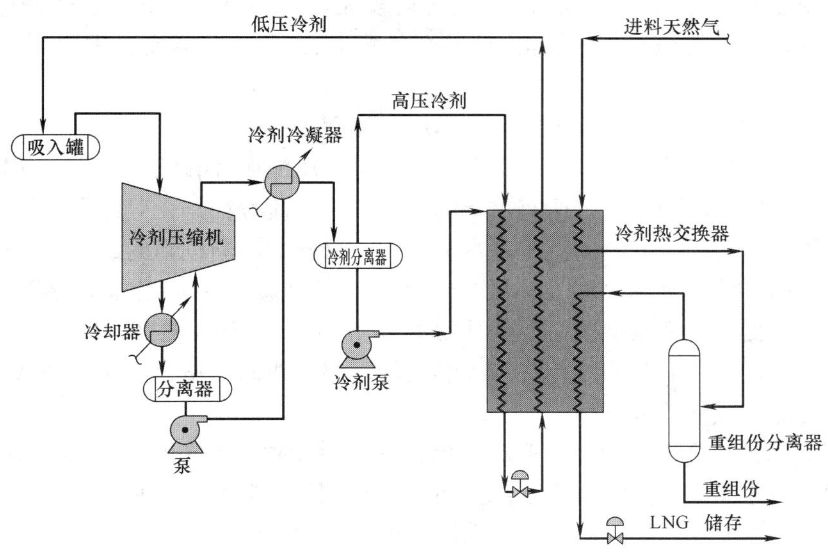


图 1.1-9 PRICO 天然气液化流程

没有立足之地的。但在对能耗指标要求不是很高的中小型液化中，SMR 流程还是有其价值的。

3. 带膨胀机的液化流程

采用气体膨胀是低温工程中常用的制冷方式。用液化温度低于甲烷的气体（如氮气）加压冷却后膨胀，很容易得到较低的温度，用这样的低温气体自然可以将甲烷冷却至液化温度。图 1.1-10 是典型的氮膨胀天然气液化流程。

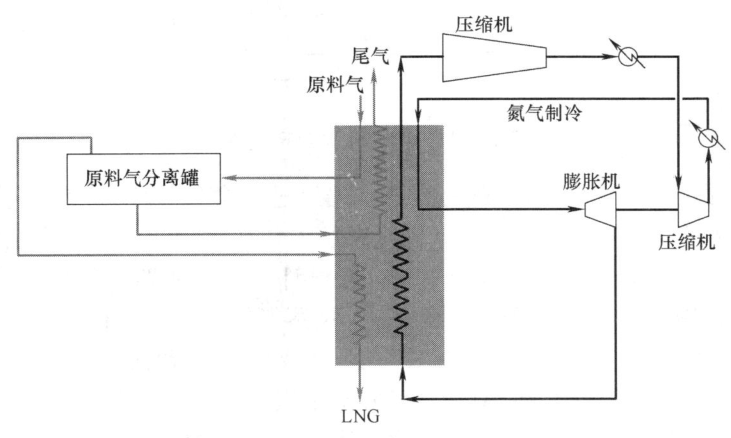


图 1.1-10 氮膨胀天然气液化流程

膨胀循环的工质也可以直接采用甲烷（天然气）。由于甲烷的比热容比氮气高很多，所以采用天然气膨胀循环的工质流量可以大幅减少，也利于系统节能。但天然气膨胀不能得到低于甲烷沸点的温度，因此无法实现天然气的完全液化。

气体膨胀循环给予逆布雷顿循环，且可回收膨胀功，单位制冷剂功耗较小。但因为气体膨胀循环只能依靠制冷工质的显热来提供冷量，造成制冷剂循环量远大于可以利用工质潜热的蒸气压缩式制冷循环，因而压缩机功耗较大，循环效率较低。但膨胀循环设备简单、开停方便，工质无气液相变问题且安全性高，因而在小型装置中也得到了一定的应用。

4. 带丙烷预冷的混合制冷剂循环（C3MR）流程

之前介绍的单工质蒸气压缩循环、混合工质蒸气压缩循环和气体膨胀循环构成了液化天然气工业中制冷循环的基石。所有重要的天然气液化流程都是在对以上三种循环进行组合的基础上得到的，以下介绍的流程基本上都源于这样的不断创新的组合。

如之前介绍，单混合制冷剂（SMR）循环没有实现减小传热温差的预期，因此未能实现效率的明显提高。究其原因，要在从常温到－162℃如此大温区内，找到一组混合制冷剂，使其蒸发过程的温升曲线始终与天然气的降温曲线高度贴合，这也许从一开始就注定是一项不可能完成的任务。

顺着这个思路，AP公司于1972年提出了著名的带丙烷预冷的混合制冷剂循环（C3MR）液化流程，该流程将最高温度段的制冷从混合制冷剂循环中分离出去，交由单工质丙烷蒸气压缩循环承担。该流程的简图如图1.1-11所示。

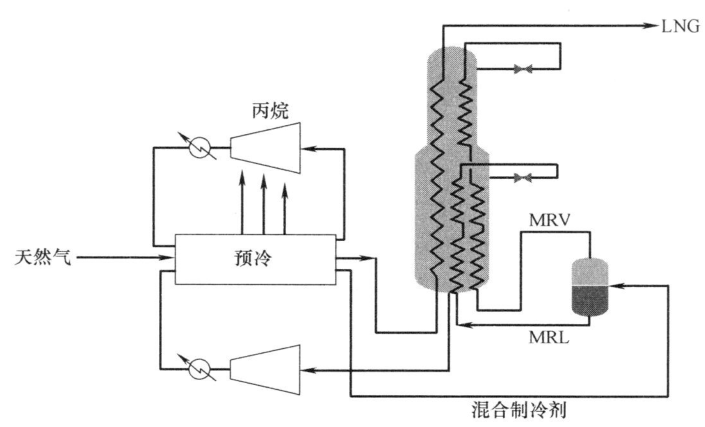


图1.1-11　AP的C3MR流程

在C3MR流程中，净化后的原料天然气首先经过一套独立的丙烷蒸气压缩式制冷系统预冷至－30℃左右，随后再进入MRC制冷系统液化和过冷。为了减少定温蒸发过程与天然气降温过程的巨大温差，丙烷制冷系统一般设计为三级或四级系统。MRC中的混合制冷剂通常由氮、甲烷、乙烷、丙烷等组成。MR蒸气经MR压缩机压缩后水冷或空冷至常温，再由丙烷制冷系统预冷后部分冷凝，经气液分离得到液相MRL和气相MRV。MRL部分进入绕管式换热器（在AP对C3MR流程介绍中，习惯称之为主低温换热器MCHE），经预冷后节流获得低温流体，低温流体蒸发提供冷量用于冷却天然气及刚进入MCHE的MRV和MRL。MRV部分进入MCHE后，经两级预冷后冷凝，节流后获得更低温度的低温流体，这部分低温流体蒸发提供冷量用于完成天然气液化及过冷过程，以及对MRV的第二级预冷。MRL和MRV两部分制冷剂蒸发后的蒸气混合后被吸入MR压缩机，完成MR制冷循环。

C3MR流程很好地实现了减小传热温差的设想。除了在C3部分略有瑕疵外，整个流程冷热介质之间的温度变化曲线贴合得几近完美。小的传热温差意味着小的有效能损失，流程的效率也就得到了提高。

由此，AP公司缔造了LNG工业中的经典和传奇。第一座采用C3MR工艺的LNG装置1972年在文莱投产，单线生产能力1.4Mt/a。在之后的二十多年中，它是世界上大型LNG装置的唯一选择。这种唯一性直到1999年级联式流程的复活才被打破。几十年内，随着压缩机、驱动设备、换热器等关键设备的设计生产能力的提升，C3MR流程的最大单线生产能力已达到5 Mt/a。迄今为止，全世界已经有超过70套采用AP的C3MR流程（包括后期为大型装置提出的改进型C3MR/Split MR）的LNG生产线投产，2014年世界LNG产能的64%归属于这一流程。

5. 超大型装置的AP-X流程

在装置大型化的趋势下，即使是曾经独领风骚的C3MR流程也很快面临了问题，那就是设备大型化的进展跟不上装置大型化的趋势。即使经过一定的流程改造得到的改进型C3MR/Split MR，最大产能也定格在5Mt/a了。

设备大型化给换热器的制造带来较大的困难，换热器的尺寸原则上不能无限增大。另一个更加严峻的困难则来自于压缩机，尤其是丙烷压缩机。对于大型装置来说，MR循环中可以采用轴流式压缩机来应对低压级巨大的体积流量；但对于C3循环来说，由于需要多级侧向进气，而这是轴流式压缩机无法应对的，所以只能选择离心式压缩机。对于离心式压缩机来说，需要维持一定的转速才能得到所需的增压效果，而应对流量的增大则需要更大的流通直径。如果转速是确定的，随着直径的增大，叶轮外缘的速度会越来越大。从气体动力学知道，一旦气流速度超过声速，则气流会呈现出与亚音速时截然不同的特性。因此，必须维持叶轮顶端的速度不超过声速。而C3压缩机的设计，尽管经历了一系列气体动力学优化，但在装置规模达到5Mt/a时，叶轮顶端的马赫数也就几乎达到1了。

解决的办法其实也简单，那就是进一步牺牲一些设备简单性，将C3MR的两套制冷系统改为三套，以分担C3和MRC两部分的制冷负荷，从而在现有设备制造能力的基础上大幅度提高流程的产量。考虑到天然气过冷段的比热容基本恒定、降温曲线接近线形，同时考虑到单工质氮气也具有比热容基本恒定、升温曲线接近线形且气体膨胀较容易达到低温温区，AP公司提出在C3MR之后增加一级氮膨胀制冷为天然气过冷提供冷量，这就形成了AP-X流程（图1.1-12）。这是一种三级级联式流程，但每一级采用了不同的制冷

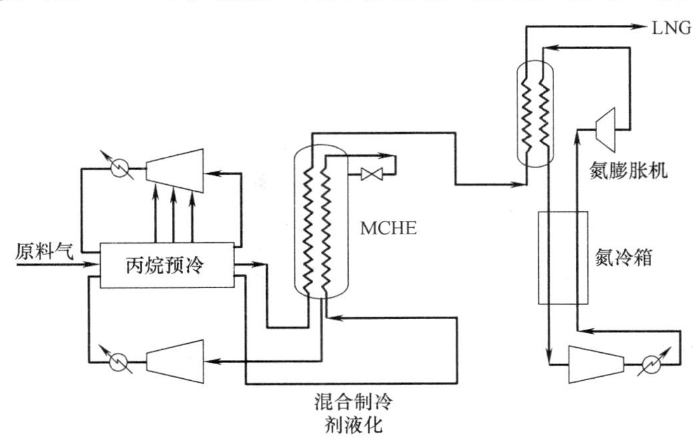


图1.1-12 AP的AP-X流程

循环。预冷段采用了丙烷（C3）蒸气压缩式制冷循环、液化段采用混合制冷剂（MR）蒸气压缩式制冷循环、过冷段则采用了氮气膨胀制冷循环，可谓集制冷技术之大全。

AP-X流程实际上是AP公司为在卡塔尔的热带沙漠气候条件下建设超大型LNG装置而设计的。该流程先后在2008～2009年投产的Qatargas 2/3/4期及Rasgas 3期共6套7.8Mt/a的装置中获得应用，这些装置也成为迄今世界上单套能力最大的天然气液化装置。这几套装置的LNG产能占2014年世界总产能的16%。

#### 1.1.2.2 天然气液化流程新进展

1. 极寒条件下的天然气液化流程

从地理分布上看，世界上已建成的大型LNG液化工厂主要分布在热带地区。近年来，随着北冰洋被认为蕴藏着地球上最大部分尚未探明的油气资源，在极地开采油气资源以致建设LNG工厂开始引起LNG工业界的极大关注。

2007年，挪威在Hammerfest建成了北极圈内第一座LNG工厂。2009年，俄罗斯远东萨哈林岛南端建成了东北亚地区第一座LNG工厂。在北半球高纬度地区的LNG建设显然还没有就此停歇。在加拿大西海岸，规划了Kitmat LNG项目最早可能在2015年投产。为了增大对中国、日本等天然气消费大国的出口，俄罗斯可能在海参崴建设新的LNG装置。尤其是北极丰富的油气资源不断被发现，北冰洋被认为蕴藏着地球上最大部分尚未探明的油气资源，在北冰洋沿岸建设LNG工厂的热情日益高涨。俄罗斯在位于喀拉海的亚马尔半岛建设规模超大的Yamal LNG项目（3条5.5Mt/a的生产线），项目已进入实施阶段。此外，随着俄罗斯和挪威2011年达成了巴伦支海划界协议，双方均想尽可能迅速地开采该海域的油气资源。俄罗斯已计划在靠近其北冰洋沿岸最大城市摩尔曼斯克的地方建设总规模12Mt/a的Shtokman LNG项目；而边界另一侧的挪威也在严肃地论证是敷设管道还是建设LNG工厂。这样，在北半球高纬度地区正在形成巴伦支海-喀拉海、俄罗斯远东和北美西北部这三个新的LNG产业蓬勃发展的区域。世界上此前仅有的三个寒冷地区的LNG项目——挪威的Snøvit LNG、俄罗斯的Sakhalin Ⅱ项目和美国的Kenai LNG项目，正好也位于这三个区域。

我们来看看在寒冷地区已建成的几个LNG项目所采用的流程。美国Kenai LNG采用了康菲的级联式流程，挪威Snøvit LNG项目采用了Linde/Statoil的MFC三级混合级联流程，而俄罗斯Sakhalin Ⅱ项目采用了Shell的DMR双混合制冷剂循环流程。

如果要给最为成功的C3MR流程挑一点瑕疵的话，那肯定就是C3部分的冷热流体温度曲线还贴合得不够好。既然在较低温度段采用MRC可以使得冷热流体温度曲线完美贴合，那么在高温段是否也可以采用MRC来进一步改进流程呢？按照这一思路得到的就是双混合制冷剂循环（DMR）天然气液化流程。AP和Shell等公司均提出了DMR流程，图1.1-13所示为Shell的DMR流程简图。其中，预冷段由重组分MRC提供冷量，而液化和过冷段由轻组分MRC提供冷量。这样，冷热流体的温度曲线贴合得臻于完美，几乎已无可挑剔了。

Linde公司给出了另一种三级级联式流程，专注于将混合制冷剂蒸气压缩制冷循环推向极致，即一种三级混合制冷剂级联式流程。为了刻意与广为流传的“混合制冷剂（MR）”保持距离，Linde公司为这种流程取名为“混合流体级联式MFC”流程，其流程见图1.1-14。

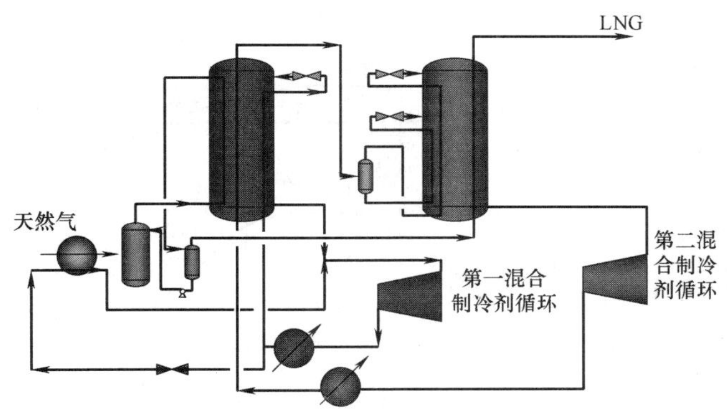


图 1.1-13 Shell 的 DMR 流程

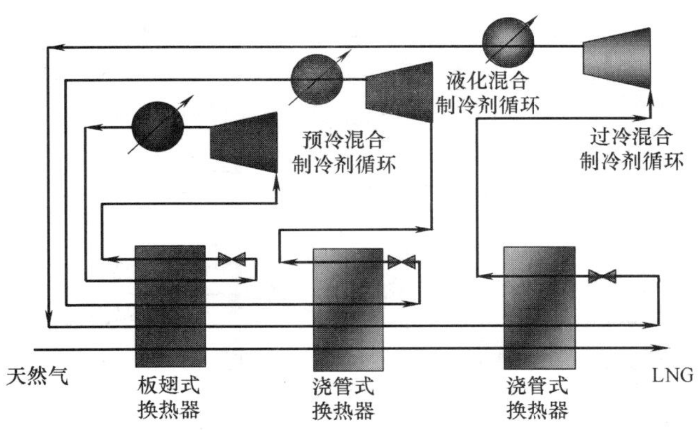


图 1.1-14 Linde 的 MFC 流程

这一流程原则上可以适用于较大的装置，而且，如前面的分析，由于预冷段采用了混合制冷剂循环，这一流程应该比较适应寒冷气候条件。事实上，这一流程唯一的应用也就是在世界上目前唯一建设在北极圈以内的 LNG 装置：挪威国家石油公司 Statoil 在 Hammerfest 建设的 Snϕhvit 项目。该项目 2007 年投产，设计能力 4.2Mt/a，2011 年其产量占世界 LNG 产量的 2%。

我们注意到，无论是挪威的 Snϕvit LNG 项目还是俄罗斯的 Sakhalin Ⅱ项目，都没有采用世界上用得最多的 AP 公司的 C3MR 流程。

为了更好地了解各种气候条件的温度特性，图 1.1-15 和图 1.1-16 给出了位于沙漠地区的卡塔尔、位于热带地区的马来西亚婆罗洲以及位于极地的俄罗斯亚马尔的气温和海水温度的年变化曲线。

卡塔尔的气温夏季非常炎热，冬季也很温暖，最低温度高于 10℃。在强烈阳光的灼射下，波斯湾浅浅的海水在夏季温升明显。婆罗洲属于典型的赤道气候，终年高温，不论是气温还是海水温度在全年都几乎没有变化。位于罗斯北部喀拉海的亚马尔半岛则是典型的极地恶劣气候，冬季极寒，夏季气温比卡塔尔沙漠地区的冬季还低，季节温差极大，年平均气温－10.5℃，夏季高温 12.5℃，冬季低温－42.6℃，年温差 55.1℃；冬季海面结冰，夏季略有升高，海水年温差 7℃。

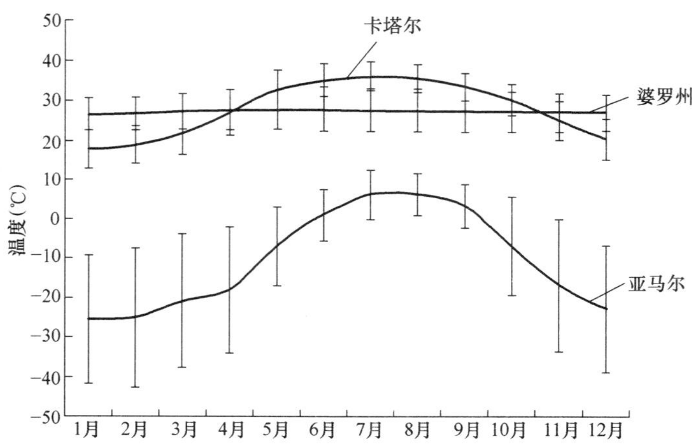


图 1.1-15 典型三地的年空气温度变化

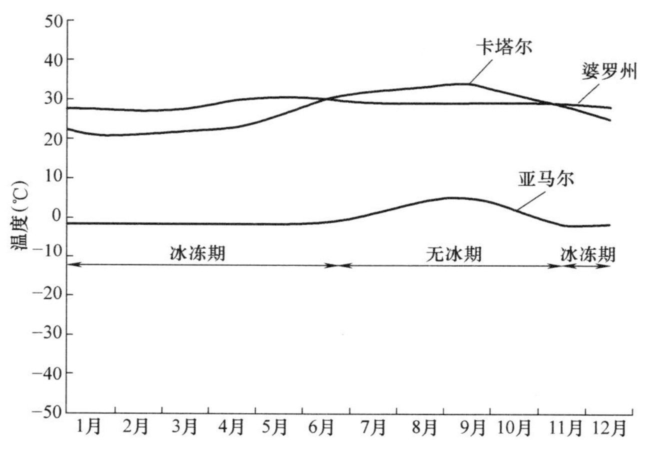


图 1.1-16 典型三地的年海水温度变化

除温度的极大差别外，极地还在以下方面表现出特殊性：

(1) 日照时间变化极大，北极圈内的地区每年有数周到数月时间太阳从不升起，也有相同的时间太阳从不落山。

(2) 工艺设备和管路必须按照极寒条件设计，包括材料选择（如一般碳钢最低工作到−29℃）以及含水或其他较高凝固点物质的管线的防冻。这一点对于 LNG 工厂上游部分尤其重要，因为在预冷和液化段本身是按低温条件设计的，但净化、压缩机、燃气轮机、冷却水等系统必须按照极地低温条件特殊设计。

(3) 强风、长时间的黑暗和低温使得工厂建设、运行和维护困难大增。年降雨（雪）量较小，因为极寒的空气不可能携带太多水分。但只要降下来的雪就会在整个漫长的冬季不融化，海水飞溅形成的水沫也会在临海的设备和建构筑物上冻结并积聚起来。

(4) 海水带冰，并可能封冻，这给行船带来极大考验。

温度条件对 LNG 液化流程的影响主要体现在对流程工艺温度的影响以及对燃气轮机

做功的影响两个方面。概括地说，低温会降低流程的单位产品功耗 $w$，同时增加燃气轮机的输出功（即液化流程能获得的输入功 $W$），两者都将导致 LNG 产量的增大（在原料气供应不受限的前提下）。

直观地说，低温会降低液化过程所需能耗，因而 $w$ 会减小。根据重要性从高到低的顺序，造成这一结果的原因如下：

（1）制冷剂冷凝压力。液化流程预冷段压缩后的制冷剂高温蒸气是完全由环境冷源（水或空气）冷却的，环境温度越低，制冷循环冷凝温度越低，压缩机排气压力降低，从而节省压缩机的能耗。由于天然气液化过程中被吸收的热量 80% 是通过冷凝器排出的，冷凝压力的降低对提高流程效率贡献最大。

（2）压缩机进气温度。采用 C3MR 流程时，一般预冷后温度是定值。但对于 DMR 流程，当环境温度低时，预冷后温度可以随之降低。这样，压缩机的吸入温度也会降低，从而降低压缩机的功耗。在质量流量和压缩比一定的条件下，压缩机的能耗基本正比于用绝对温度表达的吸入温度。这一点对降低单位产品功耗的贡献可达 20%～40%。

（3）液化段入口温度的降低。预冷后温度降低自然意味着液化段入口温度的降低，当然可以减少液化段的能耗。由于高温段制冷的功耗相对较低，所以液化段入口温度的降低对气候低温段制冷功耗的减少作用并不太大，对单位产品功耗的贡献率一般低于 20%。

此外，通过增加额外的换热器，预冷段的部分负荷还可以直接由环境冷却介质承担，这当然也可以降低单位产品能耗。

大型 LNG 工厂所需电力通常是由工厂自行配置的燃气轮机生产的。由于低温增大空气密度，所以燃气轮机吸入的质量流量可以增大，从而增大做功量。从热力学角度来说，对于工业燃气轮机，气温降低带来的做功增幅是 0.7%/℃；对于航空动力燃气轮机则是 1.1%/℃。但这样的增长会受制于燃气轮机的机械限制，如最大轴扭矩或压缩机压力/温度限制。对典型的 Frame 7 工业燃气轮机，做功的增长可持续到环境温度低于－20℃，但航空动力燃气轮机则会在较高的－10～10℃温度范围内达到最大输出。

为了更为定量地分析低温对不同流程的影响，设定以下设计工况对 C3MR 和 DMR 两类流程进行定量分析对比：气温年变化范围：－20～22℃（流程按 11℃设计），采用 2 台 Frame 7 机械驱动式工业燃气轮机，采用空气冷却。

图 1.1-17 和图 1.1-18 给出了 DMR 和 C3MR 流程在气温从 22℃下降至－20℃时 LNG 产量的变化情况。

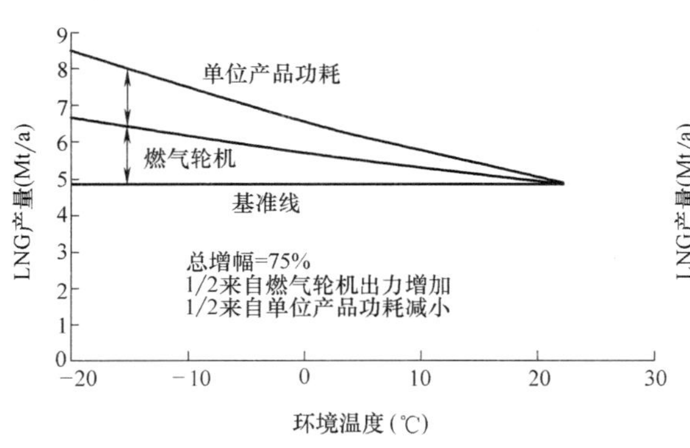


图 1.1-17 DMR 流程产量随气温变化

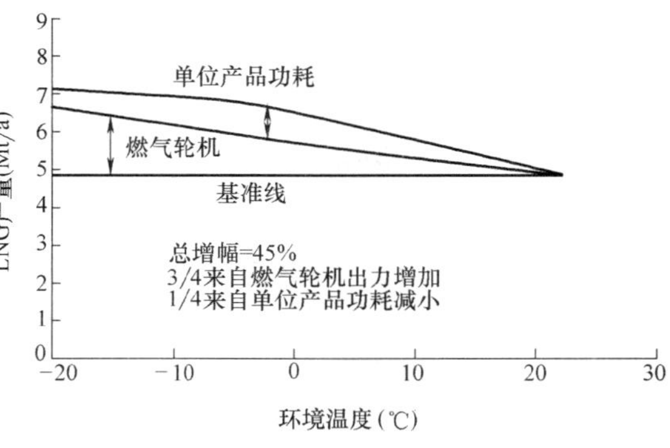


图 1.1-18 C3MR 流程产量随气温变化

由图中可以看出，对于DMR流程，温度降低时，由于燃气轮机出力增加和单位产品液化功耗减小均导致LNG产量近乎线性增长，且两个因素的贡献基本相当；但对于C3MR流程来说，只有燃气轮机出力增加会导致LNG产量线性增长，而单位产品液化功耗减小引起产量增大的效果在温度较低时逐渐减小。

造成这一现象的原因在于，对于C3MR流程，由于预冷段采用丙烷，而压缩机进口维持正压的要求使得丙烷预冷的温度只能维持在略低于−30℃而不能降低。这样，丙烷预冷循环在温度越低时发挥作用的空间就越来越小。更重要的是，随着气温降低到−3℃以下，丙烷制冷循环的负荷太低，不得不采用自循环的方式消耗掉部分制冷负荷以维持机组正常工作，这就使得部分功耗实际上被浪费掉了，因此温度降低引起单位能耗降低的效应开始大打折扣。另一方面，对于DMR流程来说，由于可以采用不同的制冷剂配比使预冷循环在温度很低时仍能维持正压，因此可以有效应对气温的降低，单位产品功耗持续减小，LNG产量持续增加。两种流程的温度变化如图1.1-19所示。

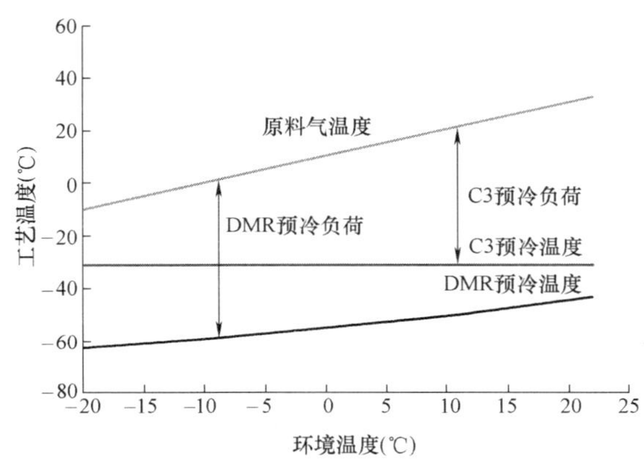

图1.1-19 两种流程的温度变化

以上分析表明，C3MR和DMR流程在环境温度降低后都可以显著增大LNG产量，但C3MR在低于−3℃时增幅明显减小，导致两种流程的LNG产量形成巨大差别。由此可以得出结论：在极地寒冷条件下，DMR流程较C3MR流程有明显优势。

注意以上结论应该在满足以下关键条件的情况下才成立：

（1）装置采用风冷。如果是采用水冷，由于海水全年温度波动很小，且冬季的水温明显高于气温，所以采用两种流程不会带来什么差别。

（2）装置选择的所有设备都能满足最低温度下最大LNG产量时的工况。只要有一种设备不能满足要求，整个流程就不能实现其目标。但这样的设备选择同时也意味着大得多的设备投资，而且各种设备只在最冷的时间段满负荷运行。

（3）消费者的需求与生产能力契合。因为LNG长期销售合同只能按最低生产能力设定，多出的部分如果没有明确用户的话，必须从零售现货市场出售，存在销售风险。

2. 贫气液化流程

传统上，世界上主要LNG工厂的气源都来自于与油田相伴生的天然气。这一类天然气除了主要成分甲烷外，还富含乙烷、丙烷、丁烷、戊烷（C2-C5）等组分。这类天然气也被称为“富气”。

但这种状况在最近一些年发生了明显变化。

首先是澳大利亚开始开发利用其丰富的煤层气资源，并用于生产液化天然气。在澳大利亚Gladstone附近的Curtis岛上，有Australia Pacific LNG（1列4.5Mt/a生产线）、Gladstone LNG（2列3.9Mt/a生产线）、Queensland Curtis LNG（2列4.25Mt/a生产线）等3个利用煤层气生产LNG的项目，这些项目已陆续投产。此外，澳大利亚还拟建

Arrow Energy LNG（2 列 4.0Mt/a 生产线）、Fisherman's landing（1 列 3.0Mt/a 生产线）等煤层气液化项目。

在美国所发生的一切自然又是跟页岩气有关。在美国，随着页岩气的大量开采，美国天然气正变得富余，他们于是准备把原本用于进口的 LNG 终端扩建为液化厂，以大量出口 LNG。利用美国发达的天然气管网，可以将页岩气通过管网输送至沿海的液化工厂。在美国拟建设的 LNG 工厂很多，主要分布在墨西哥湾和西海岸。其中 Sabine Pass（2 列 4.5Mt/a 生产线）项目已在建设中，Cove Point LNG、Freeport LNG（2 列 4.0Mt/a 生产线）、Lake Charles LNG（2 列 7.5Mt/a 生产线）等多个项目已进入实质准备阶段。

同美国山水相连的加拿大也在西海岸进行着出口 LNG 的准备。

在东非海域，那里发现的巨大的天然气藏吸引全球的目光；在寒冷的喀拉海和巴伦支海，俄罗斯和挪威在憧憬着北冰洋的极地 LNG；在东地中海，以色列在考虑建设浮式 LNG……

这些项目的一个共同特点是，它们的气源来自煤层气、页岩气以及不与石油伴生的天然气。也就是说，这些气源都是甲烷含量很高，但 C2～C5 含量很低的“贫气”。

贫气液化拓展了天然气液化工业的疆域；但另一方面，贫气液化也带来了一些新的问题。这些问题既有经济层面的，也有技术层面的。

在经济方面，贫气液化面临着两方面的问题：一方面，像页岩气和煤层气这样的气源，气开采成本本来就可能高于常规天然气，另外还要加上从管网输送到海边的成本（在澳大利亚这样缺乏基础设施的地方，输气管网还需要建设），这使得项目的原料气成本偏高；另一方面，C2～C5 是液化石油气（LPG）和天然气液体（NGL）的主要成分，因此，从贫气液化中很少或不能得到 LPG、NGL 等具有高附加值的产品，而这些产品往往在 LNG 项目实现良好经济效益中发挥着重要作用。这些问题加在一起则意味着贫气液化的成本会高于常规天然气液化。

贫气液化在技术方面面临的问题也不少。

由于种种原因，贫气源中时常伴随着与其“贫”字不相称的较高的重烃组分含量。这些重烃组分包括长链烷烃的己烷、庚烷、辛烷、壬烷（C6-C9）和其支链的同分异构体，以及芳香烃中的苯（BZ）、甲苯（TL）、二甲苯（Xylenes）和乙苯（ETBZ），等等。所以，贫气实际上“贫”在我们通常希望拥有的 C2～C5 这些组分，但刚才提到的这些我们不希望有的重组分倒是一点不“贫”的。

在天然气液化流程中，重烃通常不设单独的脱除装置，而是随着 NGL 的分离而自然带出液化装置。但由于贫气的 NGL 含量低，因此常规天然气液化流程中分离 NGL 的多种方式，如前置的 NGL 提取装置、集成的重烃洗涤塔、预冷后部分冷凝等方式，用于贫气液化都存在一定程度的适用性。因此，贫气液化中的重烃脱除需要做出新的考虑。

贫气中 NGL 较少这一特点，不仅影响流程经济性、对重烃脱除造成影响，还影响到天然气液化流程的正常运行。因为常规天然气液化中用到的 C1～C5 各种制冷剂通常都来自于天然气本身，而贫气中 C2～C5 含量较少，常规的分离 NGL 的方案可能不能正常工作，这将会影响到流程不能获得所需的制冷剂。

这个问题对于乙烷尤其重要。流程所需制冷剂如不能自身获得，原则上可以采购获得。实际上，C3～C5 几种物质通常可以作为一种工业用化学品采购到，但大量乙烷的采购是很困难的。理论上说，乙烯可以较好地替代乙烷作为制冷剂使用，但出于安全方面的考虑，还是更倾向于使用乙烷。

所以，制冷剂（尤其是乙烷）的获得就是贫气液化中一个需要专门面对的问题。本节以下主要介绍这方面的解决方案。

图 1.1-20 为在常规天然气液化工厂中长期使用的采用洗涤塔分离提取 NGL 的流程，该流程通常与液化过程整合在一起。

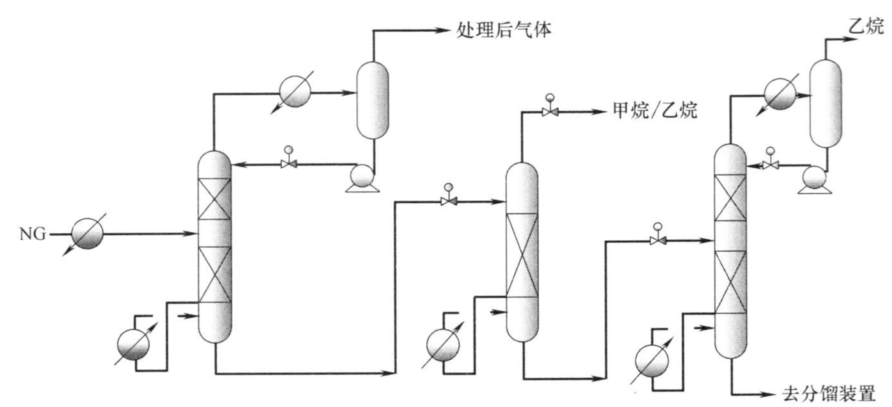


图 1.1-20　与液化过程整合的洗涤塔提取 NGL 流程

以上洗涤塔流程在液化压力下工作，回流由主制冷循环提供。该流程在富气液化流程中工作良好。但对于贫气液化，该流程存在以下问题：

（1）NGL 提取率低。

（2）气液两相密度差小。

（3）重烃脱除效果难保证。

为此，需要设计新的流程来应对贫气液化的特殊问题。提取 NGL 的透平膨胀机方案即可以处理这个问题，该方案在几个 LNG 工厂及 FLNG 项目中获得了应用。该方案具有以下特点：

（1）回收塔在低压下操作。

（2）不由主制冷循环提供冷量。

（3）无 C5＋和苯残留的危险。

（4）高 NGL 提取率。

（5）可以采用 d/s 增压压缩机和高压液化。对于可以采用高压的流程和设备，提高液化压力将改变液化流体的焓曲线，使冷热流体曲线可以在换热器的整个温区保持几乎恒定的小温差。正是因为考虑到世界上有几套液化压力在 6.5～7.0MPa 的装置在长期运行，而且近年还出现了更高的液化压力，所以才提出了这种带增压机的流程。

回收塔的回流可以是以下几个选项中的一种或几种：透平膨胀机的旁通；处理后气体再循环；NGL 再循环。采用这些回流方式，都可实现既满足液化单元入口对原料气规格的要求（原料其中的苯、C5＋含量），又满足乙烷和丙烷补给品生产率的要求。以下讨论单纯采用处理后气体回流的方案（图 1.1-21）和联合采用处理后气体与透平膨胀机旁通回流的方案（图 1.1-22）。两个方案具有相同的设备数量和相似的换热器表面。

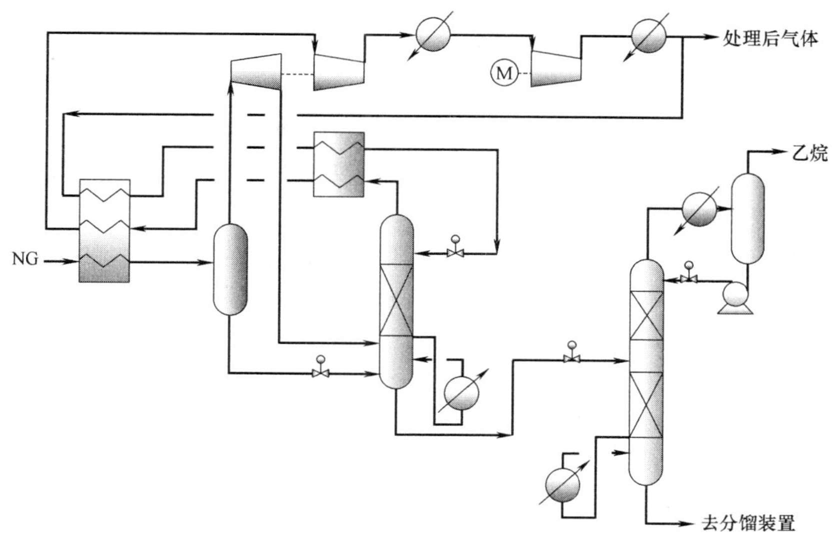

图 1.1-21 典型的单回流 NGL 回收方案

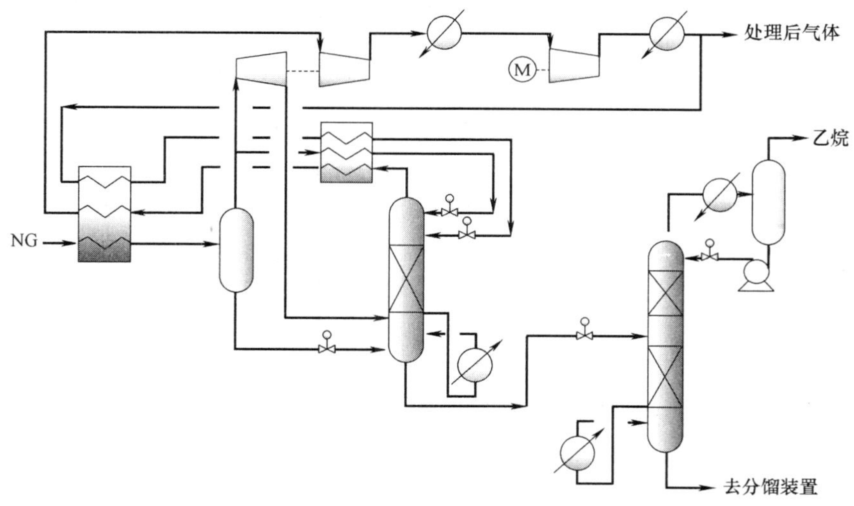

图 1.1-22 典型的双回流 NGL 回收方案

单一处理后气体回流是最简单的方案之一，它能以有限的设备和大量回流实现重烃脱除和从处理后气体回收制冷剂补给。

第二种联合采用处理后气体与透平膨胀机旁通作为回流的方案更具有灵活性。增加的第二股回流可以增加 NGL 回收，而处理后气体回流则可保证有液体残留时的鲁棒性。而且，当原料气组分大幅变动时，由于双回流提供的灵活性也能很容易对 NGL 提取进行调节。更进一步分析表明，如果需要处理更贫的气体，双回流方案的增压压缩机功耗将小于单回流方案。

3. 用于 FLNG 的天然气液化流程

海洋蕴含着大量的天然气资源，这其中大部分远离陆地或处于深水区，不适合用管输方式先输送到陆地上再进行液化。海上天然气液化通常不会先建设大型永久性固定式海上平台，因为这样做的成本过于高昂。更加实际可行的方案是在 FPSO 这样的浮动平台上进行 LNG 生产，即 FLNG 方案。狭小而晃动的场所对 FLNG 的生产带来许多特殊的挑战，包括以下一些问题。

波浪和风引起的船只晃动必须在过程设备的设计中加以考虑。一方面，设备所需的强度和抗疲劳取决于晃动的严重性，而这时取决于船只大小、设计特点以及当地海况。设备设计除了考虑船只在站时的典型状况，还需要考虑以下因素：从制造厂到现场的转运过程、强风暴、面对灾难性事件（如爆炸负荷、船只损坏造成的倾斜等）的生存能力；另一方面，具有两相流动的过程设备可能会受船体晃动的影响，造成性能的下降，这一点必须在设计时加以考虑，以便确保整套装置产量达到设计目标。

同陆上装置相比，船上狭小的空间也为设备设计带来困难。即使不考虑风浪引起的晃动，设备维护、维修、更换的空间都极为有限。

也是由于空间狭小，船上很难严格把可燃物存放区和人员经常活动的区域分开。因此，考虑到尽可能降低灾难性风险的要求，船上的可燃物储存量应尽可能减少。而合理的流程选择则可以在一开始就尽可能减少可燃物储存。

另一个需要引起注意的问题是海水的腐蚀性。含盐的海水持续不断地泼洒到设备和管路上，这是选择材料时必须考虑的。比如，陆上装置可以采用铝制低温设备，而海上装置则需要采用更具有抗腐蚀性的材料，如 316L 级不锈钢。

以上这些不利条件说明，将陆上装置的天然气液化流程移植到海上时，不能照搬照用，而要具有创造性的发展，才能应对这些恶劣的海上环境带来的挑战。但创新本身又带来不确定性的风险，在某项创新被真正使用前必须采取全面稳妥的测试和评估。例如，在 Shell 的 Prelude FLNG 项目和 Petronas 的 FLNG 项目中都采用了由 AP 公司提供的绕管式换热器，这些换热器采用了不锈钢壳体提供足够的强度和耐腐蚀性，而内部则采用了铝材以提供优良的换热性能和轻巧的重量。这种换热器在正式使用前经历了大量的测试评估。

在 FLNG 需要进行的众多选择中，液化流程的选择居于核心地位，它决定了设备的类型和数量，对整套装置以及船体的设计都有巨大影响。根据天然气液化的一般规律，结合 FLNG 的特殊要求，可将 FLNG 对液化流程的主要要求归纳如下。

（1）流程效率/产能

流程效率直接决定装置的运行成本，在对大型液化装置的效率追求精益求精的今天，FLNG 装置的效率自然也是一个重要的影响因素。

流程产能是另一个基本要素。如果采用某种流程需要两套装置的话，这会比一套较大的装置明显增加投资；在海上本来场地极为有限的条件下，这会直接成为致命的否决因素。

（2）设备数量

在海上紧凑条件下，设备少的流程会占据一定的优势。

（3）可燃制冷剂储量

如前所述，由于布置紧凑，可燃制冷剂储存区很难与人员经常出入的区域严格分开。根据常识，化工厂内可燃液体存储区域总是危险性最高的区域，而且危险登记的判定直接与可燃液体的储存量相关。为保障安全生产，FLNG 装置中选择尽可能减少可燃液体

（主要是可燃制冷剂）的储存是一种必然选择。而其中最受关注的则是丙烷。

（4）晃动敏感性

对于使用的制冷剂存在气液两相变化的流程，应对所采用的换热器适用于晃动工况的可行性进行全面测试评估。

AP公司采用丙烷预冷的C3MR流程是世界上天然气液化的主要流程，但这种在陆上装置中占据主流的液化流程在FLNG中却成为首先被淘汰的一种流程，“罪魁祸首”就是丙烷。FLNG流程需要尽可能减少液态可燃制冷剂尤其是丙烷的储存。C3MR却是所有流程中丙烷使用最多的。在C3MR流程中，除了混合制冷剂组成中含大量丙烷外，还有一个单独的丙烷预冷流程。而这个丙烷预冷流程中存在一个长期积聚大量液体丙烷的釜式蒸发器。因此，即使将所有为补给而储存的液态制冷剂储量降到最低，这个工艺过程必需的釜式蒸发器仍然是一个储存大量液体丙烷的容器，其危险性无法得到降低。

虽然C3MR被认为不适合FLNG，但带预冷的MR循环以其成熟高效仍让人割舍不下。对于较大型的装置，可以采用不燃性制冷剂替代可燃的丙烷作为预冷循环的工质，如采用氢氟烃HFC-410a。规模较小的FLNG装置，则可以选用不带预冷的单混合制冷剂循环SMR。

基于逆布雷顿循环的氮膨胀循环早已成功应用于空分工业，在小型天然气液化装置中也有应用。氮膨胀循环在大型LNG装置中的应用则是在AP-X流程中，发挥其容易获得很低温度的特点，在C3MR之后的低温过冷段使用。但总的说来，由于氮膨胀循环相对来说在各种液化循环中效率最低，所以从未单独用在较大规模的LNG装置中。

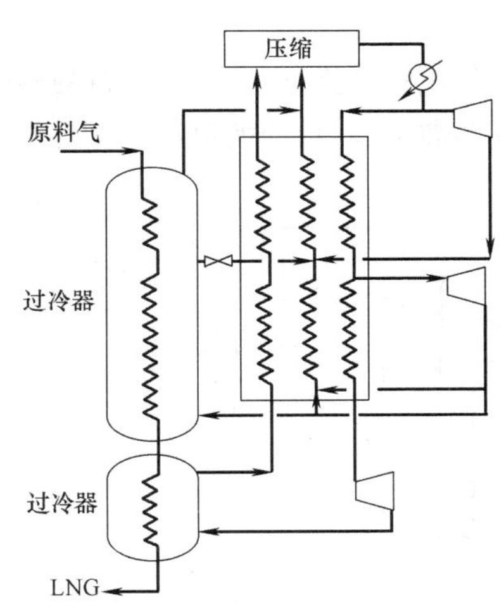

图1.1-23　氮膨胀液化流程AP-N

但FLNG概念的提出使得氮膨胀循环的应用“柳暗花明”。这是因为氮膨胀循环虽然效率较低，却一举解决了前面流程选择原则中提到的两个问题：安全性和两相流。由于氮是惰性气体，这种制冷剂具有本质的安全；同时，由于氮工质在循环中始终处于气相，也就完全避免了两相流及由此引起的流体分布不均、设备效率下降等问题。

当然，氮膨胀循环效率较低毕竟是个重大缺陷，所以当FLNG采用氮膨胀循环时，还是需要对流程进行改进。图1.1-23是AP公司专门针对FLNG开发的新型氮膨胀流程AP-N。

AP-N天然气液化流程具有两个压力级别和三个膨胀机温度。制冷剂氮被压缩后冷却至环境温度，然后形成两个分支。大部分进入节能器（一个辅助换热器）高温段被进一步冷却；另一股热气流则在透平膨胀机中降温膨胀至中间压力，进入高温段提供冷量后回到压缩机。高温段预冷后的氮气流的大部分从一中间点被抽出，在第二个透平膨胀机中膨胀至与第一个透平膨胀机出口相同的中间压力，节流后送入装置主低温换热器MCHE提供天然气液化所需的大部分负荷，同时也有部分送入节能器低温段提供冷量。由于MCHE液化段所需制冷剂量多于预冷段，多余的部分制冷剂则从MCHE中间点抽出，剩余冷量在节能器高温段得到回收利用。高温段预冷后的氮气流的剩余小部分则在经低温段进一步冷却后在第三个透平膨胀机膨胀至低压，送入低温过冷器 SCHE 为天然气过冷提供冷量，并回到节能器中回收冷量后送回压缩机。显然，MCHE 和 SCHE 两个绕管式换热器有不同的壳程制冷剂工作压力。制冷剂压缩分多级完成，第一级将 SCHE 出来的低压制冷剂压缩至中压，第二级将中压制冷剂压缩至较高压力，最后由几个透平膨胀机的压缩端压缩至所需高压。

AP-N 流程以增加设备复杂性为代价（三台透平膨胀机、不同压力的主换热器和过冷器以及单独设置的节能器），换取了流程效率相对常规氮膨胀流程的提升。由于流程本质的安全性以及还能接受的效率，这一流程已经被选择应用于 Petronas 的 FLNG 项目。

另一种提升氮膨胀循环效率的方法则是增加预冷循环。原则上，各种在普冷温度段成熟的制冷循环都可以用于氮膨胀循环的预冷，但对于 FLNG 项目来说，类似丙烷这样的可燃制冷剂显然不受欢迎，因为它破坏了氮膨胀循环本质安全这一最宝贵的特点。

用制冷工业中通常使用的氢氟烃 HFC 作为预冷循环的制冷剂显然是合理的考虑，AP 公司开发了相应的 AP-HN 流程。虽然 FLNG 所需冷负荷超出了制冷工业通常的范围，但分析表明压缩机的空气动力学特性还在经验证的范围之内。采用 HFC 作为制冷剂需要考虑补给问题，因为这是天然气原料中自身无法提供的工质。

采用溴化锂吸收式制冷是另一种预冷的选择。由于这是一种采用了 LiBr 水溶液的制冷方式，显然其制冷温度必须在 0℃以上。相对于通常由丙烷提供大约－30℃预冷温度相比，吸收式制冷对于整个装置的总能耗来说节省不多。但另一方面，吸收式制冷可以采用废热来驱动，因而它的这部分能耗可以不算在整个装置的能耗中，这样整个装置的能效提升甚至可优于采用常规蒸气压缩预冷循环的装置。

二氧化碳是另一种本质安全的制冷剂，因此采用二氧化碳制冷循环为氮膨胀循环提供预冷也是一种合理的选择。图 1.1-24 是 Total 设计的一种带 $CO_2$ 预冷的氮膨胀循环。

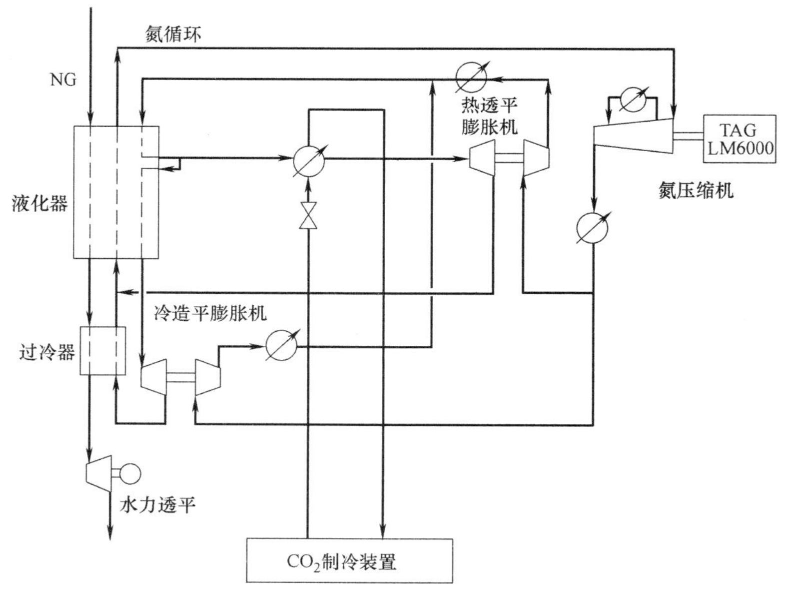


图 1.1-24　带 $CO_2$ 预冷的氮膨胀液化流程

实际上，改进的氮膨胀循环和 SMR 循环都不适合规模很大的装置，而采用 HFC、$CO_2$ 等预冷的循环在大型天然气液化中还没有得到过应用。因此，人们自然会把关注的目光投向另一种高效循环：双混合制冷剂 DMR 循环。

DMR 流程相比 C3MR 流程，由于没有专门的丙烷预冷循环，所以丙烷含量大大减少。但通常优化设计的 DMR 循环中，不论其高温循环还是低温循环的混合制冷剂 MR 都含有丙烷。为了进一步减少丙烷的含量，可以在流程优化时人为减少甚至取消丙烷的使用。根据 AP 公司的分析，当 C2 组分采用乙烷时，增加 C4 的用量（尤其是在高温 MR 中）、同时取消 C3 的使用，可以优化出流程效率基本不变的结果。但当 C2 组分采用乙烯时，同样的变化会导致流程效率降低 14%。这是因为乙烯沸点较乙烷低，而 C4 的沸点又很高，当取消了 C3 后，C2 和 C4 之间沸点差别太大，无论配比如何调整都不能保证整个温度段的总体高效。

表 1.1-6 列出了 AP 公司给出的用于 FLNG 的几种典型流程的性能比较。

**用于 FLNG 的几种典型流程的性能比较** **表 1.1-6**

| 流程 | 相对效率(%) | 单线产能(Mt/a) | 设备数 | 可燃制冷剂 | 大量 C3 储存 | 运动敏感性 |
|---|---|---|---|---|---|---|
| C3MR | 100 | ＞5 | 典型 | 有 | 有 | 可消除 |
| DMR | 100 | ＞5 | 典型 | 有 | 无 | 可消除 |
| SMR | 87 | 1～2 | 少 | 有 | 无 | 可消除 |
| 预冷氮膨胀 | 85 | ＜2 | 多 | 无 | 无 | 可消除 |
| 氮膨胀 | 75 | ＜1.5 | 多 | 无 | 无 | 无 |

从上表可以看出，由于大量储存丙烷，C3MR 被基本排除在 FLNG 流程选择之外。对于 3Mt/a 以上的大型 FLNG 装置来说，DMR 基本上是唯一选择。但对于较小的 FLNG 装置来说，如果业主倾向于高效率和少设备，则 SMR 是较好的选择；而业主倾向安全的话，则氮膨胀循化是最佳的答案。

#### 1.1.2.3 中国 LNG 技术进展

中国液化天然气技术起步较晚，但近年来在大型液化装置、小型液化装置、关键设备等各方面都取得了明显的进展。

1. 大型液化装置

为了摆脱我国 LNG 工程技术受制于人的局面，开拓海外 LNG 资源，实现国家能源供应的多元化，中国石油开展了重大科技专项“天然气关键技术研究”工作。在此背景下启动国内首个百万吨级 LNG 液化厂工程——湖北 $5\times10^6m^3/d$ LNG 国产化示范工程的建设，并以此为依托进行 3.5Mt/a 天然气液化装置的研究工作，为“3.5Mt/a 液化装置建设 $10^7t$ 级 LNG 液化工厂”奠定了基础。

湖北 $5\times10^6m^3/d$ LNG 国产化示范工程采用了 CPE 西南分公司多项专利技术，其中液化装置采用自主开发的“单组分多级制冷天然气液化工艺技术”，该工艺采用了三个制冷循环。第一级丙烯制冷循环为天然气、乙烯制冷剂和甲烷制冷剂提供冷量；第二级乙烯制冷循环为天然气和甲烷制冷剂提供冷量；第三级甲烷制冷循环为天然气及自身提供冷量。天然气经过丙烯制冷系统预冷、乙烯制冷系统冷凝及甲烷制冷系统过冷节流成为 LNG 产品。

该工艺还具有以下特点：该工艺为改进型阶式制冷工艺，具有能耗低的特点，在甲烷制冷系统中采用了以甲烷为主的配方冷剂，添加乙烯和氮气提高制冷效率；所采用的制冷压缩机等关键设备均基于国内业已成熟的技术，有利于实现国产化，有利于缩短建设周期；由于采用了丙烯、乙烯、甲烷三级制冷系统，降低了制冷压缩机的单机功率，可减小压缩机启动时对电网的冲击，有利于实现国产化，同时也有利于实现大型化；制冷系统采用单组分或者简单的配方冷剂策略，与混合冷剂工艺相比，制冷压缩机压缩介质简单，压缩机正常启动后即可达到设计工况，无需混合冷剂压缩机的冷剂反复调整过程，减少了冷剂排放量，有利于实现“零排放”环保开车；换热系统采用“管壳式换热器＋冷箱”，技术成熟、安全可靠，避免了引进绕管式换热器，同时前端换热器负荷分担，冷箱中换热器数量少、尺寸小，避免了冷箱偏流问题；采用优化的重烃脱除方案，有效地避免了国内LNG工厂普遍出现的冷箱冻堵问题。

除了CPE西南院开发成功大型级联式天然气液化流程外，中石油寰球公司也开发出具有自主知识产权的DMR流程。该流程已成功应用于陕西安塞和山东泰安两个0.6Mt/a的大型LNG项目中。

2. 小型液化装置

除了较大规模的天然气源外，生产实践中还会有气田分散的单井气、油田伴生气、煤层气、页岩气、工艺放散气以及海上采油平台产出的无法利用的小股量天然气等零散天然气。在实际应用中一般会将这些零散气和工艺放散气焚烧，这严重影响环境和浪费资源。例如中原油田有100多口零散井，单井日产量大多在10t以下，各井分布比较分散，生产不稳定。据不完全统计，仅部分因地域限制、分散的小油田每年烧掉的伴生气就高达10亿$m^3$左右。因此，液化采收零散气和放散气资源，变废为宝，对缓解能源供应紧张和改善地区环境有着十分重要的意义。另外，天然气管网集输能够实现大气量输运，但是难以兼顾周边小用户；采取小型液化技术模式，建立虚拟管网，有利于增大管网覆盖范围，提升管道输运的效能，并发挥调峰作用，意义重大。同时作为清洁能源，LNG燃料的客车及重型卡车的发展越来越受到重视。小型LNG液化装置在实现城市调峰作用的同时，还可以作为车用LNG燃料的加注站。因此，小型可移动式天然气液化装置的研制对于我国天然气的开发利用和LNG市场越来越重要。

小型可移动式天然气液化装置规模一般在5～70t/d。其基本特征为：运输方便、尺寸紧凑、维护简单，并且具有较高的运行效率以及较低的初投资成本。

中国科学院理化所2007年研制成功第1套2000$m^3$/d的煤层气液化装置，并于2008年在淮南试车成功。

2009年中国科学院理化所成功研制一套风冷可移动式10000N$m^3$/d撬装天然气液化装置。该系统预冷和主冷均采用开启式螺杆压缩机，工质分别采用R22和多元混合工质。压缩机单元、预冷换热器、空冷器等均组装在一个撬体上。

2011年，15000N$m^3$/d全风冷螺杆式煤层气液化装置研制成功。该装置采用核心技术与10000N$m^3$/d液化装置相同，其中冷箱高度降低至4.5m，节省了很大空间。

2013年，30000N$m^3$/d LNG撬装液化装置研制成功并在内蒙古杭锦旗投产。该装置中压缩机及冷箱集成在一个撬块，撬块高度在3.0m以下，满足一般公路运输条件，其优点在于：液化装置为单独撬块，制冷系统无需现场接管，接电即可开机。

利用可移动式天然气液化装置可形成一种高效的储运方案，大幅度提高其综合利用率。中国科学院理化所提出根据气源规模和气井的分散程度在一定区域内以多套撬装液化装置集群应用，这一方案可以形成一定液化处理规模的分布式柔性液化中心，实现天然气的撬装液化集输方式，并且可以将液体天然气输至较远的用户区，提高和拓展天然气资源的利用效能。这种液化装置集群规模可以灵活变动，从每天液化万方到几十万方。

3. 行业发展趋势展望

未来液化天然气技术的主要发展趋势包括以下方面：

（1）超大型液化装置，单线年产量 600 万 t 左右的液化装置，目的是实现更大的规模经济。在这一方面，LNG 行业发展的主要方向包括：

1）适合于大型装置的低能耗液化流程研究开发；

2）大型换热设备（绕管式、板翅式等）研究开发及超临界和相变传热基础问题研究；

3）大型混合制冷剂压缩机研究开发及相关流动过程基础问题研究。

（2）小型液化装置，适合于一些边际气田、小的气井，同时也适合于一些小型非常规天然气资源的液化。这方面的发展方向包括：

1）适合于小型装置的复合净化技术研究开发；

2）适合于小型装置的紧凑型液化流程研究开发；

3）撬装式液化装置的研究开发；

4）小型高效流体机械（膨胀机、压缩机）和换热设备的研究开发。

（3）非常规天然气的液化，重点是煤层气和煤制合成天然气液化。这方面的主要发展方向应包括：

1）含氧煤层气的安全特性研究；

2）含氧煤层气中氧的安全高效脱除；

3）甲烷/氮的高效分离（吸附、精馏）；

4）含氢甲烷的物性与相平衡特性研究；

5）氢的高效脱除；

6）实现分离与液化过程能量整体优化的流程研究开发。

（4）海上天然气液化。海上天然气液化主要需要面对场地狭小和平台晃动等问题，相应的发展方向主要包括：

1）可处理较高 $CO_2$ 含量、减少预处理装置占地的天然气带压液化流程研究开发；

2）对于更高 $CO_2$ 含量的天然气，可同时实现天然气液化与 $CO_2$ 含量的液化流程研究开发；

3）$CO_2$ 在 LNG 中的液固平衡问题（溶解度）基础研究；

4）天然气中 $CO_2$ 凝华分离特性基础研究；

5）LNG 在晃动软管中的输送特性研究。

（5）LNG 气化及冷能利用。在 LNG 气化方面，发展趋势是越来越重视 LNG 气化过程中的冷能利用，旨在结合具体情况选择最合适的利用方式。这方面的发展方向主要包括：

1）新型高效紧凑换热器的研究开发；

2）利用 LNG 冷能的新型高效发电系统研究开发，包括与常规发电装置（燃气轮机等）实现一体化的系统和与常规发电装置独立的系统；

3）利用LNG冷能发电，同时以液化或干冰方式回收$CO_2$，实现零排放或近零排放的系统的研究开发；

4）利用LNG冷能的空分系统；

5）利用LNG冷能的海水淡化系统；

6）LNG冷能储能材料开发和系统研发。

（6）基础物性数据。包括高精度、宽范围天然气热物性数据的计算及相关测量方法。

## 1.1.3　燃气工程中的空分产业发展

### 1.1.3.1　煤气化和GTL中的空分装置

多数煤气化过程需要氧气的参与，其中有的可以直接使用空气，而有的流程则需要使用空分装置制取氧气。尤其对于整体煤气化联合循环系统（IGCC），一般都需要使用大量的氧气。根据已有的IGCC工厂运行情况看，空分装置消耗功率大约占全厂消耗功率的15%。

图1.1-25是常规的IGCC系统示意图，该系统联合使用空分生产的氧气和余热锅炉产生的水蒸气来作为气化过程的氧化剂。

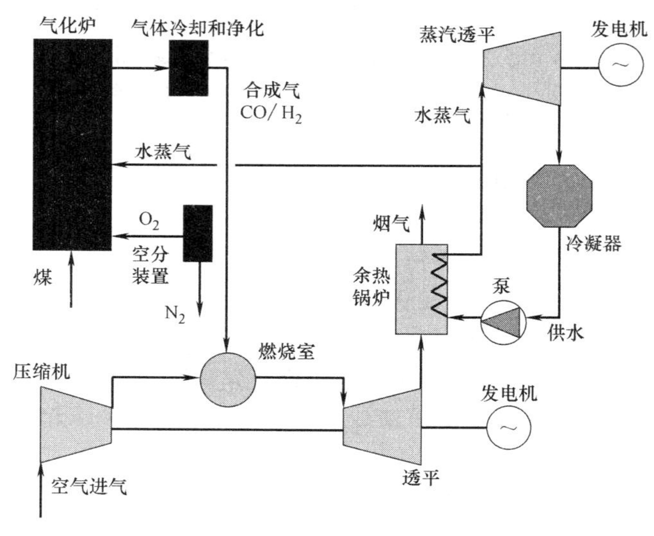


图1.1-25　典型IGCC系统

IGCC系统还可以考虑带有二氧化碳捕集与存储（CCS）单元的系统，如图1.1-26所示。

相对煤气化系统，GTL系统中的空分装置有更多特点。GTL装置主要由合成气生产、F-T合成、合成油处理几个主要部分，此外还包括天然气预处理、反应水处理等相关部分，其流程见图1.1-27。

随着GTL采用的工艺流程不同，氧气耗量有明显不同。部分氧化法需要消耗大量的氧气，自热转化法消耗氧气量较小，而蒸汽转化法无需氧气。与之相对应，制氧设备的投资也就有很大的差别。

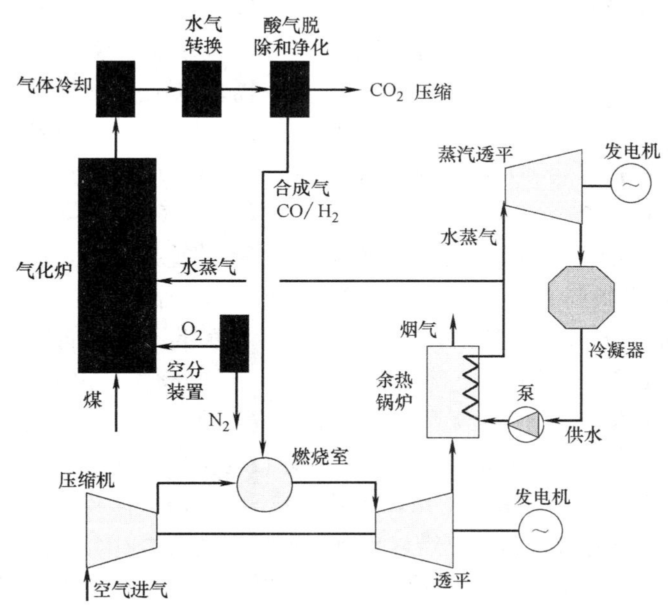


图 1.1-26 带 CCS 的 IGCC 系统

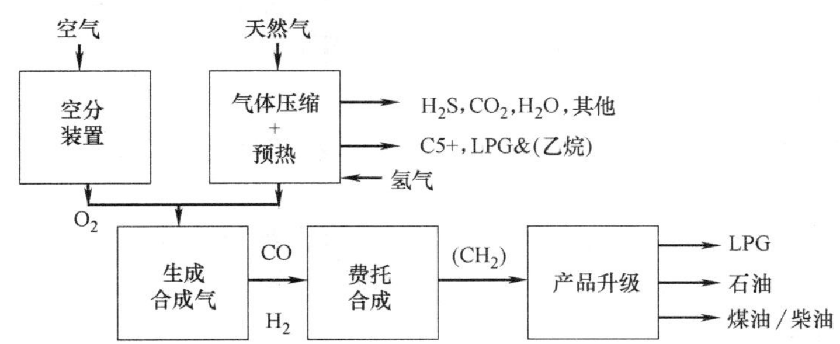


图 1.1-27 GTL 装置流程示意图

国外某一采用部分氧化法的 GTL 装置，产量为 1.75Mt/a，总投资合计为 151.5 亿美元，单位基建总投资为每天 33715 美元/桶，配套制氧设备的制氧能力为 12600t/d，制氧系统投资约 42.8 亿美元。可见，制氧设备的投资无论从绝对数量还是从占 GTL 总投资的比例来看都是巨大的。同时，制氧机又是能量消耗大户。因此，为 GTL 流程合理配置制氧机，对整个流程降低投资和运行能耗，提高产品竞争力具有非常重要的作用。

#### 1.1.3.2 大型空分装置的特点和发展趋势

煤气化、GTL 等大型工程都对空分装置有重大需求，因此，空气液化与分离对我国煤和天然气化工的发展至关重要。但由于大型空分装置结构组成、工艺过程和技术需求等方面的复杂性，70000$Nm^3$/h 等级以上空气分离类成套装备目前完全依赖进口，国产空分装置能耗比国际先进水平高 10%以上。实现超大型、低能耗空分装备突破是我国面临的重大技术问题。

复杂空气分离类成套装备是工业血液的“造血装备”，其复杂性表现在三个方面：

1）结构组成复杂，由净化器、压缩机、预冷装置、纯化装置、增压膨胀机、换热器与精馏塔等多机组多部机组成；2）工艺过程复杂，通过空气压缩、净化、换热、冷却与精馏等工艺过程，生产氧、氮或其他稀有气体；3）技术需求复杂：大型钢铁、大型石化、大型火电等大型工程对空气分离类成套装备的设计制造提出了不同的技术要求。

复杂空气分离类成套装备核心技术主要来源于法国（Air Liquide）、德国（Linde）、美国（Praxair，APCI）等发达国家。随着大型工程对空气分离类成套装备需求不断增长，超大型化与低能耗化作为新一代空分成套装备技术的重要特征，已成为当前空分成套装备技术国际竞争的制高点。目前，我国生产的空气分离类成套装备在 60000 等级（$Nm^3/h$）以下，能耗比国际先进水平高 10%以上。等级上不去，能耗下不来，成为制约我国空分成套装备发展的突出问题。70000 等级以上空气分离类成套装备目前完全依赖进口，导致我国工业气体生产能力很大程度受国外公司控制，从工业气体是工业的“血液”这一角度来看，这一局面严重威胁我国重大工程建设与重要工业生产。

复杂空气分离类成套装备超大型化，导致空气分离各物理过程的非线性特征更为突出、变工况对机组运行的瞬态影响更难以预测、跨机组的机电/汽液/流固及热固多学科耦合与关联更为复杂。大型化设计不是对现有机组参数的简单放大，需要解决不同机组、不同层次、不同学科相互耦合关联的 1600 多个主要设计变量、12000 多个设计参数的计算与分析难题。低能耗化需要解决氮、氧、氩多组分低温气液混合流界面在宏观和微观两个尺度、临界和超临界两种状态、汽液与流固多重耦合下完成复杂传热传质与大尺度非定常流动过程中能量分布、迁移与损耗的精准预测与分析难题。高可靠性需要解决在超大流量（空气流量高达 50 万 $Nm^3/h$）、高转速（高达 60000r/min）、深低温（−196℃）、高压力（20MPa）等极端环境下连续工作的多机组、多部机寿命均衡设计、保质制造与稳定运行难题。

要实现超大型、低能耗空气分离类成套装备技术难题的突破，须解决“低能耗驱动的大尺度混合流复杂界面渐变形成规律”、“超大型化多机组多变量关联的场分离与场耦合原理”与“高可靠性关键部机的寿命均衡设计与稳定运行理论”一系列科学与工程问题。

在空气分离方向，近期可优先开展以下方面的研发工作：

（1）大尺度混合流与非定常流动界面形成规律；

（2）大型装备中动力学非线性耦合机理；

（3）复杂工况多机组多变量关联设计理论；

（4）多机组同步稳定与寿命均衡设计原理；

（5）关键部机高强度大构件保质制造技术；

（6）超大型空分装备性能实验、仿真与集成；

（7）工业气体在环保等领域的新应用。

## 本节参考文献

[1] BP. BP Statistical Review of World Energy，2015.

[2] IEA. World Energy Outlook 2011：Are we entering a golden age of gas? 2011.

[3] Cheng Y P，Wang Lei，Zhang X L. Environmental impact of coal mine methane emissions and re-

sponding strategies in China. International Journal of Greenhouse Gas Control，2011，5（1）：157-166.

［4］ Karacan C Ö，Ruiz F A，Cotè M，et al. Coal mine methane：a review of capture and utilization practices with benefits to mining safety and to greenhouse gas reduction. International Journal of Coal Geology，2011，86（2-3）：121-156.

［5］ 张蓉蓉．我国煤层气开发的现状及其对策．石油与化工设备，2011，14（4）：5-7.

［6］ 王升辉，孙婷婷，赵亚利．煤层气与煤炭产业分析．中国矿业，2011，20（增刊）：20-31.

［7］ Tan Z T，Wang S L，Ma Lu. Current status and prospect of development and utilization of coal mine methane in China. Energy Procedia，2011，5：1874-1877.

［8］ 郭力方．去年煤矿瓦斯抽采量达 88 亿方．中国能源报，2011-01-10.

［9］ 黄盛初，刘文革，赵国泉．中国煤层气开发利用现状及发展趋势．中国煤炭，2009，35（1）：5-10.

［10］ Lin W S，Gu M，Gu A Z，et al. Analysis of coalbed methane enrichment and liquefaction processes in China. In：Proceedings of 15th International Conference & Exhibition on Liquefied Natural Gas，Barcelona，Spain，2007.

［11］ Unsworth N J. Wheeler，F. LNG from CSG-challenges and opportunities. In：Proceedings of 16th International Conference & Exhibition on Liquefied Natural Gas，Oran，Algeria，2010.

［12］ 余国保，郭开华，梁栋等．高效煤层气储运及低温液化技术可行性研究．油气田地面工程，2008，27（5）：9-10.

［13］ 余国保，孙志高，郭开华等．煤层气小型液化前景与可行性探讨．中山大学学报论丛，2007，27（2）：96-100.

［14］ 李红艳，贾林祥．煤层气液化技术．中国煤层气，2006，3（3）：32-33.

［15］ WHO. WHO Air quality guidelines for particulate matter，ozone，nitrogen dioxide and sulfur dioxide，2005.

［16］ IGU. Case study in improving urban air quality，2015.

［17］ 张海滨．浅析我国发展煤制天然气的必要性及其风险．中国高新技术企业，2009，（6）：92-93.

［18］ 王小伍，华贲．液化天然气，管道天然气与煤制天然气的比较分析．化工学报，2009，60（S1）：35-38.

［19］ 付子航．煤制天然气碳排放全生命周期分析及横向比较．天然气工业，2010，30（9）：100-104.

［20］ Paulina J，Michael G W，Scott M H. Comparative life-cycle air emissions of coal，domestic natural gas，LNG，SNG for electricity generation. Environment Science Technology，2007，41（17）：6290-6296.

［21］ 李大尚．煤制合成天然气竞争力分析．煤化工，2007，（6）：1-3，7.

［22］ 杨春生．煤制天然气产业发展前景分析．中外能源，2010，15（7）：35-40.

［23］ BP. BP Statistical Review of World Energy June 2011. http：//www. bp. com/.

［24］ 刘志光，龚华俊，余黎明．我国煤制天然气发展的探讨．煤化工，2009，（2）：1-5.

［25］ Kopyscinski J，Schildhauer T J，Biollaz S M A. Production of synthetic natural gas（SNG）from coal and dry biomass - a technology review from 1950 to 2009，2010，（89）：1763-1783.

［26］ 张振国，包向军，廖洪强 等．焦炉煤气综合利用技术．工业加热，2008，37（6）：1-4.

［27］ 王太炎．焦炉煤气开发利用的问题与途径．燃料与化工，2009，35（6）：1-3.

［28］ 王清涛，委肖杰，刘金刚 等．一种焦炉煤气甲：院化合成天然气的工艺．CN101649232A，2009-08-25..

［29］ 申曙光，张翠．一种焦炉煤气制合成气的方法．CN101717073 A，2010-06-02.

[30] 钟锦文，李希民，司登里. 一种补碳返氢工艺实现焦炉煤气甲烷化合成天然气的方法. CN101712897A，2009-11-19.

[31] 钱伯章，朱建芳. 天然气制合成油（GTL）技术的新进展. 石油与天然气化工，2012，41（4）：399-404，418.

[32] 高振，侯建国，王秀林，宋鹏飞，张瑜. 天然气制合成油（GTL）技术的工业化进展及发展趋势. 山东化工，2014，43（4）：56-59.

[33] Andress D L，Watkins R J. Beauty of simplicity：Phillips optimized cascade LNG liquefaction process. Advances in Cryogenic Engineering，2004，49：91-98.

[34] IGU. World LNG Report - 2015 Edition，2015.

[35] Roberts M J，Agrawal R，Daugherty T L. Single Mixed Refrigerant Gas Liquefaction Process. US Patent 6347531，2002.

[36] Price B C. Small-scale LNG facility development. Hydrocarbon Processing，2003，82（1）：37-39.

[37] AP. LNG brochure and data sheets，2013.

[38] Alabdulkarem A，Mortazavi A，Hwang Y，Radermacher R，Rogers P. Optimization of propane pre-cooled mixed refrigerant LNG plant. Applied Thermal Engineering，2011，31：1091-1098.

[39] Venkatarathnam G. Cryogenic Mixed Refrigerant Processes. New York：Springer，2008.

[40] Foerg W，Bach W，Stockmann R. A New LNG Baseload Process and the Manufacturing of the Main Heat Exchangers. Linde AG - Stat oil，2003.

[41] Schmidt W. Arctic LNG Plant Design：Taking Advantage of the Cold Climate. In：Proceedings of the 17th International Conference and Exhibition on Liquefied Natural Gas（LNG17），Houston，USA，2013.

[42] Brussol L，Gadelle D，Valade A. Lean LNG Plants-Heavy Ends Removal and Optimum Recovery of Light Hydrocarbons for Refrigerant Make-Up. In：Proceedings of the 17th International Conference and Exhibition on Liquefied Natural Gas（LNG17），Houston，USA，2013.

[43] Bukowski J，Liu Y N，Pillarella M R，Boccella S J，William A Kennington W A. Natural Gas Liquefaction Technology for Floating LNG Facilities. In：Proceedings of the 17th International Conference and Exhibition on Liquefied Natural Gas（LNG17），Houston，USA，2013.

[44] 蒲黎明，李莹珂，刘家洪 等. 湖北500万方/天LNG工厂国产化示范工程主要技术方案选择. 广东化工，2014，41（14）：191-192.

[45] 王红，白改玲，宋媛玲 等. 双循环混合冷剂的天然气液化系统和方法. 中国专利：ZL102393126，2012-03-28.

[46] 公茂琼，郭浩，孙兆虎 等. 小型可移动式天然气液化装置研究进展. 化工学报，2015，66（S2）：10-20.

[47] 林文胜，顾安忠，鲁雪生. 浅谈GTL流程中的空分装置. 气体分离，2005，（5）：9-14..

本节执笔人：林文胜、邱利民、公茂琼

# 1.2 能源互联网中的制冷技术

能源互联网把一个集中式的、单向的电网，转变成和更多的消费者互动的电网。美国著名经济学家杰里米·里夫金的第三次工业革命和能源互联网的提法最近引起广泛关注。能源互联网其实是以互联网理念构建的新型信息能源融合“广域网”，它以大电网为“主干网”，以微网为“局域网”，以开放对等的信息能源一体化架构。微网是能源互联网中的基本组成元素，通过新能源发电、微能源的采集、汇聚与分享以及微网内的储能或用电消纳形成“局域网”。大电网在传输效率等方面仍然具有无法比拟的优势，将来仍然是能源互联网中的“主干网”。

可再生能源在能源消费中所占比例迅速增长，能源结构发生巨变。可再生能源发电占发电比例的大幅提高带来电源与电负荷之间的严重不匹配，进而产生“弃风”、“弃水”等现象。单靠电力系统本身的技术进步，尚无法解决能源清洁化、高效化发展的问题。建立跨行业的能源互联网，借助其他终端消费能量形式与电力系统联合运行是电网负荷平衡、稳定运行的一个重要途径。建筑夏季供冷与冬季供热无论对于电源还是能源消费终端都是以电网为主的能源网的主要组成部分。利用电力供给建筑冷热负荷，并结合蓄冷/热，可从电源与电负荷两个方面同时增加电力调节能力。其中，涉及电与热、冷之间的转换是能源网中的核心环节之一，而作为这一转换环节的载体——制冷机或热泵，将在未来能源互联网中发挥核心作用。能源互联网中的热泵与现有常规热泵的运行参数与调节方式均有较大不同，这为热泵技术的发展提出了新的要求。同时，热泵在能源互联网领域的巨大需求也为制冷行业开辟了新的市场，给制冷行业带来了空前的机遇。

## 1.2.1 能源变革下热泵制冷行业面临空前机遇

### 1.2.1.1 可再生能源将成为电力行业的主力军

低碳发展是当前能源变革的主题。世界能源发展呈现出清洁化、低碳化、高效化的新趋势。我国政府《能源发展战略行动计划（2014—2020年）》承诺：到2020年，一次能源消费总量控制在48亿tce左右，煤炭消费总量控制在42亿t左右；非化石能源占一次能源消费比重达到15%，煤炭消费比重控制在62%以内；计划到2030年左右二氧化碳排放达到峰值，并且将努力早日达峰。可再生能源主要利用方式是可再生能源发电，因此为了达到前述目标，未来可再生能源发电占总发电比例需要达到30%～40%。

以目前发展迅速的风电为例，我国风电发展20多年来，从2005年以来飞速发展，风电装机容量连续5年翻番，截至2013年年底，我国累计安装风电机组63210台，累计装机容量91.41GW，继续保持全球第一大风电市场的地位。预计到2020年，我国风电总装机容量将达到150GW。如图1.2-1为2001年以来全国历年风电装机数据。

### 1.2.1.2 可再生能源发电面临困局

可再生能源发电受到资源禀赋制约，地域分布广阔，分布不均。我国北方地区风能资源丰富，风电装机容量占全国的比例高达77.6%。然而，电网方面输电容量有限，建设周期一般较长，并面临与风电建设不同步、跨省区电力市场交易机制建设不成熟等难题，形成风电、水电外送体制、机制和政策方面的刚性瓶颈。因此，跨区域电力电量平衡的电

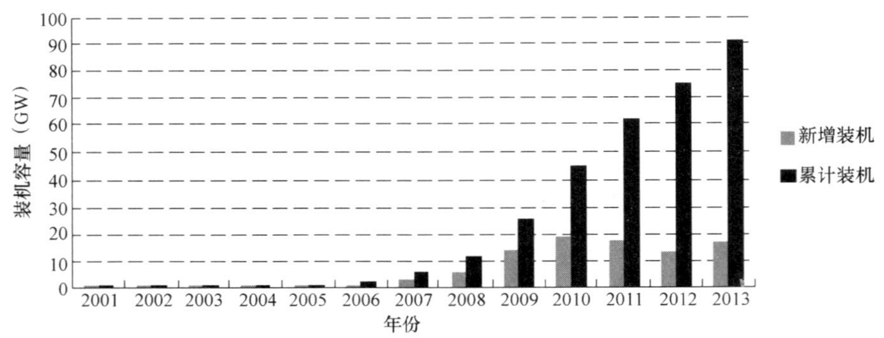


图 1.2-1 历年风电新增装机和累计装机容量

网调峰技术方案无法有效实施。风力发电具有随机性、间歇性和波动性特点。其大规模并入电网以后，由于负荷的随机性与高比例可再生电源随机性的叠加，加重了电源与负荷之间的不平衡，极大地增加了电网运行控制的复杂度。这些导致中国可再生能源发电并网消纳矛盾突出，弃风现象常态化。

我国北方地区，服务于供暖的热电联产机组装机容量占火电机组50%以上，占全国热电联产机组的70%以上。热电联产机组与风电机组在地理分布上高度重合。当冬季供暖期来临时，热电联产机组采用“以热定电”运行方式，无法提供调峰容量，大幅减少了电网调峰裕度，加剧了电负荷低谷时段的“弃风”。《2011年度中国风电建设统计评价报告》对2011年全国的“弃风”情况进行了统计和分析。通过对“华北、东北、西北”地区584个风电场统计分析显示，蒙东和吉林是“弃风”的重灾区，“弃风”率超过20%。蒙西、甘肃和黑龙江的“弃风”问题也较严重，“弃风”率超过10%。

针对上述问题，国内外相关研究从风电特性分析入手，研究了风电并网对电力系统调峰的影响。面对常规电源调峰、调频能力的不足，国内外学者通过大量引入各类储能装置和设备来解决风电功率随机波动和并网难题。有文献分别对抽水蓄能和空气压缩储能帮助平抑风电波动进行了研究，虽然抽水蓄能和空气压缩储能具有大容量、大功率和寿命长的特点，但是受到水文和地质条件的影响较大，尤其是空气压缩储能在电力系统中使用较少。不受地域限制的中、小容量储能装置如蓄电池储能、飞轮储能等也被广泛研究。但是，这些小容量储能装置单位成本仍然较高，面对大规模风电并网时，其经济成本等问题十分突出。

综上所述，仅仅单纯依赖电力系统本身的技术进步，已经无法有效解决能源清洁化、高效化发展的问题；需要进一步探寻智能电网技术与工程热物理等其他学科交叉融合发展，解决相关问题的技术可行性。

#### 1.2.1.3 建设能源互联网，在北方地区以热电协同解决可再生能源上网难题

中国北方地区供暖季电网电源结构矛盾突出，同时同地存在着大规模的风电机组和高比例的热电联产机组。电网缺乏调峰能力：一方面，热电联产机组“以热定电”运行；另一方面，现行的城市能源系统供热、供电相互独立，很难协调运行控制。这样，无法满足风电等随机性电源的多时间尺度和大时空范围的优化调度。基于智能电网技术、互联网通信技术和自动化控制技术的兴起和不断发展，可望建立新型热-电联合的能源互联系统。

如图 1.2-2 所示，系统利用热泵等热电转换技术，并结合蓄热装置，实现热电协同运行。热-电联合能源互联系统中涉及的热电转换设备中，热泵是实现高效的电到热转换的设备，起到了不可替代的重要作用。通过热泵结合蓄热装置，可以实现利用热负荷消纳过剩低谷期电力，从而增加可再生能源发电消纳能力。

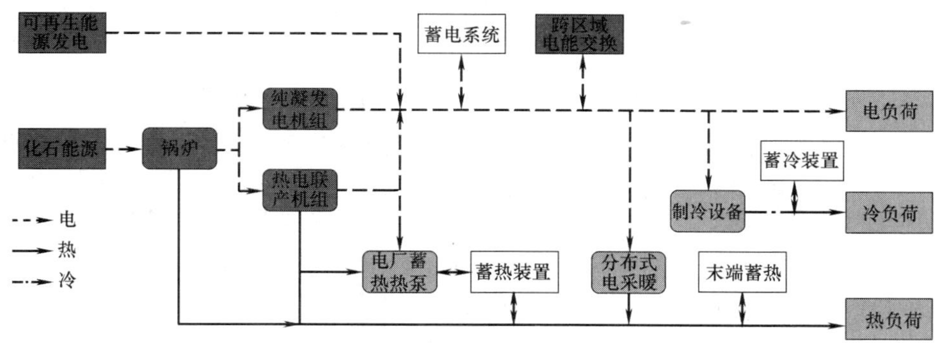


图 1.2-2 热-电联合的能源互联网

## 1.2.2 热电协同中的制冷技术

热电协同供暖方式旨在减少或消除热电联产供热与发电的耦合，解除供热对发电调节带来的问题。一方面利用热泵与蓄热技术增加电源侧热电厂的发电负荷调节能力；另一方面通过电力需求侧管理，利用电热泵及蓄热技术，增加低谷用电负荷。从而满足城市能源系统对热、电负荷的高度需求，并有效地实现对风电等新能源的并网消纳，构建高效、低碳、可靠的综合能源系统。

### 1.2.2.1 热电厂深度调峰途径

发电机组除了供应电能之外，利用汽轮机抽汽和排汽来供给生产和生活热量需求的方式称为热电联产。如图 1.2-3 所示，调节热电联产机组发电出力的方式主要有两种。

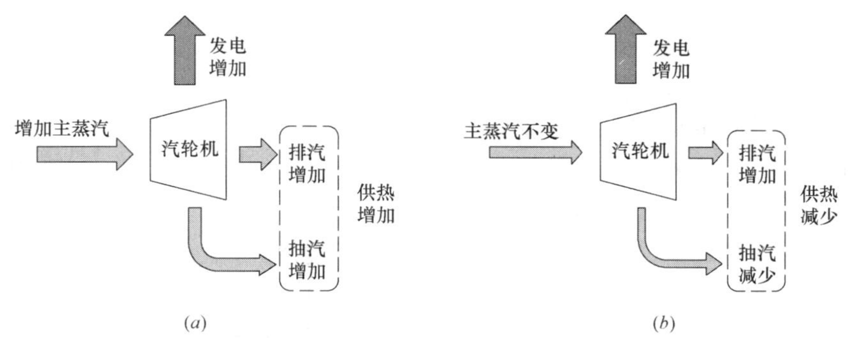


图 1.2-3 汽轮机发电负荷调节方法及对供热的影响

(a) 改变主蒸汽调节发电；(b) 改变抽汽调节发电

1. 改变进入汽轮机的主蒸汽量

热电联产机组发电负荷升高时，增加/减少进入汽轮机的主蒸汽量，机组抽汽量与排汽量随之增加/减少，汽轮机的供热量提高/下降。机组发电功率与供热能力的关系如图 1.2-4 所示。

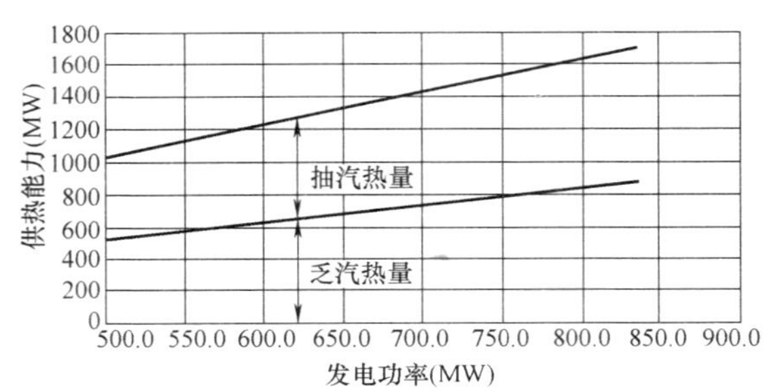


图 1.2-4 主蒸汽调节方法下机组发电功率与供热能力的关系

2. 改变汽轮机的抽汽量

增加/减少汽轮抽汽量，使得汽轮机发电出力降低/提高，增加/减少抽汽量会使得汽轮机的供热量提高/下降。机组发电功率与抽汽量的关系如图 1.2-5 所示。

我国热电联产机组按照“以热定电”的模式运行，即热电厂应根据热负荷的需要，确定运行方案，以满足热负荷的需要为主要目标。在这种运行模式下，热电联产机组在满足一定热负荷时，其发电负荷调节范围较小。如图 1.2-6 所示，当供热负荷较高时，机组发电功率可调节范围大幅缩小。

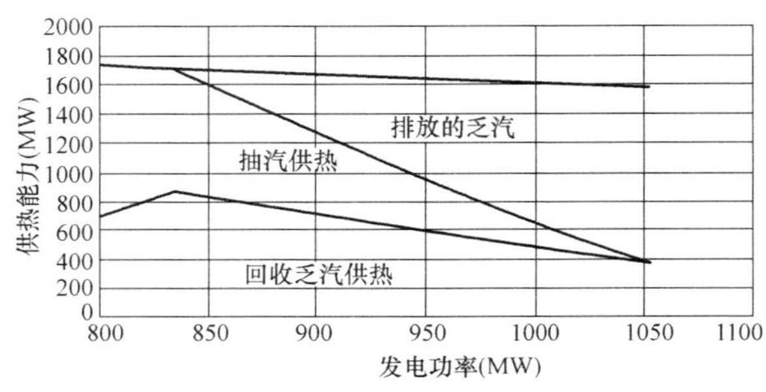


图 1.2-5 抽汽调节方法下机组发电功率与供热能力的关系

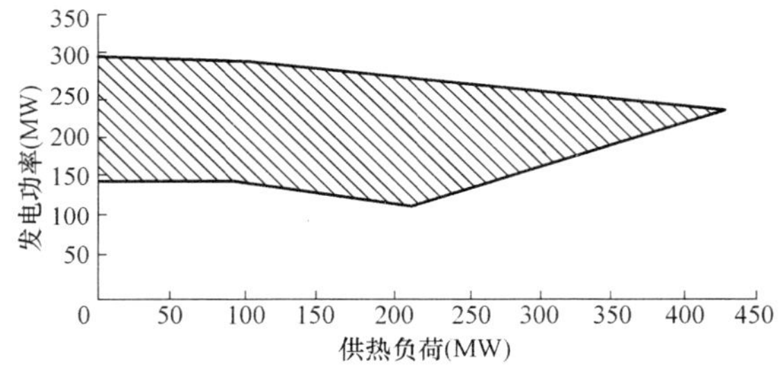


图 1.2-6 热电机组负荷调节范围

目前，为了扩大热电联产机组的发电调节能力，将热电联产与储热技术结合的方式在国外应用比较广泛。这种方式通过增加储热装置，减少或消除热电厂根据电负荷需求进行发电出力调节时所产生的供热能力波动。针对这种方式中储热系统优化运行的研究也开展得较多，包括储热装置本身运行效率的优化、热电联产配置储热装置后的容量配置优化以及包含储热装置的区域供暖系统的运行优化建模。在电力市场环境下，根据供热需求、热价水平、电价水平等因素，研究优化配置热电联产机组容量和储热装置容量的方法，并进行了经济性分析。有文献研究了热电联产或热泵配置储热装置后对风电等可再生能源并网的影响。相较于国外以小型背压式热电联产为主，我国北方地区主要是大型抽汽凝汽式热电机组，而国内在这方面相关研究很少，有文献对配置储热前、后热电联产机组的热电运行特性进行了分析和建模，并讨论了配置储热后热电机组的运行策略。利用储热技术可以一定程度上提高热电厂的发电调节范围，然而当热电厂全天总供热需求量较大时，该方式所能实现的调节范围仍较小。

利用热泵技术则可打破热电机组最低发电出力的限制，在电负荷低谷期，除了发电机组自身通过减少主蒸汽量及增加发电量的方式降低发电出力，还可进一步利用热泵消耗过剩低谷电力制取热量，进一步减少电厂上网电量，扩大热电厂的发电调节范围。

如图 1.2-7 所示，电负荷低谷期，电压缩式热泵消耗过剩的低谷电，同时制取低温水与高温水，并分别储存在蓄热罐中；电负荷高峰期时，释放高温水用于替代部分供热量，减少机组所需抽汽量，减少抽汽量所增加的乏汽热量则由低温水吸收，并储存在蓄热罐中。系统通过改变高峰与低谷期热电机组的抽汽量来调节机组发电功率，并利用电压缩式热泵消耗过剩低谷电力。热泵蓄热系统大幅提高了热电厂的发电调节能力，增大后的调节范围如图 1.2-8 所示。利用热泵蓄热系统，增加了约 40%的发电调节能力。

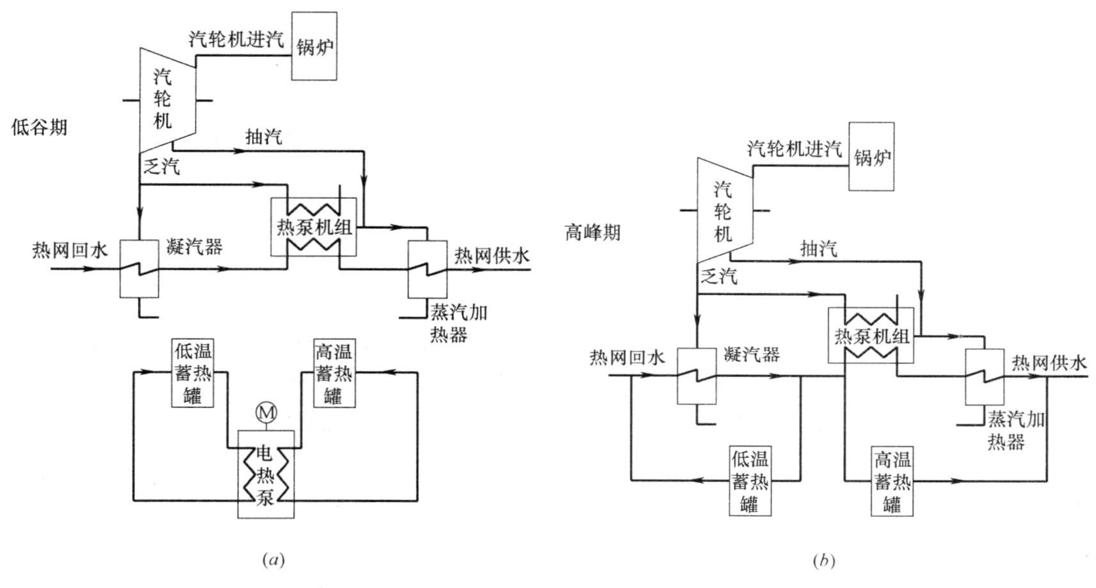


图 1.2-7　利用热泵蓄热调峰系统流程

(a) 低谷期系统流程；(b) 高峰期系统流程

蓄能用的电压缩式热泵与常规电热泵运行参数存在较大不同：

(1) 蓄能用电压缩式热泵主要用于在低谷期消耗电量制取低温水与高温水。为了缩小蓄热装置的体积，需要增大蓄热温度。因此，蓄能热泵的冷凝器出水温度比常规热泵高，对于常压蓄热罐，冷凝器出水温度可达到 95℃左右，而若采用闭式带压蓄热罐，冷凝器出水温度可能会更高。

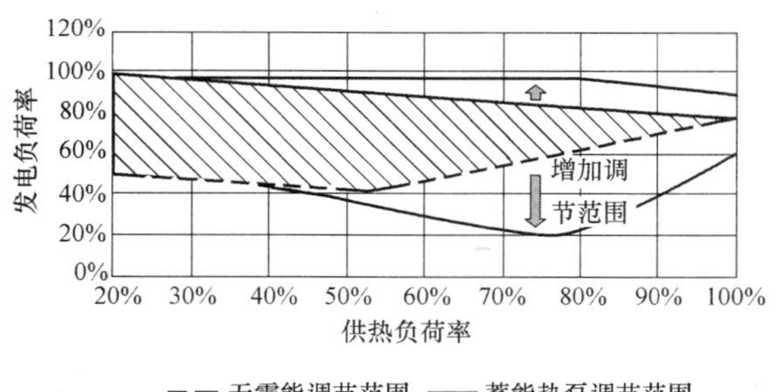


图 1.2-8　热泵蓄能系统调节范围

(2) 热泵冷凝侧水温温升与蒸发侧水温温降幅度均较大，约为 20～50℃。

(3) 蓄能热泵需根据电网需求大范围快速调节耗电功率。同时，随着供暖季热负荷随室外温度的变化，蓄能热泵需适应较大范围的参数波动。因此，蓄能热泵对运行调节的范围与灵活性均提出了较高的要求。

#### 1.2.2.2 热电厂蓄能调峰热泵的特点及技术发展方向

该类热泵特点及技术发展方向见第1.3.5节，热电联产热泵余热回收压缩式热泵机组部分。

#### 1.2.2.3 热力站热电协同技术

除了热电联产技术以外，从电力需求侧管理角度，利用热泵、电锅炉、蓄热装置等供暖设备增加低谷用电的方式也被大量地研究，用来帮助风电并网。一些文献利用电锅炉开展风电供暖的研究。电锅炉能效低，所能增加的供热能力少，不宜大规模推广。一些文献研究了热电联产配合分布式热泵帮助风电并网的方法，是国内较早将热泵技术引入电网调峰，实现热电转化与协同控制的研究。但分布式电热泵的低温热源选择存在难度，水源热泵涉及地下水资源保护问题，尤其是地下水回灌困难的问题限制了其发展；地源热泵占地面积大、投资高，且存在地下温度衰减问题，大规模应用尚面临难题；空气源热泵可以在北方很多地区应用，但是由于空气温度相对较低，这一供暖方式在一些较为寒冷地区仍然存在热泵因能效低而带来的局限。

在热力站设置电压缩式热泵，可将热网回水作为稳定且高品位的低温热源，从而大幅提高电热泵的性能。

1. 结合吸收式换热机组

在换热站设置电热泵，经过吸收式换热机组降温后的热网回水进入电热泵蒸发器进一步降温。如图1.2-9所示，回水温度降低后，管网维持现状不变的前提下，增加了输送能力。增加的供热量为热电厂乏汽余热，从而提高了电厂乏汽供热比例。

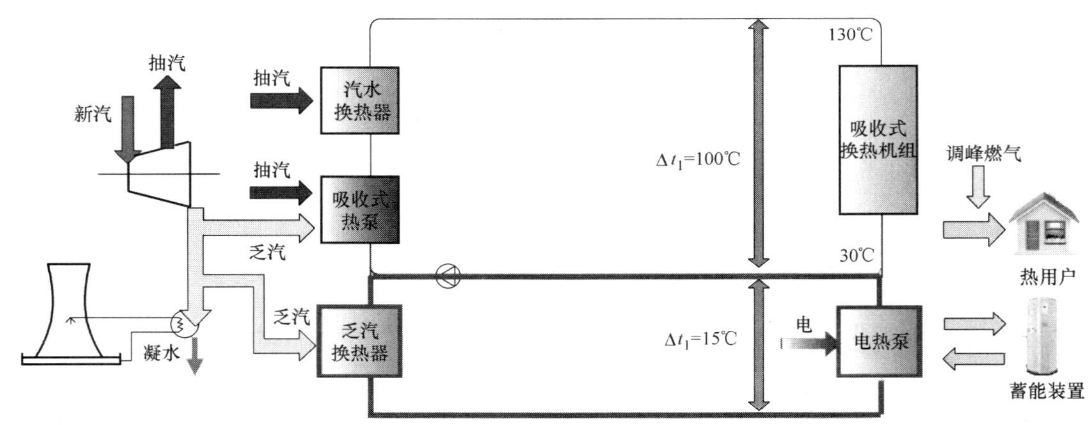


图1.2-9 结合吸收式换热机组的蓄能热泵

为了增加低谷期用电量，热力站设置蓄热设备与电热泵配合运行，实现电热泵仅在电负荷低谷期运行。电负荷低谷期热泵消耗过剩电力，降低热网回水温度，并将部分低温水储存起来；电负荷高峰期，热泵停止运行后，储存的低温水释放出来，维持所需回水温度。由于电热泵所提取热量占总供热量比例较小，对二次网供热量波动影响较小。因此，可不在二次网设置蓄热装置。

系统中电热泵冷凝器出水温度较高，为二次网供水温度，约60℃。一次网水经过吸收式换热机组降温后，再进入电热泵蒸发器，温度低至25～40℃。此外，随着供暖季供热负荷降低，电热泵将逐渐减少运行容量，直至最后停止运行。与电网配合调节方面，由于目前智能电网建设还不完善，电热泵仍根据电价的峰谷时段启停。未来结合智能电网后，可根据电网调峰需求，灵活调节热泵运行容量。因此，电热泵需具备灵活的调节能力，并保证在较大工况参数变化范围内的高效运行。

2. 结合工业余热回收的低温供热系统

工厂工业余热的温度品位较低，采用较低的供水温度可大幅减少供热能耗。在热力站设置电热泵，以换热器出水为低温热源，降低热网回水温度，大幅提高供回水温差（图1.2-10）。同时，降低回水温度可大幅降低工业余热回收系统的能耗。

与前述系统类似，系统设置蓄热装置与热泵结合，使得电热泵仅在电负荷低谷期运行，从而增加低谷期用电负荷。与前述系统不同的是，由于热泵制取的热量占二次网总供热量的比例较大（超过50%），因此需在二次网同样设置蓄热装置，以维持供给用户热量的稳定。

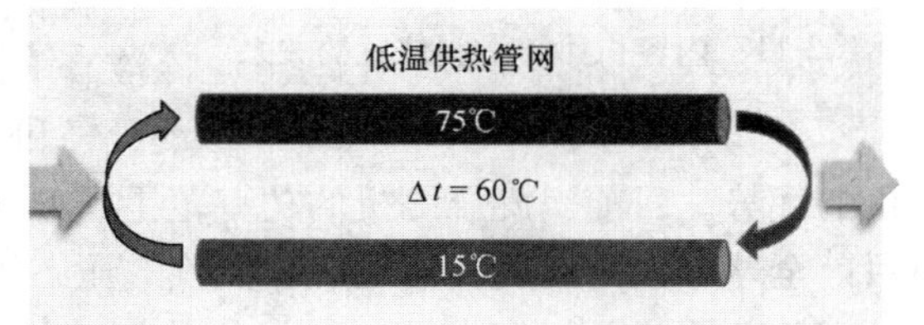

图1.2-10 工业余热供热系统管网运行参数

系统中电热泵冷凝器出水温度较高，为二次网供水温度，约60℃。一次网热水经过换热器之后直接进入电热泵蒸发器，温度较高，约为50℃，但温降较大。另外，与前述系统类似，电热泵需具备灵活的调节能力，并保证在较大工况参数变化范围内的高效运行。

### 1.2.2.4 热力站电调峰热泵的特点及技术发展方向

该类热泵机组预计以涡旋式，螺杆式和中型离心式热泵为主，总的发展趋势包括：

（1）更好地实现涡旋式，螺杆式压缩机的内建容积比和容量调节。对于容积式压缩机，其内建容积比通常较难调节，在变工况运行时会造成过压缩和欠压缩的损失。

（2）变温换热器的设计。负荷侧机组总容量通常比较小，因此对于大的进出水分级将会更少。当水侧为大温差时，应用常规的换热器热泵，出现大量的“三角形”不匹配传热传质过程，此时即使无限加大传热传质面积，仍不能提高其热力学完善度，因此需要采用变蒸发、冷凝温度的换热器。

（3）更好的工况适应性。由于不同供热参数却差别较大而螺杆压缩机和涡旋压缩机均为大规模批量生产，很难为某个特定的工况生产专门的压缩机。因此需要研究不同应用下的系统流程和压缩机特性，开发在较大工况范围内效率都比较高的压缩机。

1. 螺杆式热泵机组的技术发展方向

螺杆式压缩机属于旋转容积型压缩机，其具有工况适应性好，运行效率较高，容量调节方便，容量适中等特点，因此广泛应用于中小型中央空调机组中。在负荷侧热泵机组中采用的螺杆式压缩机和常规螺杆压缩机具有一定的差异，需要重新设计开发。在压缩机方面，首先应开发适应于新的工况和制冷剂的压缩机型线，其次由于供热螺杆机组螺杆式主要运行在部分负荷工况，因此需要实现压缩机的内建容积比和容量的调节。在供热中外压比和压缩机的内压比都随着负荷的降低而降低，而目前常用的螺杆式压缩机采用滑阀来调节，滑阀的位置移动不仅改变了压缩机的排量，还改变了压缩机的内建容积比，进而改变了压缩机的内压比，内容积比与滑阀的位置呈线性关系，图1.2-11示意性地说明了某压缩机的内容积比与滑阀位置的关系。

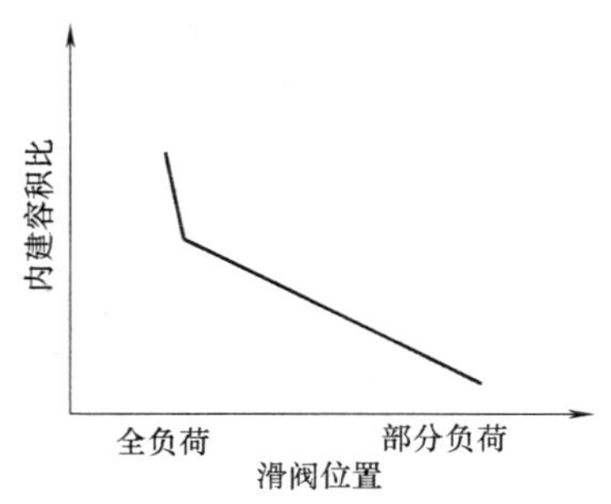

图 1.2-11　内容积比与滑阀位置的关系

由此看出，螺杆式压缩机对于供热是非常有利的，如果螺杆式压缩机设计时可以使得内压比与外压比降低幅度相适应，对于热泵而言效果更加有利。

在换热器方面，由于蒸发器或冷凝器的进出水温差较大，如果换热器能够实现变蒸发温度或变冷凝温度，提高机组性能将有很大的好处。

2. 涡旋式泵机组的技术发展方向

涡旋式压缩机具有高效率、转矩变化小、对制冷液滴（即液击）的容许度大、可靠性高、噪声低、重量轻和尺寸小等特点，即兼有容积式和回转式压缩机的优势。目前涡旋压缩机的功率范围是 0.746～18.642kW，美国 Copeland 已经生产出目前全球最大的涡旋式压缩机。涡旋式压缩机以其自身的优点被广泛应用于制冷空调领域。在负荷侧热泵机组中采用的涡旋式压缩机和用于制冷的涡旋式压缩机具有一定的差异，需要重新设计开发。在压缩机方面，首先应开发适应于新的工况和制冷剂的涡旋型线，其次实现涡旋式压缩机的内建容积比调节。目前采用的调节方式包括中间补气、中间泄压及涡旋制冷剂泄出等方法。其中中间补气的方法相对比较成熟，应用也最广泛。中间泄压是在涡旋的静盘上设置泄压阀，当压缩腔内的气体压力高于背压时，部分制冷剂气体通过中间泄压阀泄出，剩余的制冷剂气体继续被压缩，该方案可以有效降低过压缩带来的功耗损失。涡旋制冷剂泄出是指在涡旋压缩机压缩中段的适当位置与制冷系统低压侧之间设置可控的旁通通道，图 1.2-12 是该技术的原理图。当压缩机需要减容时，打开该旁通道，压缩腔中的部分制冷剂将在压差作用下返回低压侧，而不再被涡旋盘压缩。制冷剂泄出技术能够降低压缩机的排量，减小系统的制冷/制热量，降低压比和过压缩损失，很好地解决了涡旋式压缩机制冷系统向小容量和低压比工况的调节问题。

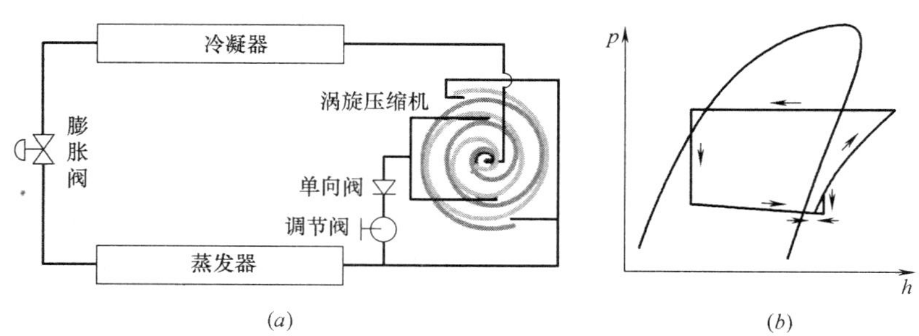

图 1.2-12　涡旋式热泵机组

(a) 制冷循环示意图；(b) lg $p-h$

在换热器方面，由于涡旋式压缩机通常采用套管式、干式壳管式或板式蒸发器，换热器本身具有实现变温的结构条件，对于系统能效的提升有较大的好处。但是混合制冷剂的变温传热过程仍有许多技术问题需要解决。

#### 1.2.2.5　分布式调峰热泵

分布式调峰热泵根据低温热源的不同，可以分为土壤源（地源）热泵、水源热泵和空气源热泵。其中地源热泵和水源热泵相对于空气源热泵效率更高，但是受到地理条件的限制。我国正在应用地源或水源热泵系统的建筑中，地下水水源热泵约占全部的45%，是比例最高的一种系统形式。根据热泵在能源系统中的利用规模和形式，可以分为集中式热泵和分散式热泵。集中式水源热泵的研究在我国开展较多，许多学者都针对电厂余热水源热泵的系统构建、运行分析进行了研究。国外针对分布式热泵的研究更为广泛，涉及电力市场、电价、需求侧管理和风电并网等电力系统的主要领域。一些文献考虑了集中式热电联产和分布式热泵之间的热网传输时间延迟对电力系统调峰和风电并网的影响。综上所述，各类分布式热泵在我国已经被广泛地使用。

随着对雾霾问题的日益重视，华北，西北等北方地区也逐步开始采用空气源热泵进行冬季供热。但是常规的空气源热泵如果不加改进，将不能在北方地区正常使用。在系统及压缩方面，谷轮公司推出的喷气增焓压缩机可用于准二级压缩系统，在低温制热时不仅可以有效改善压缩机的压比，还能大幅度提升制热量。石文星等提出了一种双级压缩低温热泵系统及其装置，在严寒冬季制热工况下该双级压缩低温热泵装置中的高压级单元投入运行，不仅提高了压缩机的压比，还能实现中间补气，进一步改善了循环性能。结霜是影响空气源热泵性能的重要因素，郭宪民对空气源热泵抑制结霜、除霜方式、除霜控制等方面进行了综述，指出了在结霜方面还需要进一步研究的方向。在制冷剂方面，倪灏采用R134a和R600a混合制冷剂来改善大型螺杆式空气源热泵机组低温制热性能。通过对混合制冷剂物性计算、理论循环性能计算和机组试验，表明混合制冷剂能显著改善热泵机组的运行性能，并有效提高机组运行可靠性。以$CO_2$为工质的空气源热泵在日本已经经过多年的技术发展，测试和实际运行表明，其低温制热性能较好。总之对于空气源热泵而言，重点需要解决的问题是低温制热量衰减、压缩机的安全运行、结霜问题及与太阳能等其他形式热源复合的问题。

土壤源热泵和水源热泵一直是行业关注的热点，但受到地质条件、建设场地和政策的限制，其发展速度一直不高。除了继续做好原有产品外，开发以城市污水和工业余热为热源以及以土壤为蓄热体的跨季节储能用机组可能是未来发展的方向。

## 本节参考文献


[1] 中国电力出版社. 中国电力年鉴2014. 北京：中国电力出版社，2014.

[2] 刘振亚. 智能电网技术. 北京：中国电力出版社，2010.

[3] 刘振亚. 全球能源互联网. 北京：中国电力出版社，2015.

[4] 康艳兵，张建国，张扬. 我国热电联产集中供热的发展现状、问题与建议. 中国能源，2008，30（10）：8-13.

[5] 王振铭. 我国热电联产发展状况分析. 热电技术，2011，（2）：1-5.

[6] 龙虹毓，马建伟，吴锴等. 含热电联产和风电机组的电网节能调度研究. 电力自动化设备，2011，31（11）：18-22.

[7] 李付强，王彬，涂少良等. 京津唐电网风力发电并网调峰特性分析. 电网技术，2009，33（18）：128-132.

[8] 张宁，周天睿，段长刚等. 大规模风电场接入对电力系统调峰的影响. 电网技术，2010，34（1）：152-158.

[9] 张宏宇，印永华，申洪等. 基于序贯蒙特卡洛方法的风电并网系统调峰裕度评估. 电力系统自动

化，2012，36（1）：32-37.

[10] Brouwer AS，vandenBroekM，Seebregts A，et al. Impacts of large-scale Intermittent Renewable Energy Sources on electricity systems，and how these can be modeled. Renewable and Sustainable Energy Reviews，2014，33：443-446.

[11] Garcia-Gonzalez J，de la Muela RMR，Santos LM，et al. Stochastic jointoptimization of wind generation and pumped-storage units in an electricity market. IEEE Transactions on Power Systems，2008，23（2）：460-468.

[12] Taljan G，Canizares C，Fowler M，Verbic G. The feasibility of hydrogen storage formixed wind-nuclear power plants. IEEE Transactions on Power Systems，2008，23（3）：1507-1518.

[13] Nehrir MH，Wang C，Strunz K，et al. A review of hybrid renewable/alternative energy systems for electricpower generation：configurations，control，and applications. IEEE TransactionsonSustainable Energy，2011，2（4）：392-403.

[14] Abbaspour M，Satkin M，Mohammadi-Ivatloo B，et al. Optimal operation scheduling of wind power integrated with compressed air energystorage（CAES）. Renewable Energy，2013，51：53-59.

[15] Khalid M，Savkin AV. A model predictive control approach to the problem of windpower smoothing with controlled battery storage. Renewable Energy，2010，35：1520-1526.

[16] Piergiorgio A，Massimo G，Federico M. Redox flowbatteries for the storage of renewable energy：A review. Renewable and Sustainable Energy Reviews，2014，29：325-335.

[17] Wang L，Yu JL，Chen YT. Dynamic stability improvement of an integratedoffshore wind and marine-current farm using a flywheel energy-storage system. IET Renewable power generation，2011，5（5）：387-396.

[18] Díaz-González F，Andreas S，Gomis-Bellmunt O，et al. A review of energy storage technologies for wind powerapplications. Renewable and Sustainable EnergyReviews，2012，16（4）：2154-2171.

[19] Verda V，Colella F. Primary energy savings through thermal storage in district heating networks. Energy，2011，36（7）：4278-4286.

[20] Taljan G，VerbičG，PantošM，et al. Optimal sizing of biomass-fired Organic Rankine Cycle CHP system with heat storage. Renewable Energy，2012，41：29-38.

[21] Pagliarini G，Rainieri S. Modeling of a thermal energy storage system coupled with combined heat and power generation for the heating requirements of a University Campus. Applied Thermal Engineering，2010，30（10）：1255-1261.

[22] StreckienėG，Martinaitis V，Andersen A N，et al. Feasibility of CHP-plants with thermal stores in the German spot market. Applied Energy，2009，86（11）：2308-2316.

[23] Christidis A，Koch C，Pottel L，et al. The contribution of heat storage to the profitable operation of combined heat and power plants in liberalized electricity markets. Energy，2012，41（1）：75-82.

[24] Fragaki A，Andersen AN，Toke D. Exploration of economical sizing of gas engine and thermal store for combined heat and power plants in the UK. Energy，2008，33（11）：1659-1670.

[25] Arteconi A，Hewitt NJ，Polonara F. State of the art of thermal storage for demand-side management. Applied Energy，2012，93：371-389.

[26] Jones B W，Powell R. Evaluation of distributed building thermal energy storage in conjunction with wind and solar electric power generation. Renewable Energy，2015，74：699-707.

[27] Rivarolo M, Greco A, Massardo A F. Thermo-economic optimization of the impact of renewable generators on poly-generation smart-grids including hot thermal storage. Energy Conversion and Management, 2013, 65: 75-83.

[28] 吕泉，陈天佑，王海霞等. 配置储热后热电机组调峰能力分析. 电力系统自动化，2014，38(11)：34-41.

[29] 徐飞，闵勇，陈磊等. 包含大容量储热的电-热联合系统. 中国电机工程学报，2014，34（29）：5063-5072.

[30] Papaefthymiou G, Hasche B, Nabe C. Potential of Heat Pumps for Demand Side Management and Wind Power Integration in the German Electricity Market. IEEE Transactions onSustainable Energy, 2012, 3 (4): 636-642.

[31] Nielsen MG, Morales JM, Zugno M, et al. Economic valuation of heat pumps and electric boilers in the Danish energy system. Applied Energy, 2015.

[32] Jones BW, Powell R. Evaluation of distributed building thermal energy storage in conjunction with wind and solar electric power generation. Renewable Energy, 2015, 74: 699-707.

[33] 吕泉，姜浩，陈天佑等. 基于电锅炉的热电厂消纳风电方案及其国民经济评价. 电力系统自动化，2014，38（1）：6-12.

[34] 王彩霞，李琼慧，谢国辉. 风电供热提高低谷风电消纳能力评估. 中国电力，2013，46（12）：100-106.

[35] 吕泉，陈天佑，王海霞等. 热电厂参与风电调峰的方法评述及展望. 中国电力，2013，46（11）：129-136.

[36] LongHY, XuRL, He JJ, et al. Incorporating the Variability of Wind Power with Electric Heat Pumps. Energies, 2011, 4 (10): 1748-1762.

[37] 龙虹毓，马建伟，吴锴 等. 含热电联产和风电机组的电网节能调度研究. 电力自动化设备，2011，31（11）：18-22.

[38] 严旭，吴锴，周孟戈 等. 基于不同可调度热源的风电出力平滑模型. 电力系统保护与控制，2013，41（21）：122-128.

[39] 郑贤德. 制冷原理与装置（第二版）. 北京：机械工业出版社，2001.

[40] http://www. emersonclimate. com.

[41] 王宝龙，韩林俊，石文星，李先庭. 基于制冷剂泄出的涡旋压缩机容量调节技术. 制冷学报，2010，02：7-10.

[42] 周东民，胡浩，李义. 美国艾默生公司压缩机应用技术讲座第三十一讲 高效强热商用涡旋技术在热泵空调中的应用. 制冷技术，2009，03：57-61.

[43] 石文星，蒋正苗，田长青 等. 双级压缩低温热泵系统及其装置. 中国，02100339. 4，2003. 7. 23

[44] 郭宪民. 空气源热泵结霜问题的研究现状及进展（Ⅰ）. 制冷与空调，2009，02：1-6.

[45] 倪灏. R134a/R600a 混合制冷剂应用于大型空气源热泵的性能研究. 制冷与空调，2010，02：62-67.

[46] 汪训昌. 关于发展地源热泵系统的若干思考. 暖通空调，2007，03：38-43.

作者：付林（清华大学）

本节执笔人：付林、龙虹毓

## 1.3 热电联产中的制冷技术

热电联产是指发电厂既生产电能，又利用汽轮发电机做过功的蒸汽对用户供热的生产方式，即同时生产电、热能的工艺过程，较之分别生产电、热能方式节约燃料。对外供热的蒸汽源是抽汽式汽轮机的调整抽汽或背式汽轮机的排汽，压力通常分为0.78～1.28MPa和0.12～0.25MPa两等。前者供工业生产，后者供民用供暖。热电联产的蒸汽没有冷源损失，所以能将热效率提高到85%，比大型凝汽式机组（热效率达40%）还要高得多。

热电联产已成为中国北方城市主要供热形式。近十年热电联产机组装机容量增长迅速，截至2012年，我国热电机组装机容量已达到221GW，供热量达到30.8亿GJ。目前热电联产中仍然有大量汽轮机乏汽余热尚没有得到应用，其中通过热网和电厂组成的集中供热系统与热泵相结合，可以通过降低热网回水温度和回收电厂余热，实现热电联产集中供热系统在供热效率方面质的提高。根据热电机组装机容量估算，我国热电机组的凝汽余热资源总量可超过185GW，热泵产值在1300亿元以上。在热电联产的大背景下，如何进一步挖掘热泵供热系统回收凝汽余热的能力，并提高系统能源利用效率正在成为热泵领域研究的热点问题。

### 1.3.1 热电联产供热面临的问题和发展趋势

电厂凝汽余热利用是解决热电联产供热能力不足和降低供热能耗最有效的途径，是目前以至将来热电联产发展的主要趋势。

对于大型、特大型城市，通常人口密集，供热需求增长迅速，现状热源供热能力可能已经达到饱和甚至出现供热缺口。通过继续新建热电厂来解决北方城市供热问题显然已不能作为首选途径。首先，大量新建电厂将给热、电的调度带来极大的困难，发电效率高的大型机组在冬季将无法正常运行。其次，国家和民众对治理雾霾、节能减排的呼声日益强烈，治理环境污染已刻不容缓。此外，电厂建设时间长，投资巨大。种种问题都迫使我们为城市供热寻找一条绿色低碳的新途径。电厂凝汽余热资源丰富，全部回收余热可提高供热能力40%～60%。以目前典型的300MW机组为例，不回收凝汽余热热源的供热能力约为700万$m^2$，全部回收凝汽余热后供热能力可增加至约1100万$m^2$。通过回收凝汽余热，不仅可以大幅提高热源的供热能力，通过优化供热系统，还能大幅降低热源的供热煤耗，实现真正绿色供热。

而对于中小型城市，供热需求相对较小，热电联产机组的供热能力可能出现过剩的情况。通常，热电厂采用汽轮机抽汽直接加热热网水的方式供热，由于抽汽能源品位高，直接加热热网水使得供热能耗较高。而通过回收凝汽余热可替代部分抽汽供热，降低供热能耗。可见，回收电厂凝汽余热无论对于供热能力不足还是供热能力过剩的情况均是非常有利的，因此必然成为目前甚至将来城市热电联产发展的主要趋势。

随着城市建设规模不断扩大，不仅供热需求增加，供热距离也在增加，除城市里的热电厂以外，城市周边火力发电厂的余热资源进行回收利用后也能成为城市热源，通过大温差的长输管网向城市供热，这也将成为热电联产发展的另一个重要趋势。

实现长距离供热的难点在于突破既有管网输送能力的限制，而提高管网输送能力最有效的途径是拉大供回水温差。小流量大温差的热网模式不仅使得热源的热量能全部送出来，还能大幅降低输送能耗，使得长距离供热成为可能。一次供水温度越高，对保温材料以及热网膨胀节等部件耐温要求越高，对于我国目前的既有管网而言，安全运行的一次网供水温度通常在100～125℃，通过提升供水温度拉大供回水温差的空间不大。因此，想要拉大供回水温差一般通过降低一次网回水温度来实现。

目前通过大温差方式实现长距离供热已有已实施或正在实施的项目，如向太原市供热的古交电厂，供热距离约为38km。降低一次网回水温度不仅提高了热网的输送能力，也为充分回收电厂凝汽余热创造了有利条件。

## 1.3.2 余热利用方式与热泵技术应用现状

目前应用较广的凝汽余热回收方式主要有两大类：一类通过直接换热方式回收凝汽余热。当回水温度较低时，可直接提高汽轮机背压回收凝汽余热。而当回水温度较高时，需要对低压缸和凝汽器做相应改造。该技术在冬季采用特制的供热转子，夏季运行再恢复原有的纯凝转子，冬夏均可保证较高的低压缸效率。另一类技术是通过热泵的方式提取凝汽余热。其中应用最广的是溴化锂吸收式热泵，该项技术已经非常成熟。另一种是蒸汽驱动的压缩式热泵，目前也有成熟的产品和工程应用项目。这两类热泵都是通过供暖蒸汽作驱动力，不同之处在于前者是由汽轮机抽汽直接驱动，而后者是汽轮机抽汽首先进入透平机做功，再由透平机带动压缩式热泵制热。

### 1.3.2.1 直接换热供热系统

直接换热供热系统由凝汽器和热网加热器构成，如图1.3-1所示。

由于一般城市热网的回水温度在60℃左右，直接换热供热系统通常仅回收多台汽轮机组中的1台机组凝汽余热，该机组承担基础供热负荷，主要由凝汽余热加热，仅提供一部分抽汽或不提供抽汽，主要由相邻机组供暖抽汽调峰。运行背压通常在45kPa左右，由于高背压运行，对发电量影响较大。虽然运行背压高，但是由于没有冷端损失，相比于直接抽汽，其供热节能效果比较明显。

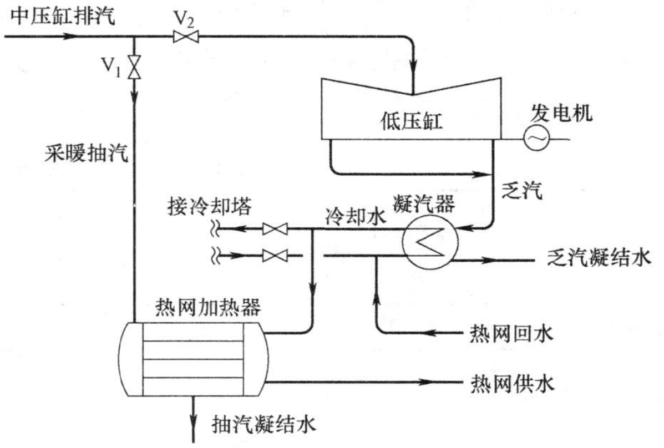

图1.3-1 直接换热供热系统

### 1.3.2.2 吸收式热泵供热系统

热网回水在吸收式热泵的吸收器和冷凝器中升温，最后再由供暖抽汽做尖峰加热后供出，供热系统如图1.3-2所示。

吸收式热泵供热系统目前在国内的应用项目最多，但经调研发现很多项目的实际运行效果并不理想，主要是由系统流程设计与配置不当引起的，吸收式热泵与原供热系统的匹配方面不够优化。

影响吸收式热泵性能的主要因素有：抽汽压力、乏汽压力以及热网回水温度。

抽汽压力越高，热泵出口温度越高，可以回收更多的凝汽余热。但是在抽汽压力过高

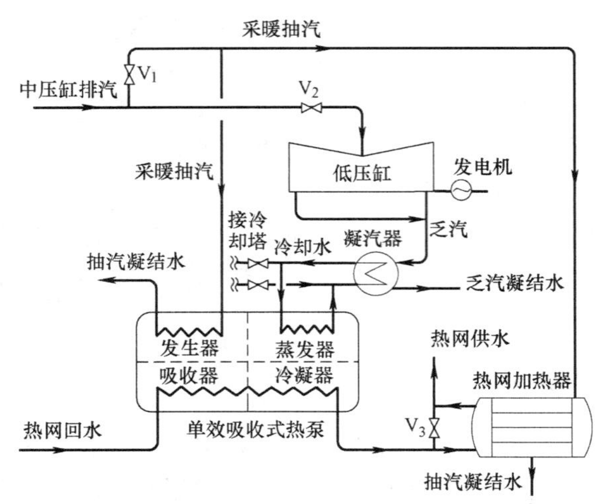


图 1.3-2 单效吸收式热泵供热系统

（如 1MPa 以上）的场合使用吸收式热泵不一定会收到好的节能效果。高品位蒸汽做功能力强，但如果压力高于热泵需求，在进入吸收式热泵之前通常需要减温减压，造成能量品位的浪费。虽然可多回收凝汽余热，但是由于驱动蒸汽能耗高，造成系统总体供热能耗较高。反之，如果汽轮机抽汽压力较低，则会造成吸收式热泵的回收余热量少，典型 300MW 机组的抽汽压力通常在 0.3～0.4MPa，200MW 机组的抽汽压力通常在 0.3MPa 以下，若不降低一次网回水温度，吸收式热泵的升温幅度通常不到 20℃，因此大部分凝汽余热不能全部回收。

乏汽压力越高，热泵的蒸发温度越高，有利于改善热泵性能。但是对于湿冷汽轮机组，受低压缸特性影响，运行背压一般不超过 10kPa，如果在该背压下运行，吸收式热泵仅能使汽轮机组供热能力提升 10%左右。因此，湿冷机组热泵性能相对较差。此外，由于大部分凝汽余热不能全部回收，提高背压运行将对发电量产生较大的负面影响，节能效果不佳。

降低一次网回水温度可通过直接换热回收大部分凝汽余热，配合吸收式热泵可全部回收凝汽余热。一方面提高热源的供热能力，另一方面也可大幅降低热源供热能耗。

表 1.3-1 列出了部分文献中吸收式热泵供热系统的设计参数。

**吸收式热泵供热系统相关设计参数** **表 1.3-1**

| 项目 | 热源 | 供/回水温度（℃） | 热泵出口温度（℃） | 抽汽压力（MPa） | 背压（kPa） | 回收乏汽（MW） | 驱动抽汽（MW） | *COP* | 乏汽回收率 |
|---|---|---|---|---|---|---|---|---|---|
| 案例 1 | 2×300MW 空冷机组 | 114/55 | 81.8 | 0.4 | 8 | 15.6×8 | 23.4×8 | 1.67 | 57.7% |
| 案例 2 | 2×300MW 湿冷机组 | 113/50 | 78 | 0.35 | 7 | 15.8×7 | 23.9×8 | 1.66 | 100%（收 1 台机余热） |
| 案例 3 | 2×300MW 湿冷机组 | 105/55 | 75 | 0.3 | 7 | 10.9×9 | 15.4×9 | 1.71 | 42.8% |
| 案例 4 | 2×210MW 湿冷机组 | 110/50 | 68 | 0.2 | 5 | 12.5×6 | 19.5×6 | 1.63 | 38.3% |

由表 1.3-1 可以看出，单效吸收式热泵的 *COP* 通常在 1.6～1.7 左右，热泵升温幅度在 20～30℃，抽汽压力越低，升温幅度越小。由于回水温度较高，受抽汽压力和背压均较低的影响，通常难以全部回收凝汽余热。从表 1.3-1 的几个案例来看，案例 1 和案例 4 均在正常背压运行，未完全回收凝汽余热量对主机发电量并没有不利影响。但是，案例 2 和案例 3 均提高背压运行，而案例 3 两台机组均有大部分凝汽余热没有回收，对主机发电量会产生不利影响，将导致其供热能耗高于案例 2。因此，案例 2 集中回收 1 台机凝汽余

热，相比于案例 3 更合理一些。

除了设计方面的问题，从运行上看，通常初、末寒期热泵运行效果稍好，严寒期供热需求大，但运行效果反而较差，回收余热量较少，尤其对于湿冷机组，运行效果更差。太原某电厂吸收式热泵供热系统 2013 年供暖季严寒期（1 月 13 日～1 月 19 日）和末寒期（2 月 25 日～3 月 2 日）运行数据如图 1.3-3、图 1.3-4 所示。

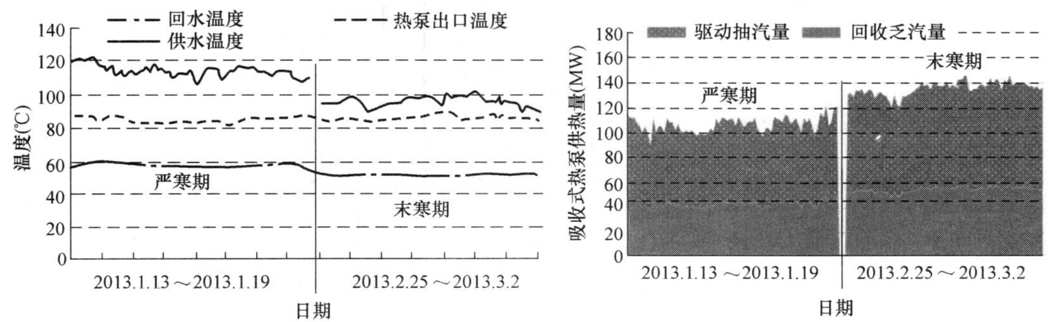


图 1.3-3 供暖季温度变化情况　　图 1.3-4 供暖季热泵供热量变化情况

由图 1.3-3 和图 1.3-4 所示，末寒期供、回水温度均降低，而吸收式热泵出口温度基本不变，因此末寒期热泵回收乏汽量有所增加，热泵供热能力提高约 25%。可见，末寒期吸收式热泵供热效果有所改善。

大同某电厂采用大温差供热系统，严寒期一次网回水温度为 49℃左右，末寒期约为 42℃。通过直接换热和单效吸收式热泵共同回收乏汽余热。吸收式热泵出口温度基本维持在 72℃。2014 年供暖季严寒期（1 月 1 日～1 月 9 日）和末寒期（3 月 15 日～3 月 23 日）余热回收情况如图 1.3-5 所示。

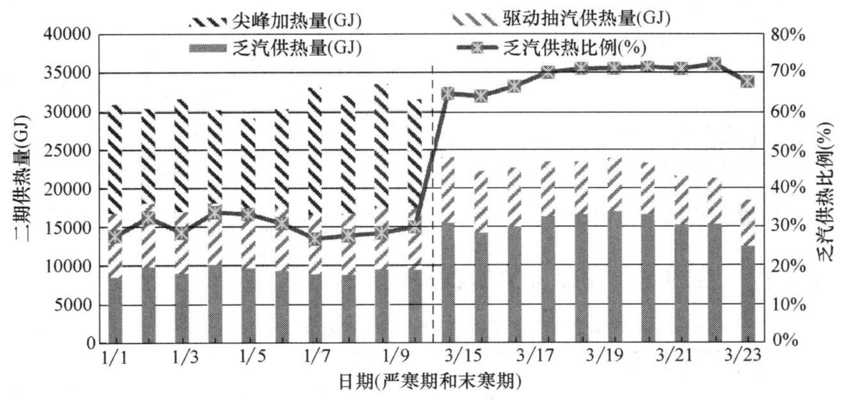


图 1.3-5 大同某电厂供暖季余热回收情况

如图 1.3-5 所示，该系统通过降低一次网回水温度，使得乏汽供热比例大幅提升。严寒期乏汽供热量占总供热量的 30%左右，末寒期乏汽供热量可占总供热量的 70%左右，大幅提高了供热系统的能源利用效率。可见，降低一次网回水温度可显著提高余热回收能力。

#### 1.3.2.3 蒸汽驱动的压缩式热泵供热系统

热网水由压缩式热泵的冷凝器和汽-水换热器两级加热。供暖抽汽进入透平机，通过

连轴带动压缩机做功，透平机排汽进入汽水换热器，对热网水进一步加热。蒸汽驱动的压缩式热泵供热系统如图 1.3-6 所示

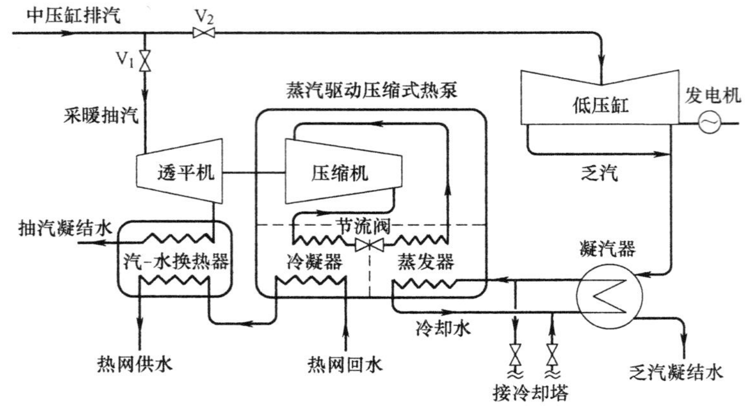


图 1.3-6 蒸汽驱动压缩式热泵供热系统

蒸汽驱动的压缩式热泵已经有成熟的产品，并有实际工程应用项目。某厂家单级离心式热泵机组和多级离心式热泵机组出口温度均大于 75℃。制冷剂均采用 R134a，两种热泵机组 *COP* 随温度压头变化情况分别如图 1.3-7、图 1.3-8 所示。温度压头指冷凝器出口温度和蒸发器出口温度之差。

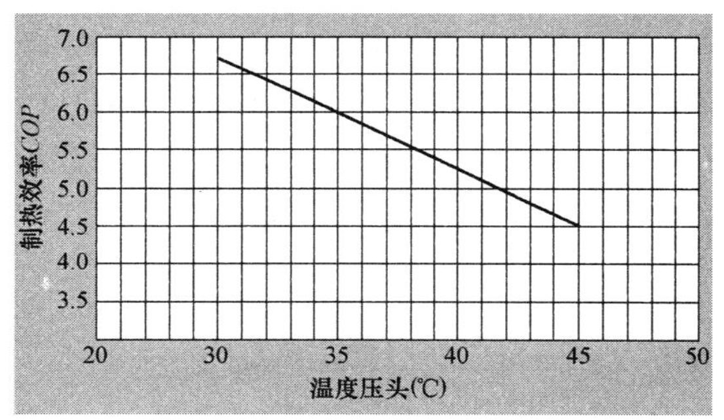


图 1.3-7 某单级离心式热泵机组性能曲线图

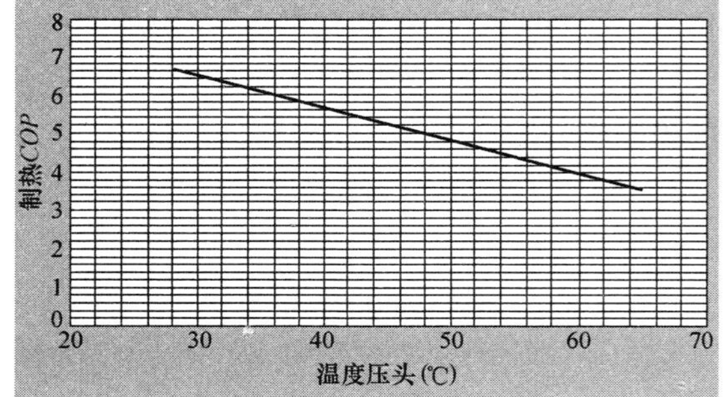


图 1.3-8 某多级离心式热泵机组性能曲线图

部分应用工程项目的主要设计参数如表 1.3-2 所示。

**蒸汽驱动压缩式热泵供热系统主要设计参数** **表 1.3-2**

| 余热对象 | 供/回水温度（℃） | 热泵出口温度（℃） | 冷却水进/出口温度（℃） | 蒸汽进/出口压力（MPa） | 制热量（MW） | 回收余热量（MW） | 抽汽量（t/h） | 供热面积（万 $m^2$） | *COP* |
|---|---|---|---|---|---|---|---|---|---|
| A电厂凝汽余热 | 117/60 | 73.3 | 25/17 | 0.98/0.2 | 16.1 | 12.4 | 50.4 | 140 | 4.4 |
| B电厂凝汽余热 | 100/60 | 73 | 25/17 | — | 50 | 38.4 | 51 | 100 | 4.3 |
| C电厂凝汽余热 | 100/60 | 72.5 | 25/17 | 0.98/— | 16 | 12.3 | — | — | 4.3 |
| 化工污水余热 | 105/55 | 75 | 28/20 | 3.43/0.15 | 6×26.5 | 6×20 | 53 | 770 | 4.1 |
| 化工厂冷却塔余热 | — | — | — | — | 6×26 | 6×20 | — | 800 | 4.3 |
| 中水余热回收 | — | — | — | — | 22.8 | 17 | — | — | 3.9 |

由表 1.3-2 可以看出，蒸汽驱动压缩式热泵主要用于抽汽压力较高的场合，通过透平机做功，有效避免了抽汽能源品位的浪费。从表 1.3-2 中还可以看出，压缩式热泵的 *COP* 一般在 4 左右，其原因主要是蒸发温度太低。此外，由于回水温度偏高，热泵升温幅度仅为 13～20℃，显然，不降低一次网回水温度也难以全部回收凝汽余热。因此，和前面分析的吸收式热泵供热系统一样，降低一次网回水温度，配合提高背压，能进一步提升蒸汽驱动压缩式热泵供热系统的能效。

### 1.3.3 降低回水温度的新方法

通过前面对直接换热供热系统、溴化锂吸收式热泵供热系统以及蒸汽驱动的压缩式热泵供热系统的分析可以看出，降低一次网回水温度对于充分回收电厂凝汽余热至关重要。目前应用最为广泛的降低一次网回水温度的方法是在热力站设置清华大学研发的吸收式换热机组，该机组由一次网热水驱动，可将回水温度降低至 25℃左右（A 型），通过增加电动压缩式热泵模块还可进一步把回水温度降低至 10～15℃（B 型），由此可实现 100℃以上的供回水温差，目前已在大同、太原等多个城市的集中供热系统中广泛应用。吸收式换热机组的流程示意图如图 1.3-9 所示。

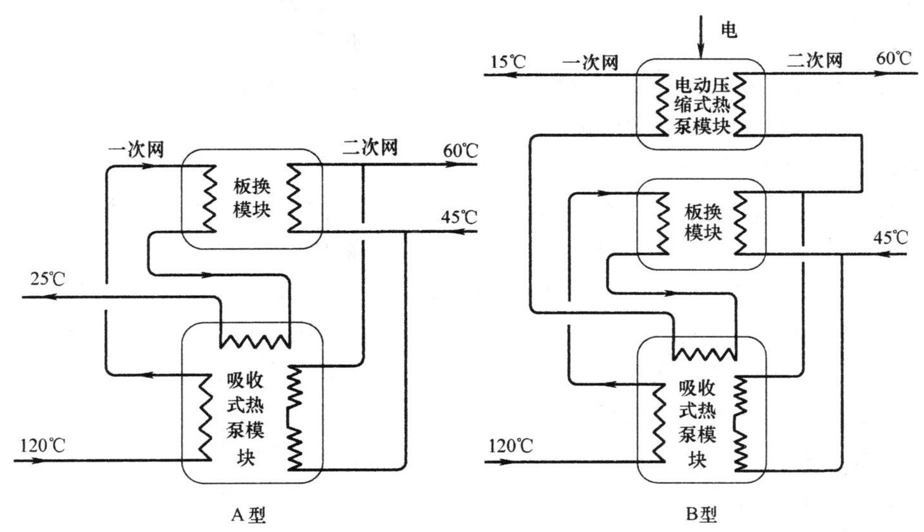


图 1.3-9 吸收式换热机组流程图

A 型吸收式换热机组主要由吸收式热泵模块和板换模块构成。一次网供水先进入吸收式热泵模块驱动吸收式热泵，然后再进入板换模块换热，最后进入吸收式热泵蒸发器进一步降温。由于一次网高温热水实现了梯级降温，能源品位得到合理匹配，和常规板式换热器相比，不可逆损失大幅降低，且一次网热网在降温的同时并不额外消耗能源。吸收式换热机组的运行特点是：一次供水温度越高，一次网回水温度越低；二次网供、回水温度越低，一次网回水温度越低。且一次网回水温度整个供暖季变化不大。某热力站在安装吸收式换热机组前后的实测数据对比如图 1.3-10 所示。

对于 B 型吸收式换热机组，初、末寒期供热温度降低，为减少电动压缩热泵模块耗电量，可适当升高回水温度。

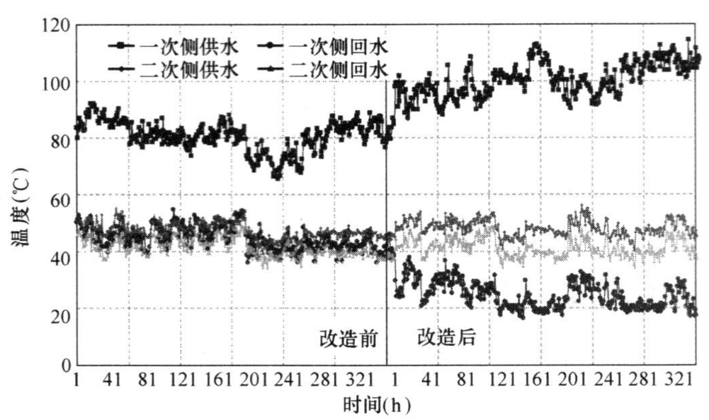


图 1.3-10 热力站采用吸收式换热机组前后温度

## 1.3.4 热源配置的优化

在条件允许的情况下应最大限度地利用电厂凝汽余热。如何以最低的能耗达到这个目的就涉及热源配置的优化问题。为了多回收凝汽余热，热网应尽量采用质调节的运行方式，保持热网流量不变。各换热环节升温幅度不同，使得换热的不可逆损失不同，而热源配置优化的本质是找到各换热环节合理的升温幅度，使得热源整体的不可逆损失最小。

众所周知，梯级加热能有效降低不可逆损失，且串联级数越多，串联各环节升温的不可逆损失越小。因此，从连接形式上看，热源各换热环节应采用串联逐级升温的模式。此外，无论是吸收式热泵还是压缩式热泵均由多个换热环节构成，因此热泵设备本身的不可逆损失一定大于凝汽器。因此，应首先考虑凝汽器直接换热，其次才是热泵升温。虽然热泵本身的不可逆损失大于凝汽器，但并不意味着热泵没有用武之地。增加热泵后，背压降低，在升温幅度较大时可使得凝汽器的不可逆损失减少。因此，对于 2 台机组乃至多台机组构成的热源而言，从降低能耗的角度来看，一定是串联最末级的机组采用凝汽器＋热泵的形式，而最末级之前的各台机组均采用凝汽器直接换热。

那么，究竟是采用吸收式热泵好还是采用蒸汽驱动的压缩式热泵好呢？从理论上来讲，若抽汽压力、乏汽压力和回水温度相同的情况下，吸收式热泵供热系统和蒸汽驱动的压缩式热泵供热系统整体能效应该是基本相当的，两者能耗的差别仅取决于设备自身的不可逆损失。但是，当抽汽压力较高时，吸收式热泵不能充分利用高品位蒸汽的做功能力，使得不可逆损失大于蒸汽驱动的压缩式热泵，从而使得供热能耗高于蒸汽驱动的压缩式热泵。可见，当抽汽压力能够合理匹配时，两者能效相当，而蒸汽驱动的压缩式热泵更适合应用于抽汽压力高的场合。

吸收式热泵受自身特性影响，出口温度一般不超过 95℃。而蒸汽驱动的压缩式热泵则可达到更高的出口温度（需更换制冷工质，如 R245fa）。对于吸收式热泵而言，由于受到热泵出口温度限制，当供水温度较高时，只能通过抽汽做尖峰加热，显然抽汽直接加热热网水的不可逆损失大。

虽然从能效角度考虑，压缩式热泵供热系统能效优于汽轮机抽汽直接加热热网水的供热系统。但是压缩式热泵供热系统也有自身的问题：其一，供暖季运行过程中，参数变化较大，压缩机、透平机效率均会明显下降，且透平机容积流量不能太低，这将给运行调节带来困难。其二，热泵设备投资大。随着热源机组台数增加，热泵加热的比例会逐渐减少，此时增设热泵意义就不大了。

综上所述，对于 2 台汽轮机组构成的热源，若抽汽压力较低（0.4MPa 以下），应采用溴化锂吸收式热泵供热系统，如图 1.3-11 所示；若抽汽压力较高（0.6MPa 以上），应采用蒸汽驱动的压缩式热泵供热系统，如图 1.3-12 所示。对于 4 台及 4 台以上机组构成的热源，宜采用直接换热供热系统，如图 1.3-13 所示。虽然串联机组台数越多，供热能

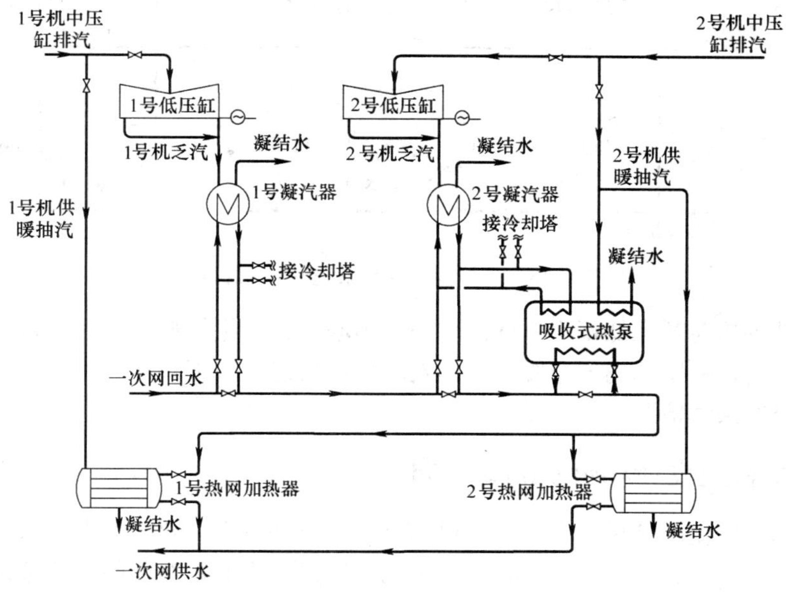


图 1.3-11 吸收式热泵供热系统（2 台机）

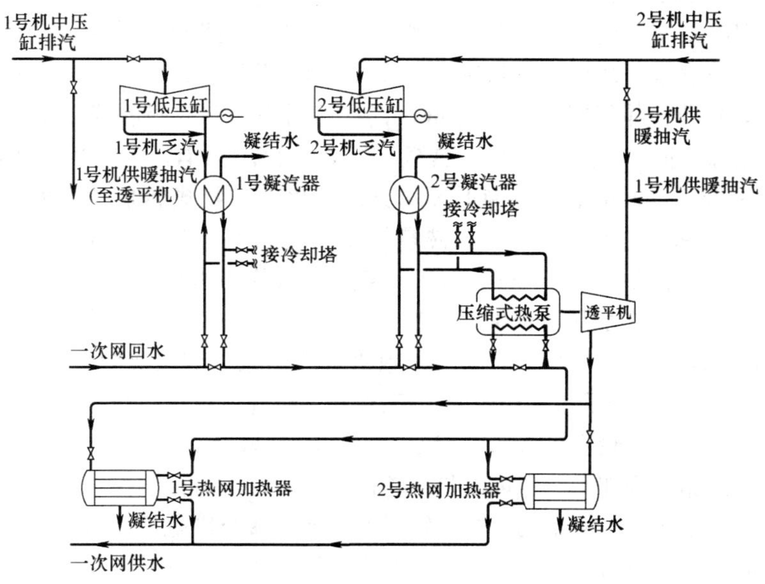


图 1.3-12 蒸汽驱动压缩式热泵供热系统（2 台机）

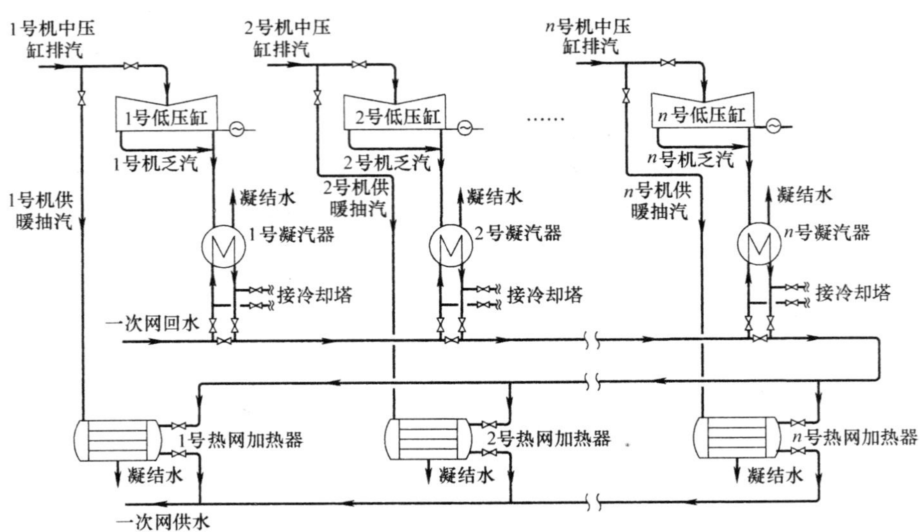


图 1.3-13 直接换热供热系统（4 台机以上）

耗越低，但是供热能耗降低幅度将逐渐减小。串联 6 台机组能耗和串联 4 台机组的能耗已相差不大，因此，从实际场地布置情况出发，串联机组台数不宜超过 4 台机组。在设计供热系统时可根据实际情况酌情考虑。

## 1.3.5 热泵机组设计和研发的新方向

从热源配置优化的结果来看，汽轮机高背压运行是一个重要的特点。这就使得和常规的余热利用设计方法、设备运行参数完全不同。因此，需要针对新的供热系统去完善、甚至开发新的设备产品。

### 1.3.5.1 吸收式热泵机组

电厂余热回收系统的核心设备是蒸汽型吸收式热泵。现举例说明利用余热回收机组梯级加热一次网回水的过程及余热回收状况。如图 1.3-14 所示，25℃的一次热网回水先由凝汽器加热至 40℃，回收汽轮机凝汽热量的 40.9%；然后采用双效吸收式热泵以汽轮机抽出的蒸汽作为驱动热源，把一次网循环水加热至 55℃，在该阶段消耗汽轮机供热抽汽量的 9%，回收凝汽热量的 22.5%；接下来热网循环水分别经单效吸收式热泵和双级吸收式热泵，依次被加热至 70℃和 90℃，分别回收凝汽热量的 22.4%和 14.2%，同时消耗抽汽量的 16.1%和 20.2%；最终，再由供热抽汽直接经汽-水换热器将热网水加热至 130℃，此加热过程消耗抽汽量的 54.5%。整个加热过程中，抽汽量占总热量的 2/3，凝汽余热占 1/3。以上例子中先后采用了凝汽器、双效吸收式热泵、单效吸收式热泵、双级吸收式热泵及汽-水换热器逐级加热一次网热水。在实际应用中，根据工程实际情况，也可以只采用其中的一级或几级加热。另外，根据电厂汽轮机排汽的冷却方式（湿冷、间接空冷、直接空冷），吸收式热泵的低温热源可以是循环冷却水，也可以是汽轮机乏汽。针对直接空冷电厂，一般采用汽轮机排汽直接进乏汽型余热回收机组的形式；针对湿冷或间接空冷电厂，可以采用循环冷却水进余热回收机组的形式，也可以采用乏汽直接进余热回收机组的形式，具体形式应根据现场情况确定。这些设备及其组合，被统称为“电厂余热回收机组”。

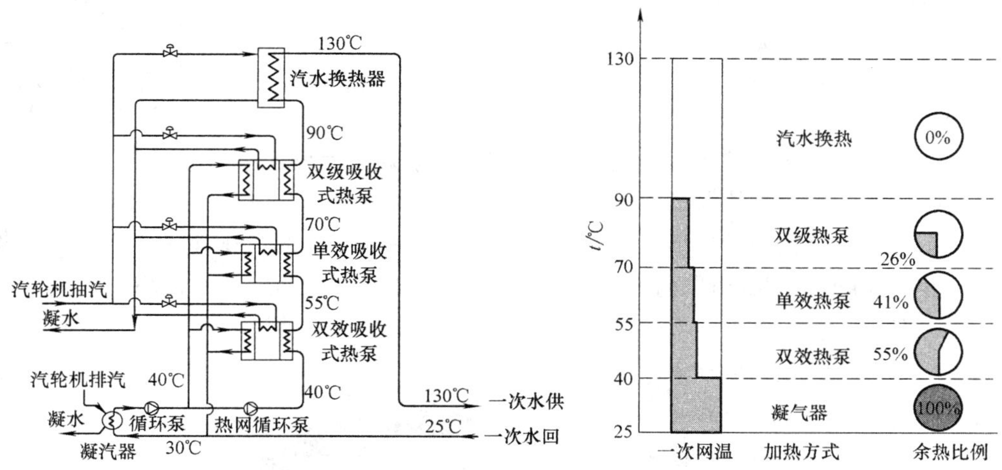


图 1.3-14 一次网回水在热电厂内的加热过程

电厂余热回收专用吸收式热泵利用电厂汽轮机抽汽作为驱动热源，回收汽轮机乏汽余热，加热一次网回水。其中按照循环形式划分为双效、单效和两级等形式，按照低温热源的形式划分为循环水余热回收和乏汽余热回收两种形式。由于运行工况与使用目的与常规的吸收式热泵/制冷机有非常大的不同，实践证明，如果采用普通的吸收式热泵，不但会影响到系统整体的运行性能，使其节能优势无法充分发挥，甚至还会影响到系统运行的稳定可靠性。因此，根据不同工况开发适宜的吸收式热泵流程与结构就成为该项技术的关键。篇幅所限，下面仅以两级大温升吸收式热泵及单效大温差吸收式热泵为例做一简单介绍。

1. 两级大温升吸收式热泵

两级大温升吸收式热泵主要承担一次网热水的高温段加热，利用汽轮机抽汽作为驱动热源，提取电厂循环水中的余热，并将一次网热水加热至 90℃甚至更高。其循环流程如图 1.3-15 所示。

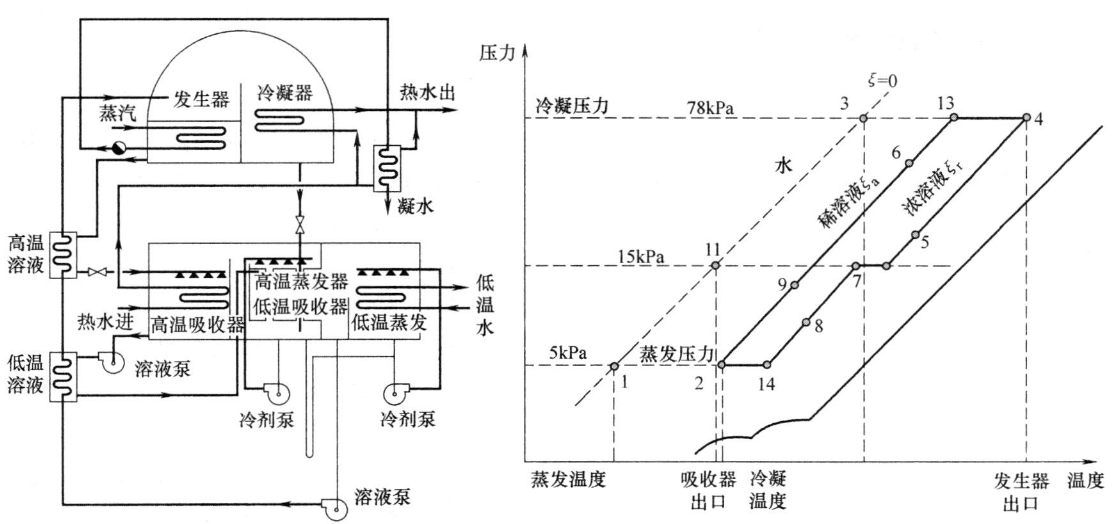


图 1.3-15 两级大温升吸收式热泵机组循环流程图及 $p$-$t$ 图

两级吸收式热泵的主要特点体现在两个方面：第一，采用了两级蒸发、两级吸收的循环方式，低压蒸发器从低温热源吸收热量，将低压吸收器中产生的热量作为高压蒸发器的热源，高压吸收器和冷凝器中产生的热量用于加热一次网热水，该循环的优点是能够从较低温度的热源吸热，产生出较高温度的有用热；第二，将低压吸收器和高压蒸发器结合在一起，组成了一体化结构的蒸发/吸收器，减少了它们之间的换热温差，并简化了机组的结构及流程，既可以提高热泵的性能，又可以减小机组体积和降低机组生产成本。蒸发/吸收器采用了垂直降膜的结构形式，溶液在管外降膜吸收，冷剂水在管内降膜蒸发。垂直降膜吸收和蒸发的关键是如何保证布液的均匀性，因此垂直管布液器和传热管表面特性的研究至关重要。

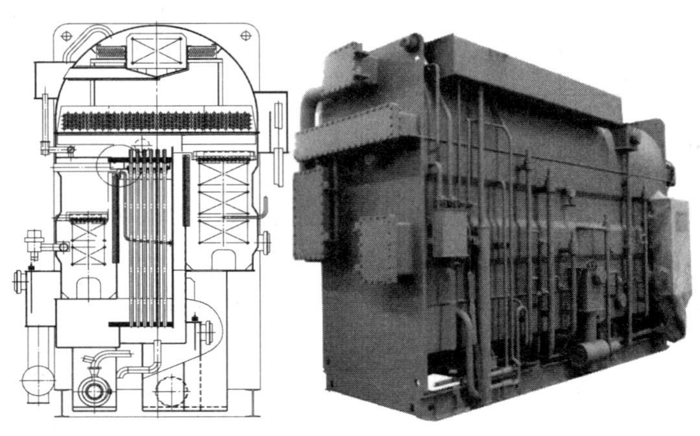

图1.3-16　两级吸收式热泵本体剖面图与实体

图1.3-16所示为LTHP1200型两级吸收式热泵本体剖面图与实体照片，该机组的实际测试结果如图1.3-17所示，机组测试期间，蒸汽压力为0.35MPa（a），热水出水温度达到86℃，供热量接近设计值1200kW，机组性能系数$COP_h$约为1.3。

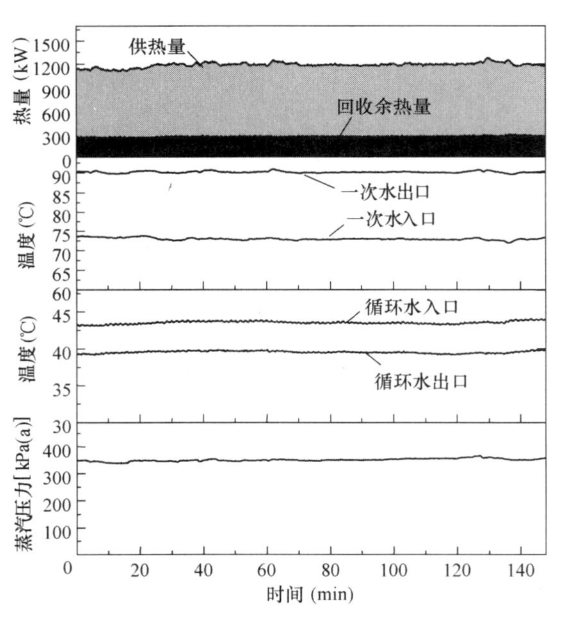


图1.3-17　两级吸收式热泵运行性能实测结果

2. 单效大温差吸收式热泵

对于图1.3-14所示的由三种热泵串联梯级加热的方式，在实际应用中发现有以下问题：

（1）机组整体占地空间较大；

（2）系统制造成本较高；

（3）系统运行管理复杂；

（4）水侧管路复杂，机房布置困难。

为了解决上述问题，清华大学发明了一种新流程，即多级发生、多级冷凝的吸收式热泵流程。下面以三级发生、三级冷凝的吸收式热泵为例，对该种流程及设备进行简要介绍。

图 1.3-18 所示为三级发生/冷凝的大温差吸收式热泵循环流程，由三级发生/冷凝器、吸收器、蒸发器、溶液热交换器、溶液泵、冷剂泵以及各类连接管路和附件组成。溴化锂稀溶液依次进入第一、第二、第三级发生器中，在各级发生器中均被热源加热发生出冷剂蒸汽，溴化锂稀溶液被逐级加热浓缩为浓溶液；浓溶液经过溶液热交换器降温后进入到吸收器中，吸收来自蒸发器的冷剂蒸汽，浓溶液变成稀溶液；稀溶液再在溶液泵的驱动下，经过溶液热交换器升温后返回到第一级发生器中，完成溶液循环。各级发生器中发生出的冷剂蒸汽分别进入到各级冷凝器中冷却凝结，冷剂水汇合后通过节流装置进入蒸发器中，从低温热源吸热后蒸发，产生的冷剂蒸汽进入到吸收器中被溴化锂溶液吸收，完成冷剂循环。热水进入机组后，依次流经吸收器以及第三、第二、第一级冷凝器，被逐级加热后送出。吸收器采用多流程结构，热水与溶液以逆流方式进行换热，一次网回水先在吸收器中多流程梯级加热，再在多级冷凝器中梯级升温，可实现在一台吸收式热泵中利用较低压力的加热蒸汽把一次网回水从 25℃梯级加热到 90℃的效果。该机组实质上是单效吸收式热泵循环，能效与图 1.3-14 所示的三种热泵串联加热方式的综合能效相当，但流程大为简化，机组体积和成本大幅度降低。

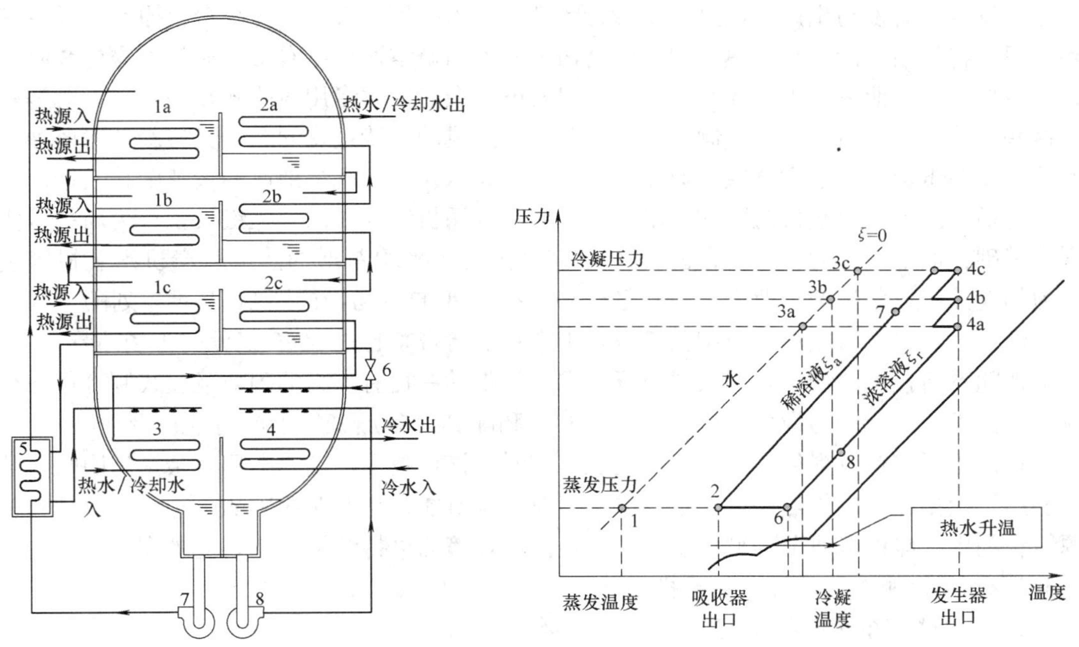


图 1.3-18　三级发生/冷凝的大温差吸收式热泵机组流程示意图

图 1.3-19 为某电厂实际运行的一台单效三级发生/冷凝的溴化锂吸收式热泵机组，单机余热回收量 12MW，采用四分体结构：蒸发器和吸收器作为一个分体，发生器作为一个单独分体，冷凝器作为一个单独分体，底座（包含冷剂泵、溶液泵和溶液热交换器）作为一个单独分体。

这种多级、多分体、模块化的结构形式解决了超大容量吸收式热泵机组（特别适合于电厂余热回收）的设计、生产等诸多问题，能效高、结构紧凑、成本低、运输安装方便，但在结构布置、溶液循环流动、冷剂循环流动、传热传质、强度与稳定性等方面提出了更

图 1.3-19　单效三级发生/冷凝大温差吸收式热泵机组

高的设计要求，控制策略也相应更加复杂，需要更高的控制要求和安全保障要求。

3. 电厂余热回收专用吸收式热泵机组的产业化

我国吸收式制冷装备制造业的工业基础和人才积累雄厚，原理上的共性使得新技术所涉及的关键设备具有良好的产业化基础。但是相对于传统空调制冷领域，北方热电联产集中供热系统的复杂特性决定了关键设备与传统吸收式制冷设备在循环设计、形式结构、自动控制、运行维护等多方面的巨大差异，对供热系统特性缺乏深入了解使得吸收式制冷设备生产企业难以在短期内完成技术转型，因此迫切需要将热电联产集中供热行业经验和吸收式制冷行业经验有效结合起来的专业化设备生产企业。例如，北京华源泰盟节能设备有限公司就是这样的一个企业代表，其主营业务就是基于吸收式换热的集中供热技术专用设备的研发与生产，通过提供设计图纸和技术指导的方式委托烟台荏原空调设备有限公司、特迈斯（浙江）冷热工程有限公司、同方川崎空调设备有限公司等多家传统吸收式制冷机生产企业参与加工吸收式换热机组和电厂余热回收专用吸收式热泵机组，既解决了这些企业近几年由于吸收式制冷机市场萎缩而造成的产能过剩问题，又使新技术所涉及的关键设备迅速实现了大规模产业化，促进了新技术在我国北方地区的大范围普及推广。

包括“吸收式换热机组”和“电厂余热回收专用机组”在内的关键设备作为新技术实现的基础，面临巨大的市场机遇。2020 年前全国每年平均新增的热电联产机组装机容量将为相应关键设备生产行业带来 200 亿～300 亿元/年的市场，按照 2020 年规划的全国热电联产机组容量，对相应的新型关键设备生产行业将带来超过 2000 亿元的市场前景。

伴随着新技术的推广，巨大的市场需求已经带动一批有实力的国内吸收式制冷设备企业实现技术转型，并为设备生产所需的原材料和配套设备加工等上游行业以及供热/电力工程建设等下游行业提供了新的发展契机。同时，该项技术推动热电厂对余热的回收与开发利用，挖掘热电厂供热潜力，带动电力工业系统节能，从而对我国的生态环境保护和资源综合利用、建设资源节约型城市、实现经济、环境的可持续发展起到促进作用。

### 1.3.5.2　蒸汽驱动的压缩式热泵机组

1. 热电联产余热回收压缩式热泵机组的特点

热电联产余热回收的使用场所和用途使得该热泵机组与常规压缩式热泵机组相比具有不同的特点，这为热电联产余热回收热泵机组的技术发展指明了方向。这类热泵机组以大型氟利昂离心式热泵机组和轴流式热泵机组为主，总的发展趋势包括：

大型化：由于电厂的余热量较大，因此电厂侧热泵机组的单机容量需要达到数十甚至数百兆瓦级，相比传统的中央空调冷水机组容量扩大 1～2 个数量级；

高参数：供热的特性决定了电厂侧热泵机组的热源和热汇的温度均较高，出水温度最高达到 95℃甚至更高；

大温升：热源和热汇的平均温升可到 60～80℃，相比传统的中央空调机组温升幅度增加 50%～100%；

大温差：热源和热汇的进出水温差通常达到 20～50℃，即使分级后每级换热的进出水温差仍较大；

高能效：我国集中供热地区冬季供暖时间通常在 3000h 以上，设备运行时间远高于夏季制冷运行时间，因此热泵机组的能效更加关键。同时供热时不同负荷下运行时间差异不大，因此要求设备在所有负荷率下均具有较高的能效水平。

2. 热电联产余热回收氟利昂压缩式热泵的技术发展方向

余热回收氟利昂压缩式热泵属于中高温热泵的范畴，中高温热泵是近年来国际上的研究热点，欧洲、日本、美国以及我国的科研机构和设备厂家都有各自的研究计划和项目，并取得了较多的科研成果和实际应用经验。由于特殊的应用需求，余热回收压缩式热泵机组也具有其特点，在压缩机，换热器和制冷剂方面的技术发展趋势如下。

（1）压缩机的研究现状和发展趋势

由于容量需求较大，因此余热回收热泵采用的压缩机通常为离心式压缩机。离心式压缩机属于速度型压缩机，具有容量大、单级压比适中、运行效率高的优势，因此目前广泛应用于大中型冷水机领域，然而在集中供热中，其容量略显不足。目前 FRIOTHERM 公司和 YORK 公司已有单机容量为 30MW，出水温度为 80℃的机组。这些机组可以一定程度上满足系统的需求，然而其容量、设计参数和运行工况和集中供热系统还存在较大的差异。

在压缩机方面，需要重点解决以下四个方面的问题：1）在大型化方面，随着设备容量需求的大幅度增加，压缩机叶轮的直径也将迅速增加至 1000mm 以上，压缩机叶轮及流道尺寸远大于常规制冷用离心压缩机，气流流场更加复杂，二次流、回流等问题更加突出，需要对现有设计方法进行改善以适应设计需求。2）在效率提升方面，对于单工况点，随着近几十年来的努力，离心压缩机的效率已达到了 85%～90%，逐渐接近空气动力学设计的极限。但离心压缩机技术远未达到完美的程度，研究人员仍然需要设法进一步提高其性能，特别是高雷诺数流动条件下湍流的发生、形态和其对离心压缩机流动效率的影响仍是理论研究重点和实验的重点。为了追求全工况下压缩机均有较高的效率，在设计理念上应从单工况点设计转变为全工况设计，加强理论研究和实验分析，以便更加准确的预测离心压缩机的性能特性，进而改进设计方法，缩短生产周期和降低成本。3）在运行范围方面，热泵压缩机须在更大的范围内运行，需要解决大量的技术问题，以提升压缩机的喘振裕度例如更好的匹配叶轮和高效率扩压器等。同时，要提升对于喘振工况和堵塞工况的理论预测水平。4）在结构和转子动力学方面，大型离心压缩机往往具有大长径比柔性转子，其在变转速运转过程中受到更加多变的扰动作用时很容易丧失转子稳定性，表现为振动程度加剧导致连锁停车或发生比较严重的转定子碰磨事故。所以需要对此类型压缩机转子系统进行更准确的稳定性分析，从而提升大型离心压缩机组的技术水平与运转可靠性。此外在较大的气体载荷下，大尺寸结构的叶轮叶片更容易发生形变和失效，这对材料性能以及加工手段都提出了更高要求，如何平衡叶轮叶片以及轴承件和密封件更大的工作裕度、更高的可靠性和材料加工难度、成本之间的关系是需要研究人员认真考虑的问题。

（2）换热器的研究现状和发展趋势

目前大型冷水机组主要采用满液式壳管蒸发器，但是存在制冷剂的充注量大、制冷剂液体静压对于蒸发温度影响及较难实现变温蒸发的问题。因此需要开发一种新型、环保、节能的换热装置来解决这些问题，降膜式蒸发器可能是其中的一个方向。降膜式蒸发器传热系数较高，因此可以实现更紧凑的结构，降低成本，需充注量与相同冷量的满液式蒸发器相比减少20%～30%，通过技术改进和优化后，还可以进一步降低灌注量。同时由于降膜式蒸发器中换热管并没有被制冷剂浸没，因此不存在液体静压对于传热的影响，减少了壁面过热度的要求，可以实现更小的传热温差，这一点对于高温热泵用的低压工质更加显。降膜式蒸发器中的传热传质问题，流动问题等相当复杂，目前的研究还远不能满足工程应用的需求，在传热理论方面，在实验研究方面，在换热管开发方面，还需要大量的研究。

随着换热器尺寸的增大，换热器强度和管道振动的问题凸显出来，特别是氟利昂换热器使用的高效换热管的壁厚比较薄，泄漏和强度问题更加明显。为此应加强强度和管束振动控制的研究工作，增加设备的可靠性。

（3）制冷剂的发展趋势

以R134a为代表的现有制冷剂在新的应用下存在着能效较低、运行压力高等问题，无法直接应用，新的制冷剂需要满足中高温的应用需求和实现变温传热。对于中高温热泵工质的选择，目前有两种趋势，一种是使用天然工质（$CO_2$，$NH^3$或碳氢化合物等），另一种是使用HCFC，HFC，HFO或它们的混合物的合成工质，目前，大多数研究者倾向于使用合成工质。近年来，R245fa，R1234ze（Z），R1234ze（E）等工质及其混合物不断出现，基本可以满足中高温热泵的需求，图1.3-20、图1-3-21对比了主要候选制冷剂与R134a在能效和压力方面的参数（其中能效计算时冷凝温度与蒸发温度之差为40℃，压缩机等熵效率为0.8，单级压缩，不计过冷和过热）。但还存在如下问题需要进一步研究：针对新型制冷剂的物性，传热特性研究还需要进一步加强，特别是非共沸制冷剂的传热特性研究。另外，由于候选制冷剂存在毒性或易燃性，因此制冷剂安全性，使用规范和标准方面还需要进一步研究。

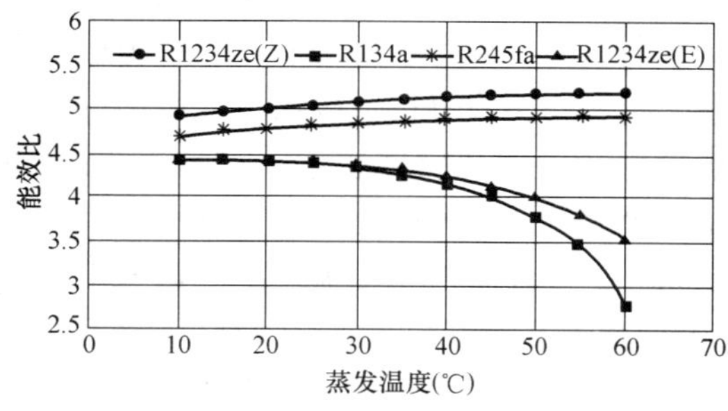


图1.3-20　不同制冷剂能效情况对比图

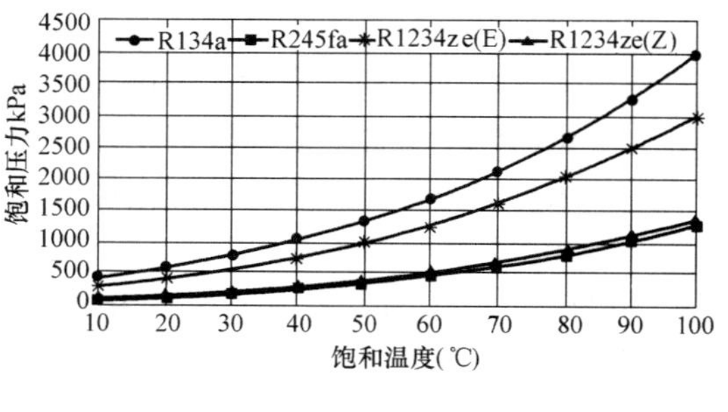

图1.3-21　不同制冷剂饱和压力对比

### 1.3.5.3　热电联产余热回收轴流式热泵机组的技术发展方向

采用水作为工质具有环保、无毒、运行压力低、系统效率高等诸多优点，但由于体积流量太大，因此只能采用轴流式压缩机。轴流压缩机的研究一直是行业的热点，除各大航空发动机和燃气轮机企业外，MANTURBO，MITSUBISHI，NUOVO PIGNONE以及国内的陕西鼓风机厂、沈阳鼓风机厂等均在以空气为介质的轴流压缩机方面有较多的研究。

ILK，MSU，日本神户制钢等均开展了以水为介质的轴流压缩机方面的研究，然而由于存在巨大的技术困难，目前距离商业化应用还有较大的距离。

目前民用轴流压缩机大多为亚音速设计，单级压比通常在1.03～1.1之间，加之水蒸气的压缩比较困难，因此如果直接在热泵机组上应用，会造成压缩机体积巨大、级数多、成本高、调节性能不好等诸多问题，以某项目热泵100MW热泵机组为例，行业领先的厂家给出的首级直径达到3200mm，级数为27级。因此轴流压缩机在热泵上的应用需要大量的技术研究，在减少压缩机的外形尺寸方面可采用跨音速设计、提升单级压比、采用波转子循环等技术。

在换热方面，目前有直接换热和间接换热两种技术路线。其中直接换热方式是通过闪发和喷淋实验蒸发和冷凝过程，这种方式不仅减少了传热温差，而且节约了大量的材料，机组效率更高，但直接换热技术还存在许多技术上需要研究的问题，同时不凝结气体的排出方法也需要进一步研究。间接换热方式相对比较传统，存在传热温差，成本较高，但技术相对比较成熟。

## 本节参考文献


[1] 王振铭. 我国热电联产应由热电大国发展为热电强国. 中国电机工程学会热电专业委员会，2013年10月.

[2] 李文涛，袁卫星，付林等. 利用吸收式热泵的回收电厂乏汽余热回收的影响因素性能分析. 区域供热，2015，4.

[3] 曹玮. 蒸汽型LiBr吸收式热泵在直接空冷机组余热回收技术中的应用. 能源工程，2015，1.

[4] 张军辉. 300MW供热机组循环水余热利用分析. 能源与节能，2015，1.

[5] 赵虎. 吸收式热泵回收电厂循环水余热的技术经济性研究. 北京：华北电力大学，2012.

[6] 王东. 吸收式热泵在集中供热中的应用分析. 区域供热，2015，2.

[7] 清华大学建筑节能研究中心. 中国建筑节能年度发展研究报告2015. 北京：中国建筑工业出版社，2015.

[8] 压缩式热泵在火电厂余热回收中的应用. http：//wenku. baidu. com/view/d547dee9bceb19e8b9f6ba04. html? from=search，引文日期：2014. 12. 31.

[9] 江森自控资料：压缩式热泵.

[10] 江森自控资料. 热电厂余热回收集中供暖.

[11] 李岩. 基于吸收式换热的热电联产集中供热系统配置与运行研究. 北京：清华大学，2012.

[12] 姚远，龚宇烈，陆振能，骆超，王显龙，廉永旺，马伟斌. 高温热泵及热泵蒸汽机的研究进展. 新能源进展，2014，03：190-196.

[13] 王凯，李建风，曹锋，邢子文. 中高温水源热泵研究与发展趋势. 流体机械，2007，03：68-72.

[14] 诸琛. 热泵技术在热电联产区域供热中的应用分析//2013中国制冷学会学术年会论文集，2013.

[15] http：//www. friotherm. com/.

[16] J. M. Sorokes，M. J. Kuzdzal. Centrifugal Compressor Evolution. the Proceedings of 39th Turbomachinery Symposium，2010：59-70.

[17] 孟继纲，肖忠会，李云，孙丹，李洪臣，李凯华，赵晓娜. 大型离心压缩机组转子稳定性分析设计技术研究. 风机技术，2015，05：36-41+52.

[18] 张猛，周帼彦，朱冬生. 降膜蒸发器的研究进展. 流体机械，2012，06：82-86.

[19] 王鑫，史琳，朱明善，韩礼钟，于修源. 近年来国内外制冷剂的研究状况. 暖通空调，2007，10：40-43.

[20] Eberhard Wobst，NikolaiKalitzin，RainerApley. TURBO WA-TER CHILLER WITH WATER AS REFRIGERANT. Interna-tional Compressor Engineering Conference，2004.

[21] Q Li，JPiechna，NMüller. Thermodynamic potential of using a counter rotating novel axial impeller to compress water vapor as refrigerant. International Journal of Refrigeration，2011，34（5）：1286-1295.

本节执笔人：付林、李文涛、唐道轲、张世钢

## 1.4　分布式能源系统及其中的制冷技术

分布式能源系统是相对传统的集中式供能的能源系统而言的，传统的集中式供能系统采用大容量设备、集中生产，然后通过专门的输送设施（大电网、大热网等）将各种能量输送给较大范围内的众多用户；而分布式能源系统则是直接面向用户，按用户的需求就地生产并供应能量，具有多种功能，可满足多重目标的中、小型能量转换利用系统。

近年来，我国出现了全国范围的严重雾霾天气，来自国内外的节能减排压力日渐增大，使得政府开始大力度整治和降低化石燃料所带来的危害、推动清洁能源技术的发展和应用。根据“十二五”能源发展规划，要求到2015年全国总能耗控制在40亿吨标准煤以内且能源综合利用效率提高到38%，要求在2020年实现$CO_2$排放强度较2005年下降40%到45%。为实现该目标，既需要着手于提升可再生能源的比例，也需要进一步加强化石燃料的高效利用，推广清洁能源技术。

冷热电联供分布式能源系统（Combined Cooling，Heating and Power，CCHP）是一项高效的能源综合利用技术，也是提高常规化石燃料利用效率的重要方式之一。其要义在于将发电过程中产生的余热进行回收，并生成热量或冷量以供用户使用。通过该技术，可将能源利用效率提升至80%甚至更高。实施冷热电联供技术能在环境、节能和经济效益方面产生直接效益。相关学者研究表明，推广CCHP技术可减少20%～35%的温室气体排放；由于靠近用户端，CCHP技术能有效避免传统电网约8%的供电损失；由于其余热回收利用的功能，相比于传统供能模式其节能率可达30%～40%；对于写字楼、商场、医院、体育馆和酒店类建筑，通过CCHP技术可分别减少12%、11%、21%、32%和23%的运营成本。

从优化能源结构的角度看，CCHP系统是天然气分布式能源的重要组成部分，有助于促进天然气的综合有效利用。随着页岩气革命和天然气在世界范围内的大规模普及，天然气驱动的CCHP系统能够显著降低世界对燃煤电厂的依赖，使电力生产从燃煤转向更为清洁的天然气。相比于燃煤，天然气的$CO_2$排放系数为203.7g/kWh，远低于煤的780g/kWh。所以，CCHP技术的推广有助于促进我国现有能源结构的调整。

从强化供能安全的角度，CCHP系统位于用户端，不需要通过大电网进行传输，有助于避免电力故障带来的风险。如2003年8月美国东北部和加拿大的电网故障，造成了大面积停电事故，波及范围达9300平方英里，受影响人口达到5500万人。同样，2008年1月，我国因冰雪天气造成南方大面积停电，造成了严重的经济损失。因此，CCHP系统的推广，能有效应对大面积停电故障带来的问题，强化能源供应的安全性。

从克服季节性用能波动的角度看，CCHP系统有助于电厂和电网调峰，从而优化电厂和电网配置及运行。CCHP系统可以通过余热利用满足局部乃至区域性的空调/采暖负荷。数据显示，建筑能耗占发达国家总能耗的20%～40%，暖通空调能耗分别占美国建筑能耗和总能耗的50%和20%。在我国的北京、上海等发达地区，夏季居民空调用电负荷占到总电负荷的40%～50%。季节性的空调负荷给电厂和电网带来了沉重的负担，并且屡屡引发季节性“电荒”，给居民生活和工业生产带来严重干扰。季节性峰值负荷不利于发电和供电体系的高效运行，还会导致其装机容量大幅增加，导致低负荷季节下设备处于低负荷率、低效率运行状态。因此，通过 CCHP 系统削去电厂和电网的季节性峰值负荷，有助于其高效运行，并且减少初投资，提升设备利用率，改善设备运行工况。

本章对冷热电联供系统的国内外发展趋势进行了总结，然后对国内建筑冷热电联供系统的发展现状（建筑类型、原动机类型、单位面积电负荷和运行策略）进行了统计分析，进而阐述了冷热电联供系统发展中的关键技术（余热制冷技术、余热热利用技术、系统全工况特性与系统优化运行策略）的进展情况，最后对目前发展中面对的技术与政策问题进行了总结，并提出相关建议。

### 1.4.1　冷热电联供系统发展趋势

美国是最早实施发展冷热电联供系统政策的国家之一。20 世纪 30 年代，在洛克菲勒中心和美国国会大厦建筑群建立了第一个大型区域供冷系统。1978 年开始发展小型热电联产，并且逐步走向冷热电联供。按照规划，到 2020 年 50％的新建商用、办公建筑将采用冷热电联供系统，并将 15％的现有商用、办公建筑改造为冷热电三联产系统。

日本资源缺乏，经济发达，对冷热电联供技术十分重视。到 2007 年年底，供热营运者和供热服务区域分别达到了 86 和 148 个。总供热服务面积约为 4400 万平方米，服务覆盖的总建筑物面积达到 4800 万平方米。日本通过相关的法令和优惠政策保证该项事业的发展，有条件、有限度地允许这些分布式发电系统上网，通过优惠的环保资金支持分布式发电系统的建设。

欧洲的分布式能源发展水平居世界领先地位。2000 年时，丹麦、荷兰、芬兰的分布式能源供能已经超过该国总发电量的 50％，此外，德国、葡萄牙、意大利的分布式能源也都占较大比例。丹麦：20 多年来，GDP 翻了一番，但是能源消耗却几乎未增加。英国：分布式能源已经成为英国政府提高能效的重要措施，已经有分布式能源系统 1000 多座。

由于种种因素限制，我国能源消耗尤其是电力能源主要以煤炭为主。我国能源不足、利用效率低，急需发展高效的能源利用技术，因此分布式冷热电联供系统在国内得到了广泛的关注。冷热电联供在我国的研究和应用的起步比国外都要晚，在近十几年才发展起来，其规模和数量都与发达国家相距甚远。目前主要涉及的领域包括工业领域和高层建筑等场合，应用范围也以中小容量为主。

早在 20 世纪 80 年代制定了相关政策方针，将节能作为发展的重要指标。1998 年颁布实施《中华人民共和国节约能源法》，鼓励发展能量梯级利用技术和热电冷联产技术。近期国家进一步鼓励发展冷热电联供技术。2011 年 11 月，国家发改委为鼓励发展天然气冷热电联供系统颁布了《关于发展天然气分布式能源的指导意见》，该意见明确以楼宇分布式和区域分布式这两种分布式能源系统为建设重点，以提升能源利用效率为最重要的目标。与此同时，该指导意见也进一步明确了发展冷热电联供的目标和任务：2015 年前完成大约一千个天然气分布式能源项目建设，“十二五”期间实现天然气分布式能源的主要装备的研制。到“十三五”末，要实现全国分布式能源系统装机规模达到 5000 万千瓦，分布式能源系统在全国规模以上城市得到广泛使用，基本实现分布式能源装备产业化的阶段性目标。

在各种法规、政策的鼓励下，经过近几十年的探索，冷热电联供系统已初步成型。20

世纪90年代初，建设了山东淄博的冷热电联供示范工程。近年来，随着我国天然气西气东输的大力发展，我国对能源品质的要求的提高，以及各高校、企业和研究所对天然气冷热电联供系统的技术和对应机组、构件的研究和开发，使得以燃气轮机和燃气内燃机为基础的发展建立起来的冷热电联供系统不断地涌现。十几年来，我国已建了约40多个天然气分布式能源项目。目前已建成投运的、影响力较大的项目主要有：上海的浦东机场、北京的燃气集团指挥调度的大楼、广州的大学城、长沙黄花机场以及中关村软件园区软件广场项目等。据不完全统计，目前我国分布式能源站总装机容量约500万千瓦。

## 1.4.2 国内冷热电联供系统发展现状与统计分析

### 1.4.2.1 建筑类型统计分析

通过近20年在中国的发展，冷热电联供系统在宾馆、医院、机场、学校、企业、商业区等各个领域都有应用的实例。由图1.4-1可知，北京、上海地区的冷热电联供系统主要应用于办公楼、酒店公寓、学校和医院这些建筑中，在其他建筑类型的应用相对较少。各地办公楼的数量随着经济的发展都在迅速增长，办公楼一般规模较小，用能规律，而且有较为成熟的建设经验和充足的建设资金。酒店公寓建筑的冷热电联供系统一般全天运行，规模多为中小型系统，负荷相对稳定，对冷热电的负荷都有较大的需求，而且对供能稳定性要求较高。医院内建筑较多，人流量大，住院部的用能比较平稳，而且医院对能源安全要求较高，需要在电网停电时保证电能供应，采用冷热电联供系统保证了医院供能的安全性，同时也可以为医院日常运行节省一部分费用。因此，冷热电联供在办公楼、酒店公寓、医院应用相对较多。

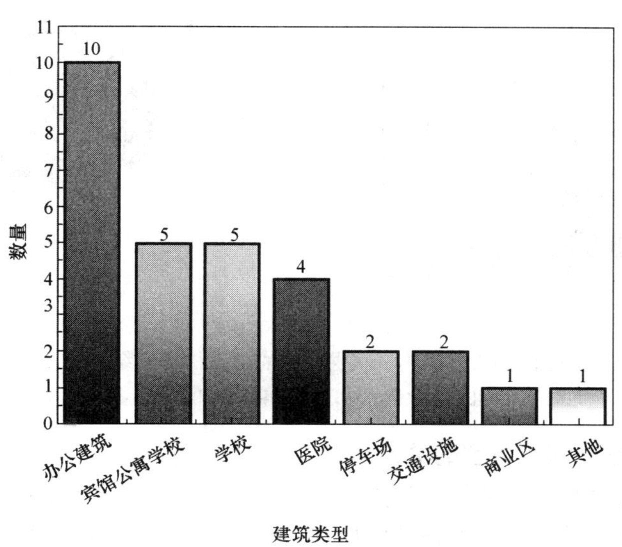


图1.4-1 冷热电联供系统的建筑类型统计

研究统计所涉及的学校类冷热电联供系统，多为示范型楼宇项目，此类项目在实际运行之外，也承担了一定科研任务。学校存在寒暑假，在寒暑假期间，除图书馆、办公楼正常用能外，大部分建筑冬季只有值班供暖需求，夏季没有冷负荷需求，避开了用能高峰期，从而造成校园园区类的冷热电联供项目经济性较差。因此，不适宜发展校园园区类冷热电联供项目，但在校园办公区可以发展楼宇类冷热电联供系统。虽然大型园区类项目、公共交通设施项目负荷需求量比较大，稳定性比较好，但是规模较大，设计复杂，而且国内缺乏经验，因此建设较少。

#### 1.4.2.2 原动机类型统计分析

冷热电联供系统按动力系统类型分类，有燃气轮机、微燃机、内燃机、蒸汽轮机、燃料电池、斯特林机冷热电联供系统等。鉴于各种原动机的不同特点，目前冷热电联供系统的动力主要使用燃气轮机、微燃机和内燃机。北京、上海地区冷热电联供系统的原动机选型集中在燃气轮机、微燃机、内燃机三种类型。

参与统计的冷热电联供系统原动机类型分布如图1.4-2所示。由图1.4-2可知，内燃机类型冷热电联供系统在所统计的冷热电联供系统中占据了主要地位，其次为微燃机，燃气轮机类型的冷热电联供系统最少。内燃机技术成熟，初投资最低，发电效率高，热效率高，负荷适应性好，功率范围广；虽然噪声较大，但是通过合理的机房布置可以解决，因此应用广泛。由图1.4-2（*a*）可知，微燃机冷热电联供系统主要分布在上海地区，该地区冷热电联供系统多为应用于办公场所的小型系统，而微燃机体积小，噪声小，便于机房布置，比较适合此类建筑，因此应用较多。燃气轮机冷热电联供虽然系统安装方便，发电效率高、维护费用以及污染物排放量低，功率范围较宽，适合各种系统；但对燃料和环境尤其是对天然气进气压力要求较高，因此应用较少。

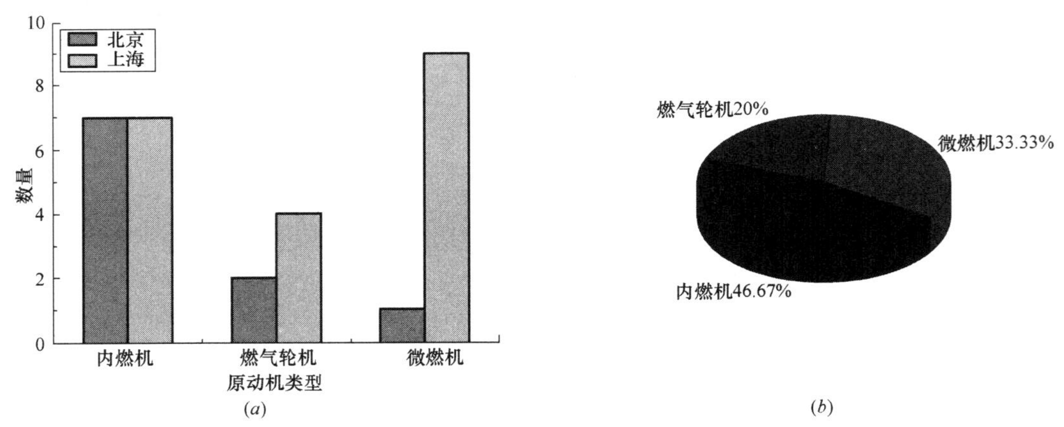


图1.4-2 冷热电联供系统的原动机类型统计

（*a*）原动机类型数量统计；（*b*）各原动机类型所占比例

#### 1.4.2.3 原动机类型与建筑类型的关系

由建筑类型统计可知，建筑类型为办公楼、酒店公寓、学校的冷热电联供系统分布较多，因此，本章对这三种建筑类型系统的原动机类型进行了统计。由图1.4-3可知，所统计冷热电联供系统中，酒店公寓类系统全部采用了内燃机作为原动机。首先，内燃机系统初期投资较少，可以为投资者节省资金。其次，酒店公寓有一定的热水负荷，内燃机的缸套水可以通过换热器换热提供一定量的热水。因此，内燃机系统在酒店得到了广泛应用。

由图1.4-4可知，参与统计的办公楼和学校类型的冷热电联供系统中微燃机系统占据了主要地位。由于冷热电联供系统规模较小，微燃机体积小，噪声小，便于机房布置成为了办公楼的首选。目前，学校所建设的冷热电联供系统有一定的科研示范作用，而微燃机处于商用初期，科研价值较高，因此在学校建设较多。内燃机技术成熟，初投资低，负荷适应性好，应用较多。燃气轮机对燃料和环境要求较高，尤其对天然气进气压力要求高，因此应用相对较少。

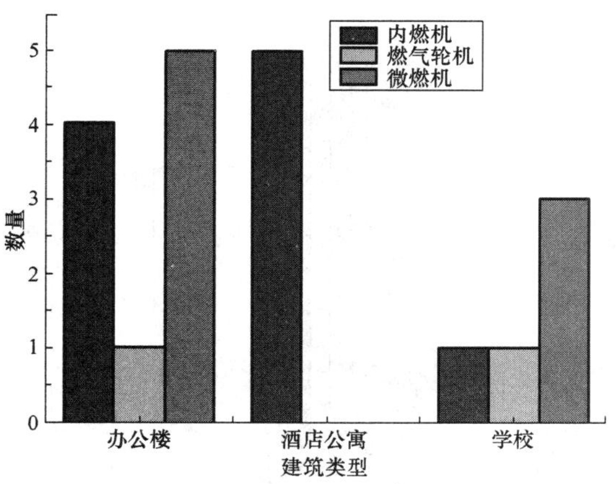


图 1.4-3　办公楼、酒店公寓、学校的冷热电联供系统原动机类型数量统计

#### 1.4.2.4　原动机容量与单位面积电负荷统计分析

冷热电联供系统按系统规模分类，有楼宇型、区域型、产业型冷热电联供系统等。楼宇型冷热电联供系统规模较小，而区域型、产业型冷热电联供系统规模较大。本节对北京、上海地区冷热电联供系统的机组容量进行了统计，由此来分析中国冷热电联供系统的规模分布情况。由图 1.4-5 可知，所统计的冷热电联供系统中绝大多数机组处于 1500kW 以下，属于中小型冷热电联供系统。目前国内所建冷热电联供系统集中在经济发达的大城市，多应用于办公楼、酒店、医院等建筑，属于楼宇型冷热电联供系统。此类系统规模相对较小，主要针对单一建筑物，用户数量较少，能量需求不大，形式也相对简单，变化规律大多相同，便于预测。因此，此类建筑的系统配置应具备灵活性强、控制方便、配置简单等特点，是目前应用最为广泛的系统之一。大型冷热电联供系统能量的需求形式及数量也不同，系统负荷变化不同步，系统设计复杂，设计经验较少，因此尚未实现大规模应用。

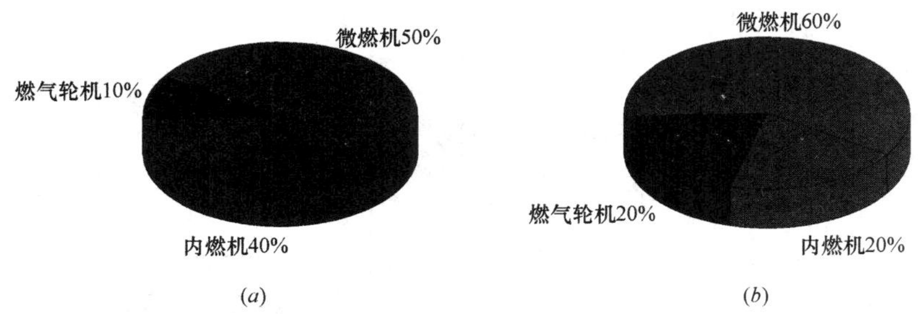


图 1.4-4　办公楼、学校的冷热电联供系统原动机类型比例

(a) 办公楼各原动机类型所占比例；(b) 学校各原动机类型所占比例

对建筑物的冷、热、电负荷特性的全面、准确的预测是合理设计分布式冷热电联供系统的基础。目前，国内冷热电联供系统负荷设计经验较少，设备满负荷稳定运行时的效率是最好的，负荷估算过大会使原动机长期处于低负荷运转，运行效率会急剧下降，还会加大排气污染。如图 1.4-6 所示，所统计的冷热电联供系统的单位面积电负荷的频率分布近似满足正态曲线分布。单位面积电负荷设计主要分布在 8.9～22.25W・$m^{-2}$之间，所统计的冷热电联供系统单位面积电负荷设计与常规建筑电负荷设计指标相比较低。目前冷热

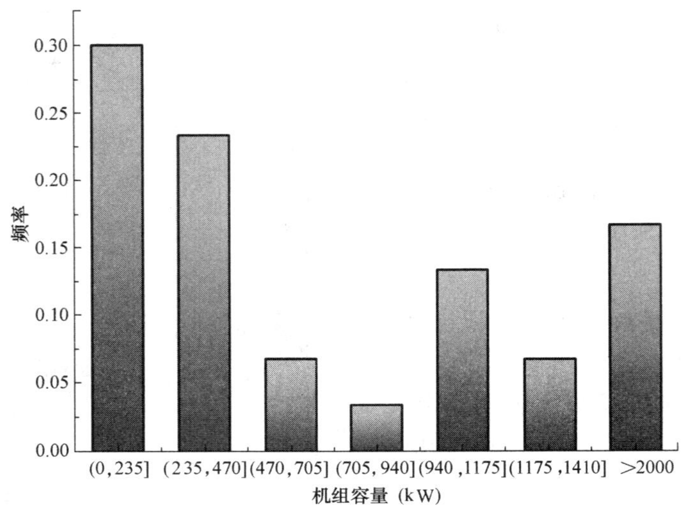


图 1.4-5　冷热电联供系统机组容量频率分布

电联供系统设计中多采用“以热定电”和“并网不上网”策略，较低的单位面积电负荷可以保证冷热电联供系统的高负荷运行，从而提高系统运行效率。冷热电联供系统在中国经过十几年的发展，电负荷的设计配置，形成了一定规律，而冷、热负荷在统计中并没有体现出一定的分布规律。总体来看，建筑物的冷、热、电负荷准确设计仍然需要相关从业人员的进一步探索。

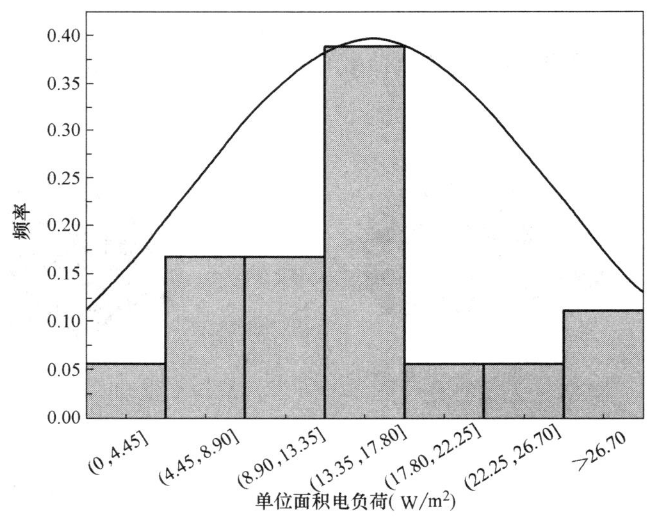


图 1.4-6　冷热电联供系统单位面积电负荷频率分布

### 1.4.2.5　系统运行策略的分析

冷热电联供系统配置方案确定后，系统的运行方式对系统节能性和经济性影响最大。冷热电联供系统在中国尚属一项新技术，冷热电联供的设计也在沿用电力行业，尤其是热电联产已有的标准，因此，国内的冷热电联供系统的基本设计运行策略是“以热定电，热电平衡”。同时受到电力法的限制，分布式能源无法向电网售电，现有的冷热电联供系统设计中均采用了“并网不上网”的运行方式。

“以热定电”就是冷热电联供系统依据供热（冷）量来确定发电量。但是，终端用户的热（冷）负荷与电负荷无法完全符合冷热电联供系统正常运行时的热电比，所以在热负荷远大于电负荷期间，系统会产生大量多余电力。目前分布式能源无法上网售电而且大规模蓄电技术没有实现商业化运行，因此多余电力无法上网也无法贮存。在多余电力产生时，只能降低系统发电效率，但是过低的发电效率将影响系统经济性甚至导致系统停机。为了解决多余电力的问题，最有效的方法就是允许冷热电联供系统的多余电力上网。

“并网不上网”，即冷热电联供系统的发电模块可与市电网进行并网，当系统内部发电无法满足用电负荷时，向电网购电进行补充，但无法向电网售电。而更为合理的“并网且上网”运行模式的实现仍然受到诸多因素制约：首先，根据现行法律，冷热电联供系统只有作为自备电站才可以实现电力就地直供，而自备电站不允许上网售电；其次，我国智能电网尚未建成，冷热电联供系统的上网运行会对现有电网的安全运行造成影响；再次，我国分布式能源系统与电网的并网和上网尚缺乏技术标准；最后，冷热电联供等分布式能源与现有电网企业存在利益冲突，因此冷热电联供系统的上网在一定程度上受到电网公司的限制。

“以热定电”的运行策略以“并网且上网”的实现为基础，上述制约因素如果不能得到解决，系统的多余电力不能上网，“以热定电”模式下的冷热电联供系统的经济性就无法保证。在系统设计和运行中，为了克服多余电力无法上网的弊端，也采取了相应的措施。如系统配置选择原动机时通常只满足用户的基础电负荷，以避免多余电量的产生。同时，多数系统在实际运行中也采取了按时间表运行和“以电定热”的方式来保证系统运行的经济性。

气候条件也对冷热电联供系统的运行策略产生一定影响。北京、上海分别处于中国的北部和南部，因此运行策略有一定差异。北京地区属于温带季风气候，四季分明，考虑到在过渡季节无需供冷、供热，冷热电联供系统运行只能为建筑物提供电力，因此，北京地区冷热电联供系统多数采用了“过渡季不运行”的策略。而上海地区属于亚热带季风气候，供冷时间较长，而供热要求较低，因此没有明确提出“过渡季不运行”的策略。

## 1.4.3 冷热电联供系统关键技术发展

### 1.4.3.1 余热制冷技术

在基于内燃机和吸附式制冷的冷热电联供技术领域，上海交通大学曾开展了多年的连续性研究。Kong 等构建了一类基于内燃机和吸附式制冷机的冷热电联供系统，其将内燃机烟气余热和缸套水余热集中回收以产生热水，然后以热水驱动硅胶吸附式制冷机进行制冷。系统额定发电功率为 12kW、制冷量为 9kW，同时还能产生 28kW 的热量输出。实验结果表明，在 13℃蒸发温度下系统制冷 *COP* 可以达到 0.3 以上。综合余热热利用和冷利用，整个系统总能效达 0.7 以上。为了对内燃机冷热电联产系统中的余热进行管理，Huangfu 等设计并研究了一类热管理器。在吸热端，其通过封装式热管结构对烟气余热和缸套余热进行回收，在放热端通过顶部不凝性气体控制管内压力以实现对外热量输出的自适应控制和管理。在 Huang 等的研究基础上，Li 等进一步完善了热管理器相关理论研究并开展了一系列实验研究，构建了另一套基于 16kW 发电量可移动式冷热电联供系统样机，如图1.4-7（*a*）所示。这套系统集成了一台10kW硅胶吸附式制冷机和一台热管理器，实验结果表明制冷*COP*可以达到0.4以上，冷热电联供总能效率在制热模式下最高可达0.765、制冷模式下则仅为0.56。由此可见基于吸附式制冷的冷热电联供系统的效率仍然有很大的提高空间。

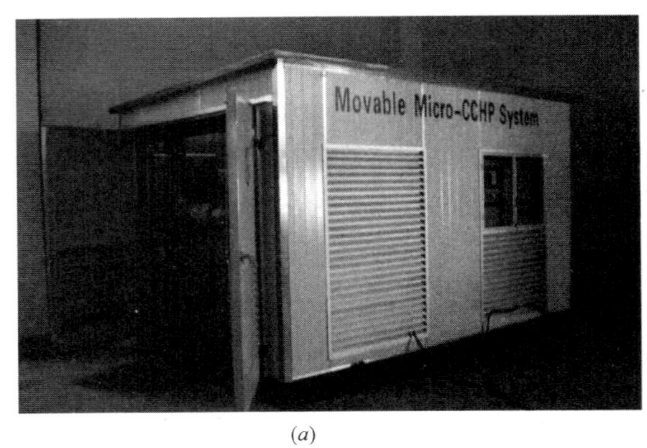


(*a*)

(*b*)

图1.4-7 上海交通大学开发的CCHP系统

（*a*）基于吸附式制冷的可移动式CCHP系统；（*b*）基于单效吸附式制冷并网型CCHP系统

在吸收式制冷方面，一般认为吸收式制冷较吸附式制冷而言能取得更高的制冷*COP*，因此有学者开展了基于吸收式制冷的冷热电联供实验研究。在溴化锂吸收式制冷方面，上海交通大学于2012年构建了22kW发电量的内燃机型冷热电联供系统，如图1.4-7（*b*）所示。此系统配备有23kW单效吸收式制冷机1台，发电机组可实现并网或孤岛运行间的自动切换。实验结果表明，制冷*COP*达0.7、制冷模式总能效率近0.6、制热工况总能效率可达0.83，综合性能较基于吸附式制冷的冷热电联供系统有了明显提升。Fu等建立了一套基于烟气驱动双效吸收式制冷的内燃机型冷热电联供系统，并对不同的余热利用模式进行了测试和分析。在发电功率60kW下，系统实现了25%～26%的发电效率和36%～37%的缸套水余热效率，但并未给出具体余热制冷*COP*值。在氨水吸收式制冷方面，Rochat等则分别基于一台30kW微型燃气轮机和一台26kW燃气内燃机对一台17.6kW氨水吸收式制冷机进行了实验测试。结果表明前者的能量利用率为0.563，节能率为0.151，制冷*COP*约0.6；后者的能量利用率为0.437，节能率为0.442，制冷*COP*约0.5。然而，现有基于吸收式制冷的冷热电联供系统实验研究中，吸收式制冷的优越性仍然未得到充分验证。根据Gomri对溴化锂单效、双效和三效吸收式制冷循环的仿真研究，结果表明三者在常见工况下的制冷*COP*分别应该为0.73～0.79、1.22～1.42和1.62～1.90，与之相对应的高压发生器发生温度分别为75～115℃、135～195℃和165～225℃。因此，相较于目前所实现的性能，吸收式制冷在冷热电联供系统中的性能仍然具备一定的提升潜力。

由于不同种类的冷热电联供系统中存在的余热品位是不同的，因此需要研究可适用于不同温度下的吸收式制冷技术。对于实际应用中的低品位余热，Ma等对两级吸收式制冷的性能进行了仿真研究。根据其研究结果，两级吸收式制冷可在60～90℃热源驱动下实现制冷。设定冷冻水温度为7℃时，60℃热源驱动下的制冷*COP*为0.2，70℃热源驱动下

的制冷 *COP* 则在 0.4 左右。其所需求的驱动温度可以比单效吸收式制冷更低，但 *COP* 也更低。

对于实际应用中温度波动区间较大的余热，Xu 等提出了可变效的溴化锂吸收式制冷技术，以期能够灵活地利用 85～150℃的热源，其原理图如图 1.4-8 所示。仿真研究结果显示，在 83～93℃的热源温度下制冷 *COP* 为 0.75，相当于单效制冷；在 93～140℃的热源温度下制冷 *COP* 处于 0.75～1.08 之间；而当温度更高时，*COP* 可以达到 1.25，相当于双效制冷。因为太阳能集热器产生的热水出水温度往往随辐射强度而大幅变化，当出水温度较高时系统可以运行在高 *COP* 值的工况，当出水温度较低时系统可以运行在低 *COP* 值的工况，从而增强了系统对热源波动的适应性，最大限度地避免了高温低用或低温不能用的情况。这种类型的吸收式制冷机有望应用于冷热电联供领域。

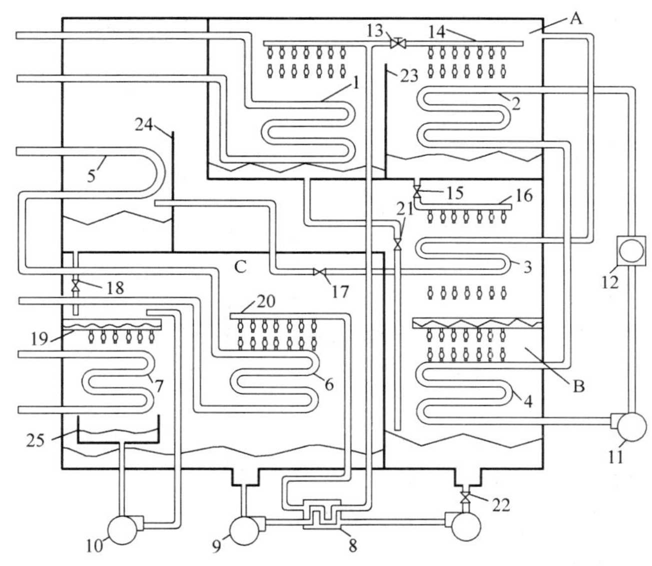


图 1.4-8 可变效溴化锂吸收式制冷原理图

1—高压发生器；2—高压吸收器；3—低压发生器 1；4—低压发生器 2；5—冷凝器；6—吸收器；7—蒸发器；8—溶液交换器；9—发生泵；10—蒸发泵；11—水循环泵；12—压力水箱；13—调节阀；14—高压吸收器喷雾器；15—高压吸收器节流阀；16—低压发生器 1 喷雾器；17—高压冷凝器节流阀；18—冷凝器节流阀；19—蒸发器混合喷雾器；20—吸收器喷雾器；21—高压发生器节流阀；22—低压发生器 2 节流阀；23—高压发生器与高压吸收器隔离板；24—冷凝器隔离板；25—制冷机收集器

实际应用中还存在多种品位余热同时存在的情况。Liu 等研究了一种双效型吸收式制冷机，其以燃料燃烧驱动双效制冷循环过程，同时以太阳能热水对双效循环的低压发生过程进行预热并驱动溶液作初步解吸。此种双效吸收式制冷的综合 *COP* 能够达到 1.07。而双源驱动吸收式制冷最典型的应用场合当属内燃机型冷热电联供系统，其既存在 550℃左右的烟气余热又存在 90℃左右的缸套水余热，如何兼顾这两种余热的高效利用，关系到整个系统的综合性能。Jayasekara 等对一类单双效联合型吸收式制冷机进行了研究并将其应用于内燃机型冷热电联产中。

如图 1.4-9 所示，为此类吸收式制冷机的原理图。热水先经缸套余热加热，一股流入

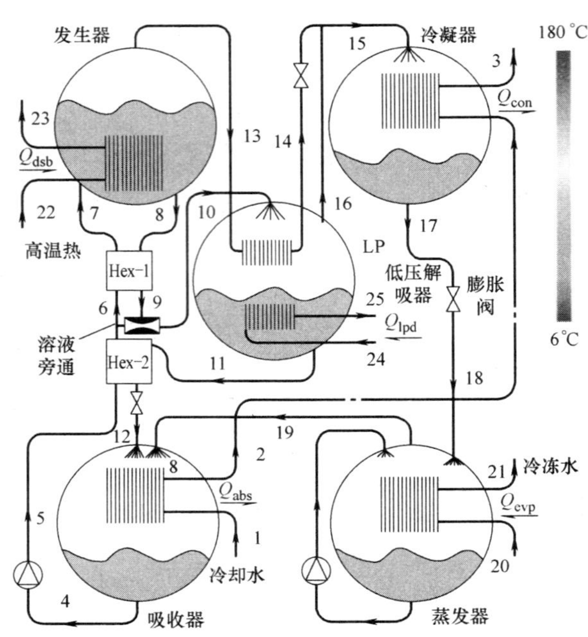


图 1.4-9 单双效联合型溴化锂吸收式制冷原理图

1—3：冷却水；4—5：稀溶液泵；5—7：稀溶液余热；7—8：高压解吸；8—9：浓溶液过冷；9—10：混合溶液流；10—11：蒸汽再发生与低压解吸；11—12：浓溶液膨胀到低压；13—14：高压蒸汽冷凝；14—15：高压水膨胀到低压；15—17：低压蒸汽；17—18：低压水膨胀到蒸发压力；18—19：水蒸发；19—4：蒸汽吸收；20—21：冷冻水；22—23：热水

低压发生器作为低温热源，另一股流入烟气余热换热器以进一步升温然后作为高压发生器热源。最终，烟气被降至230℃而高温热水被加热到足以驱动高压发生器解吸，基于此得到的仿真 *COP* 可以达到1.01。然而此系统的循环流程设计得并不完善，使得两种热源间存在热力制约，要求低温热源不得低于80℃而高温热源不得超过180℃。为此，Wang 等设计了一种混效吸收式制冷机并研究了其应用于 CCHP 系统中的性能（图 1.4-10）。结果表明，混效吸收式制冷能够在内燃机全工况范围内实现有效的制冷运行。未匹配缸套水温度，热水驱动的低压发生器的起始发生温度设计为77℃；内燃机余热比会因机型和容量而异，相应的混效吸收式制冷的设计 *COP* 一般处于0.9～1.0之间。

### 1.4.3.2 余热热利用技术

目前，冷热电联供系统中的余热热利用普遍局限于制热水和蒸汽，这种方式在目前看来仍然是行之有效的。但随着节能技术的一步步推进，更加高效、更能挖掘余热价值的技术已经为学术界所重视。

1. 烟气余热深度回收技术

传统烟气余热利用基本局限在显热段，以期避免换热器发生露点腐蚀。烟气余热深度回收技术则突破了这一传统观念。尤其是对于以天然气为燃料的烟气，其含水量大、水中潜热量高且腐蚀性低，在强化传热和防止露点腐蚀方面均已达到了推广应用的水平。若能将烟气温度降低至露点温度以下，使烟气中水分冷凝并释放出潜热，则能进一步显著提升烟气余热回收效率。烟气余热深度回收最典型的应用是烟气余热冷凝锅炉。有实测数据显

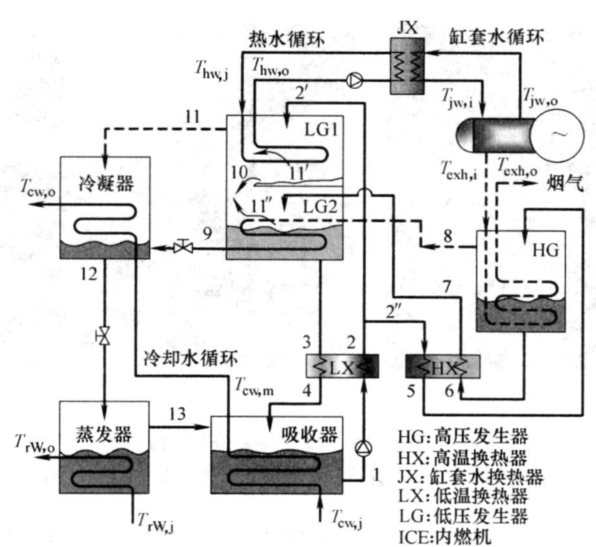


图 1.4-10 混效型溴化锂吸收式制冷原理图

示，排烟温度由 190℃降低至 35℃时锅炉效率从 85.9%增长至 95.6%。韩国学者 Lee 等研究了一种烟气冷凝换热器的性能，在所研究的工况范围内烟气侧换热系数为 200～300W/($m^2$·K）之间。Che 等对天然气冷凝锅炉进行了建模分析，认为经济排烟温度应当为 40～55℃之间。欧洲是最早开始推广应用天然气烟气余热深度回收的，Weber 等研究指出家用烟气冷凝锅炉可以提升 9.3%的热效率。Weiss 等的研究结果显示，自 2000 年开始，烟气冷凝锅炉在荷兰的锅炉市场份额就超过了 80%，用于供暖的烟气冷凝锅炉市场价格则降至 2006 年的 50 欧元/kW。显然，以天然气为燃料的冷热电联供系统完全可以集成烟气余热深度回收技术，从而进一步提升系统制热效率。

2. 余热温差发电技术

余热温差发电技术是指基于 Seebeck 效应的半导体温差发电，自 1821 年 Seebeck 发现此效应以来，全世界已经对其做了大量研究。1995 年 Kaibe 等设计并测试了一类温差发电结构，在热端 580℃时的发电效率可达 12%。温差发电一度被看好应用于发动机尾气余热回收领域，图 1.4-11（*a*）和图 1.4-11（*b*）分别为 330W 和 1kW 发电量的汽车尾气余热温差发电装置。美国 Hi-z 公司创始人 Bass 于 1992 年开发了 1kW 温差发电装置，并将其安装于卡车排烟管道上进行了测试，当卡车运行于 300 马力下时得到的温差发电功率达到 1kW。因此，温差发电可以被推广到冷热电联供领域，将内燃机高温排烟进行回收利用，提高系统发电效率。

### 1.4.3.3 CCHP 系统全工况特性

冷热电联供系统在实际运行中的工况是变化的，因此需要对其全工况下的性能进行研究。在目前的研究中，全工况研究主要是考察原动机在不同发电功率下的系统特性及性能，主要是针对原动机和吸收式制冷机进行全工况下的仿真及实验研究。

Kong 等对基于吸附式制冷的冷热电联供系统进行了研究。其发现系统一次能源效率不仅随发动机的负荷率而变，也随热输出率而变。由于系统的制冷 *COP* 低于 0.4，不及余热直接供热的效率高，因此热量输出率越高则系统总能效率会越高。Wu 等进一步对基

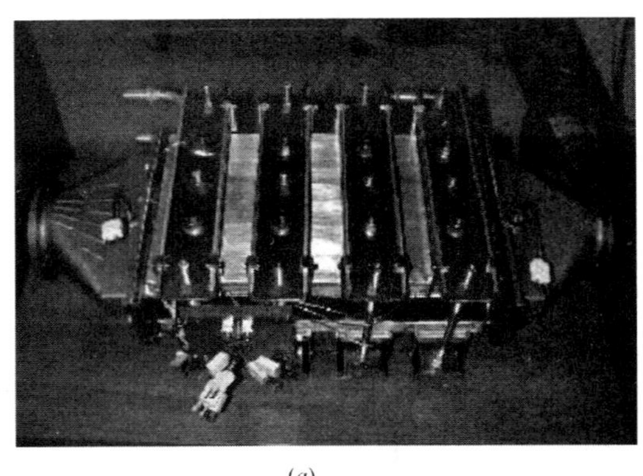

(a)

(b)

图 1.4-11　烟气余热回收的温差发电装置

(a) 应用于轻型卡车尾气余热回收的 330W 温差发电装置；(b) 应用于柴油机卡车尾气余热回收的 1kW 温差发电装置

于吸附式制冷的可移动式冷热电联供系统进行了全工况实验研究和模拟对比。全工况下的内燃机特性实验测试表明，系统发电效率从 0 到 0.25 之间变化。发电负荷率高于 0.5 时无论是发电效率还是余热效率都比较稳定，而发电负荷率低于 0.5 时则变化明显。继而对 5 个不同发电工况下系统性能进行了研究，结果表明，制冷模式下发电量越大的工况，其对应的系统一次能源效率也越高，相应的制冷 *COP* 也越高。

Zhou 等研究了设备非设计工况特性对冷热电联供系统优化运行性能的影响。基于燃气发电机组、吸收式制冷机和燃气锅炉的部分负荷特性曲线，建立了非设计工况下了分析模型，同时与恒定负荷特性模型下的研究结果进行了对比。其得到的结论是：由于系统采用并网运行且集成了蓄热功能，因此恒定负荷特性与部分负荷特性模型得到的结果差异并不明显。其主要原因在于，系统并非独立运行，且集成了蓄热功能，因此核心设备部分负荷特性的影响在优化运行中受到了大幅削弱。与基于部分负荷特性曲线建模不同，吴大为等则基于内燃机的热力过程建立了简化模型，并对系统全工况下的性能进行了 Simulink 建模仿真和实验验证，结果显示简化模型能够较好地应用于冷热电联供系统中。

Chen 等则更加集中地研究了设备非设计工况下的冷热电联供系统特性。其所建立的冷热电联供系统模型基于小型燃气轮机和双效吸收式制冷机，并且对 20%～100%区间下的 5 个发电工况进行了研究。结果显示，系统一次能源节约率随负荷变化剧烈，最低和最高负荷率下的一次能源节约率分别为−7.5%和 26%，且整个系统只有当燃气轮机部分负荷率超过 30%时才节能。针对燃气轮机型冷热电联产，冯志兵等同样建立了燃气轮机、余热锅炉及双效吸收式制冷机在变工况下的性能模型。

#### 1.4.3.4　CCHP 系统优化运行

冷热电联供系统是一类多输入、多输出、多中间环节的集成型系统，实际运行中往往还会与电网或其他辅助设备搭配，使得系统总体性能会因运行策略的不同而有所不同。因此，冷热电联供系统的优化运行一直是研究的热点和重点。

在模型类型方面，有线性模型和非线型模型；在目标函数方面，有单目标优化和多目标优化；在原动机方面，主要是基于燃气轮机和内燃机，在余热制冷方面，绝大多数采用了吸收式制冷机。从研究思路上来讲主要分两种类型：第一种是基于一定的目标函数，同时对多个运行变量求解以得到不同负荷下的最优运行策略；第二种是基于事先拟定的运行策略，常见的有恒定运行、以热定电和以电定热，然后基于不同的运行策略来对系统全天或全年的总体性能进行评价，得出最优的运行策略。

在第一种研究思路方面，Kong 等构建了基于内燃机、锅炉、吸附式制冷机和电制冷机的优化运行模型，其以燃气分流系数和热水分流系数为优化变量、以运行费用最低为目标函数，研究了不同热负荷率、不同冷负荷率以及不同价格因素下的优化运行策略。结果表明，当燃料对电力的价格比低于 0.19 时，运行内燃机是不经济的，而当其值高于 4.0 时系统的优化运行则不受燃料价格影响。Wu 等则进一步完善了此类系统的优化模型，以节能率和运行费用节约率最低为优化目标，建立了混合整形非线性优化模型。其研究结果表明，燃气锅炉在节能运行下是属于多余的。负荷结构对最优运行策略和相应的最优性能影响很大，系统在优化运行策略下的最大节能率可达 0.23，最大运行费用节约率可达 0.32。

在第二种思路方面，Jing 等采用多目标优化方式对冷热电联供系统全生命周期的优化设计和运行进行了研究。通过对“以热定电”和“以电定热”的运行策略进行对比分析，考察系统全生命周期下的最优性能，所研究的变量归根到底是系统的配置参数，因此其研究最终是在分析系统的优化配置。Wang 等则从另一个角度对类似的模型进行了分析，采用了“以热定电”的运行策略，并以遗传算法进行求解，最终的优化运行同样还是归结到系统的优化配置上。Mago 等则提出了热电混合运行策略，其核心思想在于热（或冷）和电输出必有一个大于实际负荷另一个小于实际负荷，通过锅炉或电网分别应对热不足和电不足的工况，以较简单的决策来实现系统能量的供给平衡。其通过建立系统优化模型对“以热定电”、“以电定热”和“热电混合”运行策略进行了对比分析，研究结果表明“热电混合”运行策略要优于另两种运行策略。基于 Mago 等的“热电混合”运行策略思想，Zheng 等进一步提出了最小距离运行策略。如果说 Mago 的策略是指在“以热定电”和“以电定热”之间进行 0-1 切换，则 Zheng 的策略是将“以热定电”和“以电定热”进行矢量求和以得到比这两种策略更优的中间运行策略。显然后者必定能得到更优结果，但在系统自动决策和执行上不如前者易于实现。

## 1.4.4 冷热电联供系统发展的技术与政策问题

### 1.4.4.1 余热制冷技术

由于 CCHP 系统中原动机的多样性（内燃机、微燃机、斯特林机等），不同的原动机下，余热形式与品位也各不相同，其余热形式、品位与适用的余热制冷技术如表 1.4-1 所示。由此可见，余热形式是多种多样的，匹配的余热制冷技术也是多种多样的。在实际使用中，CCHP 系统往往在部分负荷率下运行，此时的余热品位会与满负荷运行时大不相同。这说明了在运行过程中余热制冷设备需要面对巨大的热源品位变化。另外，传统 CCHP 系统与分布式可再生能源（如太阳能等）结合而成的多源功能系统也是发展的热点。此时，余热制冷设备需要面对多种热源的输入。因此，具有良好热源品位适应性的高效的余热制冷设备是以后发展的趋势与攻坚点。而这就要求了在余热制冷热力匹配机制上有更多的研究与发展。

### 1.4.4.2 余热热利用技术

从表 1.4-1 中可以看出，大部分原动机的余热形式为烟气。因此，烟气余热深度回收

CCHP 系统原动机余热形式与其匹配的余热制冷技术 表1.4-1

| 原动机类型 | 热源温度(℃) | 相匹配的制冷技术 |
|---|---|---|
| 燃气轮机 | ～540 | 三效/双效吸收式制冷 |
| 固体氧化物燃料电池 | ～480 | 三效/双效吸收式制冷 |
| 微型燃气轮机 | ～320 | 双效/单效吸收式制冷 |
| 磷酸燃料电磁 | ～120 | 双效/单效吸收式制冷,除湿空调 |
| 斯特林机 | ～90 | 单效吸收式制冷,除湿空调 |
| 内燃机 | ～250～450 | 双效吸收式制冷 |
| | ～80 | 单效吸收式制冷,吸附式制冷,除湿空调 |
| 质子交换膜燃料电池 | ～60 | 吸附式制冷,除湿空调 |

利用应该为余热热利用技术的重要发展方向。Fu 等的研究中提到了一种模式下的系统性能，即烟气驱动双效吸收式制冷和烟气余热冷凝回收串联。在排烟温度最终为 19℃时系统的总能效率达到 0.9 以上，但未给出余热回收产物的热力参数，更未研究冷热电联供系统不同工况下烟气余热深度回收特性。

在温差发电发面，将其直接应用于冷热电联供系统中并不能有效提升系统效率。现有水平下，温差发电效率一般低于 10%。这意味着烟气余热中只有极少部分能量被最终利用。因此，必须构建一种适用于冷热电联供系统的烟气余热利用模式，既能将高温烟气一部分余热转换成电能，又能将未能转换成电能的大多数余热加以回收，实现烟气余热的梯级利用。

#### 1.4.4.3 优化运行

CCHP 系统在实际使用中最需要解决的问题在于系统供能与用户需能之间的匹配问题。因此，系统的优化运行与蓄能研究是一个重要的研究热点。目前的研究中，已有大量的优化运行策略通过基于能量流的数学建模方式提出，并进行分析研究。但是通过何种实际控制手段来实现这些优化运行策略则极少被说明。这是优化运行策略从提出到实际使用过程中的主要问题。同样，在蓄能研究方面，也只是把蓄能设备看作一个能量容器，而未将其内部的能量品位变化的影响考虑在内。所以，缺少蓄能设备的加入对系统设备间热力匹配机制以及其影响的研究。因此，在优化运行研究方面应该更注重于结合实际运行与控制方面的研究。

#### 1.4.4.4 政策及配套措施

目前阻碍 CCHP 系统发展的主要政策及配套措施的主要问题是：电力上网、建筑负荷信息采集公开以及碳交易（或者能效交易）实施的问题。由于电力上网的限制，系统只能按照“以电定热”的策略运行。在此种运行策略下，往往会产生多余热量，导致能量浪费，降低系统能效。另外，由于发电功率的不稳定导致系统的余热品位波动也很大，最终影响余热回收设备的性能。正因为如此，系统的容量设计受到很大的限制，必须按照满足基本负荷的方式进行设计，以保证系统的能效与经济性。这极大地降低了系统的节能与减少能源花费的潜力。建筑负荷信息不采集、不公开是阻碍供需双方交流的主要问题。供方由于没有得到相关的建筑负荷信息，难以通过节能分析了解用户的需求。而需方则是未能采集到建筑负荷信息或者由于信息的不公开又缺乏分析的专业知识，导致其未能意识到节能能带来多大的经济效益。前两者的实施都离不开碳交易（或能效交易）的推动。只有这样的机制的建立，才能明确并提高节能减排的需求。需求提高了才能促使负荷信息采集系统的建立，促进电力上网的改革。因此，在政策及配套措施方面通过一味的补贴是不能促进 CCHP 系统的推广与普及的，只有通过建立碳交易（或者能效交易）机制，才能产生市场效益使其更好地推广与发展。

### 1.4.5 总结

冷热电联供系统是节能减排的重要方面之一，也是我国调整能源结构中的重要一环。十几年来，我国已建了约 40 多个天然气分布式能源项目。分布式能源站总装机容量约 500 万 kW。本节对冷热电联供系统的国内外发展趋势进行了总结，然后对国内建筑冷热电联供系统的发展现状（建筑类型、原动机类型、单位面积电负荷和运行策略）进行了统计分析。进而阐述了冷热电联供系统发展中的关键技术（余热制冷技术、余热热利用技术、系统全工况特性与系统优化运行策略）的进展情况。最后，对目前发展中面对的技术与政策问题进行了总结，并提出相关建议。主要结论如下：

（1）国内建筑冷热电联供系统主要应用于办公楼、酒店、医院类型的建筑；其原动机类型集中于燃气轮机、微燃机、内燃机 3 种，以内燃机类型最多；大部分系统单位面积电负荷设计较低，主要承担基础负荷，以保证系统的高效运行，另一方面降低了系统的节能潜力；由于缺乏专门的技术标准和余电无法上网，目前大多采用“以热定电”“并网不上网”的运行方式。

（2）在技术发展方面，余热制冷设备应具有良好热源品位适应性，为保证高效性应在其热力匹配机制上有更多的研究与发展；余热热利用方面应该更注重于烟气余热深度回收利用的发展；优化运行方面应更注重于优化运行策略应用在实际当中的优化控制过程；而政策机制方面，通过建立碳交易（或者能效交易）机制，以促使负荷信息的采集系统的建立，促进电力上网的改革。

## 本节参考文献


[1] 董微. 雾霾报道研究. 长春吉林大学，2014.

[2] 中华人民共和国国家能源局. 国家能源科技“十二五规划”（2011-2015），2011.

[3] Wu D W，Wang R Z. Combined cooling，heating and power：a review. Progress in Energy and Combustion Science，2006，32（5）：459-495.

[4] Liu M，Shi Y，Fang F. Combined cooling，heating and power systems：A survey. Renewable and Sustainable Energy Reviews，2014，35：1-22.

[5] Chicco G，Mancarella P. Assessment of the greenhouse gas emissions from cogeneration and trigeneration systems. Part I：models and indicators. Energy，2008，33（3）：410-417.

[6] Wang J，Wu J，Zheng C. Analysis of tri-generation system in combined cooling and heating mode. Energy and Buildings，2014，72：353-360.

[7] List of major power outages. 2015.

[8] Pérez-Lombard L，Ortiz J，Pout C. A review on buildings energy consumption information. Energy and buildings，2008，40（3）：394-398.

[9] 陈强. 分布式冷热电联供系统全工况特性与主动调控机理及方法. 中国科学院研究生院（工程热物

理研究所），2014.
[10] 朱成章. 美国冷热电联产纲领及启示. 中国电力，2000，33（9）：91-94.
[11] 王振铭. 分布式能源热电联产的新发展. 沈阳工程学院学报：自然科学版，2008，4（2）：97-101.
[12] 王信茂. 分布式能源系统发展相关问题探讨. 电力技术经济，2007，19（3）：6-8.
[13] 王海龙. 分布式能源系统在我国的应用与相关问题探讨. 煤气与热力，2013，33（5）：19-22.
[14] 冯继蓓，高峻，刘素亭，赵小玲，朱林，白丽萍，朱正. 北京京会花园酒店（奥运媒体酒店）冷热电三联供系统设计介绍. 热电联产为“十一五”节能20%作贡献研讨会论文集，2006.
[15] 段洁仪，冯继蓓，梁永建，刘素亭。北京中关村软件园燃气轮机冷热电三联供方案，分布式能源电冷联产研讨会论文集，2003.
[16] 于静. 分布式能源在中关村软件园软件广场项目的具体实施. 分布式能源电冷联产研讨会论文集，2003.
[17] 冯继蓓，刘素亭，高峻，孙明烨. 北京中关村国际商城热、电、冷三联供系统设计介绍. 第四届海峡两岸热电联产汽电共生学术交流会论文集，2006.
[18] 贾向东，孙翠霞，马国通，陈鹏. 冷热电三联供在蟹岛能源站的应用. 节能，2013，32（12）：58-61.
[19] 周军桥. 燃气冷热电联供系统的工程实践及分析. 城市建设理论研究，2012（11）.
[20] 黄保民，朱建章. 北京南站冷热电三联供系统探讨. 暖通空调，2010，40（5）：15-17.
[21] 李峰. 燃气热电冷联供系统在北京新南站的应用. 铁道建筑技术，2008（zl）：292-294.
[22] 李雅兰，丛万军，刘燕，等. 次渠城市接受站热电冷三联供工程. 分布式能源电冷联产研讨会论文集，2003.
[23] 金跃. 清华大学环境能源楼设计. 暖通空调，2006，37（6）：73-74.
[24] 吴伟炯，潘志勇. 虹桥公共事务中心，分布式供能建设的思考. 上海节能，2011，2：20-23.
[25] 郑国耀，李道林，张时飞. 黄浦区中心医院“热、电、冷”三联供工程设计及实践. 动力工程，1999，19（3）：59-69.
[26] 曹寅. 闵行中心医院燃气热、电、冷三联供工程. 第3届中国制冷空调工程节能应用新技术研讨会论文集，2008.
[27] 柯宗文，吕宁. 上海交大软件学院大楼分布式供能科研示范工程设计分析. 上海节能，2005，6：165-169.
[28] 林在豪. 浦东国际机场能源中心燃气分布式供能系统运行情况与技术经济分析. 上海节能，2012（9）：45-50.
[29] 凌慧先. 天然气热电联产机组在浦东国际机场的应用. 城市燃气，2002，16（9）：25-28.
[30] 忻奇峰. 冷热电三联供系统在浦东国际机场的应用. 电力需求侧管理，2004，6（5）：40-42.
[31] 马平，潘军松. 天然气分布式供能系统在公共建筑节能方面的应用. 电力与能源，2012，33（4）：357-360.
[32] 徐国义. 天然气热电联供分布式供能系统. 建筑节能，2006（17）：36-37
[33] 李晓坡. 热电联产机组在上海天庭大酒店应用介绍. 中国建设信息：供热制冷，2003，3：55-57.
[34] 朱晓红，解蕾，张延迟，解大. 天然气分布式供能系统的配置与优化. 节能技术，2008，26（1）：87-91.
[35] 张丹，高慧峰. 微燃机分布式供能系统在医院及办公楼能源中心的实践. 上海节能，2011，10：24-27.
[36] Kong X Q，Wang R Z，Wu J Y，et al. Experimental investigation of a micro-combined cooling，heating and power system driven by a gas engine. International Journal of Refrigeration，2005，28（7）：977-987.

[37] Huangfu Y, Wu J Y, Wang R Z, et al. Development of an experimental prototype of an integrated thermal management controller for internal-combustion-engine-based cogeneration systems. Applied Energy, 2007, 84 (12): 1356-1373.

[38] Li S, Wu J Y, Wang R Z, et al. Investigation of transient behavior of a novel thermal management controller. Applied Thermal Engineering, 2008, 28 (8-9): 824-834.

[39] Fu L, Zhao X L, Zhang S G, et al. Laboratory research on combined cooling, heating and power (CCHP) systems. Energy Conversion and Management, 2009, 50 (4): 977-982.

[40] Rocha M S, Andreos R, Simões-Moreira J R. Performance tests of two small trigeneration pilot plants. Applied Thermal Engineering, 2012, 41 (0): 84-91.

[41] Gomri R. Investigation of the potential of application of single effect and multiple effect absorption cooling systems. Energy Conversion and Management, 2010, 51 (8): 1629-1636.

[42] Ma W B, Deng S M. Theoretical analysis of low-temperature hot source driven two-stage LiBr/$H_2O$ absorption refrigeration system. International Journal of Refrigeration, 1996, 19 (2): 141-146.

[43] Xu Z Y, Wang R Z, Xia Z Z. A novel variable effect LiBr-water absorption refrigeration cycle. Energy, 2013, 60 (0): 457-463.

[44] Liu Y L, Wang R Z. Performance prediction of a solar/gas driving double effect LiBr—$H_2O$ absorption system. Renewable Energy, 2004, 29 (10): 1677-1695.

[45] Jayasekara S, Halgamuge S K. A combined effect absorption chiller for enhanced performance of combined cooling heating and power systems. Applied Energy, 2014, 127 (0): 239-248.

[46] Wang J, Wu J. Investigation of a mixed effect absorption chiller powered by jacket water and exhaust gas waste heat of internal combustion engine. International Journal of Refrigeration, 2015, 50: 193-206.

[47] Lee S, Kum S-M, Lee C-E. Performances of a heat exchanger and pilot boiler for the development of a condensing gas boiler. Energy, 2011, 36 (7): 3945-3951.

[48] Che D, Liu Y, Gao C. Evaluation of retrofitting a conventional natural gas fired boiler into a condensing boiler. Energy Conversion and Management, 2004, 45 (20): 3251-3266.

[49] de Almeida A T, Fonseca P, Falkner H, et al. Market transformation of energy-efficient motor technologies in the EU. Energy Policy, 2003, 31 (6): 563

[50] Weiss M, Dittmar L, Junginger M, et al. Market diffusion, technological learning, and cost-benefit dynamics of condensing gas boilers in the netherlands. Energy Policy, 2009, 37 (8): 2962-2976.

[51] Kaibe H, Aoyama I, Mukoujima M, et al. Development of thermoelectric generating stacked modules aiming for 15% of conversion efficiency. pdf. in 24th International Conference on Thermo electrics. 2005. Clemson, SC, United states.

[52] Bass J C, Elsner n B, Leavitt F A, Performance of the 1 kW Thermoelectric Generator for Diesel Engines, in International Conference on Thermoelectrics1994: Kansas, USA.

[53] hi-z _ applications. Available from: http: //www. hi-z. com/uploads/2/3/0/9/23090410/hi-z _ applications. pdf.

[54] Zhou Z, Liu P, Li Z, et al. Impacts of equipment off-design characteristics on the optimal design and operation of combined cooling, heating and power systems, in Computer Aided Chemical Engineering, Iftekhar A K, S Rajagopalan, Editors. 2012.

[55] 皇甫艺. 燃气内燃机微型冷热电联供系统集成式热管理器的研究. 上海: 上海交通大学, 2007.

[56] Chen Q, Han W, Zheng J-j, et al. The exergy and energy level analysis of a combined cooling, heating and power system driven by a small scale gas turbine at off design condition. Applied Ther-

mal Engineering, 2014, 66 (1-2): 590-602.

[57] 冯志兵. 燃气轮机冷热电联产系统集成理论与特性规律. 北京: 中国科学院研究生院(工程热物理研究所), 2006.

[58] Kong X Q. Optimal operation of a micro-combined cooling, heating and power system driven by a gas engine. pdf. Energy Conversion and Management, 2009.

[59] Wu J Y, Wang J L, Li S. Multi-objective optimal operation strategy study of micro-CCHP system. Energy, 2012, 48 (1): 472-483.

[60] You-Yin J, He B, Jiang-Jiang W. Multi-objective optimization design and operation strategy analysis of BCHP system based on life cycle assessment. Energy, 2012, 37 (1): 405-16.

[61] Wang J-J, Jing Y-Y, Zhang C-F. Optimization of capacity and operation for CCHP system by genetic algorithm. Applied Energy, 2010, 87 (4): 1325-1335.

[62] Mago P J, Chamra L M, Ramsay J. Micro-combined cooling, heating and power systems hybrid electric-thermal load following operation. Applied Thermal Engineering, 2010, 30 (8-9): 800-806.

[63] Zheng C Y, Wu J Y, Zhai X Q. A novel operation strategy for CCHP systems based on minimum distance. Applied Energy, 2014, 128: 325-335.

[64] Deng J, Wang R Z, Han G Y. A review of thermally activated cooling technologies for combined cooling, heating and power systems. Progress in Energy and Combustion Science, 2011, 37 (2): 172-203.

本节执笔人：翟晓强、郑春元、王如竹、吴静怡

# 1.5 工业余热利用中的制冷技术

## 1.5.1 工业余热种类及应用背景

工业余热利用就是从工业设备回收的余热作为热源的城市集中供热方式。多数耗能设备，如原动机、加热炉等，都只利用了热能中的一小部分。回收一部分本来废弃不用的工业余热进行集中供热，能节约一次能源，提高经济效益，减少污染。工业余热有从各种工艺设备排出的高温烟气，例如冶金炉、加热炉、工业窑炉、燃料气化装置等，都有大量高温烟气排出，也有工艺设备的冷却水余热，如一些钢铁企业利用焦化厂初冷循环水余热进行较大范围的集中供热，并取得了良好的效果。焦炉产生的荒煤气经列管式初冷器被水冷却，冷却水升温至 50～55℃，用作热网循环水。

我国是世界最大的制造业国家，工业部门（狭义指制造业，manufacturing industries，在本节内均为此意）的用能远高于世界平均水平，工业能耗占社会总能耗的 2/3 左右。工业用能中约 50%的能量以各种余废热（固体产品、烟气、蒸汽、废气、热水、冷却水、冷凝水等）形式排放到环境中。特别对于石油炼焦、无机化工、非金属制造、黑色金属冶炼、有色金属冶炼等五大高耗能的制造业工业部门，其能源消耗占工业总能耗的 2/3，排放的余热空间集中度高，品位相对较高，回收利用的潜力巨大。目前对于 200℃以上的中高品位余热，工业部门内部已经通过热回收、余热发电技术等方式予以利用；而 200℃以下，特别是 100℃以下的低品位余热仍然被白白排走。

我国北方城镇供暖面积增长迅速，至 2013 年已达 120 亿 $m^2$，供暖用能达到 1.8 亿吨标煤/年，约占建筑总能耗的 1/4。许多城镇都面临冬季供暖热源紧缺的问题，但受到削减燃煤、大气污染治理等节能环保需求带来的压力，各级政府都在寻求不需要额外消耗化石能源的热源。供暖室内温度要求为 20℃，理论上任何高于 20℃的热源都可以作为热源，上述低品位工业余热恰恰是为集中供暖系统提供热量的最合理的热源。

北方工业城市较多，华北、东北、西北等地均有重工业基地，城市周边 50km 范围内普遍都有数量众多、规模较大的钢铁、水泥、冶金等高耗能工业企业。根据测算，我国北方地区上述高耗能工业部门在冬季（按平均供暖期 4 个月计）排放的低品位余热量约为 1.1 亿 tce，足以满足集中供暖的基础负荷需求。

要使得低品位工业余热安全、高效地应用于城镇集中供热，并同时满足工厂的散热任务与热用户的供暖任务，就必须解决若干关键技术问题，包括：单个余热的采集、多个余热之间的整合与输配以及系统运行调节等，如图 1.5-1 所示。

其中，对于单一热源的采集，需要针对不同余热的性质和特点，开发出高效的余热采集设备（对于余热热源而言就是制冷设备），尽可能提高余热利用率。低品位工业余热具有介质成分复杂（酸碱性、含杂质、腐蚀性等）、种类繁多（气、液、固等）、品位低、热量大、热量发生随生产调度经常波动等特点，在开发相应的制冷技术时，对低品位工业余热的特点必须予以重视。

对于多个工业余热之间的整合，需要将不同品位的余热统筹考虑，匹配高、中、低温热源，提升余热的整体回收比例，提高工厂出口的供水温度。在余热整合过程中，热泵技

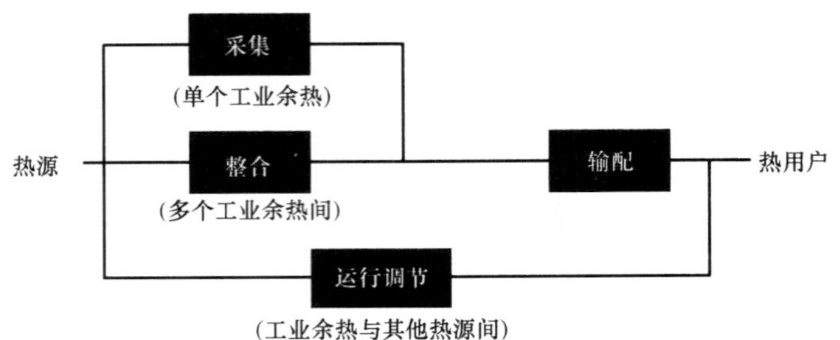


图 1.5-1 低品位工业余热供热关键技术问题

术应用潜力较大：当厂区内有较高温度的热源时（如不适宜发电的中低压蒸汽），可以用于驱动第一类吸收式热泵，回收较低温度的余热（如冷却循环水）；当厂区内处于中温段的余热量较多时，可以利用第二类吸收式热泵，提高热网水出口温度。当厂区内中低温度的余热较多，较高温度的余热较少，又要求工厂出口水温较高时，只要经济适宜，可以使用大型电热泵。

对于余热的长距离输配，需要尽可能降低一次网回水温度，拉大一次网供回水温差，从而减少长距离输配过程中的水泵电耗，提升余热供热的经济性；同时，降低一次网回水温度也有利于工厂内低温余热的高效回收。城镇集中供热系统节能要求尽可能多地利用周边的低温热源（如工业余热、电厂余热、生活污水余热等），这种低温回水的大温差供热系统必将成为未来集中供热的主流形式，而制冷技术大有可为。当一次网供水温度较高时，热力站内、居民楼栋入口处可以安装吸收式热泵，利用高温供水的驱动力，对一次回水进行降温。若一次供水温度不高，不足以驱动吸收式热泵时，也可以在热力站内安装电热泵机组，降低回水温度。

## 1.5.2 相关政策

2013 年《绿色建筑行动方案》（国办发［2013］1 号），在开展城镇供热系统改造中，明确了撤并低能效、高污染的供热燃煤小锅炉，因地制宜地推广热电联产、高效锅炉、工业废热利用等供热技术。推广“吸收式热泵”和“吸收式换热”技术，提高集中供热管网的输送能力。

国务院总理李克强在 2014 年政府工作报告中指出，“推动能源生产和消费方式变革。加大节能减排力度，控制能源消费总量，今年能源消耗强度要降低 3.9％以上，二氧化硫、化学需氧量排放量都要减少 2％。要提高非化石能源发电比重，发展智能电网和分布式能源，发展清洁生产、绿色低碳技术和循环经济，提高应对气候变化能力。强化节水、节材和资源综合利用。加快开发应用节能环保技术和产品，把节能环保产业打造成生机勃勃的朝阳产业”。

另外，全国各地已经纷纷将治霾列入环境整治的重中之重，以北京为例，不仅确定了 7600 亿元的巨额治理投资、将用市场手段治理雾霾，还出台了《北京市大气污染防治条例》。在各级政府致力治霾的同时，各大工业、企业的节能减排计划也将提上日程，使得全社会对回收利用低品位工业余热的需求大大增加。

特别是，2015 年 10 月，国家发展改革委和住房城乡建设部印发了《余热暖民工程实施方案》(以下简称《方案》),要求立足本地区余热资源利用现状,结合城镇供热需求和发展趋势,因地制宜利用余热资源进行供热。目标是到 2020 年,通过集中回收利用低品位余热资源,替代燃煤供暖 20 亿 m² 以上,减少供暖用原煤 5000 万 t 以上。《方案》还提出要实施余热暖民示范工程,计划选择 150 个示范市(县、区),探索建立余热资源用于供热的经济范式、典型模式,不断改革和完善城镇供热的政策机制和制度保障。同时,《方案》也首次提出了基于约定回水温度的热量结算方式,从而激励余热热源提供企业与供热公司双方努力降低回水温度,提高能源利用效率。这一新型结算方式的提出,有利于在热源侧、末端热用户侧投入吸收式热泵、电热泵等制冷设备的各方获得较理想的投资回收期,从而使得此类制冷设备有了更为广阔的发展前景。

### 1.5.3 应用现状

目前,在石化、钢铁、有色金属冶炼、无机化工等高耗能工业部门中,吸收式热泵已大量应用于余热制热(厂区供暖、制取蒸汽)和余热制冷(工艺热回收)两个场合。具体应用案例如表 1.5-1 所示。

**高耗能工业部门吸收式热泵在余热制冷和余热制热中的应用　　表 1.5-1**

| 工业部门 | 案例 | 效果 |
|---|---|---|
| 石化<br>采油工艺 | 中石油华北油田分公司 | 余热制热,第一类热泵原油加热炉,每年可节省原油 1114.4t |
| 石化<br>顺丁橡胶生产工艺 | 中石油大庆石化分公司 | 余热制热,第二类热泵,每年节省蒸汽 42400t |
| 石化<br>炼油工艺 | 中石化金陵石化炼油厂 | 余热制冷,7000kW,每年节电 990 万 kWh |
| 钢铁<br>鼓风脱湿工艺 | 兴澄钢铁公司 | 余热制冷,18600kW,每年节省焦炭 19032t,增加铁产量 15660t |
| 无机化工<br>多晶硅制造 | 亚洲硅业(青海)有限公司 | 余热制热,第二类热泵制取蒸汽,每年节约标煤 3000t |

不仅在工厂厂区供暖或工艺热回收过程中使用了以吸收式热泵为代表的制冷技术,在多个建成并运行的低品位工业余热城镇集中供暖系统工程中,在热源侧、末端侧也使用了制冷技术。

例如,在内蒙古赤峰市一家铜冶炼厂炼铜、制酸过程中排放的低品位余热被用于为附近约 100 万 m² 的居民小区供热。在该示范项目中,铜厂内多处余热(包括冲渣水、浓硫酸冷却等)被串联的热网水依次回收,梯级利用;厂区富余的部分蒸汽驱动一台吸收式热泵,回收了部分低品位的酸冷却余热。

在河北省迁西县,距离县城西北 5km 和 10km 处分别有两家钢铁厂。这两家钢铁厂在炼铁、炼钢过程中排放的低品位余热完全满足了整个县城的供热需求,一期工程完成了 360 万 m² 的供热任务。在该示范项目中,主要回收了炼铁冲渣水的余热,同时利用厂区低压蒸汽驱动多台吸收式热泵,回收了部分低温的高炉炉壁冷却循环水余热;另外在多个末端换热站安装了小型多级立式吸收式热泵,将一次侧回水温度降低至 30℃以下。

在河北省曹妃甸南堡开发区,一家制碱厂的低温循环水余热也通过吸收式热泵机组回收并得以提升品位,2016 年 2 月也将投入运行。

表 1.5-2 归纳了文献可查到的及经过调研核实的部分低品位工业余热供暖工程改造案

例的基本情况，包括了工业类型、利用余热资源类型、余热回收量、供暖对象、供暖面积等信息。总体来看，低品位工业余热利用仍处于起步和迅猛发展的阶段，已经得到利用的余热量占可利用的低品位工业余热总量的比例还很小，仍存在巨大的利用空间。

已运行的低品位工业余热供暖工程案例 表 1.5-2

| 编号 | 实施省市(县) | 工业类型 | 余热资源 | 制冷设备应用情况 | 供暖对象 | 供暖面积[/m²(年份)] |
|---|---|---|---|---|---|---|
| 1 | 河北唐山 | 钢铁厂 | 低温循环水 | 工厂第一类吸收式热泵 | 城市居民 | 100 万(2011) |
| 2 | 河北石家庄 | 石化厂 | 低温循环水 | 末端电热泵 | 城市居民 | 8 万(2012) |
| 3 | 内蒙古赤峰 | 铜厂 | 浓硫酸、冶炼炉冲渣水、$SO_3$ 烟气、蒸汽 | 工厂第一类吸收式热泵 | 城市居民 | 100 万(2014) |
| 4 | 河北迁西 | 钢厂 | 高炉冲渣水 | 工厂第一类吸收式热泵、末端第一类吸收式热泵 | 城市居民 | 360 万(2014) |

## 1.5.4 应用场合和发展方向

总结已有的低品位工业余热利用工程，可以发现，大多数项目都仅在工厂（即热源）一侧安装了吸收式热泵，而对末端未做改造。由于热网回水温度较高（45～60℃），使得回水难以通过直接换热的方式回收大量温度在 30～40℃的低温余热；同时由于热源品位的限制使得供回水温差较小，导致长距离输配时水泵电耗较高，损害了项目的经济性。

为了克服低品位工业余热利用时的上述弊端，提出一种理想的供热技术：基于变温原理的低品位工业余热大温差供热技术，其基本原理如下：在供电系统中，为了减少沿途输配过程中电流产生的热损耗，常采取高压输电的方法，即用变压器将发电机输出的电压升压后传输，到达末端用户处再用变压器将电压恢复到正常使用值。如图 1.5-2 所示，受到“热电类比”启发，在低品位工业余热集中供暖系统中，也可以在余热热源处使用“变温器”将温差升高后传输，到达末端用户处再使用“变温器”将温差缩小到所需温差即可。

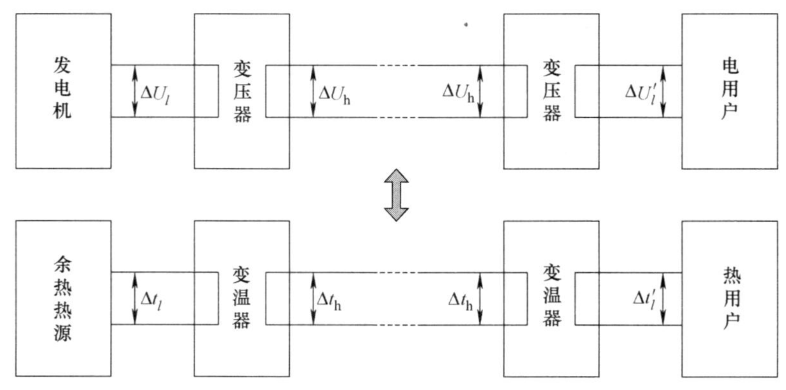


图 1.5-2 “热电类比”示意图

在上述改变温差的过程中，核心元件为“变温器”，即可以改变温差的设备。在余热热源处，需要将具有不同温差的余热变温整合至大温差，第二类吸收式热泵就可以实现这一功能；根据工程实际情况，也可以通过梯级换热、第一类吸收式热泵或电热泵提温的方式提高供水温度。在靠近末端用户处，需要将大温差变温至小温差，第一类吸收式热泵可以实现这一功能；必要时可以同时使用电热泵。图 1.5-3 所示为一种可行的系统形式（图中未画出备用热源，实际系统中应设置）。

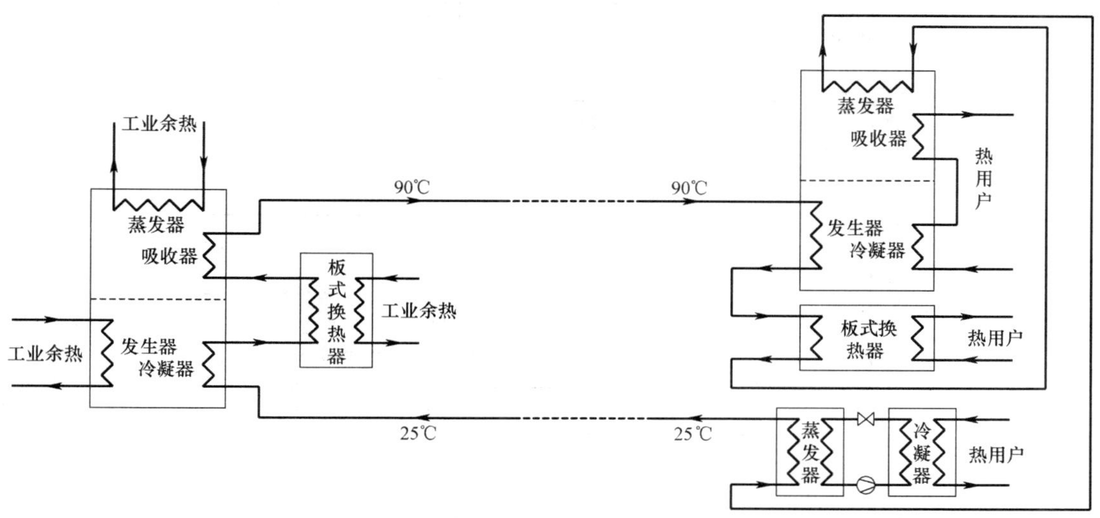

图 1.5-3 基于变温原理的低品位工业余热大温差供热系统

在工厂侧通过第二类吸收式热泵（吸收式换热器）和普通板式换热器依次与一次网回水换热，梯级加热得到较高温度（90℃）的一次网供水，再在供热末端通过第一类吸收式换热器降低一次网回水温度，从而形成完整的适用于长距离输送的基于变温原理的低品位工业余热大温差供热系统，该技术的核心在于通过热源侧、末端侧不同种类热泵的配合，达到降低回水温度、提高供回水温差目的。

基于上述系统形式，以下分别介绍热源侧、末端侧重要制冷技术的应用场合和发展方向。

### 1.5.4.1 热源侧制冷技术及应用

1. 烟气低温余热回收技术

烟气是一类非常常见的低品位工业余热，例如钢铁行业中的高炉煤气、转炉煤气、加热炉烟气，石化炼焦行业的各种加热炉烟气、焦炉烟气，有色金属冶炼行业的 $SO_2$、$SO_3$ 烟气等。此外，北京、天津等地存在很多小区燃气锅炉房，天然气燃烧产生的烟气中同样存在大量余热。工业烟气与天然气锅炉烟气的区别在于两者所含成分不同，工业烟气大多含有杂质、酸性气体，核心难点是解决好设备和管路的磨损以及低温下的酸腐蚀问题。天然气锅炉烟气的深度热回收，核心难点是将烟气温度尽可能降低，从而充分利用烟气中水分的潜热，大大提高余热利用率，通过吸收式热泵将烟气温度降至 30℃。图 1.5-4 所示为天然气锅炉烟气（或热空气）余热回收所用的制冷设备和系统形式。烟气与来自直燃型吸收式热泵蒸发器的冷却水在直接接触式换热器内进行热质交换，烟气被降温，所含部分水蒸气冷凝，冷却水获得的热量通过吸收式热泵传递至热网水，最终被用于供暖。

2. 低温循环水余热利用技术

许多工厂（特别是黑色金属冶炼厂和有色金属冶炼厂）都同时具有低温和较高温的余热。例如，铜厂中既有较低温的稀酸冷却循环水（25～35℃）、干燥酸冷却循环水（35～

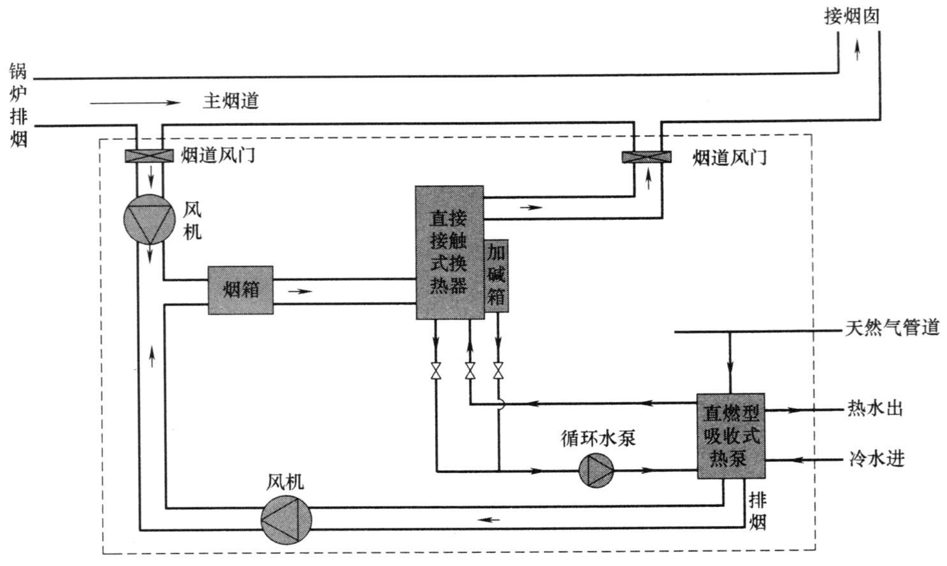


图 1.5-4　烟气低温余热回收技术

45℃），又有较高温的 $SO_3$ 烟气（200℃左右）、富余蒸汽（表压高于 0.5MPa）；钢铁厂中既有较低温的高炉炉壁冷却循环水（30～40℃），又有较高温的余热发电抽汽（表压高于 0.5MPa）、转炉煤气（200～800℃）。在这些工厂里利用第一类吸收式热泵可以很好地匹配高温和低温热源，从而在提高余热利用率的同时保证较高的供水温度，设计中应考虑到高温热源介质（如蒸汽）在输配过程中的品位衰减和损失。在一些化工厂（如烧碱厂）中，基本以低温热源（主要是 35℃以下的冷却循环水）为主，几乎没有可用的高温热源，此时若经济合理，也可以考虑利用周边发电厂的抽汽或是新建蒸汽锅炉。图 1.5-5 所示为该技术在一家大型钢铁厂内的应用，利用 160℃的低压蒸汽驱动第一类吸收式热泵，回收高炉炉壁冷却循环水余热。

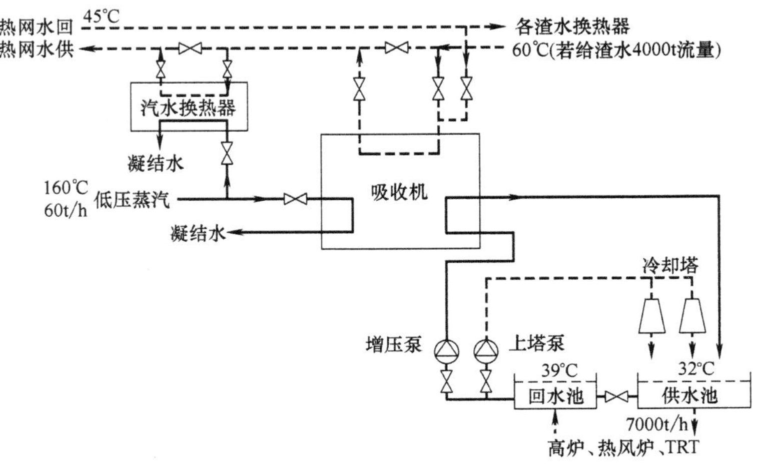


图 1.5-5　钢铁厂利用吸收式热泵回收低温循环水余热系统

电热泵技术适用于当工厂不能提供富余蒸汽时，还要在保证工厂出口供水温度较高的前提下尽可能回收低温循环水余热的场合。图 1.5-6 所示为该技术在一家铜冶炼厂内的应用方案。热网回水先经过电热泵机组的蒸发器（可以是多台机组串联运行），降温后通过直接换热的方式回收低温循环水的余热，再被中温循环水、冲渣水等中温热源加热，最后在电热泵机组的冷凝器内提升到较高温度。

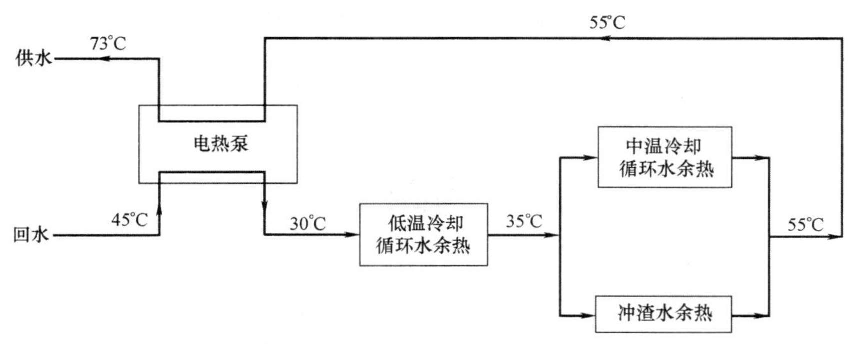


图 1.5-6 铜厂利用电热泵回收低温循环水余热系统

3. 中温余热利用技术

第二类吸收式热泵在中温余热（50～70℃）利用中具有很广阔的前景，可用于产生高于余热温度的热水或蒸汽。

在橡胶、石化工业领域内的第二类吸收式热泵应用尤为广泛。例如 20 世纪 80 年代，日本三洋在千叶工厂将吸收式热泵装置用于橡胶装置中的凝聚釜顶废热的回收系统中并取得了良好效果；大连理工大学与北京燕山石化公司于 2000 年和 2002 年为北京燕山石化公司的合成橡胶厂开发了两套类似的装置。在焦化厂、炼油厂，第二类吸收式热泵同样发挥着回收厂内低品位余热并制取蒸汽的作用，制得的蒸汽在生产过程中得到了有效利用。图 1.5-7 所示为第二类吸收式热泵在炼油厂的一种应用形式，即以厂内常减压、催化裂化、延迟焦化等装置的余热为驱动热源，制取蒸汽用于气体分馏。目前的技术条件下，第二类吸收式热泵的热效率不高，一般在 0.5 以下，多级热泵效率更低。

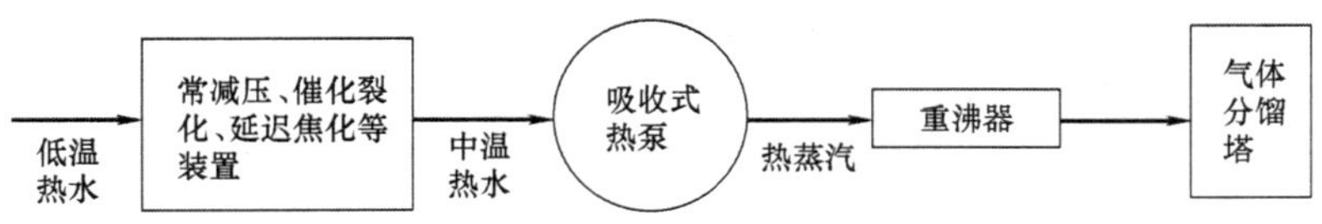


图 1.5-7 第二类吸收式热泵在炼油厂的应用

4. 非接触式冲渣水余热回收技术

在黑色金属冶炼（以钢铁冶炼为代表）、有色金属冶炼（例如铜冶炼）等行业中，热渣作为冶炼过程的副产品普遍存在。以钢铁企业排放的高炉铁渣为例，其主要成分包括 $CaO$、$MgO$、$Al_2O_3$、$SiO_2$。

冲渣水余热主要包括两部分：一是冲渣口的闪蒸蒸汽余热，二是冲渣池的渣水余热。渣水余热的产生呈现周期性的间断。闪蒸蒸汽的比例约占渣水总余热量的30%～40%，目前很少利用这部余热。

目前接触式换热的技术均无法有效利用闪蒸蒸汽的余热，渣水余热利用整体效率偏低，余热利用的品位偏低。为了根本解决渣水换热堵塞、结垢、腐蚀的问题，为了能够提高渣水余热利用率，可以采取非接触式换热的方法进行取热。未来在利用渣水余热过程中，非接触式换热将成为主流技术之一，充分利用闪蒸蒸汽的较高温度余热符合能源利用的原则。

非接触式换热技术的基本原理及设备的基本形式如图1.5-8所示。

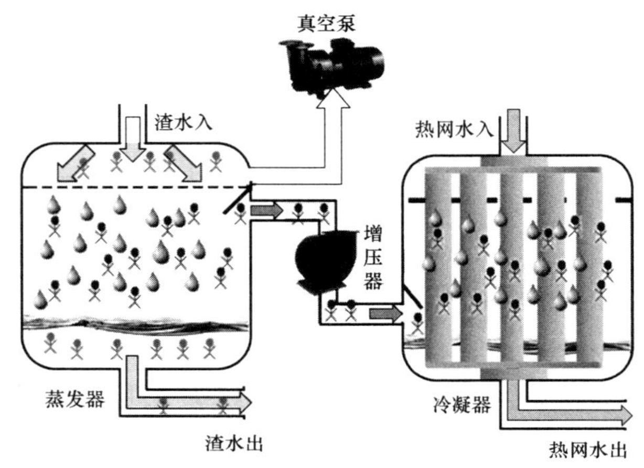


图1.5-8　非接触式换热技术基本原理

—低压水蒸气；—工业废水溶液杂质；—水滴

两个罐体由管道及安装在管道上的增压设备连接在一起，其中一个罐体（蒸发器）由真空泵保证一定的负压。高温渣水进入蒸发器后，在负压环境下汽化，高温蒸汽带走渣水中的大量热量经增压设备增压后进入冷凝器；渣水冷却后进入蒸发器底部，返回冲渣。高温蒸汽进入冷凝器后，将热量传递给从冷凝器顶部流入的热网水，热网水在冷凝器排管内升温后从冷凝器底部流出供热。

由于汽化与冷凝的过程均近似为等温过程，为了减少等温过程换热的品位损失，实际应用中可以考虑将上述换热单元逐级串联，减小换热温差。

#### 1.5.4.2　末端侧制冷技术及应用

1. 末端吸收式热泵技术

热力站吸收式末端的设备主体为安装于热力站内的吸收式热泵及附属板式换热器。一次侧高温供水作为吸收式热泵的驱动源，对一次侧回水进行降温，热水最终可以降低至低于末端散热设备回水温度的水平。以图1.5-9给出的温度数值为例，散热器末端的供水温度为60℃，回水温度为40℃。热网一次侧供水125℃进入吸收式热泵发生器驱动之，降温至95℃后进入板式换热器并加热二次侧热水，降温至55℃。再进入吸收式热泵蒸发器内被最终冷却至25℃。二次侧回水在板式换热器及吸收式热泵冷凝器、吸收器内被加热升温后供出。

图 1.5-10 所示为多级立式吸收式热泵或多级立式大温差吸收式变温器，在上述吸收式热泵的基础之上，通过改善流程内部的不合理的“三角形”传热过程，从而消除原吸收式热泵的不匹配传热，在相同制冷量（或制热量）下可以显著减小机组的传热面积，从而使得机组结构更为紧凑，占地面积仅为 1.5～3m$^2$，可以分散布置于居民小区的楼栋口。由于缩小到楼宇级别的规模，吸收式换热器的出力相比于热力站型吸收式热泵明显缩小，一般为 160～600kW。研究还表明，在供暖系统中，多级立式吸收式热泵可制取的最低一次侧回水温度可以降低至 20℃以下，较传统的吸收式热泵性能更优；在部分负荷下的调节性能也优于普通的板式换热器。

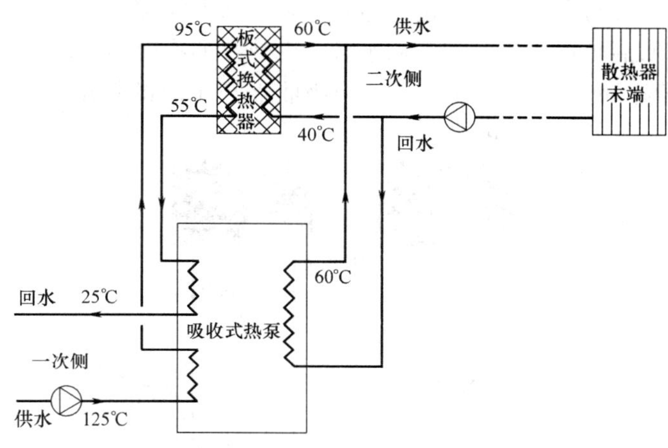


图 1.5-9 热力站吸收式末端

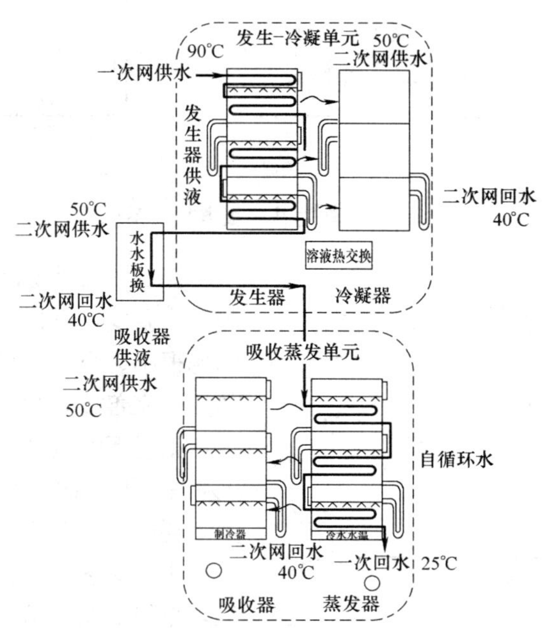


图 1.5-10 多级立式吸收式热泵

2. 末端电热泵技术

对于需要更低回水温度的情形，或是在一次侧供水温度较低的场合，上文所述的吸收式末端技术难以实现相应的回水温度要求。末端电热泵方式则可以利用外部电力产生制冷效应，从而高效降低一次侧回水温度。

图1.5-11所示为热力站单级电热泵系统简图。以图中所示末端形式及参数为例，一次侧供水温度70℃，先在板式换热器（Hex）内以直接换热的方式为末端供热。板式换热器的端差为3℃，即经过板式换热器换热后的一次侧回水温度比二次侧辐射地板末端的回水温度高3℃。电热泵（EHP）的蒸发器（Evap.）接在板式换热器出口的回水管上，从板式换热器流出的热网水（38℃）进入电热泵蒸发器内，热量传递至热泵内的循环工质，温度降低至25℃后再次进入一次侧回水管。电热泵的冷凝器（Cond.）接在二次侧供回水管之间，二次侧回水（35℃）在冷凝器内吸收循环工质的热量，温度升高至45℃后进入二次侧供水管，为末端用户供热。

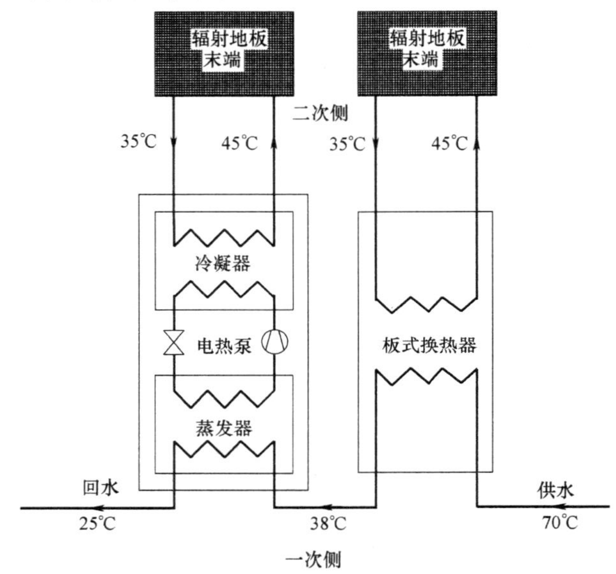


图1.5-11 热力站单级电热泵系统

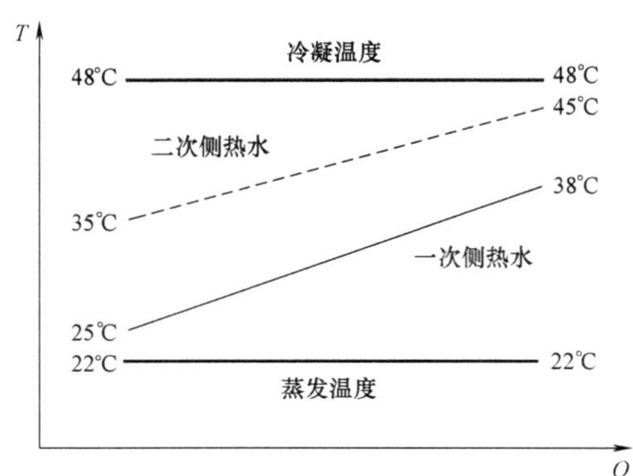


图1.5-12 热力站单级电热泵的工作温度

图1.5-12所示为上述单级电热泵系统的工作温度，可以看出蒸发侧和冷凝侧压缩比很小。当前市场中技术领先的电热泵的热力完善度可以达到0.8以上，在图示设计工况下电热泵的制冷能效比*COP*可达9左右，即二次侧每供应1GJ热量，仅需要消耗电力0.1GJ（折合27.8kWh）。

由于蒸发过程、冷凝过程的等温特性，单级热泵的蒸发温度低于蒸发器出口水温，冷凝温度高于冷凝器出口水温。热泵循环的理想效率（卡诺逆循环效率）与蒸发温度及蒸发、冷凝温差两者相关，只要热泵循环可以实现，蒸发温度越高，蒸发、冷凝温差越小，则热泵循环的理想效率越高，即二次侧供应相同热量时热泵消耗的电力越少。图 1.5-13 所示为双级热泵系统的工作温度。一次侧热水依次在两台热泵蒸发器内冷却降温，二次侧热水则与一次侧热水逆流方向进入两台热泵的冷凝器升温。此时，两台热泵的蒸发、冷凝温差均比单级热泵的温差小，且对于蒸发温度较高的热泵，蒸发温度比单级热泵更高，因此两级热泵的系统在相同制冷量（或制热量）下消耗的电力比单级热泵系统少。同样的热水温度下，双级电热泵的平均 *COP* 可达 12 左右，即二次侧每供应 1GJ 热量，仅需要消耗电力 0.077GJ（折合 21.4kWh）。

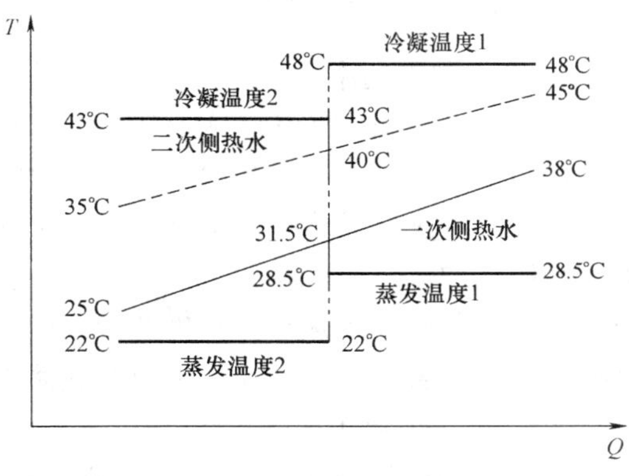


图 1.5-13　双级热泵的工作温度（冷凝器串联）

有些情况下，一个热力站会同时为几个小区供热，或者在同一个小区还有高、低区住宅而导致水力工况存在差异，为了二次侧管路连接简便起见，双级热泵系统的冷凝器可以采用并联连接的方式，而蒸发器仍串联连接。系统简图如图 1.5-14 所示。

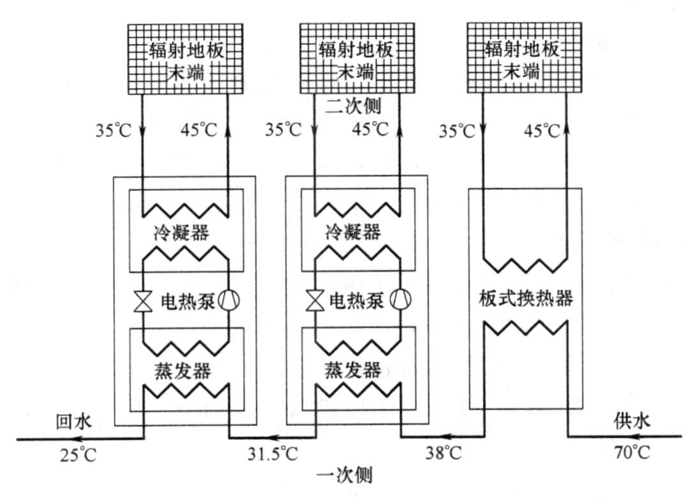


图 1.5-14　热力站双级电热泵系统

电热泵级数越多时，供应相同热量所需的输入电功越少，即运行费用更低且配电需求更小。但是电热泵的级数越多，管路连接越复杂。另外，目前市场上主流离心式热泵的最小制冷量一般在 300Rt（约 1000kW）左右，电热泵级数增加时，可能面临产品选择的困难。

### 1.5.5 需解决的技术难点

1. 研发大制冷功率的热泵设备

在热源侧使用吸收式热泵或电热泵时，机组出力要求往往较大。工厂内任意一处的低品位工业余热热量（也就是热泵的制冷出力要求）一般都在5MW以上，甚至高达10～20MW。绝大多数的低品位工业余热利用项目为改造工程，余热热源周边的空间通常非常局促，大型化的单体设备相比于小型化多台设备可以节省管路连接占用的空间，因而更具优势。开发大制冷功率热泵设备生产线，优化热泵内部结构和外部管路连接方式，可以大幅度提升热泵设备在工厂低品位工业余热回收项目中的适用性。

2. 研发小压缩比工况的电热泵

对于末端侧使用的电热泵，蒸发侧为热网一次侧回水（50℃以下），蒸发温度约为25℃，冷凝侧为热网二次侧的供回水，冷凝温度约为50℃（图1.5-14）。蒸发侧和冷凝侧之间呈现出小压缩比的特点，蒸发温度也较常规制冷空调冷冻水温度高出许多。需要针对这一特点研发出相应的适用于末端降低回水温度的高效电热泵。

3. 研发非接触式换热技术

对于冲渣水闪蒸蒸汽的利用，上文已经给出了一种解决方案，即串级的非接触式换热技术。凡是可以在较高品位下有效利用闪蒸蒸汽热量的技术方法，都有可能在未来冲渣水余热利用的市场中占有一席之地。需要指出的是，冲渣水热量是随着产渣过程而显著波动的，波动范围是从几乎无热量产生到峰值热量，变化极为迅速，在相应设备、系统的开发中必须予以重视和解决。

4. 提高吸收式热泵的自适应能力

工业余热热量随工业生产过程是波动的，但冷却介质的温度（特别是低温端）是受到工艺严格要求的。这就意味着当进入蒸发器的冷却介质流量保持恒定时，无论入口温度如何波动，都要求出口温度处于工业冷却需要的范围内。这种余热热量和介质温度波动的特点要求吸收式热泵机组具有较强的自适应能力。

5. 提高热泵的制冷效率

在低品位工业余热回收中，由于余热热量巨大，无论是使用吸收式热泵还是使用电热泵，对蒸汽或是电力的需求都是巨大的，这就意味着对蒸汽或电力的配置要求很高，机组运行成本也很大。热泵性能是工程实施者在选择、购买热泵设备时首要关注的参数。只有不断改进工艺，提高热泵效率，才能最大限度地降低同样制冷功率下的耗气率或电功率，从而加强热泵产品的竞争力和适用性。

6. 解决热源侧电热泵高冷凝温度下的回油问题

在热源侧使用电热泵时，冷凝温度一般在70℃以上（图1.5-6），导致热泵机组的回油出现问题，必须予以解决。

7. 末端侧热泵的制冷量系列化

在末端使用吸收式热泵或电热泵时，机组制冷量要求与供热单元面积的大小密切相关，范围很广。若热泵负责供热的区域为小区热力站，我国北方地区集中供热热力站一般供热面积在1万～20万$m^2$，假设严寒地区保温建筑的供热指标为45W/$m^2$，则机组供热功率为450kW～9MW不等。若热泵负责供热的区域为楼宇式热力站，则机组供热功率为

100～600kW。因此，宜设计出不同制冷量的系列产品，以满足选型需要。

8. 末端侧热泵小型化、轻量化

无论改造热力站内还是在新建热力站内安装热泵机组，都要求机组占地面积小，或对机组的高度、自重都有相应要求。紧凑化、轻量化、小型化必然是此类热泵未来发展的方向。

在每个供热末端（小区热力站或单栋建筑旁）安装热泵设备代替原有的板式换热器从而降低一次网回水温度，提高一次网供回水温差。对于很多发展已成熟的城市和地区，难以在建筑附近或热力站内找到足够的空间安装设备。不同场合对机组的高度、宽度、自重都有相应要求，因此设备紧凑化、轻量化、小型化必将成为此类热泵机组未来发展的方向。

### 1.5.6 前景展望

以吸收式热泵和电热泵为代表的制冷技术未来将广泛应用于低品位工业余热供热系统中，其市场容量将飞速发展。

热源侧，我国北方地区低品位工业余热量约为 30 万 MW，保守假设其中的 10%由热泵技术回收，则热泵制冷需求接近 3 万 MW，折合产值超过 200 亿元；低品位工业余热量中的 1%为渣水闪蒸蒸汽余热，即非接触式换热需求接近 3000MW，产值约 30 亿元。

供热末端侧，我国北方地区供暖面积已经达到 120 亿 $m^2$，未来还将有所增长，估计最多增加到 150 亿 $m^2$。就按当前集中供暖普及率 70%计，若采用热泵代替常规板式换热器从而大幅降低一次网回水温度（从 50℃降低至 25℃），保守估计改造比例为 50%，则也需要总供热容量超过 10 万 MW 的热泵设备，折合产值超过 200 亿元。

## 本节参考文献

[1] 方豪，夏建军，江亿. 北方采暖新模式：低品位工业余热应用于城镇集中供热. 建筑科学，2012（S2）：11-14，17.

[2] Qin Panpan，Chen Hui，Chen Lili，et al. Analysis of recoverable waste heat of circulating cooling water in hot-stamping power system. Clean Techn Environ Policy，2013，15（4）：741-746.

[3] McKenna R，Norman J. Spatial modeling of industrial heat loads and recovery potentials in the UK. Energy Policy，2010，38（10）：5878-5891.

[4] 国办发［2013］1 号. 绿色建筑行动方案，2013.

[5] 北京市大气污染防治条例，2014.

[6] 发改环资［2015］2491 号. 余热暖民工程实施方案，2015.

[7] 方豪. 低品位工业余热应用于城镇集中供暖关键问题研究. 北京：清华大学，2015.

[8] 清华大学建筑节能研究中心. 中国建筑节能年度发展研究报告 2015. 北京：中国建筑工业出版社，2015.

[9] 方豪，夏建军. 工业余热应用于城市集中供热的技术难点与解决办法探讨. 区域供热，2013（3）：22-27.

[10] 夏建军. 新型烟气余热回收技术在燃气锅炉中的应用. 区域供热，2013（3）：46-51.

[11] 谢晓云，江亿，朱超逸. 一种喷淋吸收式燃气烟气全热回收及脱硫脱硝方法及装置.

CN103759283A，2014.
[12] 祝侃，夏建军，谢晓云等. 吸收式热泵及直接接触换热在燃气锅炉全热回收中的应用. 暖通空调，2013，43 (9)：111-115.
[13] 茹毅. 吸收式热泵技术在工业余热回收利用中的应用研究. 太原：太原理工大学，2012.
[14] 周方伟. TFE-E181第二类吸收式热泵热力过程研究. 大连：大连理工大学，2003.
[15] 王锡生. 吸收式热泵在工业中的应用. 节能，1997 (7)：10-15.
[16] 焦华. 第二类吸收式热泵在炼厂余热领域的应用. 大连：大连理工大学，2012.
[17] 王升，谢晓云，江亿. 多级立式大温差吸收式变温器性能分析. 制冷学报，2013，34 (6)：5-11.
[18] 江亿，谢晓云，朱超逸. 实现楼宇式热力站的立式吸收式换热器技术. 区域供热，2015 (4)：38-44.
[19] 方豪，夏建军，江亿. 末端电热泵降低一次侧回水温度. 区域供热，2015 (4)：50-53.

本节执笔人：夏建军、方豪

# 第 2 章　建筑环境与制冷技术

## 2.1　室内环境控制的发展

当今时代随着经济社会水平的飞速发展，各行各业对制冷空调产品的需求越来越广泛，也为制冷空调产业的发展创造了有利契机。当前我国已进入全面建设生态文明社会和“十三五”规划实施的重要时期，也是实施“一带一路”重要战略、转型中国经济发展的关键时刻，新时期、新情况和新的发展机遇对制冷空调产业和相关产品提出了新的发展需求。

我国制冷空调产业产值连年增长，当前已达到万亿产值的规模，是我国国民生产生活中的重要组成部分。未来伴随着我国城镇化的进一步加快和城乡居民生活水平的进一步提高，与制冷空调产业相关的需求会进一步增加，这也为我国制冷空调产业进一步做大做强、致力中国创造提供了有利契机。在实现我国能源消耗总量控制目标的驱动下，制冷空调领域也面临重要使命，如何进一步提高相关产品能效、降低实际制冷空调相关应用领域的能源消耗，将是关系我国未来可持续发展、实现生态文明建设的重要方面。

以下重点针对高大空间建筑、地铁车站建筑、长江流域住宅冬季供暖、住宅室内空气品质及工业建筑等典型问题进行分析，针对相关发展背景及技术现状开展研究，并提出相关领域的制冷空调产业未来技术发展路径，为更好地满足各相关领域的人工环境营造、调控需求提供有益探索。

### 2.1.1　高大空间建筑的室内环境控制

#### 2.1.1.1　发展背景

我国现有公共建筑面积已超过 80 亿 $m^2$，伴随城镇化进程加快，铁路客站、机场航站楼等高大空间建筑也飞速发展：2002～2010 年我国新建机场 52 座，于 2015 年前再新建、扩建近 200 座；2008～2012 年我国建成 804 座铁路客站。高大空间如机场、车站等，其空调往往是公共建筑空调能耗大户。在机场航站楼、铁路客站等高大空间建筑中（图 2.1-1），室内净空间高达十几米甚至几十米，人员一般仅在地上 2m 以内的高度范围内活动。在此类高大空间内，出于视野和采光要求常采用较多透明围护结构，受建筑体形、围护结构材质影响，会有较多太阳辐射进入室内，围护结构壁面温度较高。图 2.1-2 则给出了某航站楼实测围护结构内壁面温度的热成像照片，可以看出在高大空间建筑室内存在多种不同形式的热源，热量可以从围护结构内表面、人员设备、太阳辐射等多个热源进入室内，且不同热源的温度品位存在显著差异。

#### 2.1.1.2　系统特点

目前该类建筑多采用喷口送风的全空气方式满足室内热湿环境营造需求，如图 2.1-3（*a*）所示，其局限性主要在于：将不同高度、不同温度品位的热量掺混到空气中后再由

(a)　　(b)

图 2.1-1　典型高大空间环境

(a) 航站楼高大空间；(b) 航站楼高大空间人员活动区

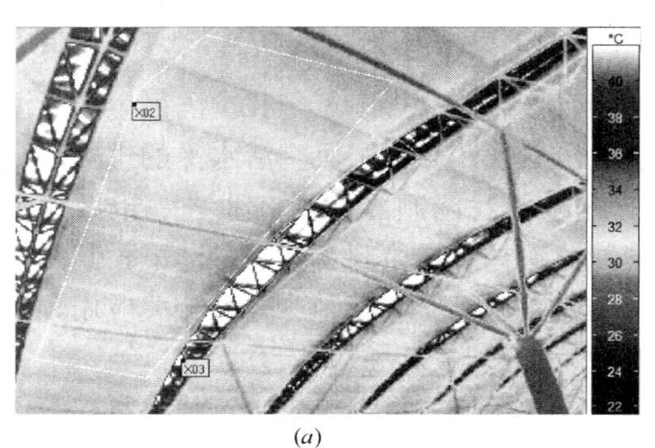

(a)　　(b)

图 2.1-2　某机场航站楼典型围护结构壁面温度（热成像照片）

(a) 顶棚温度；(b) 侧墙壁面温度

送风统一带走，存在显著的掺混损失；受气流组织限制，喷口高度一般在 4～5m 甚至更高，而人员仅在 2m 高度范围内活动，造成冷量浪费，夏季空调冷量消耗大，瞬态冷量一般在 150～200W/m$^2$；冬季有时垂直温差太大，尽管耗热量很大，但人员活动区域仍温度偏低；全空气方式的风机输送能耗较高（风机压头一般在 1000Pa 左右），每年仅风机耗电就可达几十 kWh/m$^2$，有些建筑中空调末端风机能耗接近甚至超过制冷机能耗，如图 2.1-3 (b) 所示。

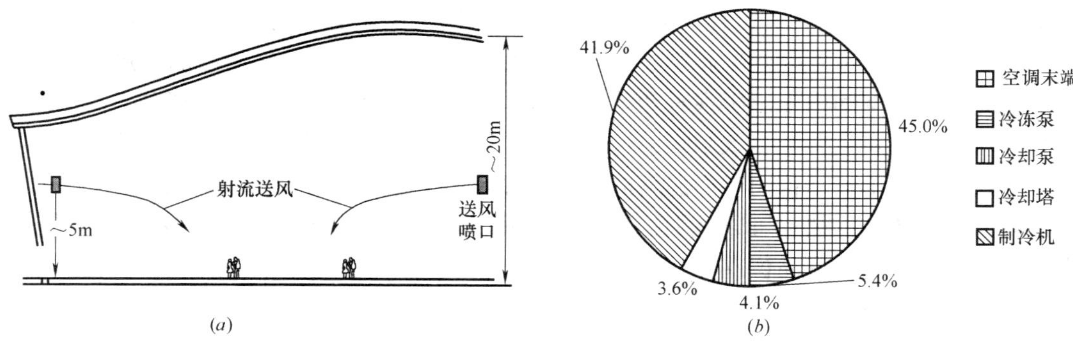


(a)　　(b)

图 2.1-3　高大空间常见空调系统形式及能耗组成

(a) 喷口送风方式；(b) 某建筑空调系统能耗实测结果

此外，机场航站楼、铁路客站等高大空间建筑中透光围护结构应用的比例越来越大，太阳辐射可通过顶棚、侧窗等直接照射到室内壁面等围护结构表面，太阳辐射具有间歇性、瞬时强度高等特点。对于图 2.1-4 中幕墙采用遮阳系数为 0.3 透光玻璃的某航站楼候机厅，当室外太阳辐射强度为 500～750W/m$^2$ 时，地板表面实测太阳辐射强度可达到 120～160W/m$^2$。因此，如何选取合理的末端方式来应对太阳辐射对室内热环境的影响，也成为高大空间建筑室内热湿环境营造过程中需要重点考虑的问题。

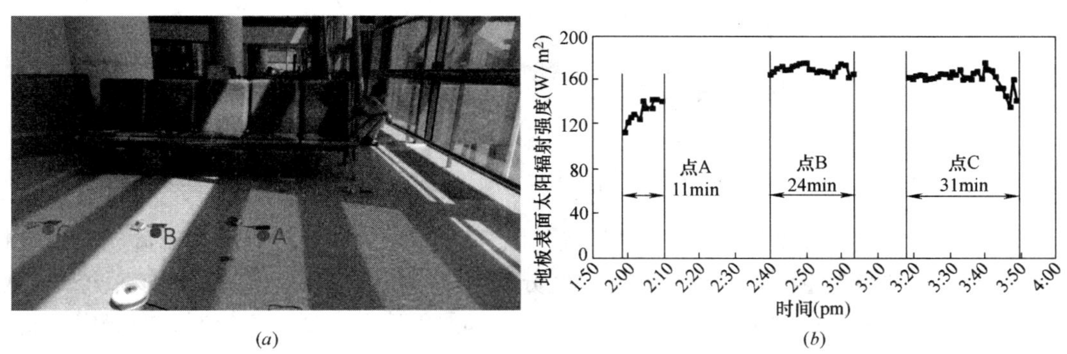


图 2.1-4 某候机厅地板表面太阳光斑和照射时间

(*a*) 地板表面太阳光斑；(*b*) 太阳直射的照射时间

目前该高大空间建筑多采用全空气射流送风方式（图 2.1-1、图 2.1-3）时，尽管垂直方向上也可形成分层控制（控制区域在喷口高度以下范围，一般在 4～5m 甚至更高)，但室内热源的热量仍均需掺混到室内，并最终利用喷口送风将热量排除。热量采集过程中，不同热源的热量首先与所在层空气间换热，该过程存在换热损失；不同层空气间存在掺混，导致掺混损失，从而实现将热量最终传递至底部喷口送风所控制的区域；喷口送风与室内空气间存在掺混过程，通过该过程将不同热源的热量带走，完成室内热量采集过程。

#### 2.1.1.3 技术发展路径

需要通过技术创新，采用新的系统形式，大幅度降低这类空间的空调能耗。当室内空间层高超过 10m 且仅地表面有人活动时，不再沿用目前的全面通风换气和全面环境控制方式，采用分层环境控制模式已经成为解决这类空间室内环境控制的发展趋势。从高大空间建筑负荷特点、室内温度和湿度分布以及人员活动区需求出发，采用分层环境控制的模式，在地面 1m 以下，实现温度湿度的双参数控制，1～2m 之间，着重于温度控制，再以上的区域则依靠自然通风，周边的缝隙（人员进出口）进风，顶部排风，从而大幅度降低冷热负荷和风机电耗。在冬季存在上升热湿气流影响的情况下，进一步研究采用风机主动调节空间的气流场分布，尽最大可能提高下部漏风处室内侧压力，从而有效降低渗风量。

同样可以分析太阳辐射的影响，参见图 2.1-5。采用射流喷口送风方式时，透过围护结构进入室内的太阳辐射被室内表面吸收，热量通过表面与室内空气的对流换热进入室内空气中，然后经由空调系统的送风排出室内，采集过程的热量传递为：热源→室内空气→送风→冷水。而当采用辐射地板方式时，若太阳辐射可直接照射到辐射地板表面，那么热量会直接被辐射地板吸收，并最终由冷水带走，采集过程的热量传递为：热源→辐射板表面→冷水。因此，与射流喷口送风方式相比，辐射末端方式能够有效减少热量采集过程的传递环节，也有助于降低整个采集过程的热阻。

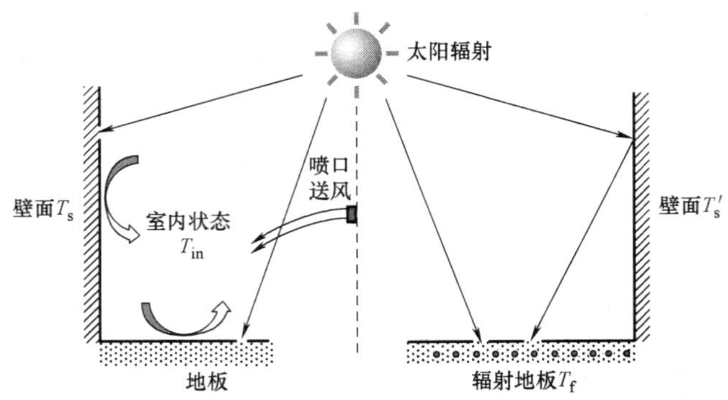


图 2.1-5 不同末端方式对太阳辐射热量的采集过程

结合室内环境的湿度控制需求，基于辐射地板供冷可以构建出新型的温湿度独立控制空调系统，实现高大空间建筑内良好的空气分层效果，如图 2.1-6 所示。在该系统中，夏季利用经过除湿处理后的干燥新风来带走室内全部湿负荷、实现湿度控制；在温度控制方面，综合考虑辐射地板的供冷能力和较大的热惯性，将辐射地板和干式风机盘管相配合，利用温度较高的冷水来实现室内温度控制。在高大空间中太阳辐射和高温的围护结构在总冷负荷中占较大比例，辐射地板通过辐射的方式可直接带走太阳辐射等短波辐射热量，减少热量传递环节；冬季利用辐射地板也可有效控制室内人员活动区的温度水平，减缓室内温度分层，避免常规喷口送风方式存在的热空气上浮、近地面处温度偏低等不足，改善室内环境营造效果。在这种新型室内环境营造系统中，末端的分布式送风装置分为上下两个部分，上部为干式风机盘管，利用 15～18℃的高温冷水，下部为新风送风口，负责将处理后的干燥新风送入室内，满足人员对新风的需求。这样，由于干燥的空气由下部送风口送入室内，可以保证在辐射地板表面空气的含湿量相对较低，有效降低辐射地板夏季结露的风险。此外，机场航站楼、铁路客站等交通枢纽类高大空间建筑，室外渗风是一个必须要考虑的影响因素，合理引导室外渗风、避免其混入室内也是一个需要在热湿环境营造过程中着重考虑的问题。以夏季为例，高温高湿的室外渗风进入室内后，由于其密度低于室内空气，会有向上流动的趋势，因此，系统解决方案中在高大空间的顶部设置顶部排风装置，将室外渗风直接排出，避免高温高湿的渗风混入室内环境。

在此新型系统中，通过辐射地板和分布式送风装置，整个高大空间的室内环境被分为了三个部分，如图 2.1-6（*b*）所示：最底部人员活动区为与辐射地板表面相近的低湿度空调区域，辐射地板与分布式送风末端仅负责调节空间高度约 2m 以内的热湿环境；沿高度方向往上依次为中等湿度的空调区域和高湿度的非空调区域，有效实现了室内热湿环境的分层控制。

目前这种新型分层空调系统已在我国西安咸阳机场等典型高大空间建筑中得到实际应用，并在一些新机场航站楼、铁路客站建设中得到了进一步推广，实际运行效果表明这种新型空调系统方式能够有效降低初投资、节省运行费用，是在高大空间空调方式领域我国自主创新、集成创新的重要体现。为了更好地满足高大空间建筑的发展需求、构建完善的新型分层空调系统体系，仍需要制冷空调相关设备企业开发相应的空调设备产品，例如分

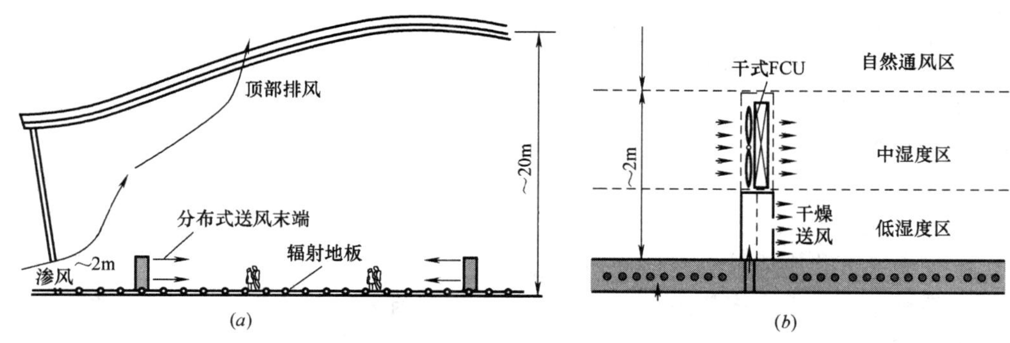


图 2.1-6 高大空间新型热湿环境营造方案

(a) 基于辐射地板的空调方式；(b) 夏季室内环境分层效果

布式送风末端产品（利用高温冷水、仅负责温度控制），并注重产品与室内布局、装饰的有机结合。通过对这种分层环境控制的系统形式及关键设备的研究开发，可以作为新的高大空间空调解决方案，达到比目前方式降低运行能耗30%以上的效果。

## 2.1.2 地铁的室内环境控制

### 2.1.2.1 发展背景

近年来我国城市轨道交通（地铁）事业突飞猛进，截至2014年底我国已有22座城市开通运营轨道交通线路，总里程2933km（表2.1-1）。作为重要的城市基础设施，今后轨道交通的建设步伐仍将进一步加大，未来其规划总里程将达到13385km，涉及79座城市。

**2014年底我国轨道交通开通线路** **表2.1-1**

| 区域 | 城市 | 线路(条) | 里程(km) | 车站(座) |
|---|---|---|---|---|
| 华北 | 北京、天津 | 25 | 673.6 | 428 |
| 华东 | 上海、南京、苏州、无锡、杭州、宁波 | 29 | 997.7 | 614 |
| 华南 | 广东、深圳、佛山 | 13 | 433.4 | 289 |
| 华中 | 武汉、长沙、郑州 | 5 | 143.9 | 117 |
| 西北 | 西安 | 2 | 52.0 | 40 |
| 西南 | 重庆、成都、昆明 | 8 | 319.7 | 205 |
| 东北 | 沈阳、大连、哈尔滨、长春 | 13 | 313.0 | 254 |
| 合计 | 22座 | 95 | 2933.3 | 1947 |

与城市轨道交通事业飞速发展相伴随而来的是其运营能耗的飞速增长。据统计，2014年北京地铁能耗为274万kWh/km，上海地铁能耗300万kWh/km，深圳地铁能耗381kWh/km。若按照350万kWh/km的平均水平估算，2014年我国城市轨道交通的总耗电量约103亿度，折合330万tce，约占全国总耗电量的1.7‰，总能耗的0.8‰。研究表明，列车牵引、车站动力照明在地铁运行能耗中占主导地位：北方地区牵引、环控能耗分别占总能耗的1/2和1/3，而南方地区环控能耗占总能耗的50%左右。列车牵引能耗主要取决于列车自重、行车速度等客观因素，节能潜力有限；而车站动力系统中的通风空调（环控）系统所占比例最大，也具有最大的节能空间。因此，地铁系统的节能主要在于车

站节能，尤其是通风空调（环控）系统节能。这一节能目标的实现有赖于开展新的地铁环控系统设计、开发新的高效地铁专用制冷空调产品、改善系统运行调节方式，从而大幅度降低地铁车站的运行能耗。

#### 2.1.2.2 系统特点

地铁车站及其区间隧道通常位于地下（图 2.1-7），仅通过车站进出口、通风竖井等与外界环境连通，具有完全不同于地面建筑的特征：

(1) 受天气变化影响较小，且外界变化的影响具有一定延迟性；

(2) 地铁站全年存在内热源，全年需要通风或空调来排走室内余热余湿；

(3) 地铁站属于环境相对舒适的列车和多变的室外环境之间的过渡空间，乘客在站内只做短暂停留，对舒适性、稳定性的要求不高；

(4) 隧道、车站内会产生周期性波动的活塞风，通风换气量大，成为地铁站设计、运行中必须考虑的重要因素。

图 2.1-7 典型地铁车站室内环境

作为城市轨道交通中的重要设备系统之一，地铁环控系统担负着对城市轨道交通内部空间的空气温度、湿度、空气流速、空气压力和空气品质进行控制的任务。地铁环控系统通常包括：水系统（冷源系统），即冷机、冷冻泵、冷却泵、冷却塔等；大系统，即公共区域的风系统（空调箱、风机等）；小系统，即办公设备区的风系统；隧道通风系统，包括事故风机、轨顶/站台底排热风机等。

目前地铁站环控系统以全空气系统为主，常见的系统组成形式为利用水系统制取冷水送至集中设置的空调箱，空调箱将处理后的空气送至车站各处，水系统排热用冷却塔设置在地面上。在这种环控系统中，存在各类空气处理设备的风机和通风系统的风机，风量大、空气输送路径较远、压降大，输配能耗较高。根据对深圳市两座地铁站的调研测试，在大系统风机变频调控的情况下，风系统能耗仍占车站总能耗的 1/3 左右。而地铁站风系统的运行也存在诸多问题，例如一些屏蔽门系统存在漏风，列车活塞运动仍会引起隧道、车站、室外的周期性的、明显的空气流动。在夏季，从地铁站进出口渗入的室外新风、从隧道渗入的隧道风会带来大量的额外冷负荷。风系统各环节的调控也存在一些问题，在合理的运行模式切换、风量控制等方面仍存在显著不足。若能有效改善地铁车站风系统的运行状况，提供高效的通风、空调设备产品，将会带来巨大的节能收益。

另一方面，目前多数地铁站的大、小系统共用冷源。而大、小系统的冷量需求、运行时间并不同步，大系统只在车站运营时间开启，小系统部分区域则需要 24h 开启保证运行。由于小系统所需冷量较低，夜间用大冷机供给小系统则处于低负荷、低效率运行状态。

#### 2.1.2.3 技术发展路径

要实现地铁环控系统的高效节能，一方面应针对其运行现状开展更多的实测研究、掌握基础数据来供分析；另一方面应开展系统形式创新和制冷空调设备产品研发，更好地适应其环控系统需求，并结合实际运行中的合理调节、控制。针对现有地铁环控系统存在的问题，应当针对其开发新的制冷空调产品及设备，涉及环控系统中的各个环节。

在大系统与冷源系统层面，改变传统的全空气方式、降低输送能耗是主要目标。这一目标的实现途径之一是采用空气-水系统（即风机盘管系统），克服地下空间中冷凝水处理和新风补给等问题后，这种风机盘管系统已经开始在我国一些地铁车站中得到初步应用，并在节省空间、降低风机运行能耗方面取得了较好效果。采用直接蒸发式（或称直接膨胀式）末端也是一种可行途径，这一方式取消了中间冷冻水输送环节，尽可能采用制冷剂作为冷量输送媒介，尽可能将空气处理设备置于末端、减小空气输送距离。末端设备形式可类似于多联机（VRV）室内机的形式，也可设计制造直接蒸发式空调箱。这些设备需要解决回油问题，也可采用无油的磁悬浮压缩机驱动方式。目前已有厂家开发出磁悬浮压缩机驱动的直接蒸发式空调箱，未来也需要更多的直接蒸发式末端设备服务于地铁车站。辐射供冷/供热末端也是可在地铁车站应用的一种末端设备，可进一步减少风机能耗，并可利用冷却塔冷水或间接蒸发冷却方式获得高温冷水，进一步提升能效。在冷源系统辅助排热方面，也有将蒸发式冷凝器用于地铁车站的应用示范，可作为取消冷却塔和冷却水管路的一种技术尝试。针对小系统的特定运行状况，应当采用分散的制冷空调设备来单独满足其功能需求，例如 VRV 机组或分体机均可满足小系统的运行需求，且较容易实现独立调控。

在通风控制及系统集成方面，目前已有“可调通风型站台门通风空调系统”，设计研发了可调通风型站台门，根据不同气候条件满足车站各种正常及事故工况下的通风功能需求。而将不同通风系统有机结合、根据运行需求或开启时段不同来合理减小系统容量、辅助以合理的运行调节手段，也是实现地铁通风系统节能高效运行的一种可行途径。例如通过将区间隧道通风系统和车站公共区通风系统有机结合，可采用小机型多组合的风机配置方式，结合风机变频技术，实现整个通风系统的集成应用。

因此，地铁车站的节能高效迫切需要相关制冷空调设备创新产品的支撑，通过改变冷量输送方式、改变通风调节控制等措施有望产生该领域环控系统的新模式和新途径，也将促进地铁专用制冷空调设备产业的发展，有望形成年产值达到百亿的制冷空调行业新增长点。

### 2.1.3 长江流域住宅室内环境控制

#### 2.1.3.1 发展背景

我国长江流域地区在气候分区上属于夏热冬冷地区，住宅供暖、空调、除湿与通风需求并存，其室内热湿环境营造过程的主要问题集中在如何更好地满足冬季供暖需求。目前该地区多数住宅建筑采用的冬季供暖空气源热泵加热室内空气、炭火盆、电热毯、电油汀等分散的供暖方式（图 2.1-8），但这些解决方案带来的冬季室内热环境改善效果有限。

随着该地区经济社会发展水平的进一步提高，居民对冬季室内热环境营造水平的要求和舒适性需求也会进一步提升。为了满足该区域居民的冬季热环境改善需求，在满足我国建筑能耗总量控制的前提下，该地区的供暖空调能耗水平几乎是唯一可以有所提高的分项能耗（其他如公共建筑能耗、北方供暖能耗等强度均不可再提升）。

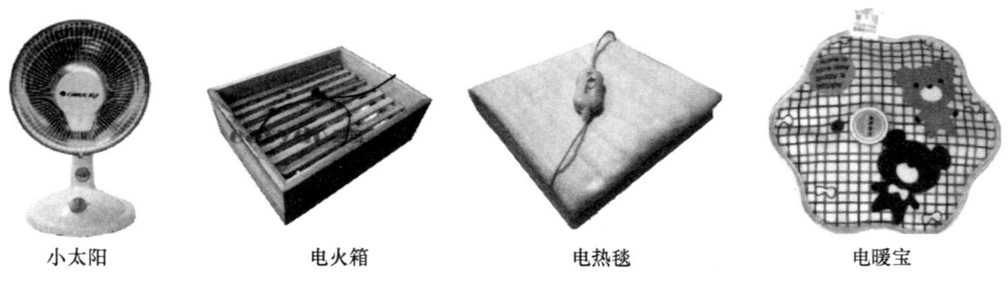


图 2.1-8　几种常见的长江流域住宅电采暖设备

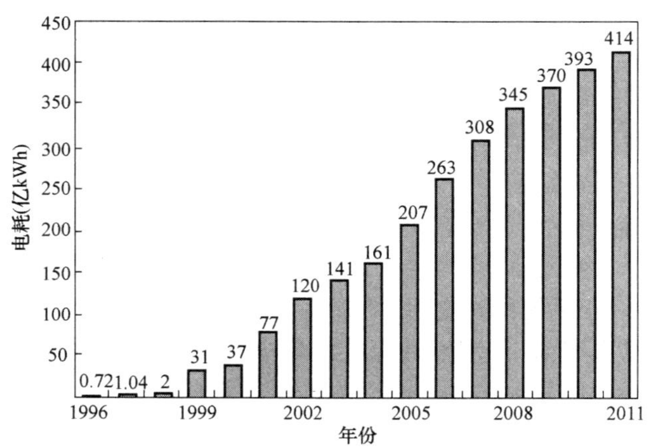


图 2.1-9　夏热冬冷地区城镇供暖电耗

目前该区域仅城镇住宅建筑面积就超过 60 亿 $m^2$，其住宅冬季供暖能耗超过 400 亿 kWh（图 2.1-9）。从生活习惯、使用方式及实际用能状况等多个层面来看，该地区的供暖需求应该进一步采取分散式的解决方案，绝不能采用北方集中供热的模式，否则其能耗强度将超过我国建筑能耗的承受上限。因此，针对这一具有冬季供暖需求的地区，如何开发新的高效分散式供热设备、改善该地区建筑的冬季室内热环境状况，是对制冷空调行业和产业界提出的迫切需求。

### 2.1.3.2　统特点

从气候特点、能源结构和居民生活方式等多方面分析，长江流域供暖期短、供暖负荷小且波动大，不适宜采用集中供暖方式，应进行分户、分室的系统方式，采用部分时间、部分空间的分散式供暖，满足不同住户对室温的需求差异，同时可节省初投资和运行成本。

目前，长江流域住宅分散供暖采用的热源主要有空气源热泵和燃气壁挂炉。天然气的发电效率一般在 50%以上，采用天然气发电，再驱动空气源热泵供热时，热值为 1J 的天然气可产生 1.5～1.6J 的热量。而燃气壁挂炉制取热水时，1J 的天然气仅能产生 0.85～

1.0J 的热量。因此，电驱动的空气源热泵比燃气壁挂炉的能源利用效率更高。

从长江流域住宅的冬夏负荷来看，按照夏季空调需求设计的热泵装置可以满足冬季供暖需求。因此，长江流域冬季供暖和夏季供冷可以使用同一套空气源热泵设备。在夏季供冷的基础上，只需增加冬季供暖用的末端即可。

空气源热泵方式是解决长江流域住宅供暖的重要技术方案，目前长江流域住宅常采用的空气源热泵系统供暖电耗可控制在 10～20kWh/$m^2$。未来应考虑能维持这一能耗水平，但可以大幅度改善冬夏室内环境状况及改善空气源热泵性能的技术途径。目前应用空气源热泵方式的局限性或不足主要体现在：1）冬季热空气送风方式导致热风易积聚在上层、人员活动区热舒适性差，即付出热泵能耗后获得的热环境改善效果并不理想。2）空气源热泵冬季运行过程较易出现结霜，该地区最冷月月平均温度 3～5℃，室外空气相对湿度较高，是热泵室外机蒸发器结霜问题较为突出的重要原因。结霜抑制方法及除霜方式研究均是空气源热泵供暖相关的重要研究议题。

因此，为了更好地满足长江流域住宅冬季供暖需求，需要对空气源热泵的相关技术开展进一步的深入工作，寻求针对现有不足实现技术突破，做大做强空气源热泵产业。

#### 2.1.3.3 技术发展路径

从现有空气源热泵供暖方式的局限性分析来看，未来相关设备的研发及技术发展主要集中在室内末端的改善、制热能力的保证、结霜过程的抑制及解决方式研究等方面。

在改善室内末端方式中，目前已有侧送风形式的空气源热泵产品，冬季通过侧送热风方式供暖，与传统的上送风方式相比在热环境营造方面有一定改善效果。针对现有空调器冬季送热风方式存在的不足，在长江流域住宅室内热湿环境调控中，应用辐射地板等辐射末端方式，也是一种有效的解决途径：冬季利用辐射地板供热，通过辐射、自然对流等方式换热，热舒适性明显优于送热风方式，垂直方向温度梯度显著减小。

另一方面，对于空气源热泵技术本身而言，其应用范围受气候条件影响较大，随着室外环境温度的降低，空气源热泵机组压缩比升高，容积效率降低，制冷剂质量流量下降，供热量急剧减少，压缩机排汽温度过高使机组无法正常运行。按照设计工况标称的供热能力难以满足室外最低温工况（近似于供热需求最大工况）时的需求。为改善空气源热泵低温工况性能及室外温度变化时的性能，需要研发压缩比大范围高效可变的新型压缩机，或从机组研发中考虑设置低温工况下强化供热能力的技术辅助措施（如单独设置一台辅助压缩机、设置部分电加热等），保障低于额定工况时的热泵供热能力。

长江流域地区冬季室外温度较低、湿度较大，蒸发器表面易出现结霜，霜层加厚会影响制热能力，结霜抑制方法和除霜控制模式是空气源热泵关键技术的研发重点。采用表面涂覆特殊材料来对蒸发器表面进行处理，延缓结霜或抑制结霜，开发出无霜蒸发器是一条技术途径。特别是当前随着材料领域的进步，各种憎水、超润滑的新材料不断出现，为这种技术路线的实施提供了重要基础。针对结霜后的化霜问题，主要涉及空气源热泵机组的控制、调节和运行稳定性，热气旁通等技术是目前较为成熟的化霜方法，而采用相变材料蓄能来抑制除霜期间室内温度波动的技术也已经得到应用。对于除霜技术而言，不仅应考虑如何准确实现按需除霜，如何实现单位时间内最大平均制热效果、缩短除霜过程、减小除霜过程对系统的冲击同样重要。未来除霜技术的发展重点将是高效可行的化霜方式，并在化霜的控制、精确性（防止误除霜）和减少对室内供热的波动等方面开展技术突破。

此外，将合理的末端设备与高效的空气源热泵机组结合，形成设备集成，也是为该地区未来冬季供暖提供整体解决方案的重要方面。例如将辐射末端与空气源热泵结合，形成一体化设备，可作为改善冬季供暖热舒适性的重要技术手段。目前市场上已有利用空气源热泵制备低温热水、热水通入辐射末端实现低温供热的设备，未来甚至可以将热水循环取消，直接将冷媒输送入辐射末端，产生新的末端设备形式。

### 2.1.4　住宅室内空气品质控制

当前及今后一个时期内，环境污染问题已成为影响我国国民健康、社会运行和经济发展的重要难题，日益严重的雾霾问题即是其中一个方面。华北地区在 2015 年冬季迎来了持续性的雾霾天气，北京甚至已为此启动了雾霾红色预警、学校停课等紧急措施也严重影响了居民的正常生活。雾霾问题的成因、影响机理及治理、防治方法等在科学界尚未得到合理解答，而与之相关的检测仪器、防治装置等产品及相关产业却已方兴未艾。人们绝大多数时间是在室内度过，住宅等民用建筑内的室内空气净化问题就成为将成为关系我国民生的重要问题。

住宅室内空气品质即室内净化问题是影响人们生活、生命健康的重要问题，如何采取有效的净化措施或设置何种净化装置是人们普遍关注的热点问题。从室内空气净化的实现手段来看，目前主要有两种观点：一是认为应当安装机械通风换气系统，利用其来实现室内外空气交换及空气净化功能；二是认为应当在室内放置独立的空气净化装置来满足净化需求、通过开窗通风来满足通风换气的需求。例如针对前者的技术路线为在住宅内安装新风换气装置［图 2.1-10 (*a*)］，这类新风换气装置的原理与公共建筑中常见的空气-空气热回收装置相似，其中主要包含热回收模块、空气净化模块，可实现室内排风与新风间的热交换、实现对室外新风的过滤净化。针对第二种处理方法的技术手段则主要是在室内设置独立的空气净化器［图 2.1-10 (*b*)］。

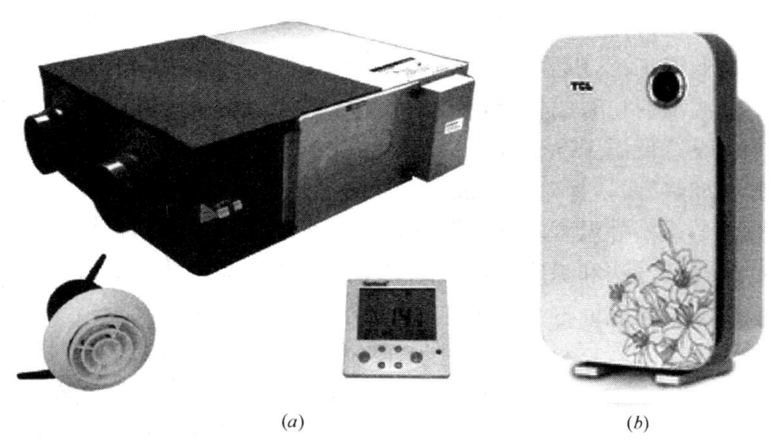


(*a*)　(*b*)

图 2.1-10　住宅空气净化的两种主要途径

(*a*) 住宅用新风换气机；(*b*) 室内空气净化器

这看似是两种技术手段、技术途径之争，本质上则是在住宅室内环境控制方法的根本性差异。驾驭自然、开发挖掘一切自然资源为人类服务，通过主动的机械方式营造人类所需要的一切，这是工业文明的基本出发点，也是通过机械方式营造人类居住环境的重要思想来源。从这样的理念出发陆续发展出系统的技术手段，确实可以营造出任何所要求的室内环境状态，当居住者逐渐习惯于这种环境后，也可能会逐渐满足和欣赏这种服务效果。但是，这是以巨大的能源消耗作为代价的。目前世界上发达国家与发展中国家住宅能耗的巨大差别也在一定程度上反映出这两种营造室内环境模式的理念在能源消耗上的巨大差异。然而工业文明下营造理想的人居环境的这一模式现在受到人类所面临的资源与环境的挑战。有限的自然资源和环境容量现在看来很难为每个地球人提供这样的人居环境。近二十年提出的生态文明的理念告诉我们，必须协调人与自然环境的关系，必须在有限的自然资源消耗和环境容量下营造我们的人居环境。这就要求我们重新反思工业文明发展出来的营造人居环境的模式。只有当室外环境大幅度偏离舒适带时，才真正需要采用一些机械方式来改善室内热湿环境。也只有这时才需要尽可能切断室外热湿环境对室内的影响，从而降低机械方式所需要承担的负荷。这样，平衡有限的资源与环境容量，充分考虑人类的发展历史和人体自身的调节能力，未来的居室环境营造原则和调控策略应该是：实现“部分时间、部分空间”的环境调控，满足居住者的各种不同需求；而不是任何试图集中的室内环境调控手段。

从机械论的角度分析，前一种室内空气净化手段即是完全借助机械手段来满足室内调节需求。尽管这种方式的支持者会坚称其能同时实现新排风热回收及空气净化，但这种方式的实际运行效果并不理想，也无法适应住宅内人员的调控需求。目前在欧美等发达国家还广泛使用着通过安装机械通风系统为建筑进行通风的方式。由于机械通风有可能会改变室内外压差，同时要求门窗必须有较高的气密性（防止自然渗风），甚至不允许安装可开启的通风窗（因而无法开窗通风）。这时的通风量主要受风机风量及其开启关闭状态的影响。采用机械式通风系统进行通风换气、实现空气净化，可以相对准确地控制实际的室内外通风换气量，但是这种方式需要消耗电力驱动通排风机。在一般情况下，全年连续进行每小时一次的通风换气系统，风机年耗电 4～20 kWh/m$^2$，对于我国城镇目前大多数年耗电量在 10～20kWh/m$^2$ 的城镇住宅建筑来说，完全依靠机械通风进行通风换气所消耗的电力是不可忽视的，这种全机械式通风换气＋空气净化的方式绝不应成为我国住宅未来的发展模式。

而后一种室内净化解决方式则从一定程度上反映了人的主观调节意愿，有助于体现居住者的自身调节意愿，有助于实现行为节能，有助于摆脱全机械论的束缚、实现人与自然的和谐共处。这种室内空气净化及通风换气方式的运行策略为：当居住者有通风需求、室外空气状况良好时，居住者通过开窗通风来解决通风需求，并且可以对通风量实行主动的调节，此时室内独立设置的空气净化器也并不需要开启；当室内空气状况恶劣如遭遇雾霾天气时，开启室内净化器、满足室内净化需求，此时关闭门窗，通风换气需求可通过门窗的渗漏等实现。通过开启室内独立设置的空气净化器，可对室内空气循环处理、满足室内空气净化需求。这种处理方式既充分尊重了居住者自身的调节意愿，又实现了因地、因时制宜，可满足通风和室内净化需求。与前一种通过全机械通风换气的净化方式相比，是一种低成本、低运行能耗的住宅环境调控方式。

采用机械新风方式，不可能实现短时间的大风量通风，只能连续通风。这样室外污染、过冷、过热时也要通风，增加了过滤器和冷热负荷，而净化器＋人工开窗，会选择室外适宜时开窗通风，并且实现十次或更多的换气，当严重雾霾时不通风，减少过滤器负荷。此外，机械新风系统很难避免二次污染，室外干净时干净的空气通过过滤器后被二次污染，因为新风机的过滤器很难经常清洗。此外，当室内人员聚集，需要大量新风时，新风机无法保证，而开窗通风很容易满足。目前社会上正在讨论小学校教室是安装新风机还是安装净化器。条件是每堂课下课时学生一定要出去玩，教室门大开。这种情况下一定是空气净化器比较好！

因此，住宅室内环境营造或室内环境控制问题应当从全机械、全集中方式的理念中解脱出来，从分散式、适应居住者调节需求的理念出发，充分发挥居住者自身的主动性、适应其调节意愿，实现室内温湿度控制与洁净度控制的独立，通过开窗通风解决必要的新风需求，通过室内独立的净化器来满足室内净化需求。

### 2.1.5 工业领域的室内环境控制

工业能耗是我国当前社会总能耗的最大组成部分，但长期以来我国工业生产领域一直存在能耗水平偏高、技术水平偏低的状况，单位工业产值的能耗指标远远高于发达国家水平。在工业 4.0 的创新驱动下，我国工业发展的转型步伐将进一步加快，工业布局也将进一步合理优化，未来我国将出现更多“高精尖|”的工业领域。而在“一带一路”战略和中国制造 2025 战略规划的带动下，我国工业领域的发展也必将注重提升工业生产水平、降低能耗。

图 2.1-11 典型工业厂房环境

在工业领域，厂房通常高大、通透（图 2.1-11），制冷空调系统的任务主要是满足工艺生产过程中适宜的温湿度、洁净度等参数（含通风除尘等）需求，是工业生产过程顺利进行的重要保障。这一过程的能耗在工业生产总能耗的比重可达 30%～50%，在某些行业甚至超过其他生产用能。随着生产工艺和技术水平的提高如工业机器人的大规模应用，一些工业生产过程对室内热湿环境状况的要求也越来越高。例如汽车喷涂工艺的空调能耗占整个汽车生产过程能耗的一半以上，采用溶剂型漆人工喷涂时对室内温湿度的要求并不太严格，但改溶剂型漆为水性漆、利用机器人喷涂后对室内参数的要求则达到温度±1℃、相对湿度±5%的控制精度要求。这种发展变化也对制冷空调系统的相关产品提出了新的要求，如何在满足工业生产领域温湿度、洁净度需求的基础上，通过技术创新、系统创新来实现这一领域的革新，将是我国工业领域转型升级、提升我国工业化水平和工业领域竞争力的重要动力。

此外，很多工业生产场合具有大量的余热（余冷）可回收利用，例如一些工业过程需要蒸汽加热，处理后的工艺水温度仍较高，具有回收热量的可能；一些工艺全空气处理过程，排风状态与室外新风状态相比仍存在明显差异，也具有回收其冷热量的巨大潜力。开展工业生产过程的冷热能量回收，设计开发适宜的能量回收方案和热回收装置，有助于实现冷热的综合利用，满足工业过程自身处理需求或生产、生活热水、供暖等多种需求，降低工业生产过程的能源消耗、提升工业产业的整体经济性。

我国工业领域规模庞大、业态众多，当前随着工业 4.0 时代的到来及中国制造 2025 计划的实施，我国工业领域面临实现绿色化、高效节能化等重要目标，对实现高效的工艺处理过程、降低环控能耗有重大战略需求，这一目标的实现也需要制冷空调领域在关键工艺环控设备、能量回收设备等方面提供重要支撑。

#### 2.1.5.1 恒温恒湿环境控制

工业领域制冷空调系统主要用来满足适宜的温湿度和洁净度等工艺生产环境需求，在很多工艺性生产环境中，为了满足室内严格的温湿度参数需求，空气处理装置需要设置多个处理环节来满足要求。仅采用冷凝除湿方法来处理空气时，通常难以同时满足送风温度、湿度的要求，还需要设置相应的辅助再热装置将空气处理到适宜的送风参数。图 2.1-12（*a*）给出了工业建筑中典型工艺性空调系统空气处理过程的原理，主要包括满足除湿需求的表冷段以及满足温度调节需求的加热段，其中表冷段所需的冷水由冷水机组提供，而加热段通常利用锅炉制取蒸汽来满足加热需求。

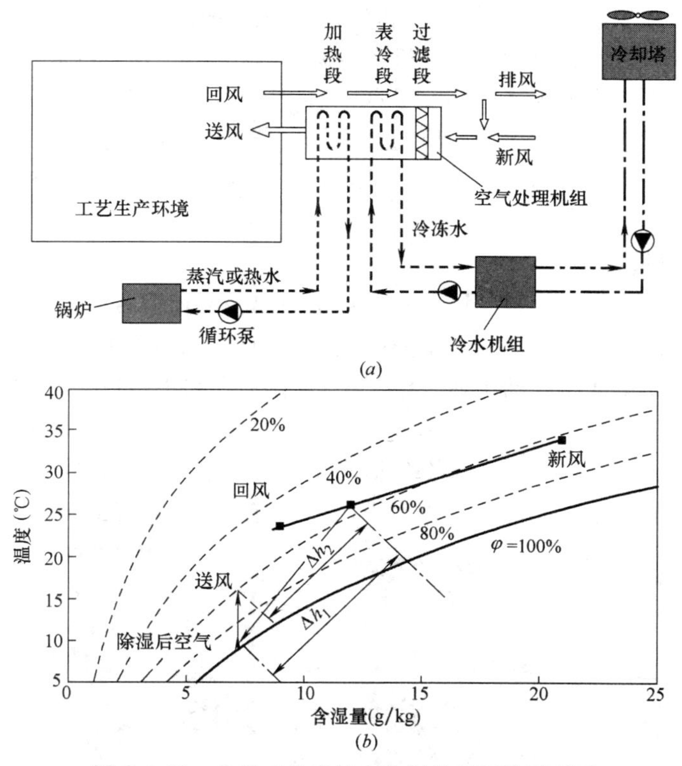


图 2.1-12　典型工业建筑中空气处理系统原理图

（*a*）系统工作原理；（*b*）空气处理过程

该空气处理过程在焓湿图上的表示如图 2.1-12（*b*）所示，可以看出空气在表冷段处理过程中的焓值变化为 $\Delta h_1$，而表冷前的空气状态与再热后的送风状态之间的焓差仅为 $\Delta h_2$，表冷段与加热段分别对空气降温除湿和再热，这两个环节之间存在明显的冷热抵消，冷热抵消过程导致了显著的能量浪费。

由于采用传统的冷凝除湿处理方式，上述工业场合中常见的空气处理过程冷热抵消现象严重，导致了巨大的能量浪费。以某食品企业的净化空调处理过程为例，为满足工艺生产需求，空气处理过程中经过冷凝除湿后需利用锅炉产生的蒸汽再热，再热负荷约占整个工艺空气处理过程供冷量的25%左右；以供冷量1600kW、日运行10h计算，每天再热过程消耗的蒸汽量超过5t，严重限制了生产效益的提升。因而，对于工业建筑的室内热湿环境控制系统及空气处理过程，亟需寻找合理的空气除湿处理方式来更好地满足工艺生产需求，并尽量降低处理能耗。

针对工艺性环控系统，当前采用冷凝除湿、蒸汽或热水再热的处理方式带来显著的冷热抵消，目前一些工艺生产场合参数控制效果并不理想，未来随着生产工艺的革新、对工艺环境参数要求的更加苛刻，仍依靠当前这种处理方式将带来能耗的巨大增长。改变湿度处理方式，采用溶液处理湿空气的方法是避免冷凝除湿再热的一种有效途径，溶液除湿技术未来有望在我国工业领域发挥更加广泛、有意义的作用。改变空气处理过程，采用有效手段对空气进行预处理，例如采用高温冷水、对排风热回收等方式，或者采用直接膨胀式空气处理装置、减少输送环节，均可以有效提高工艺性空气处理过程的能效，也是改善其性能的一条途径，这一途径还需要开发相应的空气处理机组。很多工艺性场合需求的室内状态参数与普通民用建筑有很大差异，机械冷源方式如冷水机组或制冷机组等的工作状况也会有很大不同，例如冷水温度在15～20℃的高温制冷机组可在工业领域得到更广泛的应用。此外，很多工艺性空调面临严格的室内净化需求，送风风量大、风机能耗巨大，如何有效减少风量、降低所需的风机压降，是对开发更高效的工业专用空气处理机组提出的重要任务。

### 2.1.5.2　净化室环境控制

在很多工业生产或民用建筑领域，除了对室内温湿度环境有严格要求外，室内空气净化也是满足其生产需求或功能需求的重要方面，涉及医院洁净手术室、生物安全实验室、实验动物设施、食品工业、医药工业、电子工业等领域（图2.1-13）。随着生产工艺的改进或技术需求的发展，一些精密生产场合或医院手术室等对其室内洁净度提出了越来越高的需求，也对相应的净化处理手段或设备提出了更高要求。例如，净化室（洁净室）已成为半导体芯片生产的最重要的环境保障手段。国内有关单位设计的±0.01℃恒温的1级洁

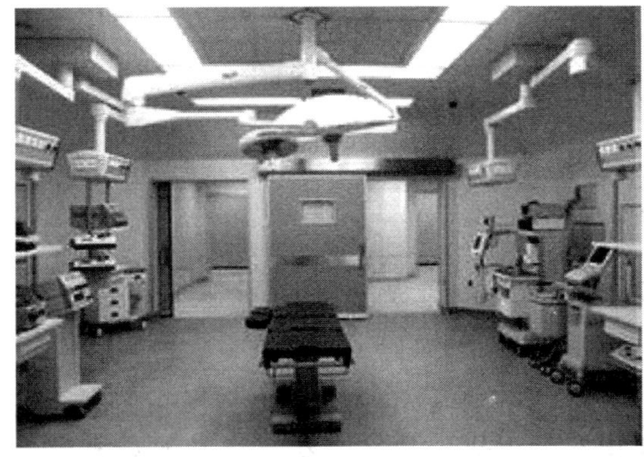

图2.1-13　典型洁净室室内环境

净室已成功运行；无菌药品生产环境无一例外皆用空气洁净度来保证，核心生产环境静态、动态皆要求5级（即过去100级）洁净度，背景环境洁净度静态由过去7级（即1万级）提高到5级。

净化室（洁净室）是一类特殊功能需求的工艺性场合，此区域的制冷空调设备除了保证温湿度参数的要求外，还要满足严苛的净化处理工艺需求。从现有技术发展水平来看，利用物理过滤方法是实现空气净化处理需求的最有效手段。通过设置粗效、中效、高效过滤器，可实现不同等级的过滤效率，满足对空气洁净度的严格、苛刻要求，这一方法也是当前洁净室工艺环境控制领域的最主要净化手段。其他净化方法如紫外线净化、纳米光催化等方法受到实际效果的限制，目前并未显现出取代物理过滤方法的发展态势。

对于洁净室这类具有温湿度、洁净度特殊需求的场合，其室内环境控制应从温度、湿度、洁净度独立控制出发来综合考虑空气处理过程或环控设备。洁净室耗能大的主要原因在于其换气次数（即循环风量）远远大于普通空调系统，在一些净化室中换气次数可达几十次甚至上百次，而多级过滤器又增加了循环阻力。这种高换气次数、大循环风量的净化室空调处理过程，其风机电耗在总能耗中占比显著，甚至有时会与制冷机组的电耗相当。为实现此类洁净室空调的高效运行，应着重从改变空气处理过程、降低循环风机电耗等方面入手：改变除湿方法，减少冷凝除湿、再热过程导致的冷热抵消，实现温度、湿度独立调节；降低循环风量、降低循环阻力，实现独立的净化处理过程。对于如何降低洁净室循环风量，目前囿于相关标准及理论研究的限制，仍有待进一步的深入工作。而在净化处理设备开发方面，则应重视选取高效的风机，通过合理的工艺设计来寻求降低风机能耗的有效方法。

#### 2.1.5.3 干燥低湿环境控制

与民用建筑中满足舒适性需求的室内热湿环境营造要求相比，工业建筑中对室内热湿环境的工艺性需求通常更加严格。在工业建筑中对室内热湿环境调控是保障工艺生产需求的重要环节，很多工艺性生产、加工场合对室内温湿度有着严格的要求，要求室内达到稳定的干燥、低湿环境水平。由于工业产品类型众多，所要求的室内生产环境差异很大。图2.1-14给出了典型工业建筑中工艺生产过程的室内环境参数需求在焓湿图上的表示。从图中所示的不同室内状态点可以看出，工业生产过程中均需要较稳定、较低的室内湿度参数，多种工业过程需求的室内含湿量达到8g/kg以下。例如电子零件装配车间要求室内温度21℃、相对湿度在40%～45%，室内的含湿量在6.1～6.9g/kg；锂离子电池生产车间要求室内温度在20～25℃、相对湿度仅为2%，室内的含湿量仅为0.3～0.4g/kg。

工业生产过程对低湿干燥环境的需求也对湿空气的湿度处理过程提出了严格要求。从此类工业场合的特点来看，其室内基本无显著的热源、湿源，当无过多的新风需求时，此类工艺过程对空气处理过程中需要处理的水分量（除湿量）等的要求并不高，仅是需求的送风参数较低（送风含湿量低于8g/kg，可在2～6g/kg甚至更低）。针对此类工业生产场合，为了满足室内低湿环境需求，冷凝除湿方法受到处理效果、能效等因素的限制而较少采用，目前通常采用转轮式空气处理装置、消耗电力等来满足转轮的再生需求。从实际应用效果来看，尽管转轮能够满足空气低湿度的处理需求，但处理后的空气需要降温、整个处理过程能效水平受到限制等问题影响了转轮式空气处理装置的实际应用效果。

为了改善此类干燥低湿环境营造过程的能效，一直以来采用新的除湿方法、开发新型深度除湿装置是一种有效途径。与采用固体吸湿剂的转轮除湿方法相比，溶液除湿方法可

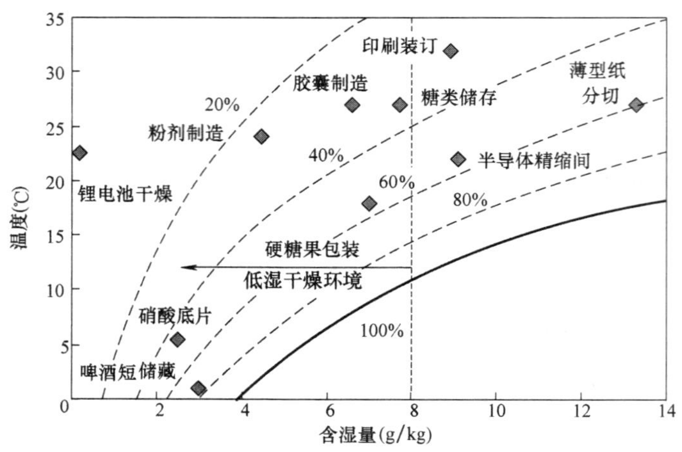


图 2.1-14　典型工业环境参数需求在焓湿图上的表示

避免除湿过程沿等焓线进行、实现贴近等相对湿度线的处理过程。通过设置多级、使用热泵驱动等方式，溶液除湿方式也可满足低湿干燥环境下的送风需求。目前市场上已有采用溶液除湿的深度除湿机组，并在生物制药等工业领域得到了应用。在送风含湿量为 4～5g/kg 时，此类溶液深度除湿机组的 *COP* 仍可超过 2，与传统转轮除湿方式相比在能效方面具有显著优势，为工业领域低温干燥环境的环境控制提供了一种高效选择。

#### 2.1.5.4　高污染场合环境控制

在工业生产过程中会产生大量污染物，烟尘、粉尘、漆雾等高浓度污染物对工业生产过程的工艺环境产生了显著影响（图 2.1-15），如何有效排除此类污染物对保证工艺生产的适宜环境、保障生产过程中作业人员的健康需求等具有重要意义。例如，在钢铁冶金、焦化等重工业行业中，广泛存在大量无组织排放的粉尘，这对建筑室内环境造成粉尘污染，严重危害作业工人身心健康，工业粉尘导致的“尘肺病”等工业伤害在一些地区已转化成为社会问题；在热压作用下粉尘排至室外，对大气环境也会造成污染。在机械制造、汽车加工等工业中广泛存在的焊接车间，焊烟是影响其生产及工人健康的重要污染物，尽管焊接工艺的改进已大幅降低了焊烟的产生量，但实际生产过程中如何有效排除焊烟仍是制约其工程设计、工作环境的主要问题。

图 2.1-15　典型工业生产焊接车间、喷涂车间

此类工业污染物严重的场合，强污染源与强热源经常并存，室内气流流动影响因素复杂，应当通过合理的通排风手段来有效地排除工业生产过程的粉尘、烟尘等污染物。在满足严格的环境控制和保护法律法规的基础上，此类场合的环境控制应坚持就近处理、就地补风的原则。通过设置通排风装置，就近将污染物从产生源处收集，实现对污染物的源头控制，是解决此类高污染物场合环境控制问题的根本。合理设置通排风罩、合理的通排风风道设置等是及时、有效地实现排除污染物的重要手段。为了排除污染物而设置的通排风需从生产环境中抽取空气，此时为了避免影响整个生产区域的大环境，应及时补充空气(例如经过处理的新风)，保证空气平衡、改善区域内的作业环境。

对于携带污染物的排风，需经过严格的工艺处理、满足环保要求的排放标准，排风中的烟尘、粉尘等都需要经过一定的除尘处理装置来沉积、去除，例如在汽车喷涂车间中，室内空气需全部经过文丘里喷雾处理来将其中的漆雾尽量除去，经过水洗处理后的空气才可排除。

此外，针对此类高污染物场合的工艺空调处理过程，较高的通排风量会产生一定的冷热量损失。在满足工艺净化、排除污染物需求的基础上，可考虑设置一定的冷热量回收措施来降低此类场合的空调处理能耗。例如，在汽车喷涂车间的工艺空调处理中，夏季可利用水洗排风过程得到高温冷水（冬季则是低温热水），利用间接换热后即可回收其中的冷量来对新风进行预处理，有助于实现有效的能量回收利用。

#### 2.1.5.5 特殊环境实验室

人工环境营造系统是满足工业生产、工艺需求的重要基础手段，在某些工业生产领域，需要营造特殊环境来满足工艺或产品的使用需求。随着航空航天、精密制造及相关产业的飞速发展，这类出于产品试验、设备试制等目的营造的特殊环境实验室也发挥越来越重要的作用。例如气候环境实验室的建设最初是为军事武器装备的试验需求服务的，分为开放性的自然环境试验区以及封闭的室内环境模拟实验室。环境实验室在航空航天领域的建设主要侧重于空中环境及空间环境的模拟（图 2.1-16）。

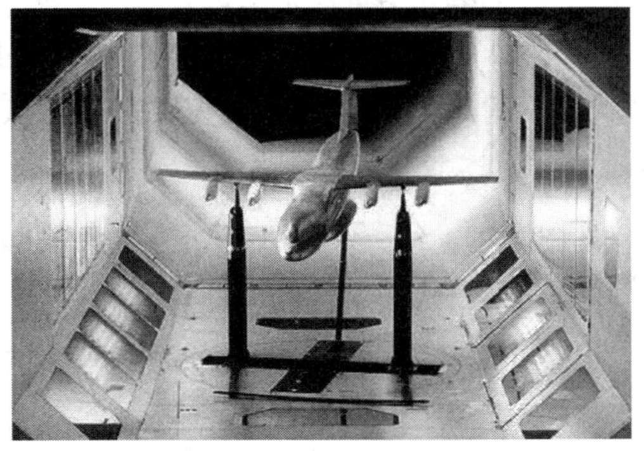

图 2.1-16 航空航天领域环境实验室

随着我国高速铁路及轨道交通事业的飞速发展，铁路机车车辆领域的气候环境实验室也得到快速发展。例如青岛四方车辆研究所建有车辆静置高低温环境热工实验室，能模拟−50～50℃温度范围，实验室空间尺寸（长×宽×高）为 32×7×6（m），可对各型铁路客货车辆、公路车辆和集装箱等大型设备进行各种热工性能试验及环境气候条件试验，主要功能包括：测试动车组、客车、城轨车辆的空调性能、供暖性能、隔热性能和气密性能；保温车的降温性能、加热性能、隔热性能和气密性能；冷藏集装箱、冷藏汽车和特种运输车辆的降温性能、加热性能、空调性能、隔热性能和气密性能等。可进行内燃机车的低温启动性能和低温下机车加温系统性能的试验；可承担其他大型机械、电气设备的各种气候环境试验等。

随着我国汽车工业的飞速发展，汽车车辆领域的气候环境实验室也随之建立完善。目前，国内外很多汽车厂家都建立了基于整车的气候环境实验室（图 2.1-17），进行高低温、噪声、低温启动及运行、除霜、排放、空调系统、整车动力匹配等方面的环境试验。此类风洞实验室主要由风洞洞体、风机、制冷系统、加热系统、加湿系统、模拟太阳辐射系统、雨雪系统、数据采集控制系统等组成。该试验站主要进行气候试验、安全性试验、能源完善试验等，可模拟车辆在运行速度下的高低温、雨雪、积冰、太阳辐射等综合气候环境因素，能模拟阳光暴晒、风吹雨淋、冰雪结霜等各种气候条件和车辆行驶工况。

图 2.1-17　汽车整车环境实验室

从实际运行效果看，这类工艺用特殊环境实验室是保障工业生产、检验产品综合运行性能的重要手段。为了模拟各种正常、恶劣的室外环境状况，此类实验室需要特殊的工艺设计，制冷空调设备、风机设备等需要满足其特殊需求。例如某些风洞实验室需模拟恶劣天气状况下的超高风速，风机需要具有极高的扬程，也对风机设备制造商提出了严苛要求。

## 本节参考文献

[1]　清华大学建筑节能研究中心．中国建筑节能年度发展研究报告 2015. 北京：中国建筑工业出版社，2015.

[2]　清华大学建筑节能研究中心．中国建筑节能年度发展研究报告 2014. 北京：中国建筑工业出版社，2014.

[3]　清华大学建筑节能研究中心．中国建筑节能年度发展研究报告 2013. 北京：中国建筑工业出版社，2013.

[4]　铁道部. 中长期路网规划（2008 年调整），2008.

[5]　中国民用航空局. 2012 年民航行业发展统计公报，2012.

[6]　李国庆．城市轨道交通通风空调系统的现状及发展趋势．暖通空调，2011，41（6）：1-9.

[7] 李国庆．城市轨道交通通风空调多功能设备集成系统．暖通空调，2009，39（5）：31-35.
[8] 刘晓华，李震，张涛．溶液除湿．北京：中国建筑工业出版社，2014.
[9] 许钟麟，孙宁，曹国庆．空气洁净技术的新发展．建筑科学，2013，29（10）：34-40.1.
[10] 许钟麟．《洁净室施工及验收规范》的编写及主要内容．暖通空调，2010，40（11）：35-37.
[11] 沈晋明．手术室环境控制与最新相关标准进展．中国医院建筑与装备，2010，（3）：60-66.
[12] 电子工业部第十设计研究院．空气调节设计手册（第二版）．北京：中国建筑工业出版社，1995.
[13] 王怡，疏艺波，黄艳秋等．浮射流速度场和断面流量规律特性的研究．西安建筑科技大学学报（自然科学版），2014，46（6）：839-843.
[14] 王怡，黄艳秋，杨洋，等．大型工业建筑中高温含尘气流的流动规律及控制方法．科学通报，2015，60（18）：1690-1697.
[15] 刘广海．环境风洞．广州：广州大学.

本节执笔人：刘晓华、张涛、江亿

## 2.2　生活热水制备和制冷技术

生活热水供应系统主要是满足人们在日常生活用于洗涤、洗浴等需要的一种不可缺少的设施。生活热水广泛地在厂矿、企业、宾馆、饭店、医院、公共浴室、公寓住宅和一些公共建筑内使用。近年来，随着人们生活有了极大的提高和改善，不但在公共建筑中广泛设置生活热水系统，家庭小型独立的热水供应更是改善了人们的生活质量及舒适程度。

生活热水的制备有诸多途径，如电热水系统、燃气热水系统、太阳能热水系统、热泵热水系统及其组合，其中基于制冷技术的空气源热泵热水器（机）是高效制备生活热水的重要设备。

### 2.2.1　我国对生活热水的需求

#### 2.2.1.1　生活热水的水温、水量和水质要求

建筑按使用功能可以分为居住建筑（如：住宅、宿舍、公寓等）、公共建筑（旅馆、学校、医院、体育馆等）、工业建筑（工业厂房等）和农业建筑（温室、粮食与饲料加工站等）。不同功能的建筑对生活热水的水量和水温有着不同的需求，工业和农业建筑对热水的需求与具体工艺和生产要求有关，而居住建筑和公共建筑的热水则是用于保障人们的日常生活需求。表 2.2-1 给出了居住和公共建筑对 60℃生活热水的需求量。

居住和公共建筑的生活热水用水定额　　表 2.2-1

| 序号 | 建筑物名称 | 单位 | 最高日用水定额(L) | 使用时间(h) |
|---|---|---|---|---|
| 1 | 住宅(居住建筑) | | | |
| | 有自备热水供应和沐浴设备 | 每人每日 | 40～80 | 24 |
| | 有集中热水供应和沐浴设备 | 每人每日 | 50～100 | 24 |
| 2 | 别墅(居住建筑) | 每人每日 | 70～110 | 24 |
| 3 | 宿舍(居住建筑) | | | |
| | Ⅰ类、Ⅱ类 | 每人每日 | 70～100 | 24 或定时供应 |
| | Ⅲ类、Ⅳ类 | 每人每日 | 40～80 | |
| 4 | 医院住院部(公共建筑) | | | |
| | 设公用盥洗室 | 每床位每日 | 50～100 | 24 |
| | 设公用盥洗室、淋浴室 | 每床位每日 | 70～130 | |
| | 设单独卫生间 | 每床位每日每人 | 110～200 | |
| | 医务人员 | 每班 | 70～130 | 8 |
| | 门诊部、诊疗所 | 每病人每次 | 7～13 | |
| | 疗养院 | 每床位每月 | 100～160 | 24 |
| 5 | 餐饮业(公共建筑) | | | |
| | 营业餐厅 | 每顾客每次 | 15～20 | 10～12 |
| | 快餐店、职工及学生食堂 | 每顾客每次 | 7～10 | 12～16 |
| | 酒吧、咖啡厅、茶座、卡拉 OK | 每顾客每次 | 3～8 | 8～18 |
| 6 | 办公楼(公共建筑) | 每人每班 | 5～10 | 8 |
| 7 | 健身中心(公共建筑) | 每人每次 | 15～25 | 12 |

注：表中的用水定额是按 60℃热水计量的，实际使用时需将 60℃的热水与自来水混合成所需温度。

此外，有些规范还规定了不同建筑（住宅、幼儿园和宿舍等）、不同卫生器具（浴盆、淋浴器和洗脸盆等）的用水量和水温需求（表 2.2-2）。

**卫生器具的一次和一小时热水用水定额及水温　　表 2.2-2**

| 序号 | 卫生器具名称 | 一次用水量(L) | 小时用水量(L) | 使用水温(℃) |
|---|---|---|---|---|
| 1 | 住宅、别墅、旅馆、宾馆： | | | |
| | 带有淋浴器的浴盆 | 150 | 300 | 40 |
| | 无淋浴器的浴盆 | 125 | 250 | 40 |
| | 淋浴器 | 70～100 | 140～200 | 37～40 |
| | 洗脸盆 | 3 | 30 | 30 |
| 2 | 单身职工宿舍、学生宿舍、招待所、普通旅馆(有沐浴小间) | 70～100 | 210～300 | 37～40 |
| 3 | 幼儿园、托儿所： | | | |
| | 浴盆：幼儿园 | 100 | 400 | 35 |
| | 托儿所 | 30 | 120 | 35 |
| | 沐浴器：幼儿园 | 30 | 180 | 35 |
| | 托儿所 | 15 | 90 | 35 |
| | 盥洗槽水嘴 | 15 | 25 | 40 |
| 4 | 医院、疗养院、休养所： | | | |
| | 洗手盆 | — | 15～25 | 35 |
| | 浴盆 | 125～150 | 250～300 | 40 |
| 5 | 公共浴室： | | | |
| | 淋浴器：有淋浴小间 | 100～150 | 200～300 | 37～40 |
| | 洗脸盆 | 5 | 50～80 | 35 |
| | 浴盆 | 125 | 250 | 40 |

建筑中的生活热水不仅对水温和水量有要求，而且对水质也有相应标准要求。例如：生活日用水量（按 60℃ 计）大于或等于 $10m^3$ 且原水总硬度（以 $CaCO_3$ 计）大于 300mg/L时，宜进行水质软化或阻垢、缓蚀处理，经软化处理后的水质总硬度宜为 75～150mg/L。

### 2.2.1.2 我国生活热水的能耗现状

生活热水的主要应用对象为医院、旅馆和住宅。调查表明，各类商业建筑能耗中，卫生热水能耗比重为：医院 41.8%，旅馆 31%，商场 10.7%，写字楼 2.7%，可见医院和旅馆是生活热水的耗能大户。而在居住建筑中，城镇家庭热水器普及率已达 70%以上，富裕地区的农村也有相当一部分家庭开始使用热水器。调研结果显示，我国每百户城镇家庭淋浴热水器的拥有率从 1996 年的 30%增长到 2011 年的 89%，其中，东南沿海地区淋浴热水器的普及程度远高于中西部地区。

随着城镇化进程的推进，人们生活水平和品质不断改善，从而导致生活热水能耗的快速增长（图 2.2-1）。据统计，2011 年我国城镇住宅能耗（不含北方供暖）达到 1.53 亿 tce，其中，生活热水的能耗约为 1453 万 tce（折合 1.0kgce/$m^2$，21kgce/人），其能耗占比位于炊事、家电、照明、空调能耗之后，仅占住宅能耗的 9.5%。

生活热水用量与人们的生活水平和使用习惯关系密切。虽然我国的生活热水能耗相对于发达国家还并不高（表 2.2-3），但随着我国经济的发展，生活热水能耗将会面临更大

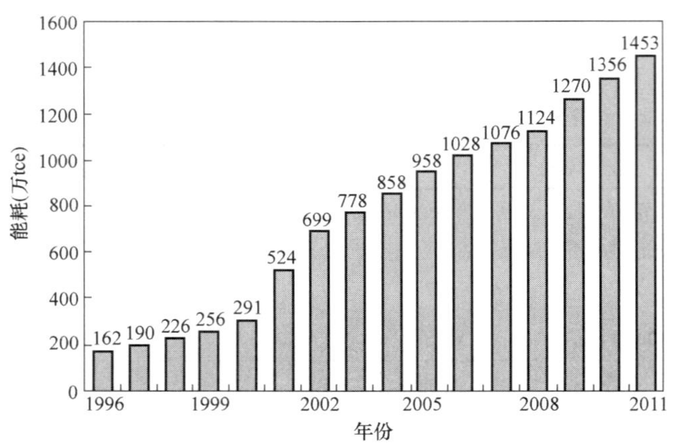


图 2.2-1　中国城镇住宅生活热水能耗

的增长压力。据文献预测，到 2020 年，人们对生活热水的需求指标提高，全国住宅面积总量将达到 500 亿 $m^2$，其生活热水能耗将在建筑能耗中上升至第 2 位。因此，必须研发高效的生活热水制备技术，以缓解日益增长的热水需求与降低热水制备能耗的矛盾。

**中、美、日、意四国住宅建筑**（除供暖外）**户均能耗比较**［单位 kgce/(户・a)］

**表 2.2-3**

| 国家＼项目 | 户均能耗 | 炊事 | 生活热水 | 空调 | 照明 | 家电与其他设备电耗 |
|---|---|---|---|---|---|---|
| 中国 | 585 | 198 | 60 | 67 | 118 | 142 |
| 美国 | 5025 | 258 | 898 | 1051 | 675 | 2137 |
| 日本 | 1944 | 159 | 484 | 61 | 1240 | |
| 意大利 | 972 | 97 | 192 | 682 | | |

## 2.2.2　现有热水制备技术

目前，我国热水器产品主要有电热水器、燃气热水器、太阳能热水器和空气源热泵热水器。2014 年各类热水器的销售量（包括内销和出口总量，其中出口占比分别为：电热水器 21%，燃气热水器 22%，太阳能热水器 13%，热泵热水器 13%）、增长率和市场占比如图 2.2-2 所示，四类热水器总销售量为 5345 万台，其中电热水器占比最多（45%），而热泵热水器增长率最高（9.9%）。

### 2.2.2.1　电热水器

电热水器是将电能直接转化为热能的热水设备，由于目前已经解决了防腐、防漏电等安全性问题，且其安装、使用方便，故应用较为普遍，其市场份额趋于稳定。但由于其消耗的是高品位电能，且为储热加热式设备，漏热量较大，大量普及不仅要消耗大量的电能，而且需支付高昂的使用费用。但因其具有方便性和价格低廉的特点，其需求量仍在增长（图 2.2-2），预计今后其市场份额会有一定程度的萎缩但暂时不会被取代。

### 2.2.2.2　燃气热水器

燃气热水器是将天然气的化学能转化为热能的一次加热式热水设备，在有天然气的场

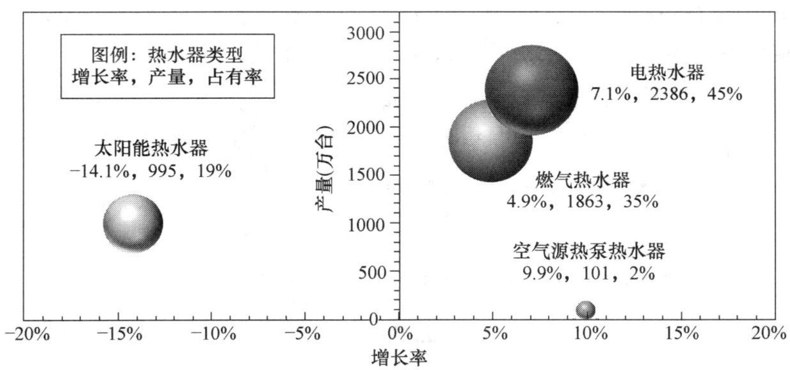


图 2.2-2 2014 年中国各类热水器的生产量、增长率和占有率

合都能使用。燃气热水器常称为燃气壁挂炉，有非冷凝式与冷凝式两种形式，前者的排烟温度高于烟气露点，其以低位发热值为基准的热效率一般在 85%左右；而后者通过合理的水路设计可以使排烟温度降至烟气露点以下，从而利用烟气中水蒸气的冷凝热，使热水器的燃烧效率更高。设计良好的冷凝式燃气热水器，其排烟温度可降至 40～60℃，其低位发热值热效率可以超过 100%。

### 2.2.2.3 太阳能热水器

太阳能热水器是将太阳光能转化为热能的热水制备装置，主要由太阳能集热器和水箱构成。目前，常用的太阳能集热器为平板集热器和真空管集热器（包括：玻璃真空管集热器和热管集热器）。太阳能热水器利用可再生能源，其应用有利于削减化石燃料，故得到快速发展。但可再生能源具有周期性、随机性、低密度、低品位的供能特点，其热水供应不稳定，有时甚至不能满足需求，故常在太阳能热水系统中增设燃气锅炉、电加热器或空气源热泵等辅助补热设备，也由此导致其系统的一次性投资高于其他热水供应系统。

我国太阳能热利用市场规模增长迅速，特别是在 2005～2011 年间呈现高速增长，占世界太阳能集热器总装机容量的比例也稳步上升，而在 2011 年以后增速有所降低，且随着燃气热水器和热泵热水器的占比增加，近年来太阳能热水器已开始出现负增长趋势。

太阳能热水器在我国的普及面广，基数庞大。IEA 的报告显示，2013 年底，我国太阳能集热器装机容量占世界总装机容量的 70%，这些太阳能集热器的 98%都用来制备生活热水，其中 90%是为服务于单个家庭的小系统，只有约 8%是集中式大系统。

### 2.2.2.4 热泵热水器

空气源热泵热水器（Air-source Heat Pump Water Heater，简称：热泵热水器）是利用热泵技术，通过消耗少量电能从空气中吸取大量低品位热能，从而制取较高温度、满足用户需求的供暖或生活热水的设备。由于热泵热水器只消耗少量的高品位电能即可制取几倍于电能的热能，故极大地节省了电能和化石燃料等高品位能源，是一种急剧发展潜力的热水设备。

热泵热水器由压缩机、冷凝器、节流装置、蒸发器等部件构成的热泵装置和储热水箱两部分构成。热泵热水器的类型很多（图 2.2-3），有整体式和分体式、静态加热式（图 2.2-4）和动态加热式。其中，动态加热又可分成一次加热式（或称直热式，图 2.2-5）和循环加热式（在一次加热式的自来水进水管上安装有水泵，且水泵入口与储热水箱底部的热水相连，如图 2.2-5 中的虚线部分)，前者是将自来水直接通过冷凝器加热后送入储热水箱，后者将储热水箱内储存的水不断循环加热直至设定温度。

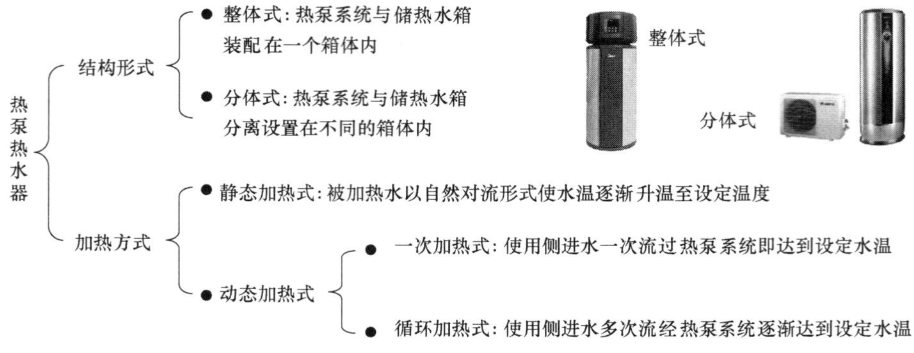


图 2.2-3 热泵热水器的典型分类

由于空气源热泵具有显著的节能效果，加之各地政府出台了支持政策，近年来空气源热泵得到了快速发展。2015 年，我国空气源热泵产品的国内总销售额已突破 70 亿元大关，其中 89%的产品属于热泵热水器（包括家用和商用），8%的产品为北方供热用热泵热水机组。

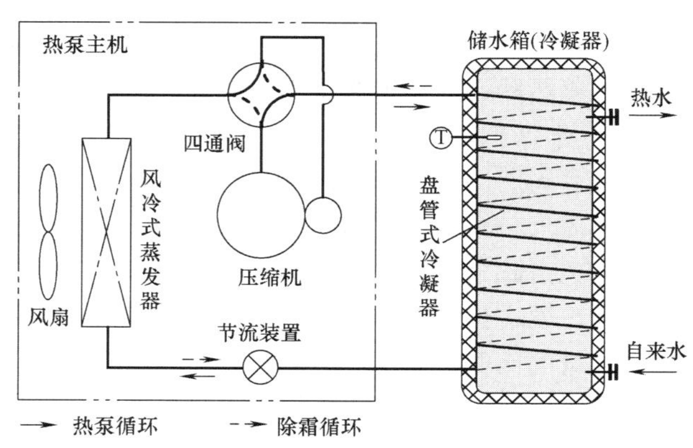


图 2.2-4 静态加热式热泵热水器工作原理

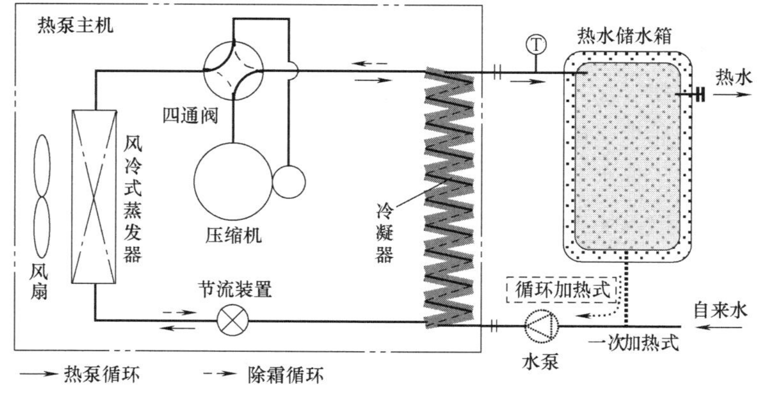


图 2.2-5 动态加热式热泵热水器工作原理

表 2.2-4 是根据调查数据总结出的我国热泵热水器的产业进程和发展特点，包括家用与商用热泵热水器，各类产品的产值、容量及结构特点以及近年来的变化趋势。从表中可以看出，家用热泵热水器是目前的主要产品形式，其中采用圆形、不锈钢和搪瓷内胆、容量小于 200L、水箱外设置加热盘管、一次加热式、分体式的热泵热水器是目前的主流产品；随着煤改电工程的推进，在学校、连锁酒店等中、小型服务性项目中，采用热泵热水器制取生活热水得以良好的应用。从几年的数据变化可以预见，未来空气源热泵在住宅和商用建筑中将得到广泛应用。

**我国空气源热泵产业的发展特点** **表 2.2-4**

| 序号 | 项目 | | 2013 年 | 2014 年 | 2015 年 | 备注 |
|---|---|---|---|---|---|---|
| 1 | 热泵热水器占比(%) | 家用 | 66 | 70 | 69 | 家用热泵热水器占绝大份额 |
| | | 商用 | 34 | 30 | 31 | 中高端连锁酒店发展迅速，而热水设备绝大部分由热泵热水机提供 |
| 2 | 商用热泵热水器的容量(制热量)占比(%) | 3hp | 33.6 | 34.5 | 35.1 | 2015 年商用热水市场增长率为 6.6%，学校、连锁酒店等中、小型服务性项目是其主要应用领域 |
| | | 5hp | 37.4 | 35.6 | 33.8 | |
| | | 其他 | 29.0 | 29.9 | 31.1 | |
| 3 | 家用热泵热水器容量(水箱)占比(%) | 150L | 41.6 | 46.4 | 50.2 | 在家用热泵热水器产品中，人们更愿意购买容量较小的热水器，这与热泵的能耗和生活习惯有关 |
| | | 200L | 39.7 | 38.2 | 36.3 | |
| | | 其他 | 18.7 | 15.4 | 13.5 | |
| 4 | 家用热泵热水器水箱形式占比(%) | 圆形 | 88.5 | 90.7 | 91.5 | 传统圆形水箱的市场接受度高，不仅美观而且漏热量小 |
| | | 方形 | 11.5 | 9.3 | 8.5 | |
| 5 | 家用热泵热水器结构形式占比(%) | 整体式 | — | 11.7 | 15.3 | 安装方便的整体式热泵热水器的占比增大，在具有室内供热分户计量的场合具有良好的稳定性和节能性 |
| | | 分体式 | — | 88.3 | 84.7 | |
| 6 | 家用热泵热水器的冷凝器换热盘管在水箱中的位置占比(%) | 内置式 | — | 38.1 | 29.8 | 为防止换热器结垢、提高稳定性，冷凝器盘管外置于水箱的结构形式成为主流并逐年增加。其材料主要为铜盘管、铝盘管和微通道换热器 |
| | | 外置式 | — | 61.9 | 70.2 | |
| 7 | 家用热泵热水器水箱内胆材质占比(%) | 搪瓷 | 24.6 | 36.2 | 47.3 | 搪瓷内胆承压、防腐性能好，其占比逐年增加 |
| | | 水晶 | 10.6 | 7.2 | 6.9 | |
| | | 不锈钢 | 64.8 | 56.5 | 45.8 | |
| 8 | 家用热泵热水器的加热方式占比(%) | 一次加热 | — | 92.2 | 92.8 | 考虑到现场施工制冷剂充注量不容易准确、减少制冷剂泄漏和抽真空环节，故循环加热式热泵热水器也占有一定比例 |
| | | 循环加热 | — | 7.8 | 7.2 | |

注：表中数据以各类产品销售的回款金额（含税）为基准统计的。

## 2.2.3 热水器节能比较

在住宅建筑中，常用的生活热水制备装置有电热水器、燃气热水器、太阳能热水器和热泵热水器。商用建筑也如此，只是这些热水制备容量更大、名称叫法有所差异，分别称为电锅炉、燃气锅炉、太阳能集热器和空气源热泵热水机。

太阳能热水器虽然利用的是可再生的太阳能，但因可再生能源的供能特点、热水管网和储热水箱存在严重漏热，以及人们的热水使用模式（包括：用水频度、用水量和用水时间）不同，其热水供应往往不能满足需求，故在家用热水系统中需采用电加热器作为辅助热源，而在大型系统中需配置燃气锅炉、电锅炉或空气源热泵热水机等设备作为辅助热源。实测结果表明，即使是一家一台的独立式太阳能热水器，在相同气象参数下，使用模式对太阳能热水器的能耗影响巨大，不同家庭的补热电耗差异竟达到 16 倍之多，且太阳能条件越差，其能耗相差也越大，有时用电量甚至超过常规的电热水器。

那么，应用最广且消耗商品能源的电水器、燃气热水器和热泵热水器到底哪种更为节能呢？下面以住宅建筑为例进行分析。

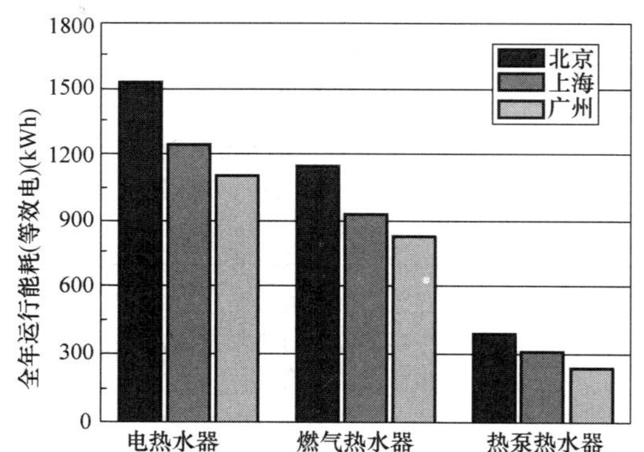

图 2.2-6　三类热水器的全年运行能耗（等效电）

对于一户 3 口之家，每人每天的生活热水平均使用量为 40L（实际调研结果表明，北京市居民单次淋浴热水用量为 41.5L），使用热水温度为 40℃，假设热水均在晚上 21：00 使用，各地住户的自来水温度采用当地的地下水温度。燃气热水器是直热型热水器，因此无储热损失，而热泵热水器和电热水器都有储热水箱，需考虑其水箱漏热损失。

北京、上海和广州三地用户分别使用电热水器、燃气热水器和热泵热水器时的全年运行能耗计算结果（热泵热水器均从下午 3：00 开始制热，燃气热水器的能耗是将消耗燃气量折算为等效电量）如图 2.2-6 所示。❶

从图中可以看出，在由北向南的三个典型城市中，热泵热水器均比电热水器、燃气热水器的运行能耗低。尽管北京的气温较低、低温时间较长，但热泵热水器在外温为－7℃时仍有较高的制热效率（*COP* 仍在 2.0 以上），相对于电热水器和燃气热水器，具有明显的节能效果。

我国南北纬度跨度大，由北向南年平均气温逐渐升高，使用热泵热水器的节能效果也越来越明显。目前，热泵热水器在长江流域及其以南地区已得到推广应用，随着对热泵热水器技术的不断进步和发展，其适用地域也在不断扩大，必将成为包括寒冷地区在内的我国城镇住宅生活热水制取设备的发展方向。

## 2.2.4　热泵热水器（机）的一些关键问题

与电热水器、燃气热水器不同，热泵热水器的实际运行能耗与取热环境的温度密切相关，当制取同温、等量的热水时，环境温度越低，其能耗越大。因此，热泵热水器的实际

❶ 天然气热值为 35.9MJ/m$^3$，燃气热水器热效率为 88%。电热水器热效率为 92%。空气源热泵热水器的性能：环境温度为 20℃、自来水温度为 15℃、制取 55℃的热水时，其 *COP* 为 4.3；环境温度分别为 20℃、2℃、－7℃，自来水温度为 15℃，制取 40℃热水时的 *COP* 分别为 5.0、3.1 和 2.1。

运行能耗与热水器的使用地区、安装位置以及制热运行的时间段等因素都有很大的关系。

下面对提高热泵热水器运行性能、降低运行能耗的几个关键问题进行探讨。

#### 2.2.4.1 分体式和整体式

由图 2.2-4 中可以看出，根据其结构形式不同，热泵热水器可分为分体式和整体式两大类。分体式的热泵机组置于室外，储热水箱（可能包含冷凝器）可设置在室外也可设置在室内，其热泵从室外空气中取热。由于冬夏及昼夜的室外温度变化大，故热水器在不同季节、不同时刻的制热效率相差较大，特别是在寒冷的冬季其效率更低，且在外温很低时甚至不能运行，故必须采用电加热器补热，才能保证热水的正常供应。

将热泵机组和储热水箱装配在一起的整体式热泵热水器，较多设置在厨房、卫生间等室内空间。热泵一年四季均从室内空气中取热制取热水，其热泵系统的压缩比变化幅度小，减少了压缩机的欠、过压损失，即使在寒冷的冬季也无结霜、除霜损失，故其全年运行工况稳定，制热效率和可靠性高；系统结构紧凑、成本低，且在夏季还可为室内提供免费冷量。但是，整体式热水器在冬季需从供暖房间中取热，将增加室内的供暖能耗。

那么，到底采用哪类热泵热水器更为节能呢？下面仍以 2.2.3 节居住在北京的 3 口之家的用热情况为例进行分析。

若分体式和整体式热泵热水器的性能完全相同，且均在 15：00 时启动热水器制取 50℃的热水，当冬季供暖期和夏季空调期的室温分别为 20℃和 26℃时，采用两类热泵热水器的全年运行能耗如表 2.2-5 所示。

北京地区 3 口之家使用热泵热水器时的全年运行电耗　　表 2.2-5

| 热泵热水器类型 | 热水使用量(t) | 制取热水温度(℃) | 使用热水温度(℃) | 热水器全年耗电量(kWh) | 夏季供冷节电量(kWh) | 冬季取热附加供暖耗电量（kWh) | 总耗电量(kWh) |
|---|---|---|---|---|---|---|---|
| 分体式 | 34.4 | 50 | 40 | 390 | 0 | 0 | 390 |
| 整体式 | | | | 330 | 105 | 131 | 356 |

从表中可知，与分体式相比，整体式热泵热水器在全年用于制取生活热水的耗电量减少了约 15%，同时为夏季房间提供约 370kWh 的冷量，如果这段时间也开空调，则可节省空调电耗约 105kWh（取夏季空调的平均 $COP$＝3.5)。但是，整体式热泵热水器在冬季从房间内提取了约 392kWh 的热量，相当于增加了 131kWh 的供暖耗电量（取冬季供暖用空气源热泵空调器的平均 $COP$＝3.0)。可见，整体式热泵热水器的全年运行综合能耗比分体式减少了约 10%。

由于整体式热泵热水器的研发技术难度相对较小，成本降低、可靠性提高，蒸发器散热片不易积尘且易于维护保养，即使在外温极低的严寒地区也能高效运行，故整体式热泵热水器在具有供暖热量分户计量收费的住宅建筑中具有推广应用价值。

另一个问题，采用整体式热泵热水器制取热水时需从室内取热，是否会严重影响室内的舒适性呢？热水器的运行时间一般为 2～3h，从室内取热的最大热流量约为 1.7kW，远小于房间的热负荷，且房间围护结构具有较大的热惰性，故热泵热水器在运行期间使室温的下降程度很小，并不会对室内舒适性造成较大的影响。

#### 2.2.4.2 热水器的运行时间段

家用热泵热水器需配置储热水箱，因水箱存在漏热，故热泵需频繁启动制取热量抵消其漏热，以维持设定水温，水温越高、外温越低，其漏热量越大。另一方面，热泵热水器在外温较高、水温较低时运行更为节能。因此，综合考虑热泵热水器的运行性能和水箱漏热，需要根据家庭的热水使用习惯，合理制定热泵热水器的控制策略，在保证需求的前提下，尽可能利用外温较高的时段运行热水器，同时缩短高温热水的存储时间。

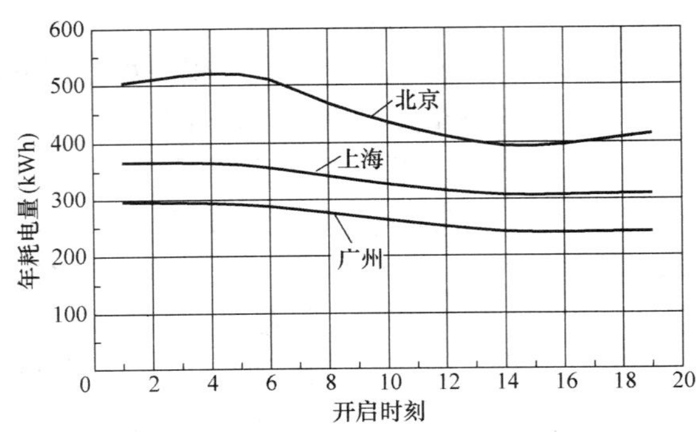


图 2.2-7　热泵热水器启动时刻对全年能耗的影响

图 2.2-7 给出了在 2.2.3 节条件下，热泵热水器启动时刻与全年运行能耗的关系。从图中可以看出：为保证夜间 9：00前使用热水，由北向南的三个城市（北京、上海、广州）均在当天 15：00左右启动热水器时，其全年运行能耗最低。北京、上海和广州的全年运行电耗分别约为 390 kWh、310 kWh、240kWh。

从 15：00 开始制热能耗低的原因在于，热泵运行的 2～3h 几乎是室外温度全天最高的时段，且制取的高温热水存储时间也较短，漏热量小。由于广州的自来水温度和每天 15：00 后的室外温度高于上海和北京，故其运行能耗比上海、北京更低。

因此，在热水器开发时，其控制器需向用户开放热水器的启动时刻和热水温度下限值的设定权限，使用户可以自行选择在外温较高时段（如 15：00 开始）启动热泵制取温度不宜过高的热水，这样可使热泵热水器高效运行，同时减少其漏热量。

### 2.2.4.3　一次加热与循环加热

根据加热方式不同，热泵热水器又可分为静态加热式和动态加热式，其中动态加热式又包括一次加热式和循环加热式。采用静态加热和循环加热方式的热水器是将存储在水箱中的冷水逐渐加热至设定温度的，在水温较低时热泵系统的 *COP* 较高，但随着热水温度的升高，系统的冷凝温度逐渐升高，导致 *COP* 逐渐降低。而一次加热式热泵热水器是自来水一次经过热泵系统的冷凝器直接加热至设定温度供用户使用，属于即热式热水器类型，相对于静态加热和循环加热式热泵热水器，它具有突出优点：

（1）可省去储热水箱，消除漏热损失，降低热水器成本；

（2）直接制取需求温度的热水，*COP* 大幅度提高，且不容易滋生细菌，能很好地满足卫生要求。

一次加热式热水器采用水-制冷剂的逆流式冷凝器，使被加热的自来水与压缩机排出的制冷剂过热蒸气进行逆流换热，不仅可以获得较高温度的热水，有效降低制热循环的冷凝温度（可低于热水的出水温度，图 2.2-8），而且可利用温度较低的自来水增大液态制冷剂的再冷度，从而大幅度提高热泵系统的 *COP*。

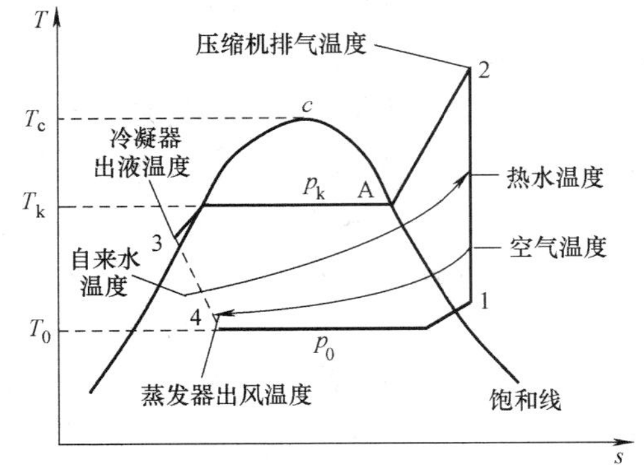


图 2.2-8　直热式热泵热水器的 *T-s* 图

然而，对于采用常规制冷剂的亚临界制热循环而言，外温降低时，蒸发温度降低，从而导致冷凝温度也降低，受图中 A 点饱和温度的限制，难以在较低冷凝温度 $T_k$ 条件下制取更高温度的热水；同时，冷凝器的定压恒温放热与水的等热容升温过程导致换热不可逆损失很大，制约了 *COP* 的进一步提高。

那么，如何利用较低温度的冷水（实现高压液态制冷剂的再冷）和较高温度的压缩机排气显热（提升热水温度）呢？如何降低冷凝换热过程的不可逆损失呢？

面对制冷剂的 *ODP* 和 *GWP* 问题的强化，天然制冷剂的应用得到了国际社会的重视。20 世纪 90 年代初期，挪威科技大学的 Lorentzen 教授根据 $CO_2$ 的特殊物性提出了跨临界 $CO_2$ 循环，极大地推动了 $CO_2$ 系统在制冷领域的发展，随后他又提出 $CO_2$ 可以用于热泵系统。

与采用常规工质亚临界循环热泵系统相比，$CO_2$ 跨临界循环热泵系统具有优良的环保性能和热水制备性能，其独特优势在于：

(1) $CO_2$ 是天然工质，*ODP*=0、*GWP*=1，且无毒、不可燃，与润滑油和金属材料具有良好的相容性，流动和传热特性较好，单位容积制冷量大，使得热泵热水器结构紧凑、体积小。

(2) $CO_2$ 的临界温度为 31.6℃，制备热水时采用跨临界循环，由于热泵的放热过程为变温过程，可与所需的变温热源相匹配，减少传热过程中的不可逆损失，可以充分利用逆流换热制取更高温度的热水（图 2.2-9），即使在寒冷地区，采用单级压缩热泵循环也可制取适宜温度的生活热水。

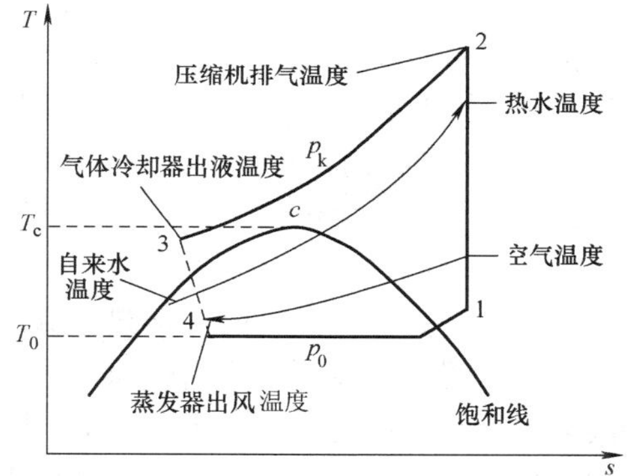

图 2.2-9 $CO_2$ 跨临界循环热泵热水器的 *T-s* 图

正是在 Lorentzen 教授的积极倡导下，$CO_2$ 热泵成为此后各国学者、企业的重点研究领域。1996 年，挪威 SINTEF 研究所建成了世界上第一台 $CO_2$ 热泵热水系统试验台，其原型机的制热量为 50kW，当蒸发温度为 0℃，制取 60℃和 80℃的生活热水时，其 *COP* 分别为 4.3 和 3.6，远高于当时的常规热泵热水器。随后，$CO_2$ 热泵热水器在日本得到了很大的发展。

1998 年，东京电力公司、日本电研院和电装公司开始合作，开展 $CO_2$ 热泵热水器的基础理论研究，1999 年，建起了 $CO_2$ 热泵热水器原型机实验台；2000 年，改进的 $CO_2$ 热泵热水器的全年平均 *COP* 超过 3.0，而且在外温为−20℃时，仍可提供高达 90℃的热水。2002 年，日本大金公司推出的 $CO_2$ 家用热泵热水器产品，可制取 65～90℃的热水，在室外温度为 16℃，自来水温度为 17℃，出水温度为 65℃时，其制热量为 4.5kW，*COP* 达到 3.72。目前，日本市场上已有 Mitsubishi、Daikin、Sanyo、Hitachi、Denso 等公司推出了不同类型的 $CO_2$ 热泵热水器产品。由于 $CO_2$ 热泵热水器具有优良的生态环保性能，在日本获得了“Eco Cute”的称号，但因其价格较贵，故日本政府给予了财政补贴，鼓励其推广应用。据日本热泵蓄热中心（HPTCJ）2007 年研究报告统计，在日本 $CO_2$ 消减量中 10%是由热泵技术贡献的，其中 $CO_2$ 热泵热水器占到了 2%。

我国已于 2011 年研发出 $CO_2$ 热泵热水器，已逐渐掌握了超临界流体的传热与流动、$CO_2$ 压缩机、系统承压和系统控制等相关理论和技术问题。并在系统设计、循环改进、气体冷却器（相当于亚临界循环的冷凝器）结构等方面取得了良好的研究进展。

由于 $CO_2$ 热泵循环的放热过程穿越了临界点，因此，在产品设计上需突破诸多关键技术。主要包括：

（1）压缩机设计技术：由于 $CO_2$ 跨临界循环的工作压力很高，且吸、排气的压差与温差皆很大，因此，必须攻克压缩机各部零件的机械结构、压缩室防泄漏、轴承、高压环境的润滑油与油路设计、排气阀设计，以及耐高压、高启动负荷、低转子惯性、小体积高扭矩及高效率电机设计问题。

（2）$CO_2$ 换热器设计技术：研发耐高压的制冷剂—水高效逆流换热器（气体冷却器）和制冷剂—空气换热器（蒸发器），需解决换热器的结构、流路、流量匹配，以减小传热过程中的不可逆损失，需要同时解决材质、结垢、防腐等技术问题。

（3）热泵系统的设计与控制技术：需掌握跨临界热泵循环的动态特性和循环控制技术，解决大压差工况下的振动噪声控制等问题。

与传统热泵热水器相比，$CO_2$ 热泵热水器可以制取温度更高的热水，且 *COP* 更高，可以预见，一次加热式 $CO_2$ 热泵热水器不仅在商业和住宅建筑有很好的发展前景，而且在食品、干燥等工业领域都也将具有极大的发展潜力。

#### 2.2.4.4　水箱内置冷凝器和外置冷凝器

在家用热泵热水器中，无论是整体式还是分体式，现有产品多采用如图 2.2-4 所示的静态加热方式制取生活热水，其加热盘管（冷凝器换热盘管）的设置位置也是直接影响热水器性能和可靠性的重要因素。

众所周知，储热水箱内置加热盘管时，因制冷剂与水体间壁换热具有良好的传热性能，合理设置换热器（采用制冷剂上进下出方式），可以利用水箱内的温度分层原理降低冷凝温度、利用低温自来水提高高压液体制冷剂的再冷度，以及利用压缩机的高温排气获得温度更高的热水。因此，早期的热泵热水器普遍采用内置加热盘管方式。由于我国的自来水硬度较大，在与温度较高的传热管长期接触时容易导致表面结垢，加之储热水箱为闭式结构不容易进行水垢的清理和维护，长期使用后将导致传热性能下降，进而影响热水器的制热性能。同时，因传热管结垢的热应力原因，也容易导致制冷剂泄漏，不仅损坏热泵系统，还将影响热水水质。因此，从表 2.2-4 中的热泵产业发展特点可以看出，内置换热器结构的热泵热水器从初期的几乎 100%发展到 2015 年仅剩下约 30%，取而代之的是采用置于储热水箱内胆外侧的铜盘管、铝盘管和微通道换热器。

由于内胆多为搪瓷、水晶和不锈钢等材料，换热盘管先加热内胆再由内胆加热水体。虽然解决了换热器结垢的难题，但由于冷凝器传热过程增加了内胆的导热热阻，为获得相同的水温，其热泵系统的冷凝温度必然升高、制热 *COP* 降低。实验表明，采用外置加热盘管结构的热泵热水器的名义 *COP* 比加热盘管内置时降低 10%～15%。此外，箱体内胆以自然对流方式加热水体，其箱内水温分层更为严重。为解决上述问题，可以采用外置和内置的组合加热盘管，将压缩机排气的高温显热部分用外置盘管放热，以防止换热器结垢，将潜热释放部分和再冷部分的加热盘管设置在水箱内，以提高换热系数，同时利用水箱下层的低温水增加高压液态制冷剂的再冷度。

在水质较好的地区仍可以采用内置加热盘管的换热方式。对于有禁止制冷剂与水体直接换热要求（防止制冷剂泄漏导致水质污染）的场合，可以采用内置管壁交错密接的双层盘管换热器，以避免制冷剂或水侧发生泄漏时出现水质污染或系统进水损毁问题。

对于内置、外置以及内外置组合加热盘管，均需精心设计盘管的布置方式和流程，以充分利用等热容加热与高压气态制冷剂的冷却、冷凝及再冷的对应关系，尽可能降低热泵系统的冷凝温度，提高 *COP*。

#### 2.2.4.5 商用建筑的生活热水制备

在公共建筑中，热水能耗占建筑能耗的比例较大，特别是生活热水用量很大的旅馆建筑，目前主要采用燃气锅炉作为生活热水的热源。对于旅馆建筑而言，生活热水的用水量大，且使用时间也有一定的随机性，故一般都需在生活热水系统中配置储热水箱，以满足用户随时用水要求。

据前文分析，在制取相同热量时，燃气热水器的能耗仅次于电热水器，但燃气价格高，其经济性受到挑战。因此，降低公共建筑生活热水能耗和运行费用是建筑节能工作的当务之急。

下面提供几种替代燃气锅炉制取生活热水的可行方案。

1. 热泵热水机

采用热泵热水机制取生活热水，特别是采用一次加热式热泵热水机，可以获得较为温度的热水，同时具有良好的节能效果。

以太原一家旅馆建筑为例，采用中间补气的准双级压缩低温空气源热泵制取生活热水，实测结果表明，全年出水温度为 42～53℃（年平均 46.7℃）时，其冬季、过渡季和夏季的平均 *COP* 分别为 2.78、3.46 和 3.97。据此可以获得各季节以天然气为基准的一次能源效率（图 2.2-10）和每吨生活热水（从 15℃加热到 55℃）的能源价格（图 2.2-11）。由此可见，在现有技术条件下，即使在寒冷地区的冬季，空气源热泵热水机也能制取满足用户需求的生活热水，且其能源利用效率以及运行费均低于燃气锅炉。

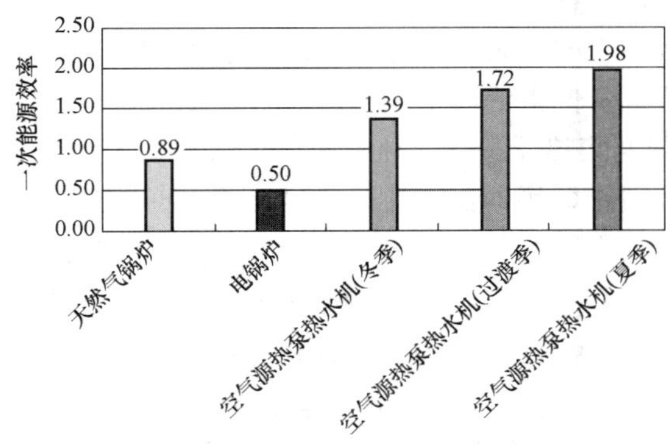

图 2.2-10 各种热源设备在太原的一次能源效率

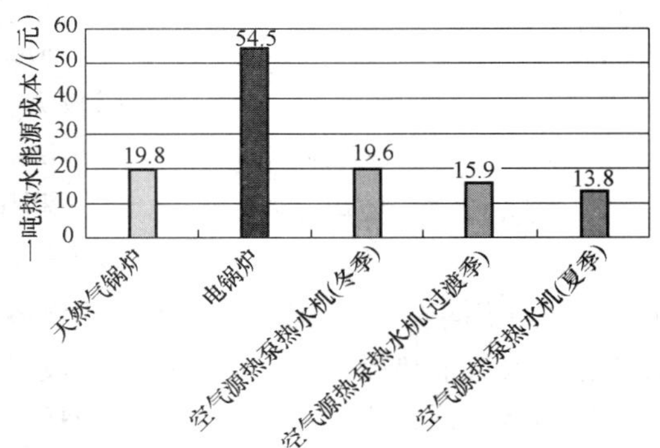

图 2.2-11 各种热源设备制取 1t 热水的能源价格

为了减少储热水箱和热水管的漏热，需在热水系统设计和运行管理上采取措施，可以考虑在用户末端设置即热式补热装置。

2. 冷凝热回收冷水机组＋热泵热水机

对于大中型旅馆建筑，夏季较多采用水冷式冷水机组作为空调冷源，生活热水由燃气锅炉提供。然而冷水机组制冷时，其冷凝热全部从冷却塔排放至室外环境。为节约能源，可以利用冷水机组的一部分冷凝热预热自来水，有时还可以制取满足温度要求的生活热水（图 2.2-12）。

图 2.2-13 给出了冷水机组冷凝器和热回收冷凝器并联时的压焓图，压缩机排气分成两路，分别进入机组冷凝器（制冷剂流量为 $m_{r1}$）和热回收冷凝器（制冷剂流量为 $m_{r2}$），

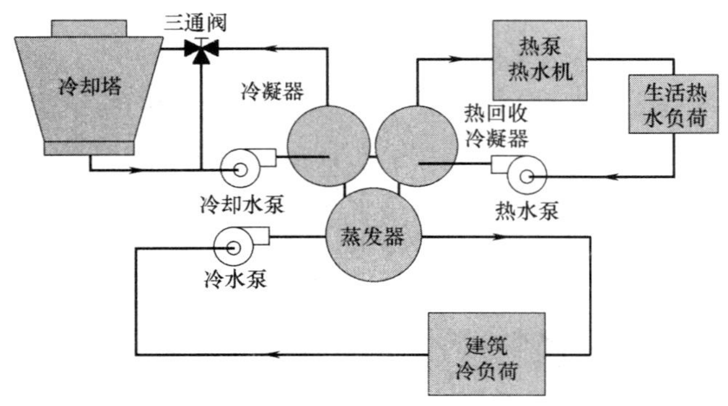


图 2.2-12　冷凝热回收冷水机组原理示意图

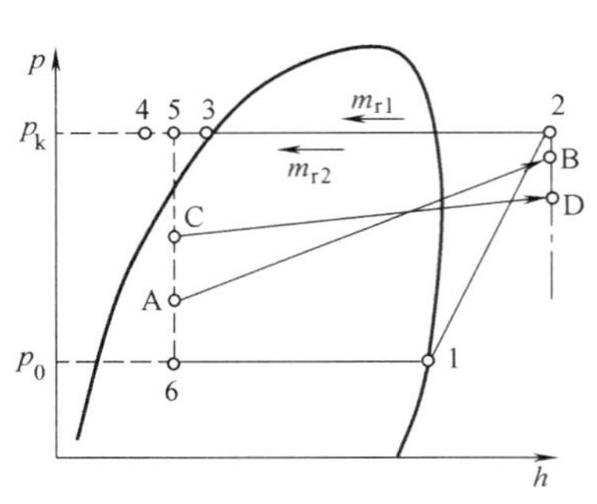


图 2.2-13　并联冷凝器热回收冷水机组压焓图

分别在两个冷凝器中冷凝至 4 和 3 点，合流后经节流装置进入蒸发器制冷。自来水在热回收冷凝器由 A 点加热到 B 点，如果温度未达到需求热水温度，可由空气源热泵、燃气锅炉等辅助热源加热至需求温度。

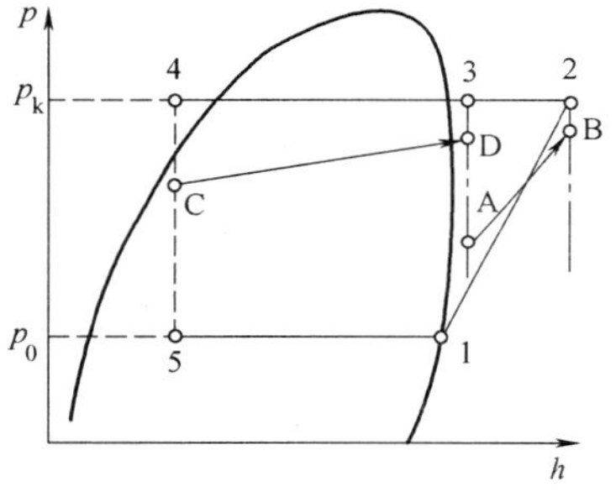

图 2.2-14　串联冷凝器热回收冷水机组压焓图

图 2.2-14 示出了机组冷凝器和热回收冷凝器串联时的压焓图，此时，自来水经热回收冷凝器与压缩机排气的显热进行逆流换热，当水量较小时，可以将自来水加热至需求温度。如果温度尚未达到要求，可以用即热式补热设备进行补热。

应用效果表明，采用冷水机组冷凝热回收方式可以较大程度地降低生活热水能耗。

3. 太阳能集热器＋热泵热水机

利用太阳能集热器制取生活热水是我国目前应用最为广泛的太阳能应用方式，在包括旅馆等公共建筑中，较多采用集中式太阳能集热生活热水系统，但是由于太阳能的供能特点和储热水箱、管道存在大量漏热损失，故系统中必须设置辅助热源。目前普遍采用的是在储热水箱内设置电加热器，该方式导致太阳能系统的耗电量巨大，有时其耗电量甚至超过常规的电热水器通过对现有太阳能集中式热水系统的长期测试，总结提炼出图 2.2-15 所示的具有显著节能的新系统，特别适用于住宅建筑。其显著特点在于：1）集中采热、集中储热，但储热水箱中不安装辅助加热器，而在每个热水用户供水末端前安装燃气热水器等即热式补热装置，补热装置产生的热量全部用于热用户；2）取消热水循环管和循环泵，储热水箱中的水以单管方式依靠储热水箱的高差直接送到各个末端用户，避免了循环泵电耗和“放冷水”问题；3）无论水温高低，仅按照进入各用户的水量收费，用于上缴水费和系统维护；

4）在储热水箱出口处安装温度传感器，便于用户随时了解太阳能系统的水温状况以决定是否启动补热装置。

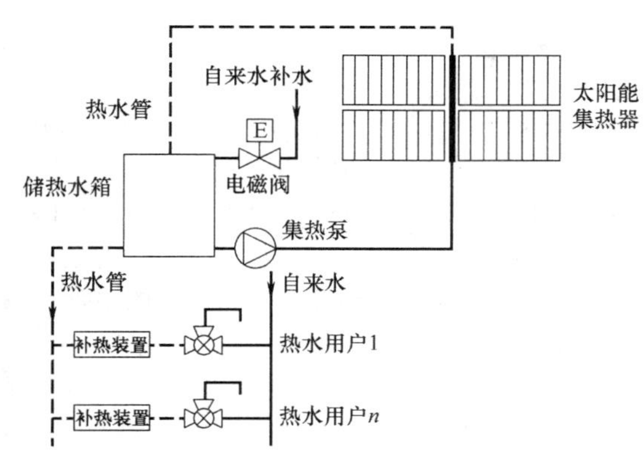


图 2.2-15 太阳能集热器＋即热式补热生活热水系统

注：热水补热装置采用燃气热水器、热泵热水器等即热式加热装置。

基于上述设计思想，对于旅馆建筑用集中式太阳能集热生活热水系统，可以采用如下措施：1）在新系统的基础上，将用户终端的补热装置改为电热水器，通过自动控制方式控制室内用水温度，以减少水箱、管道漏热和循环泵电耗；2）用空气源热泵热水机替代原有系统的电加热器，虽然不能消除循环泵电耗和水箱、管道的漏热损失，但相对于电加热器无疑可大幅度降低辅助热源的耗电量。

## 2.2.5 热泵热水器发展方向

空气源热泵热水器相对于电热水器、燃气热水器具有更高的能源利用效率，因此，它是未来生活热水制取设备的发展方向。为提高我国热泵热水器（机）的技术水平，尚需在以下几个方面做出努力：

（1）引入直流调速技术：为进一步提高能效，需在热泵热水器中引入直流调速技术，包括压缩机、蒸发器的风扇电机，以提高热水器对宽广环境工况的适应性，同时改善部分负荷工况下的制热效率。

（2）开发高效的换热器：优化换热器结构，提高蒸发器和冷凝器的传热性能，特别需要解决冷凝器的定压恒温放热与水的等热容升温导致不可逆传热损失大的问题。

（3）突破 $CO_2$ 热泵热水器技术：研发 $CO_2$ 热泵专用压缩机、换热器及零配件是我国发展 $CO_2$ 热泵技术的关键。然而，从超临界区到两相区的节流过程也是 $CO_2$ 跨临界循环不可逆损失的重要来源，因此，研发替代节流阀的膨胀机和喷射器也是未来需要解决的关键问题之一。

（4）产品的优化设计与控制技术：研究热泵热水器的动静态特性，提高系统设计和热泵循环控制技术水平，以提高系统性能和可靠性。

（5）提升热泵热水系统的设计水平：除研发高效、可靠的热泵热水器产品外，提高生活热水系统的设计水平至关重要。需跟踪工程实施效果，基于实测数据总结工程设计经验和存在的不足，建立与完善热泵热水系统工程设计规程，全面提升工程设计水平。

空气源热泵热水器在我国的发展时间还较短，相对于燃气热水器和电热水器而言，其结构更复杂，价格更高，目前的使用量还相对较少。随着热泵技术的进步、节能环保理念的强化，以及政府推动力度的加大，热泵热水器（机）必将成为我国商用和住宅建筑生活热水的主要生产设备，也必将成为我国节能减排的重要贡献者。

## 本节参考文献


[1] GB 50015—2003. 建筑给水排水设计规范（2009 年版）. 北京：中国计划出版社，2010.

[2] CECS 222—2007. 小区集中生活热水供应设计规程. 北京：中国计划出版社，2007.

[3] 黄文胜，罗清海，汤广发．热水器未来发展的一个主题与两个方向．建筑热能通风空调，2004（6）：35-39.

[4] 清华大学建筑节能研究中心 著．中国建筑节能年度发展研究报告 2013，北京：中国建筑工业出版社，2013.

[5] 胡姗．中国城镇住宅建筑能耗及与发达国家的对比研究．北京：清华大学，2013.

[6] DOE-EERE，2003 Building Energy Databook [M]，Washington. DC. 2003.

[7] 产业在线．中国热水器市场发展现状与趋势. 2015 中国暖通空调产业发展年会，2015.

[8] W Weiss. Solar heat worldwide. International Energy Agency，2012.

[9] i 传媒 暖通空调资讯．中国空气源热泵行业发展分析报告，2016.

[10] Lorentzen G. Large Heat Pumps Using $CO_2$ Refrigerant [C]. STF 11 A93017，SINTEF Refrigeration Engineering，1993.

[11] Man-Hoe Kim，Jostein Pettersen，Clark W. Bullard. Fundamental process and system design Issues in $CO_2$ vapor compression systems. Progress in Energy and combustion science，2004，(30)：119-174

[12] M. Saikawa，K. Hashimoto，H. Mukaiyama，etc. Development of $CO_2$ compressor and its application system. 7th International Energy Agency Heat Pump Conference. Beijing，China，May，2002.

[13] Hihara E. R & D on heat pumps with natural working fluids in Japan. 7th International Energy Agency Heat Pump Conference. Beijing，China，May ，2002.

[14] 王凯洋．$CO_2$ 热泵热水器气体冷却器的理论模拟与实验研究．天津：天津大学，2012.

[15] Chen G M，Liang L X，Tang L M，et al. Experimental investigation of an adjustable ejector for $CO_2$ heat pump water heaters [J]. Journal of Zhejiang University-SCIENCE（A），2009，10（11）：1678-1682.

[16] 张子坤．超临界 $CO_2$ 气体冷却器的研究设计及可视化实验．天津：天津大学，2010.

[17] 艾淞卉，李毅杰，吴成斌，等．低温空气源热泵热水机在太原旅馆建筑中的全年实测性能．制冷与空调，2015，15（4）：9-16.

[18] GB 29541—2013. 热泵热水机（器）能效限定值及能效等级. 北京：中国标准出版社，2013.


本节执笔人：石文星、冉思源、程作、黄文宇

# 2.3 供暖空调末端方式和制冷技术

供暖空调末端方式影响空调能耗和舒适性。在我国的北方地区，冬季供暖问题一直都占有重要的地位，据统计北方城镇供暖能耗截至2013年年底达1.81亿tce，占建筑总能耗的24%。同时，随着居民生活水平日益提高，对供暖舒适性要求越来越高，我国的供暖区域也已经由传统的黄河以北扩展到了长江以南，甚至在广西、福建冬季都开始供暖。按照供暖系统构成环节来看，完整的供暖系统包括热源、热网和末端装置，其中末端装置直接决定了室内供暖的舒适性，同时还影响了热源的选择以及整个供暖系统的效率，在供暖系统中有着非常重要的地位。供暖末端装置主要包括：供暖散热器（暖气片）、供暖地板以及风机盘管。此外，风机盘管同时也是空调系统中最常用的末端形式。

## 2.3.1 供暖散热器

供暖散热器，作为北方冬季供暖的主要末端，在我国已有一百多年的历史，它简单、成熟、可靠所以至今还是供暖的主要方式。在我国散热器的种类很多，主要有铸铁散热器、钢制管型散热器、钢制板式散热器、铜铝复合散热器等几种，下面分别进行介绍。

图2.3-1（*a*）所示为铸铁散热器，其优点是耐腐蚀，因此在水质不规范的系统中有很好的使用寿命。但其缺点也较明显，散热量低、粗糙笨重、生产过程耗能大且对环境污染严重、使用中热惰性大使得温控不方便，故一般中高档小区已很少使用。

图2.3-1（*b*）所示为钢制管型散热器，其优点是耐压高、价格低。缺点是使用中会熏墙、熏顶；另外，由于我国供暖系统运行管理水平较低以及热媒的水质未严格控制，此类散热器的内腔腐蚀问题较严重，需要采取内防腐工艺才能保证使用寿命。但在我国对使用寿命要求不高，故此种散热器使用较多。

图2.3-1（*c*）所示为钢制板式散热器，是目前国外用得较多的散热器，其优点是耐压高、价格较低，有利于机械化生产。缺点是使用过程中会熏顶；相比钢制管型散热器更易受到腐蚀，只有在严格阻氧、除氧的系统中才能有正常的使用寿命，对内防腐工艺的要求较高。

(*a*) (*b*) (*c*) (*d*)

图2.3-1

图 2.3-1（$d$）所示为铜铝复合散热器，优点是耐腐蚀性好，热效率较高。缺点是焊接处多，薄弱环节较多。因为其较好的耐腐蚀性，在水质控制不严的系统中相比钢制散热器有更好的使用性能，故此种散热器的使用也较多。

目前，对于供暖散热器的研究主要集中在两个方面：散热器自身传热性能的研究和散热器低温供暖的适应性研究。首先，国内相关学者主要从三个方面对散热器的传热进行研究，即理论研究、实验研究、数值模拟研究。

理论研究方面：余才锐对铜铝复合柱翼型散热器闭式空腔的传热情况进行了理论研究，得到闭式空腔铝翼管各表面温度的数值解析解、闭式空腔内部和单柱散热器的散热量等，并采用实验方法验证了理论的可靠性；徐宝萍利用 Lagrange 法的思想，建立了流动过程、滞流过程、过渡过程的微元模型，利用 Euler 法建立了散热器集总模型，考虑散热量与室温的耦合关系，结合房间温度模型，进行联立求解，得出了变流量工况下的散热器动态仿真模型，并通过实验验证了该模型的准确性。

实验研究方面：高井刚研究了一种在散热器内部加阻水堵的方法以改变水流通道和水流组织方式的方法，并通过实验验证了该项措施可以提高散热器的传热性能；余才锐通过分析对多种散热器散热量的测量结果，利用数学方法对其进行归纳总结，得出各种散热器在常见进出口水温情况下散热量的温度修正系数。

数值模拟研究方面：王厚华以矩形平翅片作为比较对象，采用数值模拟方法研究了空气外掠三对称大直径圆孔翅片表面的流动与传热性能，获得了不同 $Re$ 数时矩形平翅片和三对称大直径圆孔翅片表面的速度场、温度场和 $Nu$ 数分布；郭翠翠从理论上得出了散热器表面温度的计算公式，同时针对两种不同构造形式的散热器在六种不同连接方式下散热器的表面温度场进行了数值模拟，分析了温度场的分布情况，并且对室内供暖系统的水力计算进行分析，得到了表面温度随供水流量的变化关系；许冬梅从铝翼管翼片的优化入手，建立了双铜管铜铝复合柱翼型散热器数学模型，对散热器散热量进行理论分析，得出了不同形式散热器的散热量和最优结构尺寸，并对不同形式的散热器的供暖效果进行了数值模拟分析。

另外，对于散热器低温供暖的适应性研究国内学者也做了较多的工作。李庆娜对散热器供暖系统低温运行的应用性进行了研究，通过分析散热器在不同供暖温度下的热舒适性、数量及管径的变化，以及散热器散热量的变化规律，验证了低温热水供暖的可行性。陈思佳研究了低温供回水温度对供热管网的热损失、二次网换热器热效率、散热器自身散热量、热泵机组的 $COP$ 值的影响。杨茜研究了北京农村地区空气源热泵代替燃煤锅炉并增加末端散热器片数的供暖方式，通过模拟计算和实际测试证实了这一方案效果良好，值得在农村地区推广。刘华通过㶲效率分析和经济性分析，论证了散热器低温供暖能大幅降低供暖能耗。

除了上述研究以外，2012 年实施的《民用建筑供暖通风与空气调节设计规范》标准中明确指出散热器集中供暖系统宜按 75℃/50℃连续供暖进行设计，且供水温度不宜大于 85℃，相比于此前的 95℃供水温度有了大幅度的降低。资料表明：散热器供水温度高于 70℃时，散热器表面会对有机灰尘分解，产生烤焦煳味，散发有害人们健康的尘粒和气体。同时，散热器低温供暖减小与室内环境换热温差，使得室内温度场愈加均匀。散热器供暖系统低温运行会改善室内热稳定性，减少产生燥热感，也会降低室内空气电离程度，减少人体静电，因而更加舒适健康。同时，国内目前大力推广应用热泵技术，作为环保、节能的一项技术，此前主要与地板供暖以及风机盘管结合使用，基本没有使用在散热器供暖上。主要原因便是传统散热器是以 95℃/70℃供/回水温度参数进行设计，与热泵出水温度无法匹配，而散热器低温供暖方案的提出使得这两者的结合成为可能。

## 2.3.2 辐射供热/供冷

辐射供热通常是指低温热水地板辐射供暖，它是以温度不高于 60℃的热水为热媒，在加热管内循环流动加热地面的供暖方式。低温热水地板辐射供暖方式是现代舒适节能型建筑和利用可再生能源与低品位热能供暖及分户热计量供暖的最佳末端供暖方式之一。它的主要优点包括：

（1）具有很好的热源适应性。由于地板辐射供暖系统冷媒温度低，同时系统结构简单，对热源没有特殊的要求，大多数设备例如燃气锅炉、电加热、空气源热泵等以及低品位热源例如地热、太阳能热水设备等也可以成为其热量来源，系统整体可拓展性强，多热源的结合应用也较多。

（2）室内空间整体热舒适性好。在实际应用中，地板辐射供暖系统在稳定运行过程中的辐射换热量占到了总换热量的 50%，热辐射能够有效对周围围护结构进行加热，同时也能使人体有明显的热感。此外，在整个室内空间中，相对于通风供暖系统而言，高度方向的空气分布均匀，这有利于提高人体的热舒适性。同时，地暖部件本身的热惰性较高，房间内的温度波动较小。

（3）降低整体供暖温度，有利于节能。人体的热舒适感主要取决于人体实感温度，它是室内平均辐射温度作用的结果。当采用地板辐射供暖时，由于围护结构内表面温度的提高，室内平均辐射温度也会提高，因此将室内设计温度降低 2～3℃，仍可得到同样的热舒适效果。在房间温度降低的情况下，能够带来一定的节能效果，这体现在三个方面：首先是房间整体的漏热量同室内外温差有关，在房间整体温度降低的情况下，房间的漏热量小；其次，房间温度分布均匀，主要供暖热量集中在人员活动区域，避免了传统的通风供暖系统中上部温度过高带来的对无效区域的过度加热；此外，与风机盘管供热系统相比，所需要通的热水温度也有所下降，在此情况下，与之相连的空气源热泵系统或者多功能多联机系统的运行能效比有所提升。

（4）占用室内空间少。传统的散热设备都会占用一定的室内有效使用面积，这给装修以及正常生活产生一定的影响，而使用地板辐射供暖装置，加热设备为地板本身，不会占用额外的居住空间，因此整体而言，提高了空间有效利用率。

（5）隔声效果好。地板辐射供暖地面构造层增加了地板的厚度，有利于隔声；加热盘管与楼板间所设的绝热层也能起到隔声的作用，这使得上下层之间的噪声干扰大大减小。

根据现场施工方法不同，低温热水辐射供暖地板构造分为湿式和干式两种。湿式地板辐射供暖结构如图 2.3-2 所示，是指在保温层上把加热管埋设在细石混凝土中，其上再做找平层及装饰层。湿式地板存在许多问题，例如仅适于新建建筑，施工期长，维修困难，对高层建筑加大楼板结构负荷，对层高不大的居室降低室内有效空间高度。

干式地板是指将加热管直接暴露在结构层中，或将加热管嵌入一层铝板层中，然后上面直接铺设地板等装饰层。目前我国推广和使用的干式做法包括预制轻薄型供暖地板和预

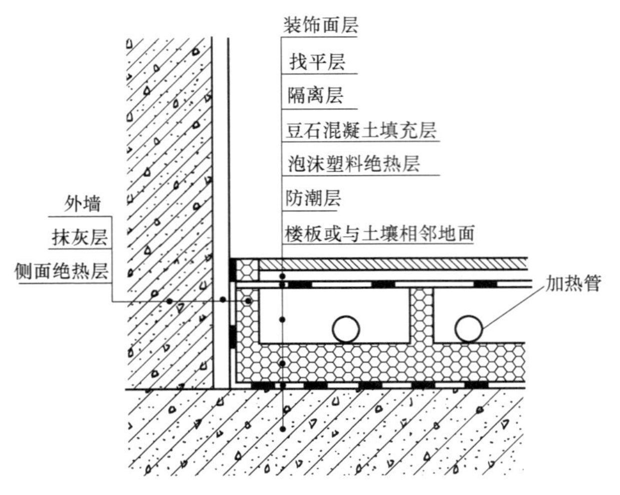


图 2.3-2　常规湿式地板构造

制沟槽保温板供暖地板两种形式。预制轻薄型供暖地板是由保温基板、塑料加热管、铝箔、EPE 调节层、龙骨和二次分、集水器等组成的一体化薄板，总体厚度一般不大于 13mm、保温基板内加热管外径不超过 8mm，其结构示意图如图 2.3-3 所示。

预制沟槽保温板供暖地板构造如图 2.4-4 所示，是一种将外径为 12～20mm 的加热管敷设在带预制沟槽的泡沫塑料保温板的沟槽中，加热管与保温板沟槽尺寸吻合且上皮持平，不需要填充混凝土即可直接铺设面层的地面供暖形式。保温板厚度一般不超过 35mm。预制沟槽保温板分为不带金属导热层和带金属导热层两种。前者用于地砖、石材面层的热水地面供暖系统；后者保温板上铺设有与加热管外径尺寸相同沟槽的金属导热层，用于木地板面层供暖地面。

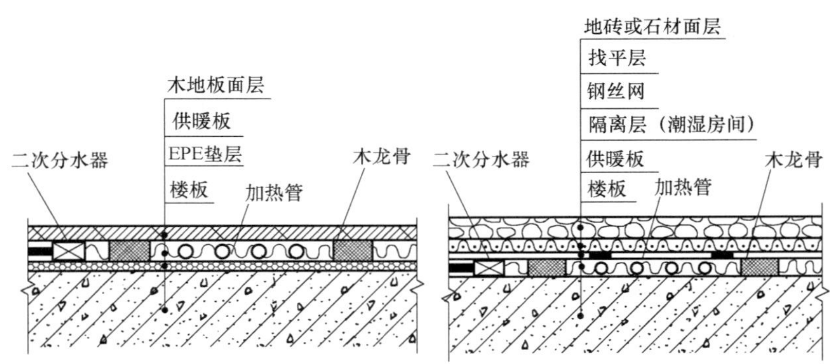


图 2.3-3　预制轻薄型供暖地板构造

目前，国内对低温热水地板辐射供暖的研究主要包括三个方面：(1) 常规地板构造的热工性能研究；(2) 新型轻薄型干式地板的热工性能研究；(3) 以太阳能和热泵等为热源的地板供暖应用研究。

对于常规地板构造的研究，宗杰研究得出稳态低温地板辐射供暖系统中，非加热表面平均温度保持不变时，室内气温和地板表面温度呈线性关系；李廷贤建立了地板辐射供暖的数学模型，在研究了地板表面温度大小的基础上，又研究了地板表面不同位置的温度分布规律，通过模拟研究预测了不同供回水温差对地板表面温度大小和温度分布均匀性的影响；李常河分析了低温热水地板辐射供暖系统的传热规律，建立地板辐射供暖的二维稳态传热模型，采用有限元法分别对不同地面层材质及布置方式进行了模拟分析，并分析了地

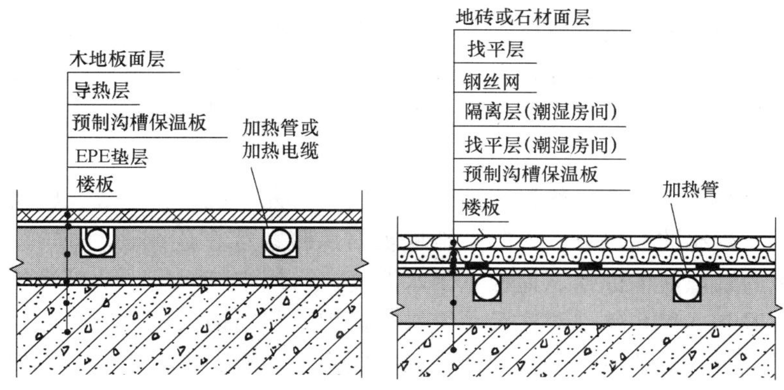


图 2.3-4 预制沟槽保温板供暖地板构造

面层材质与厚度、管间距、管径、水温及室温等因素对地板表面温度和热流密度的影响及定量关系；朱家玲对湿式地板辐射供暖系统通过建立数学模型，编写计算程序，采用有限元差分法对供暖地板温度场进行了数值模拟，并把模拟结果和实测结果进行了比较和调整，为工程设计提供了比较准确的方法。

对于新型轻薄型干式地板的热工性能的研究，周然在分析比较目前各种低温热水地板辐射供暖系统的特点及地板辐射供暖应用中存在的问题的基础上，提出新型供暖地板构造方案，如图 2.3-5 所示，下层铝箔紧密包裹加热管，并与保温材料紧密接触，不存在保温材料与加热管间的中空部分，加热管上下同时敷设导热膜，既减小了向下的传热量，也提高了温度分布的均匀性，大大提高了单位地面面积的散热量；申德艳建立了新型薄型干式地板供暖的实验系统和样本间，进行了连续供暖和间歇供暖的实验研究，并与数值模拟结果进行了比较，为薄型干式地板辐射供暖系统的广泛使用提供了参考和依据；闫全英提出了加入相变材料的新型干式复合供暖地板构造，建立了物理数学模型，采用数值模拟方法

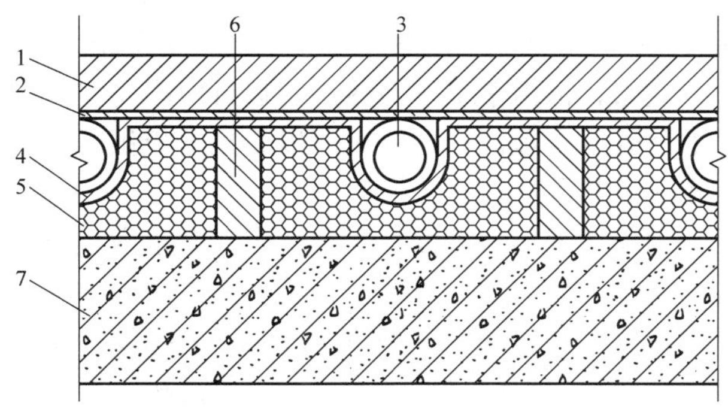


图 2.3-5 新型预制沟槽式热水供暖地板构造

1—地面装饰层；2—上层铝箔；3—加热管；4—下层铝箔；5—保温层；6—木龙骨；7—楼板

分析了其传热性能和经济性，研究了其在实际工程中应用的可行性和节能效果。相变材料应用到地板供暖中，可提高围护结构的蓄热能力，实现建筑节能，但同时也存在一些技术问题：相变材料的添加方式不够完善；相变材料的可燃性分析与实验以及阻燃剂的进一步开发，现阶段研究还较少；相变材料的价格较高，相变地板初始投资大，回收期长。目前国内外对相变材料在地板供暖中的应用尚处于理论研究阶段，距在实际工程中大规模应用尚有一段距离。

对于太阳能和热泵等作为热源的地板供暖应用研究，孟二林通过实验研究了在一定集热面积和供暖面积比的前提下，太阳能地板辐射供暖系统在连续运行时的一些系统特性，主要包括系统的太阳能保证率、地板进出水温度、房间空气温度、地板换热量以及热舒适性指标，用 T R N S Y S 软件对实验系统进行模拟，得出地板层构造对系统性能的影响规律以及服装热阻对热舒适性的影响规律；张喜明将太阳能、水源热泵和地板供暖结合在一起，对太阳能集热器、蓄热器、地板换热管等设备进行设计，并探讨了系统的设计方法；李雄志利用软件，以长沙市某办公室为研究对象，以实测为边界条件，建立了空气源热泵为热源的地板辐射供暖和空调供暖两种数学模型。通过数值模拟的方法发现，地板供暖方式室内热舒适性具有明显的优势；陈显斌针对夏热冬冷地区气候特点，分析了空气源热泵地板辐射供暖系统在这类地区运用的优势、选型及存在的问题；许可利用 EES 和 TRNSYS 仿真平台建立以空气源热泵为热源的低温地板辐射供暖系统仿真模型，结合用户的居住习惯，从利用地板辐射供暖系统热惰性的角度以峰谷差异电价为前提讨论了不同运行模式对系统运行效率、运行费用及热舒适性的影响，在此基础上找出峰谷运行时长的合理配比，为制定先进的控制策略提供支持。

除了上述研究之外，2014 年底至 2015 年初，艾默生环境优化技术公司联合上海交通大学进行了一项为期 4 个月的调研，分别挑选严寒地区、寒冷地区和夏热冬冷地区的代表城市家用住宅，覆盖沈阳、北京、江苏溧阳三地，对 EVI 涡旋强热空气源热泵供暖系统的长期运行进行监测，对于沈阳和北京的住宅采用地板供暖的方式，期间供水温度为 35℃和 30℃，测试结果显示两地的室温均维持在 20℃以上，运行费用相比燃气壁挂炉分别节省 15%和 50%以上；对于江苏溧阳的两户住宅分别采用地板供暖和散热器供暖，实验结果表明地板供暖的舒适性优于散热器供暖，运行费用相比燃气壁挂炉分别节省 41%和 24%以上。这次覆盖三地的测试结果表明，与空气源热泵结合的地板供暖系统在不同气候区域均可起到节能效果，但由于空气源热泵的运行效率受室外温度影响较大，故在严寒地区的节能效果不如另外两个地区；同时也可以看到地板供暖相比于散热器供暖更加节能，因为其供水温度相比散热器低得多。

辐射供冷是指在室内使用辐射供冷面作为空调末端向室内提供冷量的空调方式。与全空气系统和风机盘管系统不同，它主要考辐射传热与室内环境和人员之间进行热量交换。室内辐射供冷面的温度与室内环境的温度差值一般为 5～10℃，采用如此小的温差换热需要大面积的辐射供冷面来保证足够的供冷能力。辐射供冷板一般使用吊顶或者是辐射墙面的方式来向室内提供冷量。在使用辐射供冷板时，由于采用小温差换热，与之相匹配的制冷系统可以提供较高温度的冷水，这减小了制冷机蒸发温度和冷凝温度的差值，能够使制冷机取得更好的运行效果。

另外，辐射供冷板采用自然对流与室内空气换热，不使用风机，减小了电能消耗的同时，也减小了噪声污染，能够提高室内的工作环境。大面积辐射供冷面的采用，可以减小室内温度的不均匀性，使室内环境温度分布更加均衡。避免了风机盘管系统中位于出风口的位置温度较低，随着距风口距离的增加，空气温度不断升高，在不同位置工作的人员会产生不同的冷热感觉。采用毛细管模式的辐射供冷系统安装厚度仅为 10～15mm，不占用室内容积，节约室内空间。

然而，由于辐射供冷系统采用了小温差换热，其辐射表面温度高于室内露点温度，不具备除湿的能力，所以辐射供冷系统不能单独运行，需要配套的除湿系统同时运行来保证室内热湿环境满足人们的需求。另外，小温差换热的辐射供冷系统向室内的供冷能力小于风机盘管系统，怎样控制辐射供冷表面的供冷温度，让其既满足室内供冷需求，又保证安全运行，不在其表面产生结露现象是众多学者关注的重点。

在辐射供冷的研究方面，Prapapong Vangtook 等人用实验和数学模拟的方法研究了自然通风系统和辐射供冷系统相结合在泰国热湿气候下的运行特点。为了避免结露，辐射供冷系统的供水温度设定为 24℃，然而如此高的供冷温度将大大限制辐射供冷系统的供冷量，也限制了辐射供冷系统在供冷负荷较大的地区的使用。试验在三种不同的天气情况下进行：热湿环境的 3 月、湿润环境的 5 月以及温和的 12 月。实验室内供冷板的面积为 7.5$m^2$，其供冷能力不足以在热湿环境下使用，即使是夜间其供冷量也不足以满足室内需求。Doosam Song 等人使用辐射供冷系统和独立除湿系统联合起来为建筑内部的热湿环境处理提供冷量。研究在实验室建立了实验台的同时，使用 TRNSYS 软件对系统进行模拟计算。试验系统中，辐射供冷板采用已有的冬季供暖使用的辐射供暖地板，使用辐射供冷地板来满足室内显热负荷的需求，利用室外新风独立除湿系统除去室内湿负荷。由于辐射供冷地板不能及时感知到室内热湿负荷的变化，系统控制策略采用除湿系统的回风状态参数控制室内辐射供冷地板的冷水进水温度。经过运行测试，结果显示，系统采用的辐射供冷地板和独立新风除湿系统不但能够避免辐射供冷板表面结露，同时能够保证室内热湿环境的舒适性维持在较高水平。

Shou Qingyun 等人研究了室内辐射供冷板上结露问题的控制策略，提出了利用单位新风除湿量来衡量建筑类型是否适合使用辐射供冷系统。Koichi Kitagawa 等人在日本建立了辐射供冷系统来研究其在日本高温高湿环境下的结露状况以及建筑热湿环境的舒适性。研究指出，由于日本高温高湿的气候条件容易导致结露现象的产生，辐射供冷系统很少在日本实际使用。他们着重研究了在不同的相对湿度（45%、65%、85%）环境中，室内人员的舒适性感受。研究结果指出，室内相对湿度越大、在相同的有效温度下，人们的热感觉越明显。室内的空气流速越小，人们越容易感到舒适。Yin 采用理论预测和实验研究相结合的方式，分析了影响辐射供冷末端的供冷特性以及不同运行环境对辐射供冷系统的影响趋势；并采用可视化的方法研究了毛细管辐射供冷板的结露特性，为辐射供冷空调末端的安全高效使用提供了设计指导和理论依据，提出了以过冷度为基础的结露控制策略，确保辐射供冷板的安全运行。在此基础上，在上海交通大学绿色能源实验室构建了一套基于辐射供冷末端的太阳能空调系统，实验研究表明，系统制冷量和 *COP* 比采用风机盘管供冷分别提高了 20%和 30%。

关于辐射供冷以空调末端的形式在建筑内使用的研究在近年来受到越来越多的关注，利用太阳能制冷产生的高温冷源为辐射供冷系统提供冷水，来满足室内热湿环境的需求能能够节约电能、提高系统运行效率、减小电压缩制冷剂对环境的污染，同时还能够改善室内的热舒适性。辐射供冷末端在配置溶液除湿等手段的温湿度独立控制空调系统以及太阳能空调、地源热泵等可再生能源空调系统中具有广阔的应用前景。

## 2.3.3　风机盘管

风机盘管主要由风机、换热盘管和机壳组成。按风机盘管机外静压的高低可分为标准型、高静压型及低静压型；按换热盘管排数可分为两排、三排及多排。换热盘管采用铜管铝翅片，铜管外径为 10～16mm，翅片厚度约 0.15～0.2mm，翅片间距 2～3mm，风机一般采用双进风前弯形叶片离心风机，电机采用电容式 4 级单向电机、三挡转速。风机盘管是水系统中央空调的主要末端方式，其制冷/供暖的工作原理就是借助风机盘管不断地循环室内空气，使之通过盘管而被冷却除湿/加热，以保持房间要求的温湿度。中央空调风机盘管冷媒水进出口温度通常控制在 7℃/12℃，这样使得风机盘管的表面温度低于被处理空气的露点温度，因而可以实现制冷除湿。

风机盘管有卧式和立式两种，按安装方式又分为明装和暗装，常见的具体可分为以下五种：

（1）卧室暗装：一般吊装在顶棚内，送风口位于其前方，回风口位于其下部或后部。如图 2.3-6 所示。

（2）卧室明装：一般吊装在顶棚下，送风口位于其前方，回风口位于其下部或后部。如图 2.3-7 所示。

（3）立式暗装：一般装于房间的窗台下面，送风口位于其上方、前方或斜上方。如图 2.3-8 所示。

（4）立式明装：一般设置在房间的地面上，送风口位于其上方、前方或斜上方。如图 2.3-9 所示。

（5）卡式：吊装在顶棚内，带有可装在顶棚上的百叶窗回风口过滤器及百叶窗送风口。如图 2.3-10 所示。

图 2.3-6　卧室暗装风机盘管

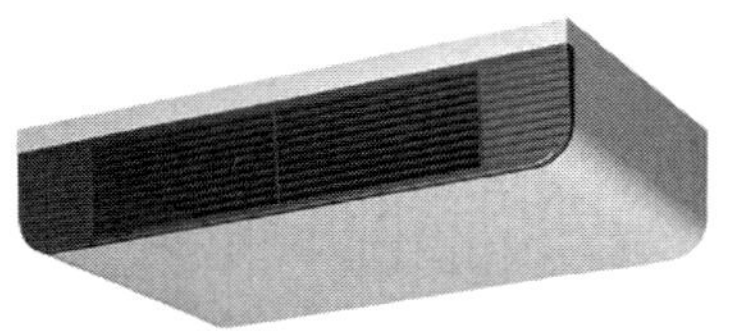

图 2.3-7　卧式明装风机盘管

图 2.3-8　立式暗装风机盘管

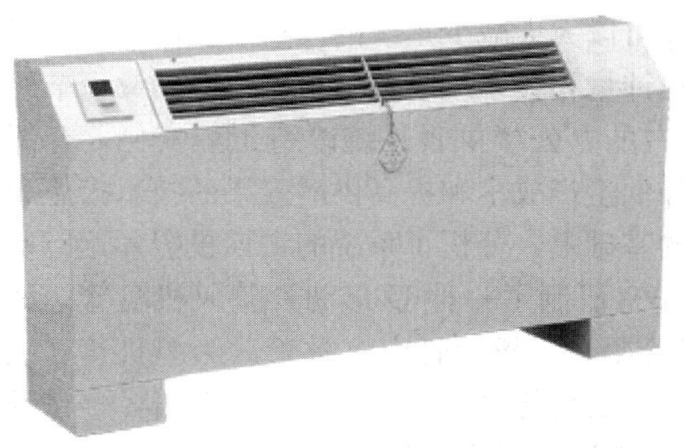
图 2.3-9　立式明装风机盘管

图 2.3-10　卡式风机盘管

风机盘管机组作为半集中式空调系统中不可缺少的重要装置，是空调系统中最为传统也最成熟的末端形式。其优点主要有以下几点：可以制冷供暖两用，节省投资；布置灵活，不同的建筑形式可根据自身特点选择风机盘管的安装形式；热响应快，启动时间短，可在很短的时间内使房间温度达到设计参数；自控程度高，通过室内温控器调节电动阀开度和风机转速可调节自身散热量。其缺点是：对机组制作有较高要求，否则在建筑物大量使用时会带来维修方面的困难；由于噪声的限制风机转速不能过高，气流分布受限制，一般只适用于进深小于 6m 的房间。风机盘管的供回水温度在供冷工况下的主要设计参数为 7℃/12℃，在供热工况下的主要设计参数为 60℃/50℃。供热工况的设计参数表明风机盘管在供暖应用中对热源温度的要求较高，在工程设计中通常选用城市集中供热或燃气锅炉等作为空调系统的热源。

目前对于风机盘管供暖的研究主要有以下三个方面：

（1）风机盘管的节能优化设计。风机盘管机组的节能主要是风机的节能，殷平提出将永磁直流无刷电机应用于风机盘管上，并将之与普通单相异步电机的风机盘管机组进行对比，实验结果表明：风机盘管机组采用永磁无刷直流电机后，在额定转速下可节能 20%以上，在中速运行时能耗下降 70%以上；郁惟昌详细介绍了直流无刷电机的组成以及工作原理，并指出其节能效果除了取决于电动机本体结构外，还取决于驱动电源良好、合理的设计配置；陈盛分析了直流无刷电机控制方式的优越性，并结合实际工程应用指出送风口的设计选型非常重要，同时还需要根据风机盘管送风口的气流组织校核风量变化范围，确定电机的转速变化区间，最后还通过对运行电费的计算分析了回收期和市场前景。另外，在风机盘管中，换热器是其空气处理过程中最重要的部件，换热器换热性能的好坏决定着空气调节效果的好坏和风机盘管性能的优劣，李宁采用了基于遗传算法和炽耗散理论的传热优化方法进行了风机盘管换热器的优化设计，最终结果显示优化之后换热器换热过程中传递热量的能力增加，传热的不可逆性减小；同时换热器在运行过程中的运行能耗降低，这主要体现在换热器空气侧与水侧阻力损失的降低上。

（2）对仅用于供暖的风机盘管的改造设计。对于传统风机盘管进行改造设计，使之更好地应用于供暖工况并且只用于供暖，是以替代传统散热器为方向进行考虑的，在使用上有着其局限性，只适合于严寒地区和寒冷地区，若用在有制冷需求的地区需要额外配置制冷末端，经济性差，并且占据较多的室内空间。王文起将改良型风机盘管与散热器合理组合运用在传统单管顺流式住宅系统中，通过试验证明，用部分或全部供暖型风机盘管替代目前单管顺流式系统中的散热器是可行的，这样可以大大减少系统的改造量，而且解决了目前单管顺流式系统中不可调控的现状，使得热计量相关系统改造简单、实用，又可节约大量的资金。李刚结合冬季供水温度在65℃左右的办公楼供暖系统改造工程实例，介绍了供暖型风机盘管的开发及应用过程，讨论了降低生产成本和提高供暖效果的技术措施和系统设计方法，在对实际使用效果进行了测试的基础上，分析了系统的初期投资和运行费用，并指出了今后需要进一步解决的问题。吴小舟研制了一种U形肋片管风机盘管，如图2.3-11所示，和传统风机盘管相比，去除了冷凝盘、翅片管由多排管改为单排管、大风量风机改为小风量风机、增大了铜管的管径，主要优势是机组整体结构更紧凑，经济性更好，且吹风感小，更适合于冬季供暖；同时由于该机组设计用于北方，主要为集中供暖，水质较差，较大的管径可以很好地防止堵塞。

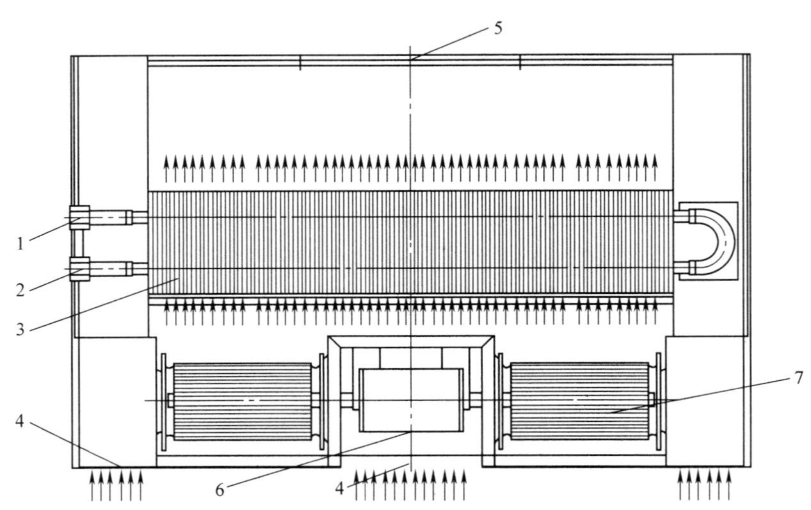


图2.3-11　供暖型风机盘管的结构示意图

1—进水口；2—出水口；3—翅片；4—进风口；5—出风口；6—电机；7—风机

（3）对空气源热泵空调系统中风机盘管的优化设计。空气源热泵冷热水机组结合室内风机盘管末端的中央空调系统已经在南方商业建筑和办公楼全年空调供暖中得到了应用，但住宅建筑的空气源热泵供暖系统多是配合地板辐射末端设计使用，无法解决夏季制冷问题，加上房间空气调节器实际上一套住宅采用了两套系统，经济性差。而风机盘管末端，既可以作为供暖末端，又可以作为制冷末端，是全年运行的良好选择，可以预见空气源热泵冷热水机组结合室内风机盘管末端的中央空调系统将是解决南方供暖问题的主要模式。针对这个问题，上海交通大学王如竹等人研究了利用空气源热泵热水机组作热源，结合风机盘管末端进行小温差换热的分布式供暖系统，并对其性能进行了实测分析，为系统的工程推广应用指明了方向。

空气源热泵结合小温差风机盘管末端进行小温差换热的供暖系统如图2.3-12所示，其中热源为空气源热泵，载热流体是热水，末端选用小温差风机盘管。

确定系统运行时的关键参数是系统设计定型面临的首要问题。根据《蒸气压缩循环冷水（热泵）机组 第2部分：户用及类似用途的冷水（热泵）机组》GB/T 18430.2—2008，空气源热泵制热名义工况下热水出水温度为45℃，风冷侧的空气干球温度为7℃，而室外空气干球温度为2℃时，热泵机组进行融霜。根据国家统计局公布的气候数据，上海最冷月室外平均温度在1.5℃左右，显然设定机组热水出水温度在45℃，机组无法运行或者即使勉强运行也会频繁除霜，*COP*极低。因此应用空气源热泵热水系统供暖时不应照搬既有标准规定的热水出水温度，而应通过适当降低机组的出水温度，才能使本来不能运行的机组可以运行，本来运行能效低的机组高效运行。这也是降低机组热水出水温度，进行小温差换热的出发点。

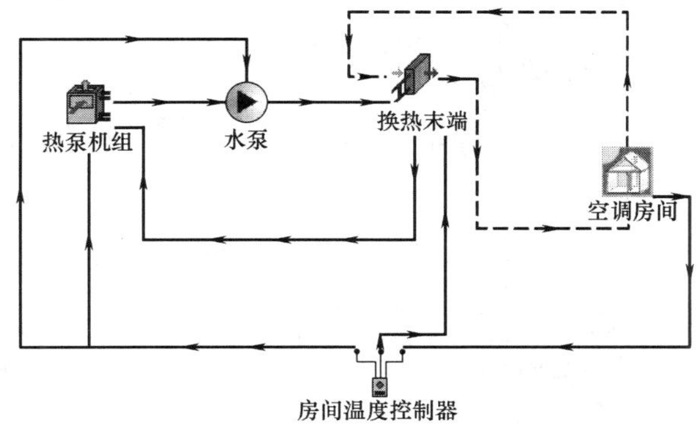


图 2.3-12 空气源热泵结合小温差换热末端采暖系统示意图

降低机组热水出水温度后，要想保证供暖效果，势必需要降低室内风机盘管末端的热水和空气的换热温差，进行小温差换热，保证制热效果。因此系统设计时，通过增加风机盘管末端的换热面积或者通过空气侧换热强化均可以实现小温差换热。简单考虑，通过增大室内换热末端的换热面积减小机组制热的温度需求，就是小温差换热的设计理念。事实上现在南方地区已有的零星地板供暖，正是通过安排较大面积的辐射末端实现了热泵热水或燃气锅炉热水的低温供热（35～40℃），也是小温差换热设计思想的体现。以R410A空气-水热泵系统的理论循环为例，假定夏季工况下环境温度30℃，如果通过增加末端换热面积使机组的出水温度增加至12℃，机组性能系数（*COP*）比出水温度为7℃时高6%；增加出水温度至15℃，机组*COP*比出水温度为7℃时高15%；同理，冬季工况下环境温度0℃，如果通过增加末端换热面积使机组的出水温度降低至45℃，机组*COP*比出水温度为60℃时高14%；降低出水温度至35℃，机组*COP*比出水温度为60℃时高24%。在能源紧缺且机组使用时间增加的情况下，通过增加室内末端的耗材，采用小温差换热末端提升系统能效，即所谓的"设计由节材向节能要素转变"，应该是空气源热泵空调系统的发展方向之一。从热泵空调产品设计考虑，这实际上是一个全生命周期产品设计问题，即应该综合考虑材料加工的能耗和产品整个生命周期实际使用的能耗。

选用市场上通用的风机盘管（平直翅片）以及独特设计的小温差风机盘管（波纹翅片强化换热）在环境舱内进行传热实验研究，控制环境舱温度21℃，采用60℃热水作为加热热源，可以发现两种风机盘管的换热差异。如图2.3-13所示，两者水侧换热温差均在10℃左右，而普通风机盘管的空气侧换热温差在17℃，小温差风机盘管空气侧换热温差则在9.5℃，与普通风机盘管相比，空气侧换热强度大致增加了1倍。

事实上，如果实现空气侧换热系数的显著提高，则使得风机盘管不仅可以利用低温位热水供暖，而且可以显著减小风机盘管的外形尺寸。在上述设计理念下，上海交通大学王

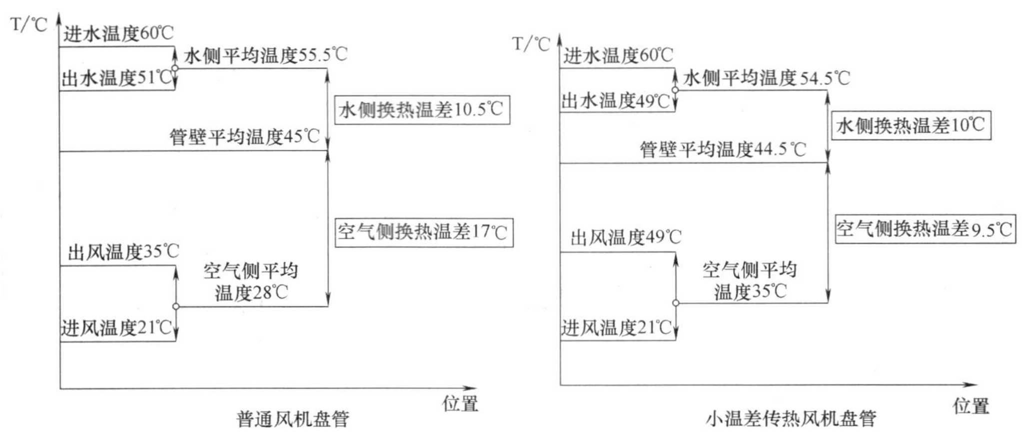


图 2.3-13　普通风机盘管与小温差传热风机盘管的换热差异

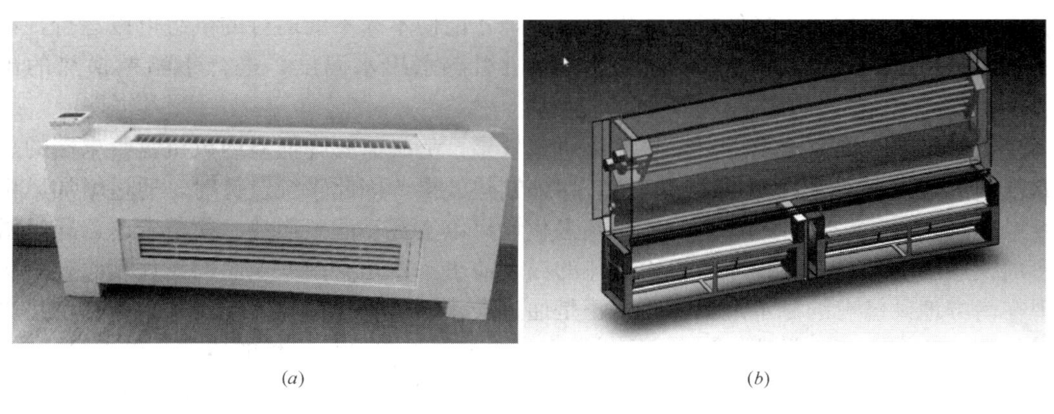

(*a*)　　(*b*)

图 2.3-14　小温差风机盘管末端

(*a*) 实际外观；(*b*) 内部设计

如竹等在中意绿色能源楼的 92m² 示范住宅（两室两厅）内搭建了空气源热泵结合小温差换热末端的空调系统，并开展了系统的实验研究。实验住宅冬季供暖热负荷 8kW，选用空气源热泵机组的名义工况制热量 8.4kW，机组出水温度在 30～60℃之间可调。4 台小温差风机盘管末端由上海交通大学自行研制，该小温差风机盘管末端的设计供热量 2kW，设计风量 450m³/h，采用落地明装，如图 2.3-14 所示。温度传感器均匀布置在房间工作区，房间温度取各处平均值。系统运行的实验结果见图 2.3-15。这里选取几个代表性的图表说明研究结论。

图 2.3-15（*a*）是供暖房间在上海地区冬季 1 月份典型室外工况下的 24h 温度变化曲线，由于室内末端的换热温差较小，故设定机组出水温度在 35℃，机组和整个系统的 24h *COP* 变化如图 2.3-15（*b*）所示。从图 2.3-15 可知，在 24h 平均室外温度 4℃的工况下，室内温度能保持在 20℃左右，系统平均 *COP* 在 3.0 左右，达到相同地区空气源热泵热水地板辐射供暖系统的 *COP*，明显超过了相同工况下普通空气源热泵制热的 *COP*。加之这

种末端在气流组织和舒适性上的优势，设计的空气源热泵结合小温差换热末端的供暖系统真正实现了高效节能的供暖需要。该系统 24h 全住宅供暖（室内温度 20℃）用电量在 20～25kWh 左右，即便在 2016 年 1 月极低温条件下（室外最低温度－8℃，日平均温度－4℃），该空气源热泵供暖系统也可以实现室内温度 17℃的保障，24h 用电量为 35kWh。

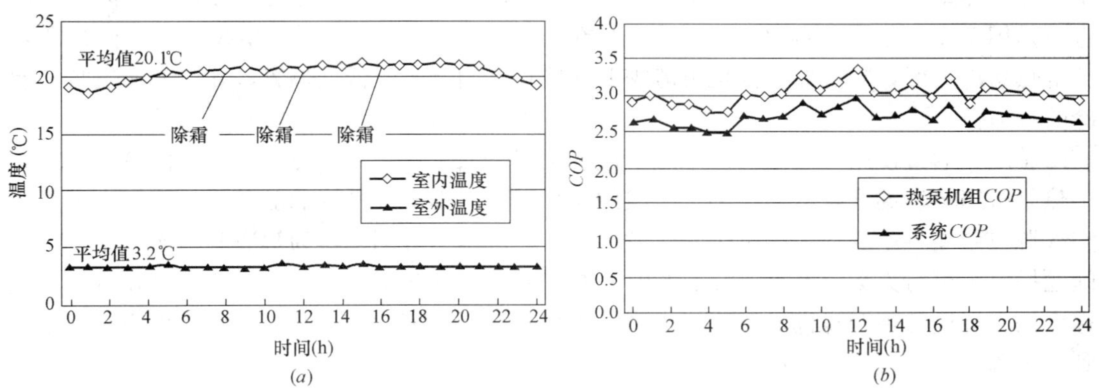


图 2.3-15 空气源热泵结合小温差换热末端系统在上海地区冬季工况 24h 运行情况
(*a*) 冬季工况室内外温度 24h 变化曲线；(*b*) 冬季工况热泵机组及系统 *COP* 的 24h 变化曲线

在上海地区夏季 7 月份由于小温差换热末端的使用，设定机组出水温度在 11℃，在 24h 平均室外温度为 37℃的工况下，室内温度能保持在 25℃左右，机组 *COP* 保持在 3.0 左右，达到了国家二级能效标准。说明所设计的系统不仅能满足冬季供暖需求，在夏季制冷时也具有较高的能效比。

以上系统是建立在采用一台 3 匹机空气源热泵的基础上，也就是一套住宅采用 1 台 3 匹室外机，4～5 个小温差风机盘管水系统即可以保障夏热冬冷地区住宅的全年热舒适性要求。这里需要说明两点：一是为什么采用风机盘管末端。目前市场上户式热泵空调与供暖系统多是利用地板辐射末端解决冬季供暖，夏季制冷还是依靠室内机或者风机盘管末端，实际上是一套住宅、一套系统、两种末端，经济性比较差，故利用风机盘管末端同时解决夏季空调和冬季制冷需求；二是风机盘管的小温差传热是怎样实现的。降低末端的换热温差无外乎两种途径，一是增加末端换热面积，工程上也比较容易实现；二是强化末端换热，增加末端传热系数。小温差风机盘管传热，相对于传统的中央空调风机盘管（45℃以上热水），同等换热量需要更大的换热面积，如果以市场 5kW 风机盘管配置用于小温差供暖工况（35℃热水），制热量大致在 2kW 左右。作为住宅用室内风机盘管，尺寸和美观性显得非常重要，采用噪声较小的贯流风机结构更加合理，而空气侧换热翅片应该由平直翅片改为波纹强化换热翅片，另外适当减小水力管径（例如采用 7mm 铜管）也可以显著增加单位体积的换热量。

实测研究表明，利用空气源热泵冷热水机组作冷热源，结合小温差换热末端的分布式空调供暖系统具有较高的全年综合能效比以及热舒适性，可以在工程中推广应用。

上海交通大学研究组针对中意绿色能源楼空气源热泵结合小温差换热末端空调系统进一步开展了气流组织的模拟和分析。结果表明，与普通家用分体机空调相比（室内机安装高度一般在 2m 左右），降低了安装高度的小温差换热末端（一般可以落地式安装），制冷

工况下 *PMV* 和 *PPD* 较高，略显不足。但是在供暖工况下 *PMV* 趋近于 0，*PPD* 也明显减小，具有热舒适性的明显优势。综合考虑全年制冷和供暖时间，可以看到小温差末端可以获得全年更好的热舒适性。事实上，目前夏热冬冷地区冬季采用空气源热泵供暖时不舒适的重要原因之一就是气流组织。对于我国广东、福建等温热带地区，一般需要单冷空调，空调器室内机应该安装在 2m 以上的高度，而在采用集中供暖的北方寒冷地区，空调也只是用于夏天制冷，室内机也应该安装在 2m 以上的高度。而对于供暖与制冷同样需求的夏热冬冷地区，空调器室内机可能需要安装在室内墙边的低处位置，才能兼顾供暖和制冷的舒适性。

总之，通过使用小温差换热末端，供热工况降低了热泵机组冷凝温度，供冷工况提高了热泵机组蒸发温度，从而改善了机组的运行工况，提升了系统的能效。系统解决了目前空气源热泵在冬季低温工况下供暖能效低、气流组织差等问题，为解决我国南方冬季供暖问题提供了可行方案。此外，由于采用了中央水系统，空气源热泵化霜时普通分体空调所存在的不舒适性问题也彻底解决，水系统中央空调所具有的较大热容可以使得用户感觉不到空气源热泵化霜时的阴冷。

除了长江流域的供暖外，空气源热泵结合小温差换热末端系统也可应用在北方建筑的供暖系统。近年来，北方集中供暖引发的雾霾等环境问题已经严重影响到人们的正常生活；寻求北方冬季供暖的新思路意义重大。那么，空气源热泵在我国北方冬季供暖中有“用武之地”吗？

表 2.3-1 罗列了国内外部分企业的低温空气源热泵性能，2011 年北方部分城市冬季最冷月平均温度为：北京－4.5℃、天津－5.6℃、济南－3.4℃、沈阳－17.6℃、长春－19.4℃、哈尔滨－20.9℃。此外，特别值得一提的是 2013 年格力研发了双级变频压缩机实现－30℃超低温可靠运行，与普通压缩机系统相比，冬季制热量最高提升 40%以上，－20℃时出风口温度可达 50℃。对比表 2.3-1 中数据可以看到，低温空气源热泵基本上具备在我国北方推广应用的条件。如果低温空气源热泵热水机组与小温差末端空气盘管结合则可以使得供暖更加轻松，这类系统也具备夏季制冷功能，可以满足北方夏季极端气候条件下可能的制冷空调需求。

**国内外部分企业的低温空气源热泵性能** **表 2.3-1**

| 企业 | 热泵类型 | 最低工作温度(℃) | 制热温度(℃) | 性能系数 |
|---|---|---|---|---|
| 美国 nyle | 空气-空气 | －18 | 34(热风) | 2.3 |
| 日本三菱 | 空气-水 | －15 | 45(热水) | 2.5 |
| 日本大金 | 空气-空气 | －10 | 35(热风) | 3.1 |
| 清华索兰 | 空气-水 | －15 | 35(热风) | 2.0 |

同时，可采用以下技术方案进一步提升热泵的能效。优化热力循环：双级压缩、复叠压缩、双级耦合等；开发新型制冷剂：非共沸制冷剂、$CO_2$ 制冷剂等；优化压缩机工作过程：低压补气、喷气（液）冷却等。可以肯定的是，随着低温空气源热泵技术的发展和成熟，应用空气源热泵解决北方供暖问题，缓解环境压力完全有可能。应通过示范应用到逐步推广的方式推进低温空气源热泵在我国北方地区供暖中的应用。同时必须降低供暖标准所设定的热水温度，小型住宅用热泵热水供暖系统采用 35℃热水的小温差换热末端即

可以达到舒适性要求，这样可以大大拓宽空气源热泵热水及供暖系统的气候适应性以及节能性。

此外，小温差换热风机盘管末端也可应用在北方热源温度较低的供暖系统，例如土壤源热泵、水源热泵、太阳能等供暖系统。小温差末端风机盘管还可以作为集中供暖的有效补充，将供暖回水温度从 60℃降低到 30℃，供热热容量增加一倍，同时回水管路热损失显著减小，可以有效降低集中供热的能耗、扩大集中供热的容量，对北方城市集中供热系统的设计具有重要的借鉴。

目前，上海交通大学正在通过强化传热、采用直流无刷电机、风机优化、气流组织优化等多种手段进一步研究新型小温差换热风机盘管末端，并计划通过与相关企业合作在产品定型方面进一步取得突破。另外，对于空气源热泵结合小温差换热末端的空调系统，当下设计中遇到的一个突出问题是小温差换热模式下机组和末端的性能没有明确给出。以冬季供暖为例，国内很少有厂家给出风机盘管末端在低进水温度下的制热量，也很少有厂家给出机组在相应出水温度下的制热量，这就导致设计人员在选型时只能根据经验推算或者出现选型过大或过小的情况。因此，科研院所、建筑设计院以及空调厂商有必要进一步开展合作，深入总结研究成果和示范应用经验，尽快在空调设计规范中填补此类技术空白。

## 本节参考文献

[1] 清华大学建筑节能研究中心编著．中国建筑节能年度发展研究报告 2015. 北京：中国建筑工业出版社，2015.

[2] 余才锐，郭占军，杨晓亚．带闭式空腔的铜铝复合柱翼型散热器研究及优化．建筑热能通风空调，2007，(06)：62-65.

[3] 徐宝萍，付林，狄洪发．变流量工况下的散热器动态仿真．清华大学学报（自然科学版），2008，(12)：2029-2032.

[4] 高井刚，邹平华，王伟，张宝利．加阻水堵改善散热器传热性能的研究．暖通空调，2003，(06)：114-116.

[5] 余才锐，张双喜，张剑平．热水温度对各种散热器散热量影响的研究．中国建筑金属结构，2006，(06)：20-22.

[6] 王厚华，方赵嵩．空气外掠圆孔翅片管的流动与换热数值模拟．同济大学学报（自然科学版），2009，(07)：969-973.

[7] 郭翠翠．散热器表面温度分布规律及影响因素研究．大庆：东北石油大学，2011.

[8] 许冬梅．双铜管铜铝复合柱翼型散热器的结构优化．青岛：青岛理工大学，2010.

[9] 李庆娜．散热器采暖系统低温运行应用研究．哈尔滨：哈尔滨工业大学，2009.

[10] 陈思佳． 散热器采暖系统低温运行问题研究．哈尔滨：哈尔滨工业大学，2011.

[11] 杨茜，李德英，张帅，王梦圆．北京农村空气源热泵散热器供暖系统的应用．建筑节能，2015，43(11)：100-104.

[12] 刘华，付林，江亿．大幅降低采暖能耗的有效途径——低温末端供热．供热制冷，2015 (9)：28-31.

[13] 宗杰．低温地板辐射采暖系统调节性能研究．天津：天津大学，2003.

[14] 李廷贤，刘艳华．地板辐射采暖地表温度分布特性的模拟研究. 制冷空调与电力机械，2004，4：14-17.

[15] 李常河，宋孚鹏，吕维花．地板辐射采暖系统若干问题的研究．中国住宅设施，2005，5：32-35.

[16] 朱家玲，苗常海．地板辐射采暖空间温度场的数值模拟．太阳能学报，2005，26（4）：493-496

[17] 周然．新型轻薄热水采暖地板构造的理论与实验研究．北京：北京建筑工程学院，2008.

[18] 申德艳，王随林，闫全英，李丽莎．薄型干式地板辐射供暖系统试验研究．建筑科学，2010，26，(10)：1-5.

[19] 闫全英，王小，阮振邦．预制轻薄相变复合供暖地板的构造与研究．建筑节能，2014，42（11）：4-7.

[20] 孟二林，张奕，王子介等．太阳能地板辐射采暖系统在连续运行时的系统特性研究．太阳能学报，2011，32（9）：1381-1386.

[21] 张喜明，于立强，旷玉辉．太阳能热泵地板辐射供暖系统．可再生能源，2005（1）：28-30.

[22] 李雄志，王汉青，张杰．长沙地区空气源热泵地板采暖系统实测分析．制冷与空调，2007，7（6）.

[23] 陈显斌，董玮．夏热冬冷地区空气源-地板辐射采暖系统的应用研究．洁净与空调技术，2013（1）：67-69.

[24] 许可．空气源热泵地板辐射供暖系统模拟计算研究．大连：大连理工大学，2014.

[25] J. L. Niu, J. v. d. Kooi, H. v. d. Ree. Energy saving possibilities with cooled-ceiling systems. Energy and Buildings, 1995, 23: 147-158.

[26] R. K. Strand, K. T. Baumgartner. Modeling radiant heating and cooling systems: integration with a whole-building simulation program. Energy and Buildings, 2005, 37: 389-397.

[27] A. Laouadi. Development of a radiant heating and cooling model for building energy simulation software. Building and Environment, 2004, 39: 421-431.

[28] N. Fonseca, C. Cuevas, V. Lemort. Radiant ceiling systems coupled to its environment. Part 1: Experimental analysis. Applied Thermal Engineering, 2010, 30: 2187-2195.

[29] N. Fonseca, S. Bertagnolio, C. Cuevas. Radiant ceiling systems coupled to its environment. Part 2: Dynamic modeling. Applied Thermal Engineering, 2010, 30: 2196-2203.

[30] X. H. Liu, X. M. Chang, J. Xia, Y. Jiang. Performance analysis on the internally cooled dehumidifier using liquid desiccant. Building and Environment, 2009, 44: 299-308.

[31] J. W. Jeong, S. A. Mumma. Energy conservation benefits of a dedicated outdoor air system with parallel sensible cooling by ceiling radiant panels. ASHRAE Transactions, 2003, 109 (2): 627-637.

[32] William S. Duff, David A. Hodgson. A simple high efficiency solar water purification system. Solar Energy, 2005, 79: 25-32.

[33] David A. G. Redpath. Thermosyphon heat-pipe evacuated tube solar water heaters for northern maritime climates. Solar Energy, 2012, 86: 705-715.

[34] Mobin Arab, Ali Abbas. Model-based design and analysis of heat pipe working fluid for optimal performance in a concentric evacuated tube solar water heater. Solar Energy, 2013, 94: 162-176.

[35] Prapapong Vangtook, Surapong Chirarattananon. An experimental investigation of application of radiant cooling in hot humid climate. Energy and Buildings, 2006, 38: 273-285.

[36] Doosam Song, Taeyeon Kim, Suwon Song, Suckho Hwang, Seung-Bok Leigh. Performance evaluation of a radiant floor cooling system integrated with dehumidified ventilation. Applied Thermal Engineering, 2008, 28: 1299-1311.

[37] Shou Qingyun, He Jing. Research on suitable application sites of Radiant cooling system. Energy Procedia, 2012, 14: 1002-1007.

[38] Koichi Kitagawa, Noriko Komoda, Hiroko Hayano, Shin-ichi Tanabe. Effect of humidity and small air movement on thermal comfort under a radiant cooling ceiling by subjective experiments. Energy

and Buildings, 1999, 30: 185-193.

[39] Yin Y. L., Wang R. Z., Zhai X. Q., Ishugah T. F. Experimental investigation on the heat transfer performance and water condensation phenomenon of radiant cooling panels. Building and Environment, 2014, 71: 15-23.

[40] 殷平．无刷直流电机风机盘管机组的研制．暖通空调，2001，31（6）：39-43.

[41] 郁惟昌，胡仰耆，杨国荣．无刷直流电动机与节能型风机盘管机组．暖通空调，2007，37（11）：62-66.

[42] 陈盛．风机盘管节能设计与工程应用．暖通空调，2013，1.

[43] 李宁，崔增光，张信荣．风机盘管换热器遗传算法优化设计．制冷学报，2015，36（4）：35-44.

[44] 王文起，冯广村．单管顺流式系统热计量中档风机盘管与风机盘管组合的探讨．节能，2005，（7）：33-36.

[45] 李刚，张磊，隋军．采暖型风机盘管的开发及应用．建筑热能通风空调．2007，（26）：65-68.

[46] 吴小舟．可利用低温热源的供暖型风机盘管的性能研究及改良实验．哈尔滨：哈尔滨工业大学，2008.

[47] 王如竹，张川，陈金峰，翟晓强．空气源热泵与小温差换热末端结合的高效舒适供热新模式初探．机械工业标准化与质量，2014，3：34-38.

[48] 王如竹，张川，翟晓强．关于住宅用空气源热泵空调、供暖与热水设计要素的思考．制冷技术，2014，2：32-41.

本节执笔人：王如竹、刘东、翟晓强

## 2.4 热泵技术

热泵是一种利用高位能使热量从低位热源流向高位热源的装置，其利用也是制冷循环。热泵的供热量远远大于它所消耗的机械能，所以说热泵技术是一种低温余热利用的节能技术，是利用清洁的可再生能源的重要方式。对于低温热量供应，热泵在用能原理上是最高效的，对环境的影响也是最小的，在我国节能减排中起着越来越重要的作用。

热泵和制冷机在结构和运行原理上是一致的。热泵可以冷热两用，也可以是单供热型。热泵供热技术在建筑供暖和热水供应占有重要地位，具有无污染、一机多用、安全可靠、运行维护简便、自动化程度高、使用寿命长等特点。我国大部分地区夏热冬寒，如设计合理，各种空调设备也可作热泵运行，在设备初投资方面并不增加很大负担。

热泵按热源分两大类：水源热泵和空气源热泵。顾名思义水源热泵的热源是水，包括自然界的地表和地下任何水体，包括工业余热和城市污水，也包括通过换热管道的地下埋管的循环水；而空气源热泵从周围空气取热，因不受安装地点、有无水源的影响，应用也很广泛。

热泵产品包括热泵式房间空调器、热泵式单元空调机、有热泵功能的多联机、热泵热水器、水源热泵等，形式多样。热泵的单机容量覆盖从2kW到数千kW，单机供热面积从十几平方米到上万平方米——如果用多台机组关联运行，甚至可达供热几十万平方米。近年来各种热泵产品的规格数量发展很快，是制冷空调行业中主力产品。

### 2.4.1 热泵发展的背景

热泵技术得以大力发展的重要前提，是我国基本实现了电气化。图2.4-1表明我国自1949年以后发电装机容量的变化。特别近10年发展速度非常快，从2005年的5亿kW到2014年的13.6亿kW，达到人均1kW的水平，而且我国先进的供电网技术达到高效传输电能的功能。我国有门类齐全的金属材料的生产和供应，这为采用电气化措施普及热泵技术提供了物质基础。

#### 2.4.1.1 节能减排的形势促进热泵技术

2020年我国要全面建成小康社会，生活水平、环境保护都要有一个高的指标。2020年单位国内生产总值二氧化碳排放将比2005年下降40%～45%；2030年单位国内生产总值二氧化碳排放将比2005年下降60%～65%，二氧化碳排放2030年达到峰值且争取尽早达峰。我国政府对外承诺，体现在2014年北京APEC会议上《中美气候变化联合声明》和2015年《中美元首气候变化联合声明》之中。制冷空调产业是耗能大户，也是通过热泵技术提高可再生能源利用率，减少碳排放的重要产业。如何处理好发展、节能和环保的关系尤为重要。

#### 2.4.1.2 京津冀一体化热泵供暖替代燃煤

主要范围京津冀一体化由京津唐工业基地的概念发展而来，包括北京市、天津市以及河北省，涉及京津和河北省11个地级市的80多个县（市）。国土面积约为12万$km^2$，人口总数约为9000万人。目前这个一体化已经见诸行动。其中压缩燃煤、淘汰10～35t/h燃煤锅炉、治理大气污染、减少雾霾是重要任务，将是一个攻坚战。特别是用热泵替代分

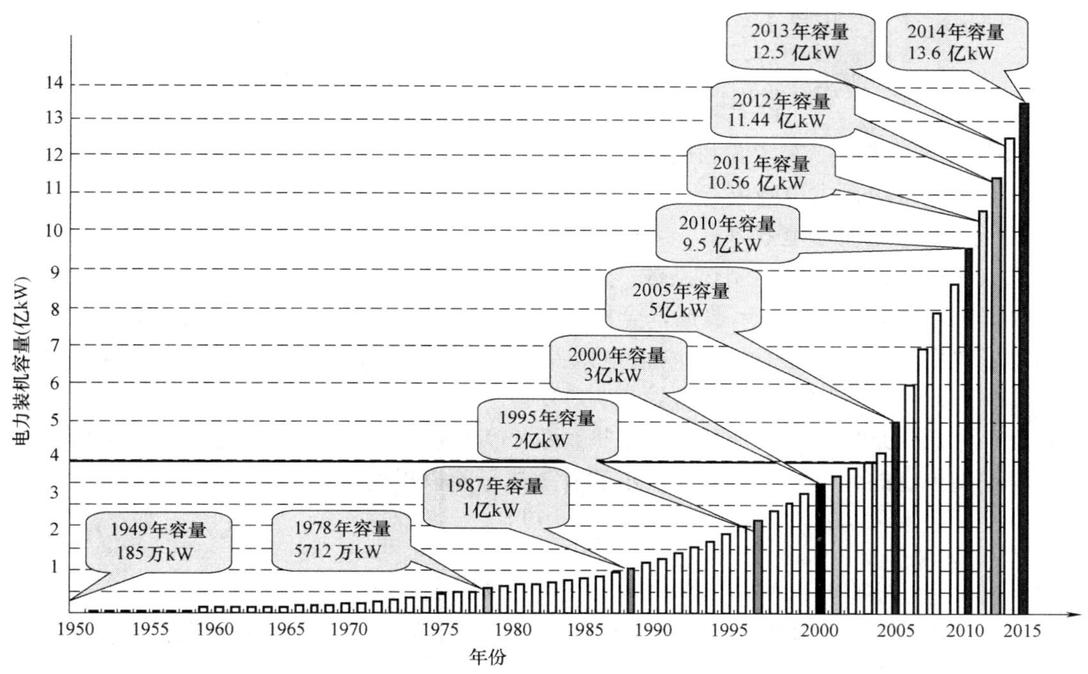


图 2.4-1　1949 年以来我国电力装机容量

散燃煤，已经有了很多成功试点或工程案例。从长远看，这是替代燃煤锅炉和散煤唯一正确的路径。

#### 2.4.1.3　南方冬季供暖的主力军将是热泵

多年来南方冬季供暖问题从提出到落实，人们已经产生了共识，南方“夏热冬冷”地区供暖的最佳方式，将是大量分散型热泵，其中主力是空气源热泵。这方面的技术基本是成熟的，重点还要结合建筑节能改造，采用高效供暖终端（如地板供暖、小温差风机盘管等），并加强在室外换热器化霜等技术。这一地区人口有四五亿之众，国民生产总值占全国的 2/5，若能下决心实行冬季区域集中供暖，不但能提高广大南方地区百姓的生活品质和幸福感，还可以拉动内需，因为南方供热服务市场潜藏着巨大的商机。

我国具备各品种热泵主机和主要部件的制造能力，从总的来看，其生产能力往往是过剩的。近年来由于宏观调整，很多企业不得不压产限产；由于拼市场而盲目压缩成本，出现“劣币驱赶良币”现象。“十三五”期间，热泵生产要在技术上提高品质，在数量上稳步上升，在标准上严格把关，让国产的热泵机组高效节能、运行可靠并有较低的运行成本。

### 2.4.2　我国“十三五”期间应建立的热泵的标准与政策

#### 2.4.2.1　热泵节能原理的标准

热泵节能似乎不容置疑，但我国尚未从标准上认真确立，应学习欧盟建立热泵节能原理的标准。这一标准从法理上促进热泵行业的大发展，加大热泵在供暖、供热水等方面的普及率。

我国是燃煤为主的国家，大约有一半的煤用于发电。热泵的一次能源利用率：

$$PER=\frac{得到的热能}{发电的热能}=\frac{Q_k}{Q_f}=\frac{Q_k}{W/\eta_{pow}\eta_{net}}=COP\times\eta_{pow}\eta_{net} \quad (2.4\text{-}1)$$

式中　$PER$——热泵一次能源利用率；

$\eta_{pow}$——电厂发电效率；

$\eta_{net}$——电网输电效率；

$COP$——热泵的平均制热系数。

根据国家能源局 2014 年数据，全国 6000kW 及以上电厂发电标准煤耗 318g/kWh，平均发电效率为 39.1%。全国电网输电线路损失率 6.34%，折合电力用户端煤耗 318/(1−0.0643)=339.9g/kWh，综合效率为 36.6%。

如果考虑热泵的平均（或季节）制热系数 $COP$ 为 3，热泵的一次能源利用为 117%。

考虑锅炉房的效率，就是锅炉供出的有效热量除以煤的发热量：

$$\eta_b=\frac{Q_{out}}{Q_{comb}} \quad (2.4\text{-}2)$$

式中　$\eta_{pow}$——锅炉房效率；

$Q_{out}$——锅炉送出的热量，由锅炉房出水、进水的温度差乘以流量和比热得出；

$Q_{comb}$——进入锅炉的煤的燃烧热量。

然而进入锅炉的煤是从遥远的煤矿运输来的，一路上经过装载、电气化铁路、中转、存储、堆放、短途运输、卸车等过程。在这个过程中大量的工作由机械完成，而驱动机械的电力，在我国基本还是由煤发电得到。这样煤炭从矿井到锅炉房的运输也是消耗的煤。

如果假设煤矿到锅炉房的平均距离是 1000km，煤炭的运输和中转的能源效率是 80%。在此情况下，式（2.4-3）才是锅炉房的真正用能效率。

$$\eta_b=\frac{Q_{out}}{Q_{comb}/\eta_{trans}}=\frac{Q_{out}}{Q_{comb}}\times 80\% \quad (2.4\text{-}3)$$

再考虑锅炉的效率为 80%，远距离运煤的锅炉的一次用能效率只是 64%。

这样在电厂燃烧 1t 煤发电，送到目的地驱动热泵供热，相当于把近 2t 煤运输到目的地燃烧的效果。而燃煤电厂的排放比普通中小型锅炉房的排放小得多，利用热泵既提高了能源利用率，又大大减轻了环境污染，是一举两得的技术。以上只是一般说明，可根据具体热泵类型（水源、空气源，或小型、中型或大型）以及所处的气候带，具体分析热泵的节能潜力。

#### 2.4.2.2　热泵是可再生能源的开采技术

可再生能源是一次能源，也有不同品质，风能、水能属于机械能，可直接转换为电能，太阳能通过光电池或高温聚焦可发电，中高温地热能通过蒸汽直接发电或 ORC 发电。太阳能通过集热器可得到生活热水，地下热水也可以用来供暖，燃烧秸秆或薪柴可以代替化石燃料，这都属于可再生能源直接利用的例子。而在环境空气中的热能，或各种水源中（浅层地下水、河水、湖水、海水等）的热能、浅层土壤热也是可再生能源，只是这些能源品位过低不能直接利用，但是可以通过热泵提高温度加以利用。

从另一方面说，在建筑能耗和工业用能中，也是低温热能，如供暖、热水、干燥等。

房间供暖不需要很高的温度，按常规，在冬季室内高于18℃，一般维持20～22℃就很好。以往用燃烧方式供暖，燃烧温度可达一两千度，给20℃的房间供暖是最不合理的方式。生活热水一般需要40～60℃，很多宾馆饭店是用烧煤、烧油或烧气的锅炉来生产热水，如果采用热泵生产热水，或回收制冷的冷凝热，都是最合理的方式。

## 2.4.3 可再生能源的重要作用

在我国《可再生能源法》中规定：可再生能源，是指风能、太阳能、水能、生物质能、地热能、海洋能等非化石能源。在其第四章“推广与应用”中指出，“国家鼓励和支持可再生能源并网发电”。也规定：“国家鼓励单位和个人安装和使用太阳能热水系统、太阳能供热采暖和制冷系统、太阳能光伏发电系统等太阳能利用系统”。这说明，我国对可再生能源的利用，有两种主要方式：一是发电，二是热利用。

### 2.4.3.1 国外对可再生能源的法规

可再生能源受到世界各国的重视。2004年，美国、德国、英国和法国可再生能源发电占总发电量的比重分别为1%、8%、4.3%和6.8%；到2010年将分别达到7.5%、20.5%、10%和22%；到2020年将都提高到20%以上；到2050年，德国和法国可再生（或非化石）能源发电将达到50%。

欧盟规定的可再生能源包括太阳能、水能、风能、地热能和生物能等。欧盟规定到2020年可再生能源占能源消耗总量的比例要提高到20%，为此从2004年开始根据实际情况给每个成员国都提出了不同目标。欧洲统计局发表报告说，2011年欧盟可再生能源占能源消耗总量的比例达到13%，比上年的12.1%进一步提高。由于自然条件和发展水平不一，欧盟各国可再生能源的开发程度差别很大。2011年，可再生能源占能源消耗总量比例最高的4个欧盟国家分别为瑞典46.8%、拉脱维亚33.1%、芬兰31.8%和奥地利30.9%，最低的为马耳他0.4%。卢森堡、英国、比利时和荷兰比例也较低，分别为2.9%、3.8%、4.1%和4.3%。德国是欧盟中对可再生能源利用的领跑者。1990年时，可再生能源在德国一次能源供应中所占的比例不过1.5%，而到2009年，已经增长到了9.1%。借助扶持政策，德国的风力发电、光伏发电、生物质发电、生物柴油及生物燃气等达到了全球最高，或者欧洲最高水平。

欧盟已经认定所有热泵技术，都列入可再生能源。我国热泵产业界企盼多年，希望将“空气能”等列为可再生能源，因涉及国家《可再生能源法》的修改，在“十三五”期间难于实现。

热泵可将1t煤发电变为2t煤的放热效果，多出来的能量，来自环境的可再生能源，所有空气源热源、地表水热源和浅层土壤热源都是广义的太阳能。深层地下水可认为是地热源，这样，也可认为，在全国平均范围，热泵装机容量的2/3代表着可再生能源的容量。空气源热泵开发的是广义的太阳能。这样在国家统计可再生能源比例时，应该有热泵贡献率。欧盟在2009年通过法令将空气源热泵纳入可再生能源范围。在DIRECTIVE 2009/28/EC第二章定义中将可再生能源范围认定为“各种可再生非化石能源，比如风能、太阳能、空气热能、地热能、水热能和海洋能、水能、生物质能、沼气、垃圾填埋气、污水处理厂天然气”。其中空气热能被定义为“在环境空气中存在的能量”。表2.4-1是欧盟与热泵相关的法规政策。

**欧盟相关法规政策** **表 2.4-1**

| 欧盟法规名称 | 发布时间 | 主要内容 |
|---|---|---|
| 《欧盟可再生能源指令》<br>DIRECTIVE 2009/28/EC<br>Renewabal Energy Source Directive | 2009年4月 | 确定2020年的可再生能源总体目标,并将空气源热泵纳入可再生能源范围 |
| 《成员国可再生能源行动计划》<br>NREAPs-National Renewabal Energy Action Plans | 2013年3月 | 确定了各国具体的可再生能源发展计划 |
| 《热泵纳入可再生能源计算导则》<br>Commission decision on establishing the guidelines for member states on calculating renewable energy from heat pumps (2013/114/EU) | 2013年3月 | 确定了各成员国如何计算热泵技术中可再生能源利用量 |

在DIRECTIVE 2009/28/EC的附件7（Annex VII）中，设定了对于空气源热泵的最低和要求即季节性能系数：

$$SPF > 1.15 \times \frac{1}{\eta} \tag{2.4-4}$$

式中 $SPF$——季节性能系数（Seasonal Performance Factor，SPF），这个值也可用 $SCOP$ 表示；

$\eta$——一次能源转换电能的效率。

注解：这个公式看似简单，但有着深层次的热力学原理。从基本的原理分析，$SPF \times \eta$=热泵的一次能源利用率。而这个利用率应该大于锅炉效率。如果是煤锅炉效率，用于供暖的锅炉不是很大的，一般约70%～80%。欧盟很多供暖锅炉是天然气的，并回收水蒸气冷凝热，其热效率可能达到110%。据说欧盟最后是通过专家打分，一派专家认为 $SPF \times \eta = 100\%$，另一派专家认为 $SPF \times \eta = 130\%$，最后得出折中的公式（2.4-4）。

一次能源转换电能的效率数据来源于每年的欧盟统计年报（EUROSTAT）。根据一次能源转换电能的效率，几年欧盟统计年报，值越来越高，这对于纳入可再生能源的空气源热泵能效要求反而越来越低，实际 $SPF$ 值一般在2.4～2.6之间，如表2.4-2所示。

**欧洲热泵纳入可再生能源范围的 *SPF* 计算** **表 2.4-2**

| 年份 | 2006 | 2007 | 2008 | 2009 | 2010 |
|---|---|---|---|---|---|
| 发电效率 $\eta$ | 44.1 | 43.9 | 44.7 | 45.1 | 45.5 |
| $SPF$ 值 | 2.61 | 2.62 | 2.57 | 2.55 | 2.53 |

2009年7月，日本政府环境省发布了《能源供应结构改进法》，仿效欧盟可再生能源指令将热泵利用的环境热源作为可再生能源。

欧盟所提供的热泵可再生能源总量计算公式如下：

$$E_{RES} = Q_{usable}\left(1 - \frac{1}{SPF}\right) \tag{2.4-5}$$

$$Q_{usable} = H_{HP} \times P_{rated} \tag{2.4-6}$$

式中 $Q_{usable}$——预估的热泵产生的总可用热量，GWh；

$H_{HP}$——等效满负荷运行小时数，h；

$P_{rated}$——热泵的装机容量，GW。

在我国的文献中也有相似的公式，可再生能源贡献率为：

$$F_a = \frac{Q_a}{Q} = 1 - \frac{1}{COP} \tag{2.4-7}$$

这种贡献率的算法很直观，热泵从环境抽取的热量就是可再生能源，可是说欧盟的标准中只要和电加热相比多出来的能量，就是可再生能源。另外，还有一种算法，就是与直接燃煤相比，详见 2.4.2.1 节。

#### 2.4.3.2 我国可再生能源的政策

我国可再生能源占一次能源的消费的比例，通过下式计算：

$$可再生能源的比例 = \frac{利用的可再生能源的量(标准煤)}{全社会能源消费的总量(标准煤)} \times 100\% \tag{2.4-8}$$

在统计计算中，任何能源，无论是发电还是直接热利用，都要转换成一次能源的标准煤。可再生能源发电相当的标准煤，可以用统计年份全国燃煤电厂的平均效率，如 2009 年前后可以用当年全国发电机组平均效率 36.4%计算（2009 年全国发电机组平均供电煤耗 341g/kWh），随着发电效率的提高，这个折算值也要变化，比如 2013 年的效率为 38.7%（2013 年全国发电机组平均供电煤耗 321g/kWh）。我国平均发电煤耗和对应的热泵纳入可再生能源范围的 *SPF* 见表 2.4-3。2015 年底，国务院发出通知，要使所有现役电厂每千瓦时平均煤耗低于 310g、新建电厂平均煤耗低于 300g。按照欧盟的标准，也可推算出我国热泵入围可再生能源的 *SPF* 值，见表 2.4-3。

**我国热泵纳入可再生能源范围的 *SPF* 计算** **表 2.4-3**

| 年份 | 2009 | 2010 | 2011 | 2012 | 2013 | 2014 | 2015 现役 | 新建电厂 |
|---|---|---|---|---|---|---|---|---|
| 发电煤耗(g/kWh) | 341 | 333 | 330 | 326 | 321 | 318 | 310 | <300 |
| 发电效率 $\eta$(%) | 36.4 | 37.3 | 37.6 | 38.1 | 38.7 | 39.1 | 40.1 | >41.4 |
| *SPF* 值 | 3.15 | 3.08 | 3.06 | 3.02 | 2.97 | 2.94 | 2.87 | <2.78 |

对比欧盟的电厂发电效率，我国的效率低 6%，这样在纳入可再生能源的热泵 *SPF*（*COP*），要比欧盟高 0.4～0.5。这说明，如果我们照搬欧盟的标准，我国的热泵需要有更高的 *COP* 值。如果可再生能源直接用于供暖或工业供热，可以按供燃煤锅炉平均热效率，如 60%～80%计算。我国幅员辽阔，在可再生能源的比例中，由于能源技术的不断进步，目前可能还存在统计是否全面和计算是否准确的问题。

例如，我国《能源发展“十二五”规划》中可再生能源实际统计数据：2009 年 8%，2010 年 8.6%，2011 年 8%，2012 年 9.1%，2013 年 9.8%，2015 年达到 12%。如果按发电量推算，2013 年总发电量按当年发电煤耗率 0.321kgce/kWh 计算，合计为 17.89 亿 tce，占全年总能耗的 45.88%。非化石能源发电量占总发电量的 21.6%，折算所占全年总能耗为 9.91%。这个数据与我国公布的可再生能源或非化石能源的比例（9.8%）相差不大。但可能有太阳能热水器、生物技能燃料等没有统计。

2015 年我国能源消费总量 43 亿 tce，同比增长 0.9%，非化石能源消费比重占 12%，同比提高 0.8 个百分点，比 2010 年提高了 3.4 个百分点。

国家能源局下发《可再生能源“十三五”发展规划（征求意见稿）》提出，到 2020 年非化石能源占能源消费总量比例达到 15%，2030 年达到 20%（表 2.4-4），“十三五”期间新增投资约 2.3 万亿元人民币。到 2020 年底水电开发利用目标 3.8 亿 kW（抽水蓄能约 0.4 亿 kW），太阳能发电 1.6 亿 kW（光伏 1.5 亿 kW），风力发电 2.5 亿 kW。

国务院办公厅印发《能源发展战略行动计划（2014-2020 年）》提出，到 2020 年，一次能源消费总量控制在 48 亿 tce 左右。其中可再生能源占 7.2 亿 tce。根据以往的统计数据和今后的计划，可大致推测今后可再生能源的量，其绝对值的增长较大，应该说任务是很艰巨的。

**我国能源消费总量和可再生能源比例** **表 2.4-4**

| 年份 | 2008 | 2009 | 2010 | 2011 | 2012 | 2013 | 2014 | 2015 | 2020 | 2030 |
|---|---|---|---|---|---|---|---|---|---|---|
| 总消费能量(亿 tce) | 29.1 | 30.7 | 32.4 | 34.8 | 36.5 | 38.5 | 42.6 | 40 | 48 | 50 |
| 总发电量(亿 kWh) | 3.50 | 3.71 | 4.21 | 4.71 | 4.99 | 5.43 | 5.65 | — | — | — |
| 火电量(亿 kWh) | 2.70 | 2.98 | 3.33 | 3.83 | 3.89 | 4.25 | 4.23 | — | — | — |
| 可再生发电(亿 kWh) | 0.64 | 0.62 | 0.72 | 0.70 | 0.87 | 0.92 | 1.06 | 0.93 | — | — |
| 可再生能量(亿 kWh) | 2.24 | 2.39 | 2.79 | 2.78 | 3.24 | 3.46 | 4.4 | 4.8 | 7.2 | 10 |
| 可再生能比例(%) | 7.7 | 8 | 8.6 | 8 | 9.1 | 9.8 | 10.3 | 12 | 15 | 20 |

注：2014 年前的数据来自统计值，其中可再生能源基本是指水电、风电和光电之和；2015 年及以后的数据为预测值。

我国今后对可再生能源寄托很大希望，由于受季节等条件限制，水电、风电和光电的发展会降低速度，热泵对可再生能源的率将越来越重要，可用图 2.4-2 说明。

如果设我国平均供暖期为 60d，通过热泵技术每平方米利用 50W 可再生能源，对比效率为 60%的中小型燃煤锅炉，相当于每平方米 14.76kgce。我国现有建筑总面积为 600 亿 $m^2$ 左右，如果初步估算其中有 20%即 120 亿 $m^2$ 为热泵供暖，每年相当约 1.77 亿 tce 的可再生能源。实际上未来的可再生能源比例是个分子分母都增加的比值，需要分子增加的速度大于分母增加的速度，才能达到 2015 年 15%和 2030 年 20%的目标。热泵在开采可再生能源的作用会显现出来。

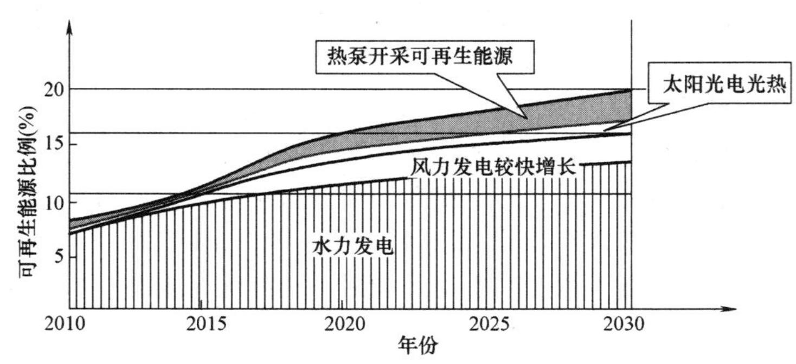


图 2.4-2 热泵作为可再生能源的贡献率

### 2.4.3.3 热泵可再生能源的计算方法

提出热泵是可再生能源的开采技术这一命题，目的是把热泵开采的可再生能源计入国家的能源统计之中。在有关研究中，这一可再生能源的计算，有欧盟和我国两种计算公式：

欧盟的公式，热泵供热量中，电能之外的能量是可再生能源：

$$E_{RES}=Q_{usable}\left(1-\frac{1}{SPF}\right) \tag{2.4-9}$$

式中 $Q_{usable}$——热泵输出的总热量，GWh；

$E_{RES}$——热泵开采的可再生能量，GWh；

$SPF$——热泵的季节性能系数（Seasonal Performance Factor）。

我国的计算公式，与燃煤供热锅炉相比，热泵多出来的热量是可再生能源：

$$E_{RES}=Q_{usable}\left(\frac{1}{\eta_{coal.\ trans}\eta_{boiler}}-\frac{1}{\eta_{pow}\eta_{net}SPF}\right) \tag{2.4-10}$$

式中 $\eta_{coal.\ trans}$——煤炭运输效率；

$\eta_{boiler}$——锅炉效率；

$\eta_{pow}$——热电厂效率；

$\eta_{net}$——输电效率。

热泵的输出热量：

$$Q_{usable}=H_{HP}\times P_{rated} \tag{2.4-11}$$

式中 $H_{HP}$——等效满负荷运行小时数（h）；

$P_{rated}$——热泵的装机容量（GW）。

热泵的可再生能源贡献率：

$$\beta_{China}=\frac{E_{RES}}{Q_{usable}}=\frac{1}{\eta_{coal.\ trans}\eta_{boiler}}-\frac{1}{\eta_{pow}\eta_{net}SPF} \tag{2.4-12}$$

欧盟的热泵可再生能源贡献率公式为：

$$\beta_{EU}=\frac{E_{RES}}{Q_{usable}}1-\frac{1}{SPF} \tag{2.4-13}$$

采用欧盟和我国提出的热泵可再生能源贡献率算法的计算结果如表 2.4-5 所示。欧盟的公式简单，只受 $SPF$ 的影响，$SPF$ 较小时数值偏高。我国的公式稍复杂，受锅炉效率、输煤效率、电厂效率、输电效率和 $SPF$ 的影响。一般可将锅炉效率和输煤、输电效率看作定值，也只受 $SPF$ 的影响，但 $SPF$ 较小时 $\beta$ 也较小；$SPF$ 增加时，$\beta$ 增加加大，应该更符合实际情况。总的来说，当 $SPF$ 在 3.0～3.5 之间时，欧盟的热泵供热量的 67%～71%是可再生能源，我国热泵供热量的 61%～75%是可再生能源，两个公式差别不大。

**式（2.4-12）和式（2.4-13）计算的可再生能源贡献率比较　　表 2.4-5**

| $SPF$ | 2.5 | 3.0 | 3.5 | 4.0 |
|---|---|---|---|---|
| $\beta_{China}$ | 0.42 | 0.61 | 0.75 | 0.85 |
| $\beta_{EU}$ | 0.6 | 0.67 | 0.71 | 0.75 |

注：$\eta_{coal.\ trans}\eta_{boiler}=0.64$，$\eta_{pow}\eta_{net}=0.35$。

在以上公式中都有热泵的季节性能系数 $SPF$，这个值如何得到，就是统计热泵可再生能源开采量的关键，本节将重点分析 $SPF$ 的由来。

建议用 $SCOP$（Seasonal Coefficient of Performance）与 $SPF$ 并列，表示热泵的季节性能系数，对大中小型热泵装置，无论空气源热泵还是水源热泵，一视同仁。从原理上，

$SCOP$ 的定义为公式：

$$SCOP=\frac{HSTL}{HSTE}=\frac{\int q\mathrm{d}\tau}{\int w\mathrm{d}\tau} \tag{2.4-14}$$

式中 $HSTL$——季节总供热量，kJ；

$HSTL$——季节总耗电量，kJ，分别是瞬时供热功率 $q$（kW）和瞬时耗电功率 $w$（kW）的时间积分值。

在具体测量和计算上，采用如下公式：

$$SCOP=a\times COP_{100\%}+b\times COP_{75\%}+c\times COP_{50\%}+d\times COP_{25\%} \tag{2.4-15}$$

式中，$COP_{100\%}$、$COP_{75\%}$、$COP_{50\%}$ 和 $COP_{25\%}$ 分别为 100%，75%，50%和 25%负荷时的热泵性能系数，可以在热泵产品标定或测量出来。$a$、$b$、$c$、$d$ 4 个加权系数，不同城市或地区因不同气候条件有所不同，可以把全国典型城市或地区进行分类，给出不同的系数。类似制冷机组的 $NPLV$，具体道理很简单，不多叙述。

#### 2.4.3.4 热泵可再生能源的实测或统计方法

热泵在应用中因类型大小不同，其可再生能源的开采量的实测或统计方法也不同。

对于大型热泵，通常是水源热泵或多联机，供热量 500kW 以上，供热面积上万平方米或更多，可安装电量表和热量表，进行全季节（或全年，如生活热水系统）计量，例如采用欧盟的公式，热量减电量就是可再生能源量。

对于民用小型热泵，供热量数千瓦，供热面积数十平方米，因成本或管理原因，不宜安装仪表统计，而根据热泵说明书上给出的 $SCOP$（或 $SPF$）进行计算，特别注意，$SCOP$ 有地域性，全国就按不同地理区域给出不同的 $SCOP$。

建议未来热泵应用进入国家大数据库，对于开采的可再生能源，无论实测值还是计算值，都积累到“可再生能源开采量”中，相信此举会对我国可再生能源的比例作出重大贡献。

为将以上观点变为国家层面的共识，建议将“热泵是可再生能源的开采技术”进行科技立项，编制“热泵对可再生能源的贡献率计算方法”等标准。在中国热泵产业将受到很大重视。

### 2.4.4 热泵的容量和特点

#### 2.4.4.1 热泵的合理容量

一般来说，制冷与热泵系统的容量越大，其性能系数越高，这在冷水机组的能效标准中分 527kW 以下，527～1163kW 和 1163kW 以上三个档次。越大的容量，其能源效率也越高。水源热泵在产品容量分布上，与冷水机组并无二致，但在相关标准《水源热泵机组》GB/T 19409—2013 和《水（地）源热泵机组能效限定值及能效等级》GB 30721—2014 中，只有小于或大于 150kW 之分，也是较大容量的热泵 $COP$ 较高。这样在制冷或热泵工程中，似乎也形成了一种观念，系统大越节能。在各大城市出现的能源站、集中供冷和集中式热泵站，有的供暖系统的设计把锅炉供暖或热电联产的大区域供暖方式套用在热泵系统上，也许并不合理。

锅炉供暖和热电联产供暖可以加大供回水温差，以减少泵功率和管道直径，热泵的供回水温差不能太大，多为 5～8℃。这样系统越大，供水的流量就大，水泵功率直线上升。

中小型空气源热泵在效率测量中，水泵甚至风机的功率包括在总能耗之中，其 *COP* 基本就是运行时的 *COP*。而水源热泵的 *COP* 只计算压缩机功耗，水泵、风机的功耗另外计算。对于当前大型水源热泵压缩机功率和水泵功率，较公认的是 6∶4（或 1∶0.67）。这样对于 *COP*=5 的水源热泵，并认为水泵、风机的电能因摩擦生热全部转化为系统供热的热能，可计算总的系统 *COP* 为：

$$COP_{\text{系统}}=\frac{\text{系统总热量}}{\text{系统总能耗}}=\frac{\text{热泵输出热量}+\text{水泵风机摩擦生热}}{\text{压缩机}+\text{水泵风机}}=\frac{5+0.67}{1+0.67}=3.4 \tag{2.4-16}$$

这说明主机效率很高的大型水源热泵，其系统的循环效率与空气源热泵相差不多。正因为如此，建议在较大面积供热的水源热泵设计时，采取分区设计，供热半径在数百米之内。

#### 2.4.4.2 空气源热泵的特点

空气源热泵（Air-source heat pump）不受安装地域的限制，不像水源热泵需要打井或各种水源，还可以与太阳能等系统结合起来，适合分散安装。特别是在北方供暖改造和南方冬季供暖工程中，既有建筑改造的任务是主要的，建筑格局不同，中小城镇和农村的建筑分散，安装空间有限，注定空气源热泵要灵活机动，宜小不宜大。

在标准方面，从较小容量的房间空调，到上百千瓦容量的单元式空调机，并不是容量越大其能效指标越高。之所以出现容量大效率低的现象，从理论上不大好解释。只能说在工程实践中，以个体房间为单元的小型空调器，社会需求多、生产量巨大，从压缩机、换热器的设计到产品优化做得比较到位，这点在房间空调的大国日本体现得更为深刻。在日本，容量为 2800W 的房间空调器规定了最高的能效，*COP* 达 5.27，而较大容量的房间空调则在 4 左右。这是因为日本的房间面积普遍小，2800W 的容量需求最大，因而优化设计也做得最好。

较小的容量的供热面积较小，注定了热量分配的管路很短，水泵、风机产生的流动损耗很小，可能仅占总能耗的 10%～15%。而且通常空气源热泵在产品标准中 *COP* 包括了水泵风机的能耗，与系统的 *COP* 基本接近。在冬季采用低温循环水的地板供暖，不仅舒适性好，因有一定容量的水箱蓄热，当除霜时室内温度波动小，除霜彻底。

空气源热泵的生产容量，应该以房间空调器的基本容量为准，以 2500W，3200W、4500W 和 7100W 为系列，对于商用模块机，以单台容量为 10kW、25kW、50kW、75kW 等为系列，可能大到数百千瓦，但过大的单机容量需要有大的安装空间和屋顶承重。典型的空气源热泵工作原理如图 2.4-3 所示，通常用四通阀切换冬夏季工况，并有反向除霜功能。

空气源热泵适合用在我国夏热冬冷地和寒冷地区，通过超低温工况设计，甚至在部分严寒地区都有应用。

#### 2.4.4.3 水源热泵的特点

水源热泵（Water-source heat pump）是广泛使用的装置。在《水源热泵机组》GB/T 19409—2013 中定义：水源热泵机组是“一种以循环流动于地埋管中的水或水井、湖泊、河流、海洋中的水或生活污水及工业废水或公用管路中水为冷（热）源，制取冷（热）风或冷（热）水的设备的。”包括一个使用侧换热设备、压缩机、热源侧换热设备，

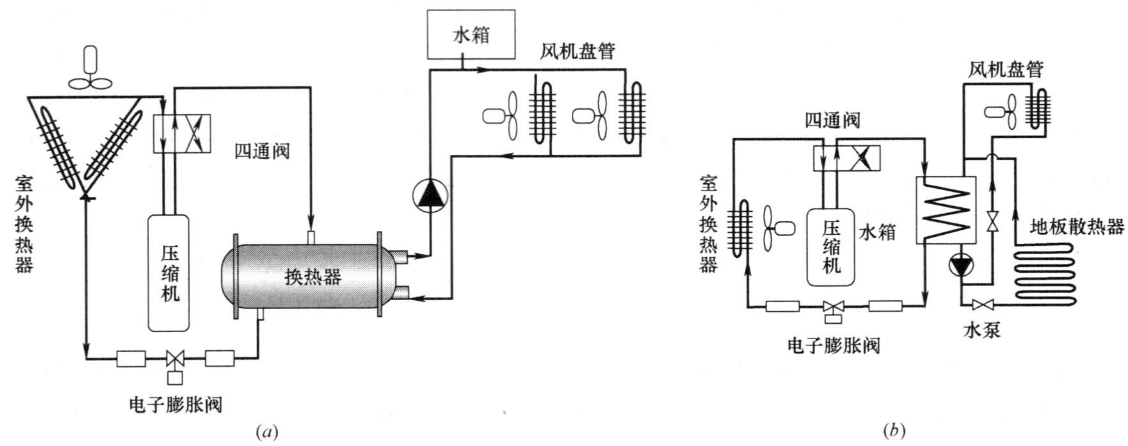


图 2.4-3　空气源热泵的工作原理图

(*a*) 热风（冬季工况）；(*b*) 地板供暖＋热风（冬季工况）

具有单制冷或制冷和制热功能。水源热泵机组按使用侧换热设备的形式分为冷热风型水源热泵机组和冷热水型水源热泵机组，按冷（热）源类型分为水环式水源热泵机组、地下水式水源热泵机组、地埋管式水源热泵机组和地表水式水源热泵机组。

水源热泵机组可利用的环境水体，冬季水体温度比环境空气温度高，所以热泵循环的蒸发温度提高，能效比也提高。而夏季水体温度比环境温度低，所以制冷的冷凝温度降低，机组效率提高。这种温度特性使得水源热泵的制冷、制热系数要比空气源热泵的高，因不用除霜过程，运行安全可靠。

我国是有丰富地热资源的国家，为了保护地热资源，国家规定要 100％回灌，否则用不了多少年，地热水就枯竭了。多年来开发地热资源的同时，利用热泵技术降低回灌水的温度，提高了地热能的利用率。

石油开采伴生的地下热水、工业余热水也是很好的水源热泵的热源。这方面的例子很

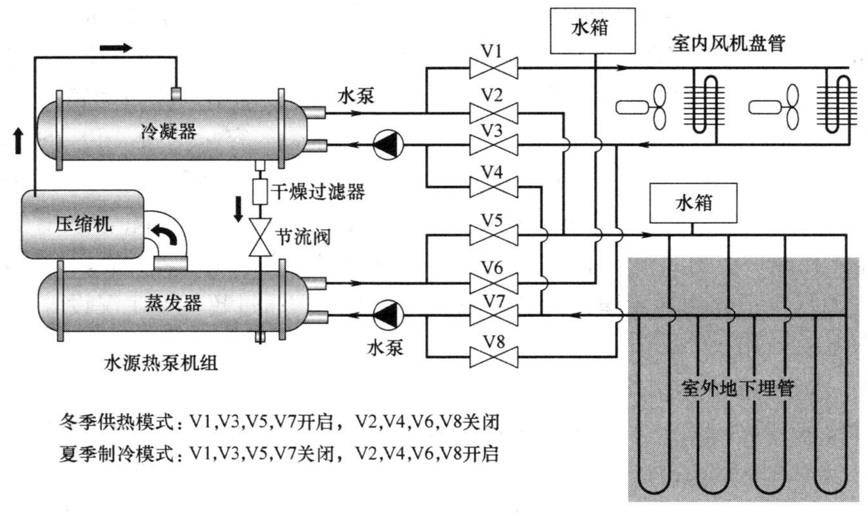


图 2.4-4　地源热泵的工作原理图

多，大多是单独供热的热泵。如果有合适的空地和地质条件，通过钻井、埋管的地下土壤换热系统，可以实现冬季供热、夏天制冷的效果。这种地源热泵在我国很多地区得到应用。

各种水源热泵的冬夏工况切换，是通过两侧水系统的转换完成。如图 2.4-4 所示有两组共 8 个转换阀，每年只切换两次。

城市污水包括原生污水和中水，也是很好的热泵热源。如果污水直接进入热泵的换热器，当季节转换时，需要用切换制冷剂的方式，以保证室内侧换热器的水不受污染。这种切换只需加个转换阀即可，一年切换两次。

## 2.4.5 热泵的应用实例

热泵的应用实例数不胜数。表 2.4-6 和表 2.4-7 仅列举典型的实例，分别说明目前已经应用的空气源热泵和水源热泵工程，为今后推广应用总结经验。

**近年空气源热泵实例　　表 2.4-6**

| 工程名称或地点 | 供暖面积($m^2$) | 热泵厂家 | 简要描述 | 文献出处 |
|---|---|---|---|---|
| 山东临沂市七彩幼儿园 | 3000 | 热立方 | 采用 320kW 直流变频空气源热泵机组，热负荷 105W/$m^2$ | [17] |
| 新余仙女湖路 | 2300 | 芬尼克兹 | 供水温度 32℃，热负荷 120W/$m^2$ | [18] |
| 北京通州小周易村 | 500 | 四季沐歌 | 选用 2 台容量为 42kW 超低温空气源热泵，供水温度 45℃，供热负荷 160W/$m^2$ | [19] |
| 郑州清水苑 | 236 | 热立方 | 采用 −25℃ 超低温直流变频空气源热泵，制热 130W/$m^2$，并满足 130L/d 生活热水 | [20] |
| 天津市和平区居委会办公楼 | 904 | 清华同方 | 办公楼建筑的原供暖为燃油锅炉，楼内采用地供暖。该区域内没有市政热力管道、天然气管道，采用 60kW 空气源热泵，工质 R32 | [21] |
| 北京密云司马台新村 | 77525 | 清华同方 | 共有 121 个建设单元，其中二层别墅 107 栋，有三种户型，共 316 户。多层 14 栋，有 4 种户型，共 280 户。总计 596 套。采用清华同方“低温空气源热泵＋地板供暖”解决方案 | [22] |
| 武汉东湖宾馆 | 2200 | 武汉朗肯 | 选用 20 台 80kW LKR3FX-40/44Ⅱ×2 空气源热泵机组和 16 台 100kW LKSR3FX-100/120Ⅱ水源机组，总冷/热负荷为 3200/3680kW | [23] |

**近年水源热泵工程实例　　表 2.4-7**

| 工程名称或地点 | 供暖面积<br>(万 $m^2$) | 热泵厂家<br>施工单位 | 简要描述 | 文献出处 |
|---|---|---|---|---|
| 乌鲁木齐盈科大厦<br>污水源热泵 | 8.6<br>(公共建筑<br>＋民用建筑) | 上海富田<br>大道公司 | 利用建筑物附近原生污水，直径 D1200cm 的市政主排污水管道，每天有 5 万余方污水流量。冬季热负荷：4622kW；夏季冷负荷：2780kW。采用 7 台污水源热泵机组，冬夏季工况转换通过制冷剂侧切换实现 | [24] |
| 大连益嘉广场<br>污水源热泵 | 9.32<br>(公共建筑)<br>＋8.3<br>(民用建筑) | 克莱门特<br>大连葆光 | 利用大连益嘉广场附近原生污水。装机容量 9000kW，节约燃煤 1000 吨 | 调研 |

续表

| 工程名称或地点 | 供暖面积（万 $m^2$） | 热泵厂家施工单位 | 简要描述 | 文献出处 |
| --- | --- | --- | --- | --- |
| 天津文化广场地源热泵 | 北区：14.9<br>西区：49.07<br>南区：26.81 | 特灵等 | 北区和南区利用景观湖底埋管 3789 孔（双 U，120m，间距 4.5m），为 47.71 万 $m^2$ 建筑夏季空调和冬季供暖。西区：16 对 300m 深地下水井供水源热泵，为 49.07 万 $m^2$ 建筑夏季空调和冬季供暖 | 调研 |
| 天津大学新校区地源热泵 | A 站：20.23<br>C 站：19.37 | 开利 | A、C 两能源站各配置 6 台开利热泵离心机组，容量 3400kW，每组中有 2 台冬季供热。热源为地下埋管＋气锅炉，C 站埋管 1325 孔 | 调研 |
| 石家庄工业余热水源热泵 | — | 格力公司 | 石家庄化工基地周边工业余热热泵供热工程收集石家庄循环化工基地企业工艺循环水中的废热，以解决高新区南部 2115 万 $m^2$ 建筑供暖。格力离心机组成功应用于石家庄厂区、丽景湾小区、天然城小区的热泵供热工程 | [25] |

很多应用实例，都是在数十万平方米建筑群中应用地埋管热泵技术或其他水源热泵技术，无论从系统的规模和系统设计上都达到了先进水平。

图 2.4-5 是天津大学新校区的四个能源区分布图，其中 A、C 能源站各采用 6 台容量为 3400kW 的离心热泵机组（目前分别各有 2 台按地下埋管热泵工况运行，见图 2.4-6）和 3 台容量为 3400kW 的天然气锅炉，如表 2.4-8 所示。A、C 两站分别为 20.23 万 $m^2$ 和 19.37 万 $m^2$ 的教学楼、办公楼和图书馆等建筑进行空调和供暖，今年冬天刚开始运行。C 能源站的机房见图 2.4-6。

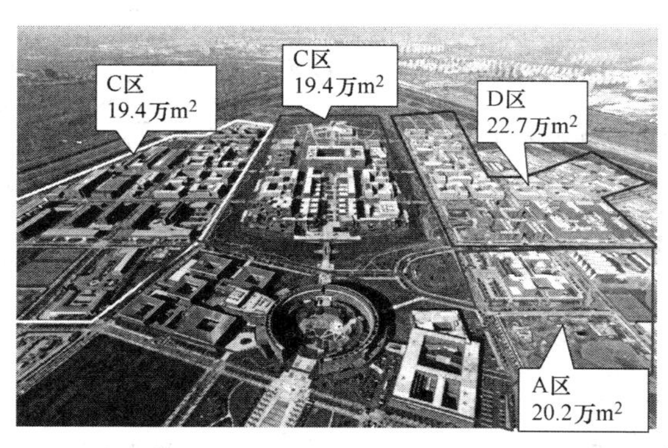


图 2.4-5　天津大学新校区四个能源区分布图

图 2.4-6　天津大学新校区 C 能源站的离心热泵机组

**天津大学新校区 C 能源站的主要设备参数　　表 2.4-8**

| 序号 | 设备名称 | 技术参数 | 数量 | 单位 | 备注 |
| --- | --- | --- | --- | --- | --- |
| 1 | 地源热泵机组 | $Q_L=3200kW$，$Q_R=3400kW$，$N=620kW$<br>用户侧：夏季 6℃/13℃，冬季 45℃/40℃<br>地源侧：夏季 35℃/30℃，冬季 5℃/8℃ | 6 | 台 | 夏季运行 6 台<br>冬季运行 2 台 |
| 2 | 用户侧冷水泵 | $L=393m^3/h$，$H=44mH_2O$，$N=75kW$ | 6 | 台 | 六用 |
| 3 | 用户侧热水泵 | $L=585m^3/h$，$H=46mH_2O$，$N=110kW$ | 3 | 台 | 两用一备 |
| 4 | 地源侧水泵 | 供冷：$L=631m^3/h$，$H=40mH_2O$<br>供热：$L=759m^3/h$，$H=32mH_2O$，$N=110kW$ | 3 | 台 | 夏季运行 3 台<br>冬季运行 2 台 |

续表

| 序号 | 设备名称 | 技术参数 | 数量 | 单位 | 备注 |
|---|---|---|---|---|---|
| 5 | 冷却塔 | $L=781m^3/h$，$N=22kW\times2$ | 4 | 台 | |
| 6 | 冷却水泵 | $L=600\sim900m^3/h$，$H=25\sim19mH_2O$，$N=75kW$ | 4 | 台 | 两用一备 |
| 7 | 冷凝式燃气热水锅炉 | $Q_R=3400kW$，$N=10.5k$，$q=406.4Nm^3/h$<br>45℃/40℃ | 3 | 台 | |
| 8 | 热水循环泵 | $L=361m^3/h$，$H=39mH_2O$，$N=75kW$ | 3 | 台 | 三用 |
| 9 | 地下埋管 | $\phi200mm$，$h=120m$，$d=5.0m$ | 1325 | 口 | |

### 2.4.6 开展 $CO_2$ 热泵热水器研制及关键技术

国内从 20 世纪末开始研究 $CO_2$ 循环制冷与热泵，到 2010 年之后，出现以 $CO_2$ 跨临界循环热泵热水机，在冰轮公司，开始研制氨/$CO_2$ 复叠制冷循环。

山东康特姆新能源有限公司是国内专业生产各种热泵节能装置，也包括 $CO_2$ 空气源热泵热水器的企业。

昆明东启科技股份有限公司是一家专业生产 $CO_2$ 空气源热泵热水器并推广应用的高新企业。该公司成立 $CO_2$ 热泵系统研发团队，建立了 $CO_2$ 热泵试验基地，从事 $CO_2$ 跨临界循环热泵设备研制，进行批量生产。在上海、北京等地，其产品从 2010 年运行至今，有明显的节能效果。

天津凯德实业公司位于天津空港经济区，依托石化分离 $CO_2$ 技术，生产 $CO_2$ 跨临界循环热泵。

高力科技（宁波）有限公司，以生产各种高压板式换热器为优势，扩展生产空气源 $CO_2$ 热泵热水机。

沈阳蔚蓝科技有限公司联合善腾太阳能源股份有限公司也进入了空气源 $CO_2$ 热泵热水机的创新行列。该公司在本溪安装的空气源 $CO_2$ 热泵热水机经历了冬天近－20℃的低温考验，提供原来用燃煤锅炉的散热器系统 60℃热水。

正在研制和准备生产 $CO_2$ 空气源热泵热水器的单位如雨后春笋，这里不一一赘述。目前国内热泵热水机的生产量不大，全部加在一起也不过千八百台，主要用于高档宾馆、学校、机关的热水供应。但可以预见，$CO_2$ 热泵热水器正处于"星星之火，可以燎原"的形势。

$CO_2$ 跨临界循环的关键技术在于，压缩机、膨胀机、各种阀门、换热器的承压大大增加，对材料的强度、耐磨性、加工精度、可靠性提出很高的要求，比传统制冷设备的制造业提升了一个等级。格力、美芝、庆安、白雪等企业试制了 $CO_2$ 压缩机或 $CO_2$ 热泵热水器，但都还没有真正投放市场。

由于家用 $CO_2$ 热泵热水机的气体冷却器是套管式换热器，水在狭小的管道内流动，在硬水地区结垢很快，并不好清除。采用控制热水器的出水温度，改变气体冷却器的放热回路等措施，既涉及技术关键，也涉及产品标准的修订。

作为生产、维修、售后服务，大数量的 $CO_2$ 制冷剂供应链，适合不同场合应用的大中小容量的高压气瓶并不配套。

各种关于 $CO_2$ 制冷剂安全操作规章也需要尽快建立。

如果国家给予支持，并组织联合攻关，研发各种形式的 $CO_2$ 压缩机、换热器等部件，可能在 3～5 年内形成较大产业。将来凡与制冷空调有关的应用，包括汽车空调、家用空调、商用空调，工业供热和冷冻冷藏都可能用 $CO_2$ 跨临界循环。

## 2.4.7　热泵主要部件的技术发展

### 2.4.7.1　压缩机

在我国已经有了较全面的热泵用压缩机的生产能力，也需要指出，压缩机的核心技术和知识原创并不掌握在国人手中。

压缩机生产有两种模式，一种是“自用”形式，其压缩机生产只供应自己的主机，有这生产方式的国外独资或合资企业，如开利、约克、特灵等，也有国内企业如美芝、凌达、冰轮等。另一种是“外供”形式，如海立、爱默生等。还有些压缩机厂商既有自己的主机厂，也为全社会供货，或是主机厂有部分自选生产压缩机能力，还需要社会生产的供应。由于压缩机制造是制冷热泵系统的核心技术，其性能决定整机的性能优劣，很多主机制造企业纷纷上马压缩机生产，形成“大而全”或“小而全”的格局。压缩机生产属制造业核心竞争力，适合大批量、高精度生产，以保证成本和质量。批量不大、自动化程度不高的企业难以生存。“十三五”期间，有一批压缩机生产企业具有较强的生存和发展能力。爱默生、丹佛斯、三菱、松下万宝、海立、美芝、凌达等公司的发展对我国制冷空调制造业具有指导性。

小型热泵主要用转子式和涡旋式压缩机，大中型冷水热泵机组的压缩机主要采用螺杆机和离心机，它们是整个热泵系统的“心脏”，因此提高压缩机的效率对提高整个循环的性能起着至关重要的作用。而压缩机的效率随着工况的变化而变化，因此每一种型号的压缩机只有在特定的工况下才具有较高的效率。提高压缩机的制造精度、采用直流变频电机驱动、离心机磁悬浮等是压缩机的技术方向。

如果能够设计成可变压缩比的压缩机，并通过变频技术改变压缩机的容量，就可使热泵的效率提高 15%～20%。图 2.4-7 是实际螺杆压缩机在不同工况下的效率，图 2.4-8 说明固定内容积比和可变内容积比比较，后者有较高的等熵效率。

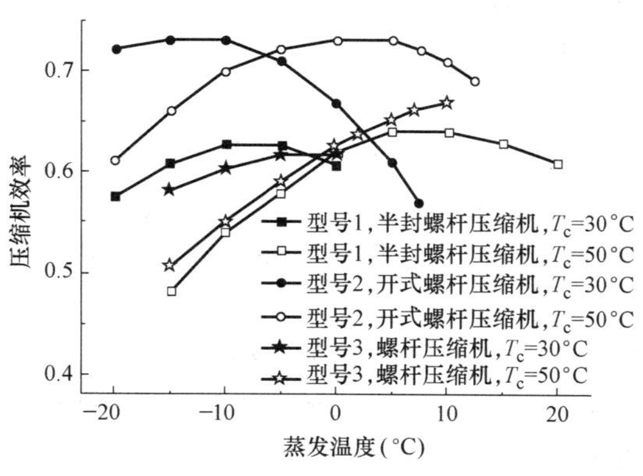


图 2.4-7　压缩机的效率随工况变化

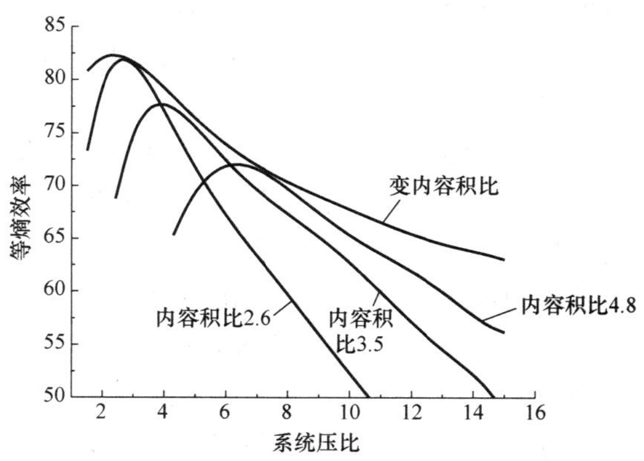


图 2.4-8　固定内容积比与可变内容积比等熵效率随系统压比的变化

#### 2.4.7.2 换热器

制冷热泵系统的换热器是大量钢材、铜材、铝材或合金材料（不锈钢、铜镍合金、钛）的合理利用，通过减小换热温差，以达到整个系统的最优效率。由于我国有全面的金属冶炼和各种管材、板材制造业，换热器的材料有充足保证，并有各种换热器的制造加工设备，也具有较大超产能力。因此“十三五”期间完全可适应制冷、空调和热泵产业的发展。

“十三五”期间换热器技术的发展方向是采用新结构、新技术的产业升级。一是尽量提高换热效率，二是减少制冷剂的充灌量。后者在下一章中有专门叙述。这些结构和技术包括高效传热管、“微通道”换热器、降膜式蒸发器和板式换热器等。

#### 2.4.7.3 保温水箱

水箱在热泵系统中具有蓄能、调节负荷等功效，是不可缺少的部件。多年来家用热泵热水器形成不锈钢内胆和搪瓷内胆两种系列，还有少量“水晶内胆”。都面对承压和防腐问题。

欧洲空气源热泵搪瓷水箱超过 80%，而我国目前是 36%。并与国内电热水器、承压太阳能 95%以上不成比例。美的、格力、海尔、AO 史密斯等都在推行搪瓷水箱。近三年，搪瓷水箱在空气源热泵行业的占比以每年 10%的速度增长。

对于容量稍大的商用热泵热水系统，因受到搪瓷水箱烧制工艺尺寸的影响，水箱基本是不锈钢的。在日本，所有家用热泵热水器的水箱都是不锈钢的，所以不锈钢水箱也很有前景。当前很多水箱给出的保修寿命是 5 年，这对于推广使用的确太短了。“十三五”期间，各种水箱的目标是提高保温效果，增加使用寿命，努力达到使用 10～15 年。

#### 2.4.7.4 专用塑料管材

热泵供热系统较多采用各种塑料管材。用于地板供暖的主要是 PEX（交联聚乙烯）、PE-RT（耐高温非交联聚乙烯）和 PB（聚丁烯）管，见表 2.4-9。

**地板供暖用的塑料管材** **表 2.4-9**

| 管材 | PEX 管 | PB 管 | PERT 管 |
|---|---|---|---|
| 试验温度(℃) | 110 | 110 | 110 |
| 试验时间(h) | 8760 | 8760 | 8760 |
| 环应力(MPa) | 2.5 | 2.4 | 1.9 |
| 标准 | ISO/DIS16875 | ISO/DIS15876 | DIN4721 |

PE-Xa（过氧化物交联聚乙烯）管具有记忆特性，施工出现死折时用热风枪加热 130℃，会自动复圆。主要的管道生产企业有保利管道、龙越管业、怡生供暖等。

### 2.4.8 热泵热水器的生产量

热泵热水器主要用于生活热水，以容量可分为家用和商用两大类。热泵热水器除用于生产热水外，有的已经进入建筑供暖的行列，空气源热泵在行业内称为“空气能热泵”，是我国今后将大力发展的节能技术。

热泵热水器制造企业分为三类：一是传统制冷家电行业，如美的、格力、海尔等；二是太阳能和热水器等行业，如太阳雨、四季沐歌、力诺瑞特、AO史密斯、华帝、万家乐等；三是专业热泵热水器厂家，如芬尼克兹、华天成、生能、广州德能热源设备、宁波博浪、热立方、欧斯特等。2014年热泵热水器增长速度超过20%，格力、美的和海尔都有较大批量生产。

在我国大量民用、商用热水供应的系统中，从燃煤锅炉、燃油锅炉、电热水器、燃气热水器和太阳能热水器为主，空气源热泵占的比例较小。2014年全国所有热水器销售量约为3800万台，空气源热泵热水器仅占3.5%。2014年全国空气源热泵热水机（器）的产值达到73.9亿元，折合134.4万台，其中供暖用空气源热泵仅为1.5万台。对比2014年全国燃气壁挂炉的销售量为164万台，说明今后的市场非常广阔。

## 2.4.9 热泵主要技术发展方向

### 2.4.9.1 基于准二级或双级压缩机的热泵技术

在北方及寒冷地区，为满足低温制热的需要，压缩比甚至会达到10以上，此时单级压缩系统无法满足供暖的需要，因此提高效率，降低排气温度和机组的压缩比是实现热泵系统在寒冷地区正常运行的主要途径。

采用双级压缩、中间冷却是提高循环效率的措施之一，这在不同结构的压缩机中可有不同的体现方式。对于转子式压缩机，可采用双转子双级压缩机，格力公司已经将此项技术应用在超低温空气源热泵上。对于涡旋式压缩机，通过单级压缩机中间补气技术，将压缩过程从一级压缩变为两级压缩，称为准二级压缩。通过减小每一级的压差，降低压缩腔内部泄漏，提高容积效率，通过中间闪发补气降低排气温度，提高了容积制热量。对于螺杆式压缩机，也有中间补气技术，其中间冷却器通常称为经济器。对于离心式压缩机，更普遍采用双级或三级压缩技术，得到较高的*COP*。原理如图2.4-9所示。

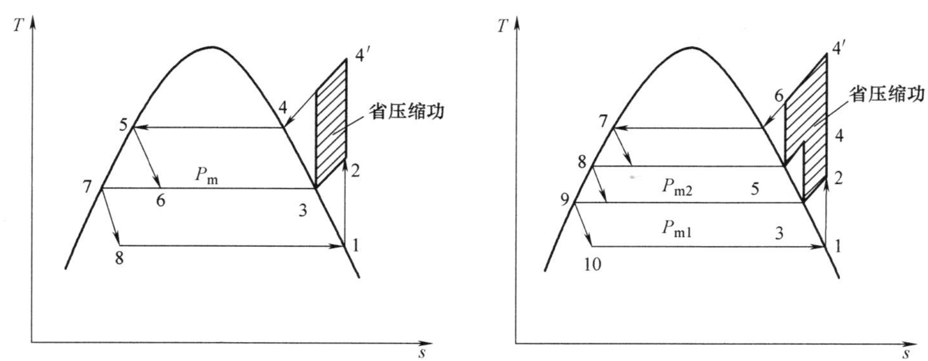


图2.4-9 多级压缩中间冷却节能原理图

### 2.4.9.2 变频压缩机技术

为克服冬季低温环境下热泵输出下降的问题，采用变频压缩机技术，实现变排量从而另大热量输出。

### 2.4.9.3 磁悬浮离心压缩机热泵技术

离心式热泵机组具有单机制热量大、能效比高的优势，是大型公共建筑供暖系统的关键设备，机组能效很大程度上决定了供热系统的节能性。磁悬浮离心式热泵机组，不仅具有变频压缩机的优点，而且实现无润滑油，提高了 *COP*，并可通过变速改变压缩比，具有可调容量也可调工况的优点。

#### 2.4.9.4 降低热泵供热温度

通过建筑节能和地板换热器、小温差风机盘管等技术，可以实现较低温度的热泵供热系统。比如板式换热器可以用 35℃热水供热，相比 45℃热水，热泵 *COP* 可以提高 30%。

### 2.4.10 关于国家对热泵列为可再生能源的优惠政策

多年来国家为了促进制冷空调技术发展，推动政府采购、家电下乡、惠民政策等，有过各种优惠和补贴。2012 年国家发展改革委和财政部《关于印发节能产品和惠民工程高效节能家用热水器推广实施细则的通知》，对所有达到国家标准的空气源热水器都实施了补贴。2013 年 9 月，国务院印发了《大气污染防治行动计划》，该计划设定了大气污染防治行动计划目标是，“到 2017 年，全国地级及以上城市可吸入颗粒物浓度比 2012 年下降 10%以上，优良天数逐年提高：京津冀、长三角、珠三角等区域细颗粒物浓度分别下降 25%、20%、15%左右，其中北京市细颗粒物年均浓度控制在 60 毫克立方米左右。”同时，明确提出了鼓励热泵技术的应用，“新建建筑要严格执行强制性节能标准，推广使用太阳能热水系统、地源热泵、空气源热泵、光伏建筑一体化和热电冷三联供等技术和装备”。另外，在北京市、浙江、合肥、青岛等地也有地方法规或通知，鼓励空气源热泵的政策。

空气源热泵厂家一直呼吁将“空气能”列为可再生能源。据了解，中国节能协会热泵专业委员和国际铜业协会一起，论证空气源热泵技术，尤其是空气源热泵热水产品列入可再生能源范围。可以说在制冷热泵行业内部和学术界，大家的思想统一、目标准确，但上升到管理层，期待修改《可再生能源法》，把“空气能”或“空气热能”列为可再生能源，可能是漫长的过程。

比较现实的做法是行业内进行可再生能源标准的制定。在《可再生能源法》中规定：“本法所称可再生能源，是指风能、太阳能、水能、生物质能、地热能、海洋能等非化石能源。”注意这里强调了“等非化石能源”，一方面空气能是广义的太阳能，另一方面热泵技术通过消耗一部分化石能源发电，可获得更多的能量，来自环境的可再生能源。这在 2.4.2.2 节已经进行了说明。

### 2.4.11 结论和今后的工作

在“十三五”期间，有强大的电力能源保障，有京津冀一体化、南方冬季供暖、压缩燃煤治理雾霾的推动，与我国提出的 11 个重大工程包的密切关联，特别是热泵替代中小燃煤锅炉供热，热泵空调行业将以较高的速度增长，是中国稳增长、调结构、促改革的重要组成部分。

热泵在开采低品位可再生能源方面具有重要的作用。通过吸收欧盟的成功经验，制定我国相关标准，提出热泵的可再生能源开采量的计算方法和统计方法，并纳入国家的政策轨道，对于在“十三五”期间促进和推动热泵产业，通过推广热泵技术提高人们的生活水平，改善我国大气质量做出贡献。

## 本节参考文献


[1] 中美气候变化联合声明（全文）. http：//news. xinhuanet. com/energy/2014-11/13/c _ 127204771. htm [2014-11-13].

[2] 中美元首气候变化联合声明 . http：//news. xinhuanet. com/politics/2015-09/26/c _ 1116685873. htm [2015-9-26].

[3] 国家能源局 . 国家能源局发布 2014 年全社会用电量 . http：//www. nea. gov. cn/2015-01/16/c _ 133923477. htm [2015-01-16].

[4] 中华人民共和国可再生能源法 . http：//www. gov. cn/fwxx/bw/gjdljgwyh/content _ 2263069. htm [2012-11-12].

[5] 2011 年能源结构转型调查分析 . http：//www. chinairn. com/doc/70310/780440. html [2011-09-20].

[6] 欧盟可再生能源比例逐步增长 . http：//news. xinhuanet. com/world/2013-04/27/c _ 115570399. htm [2013-04-27].

[7] 德国：欧洲最大能源消费国，积极推进可再生能源普及 . http：//finance. people. com. cn/n/2012/1226/c348883-20022039. html [2012-12-26].

[8] The European Parliament and the Council of the European Union. Directive 2009/28/EC of the European Parliament and of the Council of 23 April 2009 on the promotion of the use of energy from renewable sources and amending and subsequently repealing Directives 2001/77/EC and 2003/30/EC（Text with EEA relevance）. Official Journal of the European Union，2009，140：16-62.

[9] 房庆，宋忠奎，高屹峰等 . 中国空气源热泵产业发展研究报告 . 2015 中国热泵产业联盟年会暨第四届亚洲空气源热泵论坛，南京，2015-08-06.

[10] 周一公 . 中国燃煤发电节能技术的发展及前景 . 中外能源，2010，16（7）：91-95.

[11] 国家能源局发布 2013 年全社会用电量等数据 . http：//www. gov. cn/gzdt/2014-01/14/content _ 2566377. htm [2014-01-14].

[12] 国务院印发能源发展“十二五”规划 . http：//www. chinanews. com/cj/2013/01-23/4515115. shtml [2013-01-23].

[13] 可再生能源五年新投 2.3 万亿 . http：//jjckb. xinhuanet. com/2016-01/29/c _ 135055225. htm [2016-01-29].

[14] 国务院办公厅印发《能源发展战略行动计划（2014—2020 年）》. http：//www. gov. cn/xinwen/2014-11/19/content _ 2780748. htm [2014-11-19].

[15] GB/T 19409—2013. 水（地）源热泵机组 . 北京：中国标准出版社，2014.

[16] GB 30721—2014. 水（地）源热泵机组能效限定值及能效等级 . 北京：中国标准出版社，2015.

[17] 热立方变频空气能临沂七彩幼儿园热水工程竣工 . http：//www. hpwater. cn/List. asp? C-1-9223. html

[18] 新余仙女湖环湖路空气源带地暖＋中央热水系统设计方案. http：//www. bokee. net/bloggermodule/blog _ viewblog. do? id＝18559138

[19] 四季沐歌北京通州“煤改电”采暖项目介绍. http：//info. hp. hc360. com/2015/11/170944308841-all. shtml

[20] 郑州清水苑｜别墅与空气能热泵更配哦. http：//www. douban. com/note/531863807/.

[21] 艾默生助力天津市社区居委会办公楼热泵采暖示范项目 . http：//chpia. org/news _ detail. php? id=9470&cateid=11214 [2015-07-07].

[22] 清华同方节能改造 . http：//www. thrh. com. cn/jpgc/2013/5/unf9w9gmip. htm.

[23] 武汉东湖宾馆空调、热水系统解决方案 . http：//www. langken. net/case/jiudiangaizao/2013-12-05/73. html.

[24] 刘春涛，田敬兴，凌泓等 . 间接式污水源热泵机组节能技术分析 . 暖通空调 . 2012，42 (7)：107-110.

[25] 制冷快报 . 格力离心机助力石家庄工业余热供热工程项目 . http：//bao. hvacr. cn/201303 _ 2033771. html [2013-03-02].

[26] 马一太，刘忠彦，李敏霞 . 可变内容积比螺杆式压缩机的性能分析 . 制冷空调 . 2012，12 (6)：15-18.

[27] 标准构建搪瓷水箱在空气源热泵行业应用统一市场规则 . http：//www. dooland. com/magazine/article _ 715927. html.

[28] 突破极寒极热气候！格力推双级变频压缩机 . http：//ac. ea3w. com/135/1356549. html [2012-12-25].

[29] 关于印发节能产品惠民工程高效节能家用热水器推广实施细则的通知 . http：//jjs. mof. gov. cn/zhengwuxinxi/zhengcefagui/201206/t20120604 _ 656864. html [2012-06-04].

[30] 国务院关于印发大气污染防治行动计划的通知 . http：//www. gov. cn/zwgk/2013-09/12/content _ 2486773. htm [2013-09-12].

本节执笔人：马一太、张欢、李敏霞、代宝民

致谢：在撰写过程中，得到江亿院士等同行热情帮助，珠海格力电器股份有限公司科管部王磊提出了宝贵意见。另外，本节从互联网上收集很多相关信息，对发布信息的作者表示感谢。因水平所限，以上部分尚有错误和疏漏，恳请业内有关专家、同事给予批评指正。

# 第3章 食品冷链与制冷技术

## 3.1 背景与意义

根据国家标准《制冷术语》GB/T 18517—2012的定义，冷链是以制冷技术为主要手段，使易腐食品或货物在原料、生产、加工、运输、贮藏、销售等各个环节中始终保持适宜温度的系统。随着我国经济的飞速发展以及人民生活水平的逐步提高，易腐食品（水果、蔬菜、肉类及肉制品、水产品、蛋类、乳制品等）的产量和需求量在逐年增长，消费者对于食品的品质和安全也更加重视。因此，如何建立完善的冷链物流体系，进而降低易腐食品的流通腐损率，保障易腐食品的品质及安全，已逐渐成为关系民生、影响农业及食品工业转型升级和可持续发展的热点问题。

### 3.1.1 冷链是易腐食品流通的重要手段

首先，我国的易腐食品产量和消费量都非常大。根据国家统计局发布的2009～2014年数据，我国各项易腐食品的总产量巨大且在逐年递增（表3.1-1），易腐食品总量和产值已分别超过12亿t和6万亿元。上述食品中绝大部分需要采用冷链方式进行流通，以确保其品质并降低流通腐损率。

**2009～2014年我国主要易腐食品总产量（单位：万t）** 表3.1-1

| 年份 | 水果 | 蔬菜 | 肉类 | 水产品 | 蛋类 | 乳制品 |
|---|---|---|---|---|---|---|
| 2009 | 20395.51 | 61823.81 | 7649.75 | 5116.4 | 2742.47 | 3677.7 |
| 2010 | 21401.41 | 65099.41 | 7925.83 | 5373 | 2762.74 | 3747.96 |
| 2011 | 22768.18 | 67929.67 | 7965.1 | 5603.21 | 2811.42 | 3810.69 |
| 2012 | 24056.84 | 70883.06 | 8387.24 | 5907.68 | 2861.17 | 3875.4 |
| 2013 | 25093.04 | 73511.99 | 8535.02 | 6172 | 2876.06 | 3649.52 |
| 2014 | 26142.24 | 76005.48 | 8706.74 | 6461.5 | 2893.89 | 3724.64 |

其次，我国的易腐食品产供销具有地域性、季节性和习惯性特征，这使得易腐食品产业发展在多样化、流通效率以及产品增值等方面受到不同程度的限制。在地域性方面，以水产品为例，靠近产地的水产品价格普遍偏低，产品增值的空间相对较小，同时远离产地的地区水产品价格较高、品质较产地略差、品种也较少。在季节性方面，以蔬菜为例，季节性蔬菜主要是区域内供应，在大方向上不流通，这在一定程度上造成了蔬菜价格的波动，影响了人们的生活质量。在习惯性方面，以肉类为例，由于我国居民传统的饮食习惯，热鲜肉仍然占据肉类消费的主导，而营养价值和风味更佳的冷鲜肉则占比较小。冷链能够为上述问题提供很好的解决方案，甚至改善传统的易腐食品产供销格局，在为消费者

提供种类更加丰富的易腐食品的同时，提升产品的价值，为企业增加收益。

### 3.1.2 冷链是降低易腐食品流通腐损率的重要途径

我国每年易腐食品的总调运量达 3 亿多吨，综合冷链流通率仅为 19%，长期以来我国易腐食品在流通环节中损失严重，以果蔬、肉类和水产品为例，其流通腐损率分别达到 20%～30%、12%、15%。大量易腐食品在产销过程中的损耗和变质造成了社会资源的巨大浪费，所导致的直接经济损失达到 6800 亿元。要降低流通过程中的腐损率就必须对易腐食品的生产、加工、储运和销售环节的温度进行控制。国外对此提出了“不高于原则”(The Never Warmer Than Rule)，即保证易腐食品在流通过程中始终处于规定的温度环境下。冷链成为降低易腐食品流通损耗率的一个重要途径。

### 3.1.3 冷链对保障食品质量和食品安全具有重要意义

易腐食品在流通过程中所处的环境温度没有达到规定要求和环境温度频繁波动的情况，都会在一定程度上影响易腐食品的品质，甚至导致食品的腐败变质，进而给民众带来食品安全隐患。特别需要注意的是温度波动对易腐食品品质的影响，这主要是因为波动的温度会使冷冻食品中的微生物、酶恢复活性，加速分解食品中的营养成分，同时冷冻食品在反复冻结、解冻过程中，组织细胞会遭到破坏，使细胞汁液外流，加速细菌的繁殖过程。但是厂家通常所定义的货架期是在恒定适宜的储藏条件下测定的，并没有考虑温度波动对货架期的影响，因此不能准确反映食品的真实品质，这在一定程度上加重了食品的安全隐患问题。冷链能够实现食品信息的全程可追溯以及食品流通过程中环境温度的精确控制，因此可以很好地保障食品品质及降低食品安全隐患。

### 3.1.4 我国冷链物流发展宏观环境良好

近几年，中共中央、国务院、国家发展改革委、农业部、商务部、交通运输部、科技部等国家机构和部委大力支持农产品冷链物流的发展，2009 年国务院印发《物流业调整和振兴规划》，2010 年中央一号文件中第 11 条明确要求“完善鲜活农产品冷链物流体系，完善鲜活农产品绿色通道政策”。同年，国家发展改革委也编制了《农产品冷链物流发展规划》，加快推进冷链物流体系建设。2012 年 2 月，中央一号文件提出“加快发展鲜活农产品连锁配送物流中心，支持建立一体化冷链物流体系”的要求。2014 年，中央一号文件进一步提出“加快发展主产区大宗农产品现代化仓储物流设施，完善鲜活农产品冷链物流体系”的要求。2014 年 10 月国务院印发《物流业发展中长期规划（2014—2020 年）》，在“重点工程”章节中提出“加强鲜活农产品冷链物流设施建设，支持‘南菜北运’和大宗鲜活农产品产地预冷、初加工、冷藏保鲜、冷链运输等设施设备建设，形成重点品种农产品物流集散中心，提升批发市场等重要节点的冷链设施水平，完善冷链物流网络。”2014 年 12 月，国家发展改革委、财务部、商务部等 10 部门联合发布《关于进一步促进冷链运输物流企业健康发展的指导意见》，要求加强冷链物流基础设施建设，鼓励并支持建设和改造一批适应现代流通和消费需求的冷冻、冷藏和保鲜仓库。2015 年 8 月 3 日，商务部等 10 部门联合发布了《全国农产品市场体系发展规划（2015—2020）》，预计 2020 年初步建成中国特色农产品市场体系。除了国家层面上出台的政策外，各级政府也提高了对冷链物流产业发展的重视程度，并从政策和制度层面上为冷链物流产业提供了一系列发展条件，在很大程度上改善了冷链物流产业的发展环境。

当前我国经济步入“新常态”，仍处于重要战略机遇期。冷链物流体系的建立促进我国健康饮食文化的发展，惠及民生，符合习近平主席所提出的“人民对美好生活的向往，就是我们的奋斗目标”的讲话。不仅如此，随着“互联网+”这一“新引擎”的推动，冷链物流这一传统行业正在迸发出新的火花，电子商务企业纷纷进驻冷链行业，“大众创业、万众创新”为冷链物流行业带来了更多商机，这都使冷链物流成为我国一个重要的经济增长点。

《中国制造2025》指出我国制造业仍然大而不强，在自主创新能力、资源利用效率、产业结构水平、信息化程度、质量效益等方面差距明显，转型升级和跨越发展的任务紧迫而艰巨，但这也是我国制造业转型升级、创新发展的重大机遇。《中国制造2025》的提出为推动冷链物流装备发展提供了良好机会。

# 3.2 食品冷链的发展现状

本节从冷加工（预冷和速冻）、冷冻冷藏、冷藏运输、冷链信息化四个方面介绍我国食品冷链主要环节的行业现状和冷链装备的技术现状，最后与发达国家情况进行比较。

## 3.2.1 冷加工

### 3.2.1.1 预冷

1. 基本情况

预冷是农产品快速冷却，是运输、贮藏或加工以前必不可少的环节，预冷操作必须在产地农产品采收后立即实施，目的是迅速去除田间热，降低呼吸强度，减少微生物的侵袭，防止农产品的腐烂，最大限度地保持农产品的新鲜品质。

预冷工艺的主要应用对象是园艺农产品，特别是果蔬，是冷链的第一个环节，称之为“最先一公里”，其突出特点是快速冷却。虽然目前我国果蔬产量位居世界第一，但是果蔬产后预冷环节普遍缺失，大量缺乏产地专用预冷设备，大多采用冷库对果蔬进行冷却，因此，无法达到预冷工艺的要求，冷却效率低、效果差，影响了果蔬在流通过程中的品质。而欧洲、美国、加拿大、日本等发达国家在果蔬产地采后大多采用以压差预冷和真空预冷方式为主的预冷装备进行预冷，果蔬预冷率高，为预冷环节后的流通过程奠定了基础，在一定程度上降低了果蔬流通腐损率。

2. 技术分类及特点

目前，预冷技术主要有 4 种，包括压差预冷、冰预冷、真空预冷和冷水预冷。其中，压差预冷可以在 2～6h 内将果蔬从常温冷却到 5℃，冷却均匀，适用于多种果蔬，预冷后果蔬暂储时间短，周转率高。冰预冷适宜与冰接触不会发生伤害的农产品或需要在田间立即进行预冷的产品，预冷速度快，简便易行，但需要注意防止冻害，而且对品质保证作用有限。真空预冷冷却速度最快且十分均匀，但是真空预冷设备初投资高，必须配套果蔬恒温贮藏库，且不适宜表面积较小的果菜类和根菜类蔬菜的冷却。冷水预冷速度也较快，预冷时间一般在 20～60min，设备价格低廉，但是冷水预冷易造成污染，且浸过水的蔬菜不利于保鲜，需要配套恒温贮藏库。

3. 现有技术存在的问题

（1）预冷配套工艺不完善

预冷可以迅速排除果实采后的田间热，降低呼吸作用，抑制酶和乙烯的释放，延缓其成熟衰老的速度。但是，不同品种的果蔬，对于具体的预冷方式、预冷速率、包装以及码垛方式等配套工艺有不同的要求，预冷后的品质也会受到上述因素的影响。因此，需要在实际生产应用中对预冷过程给出合理的指导。然而，国内虽然已有部分针对果蔬预冷工艺方面的研究。但是，仍然缺乏系统性及预冷装置机理等方面的深入研究。这可能是造成我国果蔬行业中采后不当操作（如直接囤入冷库、冷藏车等）、设备错误使用（系统参数不明确）甚至预冷环节缺失（如常温下流通）的一个重要原因。

（2）能耗大、成本高

随着市场需求的不断增强，预冷设备的生产规模还会不断增大，但是能耗大、自动化水平低等因素依然制约着预冷技术的发展。其一，目前的果蔬预冷多采用冷库预冷，能耗高、能源利用率低、生产成本较高，不利于市场竞争和我国节约型社会的发展目标。其二，预冷设备末期由于冷却介质温度和被冷却产品之间的温差已经很小，继续大功率运行对于预冷效果改善不大，而且大大增加了能耗，然而现有的预冷设备大都是定频，还不能很好地解决此问题。其三，预冷装置的设计阶段对于气流组织、温度控制、多温区、变频等技术的重视程度不够，使得成品在能源利用率方面表现较差。

#### 3.2.1.2 速冻

1. 基本情况

速冻是在很短的时间内使食品中心温度达到储藏或保鲜温度的一种冷加工工艺，在这一降温过程中微生物和酶的活性大大降低，因此延长了食品的贮存期。

近些年来我国速冻食品制造行业发展快速，总产值大幅度增长，从2007年的192亿余元上升到2013年的649.81亿元，年复合增长率达到30.42%，同时涌现出一大批知名品牌。但是仍然存在着管理标准不完善，产品质量良莠不齐，产品品类较国外发达国家少，人均占有量偏低等问题。

2. 技术分类及特点

目前，我国的速冻设备形式可分为强烈鼓风机式、流化床式、隧道式、螺旋式、接触式及直接冻结式六大类型，其中前四种是采用空气强制循环方式，接触式速冻属于板式热交换，直接冻结设备是采用液体气化制冷。各类型设备特点如表3.2-1所示。

**各类型速冻设备优缺点** **表3.2-1**

| 分类 | 优点 | 缺点 |
|---|---|---|
| 强烈鼓风机式 | 冻结速度较快 | 冻结不均匀，能耗大，生产成本高 |
| 流化床式 | 冻结均匀、速度较快 | 只适用于颗粒状物料的速冻 |
| 隧道式 | 冻结速度较快 | 装备占地面积大，结构复杂，能耗大 |
| 螺旋式 | 结构紧凑，生产能力大 | 能耗大，生产成本较高 |
| 接触式 | 能耗低 | 不能进行连续性生产 |
| 直接冻结式 | 冻结速度快 | 对冷媒的要求较高 |

3. 现有技术存在的问题

(1) 速冻设备的多适应性差

我国的速冻食品种类较少、人均占有量偏低、产品质量参差不齐。因此，一方面，需要开发不同种类、结冰点、速冻温度的定制化速冻设备，来满足速冻产品多元化的需求。另一方面，还要注重提升产品的质量，从安全、卫生、清洁等方面着手不断改进设备和工艺。

(2) 自动化水平低

我国的速冻机企业在双螺旋速冻机、接触式、直接冻结式等装置的自动控制方面依然与国外先进水平存在较大差距。然而自动控制可以排除人为因素的干扰，控温更加精确，而且能够提高设备运行效率，从整体上提升速冻产品的产量和质量。

(3) 速冻设备能耗大

目前我们速冻设备效率低、能耗大，速冻设备的耗电量约占冷冻食品加工厂总耗电量的 30%～50%。

## 3.2.2 冷冻冷藏

### 3.2.2.1 基本情况

冷库是应用制冷设备制造特定的低温环境，用来贮存食品、工业原料、生物制品以及医药等物资的专用建筑物。

随着冷链的发展，冷库的功能已不能再拘泥于传统的低温储藏，而是向着库存中心、配送中心、增值服务中心、先进冷链技术应用中心等多重角色演化，从而能够满足冷库上下游环节对物流畅通、货物存取方便、信息可追溯的需求。

随着国家和地方政策的推动，我国冷库建设持续升温，总量不断增长。根据《中国冷链物流发展报告》统计数据，2014 年，全国冷库保有量达到 3320 万 t。相比于 2013 年的 2411 万 t，增长了 36.9%。新建冷库以大型和超大型冷库群为主，集中在果蔬、畜牧业农产品产地以及物流园区或物流中心。其中低温冷库（库温－18～－35℃）总量比高温冷库（－2～10℃）总量高出一倍左右，但是具有急冻功能的超低温冷库（库温低于－60℃）比例很小。虽然这些新建冷库在一定程度上缓解了冷链行业设备、设施紧缺的情况，但是由于一些冷库投资方在规划方面缺乏一些合理的分析和指导，导致了重复建设现象的发生，这使得部分冷库在建成后没有市场，空库率较高。此外，由于农产品流通标准化体系不健全，农产品分级、包装、流通操作等不规范，造成了大量的冷库没有得到充分、高效的利用。因此，冷库的投资和建设需要在对需求、流通标准等因素详细分析的基础上进行合理的规划，只提升冷库总量并不能从根本上推动冷库行业的发展。

### 3.2.2.2 技术分类及特点

典型的冷库按建筑形式可分为土建式冷库和装配式冷库，按不同技术应用可分为气调冷库、自动化立体冷库和冰温冷库。冷库的分类及特点如表 3.2-2 所示。

**冷库的分类及特点** 表 3.2-2

| 冷库分类 | 冷库特点 |
| --- | --- |
| 建式冷库 | 主体结构和地下荷重采用钢筋混凝土结构，围护结构墙体采用砖砌，就地取材、造价低，隔热材料选择范围大，热惰性大，建筑周期长，易出现建筑质量问题 |
| 装配式冷库 | 主体结构采用轻钢，围护结构由预制的聚氨酯或聚苯乙烯夹芯板拼装而成，库体组合灵活，建设速度快，维护简单，可整体供应 |
| 气调冷库 | 除了控制库内温度和湿度外，还要控制库内氧气、氮气、二氧化碳和乙烯的含量，可以抑制果蔬的呼吸作用和新陈代谢，但设备成本投入较高 |
| 自动化立体冷库 | 在高架冷库中采用计算机控制技术，提高空间利用率、出入库能力，数字自动化的制冷设备 |
| 冰温冷库 | 将食品储藏在 0℃以下至各自的冻结点，储藏时间增加 2～10 倍，不破坏细胞 |

从冷库的库容量和储藏技术来看，土建式及自动化立体冷库的库容量均较大，所采用的储藏方法以冷藏保鲜为主。而气调冷库在冷藏的基础上，增加气体成分调节，通过对贮藏环境中温度、湿度、二氧化碳、氧气浓度和乙烯浓度等条件的控制，抑制果蔬呼吸作用，延缓其新陈代谢过程，更好地保持果蔬新鲜度和商品性，延长果蔬贮藏期和货架期。通常气调贮藏比普通冷藏可延长贮藏期 0.5～1 倍，延长货架期 3～4 倍。但由于要求库体

具有一定的气密性和耐压能力，因此气调冷库的库容量不宜过大。冰温冷库将食品的温度控制在冰温带，维持细胞的活体状态，因此在保持食品新鲜度和风味方面具有独特的优势，但为防止干耗、冻害等现象的发生，还需要一些喷雾等辅助装置，因此库容也不大。装配式冷库多用于中、小型冷库，因其方便安装、建设速度快、维护简单等优点在国内有大量应用。

#### 3.2.2.3 现有技术存在的问题

1. 冷库能耗问题

评价冷库能耗的技术经济指标是单位体积耗能（*SEC*）。在英国，规定400万$ft^3$（11.3万$m^3$）的冷库平均*SEC*为每年2kW/$ft^3$（70kW/$m^3$），超过每年3.5kW/$ft^3$（124kW/$m^3$）则认为不节能，*SEC*为每年1kW/$ft^3$（35kW/$m^3$），则为最佳。而且还对大型冷库的最大规模做出了规定，认为超过450万$ft^3$（约合12.7万$m^3$）的冷库在能量利用率方面已经不再具有优势。据2002年欧洲统计数据，冷库总量约为6000～7000万$m^3$，平均能耗为30～50kWh/($m^3$·a)，其后2010年的调查显示，约有一半以上的冷库能耗高于上述的平均值，节能潜力达到30%～40%。目前我国冷链行业内普遍采用的冷库能耗指标为单位重量（t）货物能耗，该值约为每天每吨0.6kWh，根据2014年冷库总量得到我国冷库全年总耗电量为72.7亿kWh。虽然冷库建筑的总能耗在全国能源消耗中只占很小的比重，但是冷库的节能潜力巨大，而且很多节能措施的回收期较短，一般小于3年，经济效益可观，因此冷库节能可以帮助冷库企业降低成本，进而为冷链物流的成本问题的解决提供助力。

我国冷库在能耗方面已经做出一些改进，例如新建冷库中已大多采用蒸发式冷凝器、变频技术等。但是，未进行相关改进的冷库比重仍然很大，这些冷库还普遍存在着设备老化、制冷效果差、配套设施不健全等诸多问题。更为严重的是我国冷库在运行管理方面还缺乏相应的监管，库内温度波动频繁，甚至无法满足要求的现象并不少见，这使得库内的食品品质无法得到有效保障，而一些冷库的能耗低可能与此有关。因此，冷库的节能还要与监管相结合，在满足温度要求的情况下尽量减少冷库的能耗。不仅如此，在目前全国冷库总量快速增长的形势下，能耗问题将会进一步突出。综上，我国冷库行业需要在冷库节能技术的开发和应用上有所突破，研究并建立冷库的能耗评价体系，对现有冷库进行能效分级，对于不符合要求的冷库进行整改，同时还要对现有能耗较高的冷库进行节能改造。

2. 涉氨冷库事故频发

氨由于其环保、价格低廉、热物性好等优点在世界范围内80%的大型冷库中得到应用。但是，氨有一定的可燃性和毒性，因此在使用中存在危险性。截至2014年底，全国用氨制冷企业近2.3万家，主要集中在农副产品加工业、食品制造业、仓储业等。其中规模以上企业约占16%，储氨量超过10t的企业近7%。我国的氨冷库事故发生率很高，据不完全统计，从2009年到2014年，经报道的冷库火灾、氨泄漏、爆裂及其综合安全事故约有110起，造成的经济损失及人员伤亡巨大。涉氨冷库事故的频繁发生，一方面与设备的老化和技术落后有很大的关系，另一方面与人员培训欠缺和日常管理中出现的错误有关。从技术层面来看，要降低事故发生率和危害，一是要减小氨的充注量（例如采用$NH_3/CO_2$复叠式系统）。二是要加大企业的技术投入力度，开发并应用先进的氨泄漏检测技术（如流量—压力检测、温度信号检测等），在泄漏的第一时间发出警报，同时为后期维修提供泄漏信息。三是应用冷库的自动化技术，减少不必要的操作人员，完善泄漏应急处置装置，最终实现冷库自动、安全运行。

3. 我国特种功能型冷库欠缺

同大型及超大型冷库相比，中、小型冷库及功能型冷库虽然库容量较小，但是有其独特的优势。例如，气调库改善了冷藏会使果蔬变色的缺陷，在保持果蔬色泽方面，有明显的优势。冰温库能够很好地解决成熟果实的贮藏问题，且能够提供给消费者更加优质的产品。另外，有些食品，例如金枪鱼，需要贮藏在－60℃的环境中，因此离不开超低温冷库。而这些冷库技术相比于传统冷库技术来说，无论从研究方面还是应用方面，我国均有较大的不足。

## 3.2.3 冷藏运输

### 3.2.3.1 基本情况

冷藏运输是指使用装有特制冷藏设备的运输工具来运送易腐货物。在整个运输过程中，通过低温降低货物的新陈代谢，抑制微生物的生长，以保持易腐货物的良好外观、新鲜度和营养价值，从而保证货物的商品价值，延长货架期。我国的冷藏运输方式主要有公路、水路、铁路、航空运输四种。其中以公路运输为主，这是因为公路运输有周转快、短途运输时效性高、灵活性强等优势。

近几年，我国冷藏运输发展迅速，运输效率得到大幅提升，公路冷藏运输占货物运输总量的份额不断上升，运输装备的保有量也在逐年增加。但是从总体上看，仍然存在着运输集中度不高、专业化服务能力不强、运输效率低、成本高等问题，冷链食品的冷链成本占销售价格的40%～70%，比普通货物的成本高一倍以上。从公路冷藏运输来看，2014年我国的冷藏车和保温车保有量为7.6万辆，同比大幅度增长37.5%，虽然车辆的总量在不断增加，但是由于运营模式单一，信息不畅造成的冷藏运输有车难找货、有货难找车，以及返程空驶等问题较为严重。另外，现有部分冷藏车存在老化和更新问题。

冷链的末端环节通常被称为“冷链的最后一公里”，是从易腐食品零售商或分销商手中到达消费者家中的过程。事实上，这一过程是冷链非常薄弱的一环，由于消费者在运输过程中缺少相应的低温储运设备，易腐食品往往会经历一定的高温，品质无法得到有效的保障。随着生鲜电商的发展，冷链宅配成为一个很好的解决方案，但是在“最后一公里”配送阶段，高度分散且千差万别的客户状况给投递工作造成了很多困难，使得配送工作极其繁杂，再加上交通状况的不理想，会有众多矛盾和问题产生。概括起来主要有两类：一是由于客户不能正常接收货物而导致的投递失败；二是配送人员不能及时将货物送达用户手中。前者是造成配送成本偏高的主要原因。在冷链宅配中，这一问题显得更为严重，生鲜食品很可能由于没有及时到达客户手中且没有在合适的环境中储存而发生不可逆的损耗。这些问题成为目前影响冷链宅配进一步发展的主要障碍。因此，迫切需要研究并开发出方便消费者使用、与冷链宅配配套的冷藏、保鲜设备。

### 3.2.3.2 技术分类及特点

冷藏运输技术的应用形式主要有公路、铁路、水路、航空四个方面，其特点如表3.2-3所示。在公路运输方面有机械冷藏车、液氮冷藏车、干冰冷藏车和冷板冷藏车；铁路运输方面有机冷车和铁路冷藏集装箱；水路冷藏运输有渔业冷藏船、冷藏运输船；航空业中主要使用的是航空集装箱。

冷藏运输形式及其特点 表3.2-3

| 运输形式 | 特　点 |
| --- | --- |
| 公路 | 主要分为冷藏车和保温车，运输周期短，灵活性高，短途运输时经济性高 |
| 铁路 | 机冷车是铁路冷藏运输的重要工具，有运输量大、速度快、安全性高等优点，目前多以车组形式出现，不过也有单节机冷车，主要缺点是成本高且难于管理 |
| 水路 | 以远洋运输和渔业捕捞应用为主，虽然运量大、经济性好，但是速度最慢，且易受恶劣天气的影响 |
| 航空 | 在各种运输工具中速度最快，但同时运费高昂，适合运送附加值高且腐损快速的水果和鲜花等货品 |

#### 3.2.3.3 现有技术存在的问题

投资和运输成本高是冷藏运输设备的主要问题。一般冷藏车的造价相比于普通货车来说要高出数倍甚至十余倍，而且还需要建造与运输配套的地面设施，因而其投资和运营的费用较高。此外，由于运输途中需要始终维持货物的低温环境，所需的燃油费和电费也均较高。解决上述问题的方案是研究开发低能耗的制冷机（如喷射循环系统）、应用多温区多空间（目的是合理调配运输资源）的新型高效冷藏车以及冷藏运输系统技术。

### 3.2.4 冷链信息化

#### 3.2.4.1 基本情况

冷链信息化主要是利用现代传感器技术、通信技术、网络技术以及数据库技术，将冷链中的各个要素信息汇总至数据库，用以深入开发并合理利用冷链资源。因此，冷链信息化技术是冷链与信息技术相结合，为冷链降低成本提供解决方案，同时是食品质量安全的一个重要保障。

以大数据应用为标志的信息化技术可以极大地促进冷链物流产业优化和管理的透明度，实现各个环节信息共享和协同运作，以及冷链资源的高效配置。因此，世界各国越来越重视信息技术在冷链物流上的研究和应用。在信息采集端，欧洲已经利用无线传感器网络、射频识别（RFID）等设备，实现了冷链物流的全程温度监控，为无缝冷链奠定了基础；在冷链物流的运输方面，欧洲建立了畅通的交通网络，发达的公交运输减少了中间运输环节，缩短了运输时间，降低了运输途中的损耗。加拿大的第三方物流企业 Thomson Group 利用世界上最先进的制供电器（PTO）驱动、自动控温与记录、卫星监控的“三段式”冷藏运输车实现了同时运输三种不同运输温度要求的货物。很多发达国家建立了诸如虚拟的农产品冷链物流供应链管理系统，实现了对各种货物的全程跟踪、动态监控，同时通过网络连接了全国的需求信息以及产品信息，提高了冷链物流的运作效率。我国整个物流行业的信息化进程起步较晚，总体水平不高，具体到冷链物流尤其如此。因此，迫切需要在冷链物流信息技术研究和推广应用等方面加大投入力度。

#### 3.2.4.2 技术体系构成

食品冷链物流过程中主要应用的信息技术包括：传感器技术、包装标识技术、远距离无线通信技术、过程跟踪与监控技术以及智能决策技术。不同类别的技术，在包装仓储、物流配送和批发零售等物流各个阶段各司其职，是组成食品物流过程信息化管理不可或缺的要素，图3.2-1展示了各种信息技术在物流过程信息化过程的作用。

#### 3.2.4.3 现有技术存在的问题

1. 传感器技术

在冷链物流过程中，重点需要采集冷链产品、装备及环境的相关参数，其涉及的多源信息感知和传感器技术包括：环境信息感知、产品位置感知、产品品质感知、产品包装标识。其中，在环境信息感知方面，温度、湿度等环境参数是冷链系统中非常重要的参数。目前针对单一温区、单一产品配送的冷藏车，现有传感器已可以较好地完成环境信息的实时采集、传输和存储。但对于多温区冷藏运输系统，它比单温区冷藏运输系统要求更高、更复杂，尚缺乏深入研究，因此需要针对这一问题开发感知能力强、价格低廉的环境监测传感器或传感器阵列。

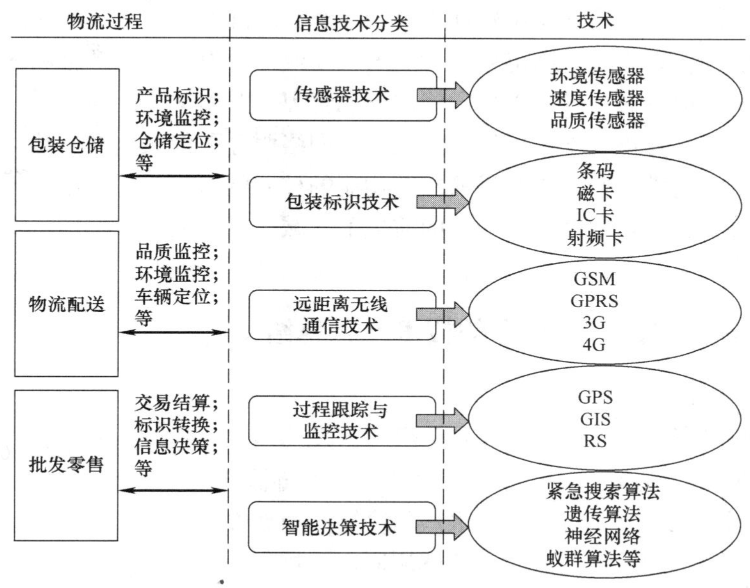


图 3.2-1 食品冷链物流过程信息技术体系结构图

在产品位置感知方面，各项传感器技术已发展得十分成熟，可根据需要加强其在冷链物流过程中的应用。

在产品品质感知方面，随着消费者对理化指标、微生物指标、农药残留指标以及食品营养品质的进一步关注，快速实时监测上述指标和参数的传感器技术成为了冷链物流技术发展中的一项重要内容。然而目前的食品品质快速实时检测大多仅限于室内静态条件下的研究，缺乏车载、实时检测仪器、装置及相应的品质预测模型，因此目前冷链物流过程中大多仅针对温湿度等环境参数进行监测，较少涉及产品本身品质的快速实时监测。

在产品包装标识方面，目前在冷链物流方面的主流自动识别技术集中在条码技术和射频技术。但是条码技术仍存在信息储存量小、寿命短、无法实时更新等问题。此外，射频技术虽能够克服条码技术的一些问题，但是其成本高、信息安全性差等缺陷给射频技术的推广带来了一定的难度。

2. 信息“断链”

冷链信息化管理中的信息“断链”问题，主要是由于信息不能共享。在目前的冷链物流市场中，冷链体系信息化管理仍旧比较薄弱，信息未得到公开和透明化。这导致了一定程度的资源浪费，而且不利于食品安全责任追溯体系的建立。因此，冷链物流的技术发展要打造灵活高效的冷链物流管理系统，提升运作效率，减少相应损耗，实现食品安全责任追溯制。

3. 冷链物流模型与设备耦合

目前我国仍主要以传统物流为主，由于电子物流的快速发展，生鲜食品的品质监控及运营成本迫切需要各种“农产品品质—运营成本—有效节能”的预测模型与相应的监控平台及监控设备的耦合与应用。目前已开发的质量追溯系统、物流配送系统、库存管理系统、货架期预测系统等应用软件，均具有独立性和唯一性，只面对特定的用户和相对固定的应用功能。与此同时，这些应用软件仍处于一个相对静态的、独立的应用范围，不能实现跨环节的扩展并实现实时的绑定功能，也未与物流监控设备进行耦合和深度融合。随着无线传感技术的快速发展，远程采集数据功能已经基本实现，但是对于所采集的数据量、数据分析以及决策本身仍处于比较盲目的状态。网络服务下的大数据、数据分析、食品质量安全与物流成本的模型耦合成为目前冷链物流的核心问题之一，也是一大难题。如何在保障食品质量安全、延长有效货架寿命的前提下，减少物流成本，形成可循环的低碳绿色物流体系是冷链物流信息化的重要课题。

## 3.2.5　与发达国家比较和存在的技术问题总结

### 3.2.5.1　与发达国家比较

我国冷链物流行业目前仍处于起步阶段，与发达国家存在较大差距。当前我国综合冷链流通率仅为19%，而美、日等发达国家的综合冷链流通率达到85%以上。2010年国家发展改革委规划的我国果蔬、肉类、水产品冷链流通率在2015年分别达到20%、30%和36%，而目前美、日等发达国家肉禽冷链流通率已接近100%，蔬菜、水果冷链流通率也在95%以上。

从冷链物流各个环节来看，我国的产地预冷是非常薄弱的一环，约80%的水果、蔬菜不进行预冷处理即在常温下流通，少部分预冷处理也未采用专用设备，没有实现真正意义上的预冷。而早在20世纪70年代预冷蔬菜就已在日本市场上大量出现，而且当前95%以上日本超市销售的蔬菜都经过预冷。同时美国、澳大利亚等国的预冷基础设施也十分完备，水果和蔬菜采后几乎全部进行预冷处理。冷库方面，2015年我国冷库总量为3320万t，日本为1368万t，根据两国的人口总数，我国冷库的人均容量仅为0.024t，远远低于日本的0.108t，冷库总量不足。冷藏运输方面，当前我国冷藏车和保温车占公路营运载货汽车的比重为0.5%左右，而美国这一比例为0.8%～1%，英国为2.5%～2.8%，德国2%～3%，这意味着冷藏运输设备总量不足。同时按人均来看，我国约1.8万人才有一辆冷藏车，而美国平均500人就有一辆冷藏车。总而言之，我国冷链物流的装备和设施的人均占有量和总量与发达国家相比还有很大差距，而且一些技术较为低端的设备和设施仍在大量使用。从近期来看，我国农村人口的比重还较大，而农村对冷链物流的需求并不高，但随着我国城镇化步伐的不断加快以及集约化、集团化的农业发展，现有的冷链装备和设施总量仍远远不足。

#### 3.2.5.2 存在的技术问题总结

我国冷链物流技术存在基础薄弱、创新能力不足、自主技术含量低，冷链装备普遍存在能耗高、自动化程度低、种类少、缺乏竞争力等问题。具体表现在：果蔬预冷工艺研究不完善，预冷装备能耗大、成本高、适用性差，专用预冷设备的研发和应用严重不足，是冷链薄弱的环节之一；在速冻技术方面，速冻设备的适应性差、自动化水平低、故障率高、能耗大，特别是在快速冻结方面，工艺基础和设备开发薄弱；在冷冻冷藏技术方面，冷库单位容量能耗大，涉氨冷库安全隐患较多，低于－60℃的超低温冷藏设备等特种功能型冷库欠缺；在冷藏运输技术方面，存在投资和运营成本高、不同技术要求的易腐食品同车运送，食品品质监测缺失等问题，从零售商到达消费者冷链终端配送环节非常薄弱；在冷链信息化技术方面，冷链物流信息感知能力弱，各流通环节的上下游信息整合性差，设备与预测或决策模型耦合度低，亟需建立冷链大数据中心。

## 3.3 食品冷链的市场预测和技术需求

### 3.3.1 市场预测

我国冷链物流行业目前仍处于起步阶段，与世界发达国家存在较大差距。当前我国综合冷链流通率仅为19%，而美、日等发达国家的综合冷链流通率达到85%以上，所以可以看出我国冷链装备发展空间巨大。

我国的产地预冷是非常薄弱的一个环节，约80%的水果、蔬菜不进行预冷处理即在常温下流通，少部分预冷处理也未采用专用设备，没有实现真正意义上的预冷，专用预冷设备的研发和应用严重不足。随着我国对果蔬预冷的逐步重视和大型集约化农业集团的发展，解决预冷装备能耗大、成本高、适用性差等问题，发展适用于我国果蔬预冷装备，将会有较大的市场增长，预计在“十三五”期间有1万套果蔬预冷设备的市场需求。

目前发达国家人均年消费速冻食品一般在20kg以上，美国高达50kg，英国为30kg左右，而我国人均在9～10kg，人均消费较低。虽然受到国人喜欢鲜活食品、国内农村速冻需求不足等因素影响，速冻产业仍然被认为是制冷业中处于上升期的朝阳产业，我国速冻机产品尚有较大的发展空间。

我国在“十二五”期间冷库建设取得了飞速发展，但冷库总量仍不足，预期在“十三五”期间会有1000万～2000万t新建冷库。

我国冷链运输发展迅速，公路冷藏运输占货物运输总量的份额不断上升，2014年我国的冷藏车和保温车保有量为7.6万辆，发展迅速。但是，冷藏运输设备总量不能满足市场需求。所以冷藏车保有量在以后一段时间内将会持续保持增长态势，预计每年增加1万～2万辆冷藏车。

### 3.3.2 技术需求

#### 3.3.2.1 高效、环保、精准的冷链装备技术

冷链物流各环节的冷链装备是冷链物流体系的核心组成，其技术涉及食品品质控制、冷冻冷藏工艺、热工基础、制冷技术等，因此发展高效、环保和精准的冷链装备技术需要基础理论和关键应用技术不同层次的需求。

1. 基础研究需求

(1) 易腐食品与不同冷却介质的传热传质

需要掌握空气、水、冰、流态冰、液态和气态低温工质等冷却介质与易腐食品之间的传热和传质规律、食品在冷冻冷藏过程中非稳态热质传递规律、细胞间热质传递过程、玻璃态形成机理，了解不同冷却介质、冷却方式、冷却速率的食品冷却效果。

(2) 易腐食品品质与冷藏储运环境

冷藏储运的环境对易腐食品的品质影响很大，而表征环境的主要参数有温度、湿度、气体浓度、风速、压力、光强度以及各参数的波动等，对于不同种类的易腐食品，其冷藏储运所需的环境条件也各不相同。因此需要了解不同冷藏储运条件下不同成熟度的易腐食品的品质变化规律，掌握环境条件、相关加工工艺等因素对易腐食品品质的影响。

(3) 环保制冷工质及热力循环

寻求安全、高效节能、零 *ODP*、低 *GWP* 的替代制冷剂成为当前制冷界的一项紧迫而重要的任务，冷链装备也不例外。需要开发零 *ODP*、低 *GWP* 单组分制冷工质和混合工质，获取可靠、精确的热物性数据，以及关注环保工质可能带来的制冷循环的变化。

(4) 冷链装备中换热器的热质传递

冷链装备换热器具有低温、高湿、多相、结霜等特点，热质传递工况复杂。需要对低蒸发温度下管内流动沸腾换热、低温高湿情况下蒸发器表面结霜机理和规律、换热器空气侧不同结构换热规律、换热器霜层对空气侧换热影响等进行系统性研究。

(5) 冷冻冷藏用蓄冷材料

蓄冷是利用物质的显热或潜热特性将冷量储存起来，在用冷时再将冷量释放出来，以满足易腐食品冷冻冷藏储运时的用冷需求。需要针对冷库、冷藏车、运输冷藏箱等不同冷链装备的需求，从材料设计、制备和物性等基础问题方面入手，开发新型蓄冷材料。

2. 关键应用技术需求

(1) 典型易腐食品预冷、速冻、冷藏储运工艺

需要建立易腐食品的大宗化共性和特色个性化的品质控制方法体系，确定预冷、速冻、冷藏储运不同环节相应的工艺步骤，以保障易腐食品的品质。

(2) 低温环境强化换热技术

换热器的性能直接决定了制冷系统的效率，需要冻结冷藏换热器（冷风机）、速冻设备换热器、超低温换热设备等不同低温环境情况下，空气侧强化换热技术、换热器外表面抑制结霜技术、管内气液两相流动强化换热技术等。

(3) 环保工质制冷技术

根据对环保制冷剂高效、安全、零 *ODP*、低 *GWP* 的要求，需要低于－60℃的超低温冷藏设备用混合工质制冷技术；针对目前冷链中的分体式商用冷柜、中小型冷库等主要采用 R22 的制冷系统，需要发展中小型冷链装备用新型环保单组分制冷剂、天然制冷剂和混合工质的制冷技术。

(4) 低能耗高效制冷技术

需要无级变容量制冷技术，针对冷冻冷藏应用条件下不同的冷负荷需求对制冷系统进行变容量调节，可以在非满负荷工况下实现制冷系统的高效运行；在多温区冷库或冷藏车中，需要多蒸发温度的高效制冷循环；需要高效制冷压缩机技术；需要发展冷链装备制冷系统的智能控制技术，保证系统在全工况的高效率运行。

(5) 冷链装备中可再生能源应用技术

可再生能源与冷链装备的应用需求，例如风能直接驱动制冷技术、太阳能驱动双效吸收式制冷技术、冬季北方地区自然冷能利用技术等。

#### 3.3.2.2 氨制冷系统安全技术

氨制冷系统的安全运行是冷库安全生产的保障，而我国氨冷库事故多发的现状令人堪忧。从技术角度解决这个问题需要以下技术：

1. 氨充注减量技术

降低氨充注量，具体讲要研发高质量和高水平的 $NH_3/CO_2$ 复叠式制冷系统、载冷剂系统、$NH_3$ 直膨式制冷系统和超低充注量氨制冷系统，在不降低能效的情况下大幅度降

低氨的使用量。

2. 氨制冷系统泄漏检测技术

需要研究氨泄漏的流量/压力检测、泄漏点温度检测、激光光谱检测等新型检漏技术，与传统的氨浓度检测技术有机结合，形成泄漏点定位、氨泄漏多级预警自动检测体系，提升氨制冷系统的安全性。

3. 氨制冷系统泄漏应急处置技术

需要氨制冷系统泄漏应急处置技术，包括水幕隔离、爆破片、应急联动、氨回收等技术，多方式处置氨泄漏的危害，降低了涉氨冷库的泄漏所带来的风险。

#### 3.3.2.3　基于大数据的绿色冷链物流系统优化技术

需要开展冷链物流信息化技术的研究工作，重点突破易腐食品代谢产物、有害微生物、关键功能营养成分、新鲜度等关系到产品质量安全、销售价格的感知技术，发展食品品质感知技术；开发利用温度、湿度、光照、空气含氧量、乙烯含量、硫化氢含量等传感器的环境参数感知技术；结合GPS、北斗导航等定位系统，利用智能手机等移动终端，开发产品位置感知技术；将自动识别技术、实时感知技术和中心数据库有机结合，发展易腐食品安全溯源技术；基于上述感知技术和溯源技术，建立冷链物流数据中心，收集各环节实时数据，整合冷链物流资源以实现行业内的信息共享和协同运作。

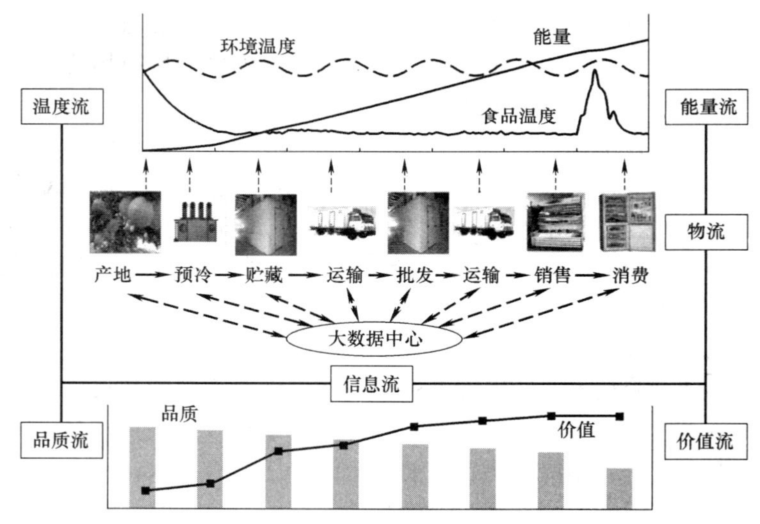


图3.3-1　冷链物流系统多流图

在冷链物流信息化技术基础上，将整个冷链物流作为一个系统，融合食品科学、农业科学、能源科学、制冷与低温技术、信息技术、物流管理、经济学等多学科的理论和方法，掌握易腐食品在整个储运过程中物流、温度流、能量流、信息流、品质流、价值流的变化规律（图3.3-1）；在保障易腐食品安全、食品品质、食品价值、近零腐损的前提下，以冷链物流的高效、环保和低成本为目标，采用高效、环保、精准的冷链装备，需要构建冷链物流系统理论模型，在信息技术和大数据的基础上，得出易腐食品冷链物流系统各环节的关联关系，获得易腐食品冷链物流优化流程和优化体系。

## 本章参考文献

[1] 国家发展和改革委员会. 农产品冷链物流发展规划，2010.
[2] 申江主编. 低温物流技术概论. 北京：机械工业出版社，2013.
[3] 宋晨，刘林宝，董庆利. 冷冻食品货架期研究现状及发展趋势. 食品科学，2010 (1).
[4] Tadhg Brosnan，Da-Wen Sun. Precooling techniques and applications for horticultural products：a review，International Journal of Refrigeration，2001 (24).
[5] 华泽钊，李云飞，刘宝林. 食品冷冻冷藏原理与设备. 北京：机械工业出版社，1999.
[6] 王世清，姜文利，李凤梅 等. 气调库与气调贮藏保鲜技术. 食品工程，2008 (10).
[7] J. E. Duiven，P. Binard，Refrigerated storage：new developments. Bulletin of the IIR，2002.
[8] J. A. Evans，A. Gigiel，Reducing energy consumption in cold storage rooms. IIR ICCC，2010.
[9] 谢如鹤. 冷藏运输原理与方法. 北京：化学工业出版社，2013.
[10] 中国物流与采购联合会冷链物流专业委员会. 中国冷链物流发展报告 (2015). 北京：中国财富出版社 2015.
[11] 中国制冷学会，佰世越管理咨询有限公司. 2014 年度中国制冷行业发展分析报告. 制冷技术，2015 (增刊).

本章执笔人：田长青、肖大海、申江、杨一凡、谢如鹤

# 第4章　生命科学与制冷技术

低温制冷技术与生命科学的结合形成低温生物医学技术，根据不同应用目的，既可以保护或保存生物活体，同时也可以对生物活体进行破坏或者治疗。低温生物医学技术与低温保存、冷冻干燥、低温医疗、基因等领域密切相关，相应的低温保存箱、生物样本库、血液操作台、血液冰箱、低温治疗仪、药品干燥机等设备应运而生，并发展迅速。

低温能抑制生命体的新陈代谢，因而被广泛应用于生物组织、细胞、器官等的低温保护或保存。人体的一些重要细胞组织低温保存和移植的成功，使得低温制冷技术在临床医学精准治疗、动植物种质资源、新药研制和保护等方面的应用，已经给医学、生物、农业等带来了巨大的效益，同时也使得低温生物医学成为颇受关注的交叉学科。在我国，低温生物医学的研究从20世纪80年代初开始兴起，至今已在离体生物细胞、组织和器官的低温保存等领域都取得了突破性进展。

尽管细胞、组织等可以在低温下实现长期保存，但如果操作不当，在细胞、组织的冷冻过程中也会造成低温损伤，包括常说的“两因素假说”，即冷却速率过慢导致溶液损伤，冷却速率过快导致胞内冰损伤。此外，深低温或玻璃化保存的生物样品在复温过程时，如果复温方式和复温速率不当，很可能存在因为过慢复温所导致的再结晶（或反玻璃化）损伤或过快复温所导致的热应力机械损伤，这也是目前较大体积生物材料深低温保存后没有成功复活的关键因素。当然，低温对于生物体来讲是一把“双刃剑”，众多研究者扬其长，避其短，利用低温造成细胞损伤开展低温治疗，大大推进了低温外科的快速发展。

低温生物医学的研究和应用，不仅促进了生物学、医学等基础学科的发展，而且为农业、畜牧业、医药工业、肿瘤治疗、医学转化以及食品工业的发展带来了巨大的效益。特别是近几年，血液制品的低温保存、临床生物样本库的建设和管理、生物药品的冷冻干燥、低温外科以及与低温生物相关关键设备的研发等领域有了很大的进步，已成为该领域新的增长点。

本章总结和评述了我国最近几年本学科发展的新方法、新成果、新技术等的概况和进展，分析我国低温生物医学发展的新需求和新方向，旨在提出本学科在我国未来的发展策略和对策，从而促进我国低温生物医学的发展。

## 4.1　我国生命科学与制冷技术相关产业的发展趋势

近年来，随着“个性化医疗”和“精准医疗”概念的提出，我国各大医院都在不遗余力地进行生物样本库的建设；而随着冻干食品、药品和生物制品需求量急剧增长，其冷冻干燥保存方法研究及其技术开发都有非常大的潜力；目前，低温医疗装备正逐渐成为临床“绿色疗法”的优选方法；低温生物医学相关科学和应用的仪器与装备亟待发展突破。

纵观全球，美国、欧洲以及国际卫生组织都投入了几千万美元到几亿美元来建立大型生物样本库。我国已先后建成了中国人类遗传资源平台、中华民族永生细胞库、华南肿瘤生物样本库、泰州人群队列样本库、北京重大疾病临床数据和样本资源库、上海生物样本库协作网络 6 大临床样本库平台，含约 700 多个各类疾病样本库。根据雅虎财经预测，到 2019 年，我国样本库的供应链产业将达到 57.4 亿美元。Versiongain 市场报告中也指出，到 2016 年，样本库的供应链产业加上样本本身的销售和服务产业总值将达到 215.8 亿美元。

2013 年，中国实验室冻干机行业进口冻干机市场份额达到 1.6 亿元左右。而生产型冻干机因成本高昂等因素，目前以国内产品居多，目前国内市场总值在 10 亿元左右。但随着生物医药产业的快速发展，其市场潜力巨大。

低温医疗是近年涌现出来的一种相当有效的新的物理疗法，以肿瘤冷冻治疗为例，目前我国已有超过 100 家医院开展肿瘤冷冻治疗业务，并呈快速增长趋势；而在美国，开展冷冻治疗的医院已超过 450 家。最近一些年，全球多个区域还纷纷成立冷冻治疗学会，旨在推进这一新型高效疗法的研究和应用。在当前飞速发展的信息技术和工业技术带领下，诸多低温生物医学仪器和设备得以成功研制并完善，并形成诸多新兴产业。

## 4.2　生物样本低温保存及样本库建设与管理

生物细胞在医疗中的应用，表现在对于机体原有细胞的补充或替代上，由于病人的组织相容性抗原的匹配问题、血型匹配问题、病人的身体状况及最佳应用时间等因素，使得生物细胞的应用多为择期使用，这就要求细胞在长时间内保持其生物学活性。特别是近些年，随着“个性化医疗”和“精准医疗”概念的提出，生物样本库成为低温技术在生物样本保存中的重要应用平台，反过来也大大促进了低温生物技术的快速发展。因此，本节重点就生物样本低温保存概况以及生物样本库的建设与管理进行归纳总结。

### 4.2.1　低温保存的生物样本种类

目前，进行低温保存的生物样本种类主要包括血液制品保存（4℃、−20℃）、干细胞保存（4℃、−80℃）、人类生殖细胞保存（精子、卵母细胞，−196℃）、种质资源保存（−80℃,、−196℃）、组织工程材料保存（−196℃）以及临床医学样本保存（−80℃）等。

### 4.2.2　生物样本库的建设及管理情况

“生物样本库”，其实质为“一个有组织的搜集人口或大规模族群生物材料和相关数据和信息并加以保存的机构”。个性化医疗是近几年被广泛关注的理念，它能为每个患者提供最适合的治疗方法，而个性化医疗依赖于高质量、信息完整的生物样本。建立生物样本库，严格标准化储存样本，并有效地为科学研究、疾病治疗做服务是广大科研机构工作的重点之一。

在疾病生物样本库中，肿瘤组织库最先开始发展。天津肿瘤医院从 2004 年在美国癌症基金会的支持下，开始规范化、规模化建设肿瘤组织库。之后，国内各大肿瘤医院和大型综合医院陆续开始规范化、规模化建库，目前范围和规模还在持续增加中。以规模较大的复旦大学附属肿瘤医院为例，样本以每年 1.5 万例的速度在增加，截至 2015 年 12 月，共收集了 14.9 万例共计 140 万份样本，存储在 40 多台低温存储设备里。

国内人群生物样本库的典型项目为中国慢病前瞻性研究项目（又称 China KadoorieBiobank），在 2004～2005 年期间采集了 10 个地区的 506673 人的 200 万份样本。此后又有各种地区性或特定项目的大型队列研究项目陆续开展，如复旦大学泰州队列、糖尿病队列、东风-同济队列、广州出生队列等，规模均是数十万人数百万份样本，低温存储设备从几十台到数百台不等。

随着干细胞技术的发展和免疫治疗的突破，近两年国内的干细胞库和免疫细胞库也开始突飞猛进，多家上市公司投资参与了这些商业运营库的建设。

国内生物样本库行业整体发展中，有以下几个标志性的事件：

2009 年，中国医药生物技术协会组织生物样本库分会成立，行业协会的成立推进了行业规范的设立，促进了业界的交流。

2011 年，“重大新药创制”科技重大专项设立重大疾病生物资源标本库子项，这是第一个国家级的生物样本库专项项目，促进了各大医院加快投入样本库建设。

2015 年，中国宣布将在精准医疗领域投入 600 亿元，专家提出生物样本库是精准医疗的基石，生物样本库受到前所未有的重视。

2015 年，科技部颁布人类遗传资源管理行政许可服务指南，为生物样本资源的规范化管理设立基本准则。

2015 年，全国生物样本标准化技术委员会成立，未来几年标准化的生物样本将带动基础临床和转化研究，加快中国生物医药事业走向国际前列。

#### 4.2.2.1 临床医学样本的主要类型

临床医学的生物样本主要包括原始样本、分离提取物和分子衍生物三大类。其中，原始样本包括体液（如血液、脑脊液、胸水、腹水、房水等）、组织和器官（如穿刺活检或手术切除的肿瘤、肿瘤旁及正常组织、创伤切除的组织、骨髓穿刺得到的骨髓组织、关节置换产生的原关节、器官移植后的原器官、眼科手术产生的玻璃体、角膜等）和排泄物（如尿液、粪便、唾液、毛发、指甲等）。分离提取物是指从原始样本中通过生物方法分离提取的二级样本，包括血液来源的血清、血浆、血细胞及其他体液离心产生的上清、沉渣及细胞；组织和器官来源的基础上制作的冰冻组织切片、石蜡包埋切片、组织芯片等；从组织器官提取的活细胞样本等；排泄物来源，如肠道微生物及尿液离心产生的上清及沉渣等。分子衍生物一般包含以上样本来源的 DNA、RNA、蛋白、代谢小分子等。图 4.2-1 展示了常见的用于长期储存的生物样本种类。

不同的样本类型，其储存方式和对应有效期限均有不同，而有效期限的主要决定因素是温度，此外还有容器介质和添加剂，以及采集及前处理方法，这些都是样本科学与低温生物学交叉的领域。

#### 4.2.2.2 生物样本库的分类

生物样本库的分类依据有多种，常见的有：样本来源、管理机构、研究目的以及规模大小等。根据样本来源的分类如图 4.2-2 所示，以规模大小的分类如表 4.2-1 所示。

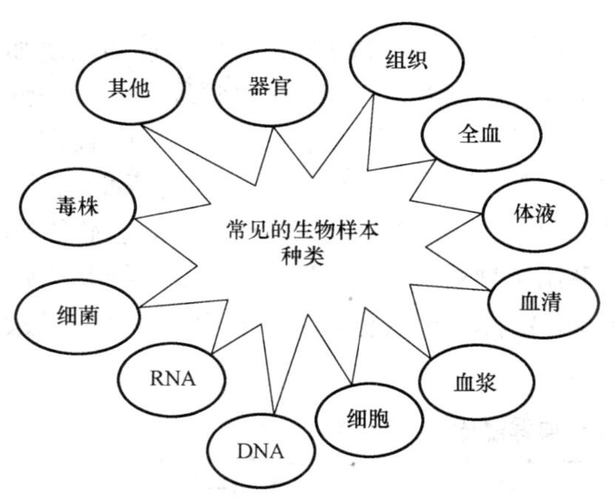


图 4.2-1 常见的用于长期储存的临床生物样本种类

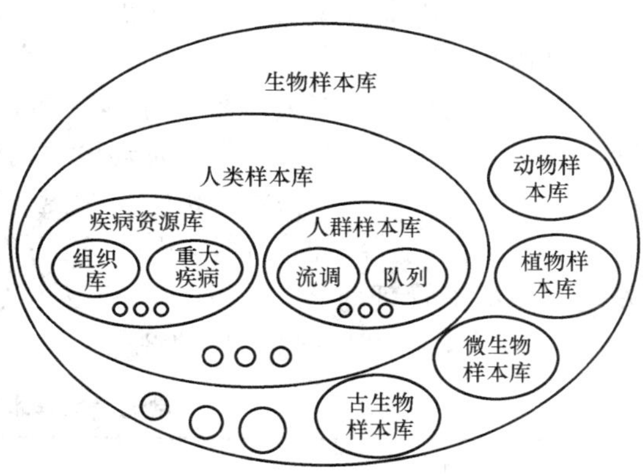


图 4.2-2 样本来源分类

#### 4.2.2.3 生物样本库的相关产业装备

生物样本库相关产业装备主要包括低温存储设备、样本过程处理装备以及配套信息化管理系统等，表 4.2-2 总结了常见生物样本的推荐保存温度。低温存储设备用于满足样本

样本库规模级别分类　　表 4.2-1

| 样本库规模 | 保存环境 | 样本容量(万份) | 储存空间($m^2$) |
|---|---|---|---|
| 小型生物样本库 | 深低温 | <5 | <100 |
| | 超低温 | <10 | |
| | 常温 | <15 | |
| 中型生物样本库 | 深低温 | 5～15 | 100～300 |
| | 超低温 | 10～30 | |
| | 常温 | 15～45 | |
| 大型生物样本库 | 深低温 | 15～30 | 300～600 |
| | 超低温 | 30～60 | |
| | 常温 | 45～90 | |
| 超大型生物样本库 | 深低温 | >30 | >600 |
| | 超低温 | >60 | |
| | 常温 | >90 | |

推荐的保存温度，目前常用的样本库低温存储设备包括 4℃冰箱、－20℃冰箱、－80℃冰箱、－150℃冰箱以及液氮罐等。近来，自动化低温存储设备也开始得到越来越多的关注，随着技术的成熟、成本地降低，结合其高效、统一、规范的特点，有望在不久的将来被广泛使用于大型及超大型的生物样本库。低温存储设备的市场需求巨大，据统计，随着样本库行业的迅猛发展，国内样本库每年平均采购近 2 万台低温存储容器用于样本储存。

可靠性和可追溯性是生物样本库的两个关键特性。生物样本库的工作内容涵盖了样本的采集、处理、储存、质量控制、信息管理、应用及分享等。为保证样本质量的可控，过程处理设备中很多设备也涉及低温的维持。表 4.2-3 以最基本的区域划分方案，汇总了相关设备。

建立计算机虚拟库用于样本的识别和追踪是生物样本库管理的核心内容。手动记录和识别因其低效率和高出错率，不适合用于大型的样本库。生物样本库冻存管理软件具备强大的样本识别和追踪能力。每个样本上都有唯一的条码，可以通过扫描在系统中查询位置、样本源信息等。上海新华医院建设生物样本库进行跟踪队列研究。目前可存储血液、血清、血浆、脐带血、头发、指甲、胎盘、尿液、乳汁、唾液等。规模是超低温冰箱 30 台，低温冰箱 11 台，保存样本超过 150 万份，采用生物样本库资源管理信息系统和冷链安全监控系统管理监控。深圳华大基因生物样本库采用超低温冰箱 16 台，保存血液、DNA 等样本，内部情况见图 4-2-3。

常见生物样本的推荐保存温度　　表 4.2-2

| 科研用途 | 样本类型 | 样本推荐保存温度 |
|---|---|---|
| DNA 提取 | 新鲜组织 | －20℃ |
| | | ≤－80℃ |
| | 白细胞(先提) | ≤－80℃ |
| RNA 提取 | 新鲜组织(先提) | ≤－80℃ |
| | 血浆(先提) | ≤－80℃ |

续表

| 科研用途 | 样本类型 | 样本推荐保存温度 |
|---|---|---|
| microRNA 的提取 | 血清、血浆(先提) | ≤−80℃ |
| 蛋白质提取 | 组织(先提) | ≤−80℃ |
| | 血清(先提) | ≤−80℃ |
| 形态学 | 石蜡切片 | 常温 |
| 免疫组化 | 石蜡切片 | 常温 |
| | OCT 冷冻切片 | −20℃ |
| 免疫荧光 | OCT 冷冻切片 | −20℃ |
| 科研方向不明确 | 所有类型样本 | ≤−150℃ |

**常见的样本库区域及对应手动、自动方案的处理设备　　表 4.2-3**

| 样本库区域 | 手动方案 | 自动方案 |
|---|---|---|
| 样本接收区 | 电脑、条码打印设备、条码扫描设备、低温转移容器、低温暂存容器 | 电脑、条码扫描设备、低温转移容器、低温自动挑管器、低温暂存容器 |
| 样本前处理区 | 生物安全柜、低温操作平台、低温离心机、通风橱、组织处理相关设备 | 全自动液体前处理设备、低温离心机、通风橱、组织处理相关全自动设备、全自动核酸提取仪 |
| 样本质量控制区 | 电泳仪、凝胶成像系统、紫外分光光度计等 | 多功能生物分析仪 |
| 样本储存区 | 液氮罐、超低温冰箱 | 自动化存储系统(−20℃、−80℃、−196℃) |

图 4.2-3　深圳华大基因生物样本库

## 4.3　食品、药品及生物制品的冷冻干燥

冷冻干燥简称冻干，就是将含水物质先冻结成固态，然后使其中的水分从固态升华成气态，以除去水分而保存物质的方法。冻干的物料能在常温下长期保存，而且性能稳定、便于运输；干燥后的物料疏松多孔，保持了原来的结构且复水性极好；物料中的一些挥发性成分和受热变性的营养成分损失很小。

### 4.3.1　冷冻干燥技术的主要应用领域

冷冻干燥技术在多个领域有着广泛的应用，主要分为以下几类：

(1) 冻干药品和生物制品：抗菌素、抗毒素、干扰素、细菌、病毒、疫苗、菌苗、血液制剂、诊断制剂、生物标准品、酶制剂、维生素、激素、培养基等。

(2) 冻干食品：蔬菜类；水果类；鱼、肉类；方便食品类；调味品类；饮料类；营养品类。

(3) 其他应用：包括血液、细菌、动脉、骨骼、皮肤、角膜、神经组织等的长期保存；陶瓷和金属粉末、微米和纳米级超细粉末等制备；动植物标本、植物生长和土壤研究、考古和古书画复原等。

### 4.3.2　药品及生物制品冷冻干燥现状

冻干药品及生物制品由于其稳定性、便于储存等优势，在药品中的比例越来越大。我国目前年产冻干粉针超过11亿瓶。据中国制药装备协会相关负责人表示，目前，我国粉针制剂中有20%的药品为冻干制剂，在化学原料药中有5%～6%的药品为冻干药品，在生物制剂中，冻干药品的比重达30%。而在国外，粉针制剂中有50%～60%的药品为冻干制剂，化学原料药中有20%的药品为冻干药品。因此，我国冻干药品的比例还有大幅提高的空间。近年来，我国制药行业保持快速增长，尤其生物制药的增长率达到30%，作为制造医药产品的医药冻干机及其系统必将得到快速增长。

### 4.3.3　食品冷冻干燥现状

冻干食品在国际市场的价格是热风干燥食品的4～6倍，是速冻食品的7～8倍，且其产量正以每年30%的速度递增。目前，美国每年消费冻干食品500万t，日本160万t，法国150万t。日本每年需花1000亿日元进口冻干食品，日本、美国及欧洲等地每年均需冻干大蒜粉6000t，可见冻干食品的国际市场很大。国内冻干食品工业尚处于发展初期，产量还很低。目前，我国生产的冻干食品主要包括：汤料、虾仁、半成品（如鸡蛋粉）、保健品（如冻干人参）及方便面调料（如方便面中的脱水菜、肉丁）等，产量不足3000t。国内外对冻干食品的巨大需求，为我国发展冻干食品工业提供了大好的机遇。

目前，国产食品冻干机还都是非标准化产品。大部分生产厂家走的是仿制道路，有的厂家在采用国外先进技术的同时，也进行了很大的改进。除了上述药用冻干机所提到的类似技术问题之外，食品行业产品附加值很低，冻干机巨大的能耗、高额的维护费、操作员工的技术水平成为制约要素，使得冻干食品成本极高，影响了冻干食品的市场销量。

### 4.3.4 冷冻干燥装备产业情况

按照冷冻干燥机的用途和设备规模，可以分为实验型冻干机和生产型冻干机两类。

实验室冻干机主要应用在生物技术、临床医学、动植物研究、土壤研究、海洋学、考古等科学研究领域，也用于小批量生产试制。2013 年中国实验室冻干机行业市场进口冻干机市场份额达到 1.6 亿元人民币左右，其中美国 Labconco 实验室冻干机销量约 400 台，销售额达到 0.7 亿元人民币左右，占到进口冻干机销售份额的 50%以上。德国 Christ 实验室冻干机销量 200 台左右，销售额大约 0.4 亿元人民币。美国 Virtis 实验室冻干机销量 100 台左右，销售额约 0.2 亿元人民币。2013 年中国实验室冻干机行业市场国产冻干机市场份额约 0.3 亿元人民币，其中北京博医康销量 1100 台左右，销售额约 0.15 亿元人民币。

一般来讲，进口冻干机性能优越，能够全程模拟冻干过程。共晶点测试、在线取样、在线水分测试、冻干终点测试等设施齐全。而国产冻干机性能虽然在基本的使用上没有什么本质的区别，但在冻干工艺分析设备方面还属空白。从实验室冻干机质量状况来看，国外实验室冻干机整体质量高于国内冻干机厂家，整体质量故障率在 1%左右，而国内实验室冻干机故障率还较高，与厂家的制作工艺、技术水平有关系。

而生产型冻干机因成本高昂等因素，目前以国内产品居多，生产企业约有 500 家左右，有代表性的是上海东富龙有限公司的产品（占国内市场的 60%～70%）。目前国内市场总值在 10 亿元左右，随着生物医药产业的快速发展，市场潜力很大。

### 4.3.5 冷冻干燥技术装备存在的不足与发展趋势

有些国产冻干机存在一些不足之处：搁板温度不均匀，造成冻干产品含水率不均匀，产品合格率受影响；干燥速率低，这与搁板温度不均匀，真空系统配置得不合理有关，主要体现在捕水器配置得不合理，水蒸气喷射泵性能不稳定，抽气口位置不合理等；无法判断干燥何时结束，可能造成产品含水率高而不合格，也可能造成干燥时间过长而浪费能源；捕水器设计不合理而导致捕水器效率低；真空系统设计不合理而导致真空度不稳定。

国产冻干设备的发展趋势：

(1) 改进结构，优化设计，降低成本，减少能耗。搁板表面涂高性能远红外发射材料，增强其辐射能力；料盘表面处理，增强其吸热能力。料盘在两块辐射搁板之间有一最佳位置，而不是取中间位置，因此应优化设计。捕水器的结构、尺寸、结霜特性的优化，更有实际意义，因为它的造价目前几乎相当于冻干箱的造价，运转功耗较大。

(2) 设备所控制的工艺参数精确化。控制适合制品理化特性、细菌活性的冻结速率和升温速率，控制一次干燥期间基本恒定的升华速率即具有一定精度范围的真空度和针对已干燥制品的残余含水量的二次干燥期间的冷凝器温度，控制利用湿度传感器测定内部的水汽分压或者露点温度来直接确定干燥结束点。

(3) 开发全自动无人操作、免维修型冻干机。冻干机上每一个执行件或动力件可在线监控、记录、显示，从装料开始、冻干、出料、CIP/SIP 等通过设定时序与冻干工艺曲线，实现全自动无人操作型冻干设备，以满足 GMP 对设备的过程管理要求。冻干设备中的心脏部件目前多用活塞型制冷压缩机，由于低温型螺杆压缩机特有的优良性能如可靠性、低的能耗、无级能量调节功能，将成为未来冻干机的心脏部件的替代。

（4）提高大型原料用冻干机（30～40$m^2$ 以上）的效率。开发双冷凝器、不停机交互真空除霜方式和螺杆压缩机能量调节等技术，以使冻结制品升华速率始终保持最大恒定值，缩短冻干时间、降低能耗。

（5）提高卫生标准。西方国家在食品生产企业开始推行 HACCP 系统，对食品加工设备的消毒杀菌、卫生管理等提出了更加严格的要求。以此为契机，日本许多厂家纷纷将原有镀锌钢板的真空干燥室改为不锈钢真空室。冻干设备的服役期一般为 20～25 年，HACCP 系统已经进入中国，因此我国冻干机产业的厂家积极推广。

# 4.4 低温医疗装备

低温医疗作为生物医学工程学领域内的一门新兴的交叉学科，是近年来涌现出的一种相当有效的物理疗法。其原理在于：通过低温治疗疾病，改善机体功能，促进人体健康。主要特点包括：治疗快速，副作用小，止血无痛，病人生活质量高等。以肿瘤冷冻治疗为例，目前我国已有超过 100 家医院开展肿瘤冷冻治疗业务，并呈快速增长趋势；而在美国，开展冷冻治疗的医院已超过 450 家。低温医疗装备研发空前活跃，最近一些年，全球多个区域还纷纷成立冷冻治疗学会，旨在推进这一新型高效肿瘤疗法的研究推广和低温医疗设备应用。

## 4.4.1 低温医疗实现的技术途径

一般来讲，实现低温医疗的技术途径有三种，即相变制冷、节流制冷和热电制冷三种。

### 4.4.1.1 基于相变制冷的低温冷冻治疗仪

所谓相变制冷是指利用制冷剂相态发生变化（如液体蒸发、固体升华）的物理过程达到制冷的目的。医用制冷设备中常用的制冷剂包括：液氮、液态二氧化碳（干冰）和氟利昂等，而其中液氮的应用最广。这类产品易于研制，但国外产品种类比较国内更丰富一些。如 CryoPro 公司生产的便携式液氮治疗仪，该装置操作很方便，广泛应用于皮肤病的治疗（图 4.4-1）。

近年来，在低温医学界研究人员的努力下，逐渐在桑拿领域内出现了一种新型保健方法，即低温桑拿。其原理在于利用低温蒸气对人体的冷刺激作用进行理疗。生理学研究表明，冷刺激有强烈的促使血管收缩的作用，还可改变血管的通透性，因而具有防止水肿及渗出作用。在对皮肤的影响方面，由于皮肤的冷觉感受器数目比热觉感受器多，因而对冷刺激要比热刺激较为敏感，利用冷刺激可以有效地调节人体的血液循环状况及神经、肌肉等的工作状态从而缓解人体疲劳程度。Cryohealthcare 公司推出的全身低温桑拿设备 Cryosauna（图 4.4-2），在冷冻室里通过液氮来降温，设备将在 3min 内把皮肤暴露在－18℃（约 0℉）以下。皮肤温度会下降到 0℃（约 32℉）左右，然后上升至（35℃）（约 95℉）接着回到正常的 32.5℃（约 90.5℉），治疗过程中身体将沉浸在液氮产生的烟雾中，头部固定在冷气之上。这种疗法能够把血液循环的速度提高 6 倍，冲走乳酸和其他有害物质，加快身体的恢复。根据报道，目前很多 NBA 球队和著名足球运动员比赛后在这种仪器里接受 2～3min 的理疗，以加快身体恢复速度。

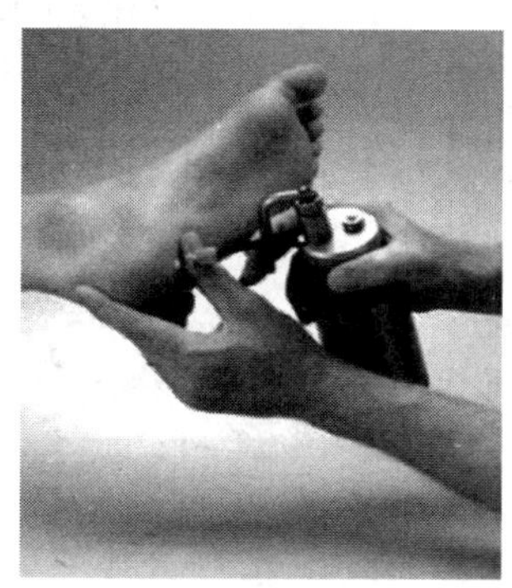

图 4.4-1 某公司生产的便携式液氮治疗仪

### 4.4.1.2 基于气体节流效应（Joule-Thomson，J-T）制冷的低温冷冻治疗仪

高压气体流经管道中的小孔时，压力发生显著降低，节流后的温度发生变化，这即通常所说的节流效应。采用常温气体高压节流的制冷设备发展至今已有多种产品问世，目前

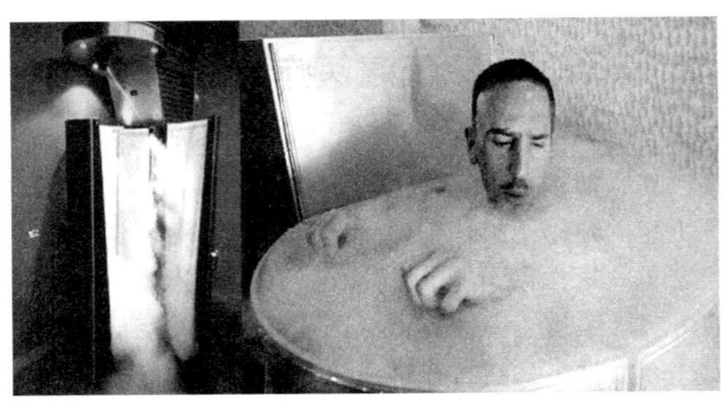

图 4.4-2 桑拿设备 Cryosauna 和著名球星正使用设备在理疗

应用最成功也最广泛的有美国 Endocare 公司和以色列 Galilmedical 公司生产的氩氦冷冻系统（图 4.4-3）。氩氦冷冻系统所用的冷媒为氩气、热媒为氦气，系统运行时，氩气在 2500psi（约 17327kPa）下工作使得针尖温度降至－140℃，而氦气工作在 1000psi（约 6895kPa）下使得针尖温度回升至 20℃。但以氩气、氦气为主要工质的冷冻医疗设备所用的气体为国家军事战略物资，国内产量极少，需要从美国进口；所用气体为高压气体，设备运输困难，多只在一线大城市才能购买到，对技术的推广有较大的限制；氩氦冷冻医疗设备均来自国外厂商，设备售价高昂。中国科学院理化技术研究所研制的复合式肿瘤微创超低温冷冻消融治疗技术是国内外首次集超低温冷冻治疗与高温热疗功能于一体的医疗设备“康博刀”（图 4.4-4），符合单一冷冻治疗和高温热疗的观念（最低温达到－196℃，高温达到 80℃），为肿瘤的高效靶向治疗提供了有力的工具，且运行过程所需工质耗材易获取，工质耗材成本仅为国外同类产品的 1%～2%。

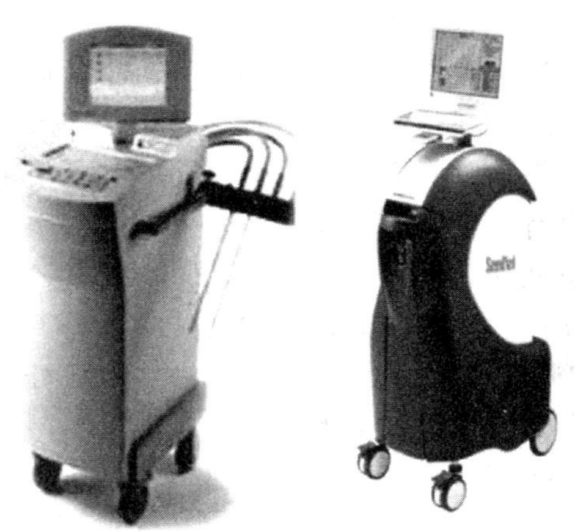

图 4.4-3 美国 Endocare 公司和以色列 Galilmedical 公司生产的冷冻治疗设备（氩氦刀）

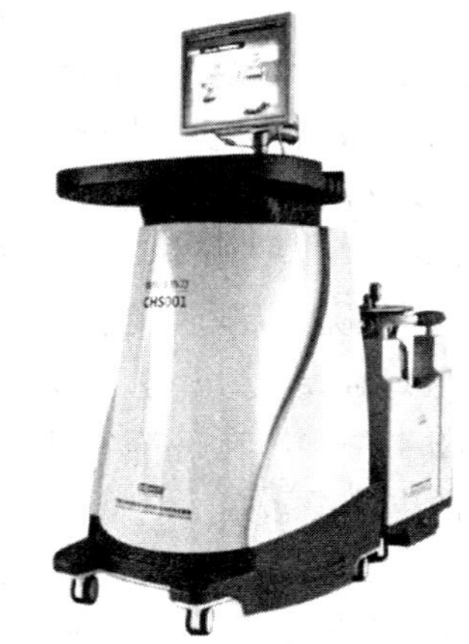


图 4.4-4 复合式肿瘤微创超低温冷冻消融治疗系统（康博刀）

#### 4.4.1.3 基于热电制冷效应的低温医疗装备

利用半导体的帕尔贴效应，只要接通电源就可以实现温度降低，在临床上应用十分方便，目前已用于眼科、耳鼻喉科等领域。但此类仪器需要解决好热端散热的问题，这也制约了该技术在低温手术中的推广。图 4.4-5 所示为采用半导体制冷实现冷冻粘连，可以实现病灶区的摘除，如坏死眼球冷冻粘连摘除手术等。冷冻粘连手术过程一般是通过微细冷冻刀头将局部组织快速降温和冻结，从而将靶向组织与刀头粘连一起，最终实现定点摘除。冷冻粘连摘除技术具有微创、减少出血、镇痛等优势，具有较大的临床应用价值。

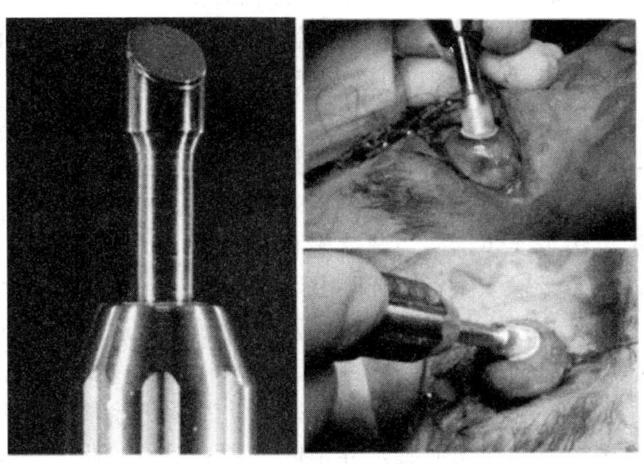

图 4.4-5 微细冷冻刀头将局部组织快速降温和冻结

#### 4.4.1.4 其他正在研发的低温治疗技术

1. 心脏冷冻消融术

冷冻消融是继射频消融之后治疗心律失常的一种新技术，其原理是通过液态制冷剂的吸热蒸发，带走组织的热量，使得消融部位温度降低，异常电生理的细胞组织遭到破坏，从而减除心律失常的风险。冷冻消融可以用来治疗房室结折返型心动过速（AVNRT）、房颤、房扑等，相比射频消融术而言，低温消融过程中患者疼痛度大幅降低（图 4.4-6）。

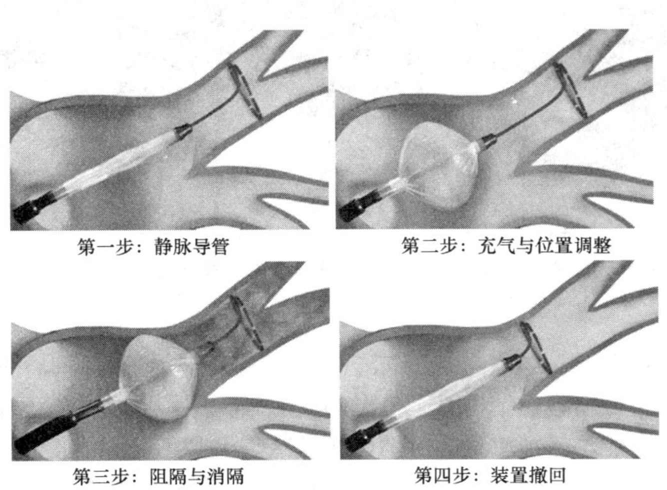


图 4.4-6 冷冻球囊工作示意图
（来源：http：//www.medtronic.com）

2. 低温脑保护装备

脑中风、高（或低）体温症等病理状态中脑热失衡尤为严重，且是加剧脑损伤的首要诱因。脑卒中或脑血管意外（CVA）会对大脑组织造成突发性损坏，通常发生在向大脑输送氧气和其他营养物的血管爆裂之时，或发生在血管被血凝块或其他颗粒物质阻塞之时。如果神经细胞缺乏足够的氧气供给，几分钟内就会死亡。脑组织的代谢率决定脑局部血流的需求量。体温每升高1℃，脑代谢率大约增加8%，而局部脑冷却可以有效缓解氧气供给量的需求。中国每年有150万～200万新发脑卒中的病例。目前我国现存脑血管病患者700余万人，而这些患者当中约70%为缺血性脑卒中患者。因此，脑低温保护对这类病理状态的改善和恢复具有重要的临床意义。特别是在一些急性脑血管疾病以及脑损伤抢救性治疗过程中，通过对大脑进行有效的选择性冷却，降低局部代谢率以减少对氧气的需求，从而延长抢救生命的时间窗口。

目前脑低温保护方法主要包括头盔式冰帽和管腔式主动冷却技术。冰帽降温的原理是通过头皮热传导方式将冷量输入大脑内部（图4.4-7左），该方法较为简单但冷却效果时效性较差。管腔式主动冷却技术是借助于鼻腔及血管（如通过静脉注射低温生理盐水）等腔道，将可控的冷剂量快速输送至大脑内部，该技术临床操作相对复杂，但降温效果显著（图4.4-7右）。值得指出的是，这些方法试图对整个头部进行降温，其靶向性较弱以致降温效率难以提升。快速定位脑损伤或脑热异常区域是实现靶向选择性冷却的核心环节。而目前这方面的研究和技术进展偏少。

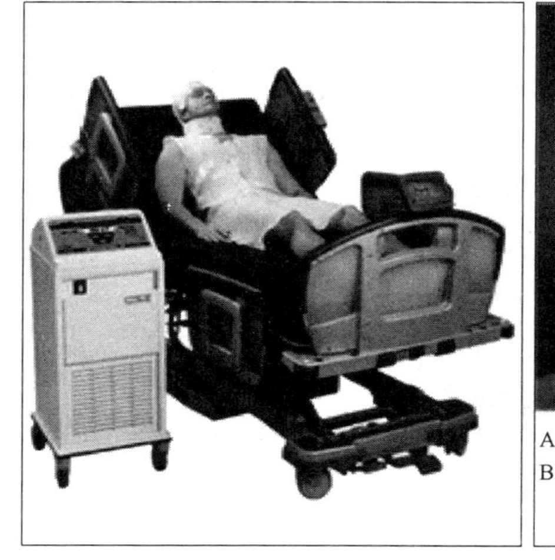

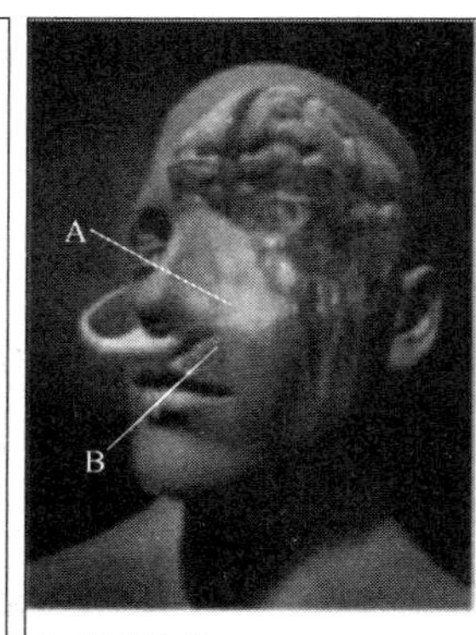


A：喷雾冷却
B：鼻腔导管

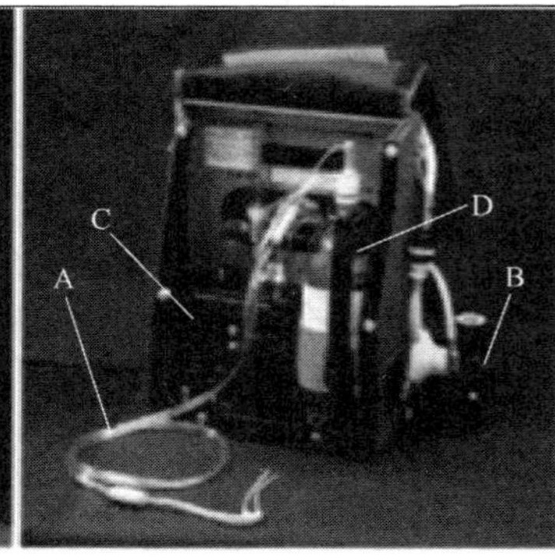


A：鼻腔导管
B：氧气瓶
C：控制单元
D：冷却液瓶

图4.4-7　Cincinnati Sub-Zero公司研发的Head Wrap（左），鼻腔介入式脑低温保护仪器（右）

3. 低温减脂装备

低温减脂（Cryolipolysis），是将冷冻溶脂仪置于人体皮肤表面，使皮下组织冷却到4～5℃，由于只有脂肪细胞的结构对于低温的反应较为敏锐，诱导脂肪细胞提前凋亡，并通过新陈代谢排出体外，达到瘦身的目的，而且冷冻溶脂不会影响皮肤、肌肉、血管、神经及其他细胞组织。低温减脂设备“Zeltiq”由哈佛大学和马萨诸塞州总医院的研究人员研制，在美国、英国、加拿大等国家已得到广泛的临床应用，截至目前，已经完成200万低温减脂疗程（图4.4-8）。

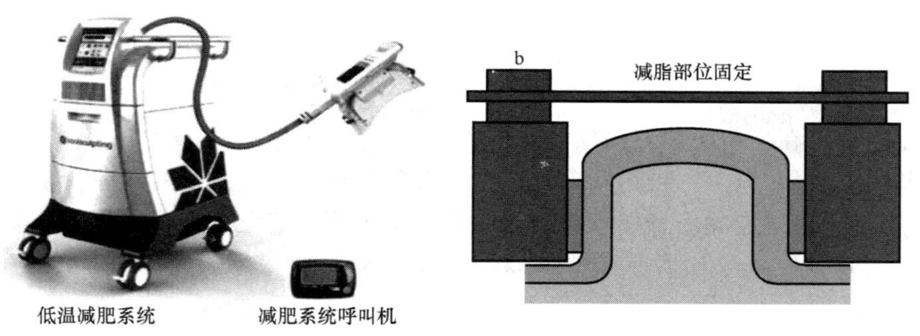


图 4.4-8 低温减脂及原理图

### 4.4.2 低温医疗装备的发展趋势

随着临床医学和相关高新技术的快速发展，低温医疗装备呈现出以下发展趋势：临床界对微创、高效、低副作用的低温医疗装备需求巨大，该领域将迎来新的发展机遇，呈快速增长趋势；低温医疗装备的应用对象也呈多样化发展趋势，如肿瘤病人、心血管病人、肥胖病人、亚健康人群等；低温医疗也会与其他治疗方式，以及医学影像技术、纳米材料、新制剂等相结合，从而促成医疗科技的协同发展。

# 4.5 低温生物相关实验仪器情况

随着制冷技术在生物医学工程领域的广泛应用，低温生物医学技术在临床和商业领域发挥着日益重要的作用，并逐渐形成一个技术和产业群，具有重要的产业价值和学术意义。在 21 世纪飞速发展的信息技术和工业技术的带领下，诸多低温生物医学仪器和设备得以成功研制并完善，有力推动了整个学科的快速发展，带来了新的技术突破，并形成诸多的新兴产业。

## 4.5.1 程序降温仪

在进行生物材料的低温保存时，为尽可能提高细胞存活率，不仅需要添加低温保护剂，还需要对不同的细胞设置不同的降温和复温过程。程序降温仪是提供样品低温保存时可靠和精确的温度调节的一种关键设备。目前的程序降温仪主要可分为三类：液氮喷射式；机械升降式（利用液氮容器内气相区随着高度的变化产生的温度梯度）；液氮浸泡被动导热式（图 4.5-1）。利用温度传感器精确测量温度变化，使用反馈控制系统，通过持续可变的热流调节使得样品温度达到预设温度。

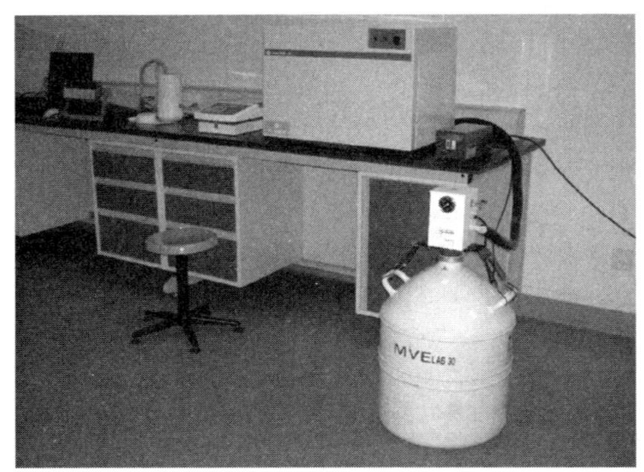


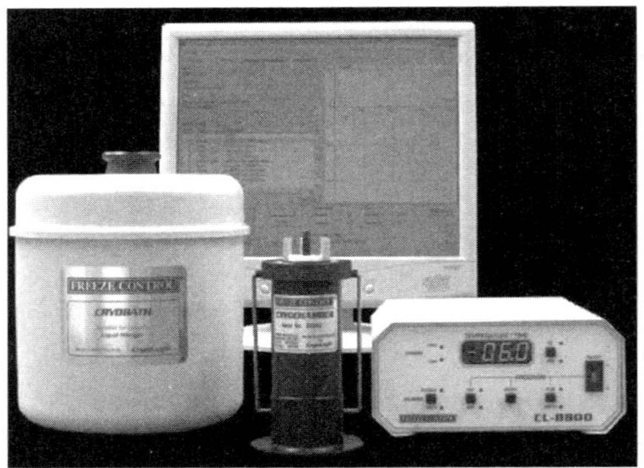


图 4.5-1 程序降温仪（左：英国 PLANER KRYO 560-16，液氮喷射式；右：澳大利亚 CL-8800，液氮浸泡式）

目前市场上的程序降温仪已大量商业化，其温度控制范围可达 40～－180℃，温度精度为<0.5℃，降温速率范围为 0.1～50℃/min，升温速率范围为 0.1～30℃/min。已广泛应用于血袋、胚胎、骨髓、皮肤、各种细胞等的程序化降温过程中。目前该设备的市场均价在 10 万～80 万元左右，包括各地企业在内，其市场总份额在 100～500 台左右，该设备总销售额在 1 千万～4 亿元之间。

## 4.5.2 低温循环浴

低温循环浴又名低温恒温反应浴或低温恒温槽，适用于科研、医药、化工等多行业进行低温实验，可代替干冰和液氮做低温反应或为相关设备提供低温条件，利用全封闭压缩机组制冷，制冷系统具有过热、过电流多重保护装置，以无水乙醇或水或油作为冷媒（图

4.5-2)。低温循环浴可以在恒温槽底部加装磁力搅拌器，使浴槽内介质溶液流动，以达到低温浴槽内温度更均匀、温度控制更精确的效果，同时还可以使受试液体在聚四氟搅拌子的搅拌下流动，使受试溶液温度更均匀，反应更充分。还可在设备内增设循环泵，实现低温冷却液循环泵的效果，达到一机多用的目的。储液容积 2～100L，空载最低温度可达－100℃左右。我国已有多家公司实现该产品的量产，已基本可以替代进口同类产品。目前该设备的国外进口型号需要 20 万～50 万元左右，国产替代型号的市场售价在 1 万元左右，该产品的国内市场需要量至少在 2 万台以上，相应的市场销售额也至少在 2 亿元以上。

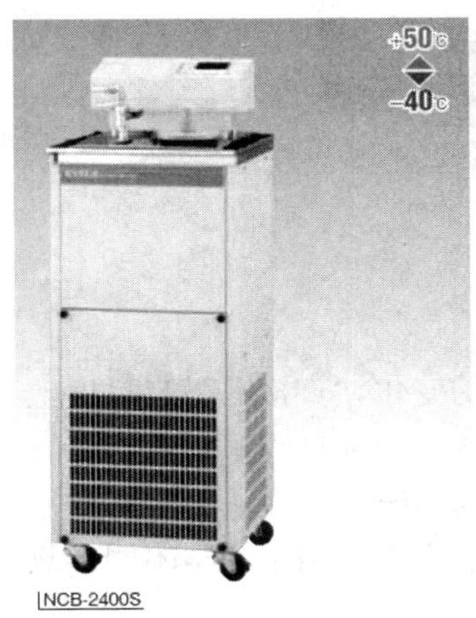

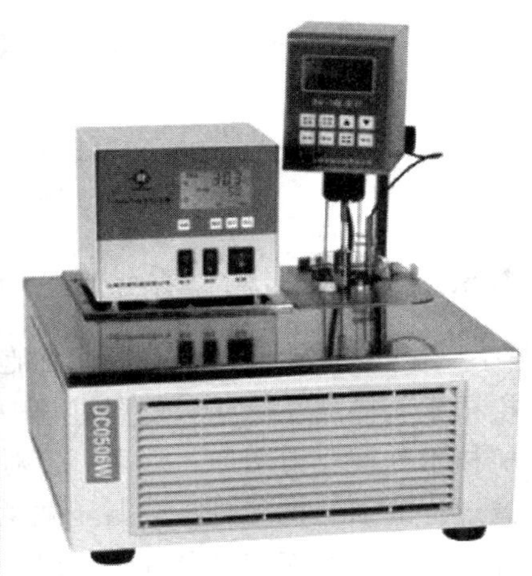


图 4.5-2 低温循环浴产品

## 4.5.3 低温冷冻储存箱

机械式制冷低温冷冻储存箱是生物医学工程、农牧业、水产等领域的重要基础设备。过去很长一段时间，温度在－40℃以下的机械式制冷低温冷冻储存箱技术被少数国外企业垄断。国际上主要有日本三洋，美国 Revco、Forma 和 Thermo（Revco 和 Forma 已经被 Thermo 公司并购，成为其旗下两大低温冷冻储存箱品牌）等。

目前，我国开展低温冷冻储存箱技术研发的单位有很多，如中国科学院理化技术研究所、上海理工大学、浙江大学、华中科技大学、西安交通大学等。中国科学院理化技术研究所注重对新型制冷技术和应用工艺及低温冷冻储存箱技术的创新和优化，首次采用同一种机械式制冷技术实现了“全温区系列机械式制冷低温冷冻储存箱”的全温区（－30～－186℃）覆盖。它比国际上通用技术产品能耗降低 30%以上，生产效率提高 30%以上，硬件成本降低 20%以上。全温区系列均已实现规模生产并批量出口。具有自主知识产权的新型“全温区系列机械式制冷低温冷冻储存箱”技术的成功产业化（图 4.5-3），由中国科学院理化技术研究所（第一完成单位）和中科美菱低温科技有限责任公司共同完成的“全温区机械式制冷低温冷冻储存箱技术”荣获中国制冷学会科技进步一等奖。

我国生产低温冰箱主要有青岛海尔和中科美菱等，他们的产品在中华骨髓库、国家基因库、儿科样本库等数百个项目中得到应有，取得良好经济效益和社会效益。青岛海尔特种电器有限公司和上海理工大学的“低温冰箱系列化产品关键技术及产业化”荣获 2013

年国家科技进步二等奖。

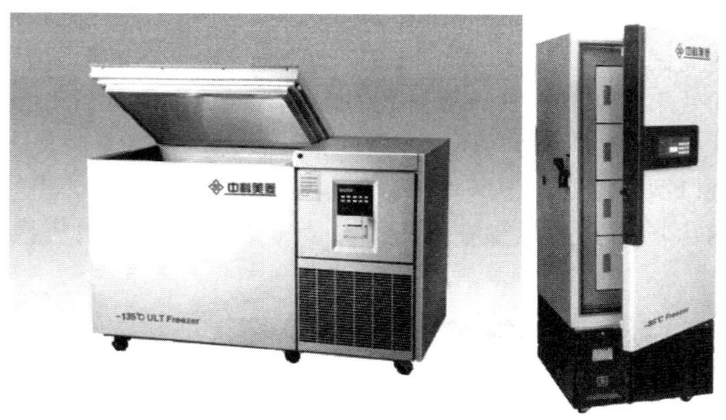


图 4.5-3 低温冷冻储存箱（中科美菱－135℃和－80℃）

## 4.5.4 低温显微镜系统

低温显微镜通过精确控制细胞或组织的温度在一定范围内的变化，直接在微米尺度上摄录生物样品在冷冻和复温过程中的形态变化，尤其是样品相变的精确过程，再通过计算机技术处理获得图像，从而可以对冷冻和复温过程进行定量的精确研究。在确定冷冻和复温过程的损伤机理时，低温显微镜是不可或缺的研究工具。目前广泛应用于确定不同生物样品的最佳冷冻和复温程序，以及最佳的低温保护剂选择上。

该仪器不仅广泛用于低温生物医学的微观研究，还可以用于研究材料的微观相变过程。1985 年，上海机械学院（现上海理工大学）华泽钊等在国内率先研制成功一套大型低温生物显微系统并沿用至今；浙江大学陈光明教授课题组也曾自主研发低温显微系统。此外，国内多家从事生物医学研究的实验室购置了英国 Linkam 的商业冷热台（与正置显微镜配合，即组成低温显微镜系统，图 4.5-4）。整套系统的市场售价在 30 万～100 万元之间，市场份额大约在 1000 台左右，估计其市场销售额大约在 3 亿元以上。

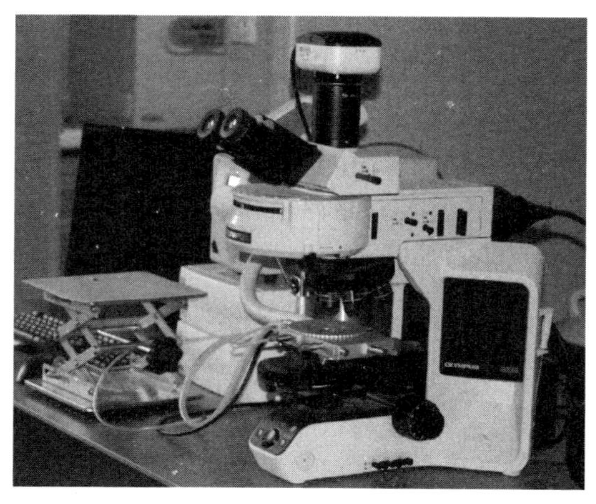

图 4.5-4 低温显微镜系统

（英国 Linkam FDCS196）

## 4.5.5 差示扫描量热仪（DSC）

差式扫描量热法（Differential scanning calorimetry，DSC）是在程序控制温度下，测量输出给样品和参比物的功率差与温度关系的一种技术，能精确测量样品在温度变化过程中发生的焓的变化，以及固体、液体材料的熔点、沸点、玻璃化转变、比热容、结晶温度、结晶度、纯度、反应温度、反应热等。

目前，国内外研究机构普遍采用的都是一些国际著名品牌（图 4.5-5），如美国 Perkin-Elmer 公司、美国 TA（Thermal

Analysis）公司、瑞士 Mettler Toledo 公司、德国 Netzsch 公司、法国 SETARAM 公司以及日本岛津公司的产品。国内热分析仪器的生产商主要有上海精密科学仪器厂、上海祖发实业有限公司、北京恒久科学仪器厂、南京大展机电技术研究所。相比国外的 DSC 产品，我国主要热分析仪生产商的 DSC 产品在系统精度、重复性、热流传感器灵敏度等方面都有较大的差距。该设备的市场售价在 20 万～80 万元之间，市场份额大约在 2000 台左右，估计其市场销售额大约在 4 亿元以上。

图 4.5-5 差示扫描量热仪（左：美国 TA DSC Q2000；右：瑞士 Mettler Toledo DSC 1）

## 4.5.6 低温电镜系统

低温电镜（低温电子显微镜）技术是应用冷冻方法（低温技术）来制备生物样品的。低温电镜目前已广泛应用于细胞和分子水平的科学研究中，可在分子或原子层面上精确分析生物体的各种现象和结构，一些生物样品如病毒和大肠杆菌 70S 核糖体的三维重构图已经得到，对于人类认知病毒有着重要意义，各种最新研究报道已大量发表在《Science》、《Nature》和《Cell》期刊上。目前，低温电镜仍存在一些技术限制，如难以产生足够量的样品，结构异质性，辐射损伤，电子束诱导的样品移动以及相机效率低等。通过使用快速改进的样品制备方案、先进的自动化技术和大数据方法，低温电镜将为大分子集合体带来新的认知和突破，不断推进生物分子结构鉴定领域的进步和发展。

最近，德国徕卡低温电镜改进了传统低温电镜系统，使得新系统组合了低温荧光显微镜和低温电镜，同时具有两者的功能（图 4.5-6），是蛋白质晶体学研究中的重要技术性改革。仅仅低温电镜所需的高分辨和快速成像的探测器就需要百万美元上下，在低温电镜

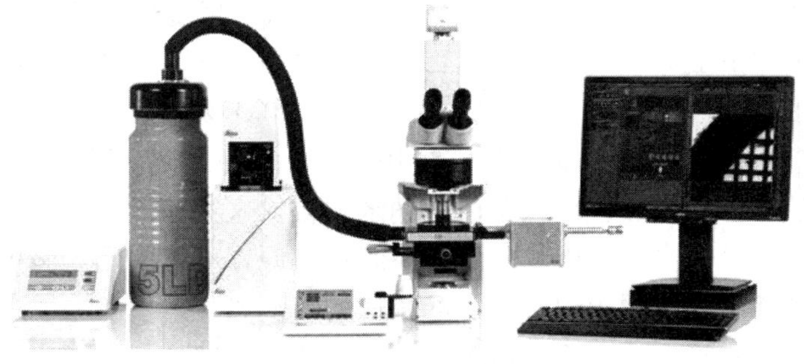

图 4.5-6 徕卡公司的低温电镜系统

的应用与普及过程中，昂贵的低温电镜设备和配套软件，将推动并产生重要的高新技术产业，是当前的一大前沿热点。目前我国拥有的该设备在10台左右，尚未实现国产化。

### 4.5.7 单模谐振腔微波复温装置

单模谐振腔是指只有一种工作模式的微波空腔谐振器，用于在特定空间产生均匀的交变电磁场，该设备有望用于组织和器官的快速均匀复温，同时该设备还可用于测量生物样品在低温范围内的介电常数和电导率等物理属性。

目前，生物医学领域单模谐振腔的工作频率大多为434MHz和2.45GHz，腔体有圆柱形和矩形两种，谐振腔尺寸主要取决于腔体材料、工作频率和工作模式等。中国科学技术大学、美国肯塔基大学和美国华盛顿大学曾合作研制成功一种工作频率为434MHz的单模谐振腔，可实现冻结生物样品的快速均匀复温；特别是在生物样品中引入超顺磁性纳米颗粒后，其效果更加明显。目前该设备还处于基础研发和技术攻关阶段，仍在不断改进和完善中（图4.5-7）。在低温生物医学工程领域，其未来的市场潜力十分可观。此外，该设备在食品、制药、生物工程等诸多领域也将具有广泛的应用价值。

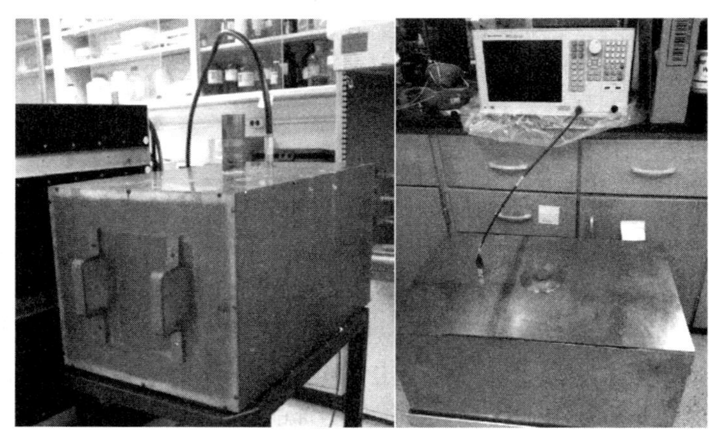

图4.5-7 单模谐振腔微波复温系统

### 4.5.8 基于无线射频激励加热快速复温装置

磁场加热装置目前被广泛应用于肿瘤的热疗过程中，目前正探索将该装置应用于实现冷冻生物样品的快速均匀复温。该装置首先对50Hz的工频交流电进行整流和滤波，然后经逆变器、谐振电路形成中频交变电流，再通过绕在高磁导率磁芯上的线圈，从而在线圈内产生同一频率的交变磁场。其工作频率在1～100kHz的量级范围，最高功率可达10kW，输出电流可达300A，磁场强度可在0～100kA/m的范围分布。为控制外加磁场在肿瘤内部的产热，样品中往往加入了磁性纳米颗粒，这些纳米颗粒在交变磁场中的产热量十分明显，相当于分布在组织中的一个个空间点热源，可以有效克服生物材料热导率有限带来的问题，从而有望实现组织和器官的快速均匀复温。

国外已有大量的外形各异磁场感应装置，其主要产热都是依靠感应线圈，组织位于线圈内但两者并不接触，组织中的纳米颗粒作为热仔产热，部分装置已用于肿瘤治疗的临床实验。目前，上海理工大学胥义博士与美国 Bischof 博士团队合作，正尝试将磁场感应加热装置应用于冻存组织和器官的快速均匀复温中（图 4.5-8）。在我国，深圳市双平电源技术有限公司等机构专业从事该设备的设计与研制工作。该装置的市场售价在 3 万元左右，估算的国内市场需求现阶段大约在 5000 台的量级，则该设备的市场销售额在 1 亿元以上。

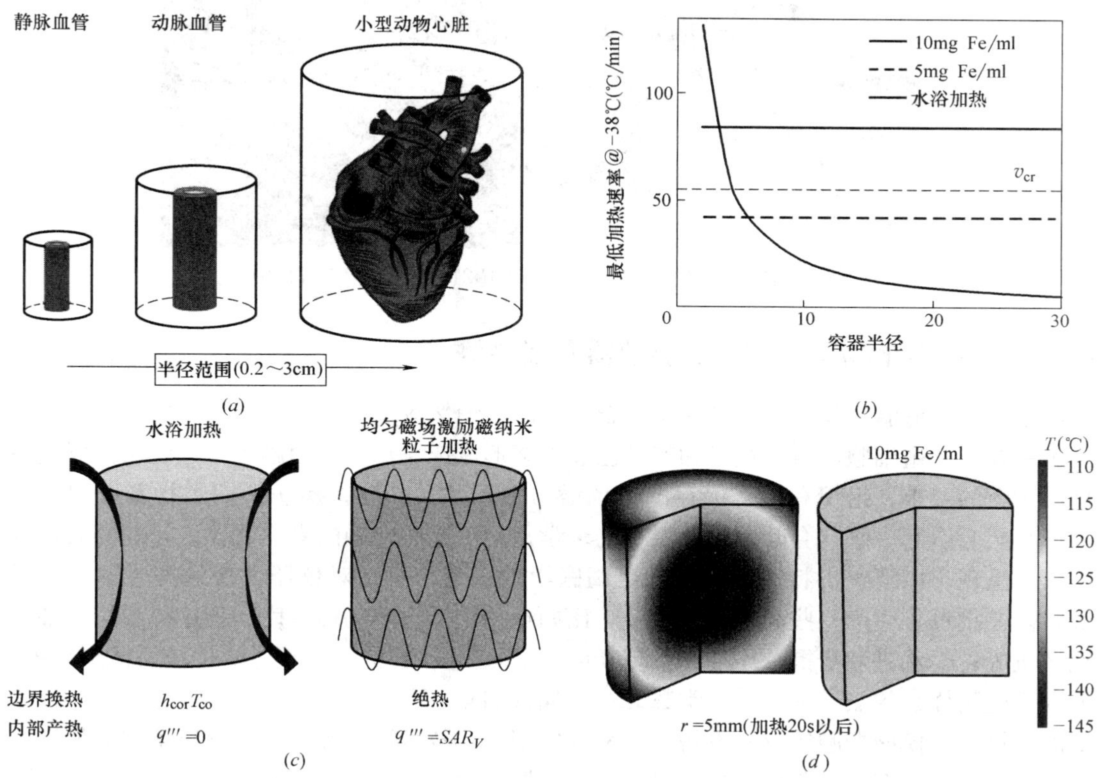


图 4.5-8 磁感应激励磁纳米粒子加热较大体积玻璃态生物材料的理论模型
（a）玻璃化生物样本体积尺寸；（b）最低加热速率；（c）两种加热复温方式；
（d）两种加热方式下的内部温度分布情况

## 4.5.9 细胞洗涤机

细胞洗涤机是我国血站用到的主要设备之一，主要用于去除解冻红细胞中的甘油，以及浓缩红细胞中含有的少量血浆、白细胞、血小板以及其他碎片（图 4.5-9）。原卫生部从 1998 年起在全国推行机器洗涤红细胞，各大中城市的血液中心和中心血站都先后采购了专用的红细胞洗涤设备。国内进口的主要机型是美国血液技术公司的 ACP115、ACP215 等，国内目前从事细胞洗涤机生产销售的企业已超过 50 家。目前，国产品牌的性能已符合国家质量标准《中国输血技术操作规范血站部分》，并在个别指标性能上与国际品牌接近。截至 2011 年，我国共有血站 525 家，每个血站拥有该设备 50 台左右，则全国共有该设备在 2.6 万台左右。

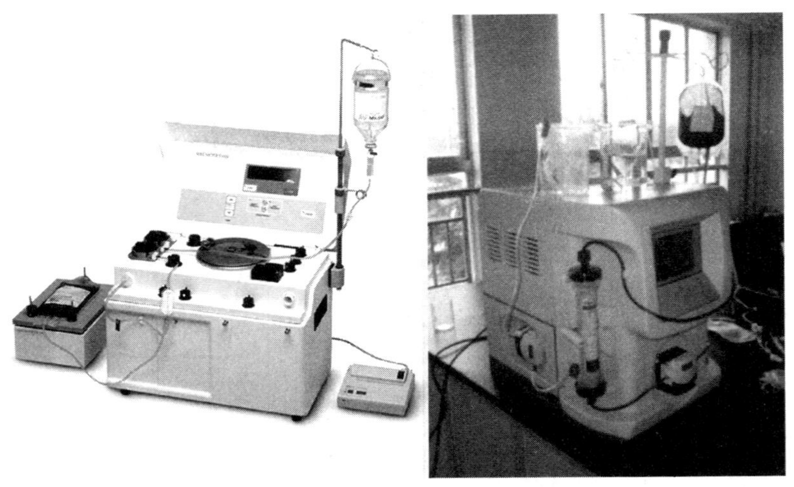

图 4.5-9 细胞洗涤机（左：美国 ACP 215；右：国产 YL-01A）

### 4.5.10 低温生物医学相关实验仪器发展趋势

近年来，低温生物医学的应用越来越广，已经悄然改变了人们的生活。血液保存、干细胞保存、生殖细胞保存等技术和产品已经逐渐形成产业化发展的趋势，这就对仪器设备提出了新的要求。组织和器官保存的市场潜力更加巨大，这些疾病长期困扰着人们的生活，甚至会引起一些社会问题，低温生物医学是解决这些问题的有力武器。目前的仪器设备市场呈现出以下突出特点：①低温生物医学的巨大市场，对仪器设备的需要爆发式增长，需要批量化生产一些高性价比设备，比如自动化低温生物样本库、程序降温仪，细胞洗涤机等；②从进一步揭示原理和发现新的现象及应用出发，需要高精尖新的精细设备，低温下生物样品的热导率和介电常数等一些属性目前还处于未知状态，比如低温显微镜、低温电镜、单模谐振腔等仪器设备的研发和应用；③技术更新和产业的升级亟需研发及产业化一大批低温医用设备，如程序化降温仪、脉冲微波产生装置、均匀磁场产生装置等，这对低温生物成像及样品的复温具有重要作用；④实现仪器设备的功能集成、微型化，以及与最新技术的交叉结合是当前低温生物医学仪器设备的最明显特色。

据保守估计，目前我国低温生物医学的仪器设备及耗材所占的总市场销售额在百亿元以上，已取得广泛应用的典型代表有血站的细胞保存系统、低温显微镜和程序降温仪等，结合低温技术的优势和医学应用的市场前景，其产业化趋势明显。与国外仪器设备相比，我国仪器设备的最大优势是性价比高、技术更新换代快，这对我们快速抢占国际市场具有重要的战略意义，但是也存在一些明显的竞争劣势，比如，部分仪器的关键知识产权受制于国外。除了从源头上注重技术创新之外，在国际范围内保护知识产权，也应当引起我国广大仪器设备开发人员的重视。

## 本章参考文献

[1] Common minimum technical standards and protocols for biological resource centres dedicated to cancer research. IARC，2007.

[2] Liu A, Pollard K.. Biobanking for Personalized Medicine. Adv Exp Med Biol, 2015, 864: 55-68.
[3] McShane LM, Cavenagh MM, Lively TG, et al. Criteria for the use of omics-based predictors in clinical trials. Nature, 2013. 502 (7471): 317-320.
[4] 金力，王笑锋. 人群健康大型队列建设的思考与实践. 北京：人民卫生出版社，2015.
[5] Harris, J. R., et al.. Toward a roadmap in global biobanking for health. Eur J Hum Genet, 2012. 20 (11): 1105-1111.
[6] 中国医药生物技术协会生物样本库标准（试行）. 中国医药生物技术，2011，6（1）：71-79.
[7] 孙孟红. 病理学研究与生物样本库的管理. （第三届）生物样本库与临床研究论坛，2016.
[8] Chen ZM, et al.. Cohort Profile: The Kadoorie Study of Chronic Disease in China. Int. J. Epidemiol, 2005 34 (6) 1243-1249.
[9] 郜恒骏. 中国生物样本库向标准化迈进. 中国医药生物技术，2015，10（6）：481-483.
[10] Massett HA, Atkinson NL, Weber D, et al. Assessing the need for a standardized cancer HUmanBiobank (caHUB): findings from a national survey with cancer researchers. J Natl Cancer Inst Monogr, 2011 (42): 8-15.
[11] 2009年中国冻干系统细分市场研究及重点企业竞争力深度调研报告.
[12] 2014～2018冻干食品市场行情分析及相关技术深度调查报告.
[13] 2013年实验室冻干机行业研究报告.
[14] 刘静. 低温生物医学工程学原理. 北京：科学出版社，2007.
[15] 华泽钊，任禾盛. 低温生物医学技术. 北京：科学出版社，1994.
[16] 王洪武主编. 现代肿瘤靶向治疗技术. 北京：中国医药科技出版社，2005.
[17] B. Rubinsky, Cryosurgery. Annual Review of Biomedical Engineering, 2000 (2): 157-87.
[18] B. W. Stewart, C. P. Wild, World Cancer Report 2014. Lyon: IARC Press, 2014.
[19] K. F. Chu and E. D. Damian. Thermal ablation of tumours: biological mechanisms and advances in therapy. Nature Reviews Cancer, 2014, 14 : 199-208.
[20] D. J. Breen and L. Riccardo. Image-guided ablation of primary liver and renal tumours. Nature Reviews Clinical Oncology, 2015, 12: 175-186.
[21] F. G. Bonomi, M. de Nardi, A. Fappani, V. Zani, G. Banfi. Impact of different treatment of whole-body cryotherapy on circulatory parameters, Archivum Immunologiaeet Therapia Experimentalis, 2012, 60: 145-150.
[22] D. B. Agnieszka; S. Anna; P. Halina. Application of thermovision for estimation of the optimal and safe parameters of the whole body cryotherapy. Journal of Thermal Analysis and Calorimetry, 2012, 111: 1853-1859.
[23] 曾颖. 高精度差示扫描量热仪测控系统设计. 北京：中国计量学院，2014.
[24] Ruixue Wan, Chuangye Yan, Rui Bai, Lin Wang, Min Huang, Catherine C. L. Wong, Yigong Shi. The 3. 8Å Structure of the U4/U6. U5 tri-snRNP: Insights into Spliceosome Assembly and Catalysis. Science, 2016 (1): 1-9.
[25] 卫生部统计信息中心. 中国卫生和计划生育统计年鉴. 北京：中国协和医科大学出版社，2012.
[26] 高岩，张秉新，李斌，刘志杰. 血站设备分类与编码初探. 北京医学，2015（4）：386-387.
[27] Michael L. Etheridge, Yi Xu, LeoniRott, Jeunghwan Choi, Birgit Glasmacher, John C. Bischof. RF heating of magnetic nanoparticles improves the thawing of cryopreserved biomaterials. Technology, 2014 (2): 229-242.

本章执笔人：胥义、赵刚、周新丽、陈柏炜、汪涛、何志祝、周学迅

# 第 5 章　高科技与制冷技术

低温制冷技术在高科技和国际重大科学装置中发挥着重要作用。无论宏观世界还是微观世界，物质的形态和性能都与温度息息相关，特别是在某些特定温度条件下（尤其是低温条件下），还会表现出某些特殊的现象，如超导、超流、激光……因此，作为低温环境控制的有效手段，制冷与低温技术已经成为探索未知世界的基础科学和改造现实世界的高新科技发展的基础和保障。制冷低温技术为基础前沿科学问题的探索、大科学装置的建设和国家战略需求的大型工程提供了可靠的低温环境保障。

## 5.1　基础前沿科学对制冷低温的需求

### 5.1.1　超导现象及其应用

1911 年，荷兰莱顿大学的 H・卡茂林・昂内斯意外地发现，将汞冷却到－268.98℃时，汞的电阻突然消失；后来他又发现许多金属和合金都具有与汞相类似的低温下失去电阻的特性，由于它的特殊导电性能，H・卡茂林・昂内斯称之为超导态。他的这一发现获得了 1913 年诺贝尔奖。经过科学家 100 多年研究，超导可以在液氢温度、液氮温度甚至到 100K 温区实现。

超导现象和超导材料的主要应用包括：

（1）利用材料的超导电性可制作磁体，应用于电动机、高能粒子加速器、磁悬浮运输、受控热核反应、储能、医学核磁共振仪等；可制作电力电缆，用于大容量输电（功率可达 10000MVA）；可制作通信电缆和天线，其性能优于常规材料。

（2）利用材料的完全抗磁性可制作无摩擦陀螺仪和轴承。

（3）利用约瑟夫森效应可制作一系列精密测量仪表以及辐射探测器、微波发生器、滤波器、逻辑元件等。利用约瑟夫森结作计算机的逻辑和存储元件，其运算速度比高性能集成电路的快 10～20 倍，功耗只有 1/4。

### 5.1.2　超流现象及其应用

20 世纪 30 年代末，原苏联科学家彼得・卡皮察首先观测到液态$^4$He 的超流体特性。他因此获得 1978 年诺贝尔物理学奖。

液态$^4$He 在 2.17 K 以下时，内摩擦系数变为零，液态氦可以流过半径为 $10^{-5}$cm 的小孔或毛细管，这种现象叫做超流现象（Superfluidity），这种液体叫做超流体（Superfluid）。超流体就像一般液体加上超流体的特有的性质，如全无黏性、零熵度、无限大的热传导率。一个比零黏性更为基本的性质是超流体在旋转的容器中会有量子化的涡度，而不会随容器均匀转动。奇怪的是这个旋转体会相对于恒星保持稳定。

麻省理工学院的物理学家在剑桥发现一种新物质态：超流气体（50nK 的$^6$Li）。此外，于 2004 年宾州州立大学的物理学家亦发现了超固体，当$^4$He 在高压冷冻到 2K 以下，超流体便相变成超固体，它亦可以零黏度流动。双原子分子氢（$H_2$）亦有超固态。

超导现象和超导材料的主要应用包括：

（1）超流体其中一个重要的应用是稀释制冷机（Dilution refrigerator）。

（2）超流氦-4 已成功用作化学领域光谱分析技术的量子溶剂。在超流氦滴光谱分析（SHeDS）中，单个分子溶于超流介质之中，使之有效地旋转自由度，如同在气态之中。这引起了对气体分子研究的极大兴趣。

（3）超流体亦用于高精度仪器，如陀螺仪。它可以量度一些理论预测的引力效应。引力探测器 B 的实验设置（图 5.1-1）包含 4 个陀螺仪和一个指向飞马座的双星 HR8703（又称 IM Pegasi）的参考望远镜，引力探测器 B 完成的测量与广义相对论的两种效应的理论预测相一致——广义相对论认为，当质量使时空产生弯曲时便会产生引力。在极轨道下，陀螺仪的自转轴也都指向 HR8703，从而参考系拖拽和测地线效应所表现出的角度偏移能够被每一个陀螺仪测量到。这些陀螺仪都被存放于一个 9 英尺高，容积为 650 加仑的保温瓶中，其中充满了恒温的液氦超流体，以保持低于 2K（−271℃）的恒温。之所以要求接近绝对零度的环境是使分子间运动产生的扰动最小化的要求，同时能使构成陀螺仪组件的铅和铌具有超导电性。

（4）时空或许是某种形式的超流体。超流体是一种物质状态，完全缺乏黏性，正由于没有摩擦力，它可以永无止境地流动而不会失去能量。按照里贝拉蒂和马切诺尼的理论，时空作为这种特殊的物质形式，也具有非同寻常的特性，就像声音在空气中传播一样，它提供了一种介质，能让波和光子得以传播。

图 5.1-1 引力探测器 B

研究人员通过建立模型，试图将重力和量子力学融合为“量子引力”这种新理论，并表示这将是一个解释宇宙的超流动性的合理模型。宇宙的四种基本力——电磁、弱相互作用、强相互作用和引力，量子力学可以解释其他，只除了引力。而现在“量子引力”的建模需要去了解这种流体的黏度，结论是其黏度值极低，接近于零。而这在以前从未被加入到详细考虑范围内。随着现代天体物理学技术时代的到来，科学家们将拥有更强有力的线索来支持新兴的时空模型。

### 5.1.3 量子反常霍尔效应

霍尔效应是 1879 年由美国物理学家霍尔首次发现。它是将一个通电的导体置于垂直于电流方向的磁场中，在同时垂直于磁场和电流方向的导体两端会测到一个电压。

量子霍尔效应是强磁场环境下，处于量子霍尔态的电子可以在宏观距离保持无能耗的运动。整数量子霍尔效应和分数量子霍尔效应的实验分别发现于 1985 年和 1998 年，获诺贝尔物理学奖。

量子反常霍尔效应是在2012年10月清华大学物理系和中国科学院物理所联合组成的团队在实验中首次发现的（图5.1-2），这被著名的物理学家杨振宁称之为“诺贝尔奖级”的科研成果。量子反常霍尔效应主要条件：①磁性拓扑绝缘体薄膜；②100mK下极低温。

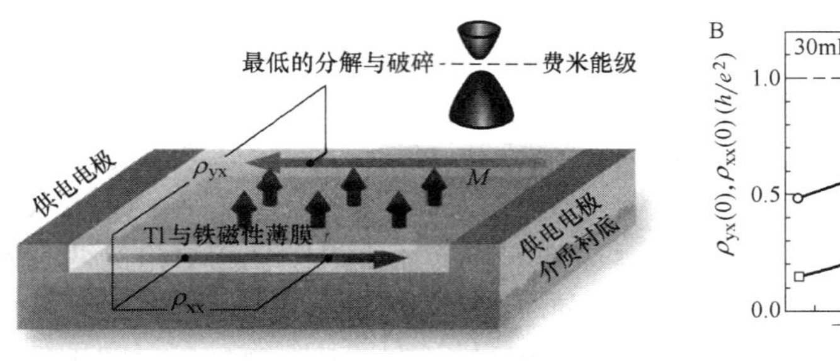


图5.1-2 量子反常霍尔效应

## 5.1.4 暗物质探测

暗物质是一种比电子和光子还要小的物质，不带电荷，不与电子发生干扰，能够穿越电磁波和引力场，是宇宙的重要组成部分。这种看不见的物质占宇宙质量的大约3/4。

首次探测到暗物质粒子的时间是2010年，美国佛罗里达大学科学家首次探测到暗物质粒子（图5.1-3）。在美国明尼苏达州北部的索丹铁矿地下2000英尺（约合610m），动用了30台高灵敏度探测仪，并将温度降低至−273.1℃。在这种实验环境下，当一种被称为“弱相互作用大质量粒子”（Wimp）撞击一个普通的原子时，这些探测仪将能够捕捉到撞击事件，从而确定Wimp粒子的存在。

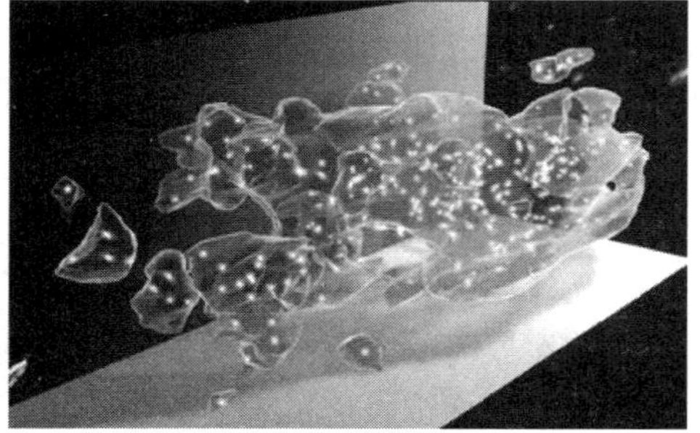

图5.1-3 暗物质探测

## 5.1.5 RNA剪接体

剪接体是一个巨大而又复杂的动态分子机器，其结构解析的难度被普遍认为高于RNA聚合酶和核糖体；虽然经过了过去二十多年的不懈努力，全球的科学家们还没有得到一个原子分辨率的剪接体结构。剪接体由五个小核核糖核蛋白（snRNP）、十九号复合物（Nineteen Complex，简称 NTC）、十九号复合物相关蛋白（NTC Related）和一系列的辅助蛋白所构成，共涉及到 100 多个蛋白质和至少五条 RNA 分子。在剪接的过程中，剪接体以前体信使 RNA 分子为中心，按照高度精确的顺序进行逐步组装并发生大规模结构重组，使之得以完成复杂的剪接任务。剪接是真核细胞进行正常生命活动不可或缺的核心环节，因此具有重大的生物学意义。

近年来，国际顶级学术期刊《Science》连续在线发表多篇清华大学施一公院士团队研究“剪接体”的论文，并首次报道了分辨率高达 3.6 埃的“剪接体”分子结构（图 5.1-4）。此研究最终获得了高分辨率的剪接体三维结构并阐述了其基本工作机理，这是自 1993 年 RNA 剪接发现以来，中国科学家率先对剪接体近原子分辨率结构进行解析。该研究摒弃常用“晶体 X 射线衍射”方法，采用冷冻电子显微镜技术，将处理后的蛋白样品速冻，然后用电子显微镜给这些样品一一拍照，最后根据图像重组该蛋白的三维结构。

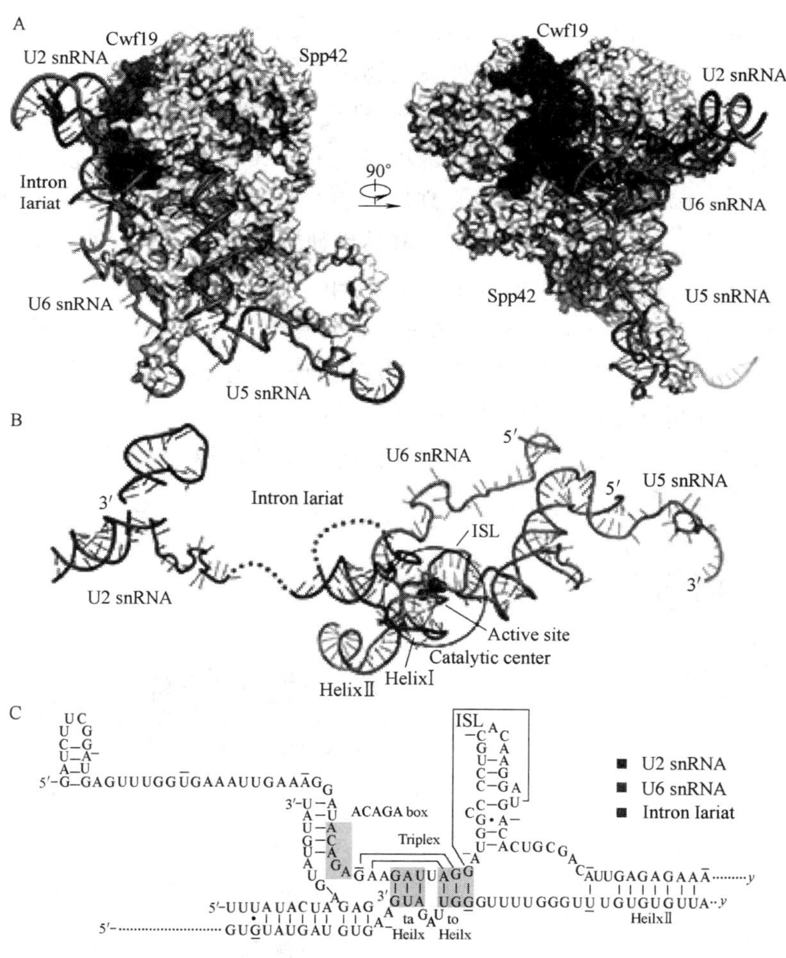


图 5.1-4　剪接体复合物的三维结构

# 5.2 大科学装置对制冷低温的需求

## 5.2.1 正负电子对撞机

北京正负电子对撞机（BEPC）于1988年10月在中国科学院高能物理所建成，它由注入器（BEL）、输运线、储存环、北京谱仪（BES）和同步辐射装置（BSRF）等几部分组成（图5.2-1）。BEPC的主要科学目标是开展τ轻子与粲物理和同步辐射研究。为此，BEPC有两种运行模式：兼用模式优化于高能物理对撞实验，同时也提供同步辐射光；专用模式专用于同步辐射研究。BEPC自1990年运行以来，取得了一批在国际高能物理界有影响的重要研究成果，如：τ轻子质量的精确测量、20亿～50亿电子伏特能区正负电子对撞强子反应截面（R值）的精确测量、发现“质子-反质子”质量阈值处新共振态、发现X（1835）新粒子等，引起了国内外高能物理界的广泛关注。

2003年底，国家批准了北京正负电子对撞机重大改造工程（BEPC Ⅱ）。BEPC Ⅱ是我国重大科学工程中最具挑战性和创新性的项目之一，2009年7月通过国家验收。BEPC Ⅱ是一台粲物理能区国际领先的对撞机和高性能的兼用同步辐射装置，主要开展粲物理研究，预期在多夸克态、胶球、混杂态的寻找和特性研究上有所突破，使我国在国际高能物理领域占据一席之地，保持在粲物理实验研究的国际领先地位。同时又可作为同步辐射光源提供真空紫外至硬X光，开展凝聚态物理、材料科学、生物和医学、环境科学、地矿资源以及微细加工技术方面等交叉学科领域的应用研究，达到“一机两用”。

其中采用了3种超导设备，即超导螺线管磁铁（SSM）、超导插入四极磁铁（SCQ）及超导加速腔（SRF）。超导设备需要的大型氦低温系统，提供4.5K下800W的冷量和60.0L/h的液氦产量。低温系统包括：压缩机制冷系统和低温输配控制系统。

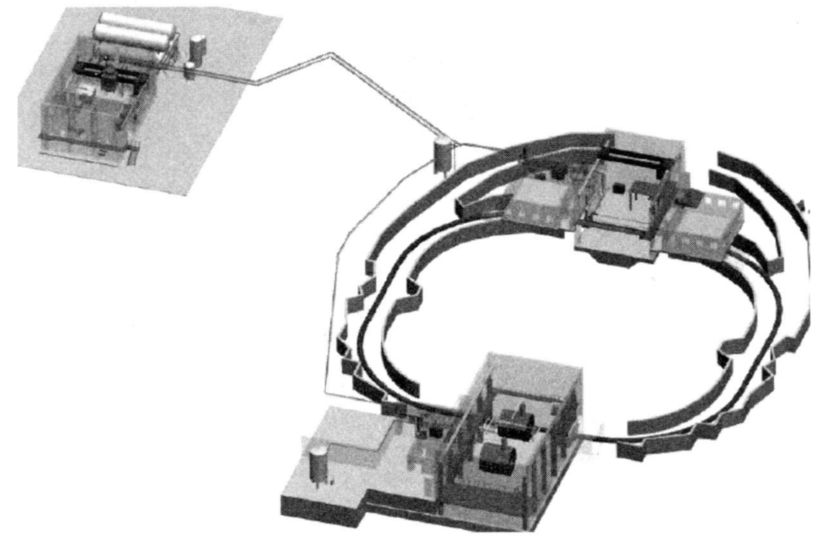

图5.2-1 北京正负电子对撞机

### 5.2.2 同步辐射光源

同步辐射是一种先进的光源，其应用具有很高的现代科技融合性和集成性，因此同步辐射装置的建立为几乎所有的前沿科技研究提供了一个先进的、不可替代的实验平台。

第三代同步光源是为了得到亮度更高、光斑更小、相干性更高、极化度更可调的同步光而建造的，在设计中大量使用了插入件——用以达到这些目的的一系列周期排列的南北极相间的磁铁组。第三代同步光源的发射度在 30 纳米弧度以下，所发出的同步光的亮度比最亮的第二代光源至少高 100 倍，比通常实验室用的最好的 X 光源要亮 1 亿倍。

上海同步辐射光源（以下简称“上海光源”，见图 5.2-2）是上海张江综合性国家科学中心的标志性大科学装置。上海光源于 2010 年 1 月 19 日通过国家验收，此举标志着我国这一性能指标达到世界一流的中能第三代同步辐射光源。第一代同步辐射光源是寄生于高能物理实验专用的高能对撞机的兼用机，如北京光源（BSR）就是寄生于北京正负电子对撞机（BEPC）的典型第一代同步辐射光源；第二代同步辐射光源是基于同步辐射专用储存环的专用机，如合肥国家同步辐射实验室（HLS）；第三代同步辐射光源是基于性能更高的同步辐射专用储存环的专用机，如“上海光源”（SSRF）。第一代、第二代、第三代同步辐射光源之间的最主要区别在于作为发光光源的电子束斑尺寸或电子发射度的迥异。例如第二代的合肥同步辐射光源，其电子束发射度约 150 纳米弧度，而第三代的“上海光源”，其电子束发射度约 4 纳米弧度，二者相差近 40 倍，其得到的光亮度相差约 1600 倍，约三个量级。

上海同步辐射光源中包括了三个超导射频腔（SCRF，499.65Hz/4.0MV），采用了一台 650W@4.5K 低温制冷机。

图 5.2-2 上海同福辐射光源

第三代同步光源对工程技术的要求是苛刻的。以美国伯克莱的 ALS 为例，其插入件里的电子束的截面是椭圆形的，水平方向的长度是 335μm，而垂直方向的长度仅 65μm，相当于一根头发的直径。实验上要求电子束流有很高的稳定性，稳定到其截面尺寸的 1/10。反映到安装精度上，就要求安装位置（在周长近 20m 的约 20 个各类电磁铁的中心）对设计位置的偏离小于 150μm。对于插入件的要求更高，在 5m 的长度上，每个磁极的位置安装精度要小于 20μm，而且这个精度在 40 吨力的磁力作用下仍能保持稳定。其他对磁铁的加工精度、电源的稳定度、地基的抗震能力、磁场分布的精度等的要求，甚至对整幢建筑在一天中由于天气温差引起屋顶、墙壁的尺度变化控制，同样都是十分苛刻的。在这些精度都达到后，还需要有巧妙的电子束流监控系统和反馈系统，随时监测电子束流的位置并给以必要的校正，以保证束流装置的稳定。

### 5.2.3　散裂中子源

中国散裂中子源（CSNS）落户东莞，将于 2018 年左右建设完成。中国散裂中子源第一期设计束流功率为 100kW，脉冲重复频率为 25Hz，它主要由一台 80MeV 负氢直线加速器、一台 1.6GeV 快循环质子同步加速器及其前后两条束流传输线、一个靶站和三台中子谱仪及相应的配套设施组成。

作为发展中国家的第一台散裂中子源，其建成后将进入世界四大散裂中子源的行列，大为提升我国基础研究和高技术的水平。

中国散裂中子源将为我国在物理学、化学、生命科学、材料科学、纳米科学、医药、国防科研和新型核能开发等前沿学科领域的基础研究和高新技术开发研究提供一个新进、功能强大的大科学研究平台（图 5.2-3）。例如，我国已在南海发现可燃冰发育区，可燃冰的开发利用可能成为我国一种新型清洁能源。根据国家发展改革委近期出台的一份研究报告，中国在未来 10 年将投入 8 亿元用于可燃冰的勘探研究。散裂中子源高压下的中子衍射技术可用来研究可燃气体甲烷水合物的形成机制和稳定条件，其研究成果将为安全、高效地开采和利用可燃冰提供科学依据。

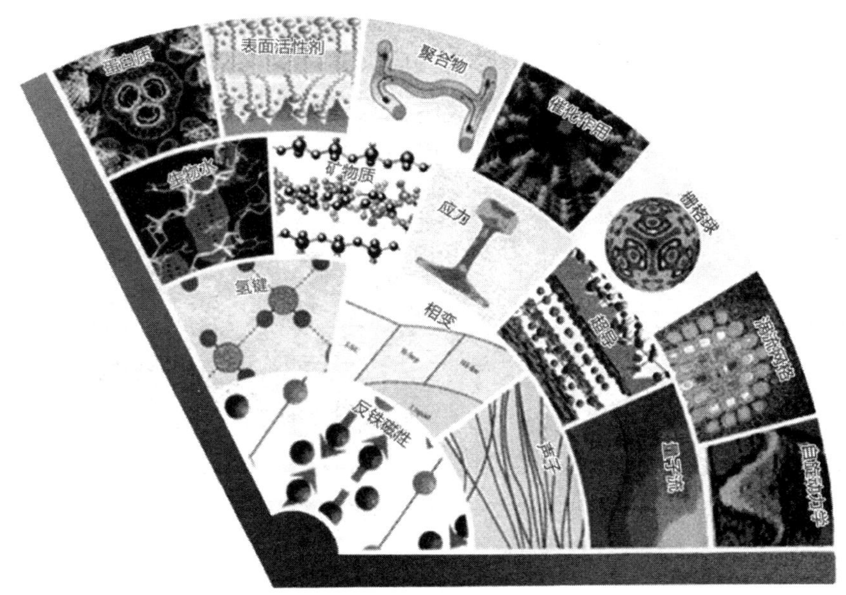


图 5.2-3　科学研究的利器—散列中子源

我国正在开展加速器驱动洁净核能系统（ADS）的研究，对于我国未来裂变核能的可持续发展开辟了创新的技术路线。它可以有效解决我国核能发展中核燃料不足和核废物处理的瓶颈问题。散裂中子源项目与 ADS 在加速器与靶技术方面相通，可视为 ADS 技术开发的一个发展阶段。散裂中子源项目的建设，将促进 ADS 核心技术的发展，提高系统集成的能力。

通过散裂中子源项目发展起来的强流质子加速器，还可用于航天器件辐照效应的地面模拟试验研究，包括材料的辐照损伤与电子器件的单粒子反转效应等，其研究成果对于提高航天器件的寿命与可靠性有重要意义。

散裂中子源产生的质子和中子可用于肿瘤的放射性治疗研究，为国内外医疗界服务。

散裂中子源的建设不但会对我国工业技术、国防技术的发展起到有力的促进作用，也会带动和提升众多相关产业的技术进步，产生巨大的经济效益。

现在世界上采用低温技术的散裂中子源装置有英国的 ISIS，美国的 SNS，日本的 J-PARC 和中国的 CSNS。CSNS 低温系统由两个闭路循环系统组成：冷却中子所需的超临界氢循环系统和冷却氢所需的氦制冷系统，为中子慢化器提供 2000W@20K 的冷量。

### 5.2.4 天文望远镜

天文望远镜的深空探测器在对遥远目标进行探测时，地面接收系统接收到的信号非常微弱，提高地面设备的接收能力十分重要。理论分析表明：深空接收系统的噪声温度每降低一半，接收数据速率就能提高 1 倍，探测距离提高 20%以上。电子器件的噪声主要由电子的无规则运动产生，在低温情况下，器件的等效噪声温度将会减小。20K 温度下放大器的等效噪声温度只有常温时的 1/5～1/10。

“1.3cm 双极化制冷接收机”主要由低温微波杜瓦、常温微波放大混频系统、制冷系统等部分组成。制冷系统采用 Gifford-McMahon 氦气闭循环制冷机，将接收机馈源、极化器、低噪声放大器等微波器件制冷到 15K 的低温，这些低温微波系统置于高真空度的杜瓦内，保证系统长时间稳定地工作在 15K 的低温下。常温微波放大混频系统对经过低温低噪声、放大器放大后的信号进一步放大、混频到 100～600MHz 的中频。混频系统采用三级混频结构，通过改变本振信号频率可以从 2.2GHz 的接收机输入信号带宽中灵活选择需要观测的频率信号和宽带；其中第二级混频的本振信号由计算机控制的频率综合器提供，观测中可以根据需要随时改变和设置观测频率。

该设备通过采用制冷馈源和极化器等技术手段，实现了 18K 的超低噪声温度，这一接收机主要指标达到了国际上同波段接收机的前沿水平，使得南山 25m 射电望远镜在 1.3cm 波段上具有非常高的探测灵敏度。

（1）大天区面积多目标光纤光谱天文望远镜（the Large Sky Area Multi-Object Fiber Spectroscopic Telescope，LAMOST，图 5.2-4）。国家重大科学工程大天区面积光纤光谱天文望远镜（LAMOST）2008 年 10 月 16 日在国家天文台兴隆观测基地落成。LAMOST 为我国最大的光学望远镜、世界上最大口径的大视场望远镜，并已成为世界上迄今光谱获取率最高的望远镜。

大天区面积多目标光纤光谱天文望远镜是一架横卧南北方向的中星仪式反射施密特望远镜。应用主动光学技术控制反射改正板，使它成为大口径兼大视场光学望远镜的世界之最。由于它口径达 4m，在曝光 1.5h 内可以观测到暗达 20.5 等的天体。而由于它视场达 5°，在焦面上可放置四千根光纤，将遥远天体的光分别传输到多台光谱仪中，同时获得它们的光谱，成为世界上光谱获取率最高的望远镜。LAMOST 成为我国在大规模光学光谱观测中，在大视场天文学研究上，居于国际领先地位的大科学装置。

光学光谱包含着遥远天体丰富的物理信息，大量天体光学光谱的获取是涉及天文和天体物理学诸多前沿问题的大视场、大样本天文学研究的关键。但是，迄今由成像巡天记录下来的数以百亿计的各类天体中，只有很小的一部分（约万分之一）进行过光谱观测。LAMOST作为天体光谱获取率最高的望远镜，将突破天文研究中光谱观测的这一“瓶颈”，成为最具威力的光谱巡天望远镜，是进行大视场、大样本天文学研究的有力工具。LAMOST对上千万个星系、类星体等河外天体的光谱巡天，将在河外天体物理和宇宙学，诸如星系、类星体和宇宙大尺度结构等的研究上作出重大贡献。对大量恒星等河内天体的光谱巡天将在河内天体物理和银河系，诸如恒星、星族和银河系的结构、运动学及化学等的研究上作出重大贡献。结合红外、射电、X射线、γ射线巡天的大量天体的光谱观测将在各类天体多波段交叉认证上作出重大贡献。

（2）30m天文望远镜（TMT）。30m天文望远镜（Thirty Meter Telescope，TMT，见图5.2-5）系由美国加州大学和加州理工学院负责研制，由美国、加拿大、日本、中国、巴西、印度等国参与建造的新一代地基巨型光学—红外天文观测设备，其集光口径为30m，工作在0.31～28nm波段。采用拼接镜面主动光学、自适应光学以及精密控制等先导高科技技术，TMT将把望远镜灵敏度和空间分辨率等技术指标提高到前所未有的程度，其强大的洞察宇宙的能力必将引发天文学研究的跨越式发展，并在揭示暗物质和暗能量的本质、探测宇宙第一代天体、理解黑洞的形成与生长、探察地外行星等前沿科学领域做出重大突破性发现。

图5.2-4　LAMOST

图5.2-5　TMT

（3）500m口径球面射电望远镜（FAST）。500m口径球面射电望远镜（Five hundred meters Aperture Spherical Radio Telescope，FAST，见图5.2-6）是国家科教领导小组审议确定的国家九大科技基础设施之一，拟采用我国科学家独创的设计和我国贵州南部的喀斯特洼地的独特地形条件，建设一个约30个足球场大的高灵敏度的巨型射电望远镜。FAST建成后将成为世界上最大口径的射电望远镜，FAST与号称“地面最大的机器”的德国波恩100m望远镜相比，灵敏度提高约10倍；与排在阿波罗登月之前、被评为人类20世纪十大工程之首的美国Arecibo 300m望远镜相比，其综合性能提高约10倍。作为世界最大的单口径望远镜，FAST将在未来20～30年保持世界一流设备的地位。

FAST采用独创的设计，球面反射面被照明部分实时拟合成一个瞬时抛物面，500m口径的反射面由约1800个15m的六边形球面单元拼合而成。利用贵州南部独特的天然喀斯特洼坑可大大降低望远镜工程造价。

FAST的技术设计方案集成了几乎所有可能的先进技术思想，提出了创新性的主动反射面及光机电一体化馈源支撑方案，它将在以下六方面实现科学和技术的重大突破：

图5.2-6 500m口径球面射电望远镜

1）观测中性氢线及其他厘米波段谱线，开展从宇宙起源到星际物质结构的探讨；

2）对暗弱脉冲星及其他暗弱射电源的搜索；

3）作为地面及空间甚长基线干涉VLBI的一个巨大单元；

4）高效率开展对地外理性生命的搜索；

5）为中国自己的深空探测计划提供一个高灵敏度、高分辨率的地面跟踪与遥控基地；

6）发展为新的巨型射电望远镜的模式。

国际上在上述领域中的一些重大发现，曾导致5项诺贝尔奖的产生（近30年来天文学共获7项诺贝尔奖）。

# 5.3 重大工程对制冷低温的需求

## 5.3.1 核能利用

(1) 热核聚变。2006年11月21日，国际热核聚变实验堆（ITER）计划联合实施协定正式签署，参考的国家有中国、欧盟、印度、日本、韩国、俄罗斯和美国。ITER计划是目前世界上仅次于国际空间站的又一个国际大科学工程计划。这一计划将集成当今国际上受控磁约束核聚变的主要科学和技术成果，首次建造可实现大规模聚变反应的聚变实验室，将研究解决大量的技术难题，是人类受控聚变研究走向实用的关键一步，因此备受各国政府与科技界的高度重视和支持。

中国加入ITER计划既是从根本上解决能源问题的战略需要，也有着多方面的现实意义。ITER计划是我国有史以来参加的规模最大的国际科技合作项目。通过参加ITER的建造和运行，全面掌握相关的知识和技术，使我国有可能在较短的时间赶上磁约束聚变研究世界先进水平，大大加快我国聚变能开发的进程。ITER是核科学技术、超导技术、大功率微波技术、等离子体技术、高能粒子束技术、复杂系统控制技术、机器人技术、精密加工技术等的综合集成，可拉动我国国内相关领域的技术发展。我国对ITER建造的贡献中，将近80%是以国内制造的实物部件实现的，这对提高国内企业技术能力和国际竞争能力也是个难得的机会。同时，参加ITER的建设和实验，可全面掌握ITER的知识和技术，培养一批聚变工程和科技人才。参加实施ITER计划，配合国内必要的基础研究、聚变反应堆材料研究、聚变堆相关必要技术研究，有可能在较短时间内、用较小投资使我国核聚变能研究在整体上进入世界前沿，为我国自主地开展核聚变示范电站的研发奠定基础。

采用磁约束核聚变方案，超导需要氦低温系统，见图5.3-1。

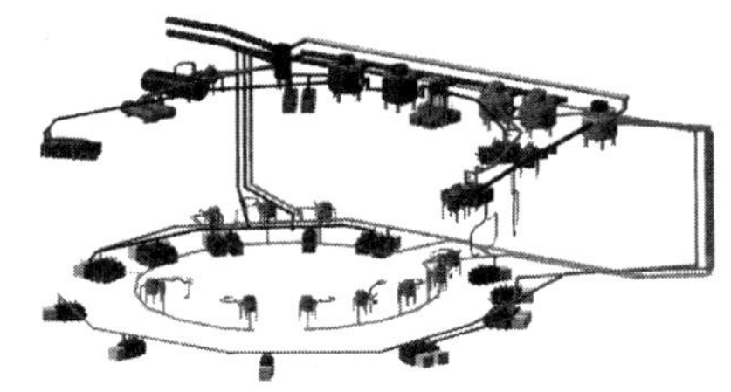

图5.3-1 国际热核聚变实验堆低温系统

(2) 激光惯性约束核聚变。惯性约束聚变（Inertial Confinement Fusion）是利用粒子的惯性作用来约束粒子本身，从而实现核聚变反应的一种方法，见图5.3-2。其基本思想是：利用驱动器提供的能量使靶丸中的核聚变燃料（氘、氚）形成等离子体，在这些等离子体粒子由于自身惯性作用还来不及向四周飞散的极短时间内，通过向心爆聚被压缩到高温、高密度状态，从而发生核聚变反应。由于这种核聚变是依靠等离子体粒子自身的惯性约束作用而实现的，因而称为惯性约束聚变。

激光技术的发展为实现受控热核聚变提供了条件，现代激光技术能产生聚焦良好的能量巨大的脉冲光束。采用多路高强脉冲激光对称地集射到球形氘氚靶丸上使之加热，表面消融为高温等离子体，高速喷射出来产生强大的反冲力，挤压靶芯，使之温度和密度急骤升高而发生聚变。除了采用激光束外，也可采用电子束或离子束。

氘-氚燃料需要低温系统，激光系统增益介质等需要温控。美国 LIFE：氦气冷却；神光Ⅲ原型：氮气冷却。

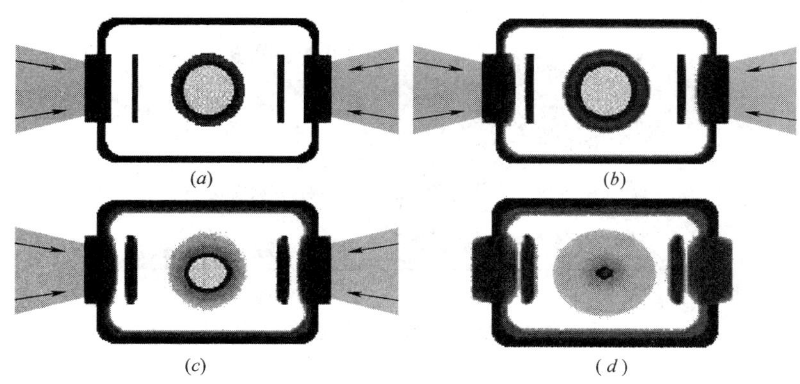

图 5.3-2 激光惯性约束核聚变

(*a*) 激光从靶标端面入射；(*b*) 黑体辐射使温度变高；(*c*) 靶球内部气体被压缩；(*d*) 核聚变反应发生

(3) 核废料处理。我国核电即将进入快速发展期，2020 年核电总装机容量将达到 4000 万 kW，比重提升到 4%；将来我国核电占一次能源总量的比重会逐步攀升。

核废料的处理处置难题：乏燃料中的次锕系元素 MA 和长寿命裂变产物 LLFP 要衰变十几万年，其放射毒性才能降到天然铀矿的水平。

美国“一次通过”循环方式（将乏燃料中大量有用的资源与少量的废物一起直接处置）具有长期环境风险，且耗资巨大。

分离和嬗变：将长寿命次锕系元素和长寿命裂变产物从高放废液中分离出来，然后再进行嬗变，即利用中子引起的核反应，使其变为非放射性的或短寿命的核素。加速器驱动的次临界系统是最有前景的嬗变技术之一。

工作原理：ADS 系统包括加速器、中子散裂 IE、反应堆及堆芯冷却系统等。它通过加速器中的高能质子轰击中子散裂靶，发生散裂反应，产生快中子，从而使反应堆内的 MA、LLFP 等核燃料发生嬗变，嬗变过程生成的热量由冷却系统带走。

低温需求：ADS 质子直线加速器的超导高频腔需要氦低温系统（图 5.3-3）。

## 5.3.2 激光及其应用

(1) 大功率激光器。随着激光技术的日趋成熟和应用领域的不断拓展，半导体（LD）激光器的应用范围已经覆盖了刚电子学的诸多领域，成为当今光电子科学的核心技术，见图 5.3-4。目前，单个 LD 发光功率已经超过 100W，通过 LD 阵列的方式可以获得千瓦、万瓦乃至更大功率的激光，在激光加工、激光通信、激光雷达、激光武器等领域都有广泛的应用。

目前 LD 的发光效率仍然很低，见图 5.3-5，所产生的废热如果不能即时排除，一方面会引起 LD 温度的升高从而影响其所发出激光的波长、甚至不能发光；另一方面 LD 温度的变化，会引起其屈光度的变化，从而改变发出激光的方向，影响激光阵列的聚光效

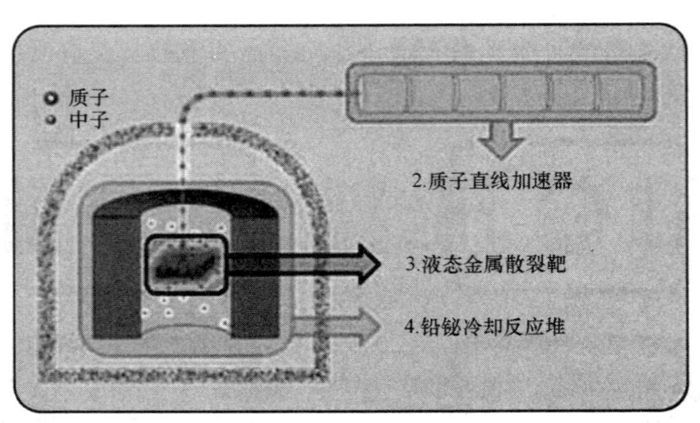


图 5.3-3 加速器驱动次临界洁净核能系统

果。因此，大功率 LD 激光器对温度的要求也非常严格，一方面是高热流密度，通常要达到几十 W/$cm^2$；另一方面，需要较高的温控精度，通常都≤1℃。

(2) 激光显示。激光显示优点有超大屏幕、高亮度；色域宽，高度饱和色彩，可实现最佳色彩转换；有无限的焦深，可实现高分辨率，可在不同材质（水幕、雾幕、屏幕等）以及任意形状表面显示，甚至在悬崖峭壁上成像；高对比度（可达 150000 : 1）；光纤导光、多通道投影及卫星式分布，光源可与投影头分离，操作方便。

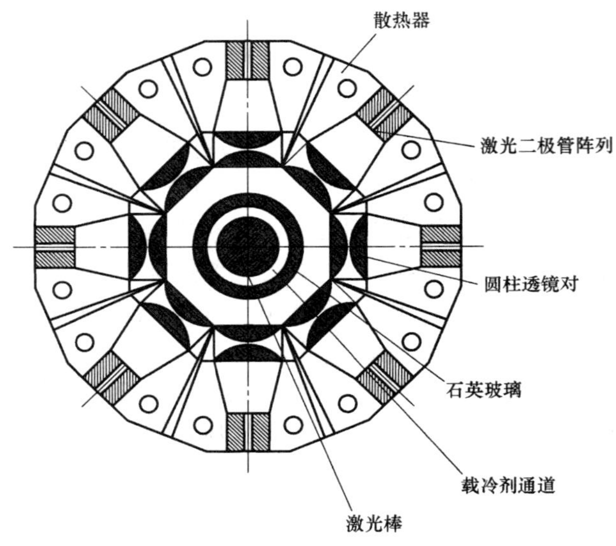


图 5.3-4 二极管泵浦固体激光器

许祖彦院士领导中国科学院理化所团队突破了小型化高性能三基色 LD 激光模组、高

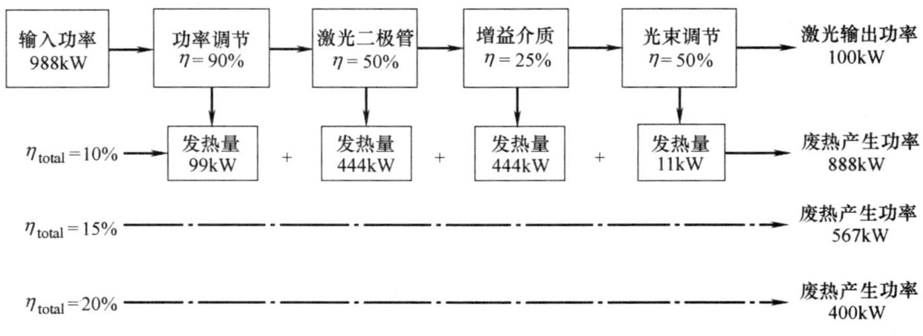


图 5.3-5 激光器能流图

效率控制驱动、高精度分时调制、颜色管理、高效能热管理、匀场照明与散斑消除等关键技术（图 5.3-6），于 2015 年 3 月在国内首次研制成功三基色 LD 为光源的激光投影电视。

制冷需求：需要制冷系统保证激光散热。

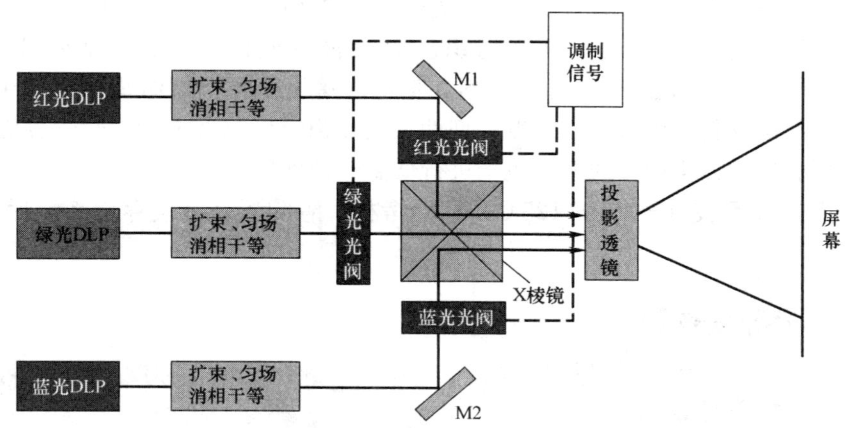


图 5.3-6　激光显示原理图

## 5.3.3　探月工程

2004 年，中国正式开展月球探测工程。嫦娥工程分为“无人月球探测”、“载人登月”和“建立月球基地”三个阶段；2007 年 10 月 24 日，“嫦娥一号”成功发射升空；2010 年 10 月 1 日，“嫦娥二号”顺利发射；2013 年 12 月 2 日，“嫦娥三号”顺利送入太空，当月 14 日成功软着陆于月球雨海西北部，15 日完成着陆器巡视器分离，并陆续开展了“观天、看地、测月”的科学探测和其他预定任务；2014 年 11 月 1 日，载人返回飞行试验返回器顺利着陆，我国探月工程三期再入返回飞行试验获得圆满成功。

（1）探月工程中设备的环境实验（图 5.3-7）。月球环境主要包括月球重力场、磁场、辐射、大气、流星体、月面温度（月球热环境）、月球尘及月壤、月面地形地貌等环境。

图 5.3-7　月球车及其环境实验

大气环境：由于在近月空间和月表环境中的大气密度只有地球上的 $1/10^{12}$，所以月球大气环境也称为真空环境。

月球热环境：在月球白天期间太阳辐照度高达 1358W/$m^2$，此时极限温度可达 150℃，月球的黑夜极限温度可达−180℃。

热真空试验：温度为−180～132℃，真空度为优于 $1.33\times10^{-3}$Pa。

（2）低温材料处理。将材料置于深冷处理箱中，按照图 5.3-8 所示的工艺进行处理的过程，通过这种处理改变材料的微观组织从而改善机械性能。通常把处理温度低于−100℃的冷处理叫深冷处理。被处理材料在低温环境下由于微观组织结构发生了改变，在宏观上可以提高材料的耐磨性、强度、韧性、尺寸稳定性以及电学、热学性能。“嫦娥三号”着陆器和巡视器定向天线驱动机构进行低温改性处理，使其超载性能比未深冷提高 2 倍，经过了 15 个月夜（−190～125℃）存储考核，着陆器经月夜存储唤醒后工作正常（图 5.3-9）。

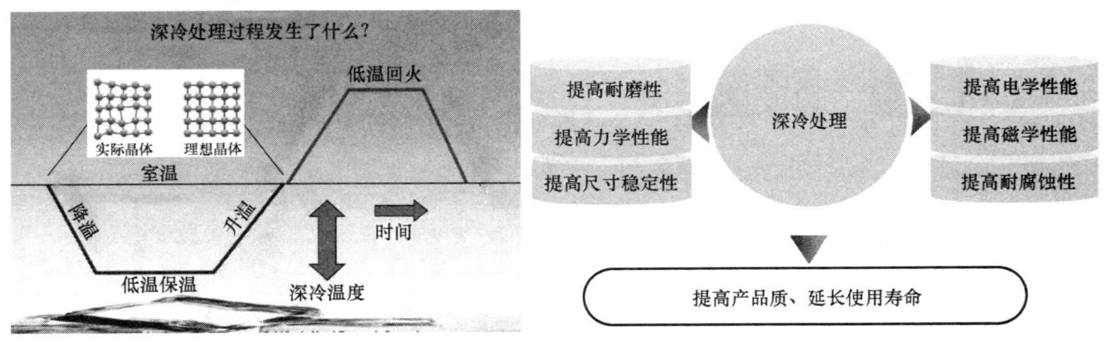


图 5.3-8　低温材料处理原理及效果

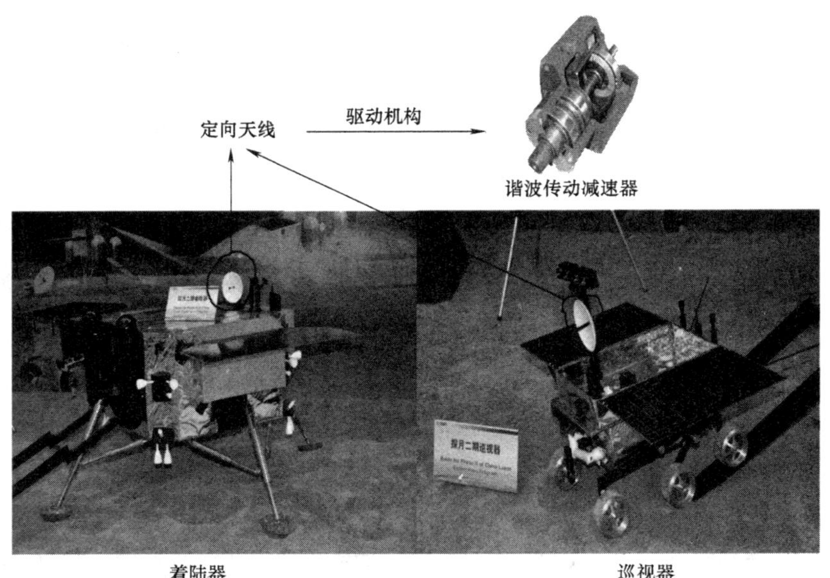


图 5.3-9　低温材料处理技术在月球车中的应用

## 本章参考文献


[1] 刘建业，谢征，冯铭瑜，赵伟，郑睿. 超流体陀螺仪的发展概况与研究进展. 航空学报，2012，33（1）：1-10

[2] 王国平，肖剑，何昆，李少鹏. 散裂中子源低温系统的概念设计. 低温工程，2009，（5）：27-30.

[3] 王自力，刘敏. Ka 频段低温接收机. 飞行器测控学报，2014，33（3）：225-230.

[4] 中国散裂中子源，http://www.ihep.cas.cn/kxcb/kpzt/kpzt_CSNS.

[5] 大天区面积多目标光纤光谱天文望远镜（LAMOST）. http://lssf.cas.cn/LAMOSTwyj/200907/t20090720_2114287.html.

[6] 北京正负电子对撞机 BEPC. http://bepclab.ihep.cas.cn/.

[7] 清华大学新闻网. http://news.tsinghua.edu.cn/publish/news/.

[8] 张闯. 国际粒子加速器的前沿. 物理，2008，37（5）：289-297.

[9] 向艳超，陈建新，张冰强. 嫦娥三号“玉兔”巡视器热控制. 宇航学报，2015，36（10）：1023-1029

[10] Kaixuan Gu，Hong Zhang，Bing Zhao，JunjieWang，Yuan Zhou，Zhiqiang Li. Effect of cryogenic treatment and aging treatment on the tensile properties and microstructure of Ti－6Al－4V alloy. Materials Science & Engineering，2013，A584：170-176.


本章执笔人：邵双全

# 第 6 章　2022 年冬季奥林匹克运动会与制冷技术

## 6.1　冬奥会场馆设施与装备中的制冷技术

### 6.1.1　冬奥会助推我国冰雪运动蓬勃发展

随着冬奥会申办的成功和国家发展体育产业政策的推动，中国冰雪运动将迎来重大历史机遇。北京在向国际奥委会提交的《申办报告》中提到，北京申办冬奥会成功，可以带动 3 亿人参与到冰雪运动中。巴赫对此尤为欣赏，“北京为我们勾画了将冰雪运动推广至数亿人的前景”。他表示，中国政府已经注意到体育的教育功能和社会作用，借助冬奥会促进冰雪运动的普及，是国际奥委会最为赞赏之处。北京奥运城市发展促进会副会长蒋效愚表示：“冬奥会是实现‘全民健身’国家战略的良好契机，将大力推进我国冰雪运动的发展”。

回顾我国冰雪运动情况如下：

20 世纪 60 年代初期，滑冰就已经开始在我国北方盛行，是东北地区冬季娱乐健身的主要活动。20 世纪 80 年代末期，随着我国社会进入转型，许多企业、工厂无法继续得到国家在大众体育活动方向上的拨款，各地露天室外冰场逐渐消失，冰上运动逐渐失去了市场。直到 1995 年“全民健身计划纲要”的提出，才使得我国冰上运动重新出现了生机。

而我国滑雪运动的发展则比滑冰较晚，商业化的滑雪场在 2001 年才出现。由私人投资并运营的北京石京龙滑雪场开启了中国滑雪商业化的先河，滑雪才逐渐被推上了全民运动的舞台，滑雪运动进入迅速发展期。根据中国滑雪协会的数据，1996 年我国滑雪人次为 1 万，到 2010 年达到了 500 万人次，2004 年滑雪人次已经突破 1000 万。而从 1000 万到“带动 3 亿人参与冰雪运动”，意味着未来几年冰雪产业将拥有至少 10 倍的增长空间。

按照国际经验分析，当人均 GDP 达到 5000 美元时，民众将会对体育运动有所需求；人均 GDP 达到 8000 美元时，体育运动将成为国民经济的支柱产业之一（根据国家统计局的数据，中国的人均 GDP 在 2011 年超过 5000 美元，2015 年则达到了 7575 美元）；人均 GDP 接近 1 万美元时会迎来冰雪运动发展的“黄金期”。以滑雪项目为例，由于中国人口基数巨大，目前中国滑雪人数转化率（不足 1%）与发达国家 5%～10%的平均转化率有相当大的距离，这个差距就是上升空间。随着冬奥会的申办成功，转化率会迅速提升。

滑雪运动是旅游休闲和体育运动相结合的项目，在欧美，特别是北欧和阿尔卑斯山区，滑雪运动非常流行。在中国，滑雪运动在近几年逐渐褪去“贵族运动”的外衣，成为一项深受广大民众喜爱的运动。中国的滑雪产业经过前 10 多年的积累，目前正处于较快发展时期。

虽然现阶段我国滑雪产业还面临着一些问题，但是在今后的发展中，滑雪产业将会发展得更加综合、更具规模，有着广阔而美好的发展前景。预计未来 15～20 年间，我国将可能迎来滑雪产业的鼎盛时期。

我国冰雪运动产业的“蛋糕”情况如下：

我国冰雪运动的发展，目前还处于起步阶段。相比欧美等发达国家，冰雪运动设施非常匮乏，冰雪产业占国民经济比重非常低。在欧洲，一个3000～5000人的小镇，至少有两座冰雪服务设施，这样的普及率对于中国来说是无法企及的。体育总局冬运中心书记任洪国指出，目前，中国全国能够举办一般国际比赛的雪场有260多家，同样标准的室内冰场160个；和“别人家”相比差距很大：“像美国和加拿大这些地方，仅仅一个洛杉矶，冰场就有100多个，连社区里都有。不过我觉得只要能拉动社会的需求，包括使用体育彩票的资金去建设，带动这方面群众体育的发展，很快的，我们的冰场逐渐就会增加。”

硬件的建设，需要时间和大量的资金投入。任洪国认为，北京的冰场数量要想达到洛杉矶那样的规模，估计要等到北京冬奥会开幕那一年。所以，国家体育总局群体司目前也在规划中提出，可以在社区里使用一些简易器材搭建临时场地，或是在有条件的地区多利用室外的简易冰场，用这种方式让普通人更容易接触到冰雪运动。秉承冬奥会的契机，中国或将在未来几年建设超过上千个冰雪设施。

冬奥会场馆建设以及“带动3亿人参与冰雪运动”的目标，首要措施是大力加强冰场、雪场建设，从数量上满足人民群众冬季运动锻炼需求。依此测算的话，我国冰雪产业未来每年将创造收入325亿元左右，拉动效应将达到几千亿元以上。将带来巨大的冰雪健身休闲场地及配套设施建设需求，器材装备生产销售、赛事培训以及相关产业如旅游、地产、酒店、餐饮、娱乐等市场广阔，发展空间巨大。

## 6.1.2 室内滑冰场

### 6.1.2.1 室内滑冰场的冰面尺寸与地坪构造

1. 室内滑冰场冰面尺寸

根据国际冰联的规定，标准冰球和短道速滑的场地尺寸要求是61m×30m（冰面面积约1860m$^2$），冰层厚度40～50mm，也可以进行花样滑冰比赛，冰面温度为−2.5～−5℃之间（因项目而不同）。速度滑冰场共设3条跑道，里道宽度4m，为练习跑道；中道和外道为各5m宽的比赛跑道，总宽14m。跑道直段长111.98m，弯道曲率半径从内向外分别为21m、25m、30m、和35m。速滑场的总设计面积5599m$^2$，冰层厚度30～40mm，冰温为−4℃。冰壶所用场地是一个保持得非常平整的长44.5m、宽4.32m的冰道。冰面面积192.5m$^2$。独立设置制冷机房。

而大众娱乐性滑冰场的冰面面积不受限制，但多数是按照冰球场的面积来设计，其滑行面积按每人1.5m$^2$～2.8m$^2$考虑。冰层厚度考虑到大众滑冰场的冰面要受损伤，采用冰层厚度50mm。冰温为−2.2℃～−5℃。制冷设备最好放在设备层或相对封闭的空间内(因产生噪声和振动)，蒸发式冷凝器或冷却塔最好设在室外或建筑物屋面。

2. 室内滑冰场的地坪构造

室内滑冰场的地坪主要有两种做法：内埋制冷排管的钢筋混凝土面层构造；铺设砂质面层的裸管构造。

内埋制冷排管的钢筋混凝土面层构造，使滑冰场的地面与通常体育馆地面相同，这样除供滑冰使用外容易转作其他功能使用，而且制冰量少，约为砂质面层的1/2，因此初冻冰负荷小，面层平整，便于清扫划线。由于制冷排管及支架均在钢筋混凝土层内，可避免碰撞和腐蚀，而且通过对水泥或水磨石表面做些图案或色彩处理，使冰面更加美观，虽然在造价上比砂质面层高些，但国内人工滑冰场的地面层大多采用这种做法。

铺设砂质面层的裸管构造就是在裸露的制冷排管的周围填充河砂。这种做法施工简便，造价低，冷却排管便于维护，但冷却排管易受损伤和腐蚀，制冰所需冷量比混凝土面层的要大1倍左右。

不管是混凝土面层还是砂质面层，对于滑冰场地坪的设计都应采取防止地下土壤冻结的措施，并应具有防水、防滑动保温和导水的功能。考虑季节环境变化还应该设置滑动层，满足温度变化时自由膨胀的需要。

#### 6.1.2.2　室内滑冰场制冰系统

室内滑冰场的制冰设计属于滑冰场的工艺设计，其制冷系统不宜与其空调系统合用制冷设备。制冷系统设计的关键是要解决好地坪构造、冰面排管的布置、冷负荷的确定和制冷设备的选择。

室内滑冰场制冷系统采用氨或氟利昂（包括氟利昂替代物）作制冷剂，冰面供液方式主要有两种：直接冷却系统和间接冷却系统。近几年，随着二氧化碳制冷剂的应用，二氧化碳相变间接冷却系统和直接冷却系统（跨临界循环）也在室内滑冰场中得到了应用。

1. 直接冷却系统

直接冷却方式可采用氨或氟利昂（包括氟利昂替代物）制冷系统，由于氨制冷系统具有造价低、制冷性能好的优点，所以前些年国内建的许多室内滑冰场大部分采用氨泵直接制冷系统。《危险化学品重大危险源辨识》GB 18218—2009实施以后，由于大多数室内滑冰场制冷系统液氨充注量超过10t（重大危险源临界量），属于重大危险源，出于对安全等方面考虑，在室内滑冰场设计中，一般不会采用氨直接冷却系统。但仍有氟利昂（包括氟利昂替代物）冷却系统采用直接供冷方式，供液方式又分为直接膨胀式供液和氟泵供液两种方式。

2. 间接冷却系统

间接冷却系统中制冷剂仍然采用氨或氟利昂，载冷剂采用乙二醇水溶液或氯化钙水溶液。虽然间接冷却系统在初次投资、运行费用方面比直接供冷系统高出约20%左右，但更加安全，在国外和国内的一些室内滑冰场的设计中仍得到广泛采用。

3. 直接冷却与间接冷却方式的比较

采用直接供冷在一次性投资和运行管理方面均比间接供冷要低，这主要是由于：

（1）因不设载冷剂用的蒸发器和载冷剂水箱（具有一定的蓄冷作用），系统更加简化。

（2）在运行过程中，由于直接冷却系统的蒸发温度比间接冷却要高5℃左右，制冷机组的制冷量和效率相差约20%～25%。

（3）直接冷却系统的冷源泵装机功率比载冷剂泵的小，运行中泵所消耗的功率也小。

（4）直接冷却系统的冻冰速度比间接冷却系统更快，而且直接冷却系统排管不会因为腐蚀而影响使用寿命，但排管内润滑油会影响换热效率。

（5）与间接冷却相比，直接冷却系统也存在一些缺点，比如对施工质量要求高，容易出现制冷剂泄露，蓄冷性能不如间接供冷系统等。

#### 6.1.2.3 室内滑冰场的冷负荷

室内滑冰场的冷负荷与许多因素有关，如运动项目（修冰频率）、使用时间、围护结构特点、来自顶棚和灯的辐射、冰场气候条件件等，因此，理论计算比较困难，通常根据经验数据和实测结果来确定其负荷的大小。一些文章也介绍了分项计算的方法，把分项计算的结果叠加起来作为系统设计计算的依据。

冰面与周围环境发生的热交换形式有：与空气的对流换热、与四周围护结构的辐射热交换、与空气中水蒸气凝结在冰面上所发生的潜热交换、排管与下部复合层结构的热传导，另外，还要计算冰面修整浇水冻冰的附加负荷。

1. 冰面维持负荷

冰面维持负荷是指在维持一定的冰面温度、一定的冰层厚度以及修整冰面时浇水冻冰所需的制冷量。维持负荷由以下几项组成：

（1）空气与冰面的对流放热负荷 $Q_c$：

$$Q_c=\alpha_c \cdot F_i \cdot (t_a-t_i) \qquad (6.1\text{-}1)$$

式中 $t_a$——空气温度，℃，室外取冰场使用期间最高月的平均干球温度；

$t_i$——冰面温度，℃，通常取－5℃；

$F_i$——冰面面积，$m^2$；

$\alpha_c$——冰面与空气间的对流换热系数，W/($m^2$·K)，与风速有关，室内冰场风速取值 2m/s，可按式（6.1-2）计算

$$Nu=0.27(Gr-Pr)^{\frac{1}{4}}，10^5 \leqslant GrPr \leqslant 10^{10}，Nu=\frac{\alpha_c \cdot L}{\lambda} \qquad (6.1\text{-}2)$$

式中 $Nu$——努谢尔特准则式；

$Gr$——葛拉晓夫数；

$Pr$——普朗特准则数；

$\lambda$——空气的导热系数，W/(m·K)；

$L$——特征长度，m，$L=F_i/B_s$；

$B_s$——冰面周长，m；

$\alpha_c$——冰面与空气间的对流换热系数，W/($m^2$·K)。

（2）辐射负荷 $Q_r$：

$$Q_r=\sigma \cdot \varepsilon \cdot F_i\left[\left(\frac{t_a+273}{100}\right)^4-\left(\frac{t_i+273}{100}\right)^4\right] \quad (W) \qquad (6.1\text{-}3)$$

式中 $\sigma$——辐射常数，$W^2/(m^4 \cdot K)$；

$\varepsilon$—— 冰面黑度，取值 095～0.98；

（3）冰面传质热负荷 $Q_m$：

$$Q_m=\delta \cdot F_i \cdot (d_a-d_i)\times 10^{-3}\times\gamma \quad (W) \qquad (6.1\text{-}4)$$

式中 $d_a$——空气含湿量，g/kg；

$d_i$——冰面温度下饱和空气含湿量，g/kg；

$\gamma$——凝结和凝固潜热，J/kg；

$\delta$——传质系数，kg/($m^2$·s)。

冰面与空气在对流传热的同时，还发生着质的交换，由传质又引发热负荷。这是由于

冰面温度低于空气的露点温度，空气中水蒸气在冰面上凝结造成的。传质系数按下式计算：

$$\frac{\alpha_c}{\delta}=c_p \cdot Le^{\frac{2}{3}} \text{或} \delta=\frac{\alpha_c}{c_p \cdot Le^{\frac{2}{3}}} \tag{6.1-5}$$

式中　$c_p$——空气定压比热，J/kg·K；

$Le$——刘易斯准则；

$Le$ 与温度有关，在冰场设计的温度范围内 $Le \approx 0.86$。

（4）冷排管向地坪的传热 $Q_k$：

$$Q_k=K \cdot F_i \cdot (t_e-t_p) \tag{6.1-6}$$

式中　$t_e$——地层或空气温度，℃，当冰场建在2层及以上时，取冰面地坪结构下空气温度；

$t_p$——排管表面温度，℃，取值可以比蒸发温度或冷媒进出口平均温度高1℃；

$K$——传热系数，W/(m$^2$·K)，计算 $K$ 值时，材料厚度从排管中心算起。

$$K=\frac{1}{\sum_{i=1}^{n}\frac{\delta_i}{\lambda_i}+\frac{1}{\alpha_f}} \tag{6.1-7}$$

式中　$\delta_i$——各层材料厚度，m；

$\lambda_i$——各层材料导热系数，W/(m·K)；

$\alpha_f$——自然对流换热系数，W/(m$^2$·K)，当冰场建在地面或地下室时，无此项。

（5）冰面修整负荷 $Q_s$：

冰场使用一定时间后，冰面上会出现很多冰刀划痕和冰屑，影响使用效果，必须进行修整。一般使用80℃热水进行浇冰。

$$Q_s=F_i \cdot h \cdot \rho_i \cdot \frac{\Delta i}{\Delta t} \tag{6.1-8}$$

式中　$h$——每次浇冰厚度，m；

$\rho_i$——冰的密度，kg/m$^3$；

$\Delta i$——水冷却并结冰至冰面温度所放出的热量，/kg；

$\Delta t$——每次浇冰冻结时间，s。

（6）维持总热负荷 $Q_0$：

$$Q_0=Q_c+Q_r+Q_m+Q_k+Q_s \tag{6.1-9}$$

采用此方法对某室内滑冰场负荷的计算结果表明，单位面积负荷与文献［4］的实验结果相差15%，可以用于冰场设计时的负荷计算。

2. 初冻负荷

初冻负荷等于维持负荷与冰层水冻结热之和。竞技滑冰场馆设计时，应按初冻负荷选择制冷系统的制冷能力，而大众娱乐性滑冰场，通常为了减少设备的投资，采用按最大的维持负荷作为系统的设计负荷，冰场投入使用初次冻冰可采用延长冻冰时间的措施来减少初冻负荷，以减少一次投资的费用。

#### 6.1.2.4　主要制冷设备选型与设计

1. 制冷压缩机选型

室内滑冰场的冷负荷自有特点，一般条件下，初冻负荷是最大维持负荷的 1.5 倍左右，而夏季维持负荷大约相当于冬季维持负荷的 2 倍。

制冷系统压缩机的选择计算与其他制冷系统相同，考虑到室内滑冰场冷负荷的特点，一般配置 3 台制冷压缩机。初冻时 3 台制冷压缩机全部运行，而夏季维持温度时开启 2 台制冷压缩机，冬季维持温度时开启 1 台制冷压缩机，过渡季节维持温度时则根据负荷灵活搭配置制冷机运行。第 3 台制冷压缩机同时作为维持运行时的备用机。而在大众娱乐性滑冰场设计中，为了节约投资，可以按最大维持负荷选择制冷压缩机，通过延长初冻时间的方式完成冰场的初次冻结。

室内滑冰场属于常规制冷系统，满足使用温度要求的制冷压缩机均能够使用。现有人工冰场制冷系统以螺杆式制冷压缩机和活塞式制冷压缩机为主，两种制冷压缩机均属于容积型压缩机，各有特点。

活塞制冷压缩机的特点：

1）活塞制冷机是最早使用的制冷压缩机，技术成熟，有丰富的生产使用经验；

2）对材质要求低，多用普通钢铁材料，加工比较容易，造价也较低廉；

3）运动零部件多，易损件多，维护维修频繁，费用高；

4）运转中往复惯性力大，动力平衡性能较螺杆式压缩机稍差；

5）活塞式制冷压缩机对“湿冲程”敏感，排气温度高（润滑油易碳化）；

6）单机部分负荷下调节性能差，不能无级调节；

7）机组没有油分离装置，润滑油易进入系统导致系统效率下降。

螺杆制冷压缩机的特点：

1）结构简单紧凑，易损件少，可靠性高，故障率低，大修间隔期可达 4 万～8 万 h；

2）转速高（2960r/min），单位制冷量体积小、质量轻，占地面积小；

3）没有往复质量惯性力，动力平衡性能好，振动小；

4）操作方便，维修简单，使用可靠；

5）适应性强。对“湿冲程”不敏感，在相同的压力比下，排气温度比活塞机低得多，单级压缩可实现较大的压差；

6）制冷量可在 10%～100%范围内无级调节，负荷适应性更强；

7）配置油分离、冷却、过滤设备，用于直接冷却系统减少了润滑油进入系统的可能性。

2. 辅助设备的选择

贮液器的容积应该满足系统中所有制冷剂的收储需要。采用泵供液的直接冷却方式时，供液的循环倍率宜选择 4～6 倍。

3. 冰面排管的设计

冷却排管的设计主要应根据滑冰场的长度、制冷剂的流速及压力损失等因素确定，特别是氟利昂（包括氟利昂替代物）制冷系统，由于其比重比氨的要大得多，所以更应予以重视，根据以往经验，当冷却排管长度超过 40m 时应采用 *D*32 以上无缝钢管，为保证冰面温度均匀，冷却管间的距离不宜大于 100mm。

冰面排管应采用双向交叉的布置方式，保证冰面温度的均匀性满足要求。尤其是采用间接冷却系统时，载冷剂进出温度一般为 2～3℃，如采用顺排方式布置冰面温度会出现明显的差异。

### 6.1.3　室内滑雪场

#### 6.1.3.1　室内滑雪场制冷系统

我国最早的滑雪场出现在 20 世纪 60 年代，但商业化的滑雪场在 2001 年才出现。当时，由私人投资并进行商业化运营的北京石京龙滑雪场开启了中国滑雪商业化的先河。目前滑雪场项目像雨后春笋一样，不断涌现。

室内滑雪场制冷系统主要包括 3 部分：造雪系统、空调系统、冷源系统。

人工造雪通常有两种方式：一种是在滑雪馆的顶部设置造雪喷嘴，也就是所谓的喷雪枪，水与低温压缩空气混合后通过喷嘴喷出，在热膨胀的作用下急剧冷却，冻结成雪状物，其形状与质地与自然雪非常相似。为保证雪的质量，要求室内的温度低于－5℃。考虑到降雪的均匀性，喷嘴的口径、形状、排列分布和数量均有一定的要求。另一种造雪方式是先制取片冰，再将片冰粉碎后，通过风力输送至滑雪馆内部，软管末端的管口可移动到雪场的不同位置，便于铲雪车进行疏松和整理。

片冰机冷源可以自带也可以与场馆空调系统结合，利用非营业时间场馆负荷低的时间段制取片冰。这种造雪方式只要求室内温度低于 0℃（维持雪不融化）即可。与第一种造雪方式相比，第二种方式初投资较少，同时也省去了喷嘴维护工作，对室内环境的要求低，是目前室内滑雪馆和室外滑雪场较多采用的造雪方式。

采用喷雪枪造雪时，制雪负荷需由滑雪场内冷风机承担，而制雪时需将滑雪场空间温度降至－5℃以下。采用先制冰再制雪的方式时，制雪负荷由片冰机蒸发器承担，制雪效率更高。如果制雪和空调系统采用一套冷源设备需将系统调整为制冰工况运行。

#### 6.1.3.2　室内滑雪场冷负荷

室内滑雪场冷负荷有其自身的特点，营业时间和非营业时间冷负荷不同，如制雪和空调系统采用一套冷源设备时会出现变工况运行，而且采用不同的制雪方式时冷负荷相差很大，通常制雪时间为非营业运行时段。

室内滑雪馆的冷负荷主要由两部分组成：造雪负荷和维持空间温度负荷。维持空间温度负荷包括围护结构传热量、人员散热、开门散热、灯光散热、缆车（魔毯）散热、新风（含除湿）散热、压雪车散热等。营业时间段冷负荷主要有：围护结构传热、人员散热、开门传热、灯光传热、缆车（魔毯）散热、新风（含除湿）散热等；而非营业时段冷负荷主要有：围护结构传热等冷负荷均有所减少，系统主要负荷为制雪负荷。

冷负荷计算与通常冷库制冷负荷的计算方法基本相同。营业时段系统冷负荷 $Q_y$ 可按下式计算：

$$Q_y = Q_1 + Q_2 + Q_3 + Q_4 \tag{6.1-10}$$

式中　$Q_y$——营业时段总冷负荷，W；

$Q_1$——围护结构热负荷，W；

$Q_2$——工艺设备热负荷，W；

$Q_3$——照明热负荷，W，比赛场馆按 40W/m$^2$ 计；

$Q_4$——人体散热量，W，人体散热量可以按成年男子每人 1450kJ/h 计算，成年女子和儿童按成年男子的 75%～85%计。

采用喷雪枪造雪时，非营业时段冷负荷 $Q_x$ 可按下式计算：

$$Q_x = Q_y + [Q_{5-1} + \eta \cdot (Q_{5-2} + Q_{5-3}) + (1-\eta) Q_{5-4}] \tag{6.1-11}$$

式中 $Q_x$——非营业时段总冷负荷，W；

$Q_y$——营业时段总冷负荷，W；

$Q_{5-1}$——水冷却负荷，W，（水温降至 0℃）；

$\eta$——制雪率；

$Q_{5-2}$——水凝固热，W；

$Q_{5-3}$——雪冷却负荷，W，至－5℃；

$Q_{5-4}$——水的蒸发热，W。

#### 6.1.3.3 室内滑雪场的除湿

室内滑雪场制冷系统设计中，除湿必须予以特别注意。室内滑雪场湿负荷来源有：人体散湿负荷、通风换气湿负荷和雪面升华湿负荷。其中人体散湿量和通风换气湿负荷按相关空调设计规范计算，计算方法参考《实用供热空调设计手册》（陆耀庆 编）。雪面升华湿负荷参照人工滑冰场冰面升华计算。

### 6.1.4 冰雪项目中 $CO_2$ 制冷剂的应用

世界各国正采取措施，逐步淘汰 HFCs 系统的使用，这些行动迅速推动了低 GWP 可替代性制冷和空调技术的研发、测试和商业化进程。值得一提的是，世界各地都在生产和销售以碳氢化合物、二氧化碳、空气、水、氨或这些物质的混合物为制冷剂的独立机组和机架系统。

可持续性是制冷系统设计和未来发展的重要指标，在 1987 年签署的《关于臭氧层衰减物资的蒙特利尔议定书》中，对臭氧消耗类物资的生产和使用进行了限制。CFC 类工质和哈龙是首批受控物质，直到 2000 年完全停止生产。此次议定书并没有把 HCFC 类物质列入控制物质中，只是作为过渡性物质出现在替代物中，其中包括 HCFC22。其后修正的议定书引进了其他的控制措施，并增加了新的受控物质种类。其中哥本哈根修正案中的受控物质增加了甲基溴、HBrFCs 和 HCFC，并把 HCFC22 的停产日期由 2050 年提前到了 2030 年。

中国参加了一系列保护臭氧层的公约和议定书及其修正案，2010 年国务院通过《消耗臭氧层物质管理条例》，同年发布了《中国受控消耗臭氧层物质清单》，HCFCs 和 HFCs 类物质淘汰进入了实施阶段。

在北京联合张家口的申办报告中承诺 2022 年冬奥会所有新建场馆都将满足国际绿色建筑评价认证 LEED 标准，其制冷系统一定要满足“安全、环保、节能”的理念，$CO_2$ 制冷剂完全符合这样的理念，符合制冷技术的发展方向。

#### 6.1.4.1 $CO_2$ 应用于室内滑冰场

1. 室内滑冰场 $CO_2$ 系统应用现状

第一个使用 $CO_2$ 制冷剂的人工冰场是 1999 年建于澳大利亚的 DORNBIRN 冰场。到 2011 年年底，全世界已有 25 座人工冰场使用 $CO_2$ 制冷剂，其中：瑞典和荷兰各 3 座，德国 2 座，芬兰、挪威、意大利、澳大利亚、俄罗斯、日本、加拿大各 1 座。2010 年建于加拿大魁北克省的 ARENA MARCEL DUTIL 冰场第一次使用了完全 $CO_2$ 制冷系统。Simard Luc 等在分析 ARENA MARCEL DUTIL 冰场的实测数据后指出：在相同区域，冷量相近时，相比传统的 $NH_3/CaCl_2$ 溶液间接系统的人工冰场由于较高的蒸发温度和较低的泵能耗，完全 $CO_2$ 制冷的人工冰场在总能源成本上节约了 25%。

冰场制冷系统和常规制冷系统类似，也有直接冷却系统和间接冷却系统之分。以 $CO_2$ 作为载冷剂间接冷却系统中，一次回路以液氨制冷系统效率最高，也最符合环保的理念，一个典型冰场（冰面面积 1860$m^2$）使用 $CO_2$ 制冷系统后，每年可减少 $CO_2$ 排放 164t。

2. 人工冰场 $CO_2$ 制冷系统性能与经济性比较

美国 ASHRAE 2010 分析 24h 连续运行的 $CaCl_2$ 载冷剂冷媒泵可使冰场负荷最高增加 24%。Tuyet Nguyen 等以瑞典 BACKVALLEN 人工冰场为例，分析了制冷系统运行 8 个月的能耗情况，和常规盐溶液泵相比，$CO_2$ 泵能耗降低了 75%～80%，共节约电能 75～80MWh。Tuyet Nguyen 分析了三种形式制冷系统的 *COP*、总能耗、寿命期成本，结果如表 6.1-1 所示。

**三种制冷系统对比分析数据**　　**表 6.1-1**

| 制冷系统 | 性能系数<br>*COP* | 总能耗<br>（kWh） | 寿命周期成本<br>（万元） |
|---|---|---|---|
| $NH_3/CaCl_2$ 系统 | 4.90 | 157356 | 571.4 |
| $CO_2/CaCl_2$ 系统 | 4.37 | 176503 | 666.4 |
| 完全 $CO_2$ 系统 | 6.40 | 120411 | 502.6 |

人工冰场整个寿命周期内，完全 $CO_2$ 系统成本最低，$NH_3/CaCl_2$ 载冷系统比完全 $CO_2$ 系统成本高 12%，$CO_2/CaCl_2$ 载冷系统比完全 $CO_2$ 系统成本高 24.6%。

3. $CO_2$ 应用于室内滑雪馆

天鹅堡室内滑雪馆制冷系统是我国第一个将 $CO_2$ 制冷剂用于冰雪项目的案例，运行状态良好，节能效果明显，并且经历了因台风连续 28h 停电的考验。

天鹅堡室内滑雪馆位于文成县西坑畲族镇，建筑面积约 12220$m^2$，雪场面积 8000$m^2$，可同时容纳 500 人。滑雪场按国际标准建造，滑道长约 206m，宽 36～63m，上下落差 18m，最大坡度为 14°，最小坡度为 8°。其雪质、雪层厚度、减速设施等指标，均达到《中国滑雪场所管理规范》。

该滑雪场制冷系统为采用 R507 作为制冷剂的 $CO_2$ 载冷系统，半封闭式螺杆制冷压缩机组，配置带有热回收系统的蒸发式冷凝器，雪场内冷却设备采用不锈钢管铝片吊顶式冷风机。设计空气温度－5～－3℃，温度控制采取多区域自动控制方式，自动控制型制冷机组根据滑雪场内即时温度自动开启并调节运行载位。

新风换气采用空气—空气热交换机 可以回收排气中 65%的热量，同时设置超低温除湿器将新风温度降至低于 0℃，再送入滑雪场内，避免局部“起雾”。

$CO_2$ 相变载冷系统的优势在于系统效率更高，与相同制冷剂的乙二醇载冷系统相比，年可节约能耗 68 万 kWh。表 6.1-2 给出了 $CO_2$ 和乙二醇载冷系统对比分析数据。

**$CO_2$ 和乙二醇载冷系统对比分析**　　**表 6.1-2**

| 项目 | R507/$CO_2$<br>载冷系统 | R507/乙二醇<br>载冷系统 | 对　比 |
|---|---|---|---|
| 主机选型 | LG16MYJA 型 2 台 | LG16MYJA 型 2 台 | 主机选型相同 |
| 运行工况 | －12℃/＋34℃ | －16℃/＋34℃ | 相同场内温度，$CO_2$ 系统换热温差更小 |

续表

| 项目 | R507/$CO_2$ 载冷系统 | R507/乙二醇 载冷系统 | 对 比 |
| --- | --- | --- | --- |
| 工况负荷 | 354kW | 308kW | 相同场内温度下 $CO_2$系统制冷量大 |
| 轴功率 | 131kt | 134kW | $CO_2$载冷系统轴功率更小 |
| 电机功率 | 160kW | 160kW | 电机功率相同 |
| COP | 2.70 | 2.30 | $CO_2$载冷系统 *COP* 更高，节能约 17.4% |
| 制冷剂 | R507 | R507 | 充注量基本相同 |
| 制冷剂单价 | 40000 元 | 40000 元 | |
| 载冷剂 | $CO_2$(R744) | 乙二醇溶液(40%) | 乙二醇管道直径更大，充注量更多 |
| 载冷剂价格 | 2000 元/t<br>充注量 11t 左右 | 10000 元/t<br>充注量 14t 左右 | 若使用冰河冷媒则单价 12000～18000 元/t 不等 |
| 载冷剂对比 | 安全，无毒，不可燃，管道阻力损失小，不易泄漏 | 无色、有甜味、有毒、易燃，腐蚀性强，易泄露，乙二醇溶液管道阻力损失大 | $CO_2$载冷优势明显 |
| 载冷剂泵功率 | 4.0kW×2=8kW | 22kW×2=44kW | 乙二醇载冷剂泵耗能更高 |
| 冷风机 | 3×0.48kW　12 台 | 3×0.48kW　14 台 | 乙二醇系统需要增加 2 台冷风机 |
| 蒸发式冷凝器 | 15kW+(2×11kW) | | 蒸发式冷凝器配置相同 |

4. 室内滑冰场 $CO_2$热回收系统

全热回收在人工冰场的应用：很多人工冰场都有热回收系统，回收热水主要应用于浇冰（80℃热水）、地坪防冻、制冰机融霜、加热空调新风等。

加拿大 ARENA MARCEL DUTIL 冰场也采用了热回收系统，供给 75℃热水，可满足冰场建筑的所有供热需求。

加拿大蒙特利尔的卡诺制冷公司（Carnot Refigeration）在 Dollars-des-Ormeaux 溜冰场综合设施安装了跨临界二氧化碳系统，取代旧的 R22/乙二醇制冷系统。同时采用了全热回收，获得了可喜的节能效果。二氧化碳系统有很多优势，使该设施的能效最大化。该系统为 3 个溜冰场提供冷源，同时还为附近的 2 个游泳池、1 个图书馆和 1 个体育馆供暖。该系统包括 18 台压缩机、3 台盐水泵、4 个热交换器、8 台热回收机组、2 个气体冷却器，以及 2474kg 二氧化碳。该系统的其他优势还在于：它能减少 60%的制冷设备空间，相较传统系统能减少 10%的维修费，而且还不需要冷却水塔。该系统最近获得了魁北克省节能协会（Quebec Association of Energy Efficiency）颁发的机构类“现有建筑能源奖”。

建于 2006 年的瑞典 Backvallen 冰场采用了带热回收系统的 $NH_3/CO_2$ 间接制冷系统，回收的热量用于制冰机融霜、冰场管路防冻和制备生活热水。

天鹅堡室内滑雪馆制冷系统同时配套了全热回收热泵系统，设计出水温度 55℃，冬季最低出水量 10t/h，为温泉洗浴提供补充热水。制冷制热可以同时运行，也可制冷单独运行，热回收比例可根据实际需要调整。热水蓄存可随时保证用水要求，避免热回收与用热的波动对系统运行的影响，可全部或部分替代蒸汽锅炉，减少能源消耗，减少 $CO_2$ 的排放。

### 6.1.5 冬奥会的雪

20世纪70年代，雪上运动主要依赖自然降雪。而如今，雪上运动主要依靠人工造雪技术。索契和平昌冬奥会雪务顾问米科·马蒂凯宁说：“最环保的方案是自然雪，但是那样我们得完全依赖大自然，看大自然能否在我们需要的时候给我们降下足够的雪。有两个办法，第一个办法，是开动昂贵的“零上温度造雪机”，这样做不但成本高，而且耗能大，也不环保；第二个办法，就是提前一年把积雪留下来，用隔温材料妥善存储，安全度过夏天，供来年冬季使用。”由于专业比赛对雪场有较特殊的要求，所有国际雪上赛事均需要人工降雪，以保持雪地形状，这样对参赛运动员也更为公正。实际上，冬奥会上雪橇、钢架雪车等项目虽然叫雪上项目，但是其比赛场地实际上是冰质的。

马蒂凯宁介绍，存储雪的密度相当高，而且结构透水性很好，因而其抗高温和抗雨性能是新鲜人造雪的3倍。采用这种方法铺设雪道，铺设面积要比“零上温度造雪机”多5倍。索契冬奥会的造雪方案，就是以低温造雪机为主，以存储雪作为备份。根据俄罗斯政府的要求，当时存储了80万$m^3$雪，用于多个场地的备份，确保供雪万无一失。

人造雪又称人工造雪，是指人为地通过一定的设备或物理、化学手段，将水（水气）变成雪花或类似雪花的过程。自然界的天然雪雪花轻盈，可以缓慢地从天而降，美感十足。而所有的人工造雪设备造出的雪花，更类似雪珠，无论哪种形式的造雪设备，都无法造出六面菱形状的雪花。

人造雪和天然雪的特性也有差异，自然雪花密度约为328kg/$m^3$，而人造雪密度约为856kg/$m^3$。虽然二者本质是相同的，但人造雪的密度更大。因此在相同条件下，同体积人造雪比自然雪融化慢。

造雪系统通常有两种造雪方式：炮筒式和冰片粉碎式。

目前国内滑雪场都采用零下温度造雪的雪炮方式造雪。因受气温及湿度的影响很大，暖冬现象严重，冬季造出来的雪量有限，满足不了滑雪场的正常营业。人工降雪机受环境的影响太大，大气温度达不到−3℃以下，湿度60%以上就造不出雪。

其工作流程是，来自高压水泵的水与来自空气压缩机的高压空气在双进口喷嘴处混合。利用自然蒸发和空气出喷嘴后的体积膨胀带走热量而使雾滴凝结成冰晶。但存在的问题是雾滴越小，其蒸发量越大，水的损失越多，造雪效率越低。此外，只能在冰点以下工作，对外界环境温度的依赖性很强，造雪效率低。

随着温室效应逐渐加剧，冬天气温升高，只靠人工造雪机造雪，已达到了极限，部分地区滑雪场甚至已无法继续营业。如何克服雪量的不足，成为各滑雪场最大的难题。

冰片粉碎式造雪机的工作流程是，先将水制成片状的冰（1.5～2.0mm），储存于带有制冷系统的容器中，在需要使用雪花时，通过高压的密闭风机，经粉碎腔体快速输送到指定需雪区域。与炮筒式造雪机相比较，有如下优点：

（1）大量制雪，高效率——达到1000$m^3$/d的制冰量。

（2）雪形更类似自然雪，美感超过炮筒式。

（3）符合超远距离输送——能达到200m以上。

（4）自动制冰，自动蓄积——夜间无人状态下，自动制冰口蓄积。

（5）无环境温度、湿度的限制，无水温的限制，可以全年常态化造雪。

（6）减少水的浪费、减少人工成本。

### 6.1.6 冬奥会场馆空调技术

冬奥会场馆的空调系统除了要保证室内合适的空气参数（卫生和舒适性）外，还必须解决防止冰面起雾和围护结构结露的问题。因此，冰上运动场馆的空调系统中除湿和送风系统设计极为重要。

室内人工滑冰场空气参数的确定直接影响空调冷负荷和场馆舒适性，也同时影响冰面质量和围护结构的处理，我国目前相关的规范没有给予明确的规定，范存养建议夏季室内温度不高于26±2℃，相对湿度不宜过高，冬季取16℃。范存养也更明确地建议夏季室内温度不高于22℃，相对湿度不大于60%，冬季室内温度取10～16℃。東庆提到国外有研究人员明确给出滑冰场内1.5m高度处的空气温度为6～12℃，相对湿度不大于70%，并认为这样既节能又能满足使用要求。

#### 6.1.6.1 室内人工滑冰场的除湿设计

由于人工滑冰场不仅冰面面积大而且表面温度低，由于冰面吸热作用使接近冰面的空气温度降低，自下而上有明显的温度梯度，当某区域空气温度低于其露点温度时，该区域就会出现“雾气”。这种现象往往要等到人员上冰，扰动空气流动使其温度升高“雾气”才会消散，这种现象对于赛场条件要求严格的冬奥会比赛是不能满足要求的。因此，必须采取可靠的除雾措施。要保持冰面区域内空气的露点温度尽可能低，最好接近冰面温度。但是获得这样参数的空气不仅成本高，对运动成绩也有很大的影响。表6.1-3给出了避免结露情况下，不同温度下空气最大相对湿度。

**避免结露情况下选择空气温度与湿度的原则　　表6.1-3**

| 空气干球温度(℃) | 最大相对湿度(%) |
|---|---|
| 5 | 90 |
| 10 | 80 |
| 15 | 70 |
| 20 | 60 |

1. 室内人工滑冰场湿负荷主要来源

（1）整修冰面浇冰时水分的蒸发

整冰车在修整冰面的同时会淋浇少量的水，这些水会填平冰面的划痕。一般浇冰用的热水温度为60～82℃，热水会融化冰面表层，然后被冻结成平整的冰面。已经做了很多研究优化浇冰用的热水温度，在优质的冰面和能量消耗之间做出平衡，通常浇冰用的热水温度在60～71℃之间。

浇冰后融化的水会在5～8min内被重新冻结，期间会有少量的水分蒸发，蒸发量的大小与浇冰水的温度和冻结速度有关。此湿负荷的计算公式是关于蒸汽压差的公式，它随着浇冰用水的温度和室内空气参数的变化而变化。有研究表明：浇冰水温度越高，蒸发量越大；另外，室内空气露点温度越低，水的蒸发量就越大。表6.1-4和表6.1-5是不同温度的热水浇冰过程中湿负荷数值。

**60℃热水浇冰时水的蒸发量（单位：kg）　　表6.1-4**

| 浇冰用水温度 | 60℃ | | | |
|---|---|---|---|---|
| 室内空气温度/湿度 | 15.5℃/70% | 15.5℃/40% | 12.8℃/70% | 12.8℃/40% |
| 冰球场 | 2.72 | 11.3 | 5.4 | 14.1 |
| 4道冰壶场 | 1.36 | 6.4 | 3.2 | 7.7 |
| 8道冰壶场 | 2.72 | 12.2 | 5.9 | 15.0 |
| 速滑场 | 8.2 | 35.0 | 16.8 | 34.0 |

**≥℃热水浇冰时水的蒸发量（单位：kg）　　表6.1-5**

| 浇冰用水温度 | 71℃ | | | |
|---|---|---|---|---|
| 室内空气参数 | 15.5℃/70% | 15.5℃/40% | 12.8℃/70% | 12.8℃/40% |
| 冰球场 | 16.3 | 26.3 | 19.5 | 29.5 |
| 4道冰壶场 | 9.1 | 14.5 | 10.9 | 16.3 |
| 8道冰壶场 | 17.7 | 29.0 | 21.8 | 32.6 |
| 速滑场 | 49.9 | 82.1 | 60.8 | 92.1 |

（2）人员湿负荷

在冰场使用过程中，滑冰者和观众都会产生一定的湿负荷，但由于二者的活动强度不同，排湿量也不同。因此，滑冰者的排湿量和观众的排湿量应该分别计算。同时，滑冰者和观众的人数都是变化的，为使得计算结果更接近实际数值，一般取每小时的平均值作为计算依据。表6.1-6提供了滑冰者和观众的湿负荷数值

**人员湿负荷数值　　表6.1-6**

| 活动类型 | 每人湿负荷[kg/(h·人)] |
|---|---|
| 滑冰者 | 0.50 |
| 观众 | 0.045 |

（3）室内通风产生的湿负荷

ASHRAE 62的通风规范中提出规定量的室外空气（新风）必须引入到冰场，在比赛期间通风量为9.14$m^3/(m^2 \cdot h)$或25.5$m^3/(h \cdot 人)$，取其较大者。在绝大多数情况下，实际上是冰面面积决定了通风量。对于常规冰场，室外空气通风量如表6.1-7所示。

**常规冰场室外空气通风量　　表6.1-7**

| 冰场用途 | 冰面面积($m^2$) | 室外新空气($m^3/h$) |
|---|---|---|
| 冰球场 | 1514 | 13838 |
| 4道冰壶场 | 836 | 7641 |
| 8道冰壶场 | 1672 | 15828 |
| 速滑场 | 4713 | 43077 |

计算室外空气湿负荷时，主要考虑的因素是冰场所在的地理位置以及冰场是全年使用还是季节性使用。如果是全年使用，需要用夏季室外参数来计算湿负荷；如果是季节性使用，需要估算最恶劣的室外空气环境来计算。

2. 除湿系统的选择与送风系统的布置

选择合适的除湿系统首先要确定冰场区域内空气的参数。除湿系统的湿负荷应该根据计算结果确定。

由于冰面区域比冰面外区域的空气参数要求更高（露点温度更低），所以除湿系统送风布置要遵循的基本原则就是将冰面区域和冰面外区域的送风系统隔离开。为冰面营造一个露点温度更低的空间，减小冰场其他区域给除湿系统带来的湿负荷。

#### 6.1.6.2 防止围护结构结露

避免顶棚产生结露是室内人工滑冰场内空气参数要求高的重要原因之一。滑冰场围护结构表面因冰面的辐射作用导致温度过低，如果低于空气的露点温度就会结露。不仅影响美观，腐蚀表面材料，严重时会形成水滴落到冰面上，影响冰面的质量。

目前，防止结露主要从建筑材料和加热空气两个方面考虑，主要措施有：

（1）采用低辐射率的材料，如铝箔、抛光铝板、玻璃钢瓦楞板等作顶棚表面材料，以减少冰面对顶棚的冷辐射，同时，使顶棚表面维持较高的温度（高于空气滤点温度）。这些材料对提高冰场照明也有一定的作用。

（2）将经过加热的空气送至顶棚，提高顶棚表面温度至周围空气露点温度以上，以防止结露。送风以贴附射流方式为好，以便在顶部形成空气隔离层。

（3）在空调系统中加设除湿功能，降低空气中的含湿量，以降低其露点温度，减少结露。

（4）在满足卫生和舒适性要求的前提下，尽量降低场内空气温度和相对湿度，减少结露的可能性。

（5）也有采用夹层顶棚的方式，通过加热夹层内空气使顶棚表面温度升高到空气露点温度以上而避免结露。

## 本节参考文献


[1] 陆亚俊，马最良，庞志庆. 制冷技术及应用. 北京：中国建筑工业出版社，1992.

[2] 邹月琴，贺绮华. 体育建筑空调设计. 北京：机械工业出版社，1999.

[3] 杜建通，毛力，邹同华 . 室内溜冰场设计，制冷，1999，6.

[4] ASHRAE HANDBOOK committee. ASHRAE HANDBOOK. 1982 APPLICATIONS：53.1～53.8.

[5] 陈华，邹同华 . 室内人工滑雪场设计与节能，天津商业大学学报，2004.21（3）：15-17.

[6] 陆耀庆 . 实用供热空调设计手册 . 第 2 版 . 北京：中国建筑工业出版社，2008.

[7] 蒙特利尔协定哥本哈根修正案，1992.

[8] Simard Luc. First Place：Industrial Facilities or Processes，Existing. ASHRAE Journal. March，2012：38-44.

[9] 邱爱杰，董建锴，姜益强 . $CO_2$应用于冰场制冷系统的研究进展 . 制冷与空调，2015，(2)：11～15.

[10] 董天禄. 采用$CO_2$制冷剂的溜冰场制冷系统 . 制冷技术，2012，(9)：74-75.

[11] 范存养. 大空间建筑空调设计及工程实录，北京：中国建筑工业出版社，2001.

[12] 束庆. 娱乐性冰场暖通空调设计 . 暖通空调，2008.38（6)：36-41.

[13] 贾正中. 走中国创造之路. //2011 中国制冷学会学术年会论文集，2011.

[14] Chapter 3 Technical Guidelines of an Ice Rink Published by International Ice Hockey.

[15] Indoor Ice Rink Dehumidification Published by DESERT AIRE.

[16] ASHREA 62 VENTILATION CODE.


本节执笔人：任传林

## 6.2　冬奥会中的能源系统

2022 年冬奥会所在地之一张家口地区存在丰富的风能和太阳能等可再生能源，国务院批准在该地区打造可再生能源奥运专区，大量的可再生能源存在如何输送和消纳问题。本节从京津冀地区整体电、天然气和供热等能源一体化思路，探讨化石能源和可再生能源协同的能源系统新模式，该模式中作为制冷技术的核心技术——热泵，将起到关键作用。因此本节以 2022 年冬奥会地区能源系统为案例，尝试说明制冷行业在未来随着可再生能源比例的快速增加，热泵行业将会在我国能源领域拥有更为广阔的发展空间。

### 6.2.1　利用可再生能源打造低碳奥运专区

“低碳奥运”是北京与张家口联合举办 2022 年冬奥会的重要理念。在京津冀协同、可再生能源示范区等多重政策背景下，以“低碳奥运”为起点，2022 年冬奥会将有力推动京津冀地区的能源消费革命，并推动京津冀地区逐步进入“低碳社会”。京津冀地区是我国主要的电力负荷中心之一，2014 年全社会用电量约为 5000 亿 kWh，其中化石能源电力占 90%以上。按照《国务院关于印发大气污染防治行动计划的通知》（国发〔2013〕37 号）总体要求，京津冀地区要实现煤炭消费总量负增长，未来可再生能源发展需求迫切。张家口是京津冀地区向西北、东北辐射的链接点，京津冀地区的生态涵养区，我国重要的可再生能源生产基地和电力输送通道节点。根据《河北省张家口市可再生能源示范区发展规划》，张家口市将打造低碳奥运专区。到 2020 年，张家口示范区 55%的电力消费来自可再生能源，全部城市公共交通、40%的城镇居民生活用能、50%的商业及公共建筑用能来自可再生能源，40%的工业企业实现零碳排放。在奥运场馆电力和热能供应方面，奥林匹克中心和其他赛场用电 100%采用可再生能源，实现奥运场馆所有建筑采用可再生能源供热。专区内交通运输全部采用可再生能源设施功能。奥运村、崇礼县城、主要风景区和周边农村供暖全部采用可再生能源。到 2030 年，张家口 80%的电力消费、全部城镇公共交通、城乡居民生活用能、商业及公共建筑用能来自可再生能源，80%电力消费来自可再生能源，全部工业企业实现零碳排放。为实现可再生能源的大比例利用，热泵、蓄能等低碳技术将是实现低碳奥运的重要手段。

#### 6.2.1.1　能源资源及能源消费现状

1. 可再生能源资源

京津冀区域的可再生能源资源主要集中在张家口和承德地区。张家口风能资源可开发量达 4000 万 kW 以上，太阳能发电可开发量达 3000 万 kW 以上，赤城、怀来等县地热资源蕴藏丰富，各种生物质资源年产量达到 200 万 t 以上，尚义、赤城、怀来等县具备抽水蓄能电站建设条件。2014 年年底，张家口市风电并网装机 660 万 kW，光伏发电并网装机 40 万 kW，秸秆生物质发电装机 2.5 万 kW，全年可再生能源发电量 151 亿 kWh（折合 499 万 tce），占全社会能源消费总量的 27%。承德风能资源可开发量达 720 万 kW，目前已并网 165 万 kW，太阳能发电可开发量达 1000 万 kW 以上，生物质资源年产量130 万 t，水力资源的可开发量 57 万 kW。

2. 供电及电力装机容量

(1) 京津唐电网基本情况

京津唐电网作为一个独立的电网控制区，其负荷呈现明显的城市负荷特性，日峰谷差较大。京津唐地区一次能源以煤炭为主，形成了以火电为主的电源结构。截至 2012 年年底，京津唐电网火电占总装机容量的比例高达 87%，而其中 49%为供热机组，京津唐地区的火电机组容量和分布分别如表 6.2-1 和图 6.2-1 所示，随着城市的扩张和远郊纯凝发电厂的供热改造，供热机组的比例逐步上升。由于火电机组的调整能力较弱，调峰始终是京津唐电网调度运行面临的难题。近年来，随着国家新能源政策的实施，京津唐电网风力发电发展迅猛，2012 年年底风电装机容量已占总装机容量的 11%，京津唐风电反调峰概率高达 49%，风电的反调峰特性凸显，这进一步增加了电网的调峰压力。2013 年京津唐电网的最大负荷 5293 万 kW，最小负荷为 2627MW，全社会用电量 3356 亿 kWh，从分行业看，第二产业所占比重有逐渐下降的趋势，但仍占全社会用电量的 70%左右，从分地区情况来看，由于京津唐地区的工业主要集中在冀北地区，冀北用电量约占全网全社会用电量的 50%，对全网的负荷特性起主导作用。北京约占全网用电量的 27%，天津约占全网用电量的 23%。

**京津唐地区火电机组装机容量** **表 6.2-1**

| 区域 | 名称 | 装机容量(MW) |
|---|---|---|
| 天津 | 天津陈塘热电有限公司 | 1×135+2×300 |
| | 天津国电津能热电有限公司 | 2×330 |
| | 天津军电热电有限公司 | 2×350 |
| | 华能杨柳青热电有限责任公司 | 4×300 |
| | 天津国华盘山发电有限责任公司 | 2×500 |
| | 天津大唐国际盘山发电有限责任公司 | 2×600 |
| | 大港发电厂 | 4×330 |
| | 天津国投津能发电有限公司 | 2×1000 |
| 北京燃气电厂 | 华能北京热电厂(东南热电中心) | 4×9F |
| | 高安屯热电厂(东北热电中心) | 4×9F |
| | 京能草桥热电厂(西南热电中心) | 2×9F |
| | 高井热电厂(西北热电中心) | 6×9F |
| | 太阳宫热电厂 | 2×9F |
| | 郑常庄热电厂 | 2×9F |
| 唐山 | 大唐国际唐山热电有限公司 | 2×300 |
| | 华润电力(唐山曹妃甸)有限公司 | 2×300 |
| | 大唐国际丰润热电有限责任公司 | 2×300 |
| | 大唐国际王滩发电有限责任公司 | 2×600 |
| | 首钢京唐钢铁联合有限责任公司热电分厂 | 2×300 |
| 秦皇岛 | 秦皇岛发电有限责任公司 | 2×200+2×300 |
| | 秦热发电有限责任公司 | 2×300 |

续表

| 区域 | 名称 | 装机容量(MW) |
|---|---|---|
| 张家口 | 大唐国际发电股份有限公司张家口发电厂 | 8×300 |
| | 国电怀安热电有限公司 | 2×300 |
| | 大唐国际张家口热电有限责任公司 | 2×300 |
| | 河北建设宣化热电有限责任公司 | 2×300 |
| | 大唐国际下花园发电厂 | 1×200 |
| 承德 | 国电承德热电有限公司 | 2×330 |
| | 国电滦河热电有限公司 | 1×330 |
| 廊坊 | 三河发电有限责任公司 | 2×350+2×300 |

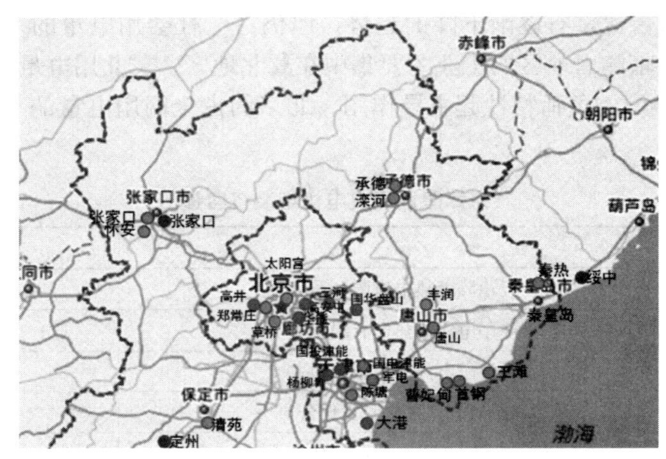


图 6.2-1　京津唐地区电厂分布示意图

(2) 京津唐电网冬季调峰特点

京津唐电网冬季典型日负荷曲线见图 6.2-2，呈现早晚两个负荷高峰，低谷出现则在后夜，日负荷峰谷差率约 25%，后夜往往是冬季风电出力最大的时段，受峰谷差率高和风电大发共同影响，京津唐电网冬季后夜需要很大的调峰容量。

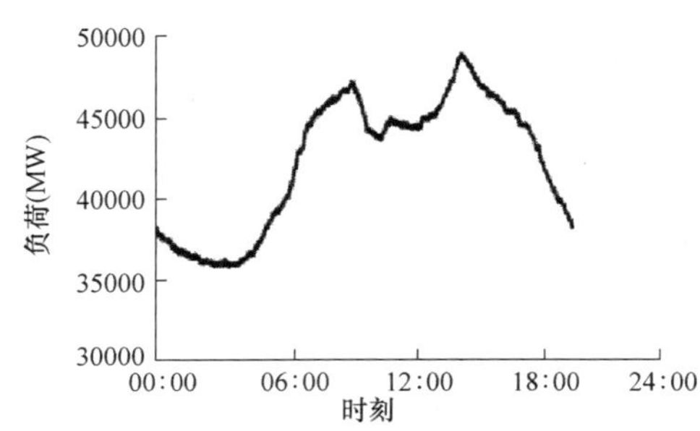


图 6.2-2　京津唐电网冬季典型日负荷曲线

京津唐电网供热机组类型主要有背压式和凝汽抽汽式两类，凝汽抽汽式机组又分为单抽机组和双抽机组。承担供热任务后，供热机组的调整裕度大幅降低，一般只有额定装机容量的 10%～20%，个别供热量大的机组几乎失去调整能力。由于京津唐电网供热期与风电大发期重叠、供热机组所占比例大，进入冬季集中供热期后，主要依靠非供热火电机组降负荷、抽水蓄能机组抽水工况运行、受电联络线降潮流调峰，电网低谷调峰问题非常突出。

据统计，2010 年华北风电月平均出力为 2087MW，其中，最大月平均出力为

4043MW，出现在 12 月，最小月平均出力为 1252MW，出现在 7 月，两者相差近 2800MW。由图 6.2-3 可见，3～5 月和 11～12 月华北风电平均出力较大，其他月份较小。夏季电网大负荷期间（7～8 月），华北风电平均出力为 1295MW，比全年月平均出力还低近 800MW，这充分体现了华北风电季节性反调峰的特性。

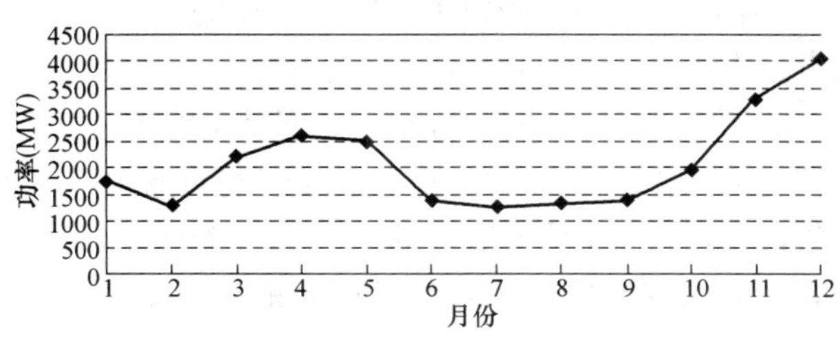


图 6.2-3　风电反调峰特性

以张家口地区风电为例，存在送出困难、弃风现象严重的问题。2014 年张家口可再生能源电力装机总容量约 700 万 kW，但区内电网最大负荷仅为 185 万 kW，可再生能源对外输送能力不足 400 万 kW，可再生能源发电严重受限。张家口风电弃风率由 2012 年的 17％增至 2013 年的 24％，2014 年达到 33％以上。风电出力与电网负荷表现出较强的反调节特性，风电的反调峰特性增加了电网调峰的难度，如图 6.2-4 所示。

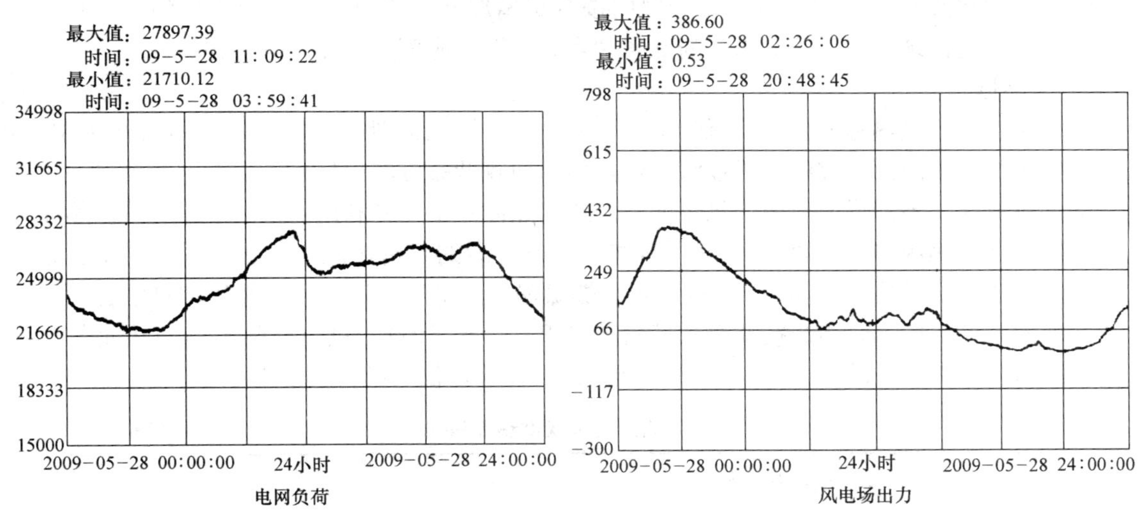


图 6.2-4　华北电网张家口地区风电对电网调峰的影响

（3）供电网架一体化

随着“京津冀一体化”规划的提出和逐步落实，北京、天津、河北的电网规划也会逐步打破各自为政、“弱联系”的局面，将会从京津冀三地整体的角度，统一进行协调与布局。目前，北京电网的网架主要以大型燃气电厂和 500kV 网架为电源，220kV、110kV、10kV 电压等级为主。以北京建设世界城市的定位来看，在未来很长一段时期，北京电网将一直是京津冀电网的核心受端。北京的 500kV 双环网目前已打破行政区划的限制，北京电网 500kV 层面 6 座变电站与张家口地区的张南站、河北南部的保北、慈云、霸州、固安形成扩大环网。共有500kV南昌双回、南门双回、大房三回、房慈双回、源安双回、安固双回、盘通单回、万顺三回、太顺双回、安北线10个通道20回线路对外联络。北京电网依托于京津唐电网实现供需平衡，70%左右电力来自外送，其中70%来自内蒙古，30%来自山西，通过500kV层面的10通道20回线路与外网联络，高峰期受电1200万kW左右。而京津唐电网用电高峰期外受电力约占总负荷的40%，主要依靠网间送电和点对网直送，其中内蒙古送电占74%，山西和东北送电各占14%和12%。

未来，北京西部、北部500 kV环网还应进一步扩大，以满足来自东北、内蒙古、山西、河北更多电能尤其是清洁能源的接入。北京东部、南部电网，由于要承担一部分向河北南网转送电力的任务，要对500 kV安定、220kV北寺等变电站进行相应的扩建和安全自动装置的改造，以满足河北省未来发展对电网安全性的需要。

3. 供气

京津冀地区现有天然气用户约1276万户，主要包括居民用户、燃气电厂及其他工业用户等。2014年京津冀地区天然气用气量约为201.5亿$m^3$，同比增长9.2%。京津冀地区天然气供应总体呈现非供暖季供应充足、供暖季供应紧张的特点。特别是北京市计划关停全部燃煤电厂，导致天然气需求峰谷差进一步加大。北京市现有管网设施的天然气接收（下载）能力已接近极限，同时在气源落实方面也存在一定的不确定性。随着京津冀地区大气污染治理行动的实施，各地“煤改气”任务较重，气源落实压力较大。总体上看，京津冀地区“煤改气”工作由政府主管部门按资源情况有序推进，未出现明显的“一哄而上”和供需失衡现象，但天津市、河北省“煤改气”气源落实工作仍略显粗放。

4. 供热

京津唐地区供热总面积14.1亿$m^2$（表6.2-2），除北京外供热能源结构以燃煤为主，电厂大多数仅采用高品位的汽机抽汽供热，均未回收低品位的循环水余热，这些废热通过冷却塔排放掉，不能形成有效的供热能力。这些热源在未充分利用的情况下，随着供热面积不断增加，热源“表现短缺”，实际这些电厂改造后的总供热能力远大于供热需求。张家口、延庆现状供热面积如表6.2-3所示。燃煤锅炉房采用清洁能源天然气和风电替代供热，能效较低，成本较高。按北京天然气价3.22元/$m^3$计算，供热燃料成本102元/GJ。按北京市一般工商业的谷电价格0.3658元/kWh计算，供热燃料成本107元/GJ。

**京津唐地区现状供热面积**　　　　**表6.2-2**

| 城市 | 城镇人口（万人） | 供热负荷（MW） | 供热面积（亿$m^2$） |
|---|---|---|---|
| 北京 | 1783.7 | 37072 | 7.4 |
| 天津 | 616.4 | 12327 | 2.5 |
| 承德市 | 134.3 | 2686 | 0.5 |
| 张家口市 | 196.2 | 3925 | 0.8 |
| 秦皇岛市 | 141.9 | 2839 | 0.6 |
| 唐山市 | 385.1 | 7702 | 1.5 |
| 廊坊市 | 211.5 | 4230 | 0.8 |
| 总量 | 3469.1 | 70781 | 14.1 |

张家口、延庆现状供热面积　　表 6.2-3

| 区域 | 现状供热面积（万 $m^2$） | 供热热源 |
|---|---|---|
| 张家口中心城区 | 3700 | 大唐徐家庄电厂、沙岭子电厂、桥西、桥东锅炉房 |
| 宣化区 | 2100 | 宣化热电厂、宣钢、燃煤锅炉 |
| 下花园区 | 150 | 下花园电厂、燃煤调峰锅炉房 |
| 崇礼县 | 195 | 燃煤锅炉房 |
| 万全县 | 229 | 燃煤锅炉房 |
| 怀安县 | 230 | 怀安热电厂 |
| 怀来县 | 300 | 燃煤锅炉房 |
| 涿鹿县 | 295 | 燃煤锅炉房 |
| 延庆区 | 690 | 燃煤锅炉房、地热等 |
| 合计 | 7889 | |

#### 6.2.1.2 构筑京津冀区域低碳能源系统存在的问题

1. 能源结构不合理

京津唐地区电源结构以燃煤火电机组为主，调节能力较差。以张家口为例，2014 年张家口全社会能源消费总量 1780 万 tce，煤占 66%的比重，而火电企业又是煤炭消耗的主要行业（图 6.2-5、图 6.2-6）。供热季热电联产机组的运行进一步降低调节能力，使得“弃风”问题更为突出。未来随着可再生能源开发力度的进一步加大，其消纳问题将更加突出。大规模可再生能源的消纳问题已经成为制约可再生能源开发和利用的瓶颈，亟需解决。供热能源结构除北京外以燃煤为主，电厂余热、工业余热未充分利用。

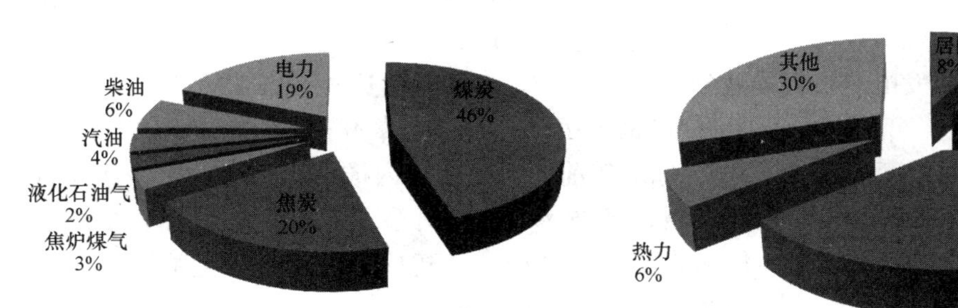


图 6.2-5　2014 年张家口能源消费结构　　图 6.2-6　2014 年张家口分行业煤炭消费结构

2. 冬季“以热定电”机组的运行大大限制了电网的调峰能力，风电消纳能力不足

以北京为例，北京地区冬季温度较低，受经济发展及环境保护因素影响，目前北京地区全部电源和热源机组都是来自燃气热电联产供热机组，燃气热电联产供热机组在冬季运行出力按照以热定电原则，基本不参与电网调峰，个别供热机组调峰能力最多仅能达到 10%左右。热电联产机组冬季“以热定电”的运行方式大大限制了电网的调峰能力，北京电网冬季最大峰谷差已由 2005 年的 510 万 kW 上升到 2010 年的 800 万 kW，冬季日峰谷差率超过 40%，而冬季热电机组运行容量占总容量的 100%，冬季“以热定电”机组的运

行大大限制了电网的调峰能力。近年来，受华北地区风电装机迅速增长的影响，在冬季，特别是夜间，风力丰富而电网负荷处于低谷时段，富余风电出力大量输送到京津唐电网消纳，北京本地机组出力受到较大约束，又由于北京地区的机组冬季均为“以热定电”，因此形成了电力平衡和热力平衡相互趋离的矛盾局面。可以预见，随着风电机组的迅速发展和北京地区供热机组的大量并网，这一矛盾将会更加严重。北京电网冬季调峰主要依靠运行的火电机组，困难尤其体现在低谷调峰。因为风电出力具有反调峰特性，负荷低谷时，如果风电场出力增加，在关停运行水电机组和将火电机组出力降至最低后，仍不能维持系统频率要求，需要进一步降低火电机组出力，即常规火电机组进行深度调峰来接纳风电电力出力，否则将导致“弃风”。在常规调峰中，火电机组出力从 100%降低到 70%，煤耗仅增加 1%左右，如果火电机组进入非常规调峰，即从 70%出力继续降低，煤耗将大幅增加。一般 300MW 机组出力降低至 50%以下后，煤耗将增加 10%～20%。而且由于燃烧充分程度降低，$CO_2$、$SO_2$ 等气体和沉渣的排放量也大幅增加。

3. 供气调峰能力不足

储气设施建设滞后，调峰能力不足。目前北京市最大峰谷差已达 10∶1，急需利用储气设施进行调峰。目前京津冀地区主要靠天津大港和华北永清地下储气库调峰，但该储气库调峰能力只有 23 亿 $m^3$，无法满足京津冀地区冬季高峰时期调峰需求。

#### 6.2.1.3　2022 年冬奥会确定实施张家口可再生能源示范区规划

经国务院批复同意，确定支持和引导河北省张家口市可再生能源示范区建设。根据规划（表 6.2-4），张家口可再生能源消费量占终端能源消费总量比例 2020 年达到 30%，2030 年达到 50%。可再生能源应用实现经济社会领域全覆盖，全面形成以可再生能源为主的能源保障体系。到 2020 年，可再生能源发电装机规模达到 2000 万 kW，年发电量达到 400 亿 kWh 以上，为京津冀协同发展提供清洁能源。通过可再生能源综合利用，年替代化石能源 1400 万 tce，减少二氧化碳（$CO_2$）、二氧化硫（$SO_2$）、氮氧化物（$NO_X$）排放分别约 3600 万 t、35 万 t 和 6 万 t，大气质量持续改善，生态文明建设成效明显。到 2030 年，可再生能源发电装机规模达到 5000 万 kW，年发电量达 950 亿 kWh 以上。通过可再生能源综合利用，年替代化石能源约 3300 万 tce，减少二氧化碳、二氧化硫、氮氧化物排放约 8500 万 t、84 万 t 和 14 万 t。2020 年前，在示范区内推广应用高效率低成本可再生能源发、输、储、用新设备、新材料、新技术，成功开发大规模区域供热、多能互补、发储联合、智能微网等可再生能源发展应用新模式，建成先进的可再生能源创新平台，力争使示范区成为全国性的可再生能源技术交流交易中心。

**张家口市可再生能源规划**　　　　表 6.2-4

| 类别 | 指标 | 2014 年 | 2020 年 | 2030 年 |
|---|---|---|---|---|
| 可再生能源指标 | 风力发电装机(万 kW) | 660 | 1300 | 2000 |
| | 太能光伏发电装机(万 kW) | 40 | 600 | 2400 |
| | 太能光热发电装机(万 kW) | 0 | 100 | 600 |
| | 生物质发电装机(万 kW) | 3 | 8 | 23 |
| | 可再生能源生产总量(万 tce/a) | 500 | 1400 | 3300 |
| | 区城可再生能源消费量占终端能源消費总量比(%) | 7 | 30 | 50 |

续表

| 类别 | 指标 | 2014年 | 2020年 | 2030年 |
|---|---|---|---|---|
| 节能减排指标 | 替代化石能源(万 tce/a) | 500 | 1400 | 3300 |
| | 二氧化碳减排(万 t/a) | 1300 | 3600 | 8500 |
| | 二氧化硫减排(万 t/a) | 13 | 35 | 84 |
| | 氮氧化物减排(万 t/a) | 2 | 6 | 14 |

### 6.2.2 低碳能源系统规划方案

一般地区的电力能源结构可认为由化石能源和可再生能源发电承担电力负荷，同时，通过来自控制区外的电力输配，协调满足整个地区的用电需求。为了使得电力供应量与需求量相匹配，当可再生能源供应量过于充足时，不得不关停部分可再生能源发电机组，造成资源浪费。系统中电力平衡可以由式（6.2-1）表示

$$P_{\text{load}}(t)=\sum_i P_{\text{wind}}(i,t)+\sum_j P_{\text{th}}(j,t)+\sum_k P_{\text{in}}(k,t)-\sum_l P_{\text{out}}(l,t) \tag{6.2-1}$$

式中 $P_{\text{load}}$——区域内的电负荷，kW；

$P_{\text{wind}}$——风电机组发出功率，kW；

$P_{\text{th}}$——火电机组发出功率，kW；

$P_{\text{in}}$——区域联络线输入功率，kW；

$P_{\text{out}}$——区域联络线输出功率，kW。

系统中热平衡可以由式（6.2-2）表示

$$H_{\text{load}}(t)=\sum_j H_{\text{th}}(j,t) \tag{6.2-2}$$

式中 $H_{\text{load}}$——区域内的热负荷，kW；

$H_{\text{wind}}$——火电机组热能出力，kW。

基于热泵和蓄能技术的热电协同方案，是在火力发电厂中应用热泵技术，建造高低温蓄热罐，通过热电协同的运行方式（图 6.2-7），在满足供热负荷需求的前提下增加电厂的调峰能力，利用化石能源给可再生能源调峰。该方案的目标是使得区域内化石能源的总消耗量最小。其中，目标函数化石能源的等效消耗量 $Q_{\text{f,e}}$ 的目标优化可按式（6.2-3）表示：

$$\min Q_{\text{f,e}}=Q_{\text{f}}+Q_{\text{in}}-Q_{\text{out}} \tag{6.2-3}$$

式中 $Q_{\text{f}}$——区域内化石能源消耗量，tce；

$Q_{\text{in}}$——区域内输入电量等效的化石能源消耗量，tce；

$Q_{\text{out}}$——区域内输出电量等效的化石能源消耗量，tce。

#### 6.2.2.1 基于热泵和蓄能技术的热电协同方案

为了解决风电和供热机组之间的上网矛盾，提出了热泵、电锅炉等电制热的解决措施，研究利用储热提高热电联产机组调节能力。上述措施都已经不再局限于电力系统，而是从电、热综合的角度进行考虑。在电－热联合系统中解决可再生能源消纳问题，利用大容量储热提高能源系统大时空范围优化配置能力，提高可再生能源消纳能力。

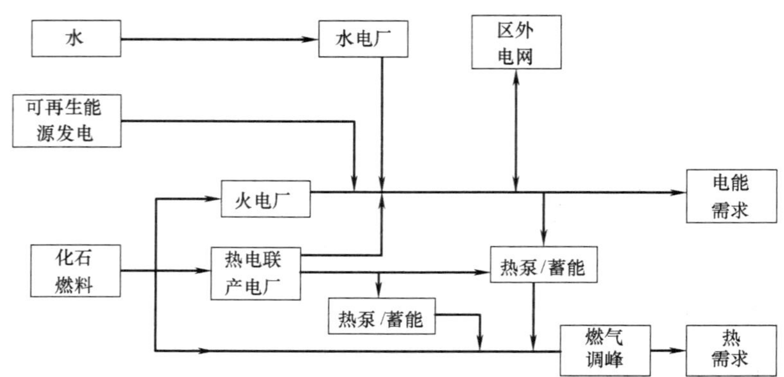


图 6.2-7　热电协同示意图

针对我国北方城镇集中供热领域普遍存在的热源不足、管网输送能力不足和供暖季热电厂发电调峰能力下降的问题，结合热电厂内有大量低温余热直接排放的现状，根据“温度对口、梯级利用”的用能原理，结合大型蓄热装置，清华大学创造性地提出了热电协同的集中供热技术。其技术原理如下：在热电联产集中供热系统的热力站采用热泵型换热机组代替常规的水一水换热器，在不改变二次网供回水温度的前提下，大幅降低一次网回水温度（显著低于二次网回水温度），从而增大一次网供回水温差，为回收电厂余热创造条件；在热力站内设置蓄热水罐，使得热泵型换热机组仅消耗谷电，降低了用电成本，并实现了用电负荷的“移峰填谷”；在热电厂内设置以热泵技术为核心的电厂余热回收机组，以汽轮机供暖抽汽作为驱动热源，回收汽轮机乏汽冷凝余热，大幅提高供热能力，降低供热能耗；在热电厂内设置蓄热系统，在维持机组供热出力稳定及余热回收量稳定的前提下，扩大机组发电上网功率的调节范围。在电源侧应用大容量储热技术实现热电联产机组的热 - 电控制解耦，打破“以热定电”的刚性约束，有效提高热电联产机组的调节能力，增强电力系统的灵活性，解决风电消纳问题。在负荷侧应用包含大容量储热的风电供热系统，利用“弃风”电量实现清洁供热，既能有效增加地区用电负荷，又能提高地区电力系统的调节能力，促进可再生能源的就地消纳。

1. 张家口—延庆热电协同供热方案

以张家口—延庆地区的热电协同供热方案为例，张家口-延庆供热规划方案应以现状热源挖潜、余热利用为主，利用长距离热量输送、大温差供热新技术，充分挖掘利用市区热电厂、远郊发电厂供热汽轮机排放的乏汽余热和钢铁等耗能工业的低温余热。张家口各区县及延庆区附近的大型电厂、工业企业热源的分布如图 6.2-8 所示。大型热源含余热回收的供热总能力达 6852MW，供热面积 13175 万 $m^2$ 左右，具体如表 6.2-5 所示。大唐沙岭子发电厂（8×300MW 机组）距离张家口老城区和宣化区分别为 12km 和 9km，8 台机组抽汽改造并回收循环水余热后总供热能力可达 3568MW，可满足 6860 万 $m^2$ 供热。许家庄电厂和宣化热电 2×300MW 机组回收循环水余热后总供热能力分别可达 854MW，可满足 1642 万 $m^2$ 供热。宣化钢铁具备年产生铁 800 万 t、粗钢 820 万 t、钢材 730 万 t 的能力，利用其冲渣水、焦化初冷水、汽机乏汽等低温余热可供热 500 万 $m^2$。最终各热源的总供热面积可达 1.3 亿 $m^2$ 左右，即使考虑电厂机组及钢铁企业的负荷率，也可以很好地满足张家口各区县及北京延庆区 2020 年及以后的供热面积发展对热源的需求。崇礼县城与张家口老城区距离 50km 左右，海拔高度差 450m，且规划供热面积较小，不适宜长距离输热，可发展风电驱动的空气源热泵、太阳能等多种清洁供热方式。宣钢为大型钢铁企业，随着冬奥会临近，可能会限产，不考虑作为供热的重点热源，仅为厂区附近的区域供热服务。

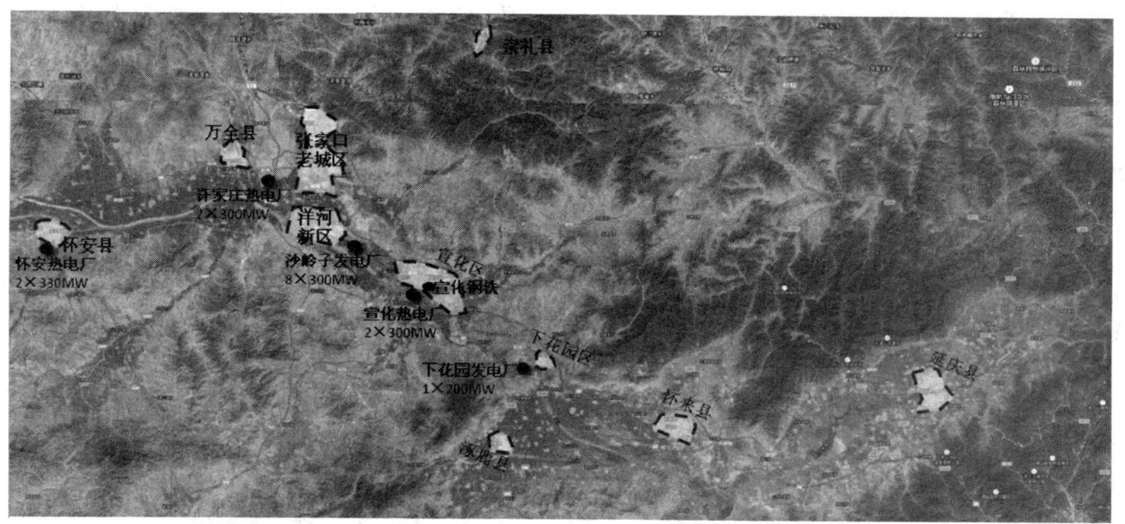


图 6.2-8 张家口、延庆各区县及大型热源分布示意图

**张家口各区县及延庆附近的大型热源供热能力** 表 6.2-5

| 名称 | 装机容量(MW) | 供热能力(MW) | 供热面积(万 $m^2$) |
|---|---|---|---|
| 大唐许家庄热电厂 | 2×300 | 854 | 1642 |
| 大唐沙岭子发电厂 | 8×300 | 3568 | 6861 |
| 河北建投宣化热电厂 | 2×300 | 854 | 1642 |
| 怀安县热电厂 | 2×330 | 1036 | 1992 |
| 下花园区电厂 | 1×200 | 280 | 538 |
| 宣化钢铁 | 冲渣水、焦化初冷水、汽机乏汽等 | 260 | 500 |
| 合计 | | 6852 | 13175 |

注：供暖平均热指标按 $52W/m^2$ 计算。

规划方案将在张家口一延庆形成 4 个主力热源（许家庄热电厂、沙岭子发电厂、宣化热电厂、下花园电厂）供热，多热源互联管网的供热格局，通过大热网形成热源统一调配和事故情况下的互为备用。利用清洁能源天然气作调峰和事故备用，其他清洁能源作为补充。长输管网以沙岭子电厂为中心，分为西线与东线两个部分。西线主要是沙岭子电厂与许家庄热电厂联网给老城区供热，并且许家庄热电厂单独给万全县供热，沙岭子电厂单独给洋河新区供热。西线从沙岭子电厂延伸到万全县，全长 24.3km，主要沿着 110 国道敷设。考虑到沙岭子电厂已经向老城区敷设一路 *DN*1200 的管道，这里为了加大供热面积，并解决洋河新区的负荷，可以再敷设一路 *DN*1200 管道，到老城区南环路后，再改为 *DN*900 管道沿着南环路敷设，并于许家庄热电厂出来的 *DN*1200 管道连上，形成联网。从许家庄热电厂引出一路 *DN*600 的管道沿着 110 国道敷设至万全县。东线热源为沙岭子电厂、宣化热电厂和下花园热电厂。宣化热电厂主要给宣化区供热，下花园热电厂主要给下花园区和涿鹿县供热，沙岭子热电厂补充其他热电厂不足的能力，并且给怀来县和延庆区供热。东线管网从沙岭子电厂引出，管径为 $DN1400$，主要沿 110 国道敷设，延伸到延庆区，全长 107km。管道从宣化区南部经过宣化区时解决宣化区剩余负荷，继续沿 110 国道敷设。管道从下花园区东部与南部经过下花园区，并解决下花园区剩余负荷后，管径变为 $DN1200$ 继续沿 110 国道敷设。管道穿过怀来县解决怀来县负荷后，管径变为 $DN1000$ 继续沿 110 国道敷设至延庆区境内转入 217 省道，再通过 011，022 县道敷设至延庆中心城区（图 6.2-9）。

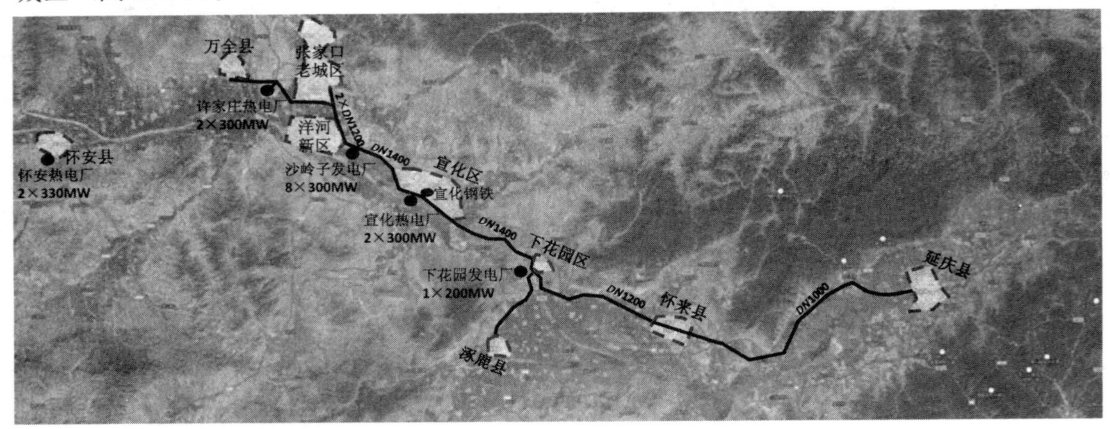


图 6.2-9 张家口各区县及延庆余热供热示意图

2. 投资估算及运行成本分析

规划方案除怀安县外的集中供热系统中，供热负荷为 6534MW，供暖季供热量 5900 万 GJ。其中，热电厂承担基本供热负荷，总供热能力 4574MW，供暖季总供热量 5289 万 GJ。电厂共利用抽汽 1796MW，回收乏汽余热 2778MW，每供暖季使用抽汽 1671 万 GJ，回收乏汽余热总热量 3618 万 GJ。末端燃气调峰负荷 1960MW，供暖季耗气量 1.35 亿 $m^3$，末端电热泵耗电 5 亿 kWh。采用此技术手段，在电厂侧需安装 1410MW 热泵，在热力站需安装 1040MW 热泵，并增加低温水和高温水蓄热罐 19600MWh。

规划方案的总投资初步估算在 99 亿元左右，其中热源厂内需投入改造资金 21 亿元，热力站大温差改造资金 36 亿元，沙岭子电厂为起点的长输管线及中继泵站等设施需投入建设资金 26 亿元，区县内的热网干线及支线 16 亿元。其中电厂和热力站热泵加蓄能罐分别投资 16.2 亿元和 11.1 亿元，占总投资的 28.5%（表 6.2-6）。

**张家口各区县及延庆余热供热投资概算** **表 6.2-6**

| | | | |
|---|---|---|---|
| 热源 | 余热回收系统 | 49800 | 万元 |
| | 蓄热调峰系统 | 162512 | 万元 |
| | 合计 | 212312 | 万元 |
| 长输管网 | | 260000 | 万元 |
| 区县管网 | | 160000 | 万元 |
| 热力站大温差改造 | | 250000 | 万元 |
| 热力站蓄热调峰 | | 111677 | 万元 |
| 总计 | | 993989 | 万元 |

各节点供热成本如表 6.2-7 所示，改造后的余热供热系统总成本与区域燃煤锅炉的供热成本相当。

**长输供热各节点供热成本（单位：元/GJ）** **表 6.2-7**

| | 能源成本 | 折旧成本 | 总成本 |
|---|---|---|---|
| 电厂出口 | 13.11 | 4.01 | 17.12 |
| 长输管网出口 | 13.51 | 8.93 | 22.44 |
| 热力站入口 | 13.82 | 11.96 | 25.78 |
| 热力站出口 | 22.27 | 16.85 | 39.11 |

注：天然气价 3.22 元/$m^3$，谷电电价 0.3658 元/kWh。

3. 节能减排分析与评价

规划方案中采用“热电协同”的集中供热模式，在保证严寒期供热能力且电厂机组不进入非常规深度调峰的前提下，发电调节范围可扩大至 35%～95%；同时，热力站蓄热调峰系统可增加 10%的削峰填谷能力。规划方案相比于常规火电调峰工况，电负荷低谷期最大可增加约 45%，共计 1710MW 的风电消纳能力。另外通过余热回收可充分利用现状热源潜力，替代张家口各区县、延庆现状小型燃煤锅炉供热 1800 万 $m^2$，大型燃煤锅炉供热 2500 万 $m^2$，实现直接削减现状燃煤 110 万 t，并满足城市发展不断新增的供热需求，避免新建燃煤供热设施，使得张家口、延庆的供热能耗大大降低，供热系统能源结构更加合理，为改善张家口及延庆冬季大气环境质量提供强有力的保障。

#### 6.2.2.2 京津唐电网 2020 年热电协同消纳风电能力分析

根据京津唐电网的现状负荷及相关规划数据，京津唐地区电网 2020 年预测最大电负荷 110000MW，风电装机容量为 13400MW，火电装机容量 70000MW，其中热电机组容量（包括纯凝机组供热改造）占 70%左右，不足的负荷由区外电网送电满足。在供热季节，热电机组的调节能力（装机容量比例）为 0.8～0.9，常规火电机组的调节能力为 0.5～1。选取冬季典型日负荷曲线进行电力平衡，规划方案拟将张家口区域内火电厂进行供热改造，回收其余热供热，牵涉到的热电厂总装机容量 49000MW。供热改造后，这些电厂如果均按“以热定电”方式运行，则冬季调峰能力将大幅削弱，增加风电上网难度。如图 6.2-10 所示，统计日累计上网风电量 87772MWh，“弃风”电量 57320MWh，“弃风”比例达 39.5%。采用“热电协同”的集中供热模式，在电厂及热力站建设配套的热泵蓄热调峰系统，根据张家口某风电场年出力数据，风电场出力高于 70%的时间仅占 1%。因此为了消纳京津唐地区大部分风电，需要提高约 7593MW 的风电消纳能力。为了满足风电消纳需求，在电厂侧需安装 6313MW 热泵，在热力站需安装 4657MW 热泵。使得供热系统在保证供热量的同时，能进行深度调峰，不但不削弱现有调峰能力，更能增加调峰裕度，为冬季风电上网提供有利条件。如图 6.2-11 所示，日累计上网风电 145092MWh，无“弃风”。如果在京津唐电网应用热电协同技术，按发电煤耗300g/kWh，根据消纳的风电电量计算能实现每个供暖季减少化石能源消耗量约 206 万 tce。

### 6.2.3 结论及建议

#### 6.2.3.1 结论

（1）为应对可再生能源发电的间歇性和随机性，充分利用电厂、工业余热及增加热电

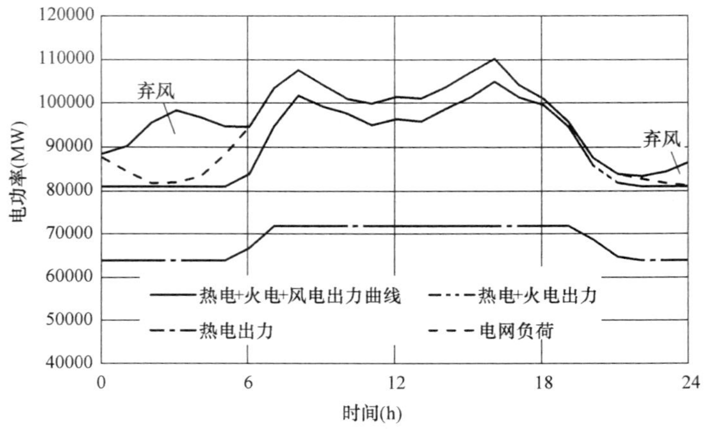


图 6.2-10　常规以热定电模式下的日电力平衡曲线

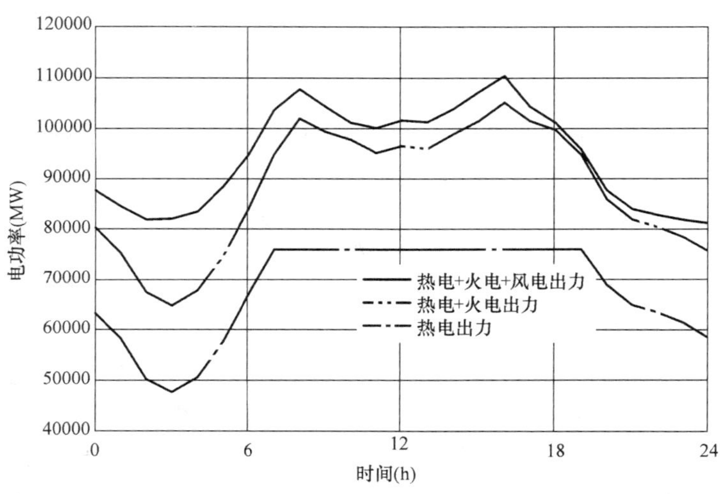


图 6.2-11　热电协同模式下的日电力平衡曲线

机组调峰能力，将分布广泛、总量可观的供热系统与电网形成电-热联合系统，有效提高风电消纳能力和能源利用效率。采用基于热泵及蓄能技术的热电协同供热方案，未来张家口一延庆的供热系统将形成 4 个主力热源（许家庄热电厂、沙岭子发电厂、宣化热电厂、下花园电厂）供热，多热源互联管网的供热格局。规划方案相比于常规火电调峰工况，电负荷低谷期最大可增加约 45%，共计 1710MW 的风电消纳能力。

（2）风电全年反调峰概率较高，而冬季供热以热定电极大限制了电网调峰能力，应结合热电协同最大限度地挖掘火电机组的调峰能力，降低供热机组的最小出力限制，减少其占据的电负荷空间，提升负荷低谷时风电消纳空间，最大限度地消纳风电。如果在京津唐电网应用热电协同技术，按发电煤耗 300g/kWh，根据消纳的风电电量计算能实现供暖季年减少化石能源消耗量约 206 万 tce。

#### 6.2.3.2　建议

（1）应加强组织领导和协调联动，推进供热资源整合和燃煤锅炉替代，推广基于热泵及蓄能技术的热电协同方案，大幅度增加区域内的风电消纳能力。搞好项目整体策划方案，组织开展项目推介活动，充分利用国家节能减排、产业升级技术改造、京津冀大气污染防治、京张联合举办冬奥等相关政策，积极争取中央及省专项财政支持资金。

（2）要加快天然气储备体系建设，增加调峰能力；规范开展“煤改气”项目气源落实工作；加强应急管理，提高天然气突发事件时的保障供应能力。进一步理顺天然气价格机制，在终端消费环节推行季节性差价、可中断气价等差别性气价政策。在保障居民生活用气的前提下，利用价格杠杆，平抑峰谷差过大的问题。

（3）目前我国售电侧有效竞争机制尚未建立，电力价格不能合理反映用电成本、市场供求状况、资源稀缺程度和环境保护支出，应结合可再生能源资源大规模开发利用进行电力体制改革。

## 本节参考文献


［1］ 河北省张家口市可再生能源示范区发展规划（发改高技［2015］1714号）.

［2］ 田超，栗向鑫，张圣楠. 京津唐电网供热机组冬季调峰能力分析. 华北电力技术，2013，3：5-8.

［3］ 张圣楠，庞伟，刘晓敏. 华北电网风力发电数据挖掘分析系统研究与应用. 华东电力，2012，40（12）：2211-2215.

［4］ 能源局综合司. 关于做好风电清洁供暖工作的通知（国能综新能［2013］63号）.

［5］ 王立永，李俊锴. 北京电网风电机组并网运行的策略研究. 华北电力技术，2015，6：31-35.

［6］ 龙虹毓，徐瑞林，何国军等. 基于热电风电协调调度的系统日调峰能力分析. 电力自动化设备，2013，33（4）：30-34.

［7］ 李群英，冯利民，许宇辉等. 基于水源热泵技术的风电消纳模式. 电力系统自动化，2012，36（17）：25-27.

［8］ 吕泉，姜浩，陈天佑等. 基于电锅炉的热电厂消纳风电方案及其国民经济评价. 电力系统自动化，2014，38（1）：6-12.

［9］ 袁小明，程时杰，文劲宇. 储能技术在解决大规模风电并网问题中的应用前景分析. 电力系统自动化，2013，37（1）：14-18.

［10］ 陈磊，徐飞，王晓等. 储热提升风电消纳能力的实施方式及效果分析. 中国电机工程学报，2015，35（17）：4283-4290.

［11］ 徐飞，闵勇，陈磊，陈群，胡伟等. 包含大容量储热的电-热联合系统. 中国电机工程学报，2014，34（29）：5063-5072.


本节执笔人：付林、李永红

# 第7章　互联网、大数据与制冷技术

## 7.1　数据中心冷却

### 7.1.1　我国数据中心能耗现状分析

#### 7.1.1.1　我国数据中心规模和分布

数据中心是一类特殊建筑，用来集中放置和管理各类IT设备（如服务器、交换机、高性能计算机、工作站等）及其配套设施（电源、照明、空调等），以实现对大量数据的存储、运算、通信、网络服务等功能（图7.1-1），为不同需求的用户提供实时高效的信息处理服务。

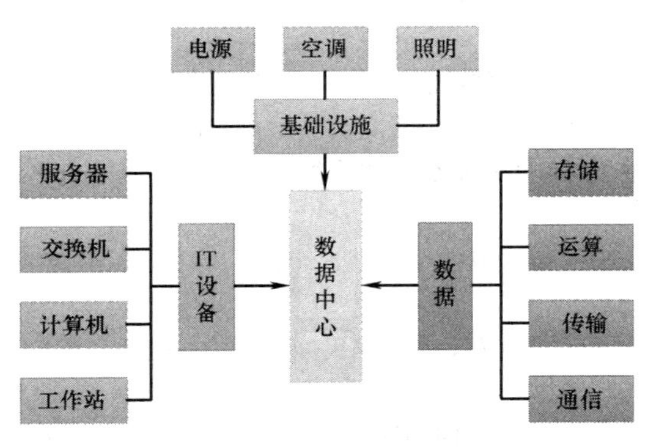


图7.1-1　数据中心结构和功能示意图

随着信息技术的普及，整个社会对各类数据处理量和处理速度的需求与日俱增，伴随着功能的扩展和用户群体的扩大，数据中心的规模和容量不断扩大。我国数据中心建设和发展与区域经济形势、行业信息化水平以及IT外包服务需求紧密联系。经济发达地区的资源凝聚力、经济发展辐射力、信息技术应用水平以及对IT服务的需求程度驱动并引导着数据中心优质资源向其集聚；同时，完善而先进的数据中心基础设施也为地区技术创新、企业孵化和产业培育提供强大的支撑。在我国，由于北京、上海、广州地区的经济实力和区域优势，其数据中心的机房面积和机房数量在全国遥遥领先。

近年来，我国整体宏观经济高速发展，国内各行各业对信息技术的依赖不断增加，数据中心也一直保持着高速发展的势头，投资规模也在快速增长。到2013年我国IDC市场规模已达到262.5亿元人民币。2008～2013年，我国数据中心投资规模变化情况如图7.1-2所示。

我国的数据中心虽然发展态势迅猛，仍存在着数量多、规模小、等级低等缺点。2014年赛迪顾问发布的《中国数据中心布局特点与发展策略研究》中显示，我国数据中心80%以上是小于500m$^2$的微小型数据中心，超过2000m$^2$的数据中心仅有230个左右，如表7.1-1所示。在这种粗放化的发展模式下，造成了大量信息化建设基础设施难以实现共享，行业发展不均衡，硬件资源利用率较低等后果。

此外，数据中心在各行业所占的比重也有所差异，图7.1-3显示了数据中心在我国各

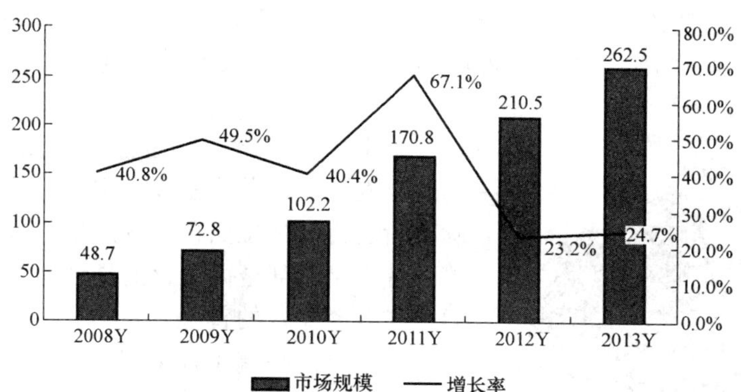


图 7.1-2 2008～2013 年中国 IDC 市场规模（亿元）及增长
（数据来源：中国 IDC 圈，2014 年 4 月）

**2014 年中国数据中心规模** **表 7.1-1**

| 数据中心规模 | 主机房面积($m^2$) | 数量分布 | 主机房面积分布 |
|---|---|---|---|
| 大型数据中心 | >2000 | 0.05% | 2.14% |
| 中型数据中心 | 1000～2000 | 0.20% | 5.13% |
| | 500～1000 | 0.30% | 4.10% |
| 小型数据中心 | 200～500 | 1.42% | 7.28% |
| | 100～200 | 7.60% | 19.49% |
| 微型数据中心 | <100 | 90.43% | 61.85% |

行各业中所占比重。其中，以政府行业最多，市场份额高达 19.4%；制造业紧随其后，为 17.8%，金融行业位列第 3，为 14.4%，但其信息化程度高，对数据中心服务量需求量大，对服务水平要求高。随着我国对于教育、环保等行业的重视，未来几年它们的发展将是非常的迅速，增长较快的行业将是政府、能源、教育和制造。

#### 7.1.1.2 数据中心能耗和发展趋势

数据中心机房是一类典型的高耗能场所，其全年不间断的运行模式使得其年运行小时数为普通商业建筑的 3 倍，设备的密集摆放使其用能量大而集中，单位面积能耗可达办公建筑的 100 倍。

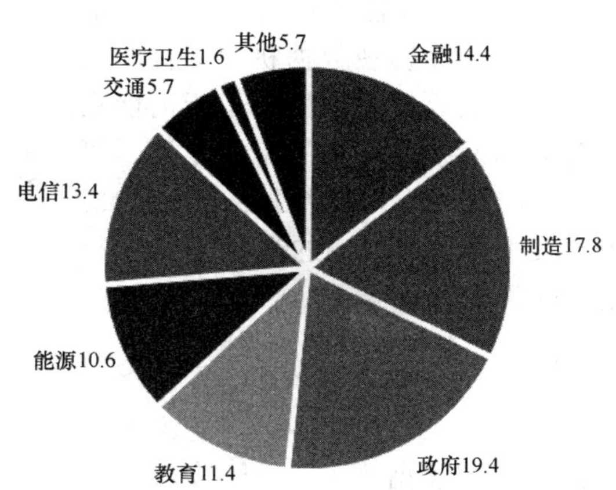


图 7.1-3 2011 年中国数据中心行业分布

美国斯坦福大学和劳伦斯伯克利国家实验室的研究表明，2000 年全球各类服务器安装台数约为 1411 万台，2005 年增长到 2728 万台，2000 年全球数据中心的电力消耗为 580 亿度，2005 年增长到 1230 亿度，5 年增长了一倍。近年来，随着信息化和工业化融合指导思想的不断深入，我国数据中心市场也进入了高速发展期，到 2015 年我国数据中心总量已超过 40 万个，年耗电量超过全社会用电量的 1.5%。

2011 年北京市数据中心用电量近 80 亿度，占北京市年耗电量的 5%左右，其中商用数据中心和基站能耗约占75%～85%，公共机构及其他单位数据机房能耗占15%～25%。数据中心能耗主要由IT设备、空调系统、电源系统以及其他能耗构成，其能耗比例如图7.1-4所示。

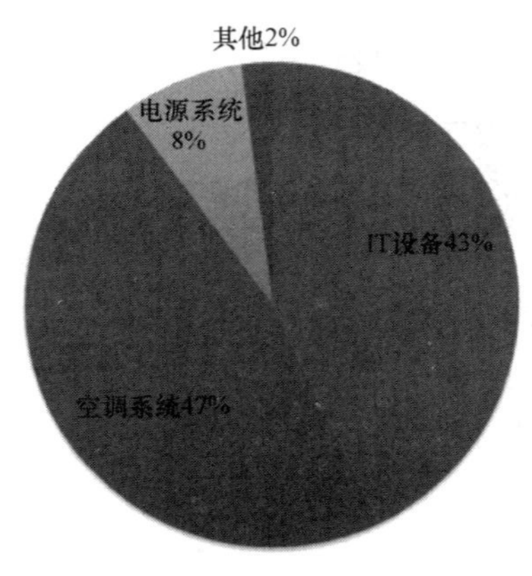


图7.1-4　数据中心能耗构成

半个世纪以来，伴随着机房IT设备在计算能力的长足发展，其散热密度（定义为IT设备在满配置、满负荷运行时单位面积的发热量）也显著增加。伴随着各种小型化甚至微型化的高性能数据处理设备（如刀片式服务器）的普及，机房IT设备的散热密度急剧升高，目前高端单片CPU的满负荷散热密度高达$75W/cm^2$。图7.1-5给出了近年来不同架构尺寸的高端服务器单片CPU功耗和散热密度的变化。从图中可以看出，随着CPU架构的小型化，其散热密度越来越高，尤其采用多核心CPU的紧凑型服务器，其满负荷发热密度可以超过$100W/cm^2$。

图7.1-6将二十年来各类常用的机房IT设备在满配置时的散热密度用不同颜色条带标注出来，条带宽度表示该类IT设备在常见负载率内的散热密度变化范围。在各类机房IT设备中，通信类散热密度最高，在2004年以后其满负荷运行时的峰值超过了$8kW/m^2$。即便是散热密度最低的磁带式存储设备，其满配置时的平均值也达到了$2kW/m^2$。按照信息机房常见机架布置密度和负载率估算，一般大型机房在正常运行时单位建筑面积发热量大约在500～2000W左右，即散热密度为500～$2000W/m^2$，并且是全年不间断散热。因此信息机房的散热密度和散热量都远高于有一定作息规律的普通办公建筑（约$100W/m^2$）和大型公共建筑（约$200W/m^2$）。

数据机房的高能耗促使了机房节能技术的发展，而实现数据机房节能，实际上是在保证业务安全稳定运行的前提下服务器和网络存储等设备能效比尽可能大。目前有很多衡量数据中心能效的模型，其中比较有影响的是由Belady提出的*PUE*（Power Usage Effectiveness）。

$$PUE=\frac{\text{数据中心年总耗电量}}{\text{信息设备年耗电量}} \tag{7.1-1}$$

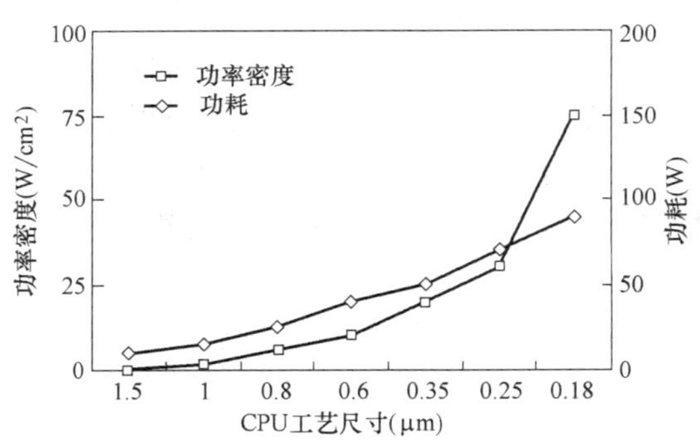


图7.1-5　高端服务器单片CPU功率和散热密度演变

目前我国数据中心*PUE*普遍高于2.0，空调系统能耗过高是其用能不合理的一个重要因素。研究显示，空调系统的能耗通常占数据机房总能耗的30%以上，在部分数据机房甚至接近或超过50%。因此，空调系统节能对降低数据机房能耗具有重要意义。

随着云计算技术的发展，各项业务对数据中心的依赖越来越大，数据中心的建设呈现向大型化发展的趋势，超过100个机架的数据中心比例逐年上升，2016年预计达到61%，

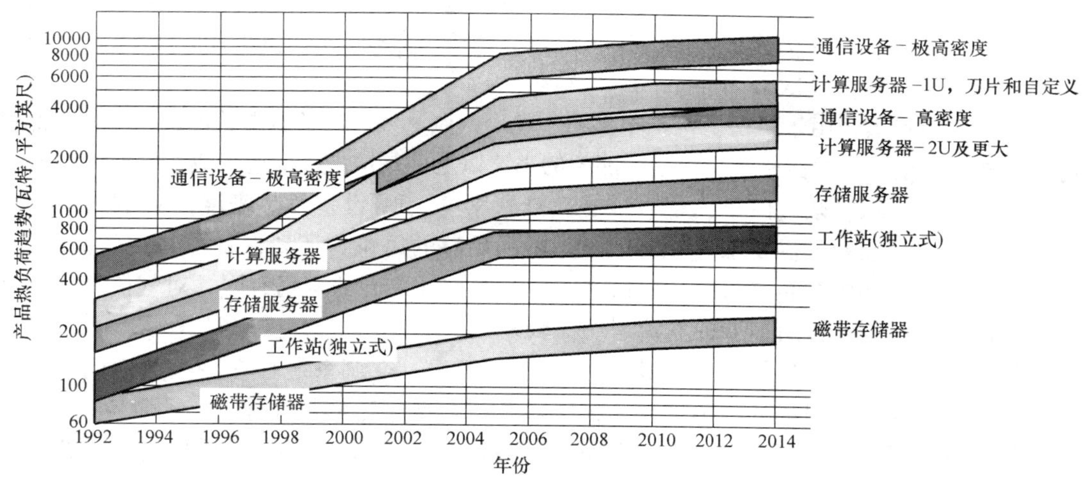


图 7.1-6　常用机房 IT 设备散热密度演变

中国的数据中心能耗也高速增长，显著高于世界的平均水平。数据中心的高能耗不仅带来耗电增加和运营成本的急剧攀升，而且产生沉重的碳排量负担。如何利用各种管理、技术手段和措施，降低数据中心的能耗，已经成为当务之急。

ICTresearch 指出，一方面中国的数据中心建设如火如荼，另一方面中国的数据中心也需要更好地进行节能化处理，向绿色数据中心迈进。绿色数据中心（Green Data Center）是指数据机房中的 IT 系统、制冷、照明和电气等能取得最大化的能源效率和最小化的环境影响，以达到节省运维成本、提高数据中心容量、提高电源系统的可靠性及可扩展的灵活性等效果，绿色数据中心是新一代数据中心发展的必然趋势。

#### 7.1.1.3　数据中心的能耗分析

我国数据中心的能耗构成中，IT 设备和空调系统用电量相当，总用电量的比例接近 90%，是数据中心最大的两个用能环节。其中 IT 设备的耗电量由服务器的运行情况决定，本书重点分析机房制冷部分，因此不对 IT 设备能耗分析进行展开。数据中心持续供冷和严格的热环境标准对机房空调系统提出了特殊的要求。相比其他类型的空调系统，机房空调具有以下特点：

（1）运行时间长。由于 IT 设备发热密度高，且连续运行，对于绝大多数机房来说，需要全年不间断供冷。

（2）送风参数相对稳定。由于 IT 设备发热量大，全年负荷变化不大，通过围护结构传递到室外的热量相对很少，加上 IT 设备冷却空气入口参数的区间相对固定，因此机房空调送风参数（风量、温度和含湿量）比较稳定。

（3）高显热潜热比。由于多数机房没有固定值守人员，不需要新风，室内也没有产湿源，仅在人员进出时或透过围护结构有新风渗入，因此机房空调的主要任务是将 IT 设备散发的显热搬运到室外，除湿的工作很小，空调系统承担的显热负荷与潜热负荷之比通常大于 0.95。

（4）大风量，小焓差模式。由于机房的散热密度很高，集中式送回风的冷却方式为了避免送风温度过低导致不必要的冷凝除湿，通常会减小送回风温差，运行在大风量、小焓差模式下。另外，由于空调送风必须克服静压箱、送风孔板或风道的阻力，保证最不利位置机架的冷却风量，并构建一定的气流组织，空调机组必须提供足够的机外余压，也会使机房空调风量大，换气次数大。

（5）耗电量大。由于机房空调全年不间断供冷，风量大，且送风参数比较固定，因此机房空调耗电量很大，约占整个机房运行能耗的1/3以上，是推高机房运行成本的重要因素。

（6）气流组织复杂。由于机柜数量多，排列紧凑，IT设备发热密度高且散热量不均匀，机房热环境控制不仅要求各个机柜都要得到足够的风量，还要保证冷却空气的温度，加之必须预留出必要的布置管线和检修空间，留给空气流动的空间有限，对气流管理提出了很高的要求，因此机房空调的气流组织比较复杂。

目前高产热密度信息机房，尤其是大型IDC机房，空调系统存在一些共性问题，导致空调能耗偏高，机房热环境不理想。集中来看，主要有三大类问题：

（1）室内气流组织问题。主要表现在IT设备（服务器和机架）进风口附近，低温空气（主要是空调送风）和高温空气（主要是IT设备排风）发生不同程度的混合（图7.1-7），导致IT设备进口空气温度存在不同程度的升高，出现局部过热，影响IT设备的安全运行。为了解决局部热点带来的安全隐患，往往加大风量、降低送风温度，造成风机和冷机能耗增加。

IT设备排风和空调送风的掺混，不仅浪费冷量，还会降低空调回风温度。由于机房换气次数已经很高，回风温度降低，为了带走热量，只能降低送风温度，当送风温度低于房室内空气的露点温度时，空调机组进行冷凝除湿。而机房本身没有产湿源，因此除湿会降低机房室内空气含湿量，迫使精密空调启动加湿模块对回风进行加湿，以保证设定的送风相对湿度，如此机房空调一边对空气除湿，一边对其加湿造成能量浪费。

（2）自然冷源利用问题。受自然供冷技术条件的限制，目前大多数信息机房集中在冬季采用自然冷却，在其他时间依靠冷机供冷。自然冷却时间较短，节能效果有限。

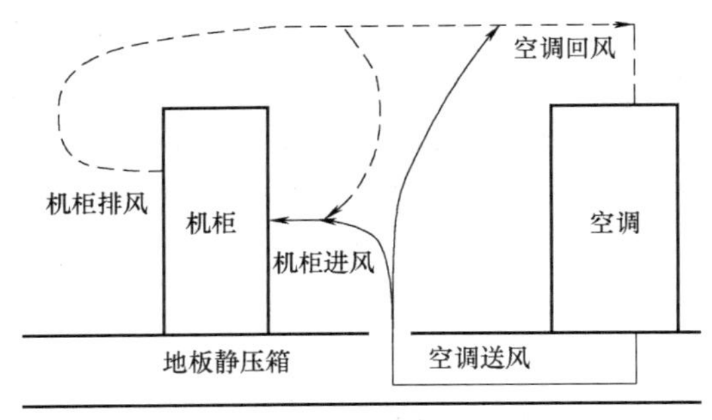

图7.1-7　机房气流组织示意图

（3）空调系统运行控制方式问题。在面积很大的机房中，往往设置数十台空调机组，负责对不同区域供冷。机房热湿环境的不均匀性会导致不同区域的空调回风温度差异较大，尤其是在冷热气流混合强度较高的区域，当空调按照设定的送风参数运行时，回风温度低的空调承担的负荷较低，而回风温度高的空调负荷较高，导致空调能耗偏高。同时由于这些分散布置的空调机组往往独立运行，相互之间缺乏通信，彼此不清楚对方在做什么；加上温湿度传感器的精度不同，往往造成一部分空调在冷却除湿，而另一部分在加热加湿。不合理的运行控制策略不仅增加了机房空调能耗，还会恶化机房热环境，影响IT设备的安全运行。

### 7.1.2　数据中心空调形式及发展趋势

数据中心空调系统的首要目的是保证服务器IT设备的安全运行，在保证安全的前提下尽可能做到节能是目前数据中心空调系统的发展趋势。本节首先对数据中心冷却技术发展进行介绍，包括气流组织优化、自然冷源利用以及新型冷却形式；其次对不同规模的数据中心冷却技术的发展趋势进行阐述。

#### 7.1.2.1 数据中心冷却技术

1. 数据中心气流组织

数据中心气流组织直接影响机房热环境的优劣，良好的气流组织应做到：尽可能避免不同温度的气流掺混；对机柜送风排热，而不是对机房整体送风排热，以降低输配能耗。随着数据中心热环境控制技术的发展，气流组织从最初的集中式送回风方式逐步发展出列间空调送风，精确送风等先进的气流组织技术，表 7.1-2 给出了近年来数据中心空调送风模式的演变。

**数据中心空调送风模式的演变** **表 7.1-2**

| 机房空调形式 | 送风模式 | 机柜密度（台/kW） | 主流设计时间 |
|---|---|---|---|
| 精密空调 | 风帽上送风 | 1 | 2006 年以前 |
| 精密空调 | 风管集中上送风 | 1～2 | 2006～2008 年 |
| 精密空调 | 地板下送风自然回风或组织回风 | 2～3 | 2008～2012 年 |
| 精密空调 | 地板下送风封闭冷通道或热通道 | >4 | 2012 年以后 |
| 列间空调 | 封闭冷通道 | >5 | 2012 年以后 |
| 定制化空调系统 | 地板下安装风机盘管 | >5 | 2008 年以后 |
| | 热通道顶部安装风机盘管 | | |
| | 定制化 CRAC 侧送风 | | |

（1）封闭冷、热通道

集中式送风系统通过合理布置机架能形成冷热通道，但依然存在冷热气流掺混现象，降低机房制冷效率。通过采用冷热通道封闭的形式（图 7.1-8），能有效解决气流掺混问题，还能解决局部由于要求风量过大而气流无法满足的情况，其具有如下特点：

1）可以有效防止机柜过热，局部调节地板或增加地板送风单元能有效提高单位面积的制冷量；

2）施工简单，造型美观，能与 IT 机柜有效地结合一体化；

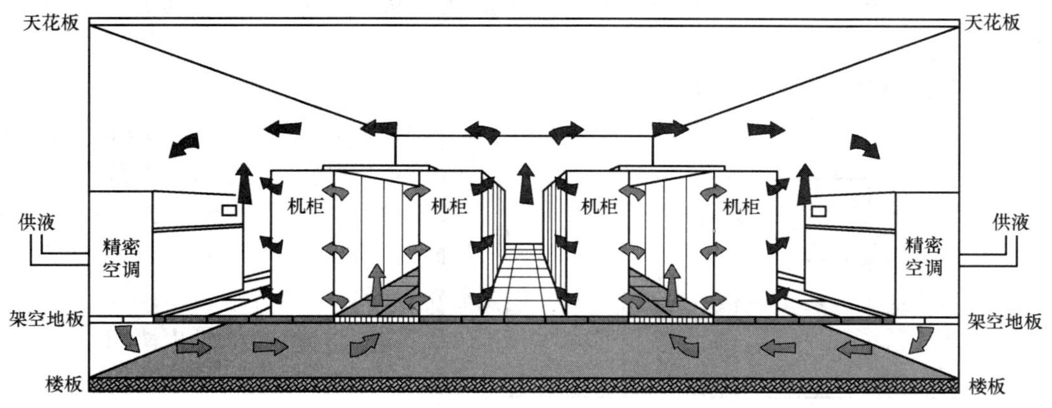


图 7.1-8 封闭冷通道的形式

3）能有效遏制冷热气流掺混，提高冷量利用率。

（2）精确送风

精确送风方式是将送风通道直接通入机柜的气流组织方式，根据IT机柜的发热量，在机柜前端设置送风通道，保证送风冷风直接进入机柜，避免冷热掺混，如图7.1-9所示。

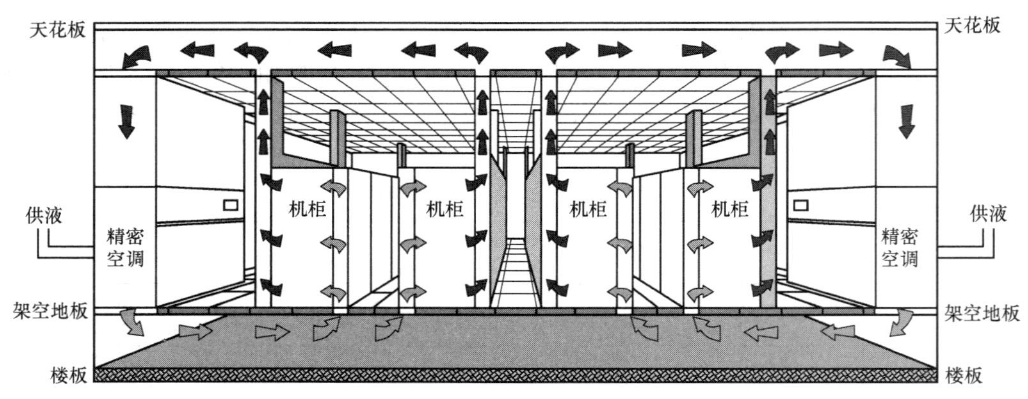


图7.1-9 精确送风形式示意图

精确送风的优点是：

1）送风效果好，冷风直接进入机柜，避免冷热气流掺混；

2）调节性能好，在支路风管设置调节阀，调节每个机柜进入的风量。

由于精确送风需要对送风通道和机柜都进行改装，导致其造价较高，需要定制送风机柜，同时施工难度也相对较高，且送风量相对较小，一般来说无法满足单机柜大于3kW的制冷量。适用于发热量不大，但冷却要求较高的机房。

2. 自然冷源利用技术

由于数据中心全年不间断的运行模式和相对稳定的运行参数，使得自然冷源在数据中心的利用具有巨大的节能潜力。根据利用形式可以分为直接自然冷源利用和间接自然冷源利用两种技术。近年来，越来越多的研究将自然冷源与机械制冷相结合，以延长自然冷源利用时间。

（1）直接自然冷源利用技术

将室外冷空气直接引入数据机房替代或部分替代空调制冷，减少空调系统的运行时间，称为直接自然冷源利用技术，如图7.1-10所示。直接自然冷源利用系统在数据机房内与原空调系统配合使用，当室外温度高于机房空调回风温度时，直接自然冷源利用系统停止使用；当室外温度低于机房空调回风温度但高于空调出风温度时，直接自然冷源利用系统开启，部分替代空调系统；当室外温度低

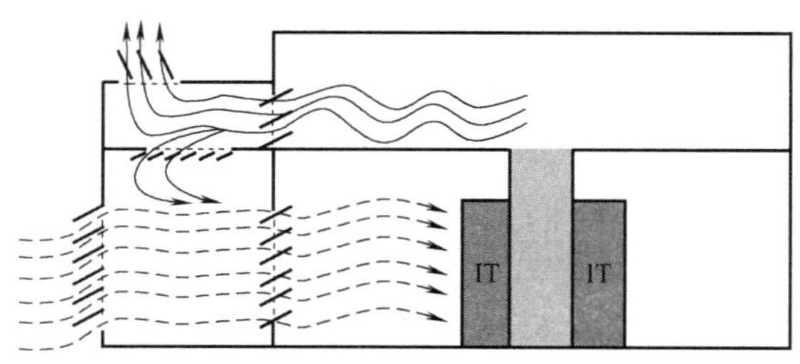


图7.1-10 直接式空气侧自然冷却

于空调出风温度时，直接自然冷源利用系统完全替代空调系统。

直接自然冷源利用技术在数据机房中的应用面临两个主要问题：其一，由于湿度对信息设备的工作性能、寿命有一定影响，数据机房湿度需控制在40%～55%范围内，而通过直接自然冷源利用设备引入室外空气给数据机房控湿带来极大的挑战；其二，直接引入室外空气会带入大量的灰尘、颗粒物和酸性腐蚀气体，对信息设备的使用寿命有极大的影响。因此，应用直接自然冷源利用技术时，数据机房需要做好控湿和除尘。故直接自然冷源利用技术是否节能或节能多少，取决于其替代机房空调所节约的能耗与控湿和除尘增加的能耗的综合结果。

(2) 间接自然冷源利用技术

为了避免直接引入室外空气导致数据机房湿度和洁净度的问题，间接自然冷源利用技术慢慢得到发展。该技术将室外冷气流和室内热空气通过热交换设备进行冷量的交换，两股气流没有直接接触，可在保证室内气流湿度和洁净度的同时，降低室内循环气流的温度，将热量排到室外。

空气侧间接自然冷源利用技术的难点，主要在于如何高效地实现室内外空气的热量交换。目前主要有两种手段：空气—空气换热器和热管换热技术。根据换热器形式的不同，发展了多种间接自然冷源利用设备，图 7.1-11 分别为间壁式换热器和转轮式换热器。采用空气—空气换热器的主要问题是换热器单位面积的换热量较小，设备体积往往较大，在数据机房的安装应用存在较多困难。热管换热技术由于其极强的热量传递能力，换热器体积可大幅减小，使设备更紧凑。表 7.1-3 对几种自然冷源利用方案进行了比较。

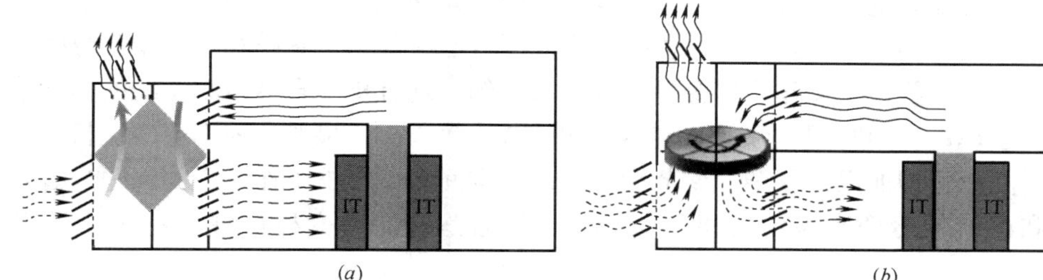


(a)　　(b)

图 7.1-11　基于空—空换热器的间接自然冷源利用

(a) 间壁式；(b) 转轮式

**自然冷源利用方案比较**　　表 7.1-3

| 利用方法 | 直接利用 | 间接利用 | |
|---|---|---|---|
| 实现手段 | 控湿,除尘 | 空气—空气换热器 | 热管技术 |
| 降温效果 | 好 | 较好 | 较好 |
| 结构特点 | 结构简单,体积小 | 体积较大 | 结构紧凑 |
| 初投资 | 较低 | 较高 | 较高 |
| 维护费用 | 高 | 中 | 低 |
| 适用场合 | 洁净度要求较低 | 洁净度要求较高<br>安装空间较大 | 洁净度要求较高<br>安装空间有限 |

可以看出，热管换热技术在数据机房自然冷源利用中具有一定优势。基于分离式热管的数据机房排热系统，采用分离式热管，除了具有普通热管的高热量输运能力外，还具有

布置灵活、能实现远距离传热及室内外空气完全隔离等优点。此外，该系统工质循环采用重力驱动，无需提供额外泵功，如图 7.1-12 所示。数据机房热管排热系统，具有传热能力强、能耗低、可靠性高、环境适应性强等特点，在环境条件具备的情况下，通过利用室外自然冷源替代或部分替代精密空调制冷，可实现数据机房空调系统的节能。

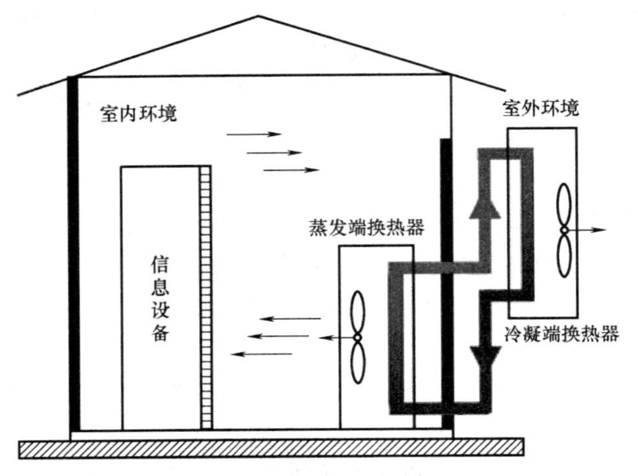

图 7.1-12 数据机房热管排热系统示意图

对于大型数据中心，可采用冷却塔提供冷却水进行机房制冷。此类系统含有两个水循环，冷却水（外侧）循环和冷冻水（内侧）循环。传统的水冷机房空调系统可以通过增加水侧省能器旁通冷水机组，构建此类系统。当室外温度较低时，水泵驱动冷却塔提供的冷却水，通过水侧省能器给冷冻水降温。

（3）自然冷源与机械制冷结合

目前数据中心机房自然冷却系统大多与机械制冷系统独立运行，根据室外气象条件切换运行模式，当室外冷源温度低于要求的IT设备进风温度一定程度（即传热温差足够大）时，将冷机关闭后开启自然供冷系统，从机械制冷切换到自然冷却。这样的模式不仅需要额外配置足够的换热器、输配系统（风机、冷却水管路、阀门等）和控制系统，切换操作复杂，不适合短时间内多次切换，只能集中在一段时间内使用自然冷却（如冬季和过渡季部分时段）。受运行效率、供冷能力、操作成本等各种因素的制约，现有机房自然冷却系统的实际使用时间往往少于理论可用时间，降低了自然冷却的节能效果。如果要从根本上解决目前机房自然冷却时间短、切换操作复杂、调节性差、占用空间多、维护工作量大等问题，必须将自然冷却和机械供冷两套系统有机结合起来，联合运行，改变机房现有冷水系统运行模式。

热管—蒸气压缩联合循环系统是将分离式热管系统和蒸气压缩制冷循环相结合的多冷源利用方案。在保证两套系统可以相互独立运行、不产生相互干扰的前提下实现自然冷源和机械制冷的自由切换。以实现对秋冬季节室外冷源的利用。目前我国关于该类技术的市面产品多以阀门进行两套系统的切换，有代表性的是清华大学石文星等人提出了一种热管—蒸气压缩复合空调（图 7.1-13）和王铁军等人提出的热管复合型空调机组（图 7.1-14）。

这种复合空调系统实现了热管模式、蒸气压缩模式和复合冷源模式 3 种运行方式，可通过阀门进行系统切换，减少了数据中心初投资。但其工作对阀门的依赖程度较高，而阀门又属于易损部件，因此实际应用效果往往不佳，且运维成本较高。上海理工大学吴银龙设计一套重力型热管—蒸气压缩复合式基站机房空调实验设备，与传统基站机房空调相比，其采用环保的 R410A 工质，系统可以在蒸气压缩制冷循环、热管循环和复合系统循环三种工作模式下自由切换，使系统在节能的模式下运行并提高系统的效率。清华大学李震提出了新型热管—蒸气压缩联合循环系统。实现了无阀条件下的系统切换，并能在过渡

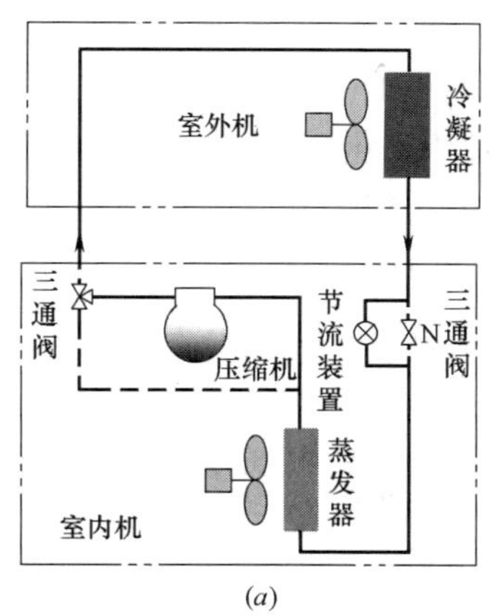


(a)

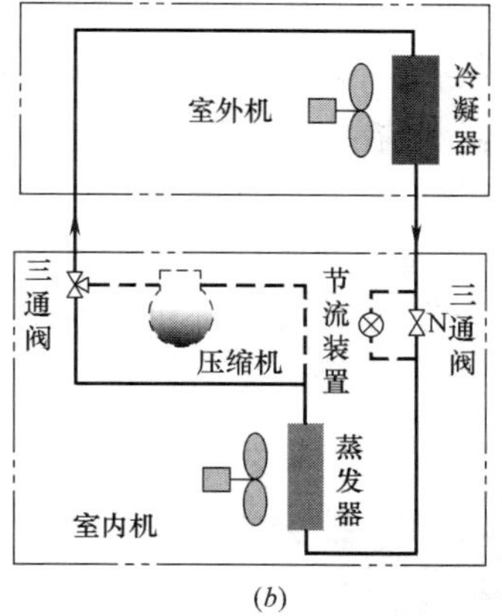


(b)

图 7.1-13 热管/蒸气压缩复合空调原理图

(a) 制冷模式；(b) 热管模式

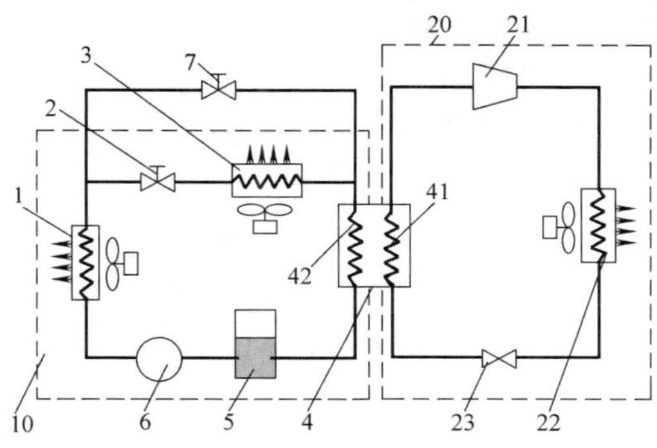

图 7.1-14 热管复合制冷系统流程原理图

1—蒸发器；2—阀 A；3—冷凝器 B；4—换热器（41—蒸发通道；42—冷凝通道）；5—储液器；6—液泵；7—阀 B；10—热管单元；20—制冷单元；21—压缩机；22—冷凝器 A；23—膨胀阀

季节进行双循环运行，其系统原理图如图 7.1-15 所示。

这种“自调节”复合空调结构与比之前的可以实现双循环同时运行的复合空调相比，更加简洁。它的主要优势有：

1）两台冷凝器共用同一台风机，可以降低风机的功耗；

2）整套系统无阀门控制，自动化程度更好，安全系数更高；

3）运行时可以实现双工况同时运行，更加充分地利用了自然冷源，节能效果更好。

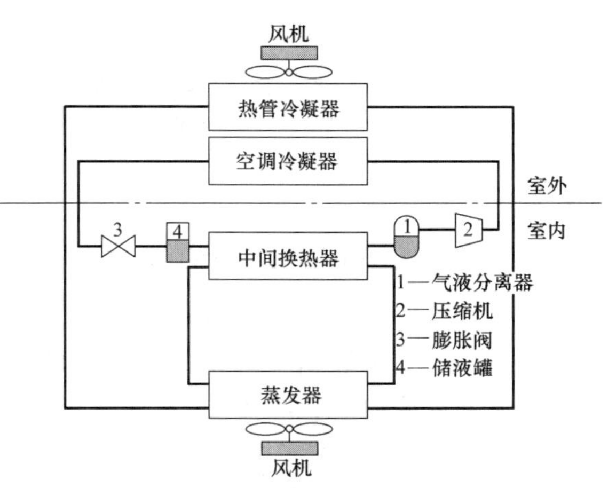


图 7.1-15 热管-蒸气压缩联合循环系统示意图

3. 新型末端冷却形式

（1）列间空调

列间空调是一种针对集中式送回风冷却系统的空调末端形式（图 7.1-16），它是一种将空调末端直接安装在 IT 设备机柜列间的冷却技术，由于空调靠近机房热源，送风距离缩短，输配能耗降低，其次列间空调将冷却单位由传统的冷却机房缩小到冷却一个通道，更有利于实现冷量按需分配，同时采用列间空调可有效避免冷热气流掺混，减小传热温差，提高冷源温度，从而提高冷机效率，达到节能效果。但是由于列间空调需要安装在冷通道内，与机柜并列，导致水直接进入机房，需进行防水防漏处理。

图 7.1-16　列间空调示意图

（2）机柜级冷却

机柜级冷却技术是一种直接对服务器机柜进行冷却的新型冷却技术。通过将分离式热管的冷端（吸热端）嵌入机柜，通过制冷剂的蒸发就近吸收 IT 设备散发的热量，再通过制冷剂蒸气的流动将热量传递到分离式热管的热端（放热端），与室外冷源进行换热，将热量搬运到室外，制冷剂蒸气冷凝成为液体，在一定高度差 $H$ 的作用下流回机柜，继续吸收热量，从而完成流动和传热循环，如图 7.1-17 所示。这样，以制冷剂为载热媒介，就可以实现在机柜内部完成对 IT 设备产热的采集和传递，避免了热量由空气携带在机房大空间长距离传递产生冷热空气混合、空调送风分配不均和局部过热等气流组织问题。

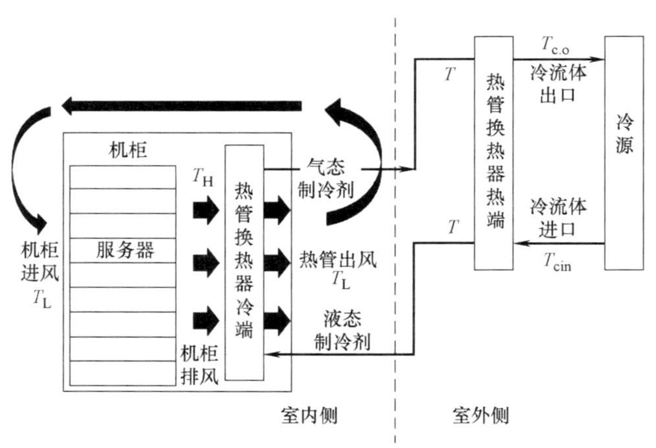


图 7.1-17　内置热管换热器的内冷型机柜示意图（单级）

以内置热管换热器内冷型机柜为基础发展起来的分布式冷却系统是一种新型的数据中心冷却方案，为大型数据中心尤其是高发热密度数据中心的散热提供了技术支撑。图 7.1-18 为分布式冷却系统的示意图。通过机柜上的小型风机产生循环风将机柜服务器散发的热量直接传递到安装在机柜上的热管蒸发端，热管内的工质吸热蒸发，并在热管冷凝端将热量传递给冷冻水，再由冷冻水将热量排到室外环境。

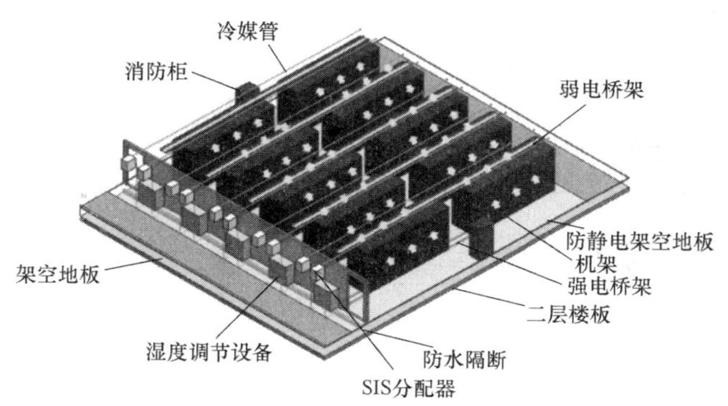


图 7.1-18　分布式冷却系统示意图

#### 7.1.2.2　数据中心冷却技术发展趋势

数据中心冷却技术的选取与数据中心规模、安全等级和建设地区紧密相关。不同规模和安全等级的数据中心适合不同类型的冷却形式，同时应充分考虑数据中心建设地区的气候条件，合理利用自然冷源达到节能目的。

我国数据中心逐渐向大型化发展，但目前中心型仍然居多，且较长时间将维持该现状。对于小型数据中心，如信号基站，应尽可能采用自然冷却的方式，若安全等级不高且设备对于空气洁净度的要求不高，可在合适的时候采用直接自然冷源技术进行冷却；对于中型数据中心，目前一般采用集中式送回风系统，随着服务器散热密度的提高，这类系统需进行气流组织优化，采用封闭冷通道的方式或采用列间空调的形式；对于高发热密度和大型数据中心，未来的发展方向将是机柜级或芯片级冷却技术，采用模块化的思路实现机房模块化制冷。

数据中心排热环节可以分为热量收集、热量传递和热量排放三个环节，所涉及的设备包括热量采集端换热器、输配系统以及冷源设备。其中热量采集端换热器的要求是高效换热、小型、可灵活安装等，比较有代表性的是热管换热装置。减少输配系统能耗是输配系统设备的关注重点，变频风机、水泵或者重力式热管这类自驱动设备是未来的发展方向。冷源设备方面，会持续往延长自然冷源利用时间方面发展，开发高效的自然冷源利用设备和合理的控制切换方法是该领域未来的发展方向。

随着数据中心大型化、集中化程度逐渐提高，制冷系统的运行控制也将越来越受到重视，根据机房热源状况和送冷条件合理分配服务器计算量，快速高效的 IT 任务分配算法和供冷方案也亟待开发。

### 7.1.3　我国关于数据中心的政策、措施

#### 7.1.3.1　数据中心的相关标准

电子信息技术平均 2.5 年发展一代，每一代 IT 技术的发展都意味着其支持技术的发展，即数据中心环境要求、建筑与结构、空气调节、电气、电磁屏蔽、网络系统与布线、智能化、给水排水、消防等技术的发展，这些技术的发展需要相关技术规范的支持。数据中心是一个复杂的信息系统工程，涉及建筑、消防、监控、电子信息、照明等多个方面，而每个方面都有相关的标准（表 7.1-4），根据这些标准对数据中心的各个分系统进行设

计。为了规范这个行业的发展，国内国外不少的技术权威机构都发布了数据中心建设的相关标准，指导数据中心行业的健康发展，只有这样才能保证数据中心的建设有章可循。

数据中心建设相关标准列表 表7.1-4

| 序号 | 标准号 | 标准名称 |
|---|---|---|
| 1 | GB 50174—2008 | 《电子信息系统机房设计规范》 |
| 2 | GB 50462—2008 | 《电子信息系统机房施工及验收规范》 |
| 3 | GB/T 2887—2000 | 《电子计算机场地通用规范》 |
| 4 | SJ/T10796—2001 | 《防静电活动地板通用规范》 |
| 5 | GB 50243—2002 | 《通风与空调工程质量验收规范》 |
| 6 | GB 50116—2008 | 《火灾自动报警系统设计规范》 |
| 7 | GB 50166—2007 | 《火灾自动报警系统施工及验收规范》 |
| 8 | GB 50052—2009 | 《供配电系统设计规范》 |
| 9 | GB 50303—2002 | 《建筑电气工程施工质量验收规范》 |
| 10 | GB 50343—2004 | 《建筑物电子信息系统防雷技术规范》 |
| 11 | GB 50057—2010 | 《建筑物防雷设计规范》 |
| 12 | GB/T 50311—2007 | 《综合布线系统工程设计规范》 |
| 13 | GB/T 50312—2007 | 《综合布线系统工程验收规范》 |
| 14 | DXJS 1029—2011 | 《中国电信 IDC 机房设计规范》 |
| 15 | DXJS 1006—2005 | 《中国电信数据中心机房电源、空调环境设计规范》 |
| 16 | GB 50019—2015 | 《工业建筑供暖通风与空气调节设计规范》 |
| 17 | GB 50189—2015 | 《公共建筑节能设计标准》 |
| 18 | GB 50052—2009 | 《供配电系统设计规范》 |
| 19 | GB 50034—2004 | 《建筑照明设计标准》 |
| 20 | Q/CT 2171—2009 | 《数据设备用网络机柜技术规范》 |
| 21 | JGJ 16—2008 | 《民用建筑电器设计规范》 |
| 22 | GB 50045—95 | 《高层民用建筑设计防火规范》 |
| 23 | GB 50348—2004 | 《安全防范工程技术规范》 |
| 24 | GB 50394—2007 | 《入侵报警系统工程技术规范》 |
| 25 | GB 50395—2007 | 《视频安防监控系统工程设计规范》 |
| 26 | GB 50396—2007 | 《出入口控制系统工程设计规范》 |
| 27 | DGJ 08—83—2000 | 《防静电工程技术规程》 |
| 28 | 09DX009 | 《电子信息系统机房工程设计与安装》 |

另外，工业和信息化部还发布了包括《互联网数据中心技术及分级分类标准》在内的数据中心相关的行业标准，如《电信互联网数据中心（IDC）总体技术要求》YD/T 2542—2013；《互联网数据中心技术及分级分类标准》YD/T 2441—2013；《互联网数据中心资源占用、能效及排放技术要求和评测方法》YD/T 2442—2013；《电信互联网数据中心（IDC）的能耗测评方法》YD/T 2543—2013等。标准涵盖了互联网数据中心的能效评价指标、测量方法、绿色分级等内容。

《电子信息系统机房设计规范》GB 50174—2008 已更名为《数据中心设计规范》，并于 2015 年 5 月 5 日通过专家审查，目前正处于报批阶段。

除了这些标准，还有一些行业标准，这些标准是根据行业的特点而制定的，还有一些大型的数据中心，结合国家标准制定了适用于自身机房的标准。以金融行业为例，关于金融行业数据中心建设的标准如表 7.1-5 所列。

**金融行业数据中心建设标准列表** **表 7.1-5**

| 序号 | 标准号 | 标准名称 |
|---|---|---|
| 1 | JR/T 0011—2004 | 《银行集中式数据中心规范》 |
| 2 | JR/T 0026—2006 | 《银行业计算机信息系统雷电防护技术规范》 |
| 3 | JR/T 0044—2008 | 《银行业信息系统灾难恢复管理规范》 |
| 4 | JR/T 0068—2012 | 《网上银行系统信息安全通用规范》 |
| 5 | JR/T 0003.1—2001 | 《银行卡联网联合安全规范》 |

国外的数据中心相关标准发展更为完善，制定的标准更符合实际发展需要。在我国一些大型、先进的数据中心在设计、建设时也参考国外的一些标准，向国际水平靠拢。部分国际标准如表 7.1-6 所示。

**数据中心国际标准列表** **表 7.1-6**

| 序号 | 标准号 | 标准名称 |
|---|---|---|
| 1 | TIA—942 | 《数据中心通信设施标准》 |
| 2 | ANSI/BICSI 002—2011 | 《数据中心设计与实施的最佳实践》 |
| 3 | 2011 ASHRAE | 《数据设备环境指南》 |
| 4 | IEEE-1100 | 《电子设备供电和接地操作规程》 |
| 5 | UPTIME INSTITUTE | 《数据中心基础设施分级标准》 |
| 6 | ANSI/BICSI 002—2011 | 《数据中心设计与实施的最佳实践》 |
| 7 | ISO/IEC 24764—2010 | 《一般数据中心用有线系统》 |
| 8 | ANSI/TIA—942—2005 | 《数据中心用远程通信基础设施标准》 |
| 9 | ANSI/TIA—942—1—2008 | 《数据中心同轴电缆布线规范和应用距离》 |
| 10 | ANSI/TIS—942—2—2010 | 《数据中心用附加指南》 |
| 11 | BS EN 50173—5—2007 | 《通用布线系统》 |

需要指出的是，标准也不是一成不变的，也需要跟随技术的发展而不断变化。TIA—942 是美国通信行业协议颁布的数据中心标准，从 2005 年发布，已经经过了两次修改。在 2008 年 3 月 28 日，颁布了 TIA—942 Amendment Chg：ADM1，在 2010 年 3 月颁布了 TIA—942 Amendment Chg：ADM2。都是对 2005 年发布的基础版本做的调整。国内标准也会不断地进行修编，GB 50174 在 1993 年 2 月 17 日就已经颁布，后来在 2008 年 11 月 12 日颁布了 GB 50174 第二版，并将原有的名称《电子信息系统机房设计规范》修改为《数据中心基础设计规范》，首次将数据中心概念在标准中正式提出，在 2011 年又颁布了第三版。所以，标准也不是一成不变的，随着技术的更新，标准也在不断地在进步与发展。

在这个领域长期以来一直是技术走在前，去推动标准发展，标准所发布的内容往往是滞后的，有时也并不适合指导数据中心的建设，所以要综合看待数据中心的标准，以数据中心的标准作为依据，但不能全面照搬，因地制宜地结合数据中心实际需要，建设适合自己业务的数据中心。现在有关数据中心的标准也非常的多，国际的、国内的、行业的都有，都要参考，有时选择会无所适从，采用最适合自己的才是最明智的。但“没有规矩不成方圆”，数据中心的发展离不开标准的制定和规范，只有通过标准才能保证这个行业健康、高速地发展。

#### 7.1.3.2 我国发布的数据中心的相关政策

在欧美等发达国家，政府已经开始部署国家级云计算基础设施，为政务、经济、民生等领域的信息化发展提供技术保障。以英国为例，英国政府云平台已开始运行，超过2/3的英国企业开始使用云计算服务，降低的能源消耗超过30%。

在我国，随着云计算等新概念、新技术的迅速发展，在给IT产业和用户带来革命性改变的同时，也使数据中心基础设施建设与运维面临着更多的挑战。降低能耗、节省成本，成为建设绿色数据中心的核心目标。2011年，在国家发展改革委、工业和信息化部和财政部联合开展的云计算示范工程中，明确要求数据中心的*PUE*小于1.5。在2015年全国“两会”上，代表委员们密切关注我国云计算产业的发展情况，认为云计算能降低数据中心的能效，建议将云计算提升为国家战略性新兴产业，给予政策扶持，助力中国低碳社会的建设。

从2010年到2012年，国务院发布了一系列相关的政策，特别是在2013年，国务院《关于刺激消费扩大内需的规划》中就提到各级基础设施要纳入规划中，给予必要的政策和资金的支持。在关于加快节能环保产业的意见中也具体提出了扩大数据中心节能改造的具体要求。2014年11月召开的国务院常务会议确定了促进云计算创新发展措施，提出将通过积极支持云计算与物联网、移动互联网、大数据等融合发展，培育壮大新业态、新产业。

工业和信息化部相对于数据中心也提出了一系列的政策，包括互联网行业的“十二五”发展规划和通信业的“十二五”发展规划，对数据中心的如何节能改造和运营管理都提出了要求。同时，为了整顿数据中心行业的发展，2008年工业和信息化部停止了数据中心牌照发放的申请，随着云计算业务的大量发展，工业和信息化部2012年年底又放开了牌照的申请，鼓励全国的政府机构不再建数据中心，而采用云服务。截至2014年11月底，收到的申请是85份，已经发出了56张跨地区的业务许可证；收到了省局的申请243份，发出的是147张省内许可证。

2013年1月，工业和信息化部联合国家发展改革委等五部门共同发布《关于数据中心建设布局的指导意见》，这是我国首个关于数据中心的指导意见，但还有很多细节并没有阐述。该指导意见根据能源、气候、地质以及市场需求、环境友好等几个角度对全国进行了分类，对超大型、大型和中小型的数据中心该如何建设做了指引。对符合条件的数据中心，特别是绿色水平比较高的，新建的数据中心*PUE*小于1.5会有相应的优惠政策。对于数据中心合理建设布局、绿色节能、提高技术水平、应用引领、安全保障等方面都提出了要求。提出的相关原则已经在国内主要数据中心企业逐步形成共识，在数据中心合理规划、实现资源共享、避免浪费等方面发挥了积极的作用。

2015年3月23日，工业和信息化部、国家机关事务管理局、国家能源局联合印发《关于国家绿色数据中心试点工作方案》（以下简称工作方案），提出到2017年，围绕重点领域创建百个绿色数据中心试点，试点数据中心能效平均提高8%以上，制定绿色数据中心相关国家标准4项，推广绿色数据中心先进适用技术、产品和运维管理最佳实践40项，制定绿色数据中心建设指南。

工作方案确定了6大试点内容，包括积极开展绿色数据中心技术创新和推广、提高绿色数据中心管理水平，将节能环保工作纳入考核体系、建立试点数据中心节能环保指标监测体系、完善绿色数据中心标准和评价体系，推动形成国家标准体系、加强公共服务能力建设、开展国际合作。

明确了主要目标：宣传和推广一批先进适用的绿色技术、产品和运维管理方法，培育和发展一批第三方检测评价、咨询机构，支持和鼓励一批绿色数据中心技术、解决方案、运维服务的提供商。初步形成具有自主知识产权的绿色数据中心技术体系、创新与服务体系，构建试点数据中心节能环保指标监测体系，确立绿色数据中心标准和评价体系。

另外，地方政府也推出相应的政策措施。为规范公共机构数据中心建设、改造思路和规划方法，指导数据中心的标准化设计，降低数据中心能耗，2014年3月13日北京市发展改革委还组织起草了《北京市公共机构绿色数据中心评价标准》（征求意见稿）。2014年7月北京市经信委推出政策要求，以后对于*PUE*大于1.5的数据中心在北京如果要申请建设就不再获得批准。同时北京市发展改革委也有鼓励性的政策，对数据中心如果采用了比较好的节能手段，而且经过审核，确实取得了比较好的节能效果，会有一定的财政的补贴。

目前数据中心行业在布局、配套政策、老旧数据中心改造及政府采购云服务等方面都还存在着一定的问题，因此，要更好发挥政府的引导作用和企业的主导作用，让市场在资源配置中起决定性作用。一方面，进一步落实对云计算的扶持。政府部门带头和采用云服务，云计算相关服务内容已经纳入了《政府采购品目分类目录（试用）》，一些部委和地方政府已经在积极探索将政府办公等应用向云服务迁移。“鼓励行政机关带头使用专用机关提供的云服务：逐步减少政府自建数据中心的数量；引导企事业单位逐步将相关应用向专业机构提供的云服务上迁移”。

另一方面，进一步提升用户使用云服务的信心。用户对云服务的安全性、可靠性、服务质量的信心不足，是阻碍公共云大规模使用的主要因素。2014年5月，工业和信息化部启动了公共云服务的可信云认证工作，树立了云服务的多项指标标杆，规范了国内云服务的服务和运营行为，为用户选择安全、可信的云服务商提供了有力支撑，已经成为很多客户采购云服务时的重要依据。

#### 7.1.3.3 我国数据中心发展的热点区域及介绍

2011～2013年上半年，数据中心建设规模是255个，投产率不太高。从布局方面看，65个超大型的数据中心，一半都靠近能源充足和气候严寒的地区。同时在能效方面也有显著的提升，近90%数据中心设计的*PUE*都小于2.0。在政策支持方面，60多个大型和超大型的数据中心中，有70%以上获得了大工业的用电或者直供电的支持政策，电价方面目前最低的水平是0.3元/度。

根据中国IDC圈发布的《2013－2014年度中国IDC产业发展研究报告》，用户对带宽和出口的要求，导致了中国IDC数据中心分布并不平衡，IDC机房主要集中在上海、广州和北京等经济发达地区，而非发达地区IDC数据中心发展缓慢，IDC机房建设很少，大部分第三方数据中心无法实现全国覆盖。近年来，以节能为目的，许多地方政府大力支持数据中心的建设，例如贵州、内蒙古、黑龙江、重庆、河北张北等地区。

伴随行业数据大集中趋势，机构业务的快速扩张，以及新兴应用不断深化，我国数据中心建设进入快速发展阶段。政府机构、电信运营商、金融机构成为数据中心建设的中坚力量，主要驱动力来源于电子政务协同办公、容灾与备份、高性能计算、公共服务平台、应急指挥平台等建设需求。据统计，政府全国建设数据中心数量已经超过15万个，面积超过500万$m^2$。

在电信行业，三大基础电信运营商及大型IDC服务商是数据中心的建设主体，其中，中国电信全网IDC机房数量达到近375个，其中对外服务的约有320个，机房面积超过39.2万$m^2$。中国联通的IDC机房数量196个，机房面积达到18.4万$m^2$。中国移动有7个一类IDC，10个二类IDC，机房面积达到10.5万$m^2$。

在金融行业，四大国有商业银行、全国性股份制银行数据中心建设较完善，基本完成“两地三中心”建设，城市商业银行次之，98%已设立生产中心，80%设立同城数据级灾备中心。银行数据中心规模大、等级高、数量少。证券行业以“总部数据中心”+“各营业部数据中心”为主要建设模式，数据中心规模普遍较小，但数量较多。保险行业数据中心采用完全集中模式，建立全国性数据中心或分区域数据中心，其数据中心规模与档次基本与银行类似。

## 本节参考文献

[1] ASHRAE TC 9.9主编. 数据通信设施节能最佳实践（原著第二版）. 北京：中国建筑工业出版社，2010.

[2] Koomey J. Estimating total power consumption by servers in the U. S. and the world, 2007.

[3] 清华大学. 北京市主要领域数据信息中心节能项目规划研究，2011.

[4] Amip Jagat Shah. Exergy—Based Analysis and Optimization of Computer Thermal Management Systems. Berkeley: University of California Department of Mechanical Engineering, 2005.

[5] Thermal guidelines for data processing environments. 3rd ed. ASHRAE Datacom series; bk. 1.

[6] Malone C, Belady C. Metrics to characterize data center & IT equipment energy use, Proceedings of 2006 Digital Power Forum, Richardson, TX.

[7] TC 9.9 Committee, Datacom Equipment Power Trends and Cooling Applications, Atlanta: ASHRAE, 2005.

[8] Greenberg S, Mills E, Tschudi B. Best practices for data centers: results from benchmarking 22 data center, ACEEE Summer Study on Energy Efficiency in Buildings 3, 2006: 76-87.

[9] Belady C. In the data center, power and cooling costs more than the IT equipment it supports, Electronics Cooling, February 2007.

[10] Shah A, Patel C, Bash C, et al. Impact of rack-level compaction on the data center cooling ensemble, 11th Intersociety Conference on Thermal and Thermomechanical Phenomena in Electronic Systems, 2008: 1175-1182.

[11] 徐玉. 全球数据中心发展趋势和特点. 电信科学，2011（12）：62-66.

[12] 林楠. 绿色数据中心的发展趋势及建设//2012 电力行业信息化年会，2012.

[13] 田浩. 高产热密度数据机房冷却技术. 北京：清华大学，2012.

[14] 彭殿贞. 绿色数据中心空调设计. 北京：中国建筑工业出版社，2015.

[15] Datacom Equipment Power Trends and Cooling Applications. Second Edition. ASHRAE Datacom Series Book 2.

[16] GB 50174—2008 电子信息系统机房设计规范. 北京：中国计划出版社，2009.

[17] Rumsey P. Using airside economizers to chill data center cooling bills. Greener Computing，2007.

[18] Garday D. Reducing data center energy consumption with wet side economizers. White Paper Intel Information Technology，2007.

[19] Ellis G，Guiles J R. Airside economizers：are they doing what we want them to do? Contracting Business，2007（5）：62-65.

[20] Anubhax K，Yogendra J. Use of airside economizer for data center thermal management，Thermal Issues in Emerging Technologies，2008：115-124.

[21] 邓晨冕，秦红. 通信机房空调系统节能技术. 广东工业大学学报：自然科学版，2009，26（4）：45-49

[22] Christy S D，Abimannan S. Energy efficient free cooling system for data centers. The 3rd IEEE International Conference on Cloud Computing Technology and Science，Cloud Compute，2011：646-651

[23] 李长云. 利用自然冷源进行隔绝绝热的节能措施. 电信技术，2008（8）：52-53

[24] 王景刚，康利改，刘杰等. IDC 机房用室外冷源降温的可行性分析，暖通空调，2009，39（2）：128-132.

[25] Udagawa Y，Waragai S，Yanagi M，et al. Study on free cooling system for data centers in Japan. Telecommunications Energy Conference，2010.

[26] Lui Y Y. Waterside and airside economizers design considerations for data center facilities. ASHRAE Transactions，2010，116 part 1：98-108

[27] Dunnavant K，Date center heat rejection：indirect air－side economizer cycle，ASHRAE Journal，2011，53（3）：44-54

[28] Iyengar M，Schmidt R. Energy efficient data centers using evaporative cooling and air side economizers. In ASME 2011 InterPACK Conference，Portland，Oergon ，2011.

[29] 钱晓栋. 数据机房热管排热系统的分析及其应用. 北京：清华大学，2013.

[30] 周德海 . 热管复合空调机组用模式转换装置. 北京：清华大学，2011.

[31] 石文星，韩林俊，王宝龙，周德海，李先庭. 热管/蒸气压缩复合空调原理及其在高发热量空间的应用效果分析. 制冷与空调. 2011，11（1）. 30-36.

[32] 王铁军，王蒙，刘向农等. 机房用热管复合型空调机组及其控制方法 . 中国专利：ZL201210037082.8，2012.02.17.

[33] 吴银龙，张华，王子龙，郭潇扬，颜慧磊. 分离式热管蒸气压缩复合式空调的实验研究；低温与超导；2014，1：90-94.

[34] 张晓彤. 热管-蒸气压缩联合循环系统的实验研究. 北京：清华大学. 2015.


本节执笔人：李震、何智光

# 7.2　大数据时代的制冷空调产业

## 7.2.1　制冷空调产业的大数据背景

大数据的概念，目前业界还没有统一的定义，中国科学院院士怀进鹏在其一篇文章中提到大数据是指利用现有分析工具无法再合理时间内处理的数据，意味着数据海量、传播速度快和种类丰富。大数据的特点可以总结为4V：大量（Volume）、高速（Velocity）、多样（Variety）、价值（Value），如表7.2-1所示。从某种程度上说，大数据是数据分析的前沿技术。大数据的大不仅仅指数据的容量大，更重要的是大数据速度、复杂度以及多样性都有所增加。

**大数据的4V特点**　　　　**表7.2-1**

| 特点 | 中文名称 | 释　义 |
|---|---|---|
| Volume | 大量 | 数据体量巨大，已经从TB级别跃升至PB级别 |
| Velocity | 高速 | 处理速度要快，可从各种类型的数据中心快速获得高价值的信息 |
| Variety | 多样 | 数据种类较多，数据可能包括网络日志、视频、图片、地理位置信息等 |
| Value | 价值 | 通过合理利用数据并对其进行正确、合理的分析，这将会带来更大的价值 |

现代空调智能化程度越来越高，自身所带的传感器种类和数量也越来越多、越来越齐全，随之而来的便是数据爆炸式增长。空调产生的数据种类也越来越多，包括生产过程中产生的数据，销售过程中产生的数据，运行过程产生的数据，这些数据的产生、收集、传输、挖掘，使得大数据在空调行业的发展变成了现实。大数据技术已经在国内外的金融、保险、证券、互联网等行业已经取得了一些较好的应用成果，空调行业也可以借鉴上述行业的成果转化思路，来促进制冷空调行业的发展（图7.2-1）。

图7.2-1　大数据时代与空调产业

通过大数据技术，可以充分挖掘记录与空调产品质量相关的图像、压力、温度、可编程逻辑控制器、流水线机器等方面的已经封装好的数据，对大量的生产过程得到的数据进行数据清洗、降维、特征选取以及分析等，挖掘出有价值的信息，可以使得工厂依据信息监测并改善生产过程。

大数据技术可以通过海量传统的线下销售数据以及线上销售数据，并结合天气数据、经济学、人口统计学进行分析和挖掘，从而挖掘分析出针对不同地域、不同类型的消费人群的消费需求及消费能力，在采购端，提高区域市场采购效率，减轻库存压力，提高空调产业链运转效率；在研发生产端，对于空调企业在产品规划、生产节奏、技术研发上提供参考；在促销端，通过会员大数据准确分析消费者的需求，针对性地进行产品组合、广告投放策略、促销节奏安排，从而可以为空调厂商制定更加精准有效的营销策略提供决策支持。在空调产品的运行过程中，利用大数据技术对运行过程采集的空调运行数据如温度、压力、室内湿度等进行采集并从中对得到的数据进行挖掘分析，从而达到空调产品的智能化运行，实现节约能源的目的，还可以通过跟踪空调的换热器、压缩机等部件积累下来的超大量数据，捕捉到各换热部件的运行情况，从而能根本上杜绝能源浪费。在空调系统运行过程中，环控系统的空调与通风设备、各类监控传感器等易发生故障，容易使设备处于故障运行状态，导致系统能耗增加、站内舒适性下降。夏季空调运行时间长、有些空调系统的通风系统甚至全年运行，这些运行特点使系统维护时间短、故障排除不及时以及可能需要频繁的人工巡检，造成了电能的浪费和高额的维护费用。

大数据对于制冷空调领域不仅是挑战，更是对传统模式的突破，同时也必然会引起制冷空调行业的大变革。如何在大数据时代的浪潮中脱颖而出是每个制冷空调企业需要面临的问题。在制冷空调领域，大数据可以应用在多个方面，包括生产阶段、销售阶段、运行阶段、空调故障在线监测等方面。大数据时代的到来，同样也会带来制冷空调领域产品技术的变革，大数据时代的空调技术将更加趋于智能化、节能化。大数据时代，改变制冷空调企业的不仅是生产、销售、维护等方面，企业管理模式和商业模式也将发生变化，在大量数据背后提高企业的运行效率。大数据时代的信息爆炸性效应，也必然会引起空调行业发展方式的变革。

大数据对于制冷空调领域如此重要，那么我们如何才能驾驭大数据呢？想要驾驭大数据，就必须要了解大数据与传统数据的区别，制冷空调领域的大数据在哪里。同样，在制冷空调领域，数据来源广泛，数据量很大，但是数据“价值”分布不均衡，资源浪费，迫切需要制冷空调企业挖掘其潜在价值。想要更好地驾驭大数据，就要充分利用大数据时代的种种工具，要将云计算、数据库、可视化等方法应用到制冷空调行业。在大数据时代，将知识发现（数据挖掘）典型算法应用到制冷空调产品发展、全寿命周期健康管理和企业管理中，促进制冷空调产业快速发展。

### 7.2.2 制冷空调产业的大数据来源

制冷空调产业的大数据是什么？看到这个问题大多数人所联想的，无非是关于空调装置运行时的各种指标与数据。仅站在一个工程师的角度而言，看到的或许是室内干湿球温度、冷水进出口压力等指标。诚然，空调作为制冷空调产业中“飞入寻常百姓家”的代表性产品，其运行指标与数据当然是制冷空调产业大数据的一部分。但只看到这部分数据，未免有“一叶障目，不见泰山”之感。

制冷空调产业除却了这个产业所生产的产品之外，应该还包含产品在生命周期中所隶属的企业、厂家，乃至于最终使用这些产品的用户等。这些繁复多样的成分，最终构成了制冷空调产业。按此来讲，如果从大数据之“大”来着眼，制冷空调产业的大数据，除了产品在生命周期各个环节，如市场、设计制造、服务等，所产生的相关“小”数据以外，还应有关于企业与用户的产品技术、企业管理、商业模式等更为宏观的“大”数据。

#### 7.2.2.1 空调产品全寿命周期中的大数据

对于制冷空调系统，大数据应该包含有从开发制造阶段，到使用维护阶段，直至回收利用阶段的过程中所产生的一系列数据。空调的市场分析、运行调试、维修等环节都有大数据的“身影”存在。图7.2-2是空调全寿命周期的流程示意图。

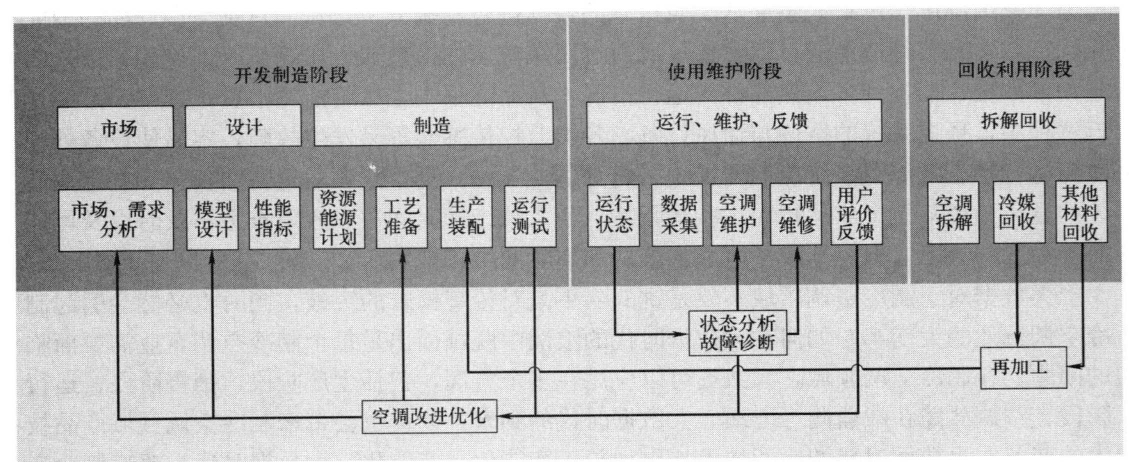


图7.2-2 空调全寿命周期流程

空调全寿命周期，也称健康管理周期，包含空调从开发、制造直到回收的整个过程。在整个流程的环节中，都伴随着大量的数据产生。下面将从产品全寿命周期中的市场需求、产品设计、产品制造与试运行和运行维护环节4个方面来阐述大数据所在。

1. 市场需求数据

在市场需求分析过程中，企业首先要确定目标市场。目标市场的总人数、潜在用户的人数、需求量的范围等都是需要经过前期的调研与计算分析。其次，企业需要考虑是否存在消费限制条件，投放产品的数量与价格的制定。如：不同地区气候条件导致对于空调的需求不同，南方地区空调的购买与使用量更大，而北方地区则相对较少，在这些调研过程中会产生大量的数据。此外，不同类型的空调产品的市场需求也会不同。例如：图7.2-3描述的是2009～2011年我国主要冷（热）水机组销售产值占比情况，企业可以通过调研不同产品的需求数据，分析相关的市场需求规律。

2. 产品设计数据

通过市场需求调研，进入到产品设计阶段，设计计算过程中会有大量的数据产生。空调的设计还可能包含了计算机模型仿真，所建立的物性模型也属于产品大数据。设计过程中的数据与模型的积累，是产品大数据中十分重要的一环，一方面这些数据为之后的产品

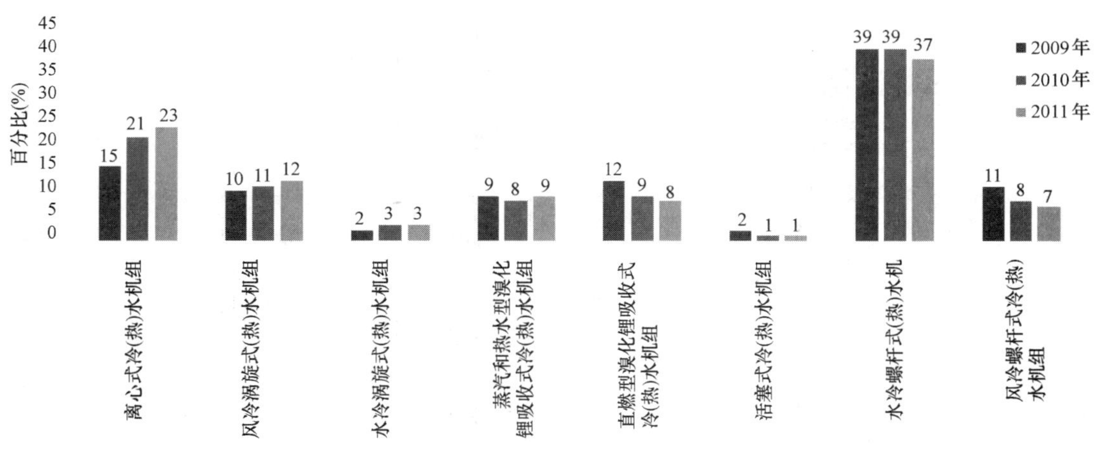


图 7.2-3 2009～2011 年我国主要冷（热）水机组销售产值占比情况

设计提供了参考，另一方面也可以为产品的优化改进找到依据，企业与相关从业人员把握好这些设计与模型数据，使其在产品的设计之初就体现其价值。

3. 产品制造与检验数据

产品制造需要进行资源计划，原材料的选定，一系列的工艺流程的制定等。此外，空调产品零部件众多，流水线组装的流程制定也是一项较为繁杂的工作。在产品大规模投产之前，还需要经过长时间的运行检验，检测所有的指标符合制定的要求后才能投入大批量的制造生产。上述的过程中会产生大量生产、检验数据，这些数据对于空调性能的评价与质量改进具有很重要的意义。

4. 运行、维护、反馈数据

空调产品投入市场之后，在用户处的运行也会进行数据采集。仅温度一项，数据就包含回风温度、出风温度、压缩机进口温度、出口温度等，每一个时间周期都会有许多名目的数据产生，一天内各类传感器所获得的数据总量就是一个庞大的数字。得益于计算机储存和处理速度的提升，这些数据都可以得到较好的保留。目前已经有企业实现了部分空调产品的远程监控，能在线监控产品运行状态，预测故障后便可以及时地通知维修人员检修。由此可以预见空调运行时的数据对于企业而言是十分重要的。

另一部分数据是通过用户反馈而来的，包括使用体验、产品建议等信息，如空调降温的响应速度、运行时的噪声等，这样的信息有助于企业能更好地迎合市场，设计制造出更加符合用户口味与需求的空调。

#### 7.2.2.2 空调企业大数据

空调企业大数据可以用两个维度来概括：一个方面是与空调生产、市场、销售等方面紧密关联的业务数据；另一个方面是企业内部管理与人员创造、交流所产生的信息。详细来讲，企业的人事、资金、物流网络的管理、市场营销等都会产生大量的数据（图 7.2-4）。在大数据时代，这些数据将成为企业的财富，是企业发展的核心竞争力。下面分企业管理和商业模式两方面来为阐述其中存在的大数据。

1. 企业管理中的大数据

企业管理中营销管理、财务管理、人力资源管理、生产运作管理、物流管理等都可以

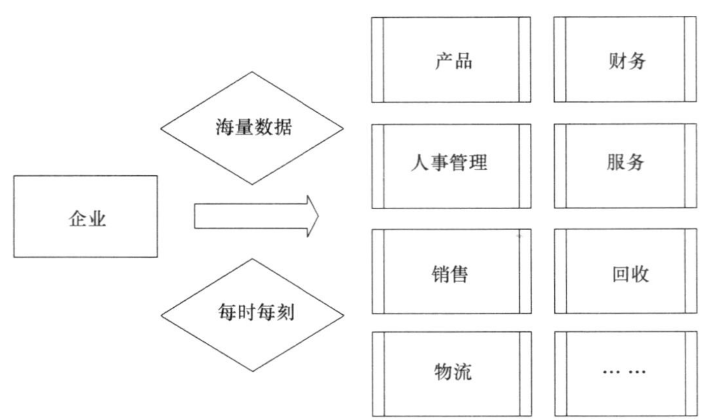


图 7.2-4　空调企业大数据来源

见到数据的存在。这些数据可能并非单纯的指标或者参数，可能是时间、地点、社交平台上员工的日志，甚至是客户的消费记录，文本信息、数字信息等都属于大数据的一部分。

以人力资源管理为例：人事管理包含有人力资源计划、招聘与配置、培训开发、绩效考核等方面，其中蕴藏着大量的数据，仅就人力资源计划就是通过调查企业人力资源供给与需求的信息，再结合企业的发展策略所制定的。不仅要考虑人员，还要考虑企业现状，其中的数据量已经相当可观。

2. 商业模式中的大数据

商业模式是一个组织在明确外部假设条件、内部资源和能力的前提下，用于整合组织本身、顾客、供应链伙伴、员工、股东或利益相关者来获取超额利润的一种战略创新意图和可实现的结构体系以及制度安排的集合。图 7.2-5 是 2009～2011 年我国制冷空调产业主要设备制造企业产值构成情况。与此同时，2009～2011 年我国制冷大产业的产值分别是 3250 亿元、4200 亿元、5100 亿元。制冷空调产业对商业模式的分析和推断中，统计了大量的相关数据，这些数据便是大数据的来源之一。另外，企业在运营和竞争过程中，也制定了与自身密切结合的商业模式。图 7.2-6 是某电器公司产品销售模式的结构图。不论是市场调研模式、销售模式、生产模式等，都需要基于海量的调研和分析数据。

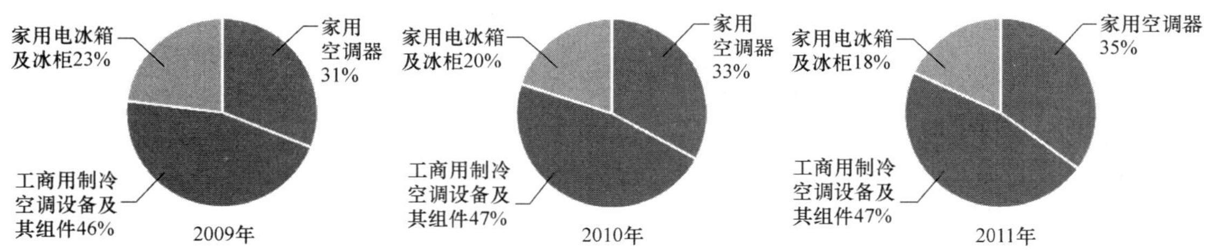


图 7.2-5　我国制冷空调产业主要设备制造企业产值构成情况

商业模式在动态环境下发展代表着商业模式并不是一成不变的。随着产业的进步，企业也必然要随着外界环境的改变来改变自身的商业模式，其所包含的信息与外部环境也是有着密切的关联。“以史为镜，可以知兴替”，掌握好商业模式在动态环境下的变化数据，可以让企业不断地改变自身，保持活力。

## 7.2.3 制冷空调大数据分析处理手段

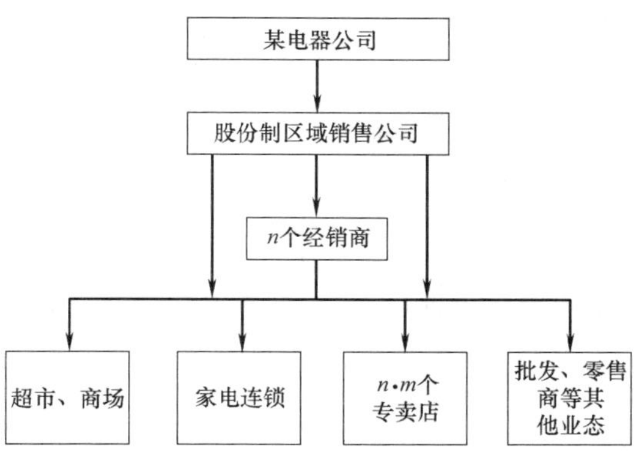

图 7.2-6 某电器公司销售模式结构图

制冷空调行业中的大数据不仅来源广，而且数据量大。面对如此大的数据量，如何实现空调系统中大数据的存储、计算、传输、挖掘等已经离不开大数据处理工具。制冷空调大数据工具按照实现的功能不同可以分为大数据分析工具和大数据处理工具。大数据分析工具是一种集合了大量数据挖掘任务的机器学习平台，不仅拥有强大的数据分析能力，还具备良好的可视化效果。大数据处理工具是一个以数据管理、存储、处理为中心的平台。其中大数据处理工具中的 Hadoop 是目前最为流行的大数据处理平台。

### 7.2.3.1 制冷空调大数据分析手段

制冷空调大数据分析手段作为大数据工具中的一个重要组成部分，它在制冷空调行业中能否得到广泛的推广需要具备以下 4 个特点：第一，该分析手段能够提供制冷空调数据挖掘过程中的每一个步骤所需要的功能集。第二，由于制冷空调行业中数据量大，因而要求算法具备高效性。第三，由于制冷空调大数据中存在大量的难以理解的热力学参数变量以及控制变量，因而该算法工具需要具备与用户进行人机交互的特性、同时可视化能力要求良好。第四，算法工具应该能够与尽可能多的数据库资源和工具结合的能力。

基于以上特点，表 7.2-2 列出了几种大数据分析工具，进行了简单的介绍并列出了下载地址和版本。

**大数据分析工具简介** **表 7.2-2**

| | 简介 | 下载地址 | 版本 |
|---|---|---|---|
| Weka | Weka 是一个用于数据挖掘和知识发现的开源项目，能根据属性分类和集群大量数据，是现今最完备的数据挖掘工具之一。Weka 集合了大量承担数据挖掘任务的机器学习算法，包括对数据进行预处理、分类、回归、聚类、关联规则以及在新的交互界面上的可视化，同时，在灵活性和可扩展性方面，它提供了文档全面的 Java 函数和类库，方便扩展 | http://cn.mathworks.com/ | Weka 3.6.13 |
| R | 是属于 GNU 系统的一个统计编程环境相对开放的软件，用来分析大数据集的统计组件包，拥有强大社区和组件库；R 是面向对象的统计编程语言，与 C ++ 等主流编程语言及数据库之间都有接口。R 最主要的优点在于其灵活、开源、集思广益、更新速度快 | https://www.r—project.org/ | R 3.2.3 |

续表

| | 简介 | 下载地址 | 版本 |
|---|---|---|---|
| Enterprise Miner | Enterprise Miner 作为 SAS 的功能模块，是一个集成的数据挖掘系统，可以使用、比较不同的算法模型对数据进行分析处理。SAS EM 提供大量预测性和描述性建模算法，包括决策树、Bagging 和 Boosting、神经网络、基于记忆推理、分级聚类、线性和对数回归、关联规则、时间序列分析和 Web 路径分析等，可以与 SAS 数据仓库和 OLAP 集成，实现从提出数据、抓住数据到得到解答的"端到端"知识发现 | http://support.sas.com/documentation/installcenter/gettingstarted/94/deploy.html | SAS 9.4 |
| Matlab | Matlab 是由 MathWorks 公司于 1984 年推出的一套科学计算软件，不但具有面向大数据量的以矩阵计算为基础的强大数据计算和分析功能，而且具有丰富的可视化图形表现功能和方便的程序设计能力。Matlab 简单易学、代码短小高效、计算功能强大、图形表现功能优异、可扩展性好 | http://cn.mathworks.com/?s_eid=ppc_8117 | R2015b |

#### 7.2.3.2 制冷空调大数据处理手段

大数据处理手段是空调大数据最重要的技术支撑。目前大数据处理手段主要有 Hadoop、Spark、MongoDB、流计算、HPCC、Storm、Gridgain 等工具。这里主要介绍 Hadoop、Spark 两个构架工具。

1. Hadoop

说到大数据，必然会提到 Hadoop。随着 Hadoop 的发展，其几乎成为大数据的同义词。Hadoop 是 Apache 软件基金会旗下的一个开源分布式计算平台。以 Hadoop 分布式文件系统（Hadoop Distributed File System，HDFS）和 MapReduce（Google MapReduce 的开源实现）为核心的 Hadoop 为用户提供了系统底层细节透明的分布式基础架构。HDFS 的高容错性、高伸缩性等优点允许用户将 Hadoop 部署在低廉的硬件上，形成分布式系统；MapReduce 分布式编程模型允许用户在不了解分布式系统底层细节的情况下开发并行应用程序。

HDFS（Hadoop Distributed File System）即 Hadoop 的文件分布式系统。该系统具备以下 5 个特点：第一，可以通过增加机器来横向扩展系统的存储能力。第二，系统具有高可靠性。高可靠性还体现在当节点数不能满足 block 和复制因子时，或者说某个 block 被破坏时，如果有新的节点加入，系统会自动复制 block，使得 block 数接近或等于复制因子。第三，性价比高。由于具有上面两个优点，所以可以采用中低端的机器（刀片机）作为 Slave 节点。第四，适合对数据进行分布式计算，特别是 MapReduce 的计算模式。第五，适合存储非结构化数据。

MapReduce 是数据处理模型，能够扩展到多个计算节点上处理数据。MapReduce 采用并行执行的处理方式，因而处理数据的效率较高，尤其体现在 Map 阶段，这体现了 MapReduce 的第一个特点。第二，容错性，主要实现机制是 HDFS 存在多个数据备份和 task 的推测执行，所以 MapReduce 的容错能力强。第三，适用范围广，能解决较多的分布式计算问题，如排序、索引、查询和语义分析等。第四，简单，在内部解决了分布式计算中较麻烦的问题，如任务分解、子任务的通信（同步）和结果汇总等。第五，MapReduce 可扩展性能力特别强。

2. Spark

Spark 是一个围绕速度、易用性和复杂分析构建的大数据处理框架，由 Scala 写成，是 UC Berkeley AMP lab 所开源的类 Hadoop MapReduce 的通用的并行计算框架，Spark 基于 Map Reduce 算法实现的分布式计算，能够较好地解决 Hadoop 存在的操作过于单一和迭代效率较低的缺陷。

Spark 最核心的部分是弹性分布式数据集（RDD），是指在一组存储计算机中的只读数据集合，这个数据集合可以在分区对象丢失后进行重建。也就是说 RDD 的元素不一定需要存储在物理介质中，相反，一个 RDD 的处理进程包含了如何从可靠的数据存储中去获取足够的信息来对这个 RDD 进行处理。如果 RDDS 的任务节点失败，总可以进行重建。

## 7.2.4 制冷空调产业的大数据研究与应用

在制冷空调产业中，传统的技术手段已经不能完全满足企业与用户的需求。而与此同时，大数据的研究与应用可用以解决这些问题。下面将介绍并举例说明大数据研究与应用在制冷空调产品发展方向、产品全寿命周期管理中所扮演的重要角色。

### 7.2.4.1 制冷空调产品发展方向

1. 痛点分析与客户需求

传统空调产业中，空调产品的实际运行情况只有用户才能直观地感受到，而空调开发人员却并不清楚，如此便会造成信息不对称的局面。产品在实际运行过程中的不足无法得到改进，忽略了极为重要的用户体验反馈。而大数据的出现，则为传统空调产业中的此类信息不对称问题带来了解决方案，如图 7.2-7 所示为大数据平台解决该问题的算法流程图。首先通过数据收集，实时了解产品的运行特点；其次，对数据进行探索分析，找出产品的优缺点，判断产品是否满足用户的使用需求；最后，通过数据挖掘，结合用户需求，建立产品模型，找出产品可优化空间，为现有产品的改进与新产品开发提供指导依据。

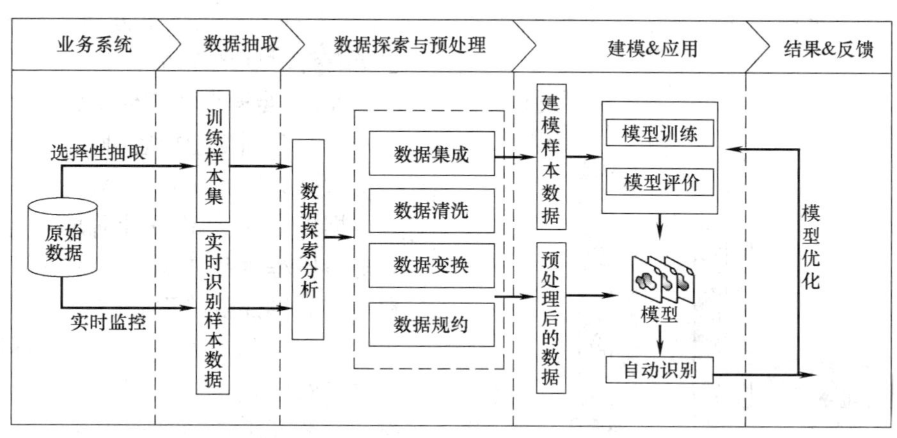


图 7.2-7 大数据平台算法流程图

在夏季，定频机空调可能会出现因到温度点而频繁启停的情况，导致人感觉忽冷忽热；在冬季，由于热空气在房间的上部，冷空气在房间的下部，某些用户出现头热脚冷的情况。通过搭建大数据平台，搜集用户的相关数据，企业可以清楚地得知，在制冷时，空调启停的时间段，外部和内部环境等温度参数，然后通过数据分析可以发现，大多用户一天之中最容易出现空调频繁启停的时间段为夜晚，这样就可以推荐用户使用变频空调，保证了用户睡眠的舒适性；在制热时，用户温度设定值是否逐渐升高等数据也被收集，通过收集这些数据，就可以判断可能存在“头冷脚热”的情况，而后通过挖掘问题的本质，为企业解决这些问题提供了方向。

2. 气候多样性与经济差异性

我国幅员辽阔，横跨亚热带和寒带，气候特征存在较大差异，因此不同地区的空调运行工况存在较大的差异。而现有的空调产品在全国各个地区都是同样的配置，也都是按照相同的控制方案运行，因此，空调产品并不能很好地满足各地区的使用要求。

通过气候特征数据的收集与数据挖掘，有针对性地推送符合其气候特征的产品，进而提高产品的适应度，就能使产品更好地满足用户的需求。

以多联机组在不同地区的运行状态为例，来阐明大数据技术在气候多样性所决定的空调产品发展方向上所起到的重要作用。不同的气候带区域，空调冬季结霜的情况是不一样的。如北方虽然气温低，但其空气湿度低，空调运行时不容易结霜，因而就可以适当减少化霜时间；而在长江流域，虽然冬季气温不是特别低，但其空气湿度很大，空调运行时结霜现象比较严重，这时就需要及时进行化霜，保证机组的运行效果。

通过收集机组在全国各地使用的数据（包括气象数据和用户房间温度数据）与数据挖掘，可以了解当前机组在当地气候条件下运行的状态和效率，通过联网数据对于各地区机组的数据做横向对比分析，发现在该地区运行最佳的机组和使用方式。通过长期执行反复实践验证，能找到更好的控制策略和控制技术，开发出适用于该地区气候特征的产品，进而提高产品的适应度，使产品更好地满足用户的需求。

我国各地区的经济发展水平差异性大，大城市的空调市场日渐饱和，不同经济状况的消费水平也存在较大差异，在不同的地区人们对空调的需求不一样，对家用空调的需求也是多层次的。如通过收集数据，可以发现对于2013～2014年中国空调市场产品能效关注比如图7.2-8所示，这对于未来的不同能效级别的空调产品开发提供了方向，使得企业能够更有针对性地布置相关产品。

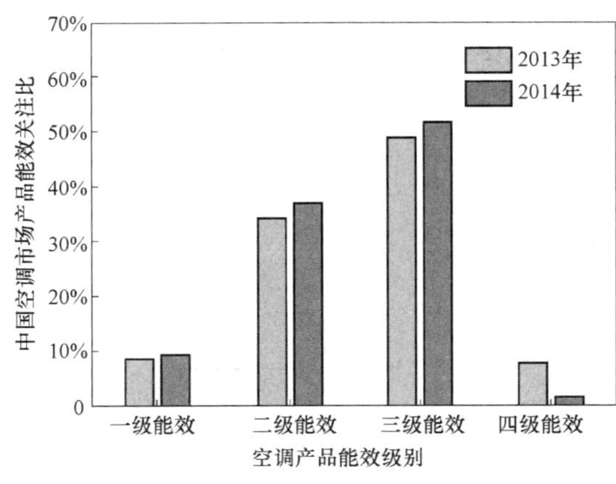


图7.2-8 2013～2014年中国空调市场产品能效关注比对比

### 7.2.4.2 全寿命周期健康管理

全寿命周期健康管理（Product Life-cycle Management，PLM）是指，基于大数据平台在产品设计阶段就考虑到产品寿命历程的所有环节，将所有相关因素在产品设计阶段得到综合规划和优化，同时在产品的运行阶段，能够利用大数据技术对空调的运行状态进行管理、监控，充分利用各种管理职能、技术手段，优化组合人员、技术、信息等因素，实现空调系统高效率的一种管理理论。

全寿命周期健康管理是空调系统运

行非常重要的一个环节，空调是否处于运行的健康状态不仅关系能耗问题，而且与空调产品本身的使用寿命息息相关。基于大数据技术对空调的运行状态进行监控，利用大数据挖掘技术，并最终完成对系统的优化，从而实现空调系统的健康管理。

1. 全寿命周期健康管理下的故障诊断

在空调系统的长期运行中，由于设备保养不善、性能下降、不正当的控制等原因，机组发生故障难以避免。故障诊断作为全寿命健康管理非常重要的一个组成部分，及时发现故障并进行维修对空调的全寿命健康管理有着非常重要的意义。

传统的故障诊断方法分为出厂整机试运转和定期点检两个步骤。出厂整机试运转可以发现机组中相对较为明显的故障，但无法发现设备运行中的故障，因而对设备实行定期点检，当设备安装运行一定时间后，售后服务人员到现场对设备进行点检测试，检测设备运行关键参数，判断系统零部件是否运行正常。传统的检测、诊断技术用时长、效率低，较大程度依靠检测人员经验，不能快速、准确地发现系统故障。基于大数据的全寿命周期健康管理下的故障诊断方法和传统的方法相比，具有实时监控功能并能够提前预测故障发生的原因、位置。基于大数据的故障诊断方法智能化水平高，故障诊断结果更加精准，诊断效率更高，误诊率也大大下降。

基于大数据的空调系统故障检测与诊断首先是采集大量的空调运行数据，包括空调正常运行数据与故障数据、空调维护与修理数据、计算机或运行人员控制数据等，然后全面挖掘分析空调数据，建立空调故障检测与诊断模型，加入建筑自动控制系统（BAS），实现对实时的系统数据进行在线的故障检测与诊断，从而构建空调的全寿命周期健康管理平台。模型依据运行数据的变化进行实时更新，使得全寿命周期健康管理的故障诊断模型更加精确，检测与诊断效率更高。基于大数据的故障诊断流程见图 7.2-9。

随着暖通空调系统（HVAC）在各种场合越来越广泛的应用，其中的控制系统也越来越复杂。不管是商用办公楼还是工业加工场所，甚至是民用住宅都对空调系统提出了更高的要求，要求空调系统运行稳定、舒适和节能。在越来越复杂和庞大的 HVAC 系统中，空调的全寿命周期健康管理在空调的运行中占据了越来越突出的地位。基于大数据的故障诊断能够及时发现故障的原因和发生故障的位置，和传统的方法相比不仅故障诊断率有了明显提高，而且能够实现在线故障诊断。随着制冷空调行业的不断发展，基于大数据的故障诊断将逐步取代传统方法，最终走向成熟。

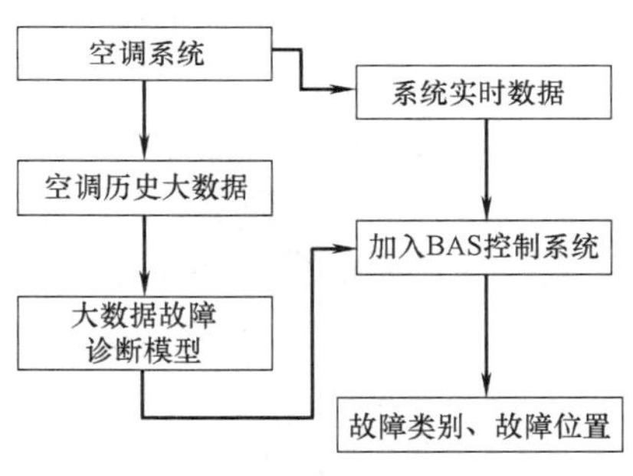

图 7.2-9 基于大数据的制冷空调系统故障诊断流程

2. 大数据平台故障诊断

图 7.2-10 是基于大数据的健康管理故障诊断平台。分为 3 个步骤，首先，从机场、办公室、基地、商场对中央空调运行中的数据进行采集，然后通过网络将数据传输到数据中心，最后将数据保存并基于已有的数据对数据进行挖掘，从而对故障进行预测、监控。如果系统发生故障，及时通知维修人员进行维修，防止故障进一步恶化，减少能耗浪费和提升空调系统的运行性能。

例如商场的商用空调中制冷剂发生泄露，则压缩机的排气温度会上升，冷凝温度会有

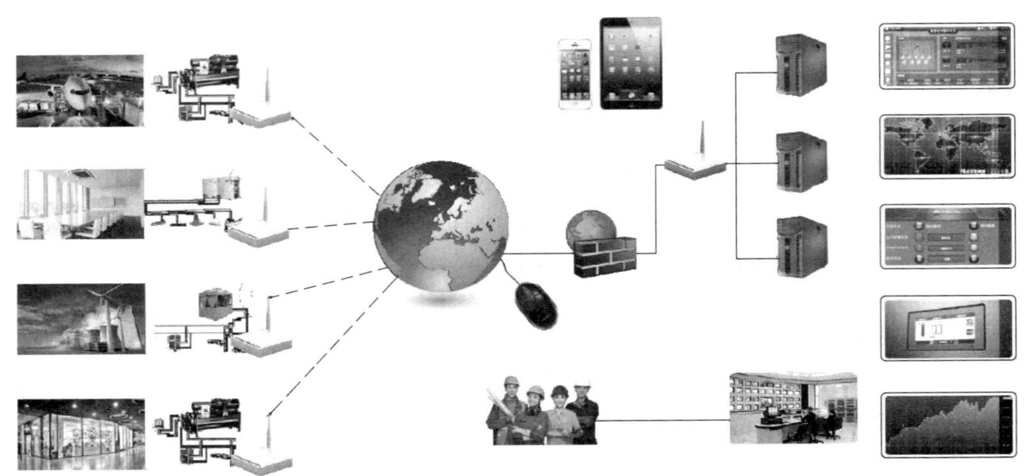

图 7.2-10　基于大数据的健康管理故障诊断平台

稍微的下降等一系列的热力参数发生变化。这些数据会通过互联网的形式传到数据中心，通过大数据的方法对采集的热力参数和控制参数进行分析，最终判定为系统中制冷剂不足并对故障进行定位。及时通知维修工程师对商场管路检查，及时对管路进行维修。

#### 7.2.4.3　企业管理

大数据在制冷空调企业管理中的应用可以从人力资源管理、资金管理、物流管理和生产管理与质量监控几个方面来具体描述。

1. 人力资源管理

在大数据时代，空调企业的人力资源管理将有效地利用社交网络、媒体、网页等信息，结合企业内部的人力资源数据库，分析企业的人才需求和应聘者的岗位需求，实现高效、快速的人才招聘。此外，基于员工多重因素的大数据评价系统能为企业的人力资源管理提供有力决策，帮助企业合理地甄选人才。

互联网带来的丰富网络数据使空调企业人才的招聘向着立体化、多样化方向发展（图 7.2-11）。企业人力资源管理部门可以通过搜索求职者在网络上发布的应聘信息，综合评估求职者的就业目标、职位倾向、薪资水平等因素，结合本企业的人力资源数据库当前需求情况，综合评定对象求职者在本企业的合适岗位，并向该求职者提供相关的就业信息，使传统的单向招聘成为双向招聘，加强求职者和企业之间的交流互动，提升招聘效率。

企业内部人员管理，包括人员调动、升职、加薪等，通常情况下都依赖于人力资源测评。但传统的测评方法常常由于像我效应、首因效应等导致测评结果与实际情况差异较大。基于大数据的人力资源测评，通过挖掘分析员工历史测评数据、考核数据、升职调动数据等，综合考虑企业员工的学习能力、研究能力、创新能力、绩效水平等因素，为企业的员工甄选提供决策，有利于提高管理效率与可信度。

2. 资金管理

合理的企业资金管理对于企业的投资决策、资金收付、资金分析等有着重要的作用。建立企业大数据资金管理平台，将企业订单、发票、账务、拨款、银行资金等历史资金数

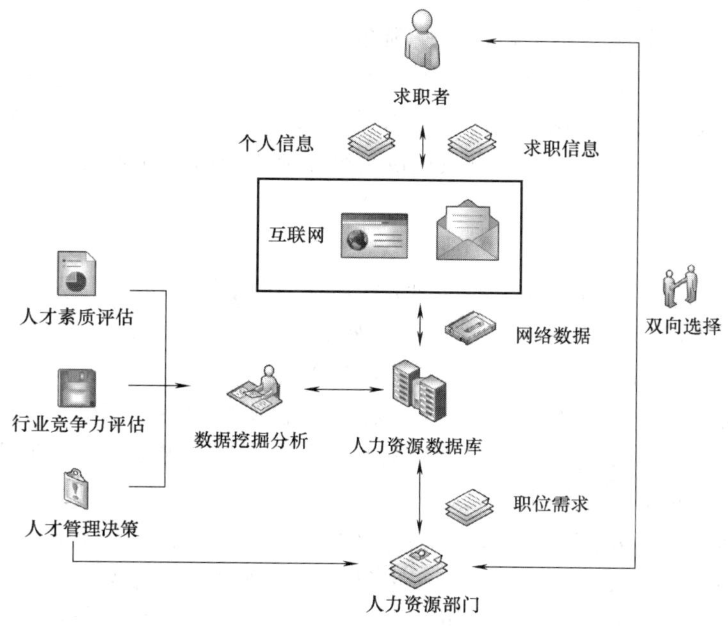


图 7.2-11 基于网络大数据的人才招聘模式

据收集起来，整理企业资金信息，对于企业的资金投资管理、资金流通运作及资金安全等有着重要意义（图 7.2-12）。

企业资金流通的公开透明是保障企业资金安全的可靠手段。通过大数据管理将企业的资金数据，如：销售、投资、融资、银行资金等记录数据收集起来，企业管理者能随时查看企业的资金动向，保证客户、企业、银行三者之间资金联系的公开，不仅为企业决策者对资金运作提供了数据支撑，而且为资金管理，包括信息审核、财务处理等提供依据。

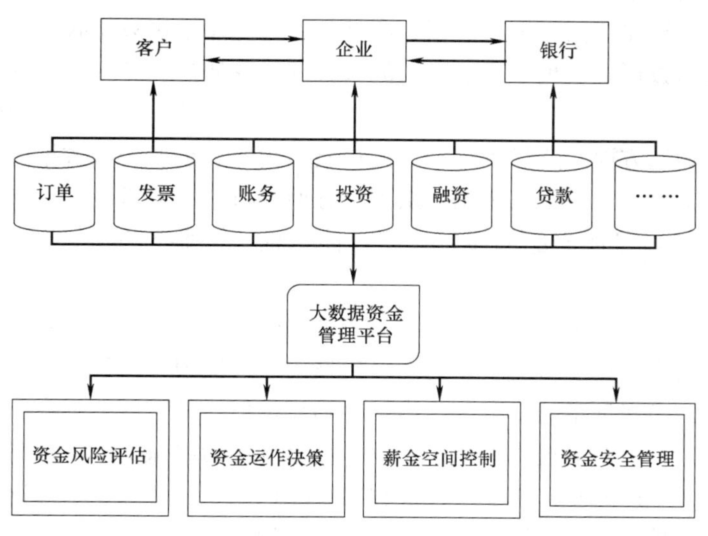


图 7.2-12 基于大数据的企业资金管理

企业的投资、融资等活动需要资金的合理运作与周转。通过大数据手段将企业不同业务的现金流数据收集起来，可以帮助企业预测日常经营活动发生的资金收入和支出，并能准确提供企业融资、投资计划所需的关键技术。通过市场调研分析，合理地利用市场需求数据、其他相关企业销售数据以及本企业生产销售数据，评估企业的薪金空间及市场风险，为企业管理者做出合理的投资决策提供帮助，有助于降低企业投资风险、提高企业盈利水平。

3. 物流管理

大数据时代的来临，将促使空调企业的物流配送向着集约化、规模化的方向快速发展。通过大数据手段的智能管理，有助于空调企业在物流个性化定制服务、物流信息管理、库存管理、流通加工、成本控制等方面的提升。

通过收集历史的用户订单信息和购买记录，结合卖场的库存信息，可以向用户提供定向推送服务。用户可以在企业或商场信息服务平台输入自己想要的空调形式、价位、功能以及自己的生活习惯等，系统则可以向客户推送合适的空调，综合考虑客户的需求、卖场和企业的送货速率、折扣信息等。在购买产品之后，用户可以实时跟踪查询产品的物流，同时系统将记录用户的收货时间、收货习惯等，在下次该用户消费时则可以及时地签收。这有利于提升客户的消费体验和忠诚度，为企业的产品促销提供有力支撑。

从企业、商场专柜、专卖店等销售场所收集空调产品的销售数据，获取不同产品的销售情况，为企业的生产量和卖场的进货量提供依据。可以预测短期和中长期的用户消费趋势，为卖场的库存管理以及物流配送提供参考。此外，通过收集不同用户的收货习惯、节假日等信息，针对性地分析用户的收货时间，可以提升企业的送货效率，降低物流成本。因此，有效利用物流数据，对于空调企业的物流管理、资源分配作用巨大。

4. 生产管理和质量监控

大数据时代空调企业的生产管理更加偏向于智能化、高效化和集成化。生产部门将库存材料数据、生产机器数据、工人数据、产品验收及产品销售数据收集起来，通过综合分析这些生产相关的数据，实现生产过程的健康管理，并通过在各个流程的监控，保证产品的质量。

在生产材料筛选方面，通过收集产品的检验、销售、市场调研数据，材料供应商的生产能力、知名度、价格、物流等数据，从多个方面进行交互分析，为生产材料的筛选决策提供依据，不仅能够保证产品的质量，而且能帮助企业控制生产成本，提升材料筛选效率。

在产能控制方面，从市场需求情况、新产品的研发效率、产品检验合格情况、旧产品的销售数据等，结合企业工人的工作时间、机器的生产能力与停机时间等数据来综合考虑企业生产的产能。在保证市场占有率、市场货物充足供给的情况下，在新产品上市时防止旧产品库存积压，较少产能过剩现象；保证产品市场供给的情况下，减少工人和机器的工作运行时间，提升生产效率。基于生产过程的产能控制、生产材料的筛选，进而实现空调企业产品的质量监控，通过大数据的方法提升企业的生产效率、生产过程的健康管理、生产过程的产品质量控制，为生产过程的管理决策提供全方位的支持。

## 7.2.5 制冷空调产业的大数据发展现状与前景展望

### 7.2.5.1 制冷空调产业的大数据发展现状

随着大数据时代的来临，空调遇上大数据并与之结合催生了“空调大数据”这一新兴技术和概念。空调产业本身存在巨大数据来源，包括在空调产品设计、生产制造与试运行、实际运行数据及回收利用数据等全寿命周期内产生的产品数据，新型节能空调技术和产品研发过程产生的空调技术数据，空调厂家和销售商与市场、物流和销售等方面紧密相关的业务数据，以及空调企业内部管理与人员创造、交流所产生的数据信息等，数量级巨大。海量的空调相关数据为空调大数据的发展提供了必要的数据基础。

尽管空调产业已经触碰了到大数据时代的敲门砖，但是环顾整个制冷空调产业，目前没有任何一家空调企业能够单独掌握一套完整的空调大数据应用方法，距离实践空调大数据还缺少一个质的飞跃。整个空调产业，各家企业出于数据存储传输成本、商业机密等诸多方面因素的考虑，目前已公开的空调数据处理量仍相对较小——更多针对部分空调商业销售数据，涉及的空调技术数据很少，并且数据质量偏低，结构复杂。这个问题由两个因素造成：一是在空调产业发展的初期，对于数据采集和储存的重视程度不高，大量“无关”数据被抛弃；二是出于传统企业发展模式下对产品升级换代的需要，仅仅一小部分技术数据得到了较好的处理和利用，而绝大部分空调产品数据、企业管理和空调运行数据由于各种原因，暂时被搁置没有充分利用或者根本没有利用，其中的大量数据蕴藏着巨大的财富亟待挖掘。

由于空调产业大数据发展起步晚，专业技术门槛相对较高，数据处理技术不成熟，相对于互联网、信息产业、医疗卫生及金融保险产业，空调产业大数据的发展规模和发展水平仍处在相对薄弱的初级阶段。大数据在空调产业中的应用仍存在不小的困难。一方面是还没有构建一个较好的空调大数据研究和开发的具体框架，没有成熟、统一的研究方法和技术。另一方面，空调产业大数据人才稀缺，当前高校和研究所制冷与低温工程专业普遍缺乏对大数据思维的培养。空调企业在大数据方面的人才需求和高校在制冷空调专业方向的培养方案是不相匹配的，甚至是脱节的。

大数据蕴藏着巨大的财富和能量，传统空调企业以数据为中心导向，利用好大数据的价值，变革相对陈旧的工作和研发思路，推进空调产业数据化、信息化和互联网化，将给整个产业带来全新的技术发展方式和商业模式。同时，大数据技术的广泛应用必将促进空调产业节能化、智能化方向转型升级，在智能家居、智慧城市建设等前沿领域有着广阔的发展前景。

### 7.2.5.2 制冷空调产业的大数据前景展望

空调产业已经走到技术变革的临界点，空调大数据技术将是推动空调产业技术变革的重要动力。如何利用好空调大数据，深度学习并挖掘空调大数据中的有用信息，并为产业所用，是未来产业发展的重心，是传统空调企业生存的根本。目前空调大数据的发展刚刚起步，其标准和产业格局尚未形成，未来将是我国空调产业围绕大数据实现跨越式发展不可多得的机遇。

首先要构建一个空调产业大数据的总体发展框架，形成一套成熟的大数据处理分析技术。各家空调企业在采集相关数据的同时，按数据类别进行分类，借助大数据技术的力量，分别进行知识规律挖掘和故障诊断分析，提取各类数据中的深层潜在价值，综合考虑传感器、销售与售后、网络评论、社会舆论等多方面数据，为企业自身产品市场定位、商业智能发展模式提供决策参考，同时完善产品售后服务体系，提升品牌价值，实现思路创新，整个空调产业将会沿着节能化、数据化、智能化的方向发展。

其次要加大空调大数据相关经费投入。一是构建大规模的空调数据中心和工作站，提高数据采集和存储能力，降低数据处理和运算成本，建立数据压缩转换规则，在数据传输之前进行必要的压缩，缩减传输成本，实现数据的合理配置；二是完成对空调系统实时在线监测和数据传输，建立空调系统健康档案，完善空调系统的健康管理机制；三是加大力度培养大数据相关人才，企业和高校相关专业合作，定向培养数据处理和分析人才，并对企业与大数据运用相关的人员进行系统化培训；四是形成一个可行的空调产业大数据标准，规范数据信息管理，确保数据安全。

依托空调大数据，制冷空调产业将从产品、企业和用户等三个层面变革发展，研发并生产高度智能化的空调产品、为企业制定精准的营销策略、为用户打造极致的产品体验等。以大数据为驱动力，基于制冷空调产业大数据中潜在知识或信息的应用将会越来越广泛，制冷空调产业与信息技术的融合将是未来发展转型的重要方向，建设并完善智能工厂，实现“互联网＋制造业”是制冷空调产业可持续发展的必然选择。

## 本节参考文献


[1] ［美］Franks B. 驾驭大数据. 黄海，车皓阳，王悦等译. 北京：人民邮电出版社.

[2] 怀进鹏. 大数据是国家战略资源. 中国经济和信息化，2013，(08)：49-50.

[3] 张引，陈敏，廖小飞. 大数据应用的现状与展望. 计算机研究与发展，2013，(S2)：216-233.

[4] 陈焕新，刘江岩，胡云鹏，李冠男. 大数据在空调领域的应用. 制冷学报，2015，(04)：16-22.

[5] 陈焕新，孙劭波，刘江岩，李冠男. 数据挖掘技术在制冷空调行业的应用. 暖通空调，2016.

[6] 王建民. 中国工业大数据的实践与思考. http：//mp. weixin. qq. com/s? _ biz= MzA5NDExMTAzNA == &mid = 212493210&idx = 1&sn = 03da19fe1f23e8fd0822b59eb3b6ab4d&scene = 23&srcid = 1224lM2C2e0d0gdpB7IQXs7J＃rd.

[7] 吴晓杰. 大数据浪潮推动企业管理变革. 现代商业，2014，(23)：198-199.

[8] 罗珉，曾涛，周思伟. 企业商业模式创新：基于租金理论的解释. 中国工业经济，2005，(7)：73-81.

[9] 刘晓红，吴利平，高珊. 2009年国内外制冷空调行业市场分析. 制冷与空调，2009，9 (3)：1-7.

[10] 刘晓红，张枫，吴利平. 2010年国内外制冷空调行业市场分析. 制冷与空调，2011，11 (3)：1-7.

[11] 刘晓红，吴利平，张枫 等. 2011年国内外制冷空调行业市场分析. 制冷与空调，2012，12 (3)：1-8.

[12] 高志鹏，牛琨，刘杰. 面向大数据的分析技术. 北京邮电大学学报，2015，(03)：1-12.

[13] 涂新莉，刘波，林伟伟. 大数据研究综述. 计算机应用研究，2014，(06)：1612-1616.

[14] 孟小峰，慈祥. 大数据管理：概念、技术与挑战. 计算机研究与发展，2013，(1)：146-169.

[15] 周建兴，岂兴明，矫津毅. MATLAB从入门到精通. 北京：人民邮电出版社，2008.

[16] Tom White. Hadoop权威指南. 曾大聃，周傲英译. 北京：清华大学出版社，2010.

[17] Venner J. Pro Hadoop. Apress，2009.

[18] Lam C. Hadoop in action. Manning Publications Company，2010.
[19] Chuck Lam. Hadoop 实战. 韩秀丽译. 北京：人民邮电出版社，2011.
[20] 陈吉荣，乐嘉锦. 基于 Hadoop 生态系统的大数据解决方案综述. 计算机工程与科学，2013，(10)：25-35.
[21] 刘峰波. 大数据 Spark 技术研究. 数字技术与应用，2015，(09)：90-92.
[22] Incubator A. Spark：Lightning-fast cluster computing，2013.

本节执笔人：陈焕新、谭泽汉、张光鹏、栾涛

# 第 8 章　关键技术与设备

## 8.1　制冷工质的替代与绿色工质

制冷循环工质是制冷热泵装置的血液，对于整个系统的性能有着至关重要的作用。一般来说，循环系统中充灌的制冷剂多少，与装置的容量成正比。如果每年制冷热泵产品的整体容量呈 10%～12%增加，制冷剂的消耗也将按 10%～12%的比例增加。由于保护臭氧层的《蒙特利尔议定书》和减小温室效应的《京都议定书》，传统制冷剂的生产和应用受到了限制，要研究减小充灌量或替代制冷剂的技术。

“十三五”期间，落实《蒙特利尔议定书》的措施主要表现在逐年削减 HCFC 的产量和使用量上，有明确的时间个体路线图。而对于强温室效应（高 GWP 值）的 HFC 的生产量及使用量，我国也有了积极的表态。2014 年北京 APEC 会议上《中美气候变化联合声明》中提出：“加强关于氢氟碳化物的合作：…… 两国将在开始削减具有高全球增温潜势的氢氟碳化物方面加强双边合作”，“建立了中美气候变化工作组（气候变化工作组），并在此工作组下启动了关于汽车、智能电网、碳捕集利用和封存、能效、温室气体数据管理、林业和工业锅炉的行动倡议；同意就全球削减氢氟碳化物（即 HFCs）这种强效温室气体携手合作”。2015 年《中美元首气候变化联合声明》指出，“2015 年 7 月，美国制定完成了通过重要新替代品政策（SNAP）计划，以减少氢氟碳化物（HFCs）的使用和排放。并承诺在 2016 年继续采取新行动减少氢氟碳化物的使用和排放。中国将继续支持并加快削减氢氟碳化物行动，包括到 2020 年有效控制三氟甲烷（HFC-23）排放。”

新一版《制冷系统和热泵-安全及环境要求》ISO 5149 已经生效，这个标准也引入我国《制冷和供热用机械制冷系统安全要求》GB 9237 的修订之中。制冷和热泵系统的工质充灌量，在 ISO 5149 的规定中，不取决于系统本身容量的充注比经验值，比如多大容量就得充灌多少工质，而是取决于系统的安装空间。特别对于 2L 类或 2、3 类制冷剂，标准的第一部分附表 A3 中都有充灌量的严格规定，基本是按照设备所在空间的容积来计算。这样，减少充灌量将是今后的主要任务。

### 8.1.1　当前国内制冷剂的生产现状

我国氟化工的原材料比较丰富，有良好的投资环境、广阔的市场空间及相对低廉的制造成本，成为我国氟化工产业发展的重要动力。据统计，我国萤石、氟化氢、氟化铝、R22 的产量均居全球第一。2013 年前我国氟化工市场总体上正以 15%～20%的速度增长，与美国、日本和欧盟一道成为世界 4 大氟产品的生产和消费区。但是，我国氟化工产品大都是廉价、过时的产品，高附加值品种、高尖端领域的市场仍然被国外产品所主导和占据。

我国已经完成淘汰臭氧层破坏物质（ODS）CFCs，目前进入了逐年淘汰 HCFCs 的时间表。

#### 8.1.1.1 零 ODP 工质的替代及国内 HCFCs 的生产概况

HCFCs 主要包括 R22、R142b、R141b 和 R123 等。其中以 R22 为主，占到了全部 HCFCs 量的 70%。R22 可作为制冷剂、发泡剂等用途，也可以作为原料生产 PTFE 高分子材料。R142b 可以作为制冷剂、发泡剂用途，也可以作为原料生产 PVDF 高分子材料。R141b 主要作为聚氨酯发泡等用途。R123 主要作大型离心机的制冷剂或 ORC 余热回收用的工质，用量很少。据不完全统计，截至 2009 年年底，国内 R22 的产量为 67.8 万/t，和 R142b 总产量为 7.6 万/t。

《蒙特利尔议定书》修正案规定：2013 年将 R22 等 HCFC 的消费和生产水平冻结，2015 年削减 10%，2020 年削减 35%，2025 年削减 67.5%，2030 年完全淘汰但保留 2.5%的维修量，如图 8.1-1 所示。“十三五”期间是关键的时期。

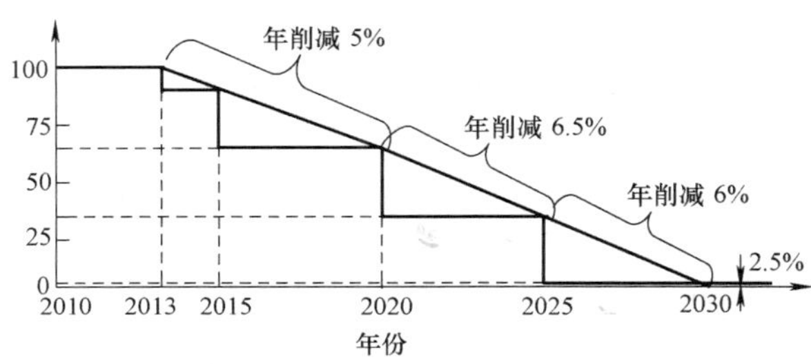


图 8.1-1 《蒙特利尔议定书》修正案中的规定

为实现《蒙特利尔议定书》在 2015 年削减含氢氯氟烃（HCFCs）生产基线水平 10% 的履约目标，环境保护部于 2014 年通过公开招标，选择 5 家生产企业签署了关闭 HCFCs 生产线淘汰补偿合同，将关闭和拆除 5 条 HCFCs 生产线，共计淘汰 HCFCs 生产配额 5.89 万 t，淘汰相应的生产能力 8.8 万 t/a。2015 年 4 月 23 日，作为我国首批关闭 HCFCs 生产线的企业之一的杭州富时特化工有限公司拆除了其年产 1.5 万 t R141b 生产线。

一个合理的方向是 HCFCs（R22、R123 等）的减量技术（HCFCs decreasing technology），通过系统优化的方式，合理设计新型循环系统，只减少 R22 等 HCFCs 制冷剂的充灌量，而不减少制冷设备的制冷量，甚至还有所增加。这种技术在 HCFCs 淘汰初期是很有效的，可能解决 1/3 的减量，但后期还是要全面消减。

用 HFCs（R134a 和 R410A）替代 R22 的过程可能还要持续若干年。只是在消除 *ODP* 的同时，可能增大了 *GWP*。

2013 年是我国履行蒙特利尔公约的第一年。从 2013 年环境保护部下发的配额看，国内 30.8 万 t R22 生产配额，含国内制冷剂用生产配额 21 万 t，出口配额 10 万 t，基本能满足下游需求。根据环境保护部公示的 2014 年配额，我国 15 家企业、30.8 万 t 的 R22 生产配额，仍与 2013 年持平。2015 年含氢氯氟烃的生产和消费要真正进入淘汰阶段，R22 供应量进一步减少。

#### 8.1.1.2 低 GWP 政策及国内 HFCs 的生产概况

目前我国 HFCs 是 HCFCs 制冷剂的主流替代产品，主要包括 R134a、R410A、R404A、R407C 等，其中 R410A 由 R32 和 R125 二元组成，R404A 由 R125、R143a 和 R134a 三元组成，R407C 由 R32、R125 和 R134a 三元组成。据不完全统计，截至 2009 年

年底，国内 R134a 生产总量为 11.2 万 t，R32 为 3.95 万 t，R125 为 4.02 万 t。2013 年国内 R134a 的产能达 20 万 t，开工率不足 70%；R125 产能已达 16 万 t，开工率不足 50%；R32 产能已接近 15 万 t，开工率也不足 50%，但还有企业在建和拟建相关项目。

作为过渡性物质，R32 因有较低的 GWP，有较好的循环性质，将被商用空调或热泵系统采用。对于其可燃性，在 ISO 5149-2014 和我国即将公布的 GB/T 9237 中将有一个 2L 级，说明其可燃性很小，在使用中是安全的。

国际上对 *GWP* 最权威的规定是 1997 年签订的《京都议定书》，欧盟近年又制定了 F-gas 法规，对 HFC 类工质也进入了逐年削减。以 2015 年为冻结点，从 2016 年开始，2018 年削减 37%，2021 年削减 55%，到 2030 年削减至 79%，如图 8.1-2 所示。

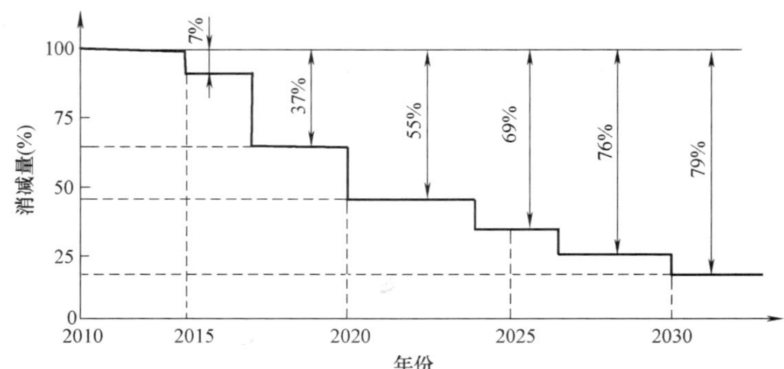


图 8.1-2　欧盟对 HFC 的削减计划

2014 年 5 月 20 日，欧盟委员会发布了关于温室氟化气体（F-Gas）的条例，新条例于 2015 年 1 月 1 日正式实施，目标是在 2030 年前将欧盟境内 F-Gas 的排放量减少至现今水平的 3/1。对于某些包含 F-Gas 的制冷空调及其他产品，欧盟委员会列出了一个截止时间表，如表 8.1-1 所示。规定了每种产品相应的禁止进入日期，该截止时间之后，这些产品将无法在欧盟上市。例如，2015 年 1 月 1 日以后，充灌 HFCs 且其全球温室效应潜势（*GWP*）大于 150 的家用冰箱和冷冻箱已经禁止在欧盟市场上销售。2017 年 1 月 1 日以后，新生产的汽车上安装的空调所充灌的制冷剂需满足 *GWP* 小于 150。这项举措直接影响到目前广泛使用的 R134a 在汽车空调中的使用。另外，北美地区也对 HFC 施行了禁止销售的制冷剂及时间（SNAP），详见表 8.1-2。

**空调及制冷类产品禁止进入欧盟市场日期　　表 8.1-1**

<table>
<tr><th colspan="2">产品</th><th>禁止日期</th></tr>
<tr><td colspan="2">充灌 GWP ≥ 150 的 HFCs 的家用冰箱和冷冻箱</td><td>2015 年 1 月 1 日</td></tr>
<tr><td rowspan="2">商用冰箱和冷冻箱</td><td>充灌 GWP ≥ 2500 的 HFCs</td><td>2020 年 1 月 1 日</td></tr>
<tr><td>充灌 GWP ≥ 150 的 HFCs</td><td>2022 年 1 月 1 日</td></tr>
<tr><td colspan="2">充灌 GWP ≥ 2500 的 HFCs 的固定式制冷设备及装置，除了设计冷却温度低于 −50 ℃以下的设备</td><td>2020 年 1 月 1 日</td></tr>
<tr><td colspan="2">额定能力不小于 40 kW 充灌 GWP ≥ 150 的 F-Gas 的商用集中式制冷系统，除了在复叠系统的初级制冷回路可以使用 GWP < 1500 的 F-Gas</td><td>2022 年 1 月 1 日</td></tr>
<tr><td colspan="2">充灌 GWP ≥ 150 的 HFCs 的移动式房间空调器</td><td>2020 年 1 月 1 日</td></tr>
<tr><td colspan="2">充灌 GWP ≥ 750 的 F-Gas，且充灌量小于 3 kg 的 F-Gas 的单一分体式空调系统</td><td>2025 年 1 月 1 日</td></tr>
<tr><td rowspan="2">含有 GWP ≥ 150 的 HFCs 的泡沫材料，除了需要满足国家安全标准时</td><td>挤压的聚苯乙烯</td><td>2020 年 1 月 1 日</td></tr>
<tr><td>其他泡沫材料</td><td>2023 年 1 月 1 日</td></tr>
</table>

北美地区也禁止销售的制冷剂及时间（SNAP） 表 8.1-2

| 禁止销售的制冷剂及时间 | 对应产品 |
| --- | --- |
| 气溶胶（2016 年 1 月） | HFC-134a 不能使用，除了一些技术和医用的气溶胶，包括 MDIs；HFC-125，-227ea 不能使用，除了 MDIs |
| 机动车载空调（2021 年后生产的） | HFC-134a 不能使用 |
| 发泡剂（2017 年 1 月） | HFC-134a 及其混合物不能使用；HFC-245fa 和 HFC-236mfc，HFC 混合物在所有发泡剂中都不能使用，除了喷雾发泡产品 |
| 新生产的（或是由旧的 ODS 翻新的）超市使用的冷藏系统，远程压缩系统（2016 年 1 月） | HFC 不能使用，包括 HFC-227ea，R404A，R407B，R421B，R422A，R422C，R422D，R428A，R434A，R507A |
| 新生产的独立式商用食品冷藏设备和贩卖机（2016 年 1 月） | HFC 不能使用，包括 HFC-134a，R404A，R407A，R407C，R507A 以及其他混合物 |
| 由旧的 ODS 翻新的独立式商用食品冷藏设备和贩卖机（2016 年 1 月） | HFC 不能使用，包括 R404A 和 R507A |

虽然我国国内市场暂不受欧盟等国 HFC 政策的影响，但如果有出口商品，需要考虑这些法规。

在 2015 年《中美元首气候变化联合声明》特别提到的 HFC-23，是生产 HFC-22 的副产品，标准沸点为－82.1℃，它虽然可作低温制冷剂，但用量水大，并且 *GWP* 值为 11700，是强温室气体。为此，国家发展改革委组织开展三氟甲烷（HFC-23）的销毁处置并安排相关的中央预算内投资和财政补贴，其中规定，对年销毁 HFC-23 能力为 1200t 和 600t 级装置的补助上限分别为 1500 万元和 1000 万元，且补助比例原则上不超过新建装置总投资的 40%。常熟三爱富中昊化工新材料有限公司公示的 2014 年度减排量为 10007368t $CO_2e$，根据规定，将获得超过 4000 万元的政府补贴；衢化氟化学有限公司的两个项目公示的 2014 年度减排量总计为 8450480t $CO_2e$，将获得 3000 多万元的政府补贴。

在可选的合成制冷剂中，只有 R152a 是零 *ODP*，*GWP* 为 120，据说曾是欧盟当时确定 *GWP* 不高于 150 的标准物质，可称之为近自然工质。

后来杜邦和霍尼韦尔声称研发出来 HFO 系列制冷剂，是以丙烯或丁烯为基础的衍生物，制冷剂编号为 R1234yf 和 R1234zd，以及高温热泵用 R1336mzz 等。

HFO 是否有很好的环境特性和经济型，也需要有观察期，“十三五”期间估计不会有太大发展。可预见的将来，适量的 HFC（R134a、R410A、R32 等）和自然工质（氨、$CO_2$ 和碳氢化合物）以及近自然工质 R152a 是可行的路线。

## 8.1.2 减少工质充灌量和泄漏量

减量技术是在不减小制冷设备制冷量的前提下，减少制冷剂的充注量和泄漏量。这不仅仅是针对 HCFC 等制冷剂，而是对所有的制冷剂都应该实行减量技术，例如自然工质氨和碳氢化合物，包括 $CO_2$ 作为制冷剂，也需要尽量减少充注量和泄漏量，以保证工作的安全可靠。在我国新制冷剂的研究较薄弱、而制冷行业消耗大量 R22 的国情下，提出 HCFCs 的减量延续技术（HCFCs decreasing & postponable technology），这不是简单地拖延时间，而是在积极地应对国际上环境保护的大原则。通过系统优化的方式，合理设计新型循环系统，只减少 R22 等 HCFCs 制冷剂的产量和用量，但不减少制冷设备的制冷量，甚至还有所增加。这既对于我国制冷产业在过渡时期的发展起着重要的保护作用，又能很好地履行环境保护的国际义务，减轻对中国 HCFCs 问题的压力。其他 HCFCs 如 R123 有很小的臭氧破坏势，特别是 *GWP* 值也很小，用于离心式机组系统的循环效率较高。从全面考虑，暂时找不到能代替它的制冷剂，也可考虑这种减量延续技术。该技术中以系统中工质充注量除以系统的公称制冷量，即单位制冷量充注量，简称为充注比作为衡量指标：

$$m=\frac{M}{W} \tag{8.1-1}$$

式中 $m$——充注比，kg/kW；

$M$——系统中工质充注量，kg；

$W$——系统的公称制冷量 $Q$，kW。

一般来说，一定制冷量的制冷设备的结构参数一旦确定，其需要的工质充注量就是一定的。当换热器结构确定后，制冷剂充注量过少，蒸发器的传热面积不能充分利用，蒸发器出口过热度和压缩机吸气比容增大，系统循环流量及制冷量下降，制冷系数下降；充注量过多，蒸发器出口会夹带液滴，并会造成冷凝器的积液，减小有效换热面积，冷凝温度升高，压比增大，导致压缩机功耗增加，制冷系数下降。因此，只有合适的充注量，才保证系统在工作条件下得到最大的制冷量和最高的制冷系数。所以减少工质充注量，应当从系统结构设计时开始。一个制冷设备中，制冷剂主要存在于蒸发器和冷凝器中，选择合适结构的换热器，既保证系统的换热效果，达到最优的能效比，又尽可能小地减少工质充注量。对单位制冷量大于 300kW 的制冷设备的充注量进行调研统计，图 8.1-3～图 8.1-5 依次为采用干式、满液式、降膜式的数据统计。图 8.1-6 为制冷量小于 500kW 的 R22 系统采用板式换热器的制冷设备充注量的统计结果。

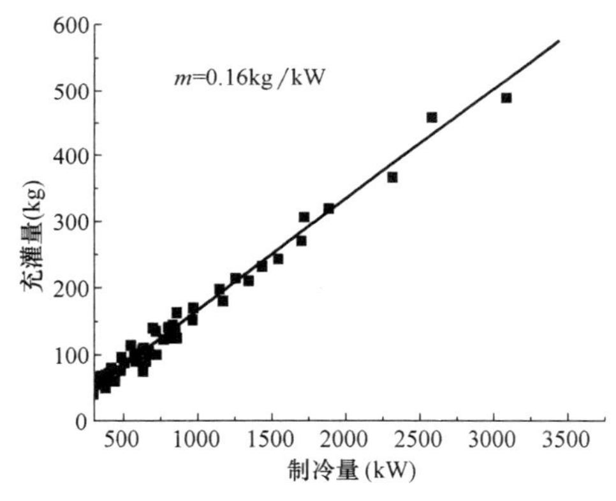


图 8.1-3　干式蒸发器系统 R22 充灌

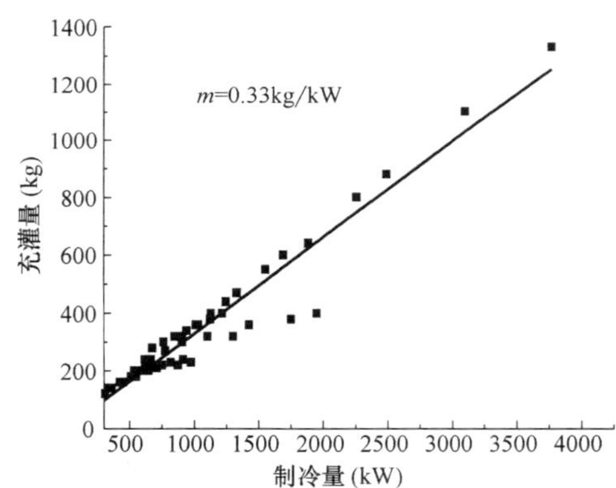


图 8.1-4　满液式蒸发器系统 R22 充灌

从图 8.1-3～图 8.1-6 可知：目前大中型制冷系统的 $m$ 统计值范围在 0.17～0.33kg/kW。工质循环量与制冷量成正比，但采用不同结构类型的换热装置，对工质的有效充注量影响较大。统计结果显示，大中型制冷系统的充注比排列为：满液式蒸发器系统>降膜式蒸发器系统>干式蒸发器系统。

由图 8.1-3 和图 8.1-4 比较可看出，相同换热面积或相同制冷量下干式蒸发器比满液式蒸发器的单位充注量少一半，但实际应用中采用干式蒸发器的系统的 *COP* 往往要比满液式蒸发器系统低 20％～30％。因此，在未来面临必须降低 R22 消耗量的压力面前，应

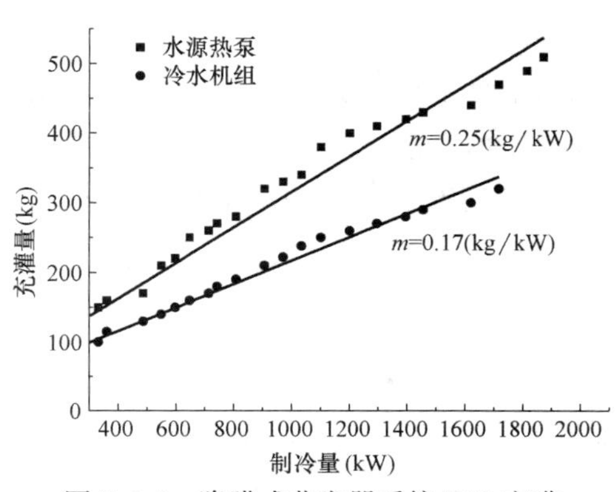


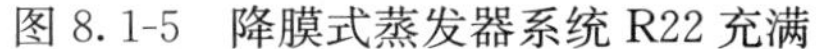
图 8.1-5 降膜式蒸发器系统 R22 充满

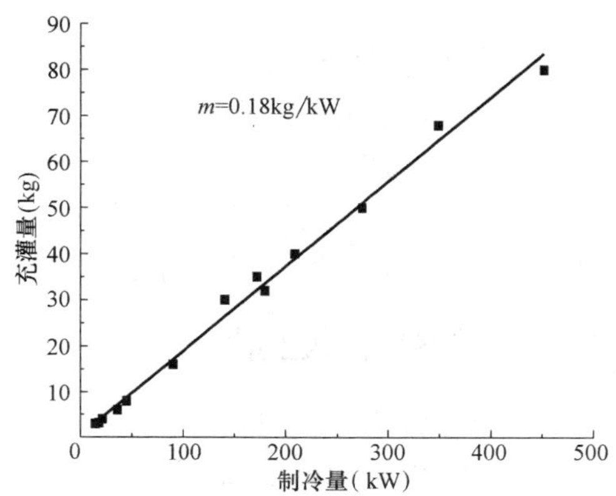


图 8.1-6 板式蒸发器系统 R22 充满

注重对提高干式蒸发器系统换热效果的研究，以期充分发挥干式蒸发器系统其充注量小的优点。

目前大中型制冷装置中大多采用充注量最大的满液式蒸发器，从图 8.1-4 和图 8.1-5 的比较来看，采用降膜式蒸发器代替满液式蒸发器，其充注量要少 30%。建议用充注量较小的降膜式蒸发器系统来替代，以减少 R22 制冷剂的充注量。

图 8.1-6 统计结果显示，当前 R22 系统采用板式换热器的系统一般制冷量不大，其系统的充注量大约为 0.18kg/kW。由于在更大的制冷量范围内，板式换热器的应用尚不多见，而且价格一般偏高，竞争优势下降，故可推荐在小于 300kW 的系统中研究使用板式换热器。如果能进一步降低造价，板式换热器可能在提高能效、降低充注比等方面有着优势，这在大中型氨系统中已有体现。采用板式换热器的螺杆式氨冷水机组的充注量大约在 0.07 kg/kW，这远远低于其他冷媒的充注量，仅为同样冷量的 R22 机组的 1/3。如果将此技术运用到 R22 机组中，同样能大幅减少 R22 充注量。表 8.1-3 将不同制冷设备的充注比进行了汇总。

**不同制冷设备的充注比** **表 8.1-3**

| 制冷设备类型 | 充注比（kg/kW） |
| --- | --- |
| 分体式房间空调器 | 0.4～0.6 |
| 多联机 | 0.3～0.64 |
| 中小型干式蒸发器系统 | 0.16 |
| 大中型满液式蒸发器系统 | 0.33 |
| 大中型降膜蒸发器系统 | 0.20～0.28 |
| 板式换热器系统 | 0.1～0.18 |
| 微通道换热器系统 | 0.1～0.13 |

由表 8.1-3 可知，多联机空调系统，R22 的充注比为 0.4～0.64kg/kW 不等。多联机直接由制冷剂输送冷（热）量，这意味着要消耗更多的制冷剂用于冷（热）量输送。这导致相同负荷下多联机系统的制冷剂充注量及其泄漏量要大于有载冷剂的冷水（热泵）机组。故建议在使用集中式的供热制冷系统时，要使结构布置紧凑，尽量不采用制冷剂直接输配冷（热）量方式，而要研发类似多联机的模块式冷热水机组，在配管中运用水等载冷剂传输冷（热）量，减少系统制冷剂的充注量。

减少充灌量技术，对于所有制冷剂都是适用的，尤其 R32、R152a 等有微燃性能的工质，充灌量会受到严格限制。

另外也需要指出，工质的充灌量和年泄漏量不一定是正相关的。减少工质泄漏量也是重要的发展方向。例如尽量用全封闭压缩机或半封闭压缩机，代替开式压缩机；加强管道连接的密封性，用焊接代替可拆连接；在机房和使用空间安装制冷剂检漏仪或报警装置，并加强维修或报废设备时回收制冷剂等。

## 8.1.3　HCFCs 替代制冷剂

### 8.1.3.1　碳氢制冷剂（HCs）

丙烷（R290）和异丁烷（R600a）早在 1930 年以前就被用作制冷剂，近些年其他几种碳氢化合物［主要包括丙烷、丙烯（R1270）、异丁烷（R600a）和丁烷（R600），乙烷（R170）等］及其混合物也逐渐商业化。HCs 具有优良的环保特性和热力学性能，但其可燃性需要提高警惕，在应用中防止工质泄漏，以保证系统的安全运行。

HCs 主要应用于家用空调器、电冰箱，丙烷已经成功应用于空调和商业制冷系统。异丁烷是使用最广的碳氢制冷剂，几乎所有的家用冰箱都用异丁烷作工质，在一些国家其市场份额超过了 95%。并且 HCs 已经逐渐向推广至冷柜、超市复叠制冷系统、小型热泵、汽车空调等。考虑 HCs 的可燃性，在家用冰箱和自动售货机中，工质的充灌量大约为 50g，在房间空调器中大约为 500g，以防止因工质泄漏而导致爆炸的危险。如果能够进一步降低系统的充灌量，HCs 制冷剂的应用将会更加广泛。2014 年 6 月 6 日，美国环保部（EPA）在提交的提案中同意在 6 种制冷空调设备中使用 4 种 HCs。

“十三五”期间，R290 将逐渐用于小容量的房间空调器替代 R22。R290 是碳氢化合物，化学名称为丙烷，它的 *ODP* 为 0，*GWP* 为 3，是一种天然环保的制冷剂。它的基本物理性质是较好的，如标准沸点、凝固点、临界点等参数与 R22 非常接近。在低温区段，R290 的压力线与 R22 的压力线基本重合；在中温区段，R290 的压力与 R22 的压力开始拉开距离，这样的特点可以保证在不影响压缩机进气阀工作的前提下有效降低压缩比，提高压缩机的工作效率。在饱和液态时，R290 比 R22 的密度小很多，所以在相同的容积下 R290 的充注量要小得多。试验证明：相同系统体积下，R290 的充注量是 R22 的 43%左右。在相同温度下，R290 的饱和液态比热容比 R22 的大。在相同的温度下 R290 的饱和蒸汽比热容比 R22 的大。在相同的蒸发器负荷下，R290 的吸气温度比 R22 的吸气温度较低，因此排气温度也低，排气温度的降低可以减少压缩机压缩过程气体与气缸之间的热交换，从而减少不可逆损失，降低能耗。

但 R290 属于 A3 类可燃制冷剂，其燃爆范围为 2.1%～9.5%V/V，在使用时需要对电子元器件进行必要的安全处理，防止打火问题的发生，并且压缩机需要针对 R290 进行专门设计，结构需要优化，并需要建立完善的生产和售后体系，以保证使用安全，在一定程度上会增加部分成本。目前 R290 只用于容量较小的房间空调器，对生产运输、安装、使用和维修都有较严格的限制。

国家标准《家用和类似用途电器的安全热泵、空调器和除湿机的特殊要求》GB 4706.32—2012 已加入了可燃制冷剂的相关内容，规定可燃制冷剂可用于房间空调及其使用条件，允许 R290 在房间空调器上的使用，这对于我国 R290 空调的推广使用具有重大意义。目前我国房间空调器行业已签署了17条R290房间空调器生产线改造合同和3条R290压缩机生产线改造项目，并针对R290空调的市场化开展了大量工作，如发布“环保低碳标识”，制订R290空调安装、维修与运输行业标准，建立19个R290空调产品安装维修培训中心等。但目前，R290空调的安装、维修、运输以及储存等标准已经完成制定并发布，需要尽快对广大售后技术人员进行培训和落实。

#### 8.1.3.2 R32

R32是一种纯工质，化学名称为二氟甲烷，*ODP*为0，*GWP*为675，是混合制冷剂R410A的主要组分，R32和R410A各项特性比较接近。在热物理性质方面，R32的摩尔质量是R410A的0.71倍，R32的沸点与R410A的很接近，而其临界温度和临界压力比R410A的偏高。在环保特性方面，R32和R410A的*ODP*值均为零，而R32的*GWP*值为675，明显比R410A的低，与R22相比，R32的$CO_2$减排比例可达77.6%，而R410A的仅为2.5%，可见R32在环保特性方面要优于R410A。在可使用的工况范围内，相同温度条件下R32的饱和蒸气压力均比R410A的高，但相差不大，最大不超过2.6%。R32系统与现有R410A系统管路及换热器的承压要求基本相当，基本可以直接利用现有的R410A产品加工设备。在系统关键状态参数方面，R32系统的工作压力略高于R410A系统的，但相差很小，而R32系统的排气温度较R410A系统的高，若直接采用现有的R410A制冷系统充注R32，运行中可能导致压缩机烧毁，需要对压缩机重新设计；在系统循环性能方面，R32系统的压比与R410A系统的几乎一样，而R32的单位质量制冷量则高出R410A的55.6%左右，单位容积制冷量高出约12.6%，可知相同排气量的压缩机采用R32时的制冷量要比采用R410A时的大12.6%。而目前压缩机都是按照制冷量大小来设计，这样就需要重新设计压缩机的排气量才能使压缩机规格型号统一，另外R32的单位容积耗功较R410A的高8.1%，综合节能效果大约为4.3%。

R32属于A2L类可燃制冷剂，具有微燃的特性，空调在电气、结构等方面需要考虑防火防爆等问题，R32的工作压力较高，对管路的耐压性也有较高要求，需适当增加铜管强度，在排气温度方面，R32的排气温度较其他制冷剂要高，用在高温地区要适当降低排气温度，以保证能效。压缩机和冷冻油需要进行专门设计和匹配，也应建立良好的售后体系，以降低使用风险，但这些也导致成本的一定量的增加。R32的专利大多数掌握在国外企业手中，尽管现在放开了部分专利，但一些核心专利还是未能放开，因此在专利的使用上也可能导致研发成本的上升。

R32将主要用于工商制冷系统，包括单元式空调机、空气源热泵、多联机等，也包括较大容量的房间空调器，原来用R410A的以涡旋压缩机为主的制冷或热泵产品。

#### 8.1.3.3 R152a

R152a是氢氟碳化合物，中文名为1,1-二氟乙烷，*ODP*为0，*GWP*为120。是目前所有合成制冷剂中唯一符合零*ODP*、低*GWP*（<150）的产品，对此可称之为近自然工质（near natural fluids）。R152a具有与R12和R134a相当的单位容积制冷量和能效比。R152a具有可燃性，在空气中的体积分数达到4%～17%时，遇到明火就会着火。其低毒，安全性属于A2级。R152a与R12、R134a和R1234yf的相关特性见表8.1-4。

R152a很早应该被用于制冷空调行业的工质。一方面它有一点燃烧性，可能安全性不够好；另一方面，它的合成工艺很早就公开了，可以大规模生产，商业的专属性不强。因此大的制冷剂公司宁可开发有专利的R134a，而不愿意生产大家都能制造的R152a。

一组热力学性质相似的制冷剂 表8.1-4

| 制冷剂编号 | 分子量 | 标准沸点(℃) | 临界温度(℃) | 临界压力(MPa) | 安全分级 | 大气寿命 | *ODP* | *GWP*100 |
|---|---|---|---|---|---|---|---|---|
| R12 | 120.93 | −29.8 | 112.0 | 4.14 | A1 不燃 | 33年 | 0.82 | 10600 |
| R134a | 102.03 | −26.1 | 101.1 | 4.06 | A1 不燃 | 14年 | 0 | 1300 |
| R152a | 66.05 | −24 | 113.3 | 4.52 | A2 微燃 | 1.4年 | 0 | 120 |
| R1234yf | 114.0 | −28 | 103.25 | 3.92 | A2L 低微燃 | 11天 | 0 | 4 |

R152a在循环温度的压力方面与R134a或是最初始的R12非常接近。由于有着非常相似的热力学参数，临界温度比较高，黏度比较小，R152a的循环参数也很好。其与R134a、R1234yf的制冷热泵性能对比可见表8.1-5。计算表明，在相同工况下，R152a循环能效是最高的，容量可能比R134a有很小的下降。三者之中，R1234yf无论在能效还是容量方面都是最差的。

R152a与R134a、R1234yf的制冷热泵性能对比 表8.1-5

| 制冷剂编号 | 房间空调工况 | | 房间热泵工况 | | 热泵热水机工况 | | 水源热泵工况 | |
|---|---|---|---|---|---|---|---|---|
| | 蒸发温度(℃) | 冷凝温度(℃) | 蒸发温度(℃) | 冷凝温度(℃) | 蒸发温度(℃) | 冷凝温度(℃) | 蒸发温度(℃) | 冷凝温度(℃) |
| 工况 | 7 | 45 | −10 | 45 | 5 | 55 | 10 | 45 |
| 性能 | COP | 容量比* | COP | 容量比 | COP | 容量比 | COP | 容量比 |
| R134a | 3.31 | 1 | 2.67 | 1 | 2.97 | 1 | 4.39 | 1 |
| R152a | 3.46 | 0.96 | 2.80 | 0.98 | 3.13 | 0.98 | 4.54 | 0.95 |
| R1234yf | 3.13 | 0.92 | 2.51 | 0.94 | 2.77 | 0.90 | 4.20 | 0.93 |

注：1. 容量比*：是指用R134a作为基准，同样容积下的其他工质的容量，与R134a容量之比。
2. 表中考虑压缩机电机效率为70%。

在润滑油方面，因为R152a与润滑油的相溶性与R134a非常接近，它可以用所有R134a的合成润滑油，而不必开发新的润滑油。

所有用于R134a的容积式压缩机，从小的转子式、活塞式，到涡旋式、螺杆式都可根本不用改动的前提下替代为R152a。如果是老设备改造，原来的设备把R134a放出来，不用清洗，不换润滑油，直接充灌R152a即可。

虽然R152a有可燃性，不能用于直接蒸发系统。可以考虑用于水为介质的载冷（热）系统，主机循环系统安装在室外或通风良好的机房，采用地板散热的热泵系统或风机盘管的空调系统。任何热泵热水机（器），将循环系统安装在室外，甚至水箱也安装在室外，室内只有水路系统，提高了安全性。

#### 8.1.3.4 二氧化碳（R744，$CO_2$）

二氧化碳（$CO_2$）是一种*ODP*为0，*GWP*为1的天然制冷剂，它安全、低毒、不燃烧、与润滑油和金属及非金属材料不起作用、高温下也不会分解成有害气体。二氧化碳的临界温度比较低，只有31.1℃，因此，只有在放热源温度较低时，才能在热泵、制冷循环里冷凝成液体，而在放热源温度较高时，它冷却成气体，这时的热泵、制冷循环称为跨临界循环。许多常规制冷剂由于对大气臭氧层的破坏作用和造成全球气候变暖，在国际上已被禁止使用，使二氧化碳制冷剂重新得到人们的重视。因而出现了如跨临界循环等能效更高的循环，使二氧化碳制冷剂的优越性得到了更好的发挥。

$CO_2$跨临界循环的关键技术在于压缩机、膨胀机、各种阀门、换热器的承压大大增加，对材料的强度、耐磨性、加工精度、可靠性提出很高的要求，格力、美芝、庆安、白雪等企业试制了 $CO_2$ 压缩机或 $CO_2$ 热泵热水器，但都还没有真正投放市场。由于家用 $CO_2$ 热泵热水机的气体冷却器是套管式换热器，水在狭小的管道内流动，在硬水地区结垢很快，并不好清除。采用控制热水器的出水温度，改变气体冷却器的放热回路等措施，既涉及技术关键，也涉及产品标准的修订。作为生产、维修、售后服务，大数量的 $CO_2$ 制冷剂供应链，适合不同场合应用的大中小容量的高压气瓶并不配套。各种关于 $CO_2$ 制冷剂安全操作规章也需要尽快建立。

如果国家给予支持，并组织联合攻关，研发各种形式的 $CO_2$ 压缩机、换热器等部件，可能在 3～5 年内形成较大产业。将来凡与制冷空调有关的应用，包括汽车空调、家用空调、商用空调，工业供热和冷冻冷藏都可能用 $CO_2$ 跨临界循环。

在冷库、冷链方面，$CO_2$ 与氨或 R290 复叠循环，可以增强系统安全性，减少氨充灌量，避免为了安全后退到 HCFC 系统，在我国也有重要意义。复叠发展速度可能超过跨临界循环。NH3/$CO_2$ 复叠制冷循环引领了当前自然工质替代和安全工作环境技术，复叠式系统的氨基充灌量是氨系统的 10%～15%，并且氨工质只在室外，冷库或冷链车间内循环的是 $CO_2$，这项技术将会得到大力推广。

另一方面，由于冷库或冷链车间还有相当比例的 R22 工质系统，这是因为冷库或厂房的位置过于靠近城市中心或民宅，在室外高温循环系统也不允许采用氨制冷，因 R22 也属于逐步淘汰的工质，可以采用 R22/$CO_2$ 复叠制冷循环，R22 的充量可减少到原来 R22 双级压缩用量的 10%～15%。在必要的情况下，R290、R134a 或 R152a 也可作为高温循环工质，实现与 $CO_2$ 复叠制冷循环系统。在这些复叠式制冷系统中，$CO_2$ 负责冷量的输配，而室外高温循环的 R22、R290、R134a 或 R152a 的充灌量相对较小，是这些工质双级压缩制冷循环充灌量的 15%左右，也符合逐步削减 HCFC 和减少使用高 *GWP* 的 HFC 的原则。当然对于 R290 和 R152a 这两种工质，因其零 *ODP* 和低 *GWP*，不会受到大环境指标的限制，只是因其可燃性，在人口密集区建设冷库或冷链车间时亦要减小充灌量。

#### 8.1.3.5 氨（R717，$NH_3$）

氨是一种环境友好型制冷剂，多用于大型冷库或工业冷冻系统。氨制冷系统在全世界已经使用了 150 多年，氨具有良好的热力学性能，$GWP=0$，$ODP=0$，易获取，价格低廉。氨蒸气密度比空气小，泄漏后向上流动之后从屋顶扩散至大气，氨极易溶于水。氨允许的含水量小于 0.2%，与常规制冷剂相比，不易发生“冰塞”。但氨的绝热指数较大，在某些特定工况下压缩机的排气温度较高，因此还需进行冷却以保证润滑油的润滑性。氨也不与矿物润滑油及 PAO 润滑油相容。在含有微量水分的情况下，氨会腐蚀锌、铜及铜合金（磷青铜除外）。

氨具有一定的毒性和可燃性，其在 ASHRAE 制冷剂安全分类标准中属于 B2 类制冷剂。氨有刺鼻的气味，发生少量泄漏（3～5ppm）就会被发觉。如果出现大量泄漏，后果非常严重：当氨的浓度达到 5000ppm（0.5%）时，人可能完全丧失意识以至死亡；浓度到 150000～270000ppm（15%～27%）时，遇到明火就会发生燃烧爆炸。为避免氨系统泄漏，可用乙二醇溶液或 $CO_2$ 作载冷剂，将冷量送到冷库或冷链车间。当设计库温较低时，可采用 $NH_3/CO_2$ 复叠式循环，$CO_2$ 作为低温级制冷剂，在库内或车间内的蒸发器中释放出冷量，$NH_3$ 作为高温级制冷剂，在室外工作，从原理和结构上避免氨在冷库或车间内泄漏。

2013 年我国氨冷库使用过程中发生了两起严重的事故：6 月 3 日，吉林省长春市宝源丰禽业有限公司主厂房发生特大火灾爆炸事故，共造成 121 死亡、76 人受伤，事故原因是电气线路短路，引燃周围可燃物产生的高温导致氨设备和氨管道发生物理爆炸；8 月 31 日上海翁牌冷藏实业有限公司发生液氨泄漏事故，造成 15 人死亡、26 人受伤，事故原因是热气融霜导致液锤使厂房内液氨管路系统管帽脱落，液氨泄漏导致员工伤亡。

虽然氨有毒可燃，如果设计合理，防护措施完备，操作人员考核上岗，可以保证氨系统安全运行。因此氨制冷系统在设计、施工和使用过程中要严格遵守设计规范和操作规程，避免类似事故的再次发生。

#### 8.1.3.6 HFO

2006 年杜邦和霍尼韦尔共同推出了氢氟烯烃（HFO）制冷剂 R1234yf（2,3,3,3-四氟丙烯），其 $ODP=0$，$GWP=4$，以替代 R134a，R1234ze（1,3,3,3-四氟丙烯）作为一种低 $GWP$ 工质受到了广泛关注。有 2 种同分异构体为 Rl234ze（E）和 Rl234ze（Z）$GWP$ 分别 6 和 10。其中，R1234ze（E）由于其低 $GWP$ 的优势被推荐替代 R134a。作为同分异构体，在生产 R1234ze（E）的同时会获得大量的 R1234ze（Z），因此降低了生产成本。两种工质与 POE 油具有良好的热稳定性和相容性，但 R1234ze（E）的系统效率要低于 R1234yf（R1234yf 的效率同 R134 相当）。但这两种 HFO 最大的缺陷就是具有可燃性，在 ASHRAE 的安全标准中安全等级分类为 A2L（低毒、微可燃性），并且研究发现 R1234yf 和 R1234ze 的爆炸极限特性与空气湿度有很大关系，空气湿度越高，爆炸范围越宽，并且爆炸下限越低。而且 HFOs 为含有 3 个碳原子的不饱和烯烃，分子结构复杂且副产物多，使其产量低，价格昂贵。

R1233zd（E）也属于不饱和烯烃类，其安全等级为 Al，$GWP$ 为 4.5，$ODP$ 接近 0（其分子中含有一个氯原子）。压力与 R123 相当，作为替代 R123 的新一代制冷剂用于离心式冷水机组上的效率要稍高于 R123。

目前 HFO 的生产专利都掌握在杜邦或霍尼韦尔等大公司，我国主要在于跟踪并合资生产，至少在“十三五”期间，其产品还在试用阶段。

#### 8.1.3.7 R134a

当 R22 逐步退出历史舞台时，R134a 一直是重要的替代制冷剂，特别在大中型制热泵产品，以螺杆机、离心机系统，特别是有热泵功能的热泵产品，R134a 因压力适中、良好的热力学性能而得到广泛的应用。

#### 8.1.3.8 R410A、R404A

R410A 是由 R32 和 R125 按照质量分数 50%/50%混合而成，原来主要用于替代 R22，用于房间空调，多联机、单元式空调机或空气源热泵。由于变频压缩机多采用 R410A，在变频空调或多联机中应用较广泛。其 $GWP$ 值为 2000，下一步它的主要的替代物是 R32。

R404A 主要用于商用制冷系统，它是应用在商用制冷系统领域的 R502 与 R22 的长期替代品。R404A 由 HFC125、HFC134a 和 HFC143a 混合而成（HFC125 44%，HFC143a52%，HFC134a4%），沸点为−46.1℃，$ODP=0$，$GWP=3800$。

R404A 适用于中低温的新型商用制冷设备如超市冷冻柜、冷库、陈列柜等、交通运输制冷设备或更新设备。性能上最接近于已淘汰的 R502，该制冷剂适用于所有 R502 可正常运作的环境。

#### 8.1.3.9 $CO_2$ 复叠制冷循环的发展

我国约有 20000 座大型冷库，2010 年冷冻冷藏货物 880 万 t，当前可能有 3000 万 t。2013 年因全国安全大检查，共有 22835 家涉氨企业，责令整改 11894 家。

由于经济发展和人民生活水平提高，我国已有冷藏容量仅占货物需求量的 20%～30%，远低于发达国家的 80%。

我国氨冷库和冷链车间发展迅猛，安全性差。据不完全统计，近 6 年，我国冷库安全生产较大事故报道不少于 110 起，其中：泄漏事故占 47.4%；火灾事故（冷库保温材料）占 39.7%；火灾及“爆炸”事故占 5.1%；“爆炸”事故占 7.8%（注：该“爆炸”并非化学爆炸，而是高温物理爆炸）。

截至 2014 年年底，全国用氨制冷企业近 22835 家，主要集中在农副产品加工业、食品制造业、仓储业等。其中规模以上企业 3725 家，约占 16%；储氨量超过 10t 的企业 1551 家，近 7%；专项治理期间，限期整改企业 11894，占 52%；停产停业整改企业 2381 家，占 10%；取缔关闭企业 1673 家，占 7%；排查存在重大安全隐患 4000 余处。

《冷库设计规范》GB 500072—2010 第 6.2.7 节规定：包装间、分割间、产品整理间等人员较多房间的空调系统严禁采用氨直接蒸发制冷系统。可见将人员密集的氨冷库和冷链车间改造或设计为 $NH_3/CO_2$ 复叠势在必行。

在冷库、冷链方面，$CO_2$ 与氨或 R290 复叠循环，可以增强系统的安全性，减少氨充灌量，避免为了安全后退到 HCFC 系统，在我国也有重要意义。复叠发展速度可能超过跨临界循环。

$NH_3/CO_2$ 复叠制冷循环引领了当前自然工质替代和安全工作环境技术，复叠式系统的氨基充灌量是氨系统的 10%～15%，并且氨工质只在室外，冷库或冷链车间内循环的是 $CO_2$，这项技术将会得到大力推广。

从另一方面，由于冷库或冷链车间还有相当比例的 R22 工质系统，这是因为冷库或厂房的位置过于靠近城市中心或民宅，也不允许在室外高温循环系统采用氨制冷，而 R22 也属于逐步淘汰的工质，可以采用 $R22/CO_2$ 复叠制冷循环。在必要的情况下，R290、R134a 或 R152a 也可作为高温循环工质，实现与 $CO_2$ 复叠制冷循环系统。在这些复叠式制冷系统中，$CO_2$ 负责冷量的输配，而室外高温循环的 R22、R290、R134a 或 R152a 的充灌量相对较小，是这些工质或双级压缩制冷循环充灌量的 15%左右，也符合逐步削减 HCFC 和减少使用高 *GWP* 的 HFC 的原则。当然对于 R290 和 R152a 这两种工质，因其零 *ODP* 和低 *GWP*，不会受到大环境指标的限制，只是因其可燃性，在人口密集区建设冷库或冷链车间时亦要减小充灌量。

这样，$CO_2$ 复叠制冷系统就有好几个方案，每种系统都有一定的应用范围，会有相关的配置，图 8.1-7 是其原理图。其中，非氨系统的换热器都会采用铜材，并用各种强化换热的机加工管可明显提高换热系数。

上海青浦一家即将开业的超市，正在安装单级 R134a 机组和 $R134a/CO_2$ 复叠制冷机组，前者是为商场一般冷藏柜提供冷量，后者是为低温展示柜提供−40℃的蒸发温度。说明这种复叠式制冷系统正在走近人们的视野。该系统由意大利公司设计，都凌公司提供活塞式 R134a 压缩机和 $CO_2$ 亚临界压缩机，采用多压缩机并联工作方式。

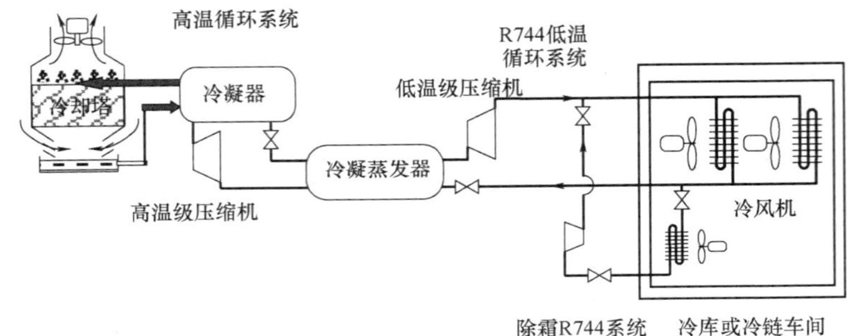


图 8.1-7　$CO_2$ 复叠循环装置的原理图

## 8.1.4　未来制冷工质的产量

自 1990 年以来，R134a 已经占据制冷空调的很大部分。可以说，特别是热泵系统，因为需要较高的冷凝温度，R134a 是首选的工质。在大中型冷水机组和水源热泵中，用螺杆机或离心机的，随着 R22、R123 等 HCFCs 逐步淘汰，R134a 一直在这些产品中的主要替代制冷剂。今后随着 R134a 被逐步限制淘汰，比较可行的是用 R152a 取而代之，只是制冷或热泵产品的密封性要绝对可靠，使用空间的通风要进一步加强，对于机房的泄漏检测要更为严格。

今后制冷剂的发展可以用图 8.1-8 来说明。总体看随着制冷行业的发展，制冷剂的总需求量是上升的，上升的速率不仅取决于总制冷量增加（10%～12%），也取决于减少单位充灌量的技术。由于执行《蒙特利尔议定书》，HCFCs 呈逐年下降的趋势，HFCs 会缓慢增加以补充 HCFCs 的下降，但今后也要受到限制。自然工质和近自然工质较快地发展。

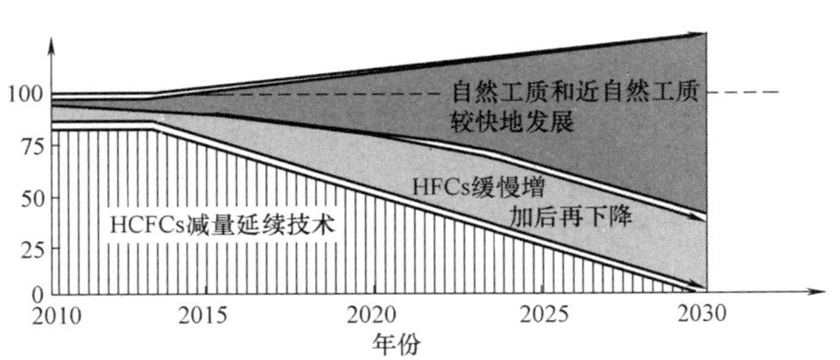


图 8.1-8　中国制冷剂发展趋势

“十三五”期间，参考图 8.1-1 和图 8.1-8，我国制冷剂的生产将表现为以下趋势：HCFCs 会直线下降，HFCs 先上升后下降，自然工质和近自然工质呈迅速上升的趋势，产量预测见表 8.1-6。

**我国制冷剂的生产量及预测（单位：万 t）**　　**表 8.1-6**

| | 2015 年 | 2016 年 | 2017 年 | 2018 年 | 2019 年 | 2020 年 |
|---|---|---|---|---|---|---|
| R22 | 27 | 25.5 | 24 | 22.5 | 21 | 19.5 |
| R134a | 12 | 13.5 | 15 | 16 | 17 | 16 |

续表

| | 2015年 | 2016年 | 2017年 | 2018年 | 2019年 | 2020年 |
|---|---|---|---|---|---|---|
| R410A | 8 | 8 | 8.5 | 8 | 7 | 6 |
| R32 | 4 | 5 | 5.5 | 6 | 6 | 7 |
| R152a | | 0.1 | 0.1 | 0.5 | 1 | 2 |
| 氨 | 4 | 4 | 4 | 4 | 4 | 4 |
| $CO_2$ | 0.05 | 0.1 | 0.3 | 0.5 | 0.8 | 1 |
| 碳氢 | 0.2 | 0.3 | 0.4 | 0.5 | 0.7 | 1 |

### 8.1.5 结论和建议

根据国际上淘汰 HCFCs、HFCs 的大趋势，我国作为制冷空调和热泵的生产大国，不仅制冷产业将迅速发展，在节能减排中，为减少直接燃煤，改善大气环境和治理雾霾，热泵供热是重要技术，制冷和热泵工质的用量会增加。我国的制冷和热泵工质今后可选品种，除了在削减中使用的 HCFCs、HFCs 之外，自然工质 $CO_2$、氨、碳氢等和近自然工质 R152a、R32 应受到足够的重视。建议组织有关氟化工企业进行扩大产能准备，组织制冷空调设备制造企业进行工质替代的产品试制，组织标准部门进行与自然工质和近自然工质有关的设计、安装、运行和管理的标准制订和实施。使这一发展沿着安全有序的道路前进。

对于美国杜邦公司等推出的 HFO 烯烃类制冷剂，希望业内给予必要的关注，但因目前预期价格偏高，生产量不会很大，预计在“十三五”期间不会变成主流产品。

## 本节参考文献

[1] UNEP. Montreal protocol on substances that deplete the ozone layer. United Nations，New York，USA. 1987.

[2] UN. Kyoto Protocol to the United Nations Framework Convention on Climate Change. New York，NY，USA，1997.

[3] 中美气候变化联合声明（全文）. http：//news. xinhuanet. com/energy/2014-11/13/c _ 127204771. htm [2014-11-13].

[4] 中美元首气候变化联合声明. http：//news. xinhuanet. com/politics/2015-09/26/c _ 1116685873. htm [2015-9-26].

[5] ISO5149：2014 Refrigerating systems and heat pumps-Safety and environmental requirements.

[6] GB 9237—2001. 制冷和供热用机械制冷系统安全要求 . 北京：中国标准出版社，2001.

[7] 王鑫，李宗帅，徐强 等 . 当前制冷剂替代品发展态势及我国制冷剂生产现状 . 制冷与空调 2011，11 (1)：110-115.

[8] 2012-2013 年当前国内制冷剂的生产现状 . http：//www. china-consulting. cn/news/20130205/s83801. html [2013-02-05].

[9] UNEP Ozone Secretariat. Report of the nineteenth meeting of the parties to the Montreal Protocol on substances that deplete the ozone layer，2007.

[10] 环保里程碑：我国拆除首条 HCFCs 生产线 . http：//news. cheaa. com/2015/0428/443407. shtml [2015-04-28].

[11] 制冷剂：R22 开工满负荷 R134a 产能过剩利润大减 . http：//www. chemall. com. cn/chemall/info-

center/newsfile/2014-6-17/201461783348. html [2014-06-17].

[12] The European Parliament and the Council of the European Union. Regulation (EU) No 517/2014 of the European Parliament and of the Council on fluorinated greenhouse gases and repealing Regulation (EC) No 842/2006. Official Journal of the European Union，2014，150：195-230.

[13] EPA. Protection of stratospheric ozone：Change of listing status for certain substitutes under the significant new alternatives policy program. Federal Register，2014，79 (151)：46126-46166.

[14] 国家将对 HFC-23 销毁处置项目补贴 相关上市公司将收益 . http：//www. ideacarbon. org/archives/26617 [2015-06-03].

[15] 马一太，王伟 . 制冷剂的替代与延续技术 . 制冷学报 . 2010，31 (5)：11-17+23.

[16] 马一太，王伟，李敏霞 等 . R22 等 HCFC 制冷剂的减量延续技术 . 中国制冷学会 2009 年学术年会论文集，2009.

[17] A. Miyara. Condensation of hydrocarbons-A review. international Journal of Refrigeration. 2008，31 (4)：621-632.

[18] B. Palm. Hydrocarbons as refrigerants in small heat pump and refrigeration systems-A review. International Journal of Refrigeration. 2008，31 (4)：552-563.

[19] 美国允许四种碳氢制冷剂的应用 . http://bao. hvacr. cn/201407 _ 2049088. html [2014-07-29].

[20] GB 4706. 32—2012. 家用和类似用途电器的安全 热泵、空调器和除湿机的特殊要求 . 北京：中国标准出版社，2013.

[21] R22 加速淘汰 我国空调企业集体力挺 R290. http://news. cheaa. com/2015/1230/466429. shtml [2015-12-30].

[22] ASHRAE，ANSI/ASHRAE Standard 34-2010 Designation and safety classification of refrigerants.

[23] 马一太 . 氨冷库火灾事故分析及预防措施 . 制冷与空调 2013，13 (11)：95-98.

[24] 马一太 . 冷库火灾事故分析 . 制冷技术 . 2013，33 (2)：33-35.

[25] 马一太 . 关于加强氨制冷系统的安全防范的紧急建议书 . 制冷技术 . 2013，33 (3)：12.

[26] GB 50072—2010 冷库设计规范. 北京：中国计划出版社，2010.

本节执笔人：马一太、杨昭、李敏霞、代宝民

# 8.2 制冷（热泵）循环

制冷（热泵）循环是制冷空调热泵装置的基础，发展新技术和新装置离不开对制冷（热泵）循环的认识和创新。多年来我国经济的高速发展，需求大量制冷和热泵装置。建筑业发展致使空调使用量急速增长；雾霾造成空气污染使得压减燃煤迫在眉睫，呼唤高效热泵技术的推广运用；冷藏链及其物流业发展，加快了冷冻冷藏基础建设的速度。2014 年我国中央空调市场的整体容量达到 730 亿元，同比 2013 年增长率为 9.0%；我国商用冷冻冷藏设备市场的整体容量 2015 年可望达到 390 亿元，增长率可达到 9.1%。但是，制冷（热泵）产品大量使用消耗了巨大的电力，也形成了巨大的节能减排压力，建筑节能已经成为当前的热点公共话题。发展新型节能高效的循环形式是制冷研究工作者永恒的任务。

当前，蒸汽压缩式制冷热泵技术依然是制冷热泵技术的主流。本节归纳整理了几种新的制冷（热泵）循环形式，介绍了其循环原理及发展，重点介绍了空气源热泵的发展现状。并结合一些实测的实验数据或工程实例对其循环的优势进行比较分析。

## 8.2.1 强化补气制冷（热泵）系统的发展状况

### 8.2.1.1 构造原理

强化补气制冷（热泵）系统，即带经济器的制冷（热泵）系统，简称 EVI 系统或补气系统。补气系统目前已经成熟地应用在涡旋压缩机和螺杆压缩机上。涡旋压缩机 1905 年由法国人 Creux 取得专利，经历从 20 世纪初几十年的沉寂后开始迅速发展起来。具有效率高（吸压排气连续单向进行，容积效率 95%以上）、力矩变化小、振动小、噪声低及结构简单（与滚动活塞、往复式零件数目比为 1∶3∶7）等优点。目前的小型家用空调（1～15kW），大多数采用涡旋式或滚动活塞式。涡旋式压缩机的吸气、压缩、排气三个工作过程连续单方向进行。补气的开始和结束随着涡旋盘的旋转而自动打开或关闭。特别在制热工况下，补气的综合效果十分明显。

### 8.2.1.2 循环形式

经济器强化补气系统可采用的循环形式包括过冷器系统［图 8.2-1（*a*）］、过冷贮液器系统图［8.2-1（*b*）］和闪发器系统［图 8.2-1（*c*）］三种。针对不同的使用目的可选择相应的循环形式，如单冷空调适宜采用过冷器系统，过冷贮液器系统适合热泵制热。由于闪发器系统方便冷/热切换，适宜使用在制冷及制热兼有的场合。

补液系统不需安装闪蒸器，系统更加简单。从冷凝器出来的液体经膨胀阀节流后的液体喷入到中间腔内。制冷 *COP* 随补液量的变化规律呈增大趋势，但增加幅度不明显。补气可以选择闪蒸器系统、过冷贮液器系统和过冷器系统。与补液不同，补气时从主路抽出部分高压液体制冷剂，在中间压力下气化吸热，吸热过程造成主路制冷剂过冷，提高制冷量，而补入的气体为饱和或具有一定的过热度，可以起到提高压缩效率的作用。

但是，补入的气体温度、压力不能任意选取，范围为：

补入气体的压力≤系统冷凝压力

补入气体的温度≤系统主路过冷液体温度

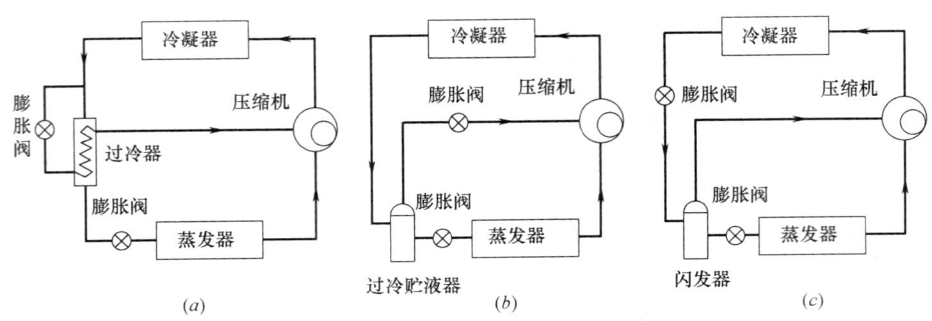


图 8.2-1 强化补气系统的循环形式

(a) 过冷器系统；(b) 过冷贮液器系统；(c) 闪发器系统

带喷射器和贮液过冷器的热泵（制冷）系统是补气系统的发展形势，其构成如图 8.2-2 所示。采用带补气功能的压缩机，压缩机、冷凝器、过冷贮液器、膨胀阀和蒸发器构成工作主路，过冷贮液器上部与压缩机补气口间的连通管路接入喷射器，形成工作辅路，即补气回路；用过冷贮液器上部的高压制冷剂蒸汽作为喷射器的工作流体，引射蒸发器出口的低压制冷剂蒸汽，在喷射器出口形成中压制冷剂蒸汽，并通过压缩机补气口直接喷入压缩腔或中间腔内，因而用单个压缩机完成了准二级或二级压缩过程，显著降低压缩功和排气温度，扩大热泵的运行工况范围，同时其能效比也得到提高。由于喷射器具有回收高压流体压力能的作用，又能引射低压流体并使之升压，因此，又使热泵能效水平得到进一步提高。通过以上技术措施，有效改善空气源热泵在低温工况下的制热性能和高温工况下的制冷性能，保证了空气源热泵能够在北京地区高效、稳定地长期运转，使其作为清洁、高效、便利的供暖技术手段。

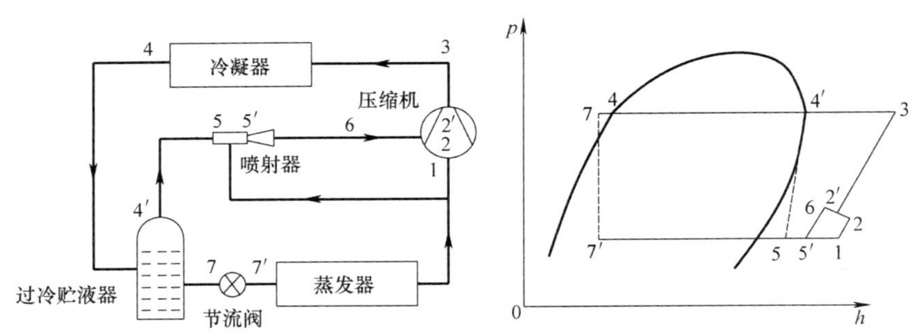


图 8.2-2 带喷射器的强化补气系统

表 8.2-1 是强化补气制冷（热泵）系统性能特征的分析比较。从热力完善度和能效比来看，带喷射器的系统最优，因此在低温工况下可以更有效地改善压缩过程，有利于提高空气源热泵的低温制热性能和运行可靠性；但另一方面，过冷贮液器系统构成更加简单，成本较低，可调节性好且易于实现，也可作为低温空气源热泵系统优先考虑的选择。过冷器系统的热力完善度和能效比水平适中，而闪发器系统的热力完善度和能效比水平较高，但可调节性不如过冷器系统。

强化补气制冷（热泵）系统的比较　　表 8.2-1

| 系统形式 | 带喷射器的系统 | 闪发系统 | 过冷器系统 | 过冷贮液器系统 |
|---|---|---|---|---|
| 热力完善度 | 好 | 较好 | 中 | 中 |
| 能效比 | 高 | 较高 | 中 | 中 |
| 系统构成 | 复杂 | 较复杂 | 较复杂 | 简单 |
| 可调节性 | 差 | 中 | 中 | 好 |
| 成本增加 | 多 | 中 | 多 | 少 |
| 适用场合 | 中大型商用 | 中大型商用 | 中小型商用 | 家用或小型商用 |

#### 8.2.1.3 关键技术

（1）补气孔开设的位置对热泵系统性能有较大的影响。研究者提出了该压缩机最优补气孔开设区域的确定方法。参见图 8.2-3，其步骤如下：1）在涡旋压缩机的定涡旋盘上的涡旋型线的靠圆心侧的最远端 M 点向圆心移动 360°得出定涡旋盘上的 A 点；2）过定涡旋盘的圆心 O 点与 A 点做一条直线相交于定涡旋盘上的涡旋型线得出 B 点；3）将 A 点与 B 点的直线 AB 逆时针旋转 30°，得出直线 A′B′，直线 A′B′交定涡旋盘上的型线于 A′点和 B′点；4）当涡旋压缩机的动涡旋盘的型线处于和定涡旋盘的型线中心对称的位置时，直线 AB 和动涡旋盘的型线或者是密封圈的型线相交得出 C 点、D 点。5）当涡旋压缩机的动涡旋盘的型线处于和定涡旋盘的型线中心对称的位置时，直线 A′B′和动涡旋盘的型线或者是密封圈的型线相交得出 C′点、D′点。6）两个对称的补气孔位置分别确定在位于 AA′C′CA、BB′D′DB 构成的区间内。

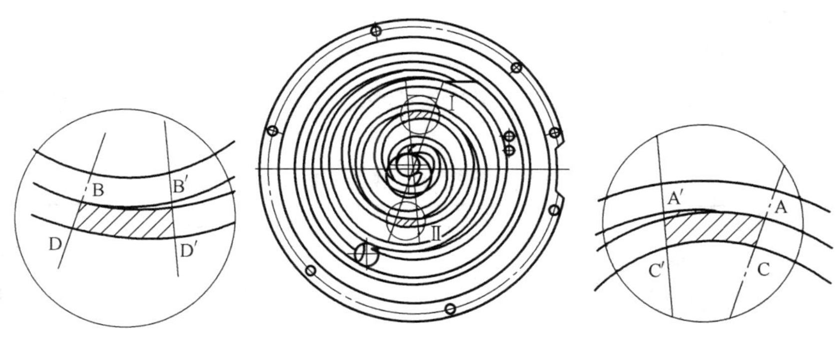


图 8.2-3　涡旋压缩机补气孔的开设方法

（2）中间压力存在最优值需要确定。如图 8.2-4 所示，制冷 *COP* 随中间压力的升高先增大后减小。在中间的某个压力下达到最大值。出现最大值的位置并不取决于采用何种工质，而主要取决于工况。比如，R410A，R32 和 R22 在制冷工况下出现最大 *COP* 值的中间压力都在 15bar 附近。而在制热工况下，R410A 的蒸发温度为－10℃时，出现最大 *COP* 的补气压力值为 11bar，蒸发温度为 0℃时为 13 bar。

#### 8.2.1.4 实验与应用

研究结果表明：1）相对于单级系统，补气系统的排气温度可降低 10～15℃，与补气系统相比，喷射器补气系统的排气温度降低 5～10℃。排气温度随着补气压力的升高而明显降低，且蒸发温度越低，效果越显著，这说明增大补气量能够有效改善压缩过程且有助于降低排气温度，从而提高系统的运行可靠性和低温适应性。在蒸发温度为－25℃时，对

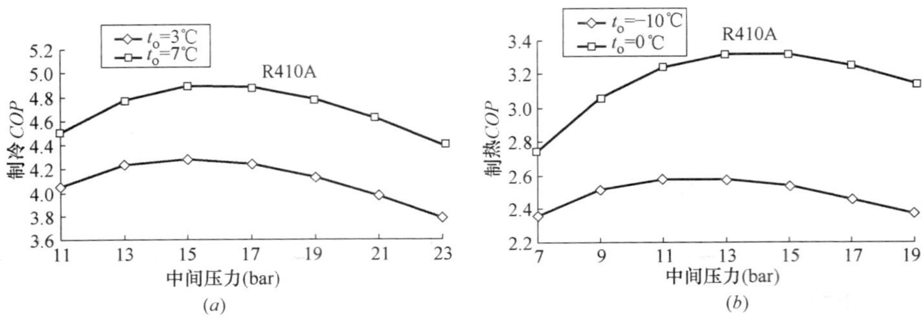


图 8.2-4 制冷、制热 COP 随中间压力的变化关系

于普通单级系统，由于排气温度过高（≥130℃），机组已经不能长时间的工作；而对于补气系统，补气压力从 1.0MPa 到 1.3MPa 变化时，排气温度从 125℃降低到了 120℃以下，有效解决了普通单级热泵系统在蒸发温度为－25℃时不能开机运行的问题。2）与单级压缩热泵系统相比，补气系统可使制热量提高 10%～30%，喷射器补气系统的制热量稍高于补气系统，并且随蒸发温度的降低而表现明显，这说明喷射器补气系统的低温工况适应性更好。3）喷射器补气系统与补气系统的输入功率随蒸发温度的变化不大，但比单级系统总体高约 1.5%～3.4%；单级系统的输入功率随蒸发温度的降低显著减少，特别是低蒸发温度下更为明显；相同蒸发温度下，喷射器补气系统的输入功率低于补气系统约 4%。4）与单级系统相比，补气系统的制热能效比 COP 可提高约 10%，－15℃达到 2.51。与补气系统相比，喷射器补气系统的制热能效比 COP 平均提高 3%～5%，并且蒸发温度越低，COP 的提高幅度越大，即喷射器补气对制热 COP 的改善程度越大，这同样说明喷射器补气系统具有优异的低温工况适应性。表 8.2-2 列出了不同类型循环方式的比较结果。

**不同类型循环方式的比较** **表 8.2-2**

| 系统 | 性能 | 制热量(kW) | 输入功率(kW) | 制热 COP |
|---|---|---|---|---|
| 单级系统 | 测试结果 | 9.51 | 4.33 | 2.19 |
| | 计算结果 | 9.53 | 4.38 | 2.17 |
| | 误差(%) | 0.21 | 1.15 | －0.65 |
| 补气系统 | 测试结果 | 10.52 | 4.17 | 2.51 |
| | 计算结果 | 10.56 | 4.19 | 2.52 |
| | 误差(%) | 0.38 | 0.48 | 0.41 |
| 喷射器补气系统 | 测试结果 | 10.61 | 4.10 | 2.59 |
| | 计算结果 | 10.63 | 4.08 | 2.61 |
| | 误差(%) | 0.19 | －0.49 | 0.59 |

目前，补气系统的研究热点包括：不同类型压缩机的补气系统（如滚动活塞压缩机）、新型环保工质的应用及多级补气压缩系统的理论与实验研究等。

## 8.2.2 双级压缩循环的发展现状

### 8.2.2.1 系统原理

家用空气源热泵是使用量和市场潜力巨大的产品。根据房间热泵空调器结构紧凑、控制成本，且需要制冷、制热兼优的特殊要求，构造出的家用双级压缩循环的原理如

图 8.2-5 所示。该系统包括压缩机、四通阀、第 1 换热器、第 2 换热器、第 1 节流元件、第 2 节流元件及闪发器，闪发器的壳体内有带隔板的闪发腔，以保证流向改变时具有同样的高效闪发效果。压缩机的高压端、低压端分别与四通阀的两个端口相连接，第 1 换热器、第 2 换热器与四通阀的另两个端口相连接，闪发器通过补气管与压缩机的补气口连通。

其特点如下：1）增加四通阀，改变系统制冷剂的流向，来实现室内侧换热器制冷和制热功能的转换，使该热泵系统达到夏季高效制冷、冬季低温强热的目的。2）压缩机为带补气功能的旋转压缩机（也称滚动活塞、滚动转子压缩机），既有旋转压缩机效率高、运转平稳的优势，又有强化补气的效果。3）闪发器是双流向的高效闪发器，保证四通阀换向前后都能产生高效的闪发效果。4）该系统有效地降低系统的复杂程度，提高系统的可靠性。

双级压缩循环的核心部件是双级压缩机。一般采用双缸旋转压缩机。双缸旋转压缩机具有热力性能优良、动力平衡性能好的优点，是一种应用前景很好的空调压缩机。如图 8.2-6 所示，该压缩机的构造和组成类同于普通的双缸旋转压缩机，其特征在于将双缸压缩机的下气缸设计为低压级缸，上气缸设计为高压级缸，在高压级缸和低压级缸之间增设混合室，混合室与高压级的吸气口、低压级的排气口及与闪发器相连的补气管相通。

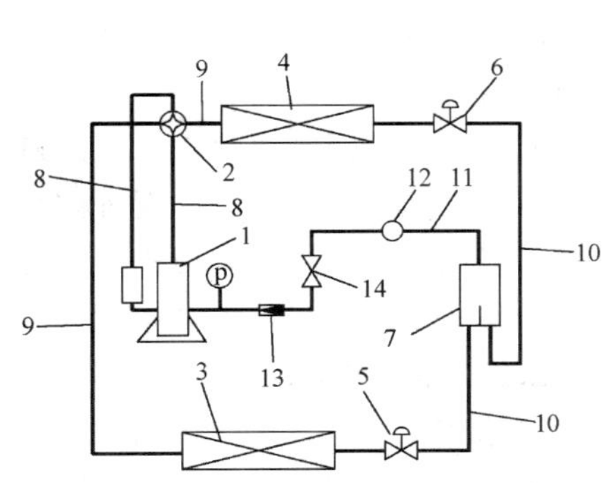


图 8.2-5 双级压缩循环原理

1—压缩机；2—四通阀；3—第 1 换热器；4—第 2 换热器；5—第 1 节流元件；6—第 2 节流元件；7—闪发器；8—第 1 连接管；9—第 2 连接管；10—第 3 连接管；11—补气管；12—液视镜；13—单向阀；14—电磁阀

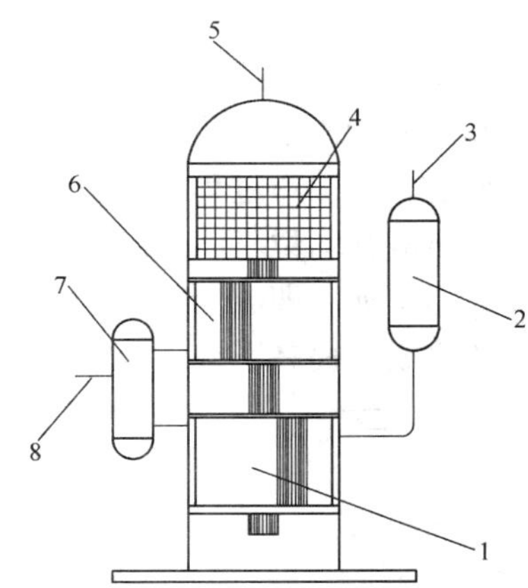


图 8.2-6 双缸旋转压缩机

1—低压级；2—气液分离器；3—吸气管；4—电机；5—排气管；6—高压级；7—混合室；8—补气管

#### 8.2.2.2 关键技术

（1）高低压缸容积比。图 8.2-7 所示为制冷制热 *COP* 随高低腔压容积比的变化规律。制冷 *COP* 随高低腔压容积比的增大呈先增大后减小的趋势，并在某个高低腔压容积比下达到最大值，与采用的工质种类关系不大。如，对于 R410A，R32 和 R22 在制冷工况下出现最大 *COP* 值的高低腔压容积比为 0.7 左右；而对于制热工况，出现最大 *COP* 值的高低腔压容积比要小，大约为 0.6。其中的原因是制热工况时，吸气压力较低，造成低压级的排气压力要低。

（2）闪发器是补气系统的核心部件，图 8.2-8 所示为两种可选用的闪发器。带布液歧管的闪发器，如图 8.2-8（*a*）所示，由进液管、分液器、布液歧管、闪蒸隔板、出液管、壳体及出气管等组成，进液管在壳体上部，出液管在壳体下部，出气管在壳体中间或靠上部的位置；在壳体内部，分液器与进液管相连，分液器接布液歧管，布液歧管深入到壳体中下部，在高度上错开排列；每个布液歧管出口的下部，布置有闪蒸隔板，闪蒸隔板固定在壳体或布液歧管上。该闪发器能够起到强化液体闪发过程、提高气液分离效果以及降低流动阻力的作用，可以提高闪发器双级系统的能效水平，变工况适应性强。

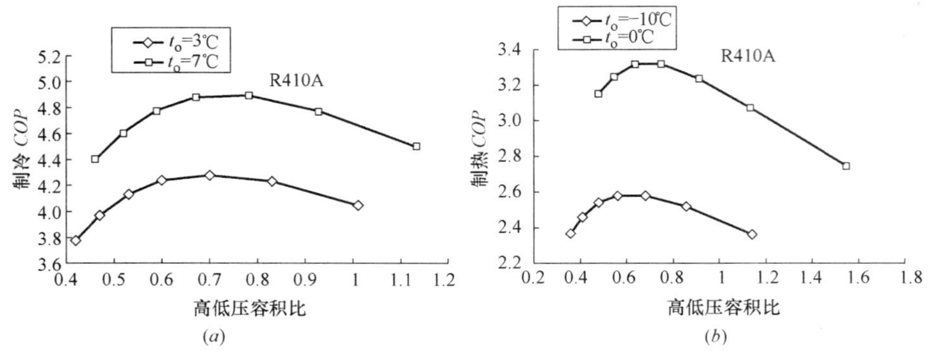


图 8.2-7　高低压容积比对制热、制冷性能的影响

(3) 双侧腔闪发器，如图 8.2-8 (*b*) 所示，壳体内设有中间隔板，将壳体内部的闪发腔的底部分分为两个侧腔，两个侧腔分别与第一通液管和第二通液管相通，闪蒸腔上部与通气管相通。在工作过程中，该闪发器不管流向如何改变，一级节流后混合液的进液管和过冷液的出液管均位于闪发腔的底部，由于两个通液管之间设有中隔板，保证两个通液管的流动互不干涉，即流向改变不会影响到闪蒸效果；采用该闪蒸器后，可以有效地简化双级系统的构成，提高系统运行的可靠性，且有利于回油。

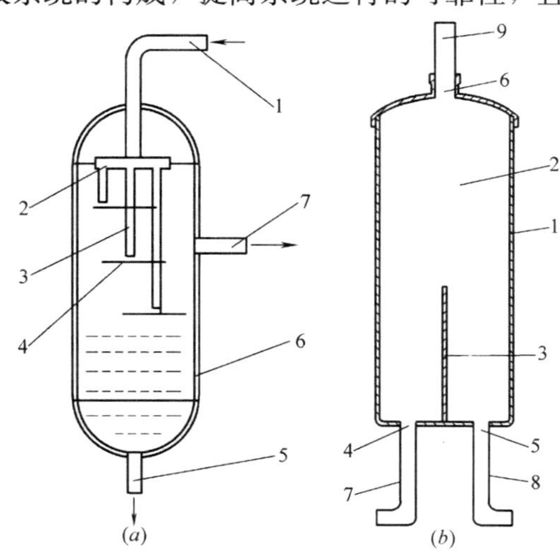


图 8.2-8　两种闪发器结构形式

(*a*) 绕片式；(*b*) 镶片式

(*a*) 1—进液管；2—集液器；3—分液管；4—布液板；5—出液管；6—壳体；7—出气管

(*b*) 1—壳体；2—闪蒸腔；3—中隔板；4—第 1 通液口；5—第 2 通液口；6—通气口；7—第 1 通液管；8—第 2 通液管；9—通气管

#### 8.2.2.3　实验与应用

北京工业大学的研究者研制出了带补气功能的双缸旋转压缩机，依据带喷射器和贮液过冷器的热泵（制冷）系统及其理论和试验研究成果，开发出了低温家用热泵空调系列产品，2012 年 9 月在珠海格力电器股份有限公司实现了产品化，该系列定名为双级增焓房间空调器，其中型号为 KFR-26GW/(26570) FNCa-1，经国家级检测中心——威凯检测技术有限公司检测，额定工况制冷系数（*COP*）为 4.87，高出国家标准 GB 12021.3—2010 规定的一级能效（*COP* 为 3.6）35.3%。能在 54℃的环境温度中稳定运行，48℃的环境温度中制冷能效比为 2.33，43℃的环境温度中制冷 *COP* 为 2.57。热泵空调器能在 −30℃的环境温度中稳定运行，−20℃的

环境温度下制热 $COP$ 为 1.97，－15℃的环境温度下制热 $COP$ 为 2.18，－7℃的环境温度下制热 COP 为 2.87，达到了国内外同类产品的领先水平。

表 8.2-3 是该产品与国内外知名品牌同类产品的比较，该产品制冷能效比高于同类产品最高水平约 26.5%；同类产品能在－15℃的环境下制热运行，却未标出能效比值，该产品能在－30℃的环境下制热运行，且－15℃下能效比为 2.18。

不同类型循环方式的比较　　表 8.2-3

| 产品类别 | 制冷 $COP$ | 制热 $COP$ | －15℃制热 | －25℃制热 | －30℃制热 |
|---|---|---|---|---|---|
| 格力双级增焓 | 4.87 | 5.87 | √ | √ | √ |
| 格力 | 3.52 | 3.64 | √ | | |
| 海尔 | 3.46 | 3.5 | √ | | |
| 美的 | 3.71 | 3.8 | √ | | |
| 三菱电机 | 3.52 | 3.90 | √ | | |
| 松下 | 3.85 | 4.02 | √ | | |

## 8.2.3 复叠式压缩循环的发展现状

### 8.2.3.1 复叠式制冷（热泵）系统

1. $CO_2$ 作为低温侧制冷剂的复叠式系统

$CO_2$ 作为低温侧制冷剂的复叠式制冷系统主要以 R717、R134a、R404A、R290 和 R1270（$NH_3$，HFC 和 HC）等为高温侧制冷剂，系统构成流程如图 8.2-9 所示，系统为双温系统。

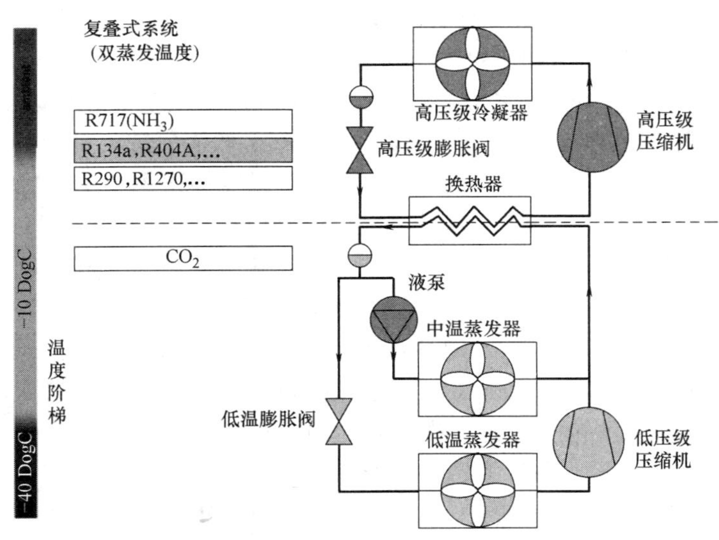


图 8.2-9　$CO_2$ 作为低温侧制冷剂的复叠式制冷系统流程图

丹佛斯将 $NH_3/CO_2$，$R290/CO_2$，$R404A/CO_2$ 和 $CO_2$ 跨临界系统与传统双温 R404A 系统的能源消耗进行对比，节能效果如图 8.2-10 所示。$NH_3/CO_2$ 复叠系统的节能效果最好，达到 10%左右，$R290/CO_2$ 复叠系统次之，$R404A/CO_2$ 复叠系统节能效果最差，$CO_2$ 跨临界系统也有一定的节能效果。

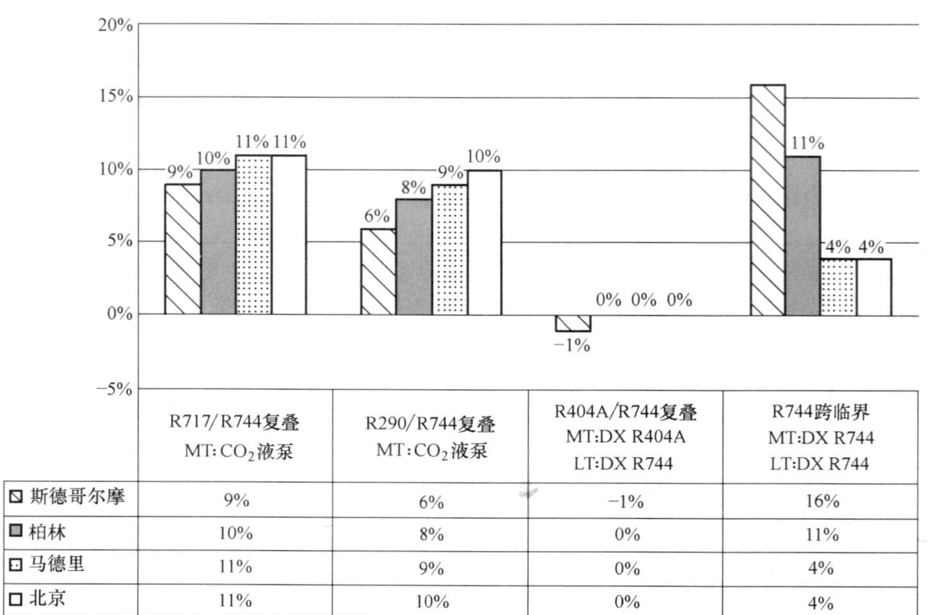


| | R717/R744复叠<br>MT:$CO_2$液泵 | R290/R744复叠<br>MT:$CO_2$液泵 | R404A/R744复叠<br>MT:DX R404A<br>LT:DX R744 | R744跨临界<br>MT:DX R744<br>LT:DX R744 |
|---|---|---|---|---|
| 斯德哥尔摩 | 9% | 6% | −1% | 16% |
| 柏林 | 10% | 8% | 0% | 11% |
| 马德里 | 11% | 9% | 0% | 4% |
| 北京 | 11% | 10% | 0% | 4% |

图 8.2-10 $NH_3/CO_2$，$R290/CO_2$，$R404A/CO_2$ 和 $CO_2$ 跨临界系统与传统双温 R404A 系统对比节能图

在与众多制冷剂构成复叠式制冷系统中，以 $NH_3$ 与 $CO_2$ 的组合应用最为广泛。究其原因，$NH_3$ 同样为自然工质，两种制冷剂都对环境无害。另外，$NH_3/CO_2$ 复叠式制冷系统在冷柜冷库的应用方面具有许多优势：1）$CO_2$ 在蒸发温度为－50℃以下时仍有足够的蒸发压力，可以满足目前食品保存的要求，而且蒸发器内不会产生负压，降低了空气漏入系统的可能性；2）$NH_3$ 制冷系统是该制冷系统的高温级，可以在远离公众的场所设置，完全可以解决安全问题；3）由于 $CO_2$ 无毒、不可燃、没有气味，且相对分子质量比空气大，可以按照 HFC 制冷剂的规程处理；4）$CO_2$ 可以直接送入超市制冷设备对食品进行冻结，没有污染食品的危险；5）$CO_2$ 制冷剂的容积制冷量大约是 $NH_3$ 制冷剂的 8 倍，低温级制冷剂的容积流量大大降低，而且由于是利用 $CO_2$ 相变来制冷，因此换热性能改善，大大减小了所需换热器的面积；6）与其他低压制冷剂相比，即使处于低温，$CO_2$ 的黏度也非常小，传热性能良好；7）$CO_2$ 制冷循环的压缩比要比常规工质制冷循环的低，压缩机的容积效率可维持在较高的水平。这些优势使得 $NH_3/CO_2$ 复叠式制冷系统具有很强的竞争力，可以降低系统的安装、操作和维护成本。

在热带的气候条件下，$NH_3/CO_2$ 复叠式系统被认为比 $CO_2$ 跨临界系统具有更好的稳定性表现，$NH_3/CO_2$ 复叠式系统在全世界都有很好的推广，在发达国家中 $NH_3/CO_2$ 复叠式系统占到 5%的市场份额，我国大连在 2012 年建设了一个用于 20 万 t 海产品冷库的 $NH_3/CO_2$ 复叠式系统。

图 8.2-11 为 $CO_2$ 作为唯一工质的超市中低温系统，该系统中温（蒸发温度为－15～－10℃）采用 $CO_2$ 跨临界循环，低温（蒸发温度为－40～－30℃）采用 $CO_2$ 亚临界循环。

2. 复叠式热泵系统

复叠式热泵系统主要部件包括高温级压缩机、低温级压缩机、室内侧水冷换热器、室外侧风冷换热器、蒸发冷凝器、水泵、节流阀及电磁阀等。图 8.2-12 为复叠式热泵系统的工作原理，低温级气态工质进入低温级压缩机，被压缩机压缩成高温高压气态后进入蒸发冷凝器放热，被冷凝为高温高压下的液态，再经过低温级的电子膨胀阀降压变成低温低压的气液混合态，然后进入风冷换热器吸收室外空气的热量，从而完成低温级循环；高温级循环与低温级循环过程类似。通常选用 R134a 作为高温级循环工质，R410A 作为低温级循环工质。

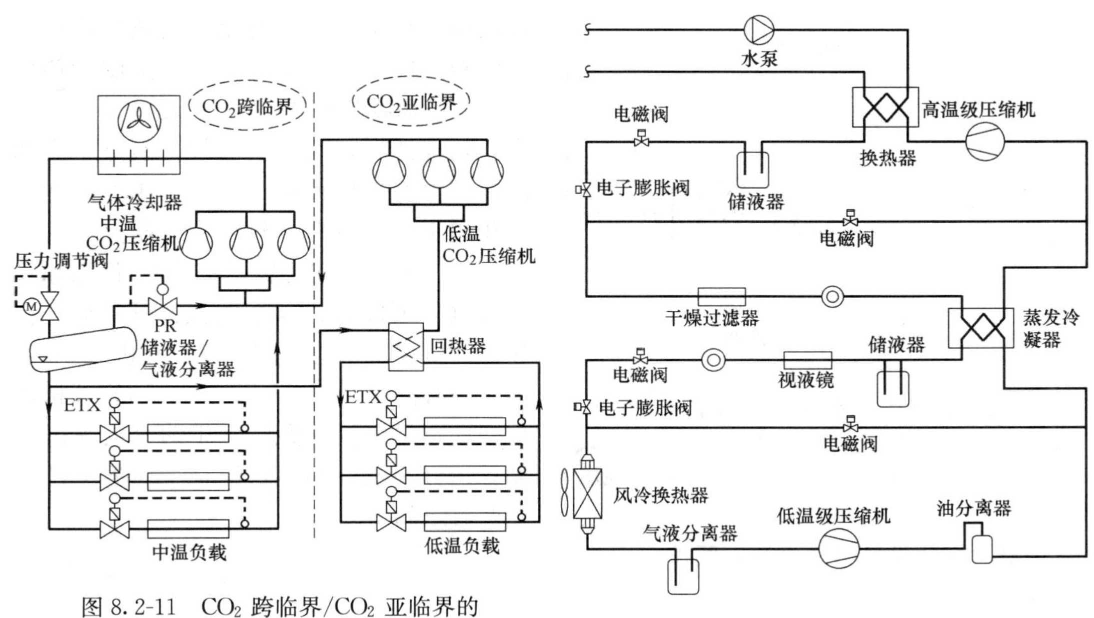


图 8.2-11 $CO_2$ 跨临界/$CO_2$ 亚临界的超市中低温系统

图 8.2-12 复叠式热泵系统工作原理

在不同的室外环境工况下，如何确定复叠式系统最优中间温度（蒸发冷凝器内的温度），以及如何确保复叠式空气源热泵系统在最优中间温度运行下的系统控制稳定性，是复叠式空气源热泵系统的关键技术。研究结果显示：采用二级压缩比大致相等的原则确定最优中间温度所对应的最优中间冷凝压力的控制方法是稳定可靠的，具有一定的推广应用意义。

实验研究表明：1）复叠式热泵系统可以在超低温环境下稳定运行，在极端温度达到−25℃时，系统制取 80℃高温热水的 *COP* 可以达到 1.55 左右；该系统的最高出水温度为 85℃左右。2）当制取的高温热水温度一定时，随着室外温度的升高，复叠式热泵系统的性能逐渐提高，但是当室外环境温度升高到一定程度时，系统的性能提升缓慢。3）当室外环境温度一定时，系统性能随着制取的高温热水温度的升高而逐渐下降；当制取 85℃热水时，系统的性能显著降低。

#### 8.2.3.2 自动复叠制冷系统

自动复叠制冷系统兼有单级压缩基本循环和复叠式制冷循环的特点，仅用一台压缩机实现复叠制冷循环的效果。如图 8.2-13 所示，混合工质经压缩机压缩为高温高压气体，在冷凝器中冷凝为气液混合物，气液两种物质的比例与冷凝最终温度、冷凝压力等有关。以试验所用的R600a/R23混合工质为例进行分析，其充注质量比例为7∶3。冷凝以后液体为富含R600a的组分，气体为富含R23的组分，气液混合物在气液分离器中分离为两路。富含R600a的组分经节流装置降温降压后冷却富含R23的组分，成为过热气体后回到压缩机。富含R23的组分经过回热器吸收冷量后成为过冷液体，经节流装置降温降压，在蒸发器中吸收热量，最后通过回热器成为过热气体回到压缩机。

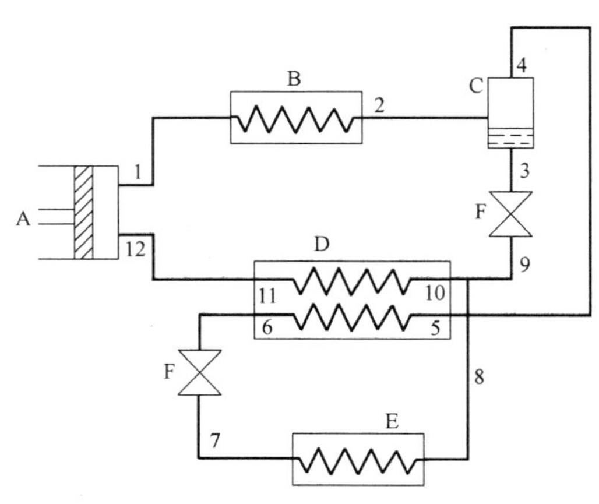


图8.2-13 两级自动复叠制冷系统

A—压缩机；B—冷凝器；C—气液分离器；D—回热器；E—蒸发器；F—节流装置；1～12—系统工质的典型状点

实验研究表明：1）恒压变化过程中，随着低沸点组分的增加，泡点温度和露点温度都呈减小趋势，泡点温度减小比较最初剧烈，后期比较平缓；露点温度最初比较平缓，后期比较剧烈。2）恒温变化过程中，随着低沸点组分的增加，泡点压力和露点压力都呈增大趋势，泡点压力最初增加比较平缓，后期比较剧烈；露点压力最初比较剧烈，后期比较平缓。3）低温冰箱降温过程可以分为4个阶段：延迟段、快速段、慢速段、稳定调整段，开机3.5h后冰箱中心温度降至－60℃左右。4）开机运行初期，汇合流的温度低于两个支流的温度；运行一段时间后，汇合工质温度才介于两者之间。

#### 8.2.3.3 复叠式热泵联合系统原理

1. 系统原理

根据生态循环供暖的新思路，以热泵理论作为基础，哈尔滨工业大学的马最良等提出了双级复叠热泵系统，其循环原理如图8.2-14所示。循环方式如下：系统由单级系统和复叠式系统复合构成，中间以二次水流为介质。当室外温度较高时，由单级空气源热泵直接向室内供暖设备提供45～55℃的热水；当室外温度较低时，空气源热泵单级难以运行或制热能效比太低，通过电磁阀切换管路，使空气源热泵和水源热泵双级耦合运行，即空气源热泵供水温度降低至10～20℃，再将10～20℃的温水作为水源热泵的低位热源，生产45～55℃的热水向建筑物供暖。

**不同环境温度下双级制热运行机组性能参数表　　表8.2-4**

| 室外环境温度 | －5℃ | －10℃ | －15℃ | －20℃ |
|---|---|---|---|---|
| 热水出水温度(℃) | 45 | 45 | 45 | 45 |
| 制热量(kW) | 10.93 | 9.15 | 8.38 | 7.78 |
| 两级总耗功率(kW) | 4.33 | 3.89 | 3.71 | 3.68 |
| 能效比 | 2.52 | 2.35 | 2.26 | 2.11 |
| 高温级排气温度(℃) | 68.10 | 70.10 | 72.50 | 78.20 |
| 高温级压缩比 | 2.78 | 3.65 | 3.90 | 4.31 |
| 低温级压缩比 | 3.70 | 3.45 | 3.32 | 3.25 |

在较低的室外温度下，由于空气源热泵冷热水机组的供水温度由常规的45～55℃变

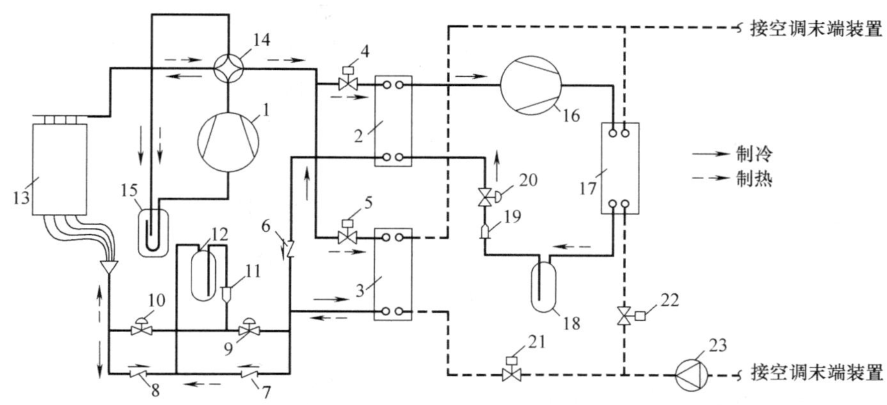


图 8.2-14 双级复叠式热泵循环原理图

1、16—涡旋压缩机；2—冷凝蒸发器；3、17—水侧换热器；4、5、21、22—电磁阀；
6、7、8—止回阀；9、10、20—膨胀阀；11、19—过滤器；12、18—贮液器；
13—室外换热器；14—四通换向阀；15—气液分离器；23—水泵

为10～20℃，可以改善热泵的运行状态，从而使得空气源热泵在我国一些寒冷地区可以长期、安全、稳定地运行。空气源热泵冷热水机组的供水温度由常规的45～55℃变为10～20℃后，机组的制热能效比 *EER* 会明显增加，增长率都在45%以上，使得系统在低温环境下双级耦合运行时的总制热能效比也不会太低。表8.2-4所示为不同温度下双级压缩制热性能参数。

2. 关键技术

（1）最佳模式切换时机的确定。低温环境下热泵以复叠方式运行更节能，为了使热泵的运行处于最佳节能状态，应分析热泵由单级运行转向复叠运行的最佳控制点。随着室外气温的降低，热泵供热量会急剧下降，系统 *COP* 显著减小。在这种情况下，尽管高低温环路所提供的总制热量还足以提供用户所需热负荷，但此时应考虑能量利用效率问题，因为复叠循环 *COP* 值可能已大于单级压缩循环 *COP* 值。当高温环路 *COP* 值小于或等于复叠循环 *COP* 值时，即可启动复叠循环。因此，热泵供水温度满足某关系式时，则由单级循环转向复叠循环运行，实现最佳节能。在压缩机输入功率一定的条件下，对高温环路的每一冷凝温度值，总有唯一确定的最佳节能室外气温值以实现系统节能最大。也就是说，最佳节能室外气温值是单级循环和复叠循环的分界点，当室外气温高于该值时以单级循环运行，反之，以复叠循环运行。反过来，对于每一确定室外温度，总有唯一确定的最佳节能冷凝温度值（高温环路）。

（2）中间环路最佳供水温度的确定。如图8.2-15所示，中间环路最佳供水温度范围在13～18℃之间。随着末端环路供水温度的下降，最佳中间环路供水温度随之降低，如同样在环境温度为15℃的情况下，末端供水温度50℃对应的中间环路最佳供水温度为16℃，而45℃和40℃的对应值分别为15℃和13℃。随着室外空气温度的升高，最佳中间环路供水温度呈抛物线形变化，如当末端供水温度为45℃时，室外温度在15～10℃之间时，相应的最佳中间环路供水温度为15℃，而室外温度为25℃和0℃时，相应值分别为17℃和16℃。在实际运行中，应根据运行工况的不同，及时调整中间环路供水温度的设

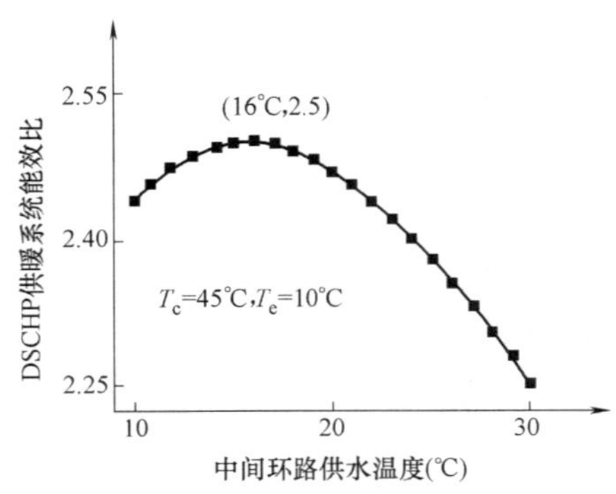

图 8.2-15 DSCHP（双级复叠）供暖系统能效比随中间环路供水温度的变化

定值，使其始终在最佳值附近波动，从而使系统获得最为理想的能源利用效率。

3. 实验与应用

双级复叠热泵供暖系统的工程实例为北京海淀区某单位综合楼，总建筑面积 2200m²，主体建筑依山而建，逐层阶落，1 层为主，局部 2 层，共有客房 17 间，办公室 12 间，另配会议室、活动室、多媒体演示厅、餐厅、车库等房间。其系统由一台空气—水热泵和两台水—水热泵组成，供暖采用地板辐射供暖系统。该工程于 2003 年 10 月竣工。从 2003 年 12 月 15 日至 2004 年 1 月 15 日对系统的供热量、耗功量、热泵运行参数、室内外空气温度等进行了一个月连续测试。在一个月的测试期内双级耦合热泵供暖系统始终保持较高的供暖能效比，系统的 *EER* 值均高于 2.5，其平均 *EER* 值为 3.2，最高可达 4.4。空气—水热泵机组日平均值为 3.3，水—水热泵机组日平均值为 4.5；室内日平均温度达 19.5℃，取得令人满意的供暖效果。同时，该系统具有良好的低温特性，克服了压缩机低温启动困难、散热损失大、润滑性能变差等问题。

单、双级混合式热泵供暖系统总制热能效比的研究，对于研究整个系统的经济性及其应用前景都具有很重要的意义。后续研究包括，确定混合式热泵系统中单、双级运行的切换条件，我国北方各地区的供热季节性能系数 *HSPF* 的数值计算等。

## 8.2.4 其他循环形式

### 8.2.4.1 多级节流喷射器补气制冷循环

西安交通大学鱼剑琳等人提出了喷射器辅助的多级节流补气系统，用以提高低温制冷性能，其原理如图 8.2-16 所示。理论计算表明，当采用 R22、R290 及 R32 工质时，与普通单级相比，制冷 *COP* 分别提高 2.6%～3.1%，3.2%～3.7% 和 2.9%～3.1%。制热能力分别提高 6.0%～8.4%，7.3%～10.2%和 6.7%～8.2%，同时大幅度降低排气温度，提高系统运行的稳定性。

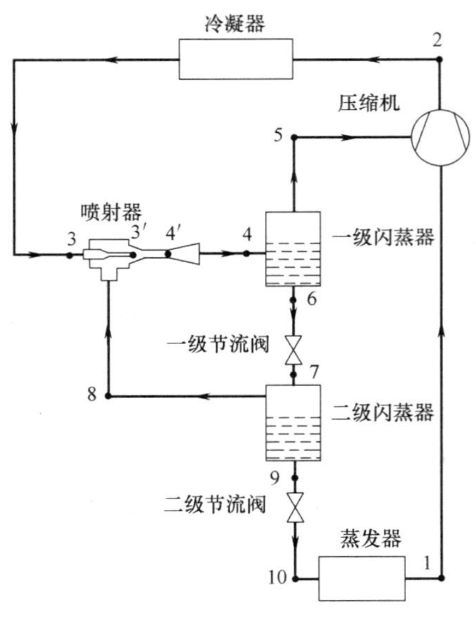

图 8.2-16 喷射器多级节流补气系统

### 8.2.4.2 Oil Flooding 循环

美国普渡大学的研究者提出了 Oil Flooding 制冷系统，并搭建了试验台，其原理如图 8.2-17 所示。压缩机排出的气体首先进入到一个高效的油分离器内进行油、气分离，油分离器分离出来的高温油进入到油冷却器内，充分冷却后再回到压缩机吸气口；另一方面，出油分离器的高温气体与压缩机的吸气进行回热交换，进一步提高系统的制冷性能。

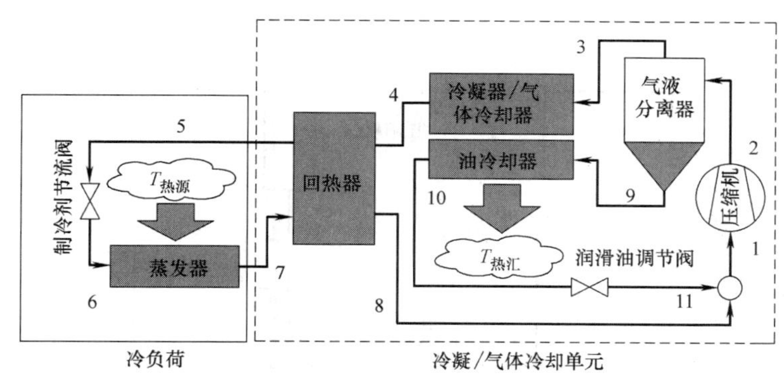


图 8.2-17　Oil Flooding 循环

测试结果表明，制冷效率相比提高 40%，空气调节的效率提高 5%。

#### 8.2.4.3　Ericsson 制冷循环

Ericsson 循环的流程要更复杂，其目的是通过无限接近等温压缩提高系统的压缩效率和容积效率，最终达到提高整个系统性能系数的目的，其原理如图 8.2-18 所示。出压缩机的高压气体经过冷却后立即进入到气液分离器内，而后，气体和液体分别进入各自的循环并多次混合。低温液体具有制冷作用，其压力的提升需要泵的辅助，高压气体的节流降压通过膨胀机来完成。实验数据显示，Ericsson 循环的等温效率保持在 73%以上，容积效率在 92%以上，膨胀机的等温效率和容积效率分别达到 66%和 105%。

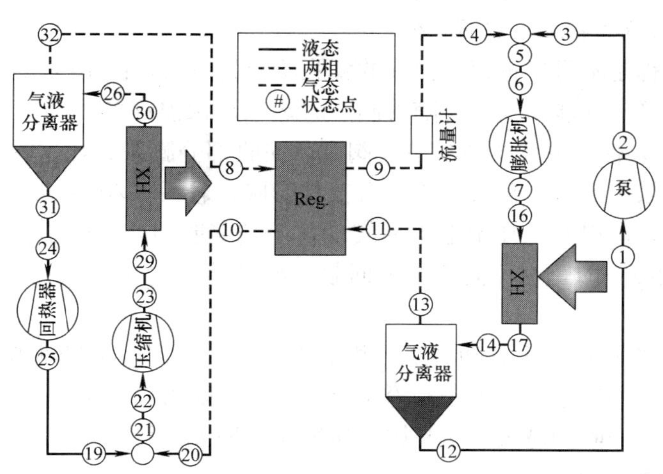


图 8.2-18　Ericsson 制冷循环

#### 8.2.4.4　带有波转子的制冷循环

波转子是一种利用激波对不同能量密度的气流进行能量交换的设备，传统的波转子技术用于提高常规燃气涡轮发动机的性能。其主要作用是使压力和温度状态不同的气流进行能量交换，温度压力高的气流减压降温，温度压力低的气流升温增压。这一过程利用的就是激波前后的压力突升和膨胀波使气流压力降低的特性。美国密歇根大学的 N. Muller 等人根据这一原理对波转子进行改造，将其用于离心式水蒸气制冷循环，提出一种新型的三

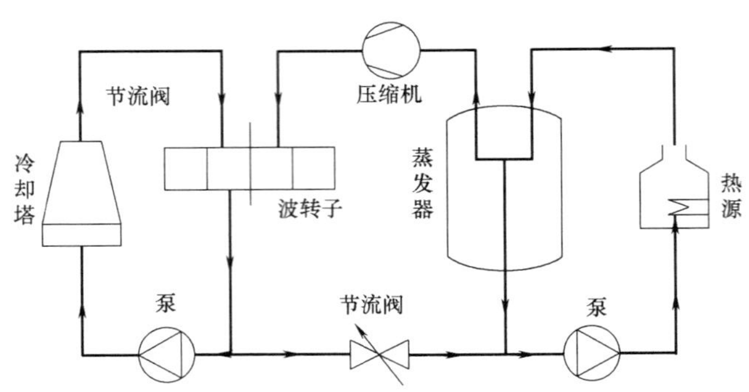


图 8.2-19　带有波转子的蒸汽压缩式制冷系统

孔波转子结构并设计出样机，其原理如图 8.2-19 所示。

关于波转子压缩制冷研究的主要结论如下：

(1) 将波转子用于水蒸气压缩系统时，其可以承担压缩机的一部分负担，压缩机功耗以及系统功耗均降低；

(2) 关键参数是通过波转子的流量比，当流量比获得最优值时，系统的制冷 *COP* 能达到最大，与基本循环相比提高 7.75%；

(3) 波转子可以有效地解决压缩机大压比、高排气温度的问题，在最优的流量比下压缩机排气温度与基本循环相比能降低约 50%。

**8.2.4.5　带膨胀机的制冷（热泵）循环**

由于节流过程是不可逆过程，损失的膨胀功变为热量，被制冷剂吸收，因而减少了有效制冷量，使之循环性能降低。且随着制热时热水出水温度的升高，节流损失也会增大。如图 8.2-20 所示，使用膨胀机代替节流阀可以回收部分膨胀功，这在 $CO_2$ 制冷热泵上已经取得了研究成果。但对于普通工质，由于其膨胀比较大（20～40），气液两相流膨胀机设计困难等原因，使得其在技术上不易实现，但其节能的前景还是很好的。图 8.2-20 给出了以 R22 为制冷剂时，在不同工况下回收的膨胀功所占压缩机耗功的百分比随膨胀机效率的变化情况。

从图 8.2-20 中可以看出，随着膨胀机效率的提高，回收的膨胀功逐渐增大。在相同效率下，热泵工况的回收功要大于制冷工况，增幅也随膨胀机效率的提高而增大，并且出水温度越高，系统回收功越大，这是因为压缩比的增大使得膨胀机入口压力和温度高，膨胀做功能力也就相应增大。

**8.2.4.6　有机朗肯循环（ORC）**

有机朗肯循环（ORC）是蒸气压缩式制冷循环的正循环，即以制冷剂等低沸点流体作为工质，通过有机工质膨胀机将温度较低的热能充分地转化机械能或电能的动力系统。ORC 技术为利用广泛存在、量大面广的低品位热能提供了有效的技术手段，在节能减排成为时代潮流的今天，ORC 技术也得到的快速发展和工程应用。下面简要介绍一下目前应用的 ORC 系统形式。

1. 有机朗肯循环

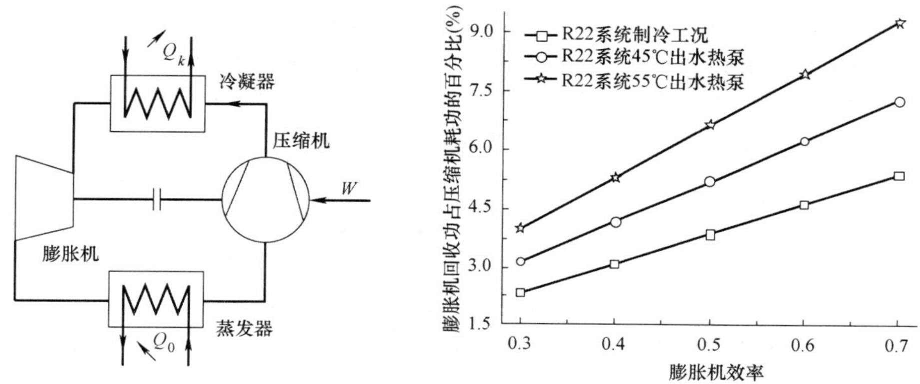


图 8.2-20 带膨胀机的制冷（热泵）循环

（1）带回热器的 ORC 系统

带回热器的有机朗肯循环系统结构图和对应的温熵图见图 8.2-21。与基本有机朗肯循环相比，带回热器的有机朗肯循环在膨胀机出口处增加了一个回热器，可实现膨胀机出口过热蒸气与工质泵出口过冷工质之间的热交换。这样，一方面回收乏气的部分热量，同时减少冷凝热负荷；另一方面，增加工质进入蒸发器的温度，减少蒸发负荷。

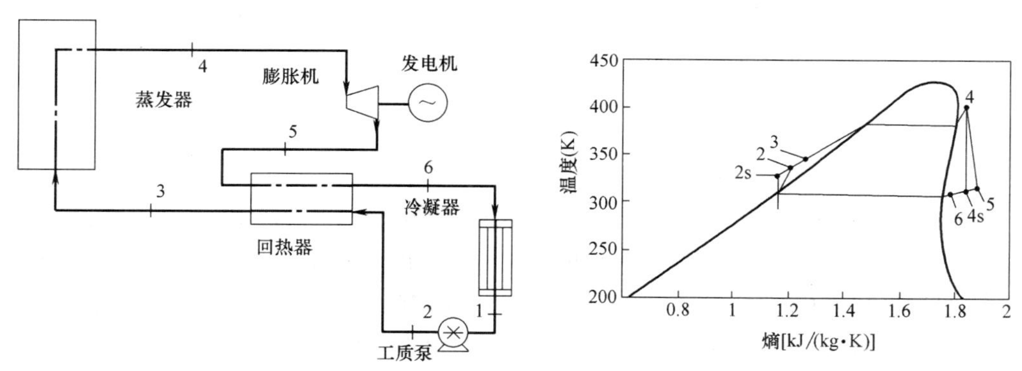


图 8.2-21　带回热器的有机朗肯循环系统结构图和对应的温熵图

以 R123 作为循环工质，设计并搭建了带内回热的有机朗肯循环实验台，实验结果显示：内回热、无回热循环在热源温度为 100℃时的最大输出功率均为 510W 左右，膨胀机绝热效率分别为 79.76%与 69.21%；内回热循环效率比无回热循环高提高 1.21%。采用热力学分析的方法，对面向中低温余热利用的回热有机朗肯循环进行分析与优化，结果表明：以循环热效率为目标参数，优化后的回热有机朗肯循环要优于基本有机朗肯循环，且优化后的回热有机朗肯循环较基本有机朗肯循环的循环热效率提高了 3.79%～8.52%。

（2）抽气回热式 ORC 系统

在基本 ORC 系统的基础上，抽气回热式 ORC 系统增加了一套抽气回热装置，主要装置包括：带有一级抽气回热的膨胀机、蒸发器、回热器、冷凝器和工质泵。带回热器的抽气回热式有机朗肯循环的结构图和对应工作过程温熵图如图 8.2-22 所示。处于饱和液体状态 1 的工质经过工质泵加压到某一中间压力的过冷状态 2，与膨胀过程中被抽出的部分过热气体在等压下混合，得到处于饱和液体状态 3 的工质。再经过工质泵 2 加压后，进入蒸发器中吸收内燃机的余热后蒸发为过热气体状态 5。从膨胀机中抽出的处于过热气体状态 6 的有机工质在闭式回热器中与状态 2 的工质进行充分的热交换，之后经过工质泵 2 的加压，状态 9 的有机工质在混合器中与状态 3 的有机工质混合，随后输送到蒸发器中。

采用干流体 R113 作为系统工质，对比分析了抽气回热式 ORC 系统和基本 ORC 系统的性能，结果表明抽气回热式 ORC 系统的热效率要高于基本 ORC 系统的热效率。采用 R245fa 作为工质，利用遗传算法对该有机朗肯循环的工作参数进行了优化，优化后的抽气回热式有机朗肯循环的热效率最高可达到 22.387%。

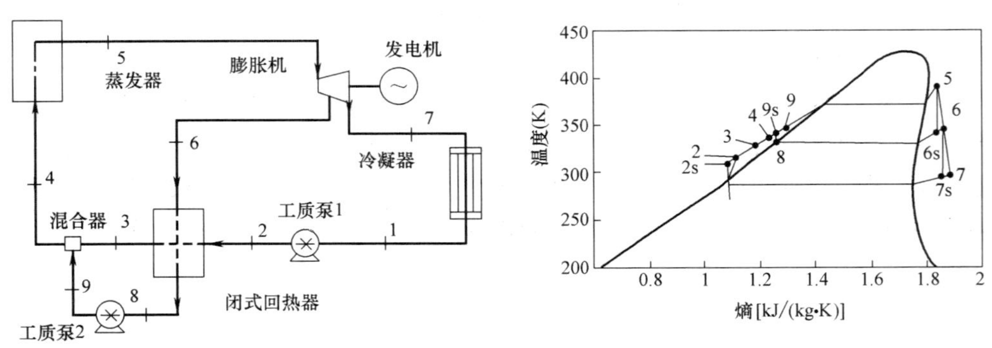


图 8.2-22　抽气回热式有机朗肯循环系统结构图和对应的温熵图

（3）带喷射器的 ORC 系统

带喷射器的 ORC 系统有两种形式：一种为用蒸汽作为喷射器工作流体的有机朗肯循环（VEORC）；另一种为用液体作为喷射器工作流体的有机朗肯循环（LEORC）。蒸汽引射的有机朗肯循环（VEORC），见图 8.2-23，是在常规 ORC 系统的基础上，增设了喷射器和二级蒸发器。VEORC 系统同常规 ORC 系统不同之处在于：1）由于 VEORC 中设置喷射泵，在二级工质蒸汽的引射作用下，降低了膨胀机排气压力，增大膨胀过程的工作压差，提高了系统的做功能力；2）热量梯级利用。一级蒸发器换热后的热源水继续加热二级工质，为喷射器提供工作蒸汽，完成二次放热，实现能量的梯级利用，提高了热量利用率。

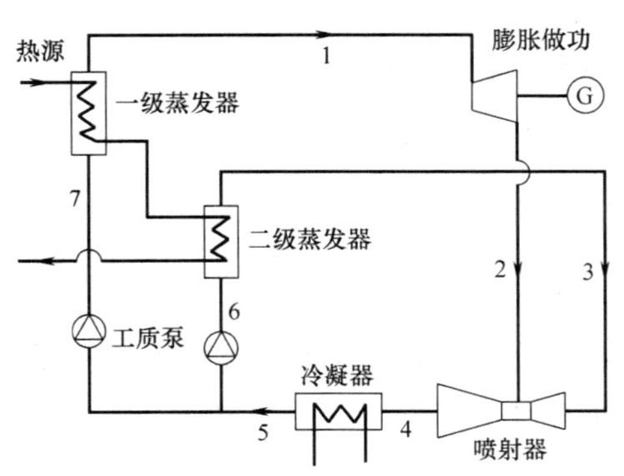


图 8.2-23　蒸汽引射的喷射式有机朗肯循环（VEORC）原理图

LEORC 是在 VEORC 的基础上进行改进的，将 VEORC 中喷射器的蒸汽引射改为液体引射，去掉 VEORC 中的二级蒸发器，见图 8.2-24。工质泵出口的高压液体直接作为喷射器的工作流体去引射膨胀机的出口工质，达到降低背压的目的，这样省去了二级蒸发器的加热量。

结果表明，在膨胀机出口采用喷射器来降低膨胀机的出口压力可以提高系统的热效率。对于热源温度为 60～100℃，LEORC 循环性能较优，LEORC 比 ORC 净输出功和系统效率分别提高 36%～58%和 19%～58%；对于 95℃的热源，LEORC 净输出功比 ORC 提高 40%，VEORC 提高 10.6%。同时最大净输出功时，LEORC 的系统效率最高，达到 9.22%。

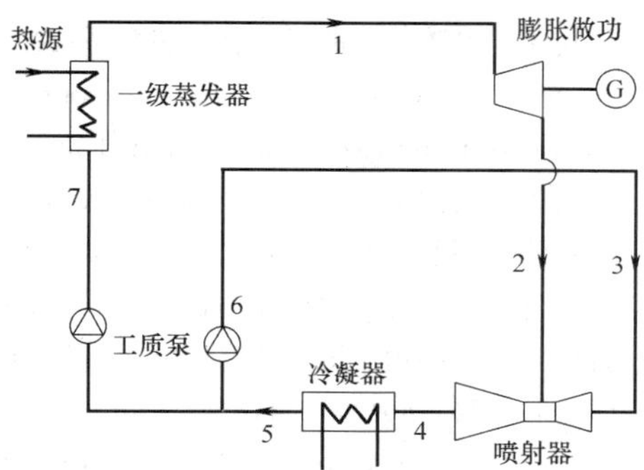


图 8.2-24　蒸汽引射的喷射式有机朗肯循环（LEORC）原理图

2. 有机朗肯—蒸汽压缩制冷联合系统

与基本有机朗肯循环相比，带回热器的有机朗肯循环在膨胀机出口处增加了一个回热器，可实现膨胀机出口过热蒸气与工质泵出口过冷工质之间的热交换。这样，一方面回收乏气的部分热量，同时减少冷凝热负荷；另一方面，增加工质进入蒸发器的温度，减少蒸发负荷。

将有机朗肯循环系统和蒸汽压缩式制冷系统结合起来，可以形成有机朗肯—蒸汽压缩制冷联合系统，回收工业余热直接进行制冷降温，整个系统可以减少甚至无需电能消耗。图 8.2-25 所示即为利用涡旋机械的朗肯-朗肯循环制冷系统。左边是一个 ORC 系统，由发生器、涡旋膨胀机、冷凝器和工质泵组成。右边是制冷循环，由涡旋压缩机、冷凝器、膨胀阀和蒸发器组成。二者共用同一种工质且同时工作，几乎不需要外界输入动力即可工作。其有许多特点：1）结构上膨胀机和压缩机可以成一体；2）由于 ORC 系统和制冷系统采用同一种工质，因此只需一个共用冷凝器；3）发生器的热源可以是余热，也可以用太阳能、地热能、生物质能，为新能源的开发创造条件。

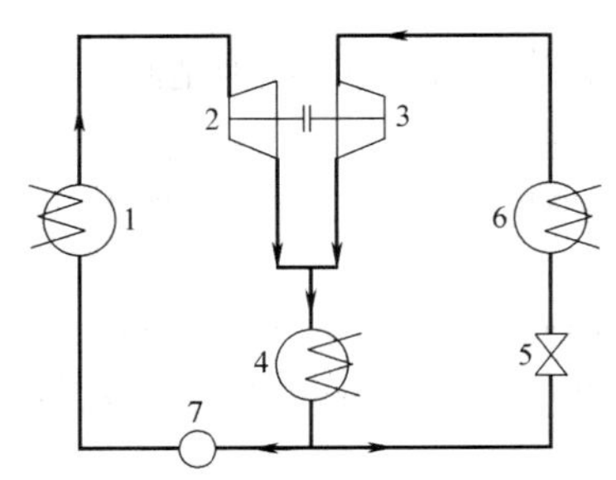


图 8.2-25　朗肯-朗肯循环制冷系统

1—发生器；2—涡旋膨胀机；3—涡旋压缩机；4—冷凝器；5—膨胀阀；6—蒸发器；7—工质泵

1997 年，西安交通大学的黄允东等提出将涡旋式膨胀压缩机用于此系统。2003 年，韩国 LG 公司提出将透平膨胀机连接压缩机用于此系统。2009 年，泰国国立法政大学的 Aphornratana S 提出将活塞式膨胀压缩机用于此系统。

## 8.2.5　总结

制冷热泵未来一段时间的发展方向应是以节能环保、绿色高效的循环方式和系统服务于国民生产生活的各个领域。可以预计，未来一段时间还可能出现新的循环理论或循环方式的应用。虽然近年来我国推出很多制冷、热泵装置的新产品，但在一些高性能、大容量的制冷热泵装置的开发制造与发达国家还存在一定差距。因此，应借鉴国外先进技术，尽早赶上国际先进水平。

## 本节参考文献


[1] 许树学．带喷射器的经济补气热泵系统循环机理与特性研究．北京：北京工业大学，2010.

[2] Xu S X，Ma G Y，Research on air-source heat pump coupled with economized vapor injection scroll compressor and ejector. International Journal of Refrigeration 2011；34：1587—1595.

[3] 柴沁虎，马国远，江亿，夏建军．带经济器的涡旋压缩机制冷循环热力学分析．清华大学学报（自然科学版），2003，43（10）：1401-1404.

[4] 马国远，彦启森．涡旋压缩机经济器系统的性能分析．制冷学报，2003，24（3）：20-24.

[5] 许树学，马国远．滚动活塞压缩机双级压缩中间补气制冷/热泵系统的实验研究．北京工业大学学报，2014，40（3）：418-422.

[6] http：//www. r744. com/web/assets/paper/file/co2-supermarkets-danfoss-dubai-march-2012. pdf.

[7] 刘杨，臧润清．$NH_3/CO_2$ 复叠式制冷系统概述．制冷与空调，2010，10（2）：53-56.

[8] 陈剑波，姚晶珊，亢友立，韩星，李贺，王玉．复叠式空气源热泵系统的控制稳定性研究．制冷学报，2014，35（1）：38-45.

[9] 陈剑波，聂琳杰，姚晶珊，李贺，亢友立．热水温度变化对复叠式热泵系统性能的影响．暖通空调，2014，44（2）：119-122.

[10] 芮胜军，张华，黄理浩，喻子达，王袭，王晓影．两级自动复叠低温冰箱的理论及试验研究．机械工程学报，2014，50（2）：159-164.

[11] 马最良．替代寒冷地区传统供暖的新型热泵供暖方式的探讨．暖通空调新技术，2001，（10）：31-34.

[12] 马最良，杨自强，姚杨，等．空气源热泵冷热水机组在寒冷地区应用的分析．暖通空调，2001，31（3）：28-31.

[13] 王洋．单、双级混合式热泵供暖系统的流程实验研究．哈尔滨：哈尔滨工业大学，2003.

[14] 余延顺，何雪强，江辉民，钱普华．单-双级混合复叠空气源热泵机组制热性能实验研究．南京理工大学学报，2012，36（6）：1036-1041.

[15] 王伟，马最良，姚杨．新型双级耦合热泵系统最佳中间环路供水温度研究．流体机械，2008，36（1）：66-69.

[16] 王伟，马最良，姚杨，姜益强．双级耦合式热泵供暖系统在北京地区实际应用性能测试与分析．暖通空调，2004，34（10）：91-95.

[17] Wang X，YuJ L，Xing M B，Performance analysis of a new ejector enhanced vapor injection heatpump cycle. Energy Conversion and Management 2015；100：242-248.

[18] Ian H. Bell，Eckhard A. Groll，James E. Braun，Performance of vapor compression systems with compressor oil flooding and regeneration. International Journal of Refrigeration 2011；34：225—233.

[19] Ian H. Bell，Vincent Lemort，Eckhard A. Groll，James E. Braun，Galen B. King，W. Travis Horton，Liquid flooded compression and expansion in scroll machines e Part II：Experimental testing and model validation. International Journal of Refrigeration 2012；35：1890-1900.

[20] 刘火星，姜冬玲，邹正平．波转子内部流动分析．中国工程热物理学会学术会议论文．

[21] Amir A. Kharazi，PezhmanAkbari，Norbert Müller. Performance benefits of R718 turbo-compression cycle using 3-Port condensing wave rotors. 2004 ASME International Mechanical Engineering Congress. Anaheim，California USA，2004.

[22] 马一太. 制冷与热泵产品的能效标准研究和循环热力学完善度的分析. 北京：科学出版社，2012.

[23] 徐荣吉，席奂，何雅玲. 内回热/无回热有机朗肯循环的实验研究. 工程热物理学报，2013，34（2）：205-210.

[24] 孙志强，易思阳，郭美茹，朱启的. 利用中低温余热的回热有机朗肯循环性能分析. 热能动力工程，2015，30（1）：24-30.

[25] Mago P J，Chamra L M，Srinivasan K，et al. An examination of regenerative organic Rankine cycles using dry fluids. Applied Thermal Engineering，2008，28（8-9）：998-1007.

[26] Wang Enhua，Zhang Hongguang，Fan Boyuan，et al. Optimized performances comparison of organic Rankine cycles for low grade waste heat recovery. Journal of Mechanical Science and Technology，2012，26（8）：2301-2312.

[27] Li X G，Zhao C C，Hu X C. Thermodynamic analysis of Organic Rankine Cycle with Ejector. Energy，2012，42（1）：342-349.

[28] 黄允东，王存智. 利用涡旋机械的朗肯-朗肯循环制冷系统的理论分析和研究. 石油化工设备技术，1997，18（6）：1-4.

[29] Jeong J，Kang Y T. Analysis of a refrigeration cycle driven by refrigerant steam turbine. International Journal of Refrigeration，2004，27（1）：33-41.

[30] Aphornratana S，Sriveerakul T. Analysis of a combined Rankine-vapour-compression refrigeration cycle. Energy Conversion and Management，2010，51（12）：2557-2564.

本节执笔人：马国远、许树学、马一太

## 8.3　制冷压缩机技术现状与发展

在国家节能环保的政策背景下，制冷空调行业面临着新的机遇和挑战。作为制冷系统的核心部件，制冷压缩机的市场呈现激烈竞争的态势，新的产品、研究方向和研究成果不断涌现，技术和性能水平日新月异。当前，受制冷剂替代、系统节能、可靠性保障、成本控制以及市场拓展等多方面影响和驱动，给制冷压缩机产品与技术的发展带来了挑战和机遇。

1. 制冷剂替代

对于制冷剂替代问题，当前在全球范围内尚未找到完全理想的替代制冷剂和完美解决方案。目前，$CO_2$、R32 和 R290 等是我国制冷空调行业具有一定应用推广潜力的替代制冷剂。对于制冷压缩机技术的发展，制冷剂替代影响深远。国外对于 $CO_2$ 压缩机已有成熟产品，我国尚处于样机研发阶段，对于其设计制造关键技术还有待突破，另外 $CO_2$ 压缩机和热泵系统成本问题也将成为制约 $CO_2$ 热泵技术推广的原因；R32 压缩机技术基本完成技术储备，只要相关标准法规完善，使用 R32 制冷剂的制冷空调产品即可推入市场；R290 压缩机的推广受限于其制冷剂的可燃性。另外，HFO 类制冷剂压缩机也开始研究开发。对于替代制冷剂压缩机的开发，主要针对压缩部件设计、材料的相容性、润滑油的选择以及电气安全等展开。

2. 系统节能

节能是时代发展永恒的主题。随着制冷设备在生产生活中应用越来越广泛，制冷系统的节能具有越来越重要的意义。作为制冷系统的核心部件，制冷压缩机的性能关系着整个制冷系统的节能水平。目前压缩机节能技术主要包括结构优化、变容量调节技术、高效电机等。结构优化可以减少摩擦损失，减小泄漏，从机械结构方面提升压缩机能效。变容量调节技术是应对变工况运行而发展的节能技术，包括变频调节、离心压缩机的可变扩压器调节、螺杆压缩机的滑阀调节技术等。高效电机除了传统异步感应式电机的效率优化，还涉及新型电机的开发，包括永磁电机、开关磁阻电机等。制冷压缩机的能效提升主要围绕这些技术研究来展开。正是国家节能政策对于系统的节能需求，推动了制冷压缩机节能技术的发展及新技术的产生。

3. 可靠性保障

压缩机的可靠运行及使用寿命关系着系统的运行稳定情况。随着制冷空调技术的发展，制冷压缩机生产企业也越来越重视压缩机可靠性技术的发展，压缩机的可靠性和使用寿命也得到了有效地提高。压缩机可靠性涉及压缩机设计、制造、检测和使用等各个方面。目前主要研究包括：可靠性基础理论研究；传统设计与可靠性设计相结合、定性设计与定量设计相结合的体系的建立；制冷空调压缩机及零部件产品设计定型阶段、量产抽检阶段可靠性的评价；从机械系统、电气系统、润滑系统三个角度开展制冷空调压缩机失效机理的研究；故障树体系的建立，可靠性测试数据管理分析系统的研制等。压缩机可靠性直接关系着产品品质，只有采用科学、合理的新方法、新结构，从基础理论到实际应用，从零部件到整机，从设计到使用，致力于以可靠性为目标的高效制冷空调压缩机技术的研究，才能使制冷压缩机技术发生质的变化。

4. 成本控制

成本控制是企业的生命线。企业成本控制同样是贯穿在压缩机设计、生产、检测各个环节，随之衍生出各种技术的发展：1）计算机设计计算更多地融入到压缩机技术的发展中来；2）基于成本控制或应对运输制冷设备等要求，在保证产品可靠性的前提下，设计兼顾轻量化已成为制冷压缩机的重要发展方向；3）改进和提高生产装置自动化水平，已经成了行业企业重要发展方向，对提升企业生产效率、降低生产成本起到重要的推动作用；4）压缩机产品检测装置的节能逐步引起企业的重视。这些相关技术的发展都体现了企业对于成本的追求。因为控制成本的需求，也会对压缩机产品及技术发展产生深远影响，相关技术也会应运而生并得到发展。

5. 市场拓展

随着压缩机技术的发展，压缩机类型由原来的活塞发展到现在转子、涡旋、螺杆、离心多种类型。但同时，这也导致了各类型压缩机之间的互相竞争。在空调领域，小排量范围，转子压缩机与涡旋压缩机之间的竞争；大排量范围，螺杆压缩机与离心压缩机之间的竞争；在冷冻冷藏领域，小排量范围，涡旋压缩机与活塞压缩机之间的竞争，大排量范围，螺杆压缩机与活塞压缩机之间的竞争；正是这些竞争的存在和企业市场拓展需求，推动了制冷压缩机运行范围拓展技术的发展，补气喷液、多级压缩等技术成为了压缩机技术的研究热点。另外，热泵及冷冻冷藏专用压缩机的开发，提出了大压比压缩机的设计需求，对于各类压缩机市场的竞争与拓展也至关重要。

本节围绕以上几个方面背景及驱动力，对冰箱/冰柜压缩机、转子式压缩机、涡旋式压缩机、活塞式压缩机、螺杆式压缩机、离心式压缩机以及汽车空调压缩机相关市场、产品及技术展开叙述，重点介绍了各类型制冷压缩机技术最新进展，针对这些技术存在的问题、研究的紧迫性和发展前景等进行了分析和展望，总结提出了各类型制冷压缩机技术发展趋势。

## 8.3.1 冰箱/冰柜压缩机产品及技术现状与发展趋势

### 8.3.1.1 产品及市场现状

2014 年，在整体需求下滑的环境下，家用电冰箱、冰柜双双出现小幅下滑，家用电冰箱/冰柜压缩机的产量约为 9940 万台，与 2013 年同比下降 3%左右。但相关市场监测数据显示，中高端产品多门、对开门电冰箱分别增长了 40%和 14.5%，这说明市场对大冷量冰箱的需求在增大，相应的压缩机应主动迎合这一需求。未来，在市场低迷的状况下，企业应主动调整产品结构，加大创新力度，削减低盈利能力的产品的生产，加大相应大冷量冰箱/冰柜压缩机的推广应用。

### 8.3.1.2 技术现状

冰箱/冰柜压缩机技术相对较为成熟，目前对于冰箱/冰柜压缩机技术的研究主要针对节能技术、降低噪声、环保制冷剂压缩机以及直线压缩机的研发等展开。

1. 节能技术

微小型往复活塞式压缩机依然是冰箱、冰柜和小型冷冻冷藏系统中的压缩机主要形式。近几年来，为了进一步提高冰箱压缩机的综合性能，技术开发重点依旧集中在：1）凹形排气阀的改进与应用；2）减少吸气过热；3）运行电容器选用；4）降低黏度的润滑油；5）采用平面滚动轴承设计；6）采用变频电机。

2. 降低噪声

全封闭冰箱压缩机的噪声问题是目前的研究热点。冰箱压缩机噪声源比较复杂，主要分为3类：机械噪声、气动噪声和电磁噪声。

降噪的主要方法分为：1）加厚壳体；2）提高零部件精度；3）吸排气结构优化；4）阀板、阀片优化；5）内排气结构的优化；6）动平衡设计；7）外壳形状及壳体空间的重设计；8）机芯支撑悬挂结构方式的改进。还可以采用有源消声技术，主动控制消除压缩机的噪声。

3. 替代制冷剂

R600a是一种性能优越的碳氢制冷剂，其*ODP*为零，*GWP*接近于零，符合替代制冷剂温室效应要求。R600a蒸发潜热大，流动传热性能好。目前，R600a在小充注量机型如冷冻箱和家用电冰箱上有着广泛的应用。德国90%的冷藏冷冻箱采用碳氢化合物作为制冷剂，我国的家用电冰箱也已经大部分采用R600a。

4. 直线压缩机

直线压缩机具有结构简单、活塞不受侧向力、摩擦小的优点，易实现无油润滑和气体轴承支撑，运行稳定可靠性好等特点。直线压缩机正逐步由军用领域扩展到民用领域。国家支持的“863计划”课题“电冰箱用直线压缩机研究与开发”，开发出电冰箱用直线压缩机样机。LG已在泰州投资1亿元建造线性压缩机生产基地。就目前而言，设计理论体系的进一步完善、高效直线电机开发、永磁材料和控制系统成本等仍然是直接影响直线压缩机的发展及普及应用面临的主要问题。

#### 8.3.1.3 产品及技术发展趋势

冰箱/冰柜压缩机未来还是以微小型往复活塞式压缩机为主，应加大对大冷量冰箱/冰柜压缩机的推广应用。为了满足日益增加的各种形式和性能冰箱的要求，未来进一步提高效率、降低系统噪声是冰箱压缩机的主要发展方向。冰箱/冰柜压缩机的制冷剂替代技术上也取得了显著的进步，未来R600a冰箱压缩机将得到更广泛的应用。

### 8.3.2 转子式压缩机产品及技术现状与发展趋势

#### 8.3.2.1 产品及市场现状

3HP以下转子式压缩机基本应用于家用空调，少量应用在冷冻冷藏行业。根据BSRIA（英国建筑服务研究与信息协会）统计，中国2014年家用空调器产品市场发展迅猛，总产量接近1亿台，其中出口约4000万台，内销约6000万台，较2013年增长近20%。从空调生产企业来看，格力和美的处于第一梯队，销量均在2000万台以上；第二梯队包括海尔、海信科龙、志高、TCL、奥克斯等知名品牌，销量在400万～800万台不等；第三梯队包括格兰仕、扬子、长虹、松下、LG和三星等企业，销量在50万～300万台。

就应用于轻商用空调产品的竞争优势而言，目前5HP以下空调器产品，转子式压缩机较涡旋式压缩机具备明显的成本优势。双转子压缩机产品在国内多联机市场上已经有了规模化应用，目前产业化的单台双转子产品能力上限为16HP，国内制造商仍在进一步拓展产品能力的上限。行业中转子式空调压缩机制造商目前都将轻商用产品（多联机等）定位在变频大功率压缩机的研制开发上。一直以来，围绕转子式压缩机和涡旋压缩机的产品竞争一直被业内所关注，从家用空调到商用空调，尤其是在多联机产品领域，二者的竞争也愈发激烈。2015 年前三季度使用转子式压缩机的多联机销量占比大约为 40%，而 2014 年同期这个数字是 25%，只用了一年的时间，转子式多联机的占比提升了 15 个百分点，同比增长更是超过 50%。

另一方面，近年来空气源热泵热水机（器）以节能效果显著且无废气废物排放、清洁环保而备受关注，相关产品也大量推向市场。空气源热泵热水机（器）的工作条件与空调器运行工况存在很大差异，尤其是对于极端工况和边缘工况下对压缩机的运转要求很高。市场上空气源热泵热水机（器）的兴起，给转子式热泵压缩机带来了发展机遇。

#### 8.3.2.2 技术现状

转子式压缩机主要应用于家用空调中，提高能效、制冷剂替代以及降低噪声是各制造厂商最为关心的。另外，大功率转子压缩机的开发、热泵或低温领域产品的应用以及轻量化也逐渐成为转子式压缩机的发展趋势。

1. 结构及零部件

转子式压缩机节能技术的研究主要包括：1）改善排气结构。2）间隙优化。3）改善润滑油循环系统。4）高效电机。永磁无刷直流电机是新一代高性能的驱动电机，很好地克服了异步电机转差损耗和直流电机电刷故障率高、使用寿命低的缺点。5）优化储液器内部结构。对热泵型转子压缩机，优化储液器内部结构，更好地适应制冷和制热工况的运行要求。

2. 变容量调节技术

转子压缩机的变容量调节机械方式主要是吸气旁通和顶开吸气阀等。吸气旁通是在转子式压缩机气缸上分别开有多个回气孔，通过阀门与吸气腔相通，其制冷量可在 10%～100%的范围内进行调节。变转速调节有变频控制，分为交流变频和直流变频，转子压缩机以直流变频为主。目前频率调节范围为 20～180Hz。变频压缩机需要解决的问题是：高速运转时轴承负荷过大；滑片摩擦和磨损问题；气阀的寿命问题；低转速的振动和润滑油的供给问题。

3. 制冷剂替代

目前转子式压缩机的制冷剂替代工作主要包括 R290 和 R32 压缩机的开发。作为自然工质的碳氢化合物 R290 具有优良的热物理性能，主要缺点是可燃性。海立、美芝、凌达等公司已经在进行 R290 压缩机的研发工作。德国联邦政府自然环境保护与核安全部实施了一项计划，在中国珠海格力电器股份有限公司建了一条年产 18 万台的使用 R290 的房间空调器示范基地，旨在推动在房间空调制冷剂上 R290 替代 R22。随着房间空调器 R22 替代工作的开展，碳氢化合物的研究和应用将会深入，其中可燃性工质充注安全性技术研究和限制规定的标准研究，是可燃性工质应用研究不可缺少的内容。R32 转子压缩机在近几年制冷展上相继展出，R32 转子压缩机开发的关键在于冷冻机油的选择和降低排气温度。需要根据压缩机轴承负载情况确定合适的冷冻机油黏度范围，进而根据吸气干度与黏度的变化关系，选择合适的吸气干度限值。

4. 降低噪声

转子式压缩机的噪声控制对于转子式压缩机的应用也至关重要。转子式压缩机噪声研究及降噪技术可参考冰箱/冰柜压缩机降噪技术。

5. 大功率转子式压缩机的开发

为了适应大制冷量的要求以及改善压缩机的特性，双缸双转子的转子式压缩机的开发逐渐成为发展趋势。在转子压缩机企业逐步解决了大功率转子压缩机直流变频技术的诸多难题之后，5～10HP轻商用转子压缩机产品逐步推向市场。大功率转子压缩机在成本方面相比涡旋产品更有优势，各企业对其均相当重视，随着行业技术水平的提升，大功率转子压缩机与涡旋压缩机的竞争将更加激烈。

6. 热泵低温应用

对于长江中下游地区的供暖需求，使得转子压缩机在热泵领域的应用成为将来重要的发展趋势。在转子压缩机相关技术的基础上，采用两级压缩和单级补气循环用于热泵系统，二者具有结构简单和适应性强的特点。也有开发转子式热泵专用压缩机，提出新型反转热泵型转子压缩机的设计。近年来，随着对结构的进一步改进和加工精度的进一步提高，使得滚动转子式压缩机在低温领域中同样具有较高的性能系数，因而已成功地应用于家用冰箱和冷柜中，它不仅大幅度缩小了安放压缩机的空间，还减轻了冰箱和冷柜的整机重量。

7. 小型轻量化

通过采用新型电机、新型材料的应用，压缩机电机的体积越来越小，但是效率越来越高，从而使压缩机向小型轻量化发展。以1.5匹转子压缩机为例，由早期的15.8kg降低到6.2kg，体积越做越小，用料更加节省，在一定程度上降低了成本。转子压缩机的小型轻量化发展仍是未来的趋势。

#### 8.3.2.3 产品及技术发展趋势

转子压缩机的应用以家用空调为主，大功率转子压缩机逐步拓展到轻商用空调领域。变频技术将获得进一步的发展。未来在热泵及低温领域的应用也有一定的发展前景。技术层面上，高效节能、制冷剂替代、低噪声和小型轻量化仍然是转子压缩机的主要发展方向。

### 8.3.3 涡旋式压缩机产品及技术现与发展趋势

#### 8.3.3.1 产品及市场现状

2014年上半年涡旋式制冷压缩机增长速度较快，进入下半年后，增速开始放缓。从全年行业整体情况来看，2014年我国涡旋压缩机行业总产量为415.5万台，同比增长6%，总销量为415.8万台，同比增长6.2%。从空调行业来看，2014年在国内生产总值GDP持续下滑的情况下，家用空调销售实现了5.21%的逆势增长。商用空调方面，2014年市场增速小幅提升，销售同比增长12.30%，其中，多联机行业在经历几年的高速增长之后，受到房地产市场的影响以及行业基数的不断增加，增速放缓至16.70%。而随着家用中央空调的普及率不断提高，家用多联机有望迎来大幅增长，这也是对涡旋压缩机增长起到促进作用。

就目前来看，涡旋压缩机产品和市场以空调（热泵）为主，向冷冻冷藏、热泵热水及供暖市场拓展。空调用涡旋压缩机主要应用于3～5HP的单元机以及7～12HP的多联机，作为轻商用中央空调领域的主流上游部件。就整个涡旋式制冷压缩机产品系列，在小排量范围内，小功率涡旋主要与大功率转子式压缩机展开竞争。转子式变频压缩机在大功率机型方面拥有成本的优势，未来将给涡旋式压缩机提出挑战。在大排量范围，大功率涡旋与螺杆制冷机展开竞争。涡旋压缩机多台并联机与单机头的螺杆压缩机相比能够降低成本，在市场上完全可以与螺杆机进行竞争。相对空调用涡旋式制冷压缩机，冷冻用涡旋式压缩机市场占比较少。2014 年，冷冻用涡旋式压缩机国内总销量达 16 万台，同比增长 12%。在中高温小型冷库市场的增长尤为明显，与小冷量活塞机展开竞争。

#### 8.3.3.2 技术现状

涡旋压缩机技术的发展主要围绕节能技术、运行范围拓展、制冷剂替代几个方向进行。

1. 结构及零部件研究

涡旋压缩机的开发主要集中在以下几个方面：1）涡盘及型线优化；2）零部件强度校核；3）改善动平衡；4）采用柔性机构；5）轴向密封结构和端面密封结构研究；6）供油系统的优化；7）高效电机。主要包括异步感应电机、永磁同步电机和开关磁阻电机三种。永磁同步电动机由于其体积小、重量轻、高效节能等一系列优点，越来越引起人们的重视，其控制技术日趋成熟，控制器已产品化。中小功率的异步电动机变频调速正逐步为永磁同步电动机调速系统所取代。

2. 变容量调节

对于涡旋式压缩机，迄今为止用于调节容量的压缩机技术真正主导市场的只有变频和数码涡旋技术两种。数码涡旋技术是谷轮公司于 2001 年 8 月推向市场的一种压缩机变容量技术。这种调节方式的优点是控制方式简单，不会出现谐波，可以准确地满足需求的输出容量，较好的低容量湿度控制，较大的容量范围，即使管线较长也易回油。同时系统部件较少，无电磁干扰问题，装置结构简单。变频技术在涡旋压缩机的应用也已经比较成熟。目前，全封闭涡旋式压缩机的变频调节有交流变频和直流变频两种方式。变频调节由于避免了频繁的开、停机，也就减少了这部分损失。变频调节控制精度高、温度波动小、舒适性好。其缺点是成本高，变频器本身存在一定的能耗，而且存在电磁兼容和电磁干扰问题。从能量调节角度看，数码涡旋式和变频不分伯仲。但就目前市场份额而言，变频技术已经超越了数码涡旋技术，连续多年高速发展。

3. 运行范围拓展

涡旋压缩机运行范围拓展技术主要包括中间级喷液、补气技术以及吸气喷液。涡旋式压缩机的压比在一定程度上受涡旋盘工作温度的制约，喷液冷却是保证涡旋盘和轴承可靠工作的重要手段。目前涡旋式压缩机有采用喷射制冷剂到中间级压缩腔来实现的。当向中间级压缩腔喷射制冷剂时，会增加压缩功，压缩机的排气温度随着制冷剂的喷入比的增大而降低，制冷剂的喷入会降低润滑油的温度，从而抑制压缩功的增加。为使热泵在低温环境中高效、安全运行，可以采用经济器在低温环境运行时来提高热泵的低温性能。对适应寒冷地区使用的热泵技术研究发现，采用涡旋式压缩机经济器系统可以明显提高热泵的制热量，同时有效地解决了压缩机排气温度过高的问题，大大增加了其低温适应性。在吸气管直接喷入液体可有效降低吸气过热度。以上三种内部冷却方式在产品中均得到了应用。喷液系统结构简单，成本低。经济器补气系统制冷量大，但成本增加。三种技术各有优缺点，在不同的场合可以采用不同的冷却技术。

4. 替代制冷剂

目前涡旋式压缩机的制冷剂替代工作主要包括 $CO_2$ 和 R32 压缩机的开发。

相比采用传统工质的压缩机，$CO_2$ 压缩机的特点是工作压力高、结构尺寸小、压比小以及吸排气压差大。$CO_2$ 涡旋式压缩机结构形式主要以全封闭为主，排气量较常用的制冷剂减小很多，应用场合主要是热泵热水器和汽车空调。$CO_2$ 涡旋式压缩机的开发主要考虑以下几个方面的问题：动静涡旋盘间的周向、径向泄漏；各个运动部件间的润滑问题；整机性能的理论分析及试验验证；动、静涡旋盘结构尺寸的优化设计；气路、润滑油路的合理组织和安排；零部件材料的选择；零部件强度校核；选择合适的润滑油等。

R32 作为 R410A 制冷剂的一个主要组成成分，其性质和 R410A 有许多相似之处。与 R410A 压缩机相比，R32 压缩机存在排气温度高、排气压力偏高、能效比偏低的问题。这就使得 R32 涡旋式压缩机的开发关键在于：1）降低排气温度；2）材料强化；3）电机优化。考虑以上 R32 涡旋式压缩机开发的重点与难点，需提出相应解决方案。R32 压缩机技术的开发相对比较成熟。从 2015 年年初开始，国内品牌空调企业对 R32 制冷剂的切换进程明显加快，R32 转子压缩机、R32 涡旋压缩机的切换工作已列入日程，一方面积极同上游压缩机厂家进行产品匹配，另一方面则开始逐步进行生产线的改造。

#### 8.3.3.3 产品及技术发展趋势

涡旋式压缩机还是以空调（热泵）应用为主，逐步向冷冻冷藏、热泵热水及供暖市场拓展。对于小排量涡旋压缩机，将与大功率转子式压缩机展开竞争。对于大排量涡旋压缩机，在空调领域将与螺杆机展开竞争，在冷冻冷藏领域将与活塞机竞争。涡旋压缩机技术朝着能效提升、运行范围拓展、制冷剂替代、可靠性提升方向发展。

### 8.3.4 活塞式压缩机产品及技术现状与发展趋势

#### 8.3.4.1 产品及市场现状

活塞式压缩机按照封闭结构形式主要分为开启式、半封闭式和全封式。按压缩级数分类，有单级压缩机和双级压缩机。氟制冷剂活塞压缩机排量范围为 4.7～221$m^3$/h，开启式活塞压缩机排量范围为 63～1100$m^3$/h。在运输交通工具用空调设备中，约有 80%的大巴或轨道空调、近 95%的运输货车使用活塞式压缩机；在工商应用领域，活塞式压缩机则在与食品相关的制冷、冷库链和工艺冷却设备中应用广泛。2014 年销售量、销售产值分别为 14.28 万台和 13.49 亿元，其中以 6～15HP 产品为主。近年来，内资企业呈爆发式增长，民族品牌占有率进一步提高，国产品牌的平均增长率高达 45%，重点企业增速更为明显。“十二五”以来，我国的冷链行业发展较为乐观，冷冻冷藏产品增长动力十足。冷链物流领域对冷冻冷藏压缩机需求越来越大。近年来，活塞式压缩机较离心式和螺杆式销售量都要高，但总产值较螺杆式要低。其中，半封闭式活塞制冷压缩机仍占绝对比例，开启式、全封闭式活塞制冷压缩机所占比例较少。中大型工商用半封闭式活塞式制冷压缩机的功率主要集中在 3～50HP 之间，适用压力范围和排气量范围较广，广泛应用于冷库、冷藏运输、冷冻加工、陈列柜和厨房电冰箱等领域。2012～2014 年，活塞式压缩机在高温、低温应用中分别遭受来自涡旋式压缩机和螺杆式压缩机的上下夹击，市场份额明显下降。高温应用中，活塞式压缩机小于 16HP 区间的产品被逐渐向上扩展的涡旋式压缩机所挤压，而在低温应用中，大于 40HP 区间的产品逐渐被小型螺杆式压缩机挤压。虽然在高温、低温市场被其他机型吞噬，但在16～40HP范围内，活塞式压缩机仍有较高的性价比，即使面对诸多压力，活塞式压缩机未来在其细分市场中的份额也很难被继续侵蚀。

#### 8.3.4.2 技术现状

活塞式压缩机技术非常成熟，目前主要是围绕可靠性提升、提高能效以及制冷剂替代等方面开展研究工作。

1. 结构及零部件研究

针对活塞压缩机开展的一系列结构及零部件研究包括：1）气阀设计；2）余隙容积；3）低流阻系统研究；4）摩擦研究。此外，正确选择压缩级数、强化润滑密封、采用合理的节能控制策略设计等均是有效提升压缩机能效的技术方向。

2. 变容量调节

活塞机的容量调节技术有很多种，除了小型制冷剂活塞压缩机常采用的多台间歇运行方式外，针对压缩机单体变转速调节、旁通调节、启动卸载调节、吸气节流调节等机械式变容量技术，以及通过变频控制或控制器极数改变实现的变转速调节技术。

3. 运行范围拓展

活塞压缩机的运行范围拓展技术主要包括多级压缩、吸气喷液以及气缸冷却等。

多级压缩是将气体的压缩过程分在若干级中进行，并在每级压缩后将气体导入中间冷却器进行冷却。目前，多级压缩机加经济器实现系统节能成为一种共识。与单级压缩不加经济器系统相比可节省部分输入功（采用多级压缩可以节省功的主要原因是在于引入外部冷源实施压缩机的中间冷却）、增大制冷量、有效降低排气温度、提高容积系数、降低活塞力，故而能效比高。理论上，级数越多越省功。但级数过多会造成压缩机结构复杂，活塞式压缩机的整体尺寸、重量、成本都会增加，维修费用大，同时加剧机械摩擦损失及气体流动损失，因此进行产品设计定型时需合理选择级数。

为了能让压缩机在高冷凝温度或低蒸发温度的工况下正常工作，也可以采用喷液冷却的方法，将制冷剂直接喷入活塞式压缩机的吸气管或者吸气腔，用以降低压缩机的排气温度。研究表明制冷剂喷射可以有效降低排气温度，但同时也降低了制冷量和*COP*，增加了功耗。

另外，在活塞式制冷剂压缩机中，通常使用气缸冷却的方法来达到这一目的，包括风冷和水冷两种。

4. 噪声与振动

从国内外对压缩机噪声与振动方面的研究来看，学者们研究的重点主要是通过动力学分析、结构有限元分析和试验频谱分析等手段研究了压缩机的运动学、动力学和结构振动特性，但对大型工业用压缩机的噪声源识别、噪声与振动分布、噪声与振动特性、噪声与振动控制方面的研究甚少。对于活塞式压缩机的降噪措施主要包括：提高零部件工艺精度；壳体优化设计；吸排气腔优化设计；电机泵体动平衡最优化；安装消声器等。

5. 故障诊断

活塞式制冷剂压缩机故障按机理可分成两大类：一类是流体性质的，属于机器热力性能故障；另一类是机械性质的，属于机械功能故障。常用诊断方法有：热力性能参数监测、*P-V*示功图法、振动噪声监测、润滑油液分析、专家系统和神经网络等。随着计算机技术的发展，利用小波分析、人工智能理论、计算机辅助设计及网络化等方法集成的实时在线故障诊断监测系统是重要的技术发展趋势。

6. 替代制冷剂

目前活塞式压缩机的制冷剂替代工作主要包括 $CO_2$ 和 R32 压缩机的开发。

国外 $CO_2$ 活塞式制冷剂压缩机相对比较成熟，主要应用于热泵、商用制冷等领域，但由于成本因素，其应用推广存在一定障碍。我国相关的制冷压缩机标准已发布实施，提供了产品考核评价工况与试验方法。零部件机械强度、摩擦润滑特性、轴承材料、润滑油选型及油路、排气阀设计等将是 $CO_2$ 活塞式压缩机产品研发与优化设计的关键点。

目前国内 R32 空调压缩机已有样机，但专门针对 R32 中低温活塞式制冷压缩机的研究还比较少，合肥通用机械研究院目前正在积极开展这一类应用于冷冻冷藏场合的压缩机样机研制。

#### 8.3.4.3 产品及技术发展趋势

活塞式压缩机产品还是以冷冻冷藏应用为主，未来冷链物流对冷冻冷藏设备的需求仍将会给活塞式制冷剂压缩机带来一定的市场增长空间。市场将逐步被涡旋压缩机和螺杆式压缩机吞噬。可靠性提升、能效提升以及制冷剂替代是活塞式压缩机技术发展方向。

### 8.3.5 螺杆式压缩机产品及技术现状与发展趋势

#### 8.3.5.1 产品及市场现状

近些年来，随着开启和半封闭螺杆式技术的不断成熟，在与半封闭式活塞机市场的较量中，无论是在中高温领域，还是在低温冷冻应用中，螺杆式压缩机的优势越来越明显。2014 年螺杆式制冷压缩机的销量和销售产值分别为 55950 台和 356000 万元，与 2013 年同比分别增长 10.4%和 9.5%。

目前，国内生产的螺杆式制冷剂压缩机功率范围覆盖 40～300HP（排量范围 100～11000m3/h），主要用于大中型中央空调、大中型冷冻冷藏以及工业制冷，水（地）源热泵和余热回收热泵逐步开始应用。空调用螺杆式压缩机占有总产量的约 2/3。近年来，螺杆机在空调领域一直遭受大匹数涡旋机、磁悬浮和离心机的“侵蚀”，市场份额逐年减少。在冷冻冷藏领域，螺杆压缩机已取代大容量活塞压缩机的部分市场，但在中小冷量范围，还主要以活塞压缩机为主。在热泵领域，大型水（地）源热泵和余热回收热泵多数采用螺杆压缩机，普遍应用于商业和工业领域，螺杆压缩机降低了能源回收成本，将来具有广阔的发展空间。

#### 8.3.5.2 技术现状

螺杆压缩机技术主要围绕节能、运行范围拓展、可靠性提升以及制冷剂替代几方面展开。

1. 结构及零部件研究

螺杆压缩机结构及零部件研究主要包括以下几个方面：1）单螺杆和三螺杆。我国单螺杆压缩机尚处于开发阶段，麦克维尔单螺杆压缩机已经大批量生产销售。美国开利公司的三螺杆压缩机已成功用于大型空调系统。2）转子的型线及加工。转子型线设计技术的核心内容包括：组成齿曲线的选择；据热力性能设计转子型线；据动力特性设计转子型线。转子的加工采用自适应技术优化了转子加工过程，提高了加工效率。3）高效电机。永磁电机以其优异的性能成为许多科研机构研究和开发的对象，但目前需从降低成本角度推动永磁电机的应用。铜转子可以提高电动机的整体效率水平，有很大的发展空间，但在技术上仍有很多需要解决的难题。

2. 变容量调节

螺杆压缩机的变容量调节技术主要包括滑阀调节、柱塞调节以及变频调节等。滑阀是螺杆压缩机中用来调节容积流量的一种结构元件，虽然螺杆压缩机的容积流量调节方法有多种，但采用滑阀的调节方法获得了广泛的应用，特别是在喷油螺杆式制冷和工艺压缩机中，应用尤为普遍。柱塞式调节被广泛应用于螺杆式冷水机组调节。结构简单易行，能够在不改变机体结构的条件下，实现排气量的分级调节。采用变频调速技术也可以实现螺杆压缩机这种回转机械的容量调节，节能效果显著，但制造成本高。

3. 运行范围拓展

螺杆压缩机的运行范围拓展技术主要包括补气技术、双级压缩以及内容积比调节。

螺杆压缩机虽具有单级压比高的特点，但随着压比的增大，泄漏损失急剧地增大。因此，低温工况下运行时效率显著降低。为了扩大其使用范围，改善低温工况性能，提高效率，可利用螺杆压缩机吸气、压缩、排气单向进行的特点，通过补气的方式，使单级螺杆压缩机按双级制冷循环工作，达到节能的效果。我国螺杆压缩机业内人员已基本掌握了压缩机功率及效率随补气压力及补气孔口形状大小的变化规律和最佳补气压力的选定原则。

螺杆式单机双级压缩制冷循环每级压比减小、泄漏少、绝热损失少；容积效率高，制冷量大；中冷器过冷，从而使制冷量增加，制冷系数提高；转子轴承受力小，使用寿命长；绝热效率高，电机功率省、节能、易于实现自动化控制，是一种高效的制冷循环方案。单机双级螺杆式机组蒸发温度最低可达−60℃，在冷库、速冻等领域得到比较广泛的应用。另外，为了得到更大的冷量和更低的温度，螺杆压缩机双机双级压缩机也得到了一定的应用。

内容积比是螺杆压缩机的一个重要参数，其决定了排气孔口的位置和大小，对压缩机性能、应用范围以及可靠性都有非常重要的影响。目前可变内容积比设计已在行业内的空调、热泵以及工业冷冻螺杆式压缩机上得到了广泛应用。通过监测系统压力（压比）对螺杆压缩机内容比进行自动调节，压缩机可以在相当宽的范围内与系统工况匹配，故而系统的运行效率和可靠性均得到优化。

4. 制冷剂替代

近年来国内外还广泛开展了以 $CO_2$ 为制冷剂的冷冻冷藏系统的研究开发。与普通工质相比，采用 $CO_2$ 跨临界制冷循环的系统运行压力高，可用于小型超市制冷。而在较大型的冷冻冷藏系统中，一般采用 $CO_2$ 作为低温级制冷剂，并采用其他工质（如氨和 R290 等）作为高温级制冷剂组成复叠式低温制冷循环。这种制冷循环具有环保、安全、制冷量大和低温下性能系数高等特点。目前，$NH_3/CO_2$ 或 $R290/CO_2$ 复叠式制冷系统已在欧洲和美洲许多国家的超市和冷库工程中大量应用。但在我国，对以 $CO_2$ 为低温工质的复叠式制冷系统压缩机，经过多年研究，已经获得越来越多的应用。我国烟台冰轮展出了 $CO_2$ 螺杆式制冷剂压缩机组，该机组是烟台冰轮在具有自主知识产权的螺杆式制冷剂压缩机核心技术基础上研发成功的，机组性能指标均达到了国际先进水平。

5. 噪声和振动

噪声和振动指标能综合反映螺杆压缩机的设计和制造水平，控制噪声、降低振动是螺杆压缩机的重要研究方向之一。在螺杆压缩机的噪声与振动控制方面，国内外学者进行了大量的试验和理论研究，已经形成一定的理论体系及研究方法。目前仿真预测手段已经比较成功地应用到了压缩机开发过程中，基于CAE工具对结构、声学、流场等方面进行分析和设计优化，譬如：部件及系统的结构刚度和模态优化、转子系统动力学特性优化、腔体声学优化、流体脉动衰减结构的设计优化、压缩机辐射声场预测、油循环量模拟及分配优化等，可有效地在设计阶段控制压缩机振动和噪声，优化性能，同时提高运行可靠性。

6. 故障诊断与远程监控

故障诊断技术朝着系统化、自动化、智能化发展，就衍生出了智能故障诊断。智能故障诊断技术实现方法主要有三类，即基于数学模型、基于信号处理以及基于人工智能等。同时随着压缩机机组的复杂化、网络化的发展，传统的本地监测与诊断模式已很难满足诊断的需求，所以远程化与智能化成为当前研究的热点。随着自动化技术与检测技术的发展以及机械设备的网络化与智能化的趋势，机械设备的监控模式从最初的单机直接监控逐步发展为基于网络的远程监控系统。设备的远程监控技术包括设备的远程数据采集、远程监控以及远程维护。远程监控的目的在于突破地理以及环境的限制，实现集中和高层控制，最终实现生产资源和社会资源的优化配置。

#### 8.3.5.3　产品及技术发展趋势

螺杆压缩机产品以空调和冷冻冷藏为主，向常温热泵及高温热泵应用拓展。在节能技术方向上，将继续以应对产品不同应用需求为导向、提升能效，变频螺杆式压缩机成为新的发展趋势。为应对激烈的市场竞争，螺杆压缩机的应用范围不断拓宽。北方供暖、工业余热回收都对螺杆式热泵压缩机提出了需求。冷冻冷藏领域单机双级压缩机产品发展势头显著，可以为将来冷链物流的发展提供支持。单机头压缩机产品往大容量方向拓展，对于城镇化发展中得到广泛应用。在环保技术方向上，制冷剂替代和新工质的应用是关键性、长期性的发展趋势。

### 8.3.6　离心式压缩机产品及技术现状与发展趋势

#### 8.3.6.1　产品及市场现状

离心式压缩机由于其自身的特性和优点，目前广泛应用于高层办公楼、宾馆、剧院以及商场等大型公共建筑的舒适性中央空调系统（包含冰、水蓄冷系统）的冷水机组，以及石油、化工、化纤、冶金和核电站等部门的工业制冷和工艺流程冷水机组，并逐渐在热泵供暖、区域能源中心等领域开展应用。

目前，离心式压缩机（不包含磁悬浮离心机）的单机单级流量范围为：1100～15000$m^3/h$，单机多级流量范围为：3300～15000$m^3/h$。磁悬浮离心机的冷量范围为：60～350RT，500～1000RT。据中国制冷空调工业协会统计，近五年，我国离心式压缩机的市场整体呈现快速增长态势。2014年度，离心式压缩机销售量和销售产值分别为5090台和95600万元，与2013年同比分别增长11.9%和15%。

目前，我国市场的离心式压缩机及其冷水机组市场仍以美日等企业为主导，重庆通用是国内最早的离心式压缩机生产企业，近几年，青岛海尔、珠海格力、上海汉钟、烟台顿汉布什以及重庆美的等亦生产离心式压缩机和冷水机组并已崭露头角。

#### 8.3.6.2 技术现状

1. 结构及零部件研究

围绕提高离心式压缩机的效率和可靠性，产品的结构及零部件主要研究内容包括：1）采用高效节能的三元叶轮。2）气动性能优化。3）密封技术。4）级间匹配。5）轴承开发。磁悬浮轴承技术也成为制冷压缩机行业的热点研究方向之一，尤其是在大型制冷压缩机产品中应用前景良好。另外陶瓷轴承、气浮轴承等制冷剂润滑轴承在离心式制冷压缩机中也开始了相关研究和应用。6）高效电机。采用永磁同步变频电机驱动离心式压缩机，电机高能效、宽调频的特点不仅可以良好的集成，而且特别适合离心式压缩机制冷工况环境，使整机能效显著提高。

2. 防喘振技术

对于离心式压缩机，喘振是速度式压缩机本身的固有特性，喘振的发生会给压缩机带来严重的损坏，过于频繁的喘振还会损坏叶轮和轴承，给用户的使用带来不便和不安全因素。因此，为保证离心式压缩机高效、可靠地运行，需要采取相应的措施加以避免。离心式压缩机常用的防喘振技术包括以下几个方面：1）转速调节；2）热气旁通；3）多级压缩；4）采用转动的扩压器调节；5）可移动式扩压腔；6）可变扩压器。

3. 能量调节

为了适应空调负荷的变化和实现安全经济运行，需要对离心式压缩机的能量进行调节。目前，能量调节方法有变转速调节、进口导流叶片调节、可变扩压器调节以及多种方式组合调节等。变转速调节是主要通过变频调节来实现，这种调节方法具有运行经济性高、制造简便、构造较简单的优点。加强卸载能力，降低运行噪声，提高了功率因素，降低了设备磨损。采用变转速调节，制冷量可以在50%～100%范围内改变。带可调进口导流叶片的离心式压缩机具有良好的调节性能。用设置在压缩机叶轮前的进口导流叶片，使进口气流产生旋转，从而使叶轮加给气体的动能发生变化。可变截面扩压器可随机组负荷变化而自动调节，根据离心式压缩机流量的大小来改变扩压器通道的宽度或者调节气流通道面积和气流方向，实现机组能量调节。使用可变扩压器可以极大改善机组部分负荷性能，提高部分负荷时机组运行的稳定性。

4. 运行范围拓展

离心式压缩机运行范围的拓展可以通过多级压缩、经济器补气循环以及可调扩压器技术等来实现。

压缩机的级数越多，性能曲线就越陡，工作范围就越小；但采用多级压缩，在同样的压比工况下，可大大降低压缩机的转速，增大稳定工况区域。通常情况下，离心式单级压缩机如不采用热气旁通等措施，最小负荷只能运行到30%～40%，而多级离心式压缩机能够在低至10%～20%负荷运行时不会喘振。因此多级压缩的压缩机组效率高，可以在较为广阔的范围内有效地运行，同时可以避免热气旁通阀进行冷量调节时所造成的能量损失，并较为有效地避免喘振的发生。

借鉴在工业冷冻系统和螺杆式压缩机应用比较成熟的经济器补气制冷循环，充分发掘变频离心式压缩机的节能潜力。对于不同类型压缩机的准二级压缩循环过程的分析，表明根据工作情况选择合适的补气参数可以明显改善性能。在工业冷冻系统，采用不同类型经济器都可以达到节能目的，在冷冻工况（低蒸发温度）节能效果更为明显。

5. 制冷剂替代

HFO类制冷剂*GWP*值低，其作为替代制冷剂在行业内得到了一定的认可。目前，针对HFO 1234yf、HFO 1233zd、HFO 1234ze制冷剂的系统和零部件的研究得到了逐步开展。2011年，英国Klima-Therm公司采用以HFO 1234ze为制冷剂的压缩机，生产出全球第一台HFO冷水机组，并在超市中试运行。2012年，丹佛斯发布了以HFO 1234ze为制冷剂的Turbocor压缩机样机，可适用于户外风冷式冷水机组。2014年，特灵推出E系列的离心式冷水机组，它采用了新一代制冷剂HFO-1233zd（E）。随着替代制冷剂工作的深入开展，HFO离心式制冷压缩机的开发将得到更多的关注和重视。

#### 8.3.6.3 产品及技术发展趋势

能效提升仍是离心式压缩机优先发展的主题，能量调节方式的优化设计、变频离心压缩机也是未来的发展趋势。

离心式压缩机冷量范围向大冷量和小冷量不断扩充。在小冷量范围，将与螺杆机展开竞争。离心式压缩机的应用仍以大中型中央空调冷水机组为主，太阳能的利用、城镇化发展、天然气液化以及核电的发展对于离心式压缩机的应用带来机遇。

北方供暖以及工业余热利用的热泵应用是离心式压缩机产品的发展方向。冷链物流的发展对于离心式压缩机的低温应用也提出了需求。

磁悬浮和陶瓷、气浮等制冷剂润滑轴承技术的发展和应用，将推动离心式压缩机无油化的发展。磁悬浮离心压缩机是重要的发展方向之一，采用磁悬浮轴承支承，精确定位和控制，采用直流变频调节控制，结构紧凑，系统无油。当前有冷水和热泵机型，也有水源和空气源机型，磁悬浮离心压缩机在数据中心、地铁、商务中心等将得到一定的应用推广。

另外，开发使用HFO类及其他新型环保冷媒的离心式制冷剂压缩机也至关重要。

### 8.3.7 汽车空调压缩机产品及技术现状与发展趋势

#### 8.3.7.1 产品及市场现状

发展至今，车用制冷压缩机经历了往复活塞式、活塞斜盘式、回转式（旋叶式、滚动活塞式、螺杆式、三角转子式、涡旋式等）和变容量型压缩机共四代产品的沿革，产品种类众多。较大的市场发展潜力以及相对较高的单品利润，吸引了大量企业进入这一领域。厂商的急剧增加，加速了汽车空调及其压缩机技术的推广和行业的发展。

根据中国制冷空调工业协会年度统计数据，2014年国内汽车空调用制冷压缩机的产量在2260万台左右，与2013年同比增长6.1%，其中，与新车配套的汽车空调用制冷压缩机的产量约占总产量的82%，约1850万台；供应国内外汽车空调维修市场的空调压缩机约为410万台左右，同比有所下降。目前国内汽车空调用制冷压缩机主要是内销，外销比例不大，小部分随整车出口到印度、巴西、马来西亚、乌克兰、俄罗斯，其他出口到欧美日等发达国家和地区的空调压缩机是依靠其价格优势进入其维修领域的市场，一般不用于新车配套。

#### 8.3.7.2 技术现状

1. 变排量技术

对于汽车空调压缩机而言，变排量压缩机可根据负荷自动对排量实行无级调节，不仅能够营造更加舒适的车内环境，而且能耗也大为降低。但变排量压缩机成本高、清洁度要求高等问题，导致该类压缩机得不到广泛应用。现阶段的主要目标是在现有变排量压缩机技术的基础上对其各组件在结构、材料上进行改进，以达到降低材料成本及制造成本的目的，并且大大降低压缩机对使用环境系统的要求，使改进后的变排量压缩机可以普遍用于商用车及经济型乘用车上。

外部式控制的变排量压缩机，不仅可以很好地解决蒸发器的结霜问题，而且可以将许多好的控制算法引入汽车空调系统控制。改变控制信号，控制点即可根据系统的不同运行工况相应调节压缩机的排量，使各部件匹配运行，从而满足了对系统实现自动控制的要求，实现了节能的目的。与传统的气动型变排量压缩机相比，这种新型的容量调节元件响应速度快、精度高，不仅可以设计出自动化程度较高的汽车空调制冷系统容量控制器，还可以与汽车的其他控制系统融为一体，提高汽车的整体控制的自动化程度，顺应了当今汽车空调自动控制的发展要求。

变排量压缩机外部式控制技术的关键在于电控阀的设计，电控阀的结构设计、输入量及其定量关系的确定（吸气温度和压力、排气温度和压力、压缩机转速、环境因素等）、控制决策的制定、与实际压缩机和整个系统的匹配问题以及产品化等问题，都有待于进一步的研究。

2. 制冷剂替代

在替代 CFC 制冷剂的过程中，R134a 成为汽车空调中最广泛使用的制冷剂，但其已经在《京都议定书》中被限制使用。2006 年，欧盟更是通过了温室气体排放法案，规定自 2011 年后新开发平台的汽车空调内不得使用 *GWP* 值高于 150 的制冷剂，2017 年起所有销售的汽车空调中不得使用 *GWP* 值高于 150 的制冷剂。因此，汽车空调中制冷剂的替代形势十分严峻。目前汽车空调压缩机的制冷剂替代工作主要包括 HFO1234yf、$CO_2$、AC5 和 AC6 压缩机的开发。

HFO1234yf 由于性质与 R134a 相似，针对替代性能的研究多集中于直接灌注式替代之上。大量的试验证明，在直接替代的情况下，HFO1234yf 系统的性能相较 R134a 会略有下降。世界上多个组织开展了针对 HFO1234yf 的安全性研究。如美国汽车工程师学会（SAE）开展的 CRP1234 项目 L2，是由 SAE 联合汽车制造商和部件供应商共同开展的针对 HFO1234yf 在汽车空调中性能、材料兼容性和安全性进行探究的研究项目。与传统制冷剂相比，$CO_2$ 本身的临界温度较低，为了达到较好的系统性能，循环常采用跨临界循环的形式，并在系统中加装中间换热器；且运行压力远高于 R134a 系统，这些都导致在替代过程中需要对原有汽车空调系统做出较大的改动。针对中小型汽车空调，通过斜盘式压缩机和涡旋式压缩机特性的对比和分析，认为涡旋式压缩机虽然是一种很有前景的汽车空调压缩机，但由于其在密封性上比传统斜盘式压缩机稍差，尤其是在 $CO_2$ 汽车空调的高压环境下，涡旋式压缩机应用于 $CO_2$ 汽车空调中还有待检验。除 R1234yf 之外，还有两种热门的 R134a 替代物：AC5 和 AC6。

目前在车用空调领域还没有非常好的替代方案。现有的方案需要牺牲诸如系统能效或者经济性来实现。在选择汽车空调中的新制冷剂时，需充分考虑环境及经济因素，以确定合适的制冷剂。

3. 电动汽车空调压缩机

在能源和环境的双重压力下，电动汽车由于具有低排放、经济性好等优点，已被列为国家战略性发展新兴产业和鼓励扶持及研究的重点领域。电动汽车空调的电动化是国内外一致认同的发展趋势。另外，很多国家或地区明确规定了传统内燃机汽车关于引擎空转的规定，这也促使了汽车空调的电动化。

新能源汽车行业已进入快速发展通道。目前，电动压缩机产品主要形式为涡旋式、转子式。主要使用的制冷剂采用 R134a、R407C、$CO_2$ 等。电动汽车空调用制冷压缩机产品设计、研发与生产技术已逐步趋于成熟，成功实现市场化。就电动汽车空调压缩机单体而言，当前技术研发的重点涉及热泵压缩机应用技术（尤其是低环境温度制热技术）、泵体优化设计、电机优化以及系统集成应用等关键技术，在电动压缩机（总成）产品与整车安全兼容，在产品（含驱动控制器）电气安全、电磁兼容等方面的研究也是持续的热点，目的在于进一步提高压缩机的性能及可靠性。

#### 8.3.7.3　产品及技术发展趋势

汽车空调压缩机在未来很长一段时间内还是以斜盘式压缩机为主。从整车及空调系统节能运行角度，产品将由定排量向内控变排量，再向外控变排量方向发展，使用制冷剂更为环保，产品的小型轻量化，产品的低噪声和低振动，以及超高速耐久性等是未来汽车空调用制冷压缩机发展的技术趋势。随着新能源汽车的发展，电动汽车空调压缩机份额将逐步增大。未来电动压缩机技术发展趋势为：压缩机控制器一体化设计、驱动电压等级的提高、电机的改进提升以及软硬件完善的保护。

### 8.3.8　总结

随着时代的发展，制冷与空调技术在工业、农业、科学技术及国防等领域具有越来越重要的作用。探索、研究、开发、实践制冷与空调行业的新技术，以适应我国“节能优先”的能源战略发展要求以及“资源持续利用、环境不断改善”的社会发展目标，是制冷空调行业义不容辞的责任和未来的发展方向。作为制冷系统的核心部件，压缩机性能的好坏直接影响整个系统的性能。因此，制冷压缩机技术的研究是制冷空调领域中一个核心的研究方向。

目前应对市场的发展，我国制冷压缩机的新产品、研究方向和研究成果不断涌现，技术和性能水平日新月异。今后制冷压缩机技术发展趋势是：使用替代制冷剂压缩机技术研究和产品研制；零部件设计加工技术提升、电机的性能提升和开发、变容量调节技术以及系统的匹配等节能技术的研究；宽广工况压缩机高效设计理论及关键技术研究；补气、喷液、双级多级压缩等运行范围拓展技术；以可靠性为基础的高效制冷空调压缩机关键技术的研究以及在保证可靠性的前提下的压缩机轻量化设计技术等。

## 本节参考文献

[1]　吴业正，李红旗，张华等．制冷压缩机．北京，机械工业出版社，2010.

[2]　中国制冷空调工业协会．中国制冷空调行业年度报告，2010-2014.

[3]　荆华乾，高恩元，于志慧等．2014 年度中国制冷行业发展分析报告．制冷技术，2015，35：1-82.

[4]　任金禄．我国压缩机市场和技术发展趋势．制冷与空调，2012 ，12：81-89.

[5] 赵文晋．制冷压缩机技术的研究现状及展望．工程技术，2015，44：50.

[6] 陈文卿，马元，彭学院等．制冷压缩机基础理论研究与关键技术开发．制冷学报，2010，31：14-21.

[7] 王庆华．从专利角度分析中国制冷压缩机现状．压缩机技术，2012，3：72-76.

[8] 严天宏，梁嘉麟，李青．压缩机的现状、发展及新型技术展望．压缩机技术，2011，1：52-58.

[9] 李红旗，成建宏．全封闭制冷压缩机技术发展趋势与动态．制冷与空调，2010，10：1-5.

[10] 郝华杰，申晓亮．变频压缩机的研究现状．低温与超导，2010，7：52-54.

[11] 刘晓红．中国制冷空调行业二十年发展情况分析．制冷与空调，2010，10：4-9.

[12] 杨晓霞．浅析家用冰箱未来发展趋势及对设计的影响．科技资讯，2014，22：83.

[13] 盛正堂，陈永安等．超高效往复式冰箱压缩机的新技术-止推关节轴承．家电科技，2012，3：74-76.

[14] Marcelo Alexandre REAL，Eduardo A G PEREIRA. Using PV Diagram Synchronized With the Valve Functioning to Increase the Efficiency on the Reciprocating Hermetic Compressors. 2010，International Compressor Engineering Conference at Purdue.

[15] 叶航．CAD/CAE/CAM 技术在家用冰箱压缩机研发中的应用研究．天津：天津大学，2012.

[16] 韩海晓，何志龙，彭强强．全封闭冰箱压缩机噪声控制研究综述．流体机械，2012，40：35-40.

[17] 李刚，陈爱东，范树林．R600a 节能压缩机探析．制冷学报，2006，27：58-61.

[18] 谢洁飞，金涛，童水光．直线压缩机的研究现状与发展趋势．流体机械，2004，32：31-35.

[19] 陶晓彦，严嘉，秦新敏，仪志恒．直线压缩机的现状及在冰箱中的应用研究．家电科技，2008，z2：34-36.

[20] 李建周，涂岩亮，马俊．铝漆包线电机在冰箱（冷柜）压缩机上应用的关键技术．2013 年中国家用电器技术大会论文集，2013.

[21] 周红涛．小型化高效率转子式压缩机开发．2006 年中国家用电器技术大会论文集，2006.

[22] 张少丕，陈世元，皮明超．高效变频空调压缩机用永磁同步电机研究．电机与控制应用，2014，41：27-30.

[23] 马敏，黄波，耿玮等．滚动转子式补气压缩机在热泵系统中的实验研究．制冷学报，2012，33：52-54.

[24] 张海锋，刘春慧，张蕾．房间空调器用 R290 旋转压缩机的研究．低温与超导，2012，07：12-16.

[25] 张诚．低油量 R290 旋转式压缩机的研究与开发．顺德职业技术学院学报，2015，13：20-25.

[26] 张利，杨敏，张蕾．滚动转子式 R32 压缩机开发．制冷与空调，2015，15：75-78.

[27] 程哲铭，欧阳新萍，雷蓉．涡旋式压缩机涡旋型线的研究综述与前景．流体机械，2015，43：51-56.

[28] 李毅．高能效空调压缩机用电机开发浅析．2010 年国际制冷技术交流会，2010.

[29] Hu Shih-Cheng ，Yang Rong-Hwa. Development and testing of a multi-type air conditioner without using AC inverters. Energy Conversion and Management，2005，46：373-383.

[30] 詹跃航，张辉，谭建明，苏玉海．多联空调机组两种技术路线分析．流体机械，2005，33（增刊）：341-345.

[31] 张剑飞，秦妍，秦海杰．涡旋式压缩机中间补气技术．制冷与空调，2012，12：22-24.

[32] Eric L Winandy，Jean Lebrun. Scroll compressors using gas and liquid injection：experimental analysis and modeling. International Journal of Refrigeration，2002，25：1143-1156.

[33] 王廷奇，刘玉环．涡旋压缩机用铜包铝线电机设计．电机控制与应用，2013，40 ：15-18.

[34] Fagerli BE. On the feasibility of compressing $CO_2$ as working fluid in scroll compressors. Purdue，

1998：165-170.

[35] Hasegawa H，Ikoma M，Nishiwaki F，et al. Experimental and theoretical study of hermetic $CO_2$ scroll compressor. Purdue：Purdue University，2000：347-353.

[36] Honghyun Cho ，JinTaek Chung ，Yongchan Kim . Influence of liquid refrigerant injection on the performance of an inverster drivern scroll compressor. International Journal of Refrigeration ，2003，26 ：87—94.

[37] 张宝，王传富 . R32 涡旋式压缩机开发 . 制冷与空调，2012，12：52-54.

[38] 周英涛，刘忠赏 . R32 制冷剂空调压缩机应用试验研究 . 制冷与空调，2011，11：53-55.

[39] Weihua Guo，Gaofeng Ji，Honghong Zhan，et al. R32 Compressor Development for Air Conditioning Applications in China. Proc. of 21th Int. Comp. Engrg. Conf. at Purdue，C1337.

[40] 邱传惠，张秀平，王汝金等 . 活塞式制冷压缩机技术现状及发展趋势 . 制冷与空调，2014，14：1-5.

[41] 柯常忠，聂清风，倪小平等 . 活塞压缩机气阀运动规律的研究与数学建模 . 压缩机技术，2003：8-10.

[42] Antonio J. Luckmann，Marcus Vinicius C. Alves，Jader R. Barbosa. Analysis of Oil Pumping in a Reciprocating Compressor. International Compressor Engineering Conference at Purdue，July 14-17，2008.

[43] 金江明，洪伟荣，梁萌等 . 往复压缩机气量调节方法的研究进展 . 压缩机技术，2007：28-32.

[44] 王枫，郭强，李连生 . 半封闭活塞式制冷压缩机喷液的研究 . 制冷学报，2010，31：29-33.

[45] 刘卫华，夏文庆，昂海松 . 风冷压缩机气缸冷却效果的实验研究 . 南京航空航天大学学报，2002，34：493-497.

[46] 申大鹏 . 基于案例推理的往复压缩机故障诊断专家系统研究 . 北京：北京化工大学，2012.

[47] 邢子文 . 螺杆压缩机研究进展及应用趋势 . 通用机械，2006，1：30-33.

[48] 邢子文，吴华根，束鹏程 . 螺杆压缩机设计理论与关键技术的研究和开发 . 西安交通大学学报，2007，41：755-759.

[49] 曲宏伟，李建风，邢子文 . 高效螺杆式 $CO_2$ 制冷压缩机的优化设计 . 制冷与空调，2013，13：88-92.

[50] Mao，J. J. Wang，K. Sun，X. W. Shen. Research on Profile Generation and Manufacturing of Meshing Pairs for Single Screw Compressor. Proceedings of the 2010 2nd International Conference on Networks Security，Wireless Communications and Trusted Computing（NSWGTC 2010）. 2010

[51] 郑雷飞，夏振鹏 . 我国单螺杆压缩机的发展历程与进展 . 压缩机技术 . 2006，2：44-47.

[52] 狄红丽，余江海，刘敬辉 . 螺杆式压缩机能量调节方式的对比测试研究 . 制冷与空调，2012，12：73-74.

[53] 金立军，张淑存，余心源 . 采用柱塞式电磁阀的单螺杆压缩机气量调节方法 . 流体机械，2006，34：50-54.

[54] 秦黄辉 . 带闪蒸型经济器的风冷螺杆热泵机组性能的实验研究 . 制冷学报，2013（34）：55-58.

[55] 何永宁，杨东方，曹锋等 . 补气技术应用于高温热泵的实验研究 . 西安交通大学学报，2015，49：1-6.

[56] 李军 . 螺杆式双级压缩系统的分析应用（上）. 制冷与空调，2004，4：52-56。

[57] 李军 . 螺杆式双级压缩系统的分析应用（下）. 制冷与空调，2004，4：66-85。

[58] Wu Huagen，Xing Ziwen，Shu Pengcheng. Theoretical and experimental study on indicator diagram of twin screw refrigeration compressor. International Journal of Refrigeration，2004，27：331—338.

[59] 杨胜梅，丁汉新，王利．CAE 技术在螺杆压缩机开发中的应用．2011 压缩机会议学术会议论文集，2011。

[60] Bor-Tsuen WANG，Chang-Hung HSIEH，Wen-Chi WANG. Noise and Vibration Characteristic Studies of Twin Screw Compressor in Different Operating Conditions. Proc. of 21th Int. Comp. Engrg. Conf. at Purdue，C1427.

[61] William James Milligan，David Harrsion. The Condition Monitoring of an Upstream Oil and Gas Dry Screw Compressor Drive Train and its Impact on the Control System. Proc. of 21th Int. Comp. Engrg. Conf. at Purdue，C1553.

[62] 谭文才．基于 Internet 的压缩机远程监测与故障诊断技术研究．无锡江南大学，2012.

[63] 崔晓龙，邢子文，彭学院，等．一种新型商用 $CO_2$ 跨临界循环压缩机开发与研究．流体机械，2009，37：1-5.

[64] 王炳明，李建风，吴华根，邢子文．$NH_3/CO_2$ 复叠制冷系统中 $CO_2$ 螺杆压缩机的研发．流体机械，2009，37：16-18.

[65] 曲宏伟，李建风，邢子文．高效螺杆式 $CO_2$ 制冷压缩机的优化设计．制冷与空调，2013，13：88-92.

[66] 卢允庄，张为民，周海峰等．用于低温复叠式制冷的 $CO_2$ 螺杆式压缩机组的性能实验．制冷与空调，2011，11：93-97.

[67] 万时杰．离心式制冷压缩机应用现状及发展趋势．2012 年制冷空调行业压缩机应用技术现状及发展趋势专题研讨会，2012.

[68] 韩树衡．离心式制冷压缩机的发展及思考．制冷与空调，2012，14：95-99.

[69] 周子成．变频离心式压缩机冷水机组．制冷，2010，1：51-56.

[70] Hartmut Krain. Review of Centrifugal Compressor′s Application and development. ASME Journal of Turbomachinery，2005，112：24-34.

[71] Shang-Liang Chen，Wen-Tsai Wang. Computer aided manufacturing technologies for centrifugal compressor impellers. Journal of Materials Processing Technology，2001，115：284-293.

[72] NOWACKI J，SWIDER P. Producibility of brazed high-dimension centrifugal compressor impellers. Journal of Materials Processing Technology，2003，133：174-180.

[73] 梁奇，左志涛，陈海生等．离心压气机叶片扩压器多点气动优化设计．风机技术，2010，6：27-31.

[74] 贾晶，施敏琪．三级压缩离心机在冰蓄冷系统中应用．制冷技术，2008，2：5-8.

[75] 王继鸿，陈曦．经济器对磁悬浮离心压缩机性能影响的研究．制冷技术，2014，34：17-20.

[76] 王振辉，岳海兵，迟冬青等．离心式冷水机组变频调速的节能效果分析．流体机械，2007，35：80-83.

[77] 叶盛，陈汝东．变频离心式冷水机组的运行特性．制冷技术，2007，3：21-24.

[78] 沈珂，刘红绍．高效磁悬浮变频离心式冷水机组的研制．制冷与空调，2014，14：108-111.

[79] 陈浩然等．离心式压缩机防喘振方法的应用现状．重庆理工大学学报（自然科学版），2015，03：34-38.

[80] Teemu Turunen-Saaresti，Pekka RÖöytta，Juha Honkatukia. Predicting off-design range and performance of refrigeration cycle with two-stage centrifugal compressor and flash intercooler. International Journal of Refrigeration，2010，33：1152-1160.

[81] 莫涛．浅谈汽车空调系统研究现状及发展趋势．科技资讯，2013，10：113-114.

[82] 武敬峰，杨辉．汽车空调变排量压缩机的研究现状．装备制造技术，2008，4：106-109.

[83] 邱雪．变排量汽车空调压缩机的技术改进研究．机械工程师，2013，09：59-60.

[84] 周晓芳，肖学智．汽车空调中低 GWP 替代制冷剂的研究现状．制冷技术，2014，34：39-44.

[85] 赵宇．R1234yf 汽车空调系统性能研究．上海：上海交通大学，2012.

[86] 史文延，李强，余晓明．$CO_2$ 汽车空调系统的应用技术发展现状与研究．制冷与空调，2012，26：618-622.

[87] 孙西峰，韩杨．汽车空调替代制冷剂的比较．制冷与空调，2015，15：60-67.

[88] Cristian Cuevas，Nestor Fonseca，Vincent Lemort. Automotive electric scroll compressor：Testing and modeling. Int. J. Refrigeration，2012，35：841-849.

[89] 唐景春，左承基．电动汽车空调热泵型涡旋压缩机结构分析．制冷学报，2014，35：54-57.

[90] 中国制冷空调工业协会，合肥通用机械研究院．工商用制冷剂压缩机产品及技术现状与发展趋势调研报告，2015.

本节执笔人：张秀平、李炅、吴俊峰、王汝金

# 8.4 制冷换热器技术和发展

制冷空调行业的发展面临着全球能源消耗的巨大压力，降低空调能耗，提高制冷空调产品的效率是各国政府大力推动的政策。2011年，美国能源部（DOE）正式公布了房间空调器新能效标准的最终法规。DOE还确定房间空调器新能效标准的符合性日期（实施日期）为2014年6月1日，即从2014年6月1日后生产或进口至美国的房间空调器应满足联邦新能效标准的要求。欧盟2012/27/EU指令建立了一个在欧盟范围内促进能源效率的共同框架，以确保欧盟达到2020年能源效率提高20%的终极目标，并为2020年后进一步提高能源效率铺平道路，其中该指令提出了空调能效的新标杆。

统计数据表明，我国的建筑能耗占社会总能耗的33%，其中空调能耗占建筑能耗的50%左右，国家对空调的能效要求越来越高。在我国高效节能相关政策的推动下，高效、节能和环保已经成为制冷空调行业的市场趋势。换热器是制冷空调系统中最重要的部件之一，其性能的好坏直接影响整个系统的性能。高效换热、节能紧凑已成为当前制冷空调换热器的发展方向，并越来越受到关注和重视。

本节主要总结了制冷空调换热器发展状况，指出制冷空调换热器的发展趋势是传热强化和新型紧凑式高效换热器的开发与研究。并对翅片式换热器、壳管式换热器、微通道换热器、板式换热器、板翅式换热器和热管换热器的发展技术状况分别进行较全面地阐述。

## 8.4.1 制冷换热器发展状况

### 8.4.1.1 制冷换热器发展趋势

换热器的研究一直是制冷空调领域中一个非常活跃的研究方向。在制冷系统中，除压缩机和节流机构外，其余设备主要是换热设备，如冷凝器、蒸发器、中间冷却器和回热器等。这些设备的金属消耗量比较大，如在氨制冷系统中，换热设备的重量占到系统重量的90%以上；而在氟利昂制冷系统中，虽然大量使用薄壁铜管，但换热设备的重量仍然占到整个系统重量的50%以上。因此，为了减轻整个系统的重量和体积，设计结构紧凑、换热性能良好的换热器是当前换热器发展的主要方向。

由于换热器的面积有限，制冷剂的冷凝温度必然高于冷却介质温度，蒸发温度低于被冷却介质温度。这些传热温差的存在，使制冷循环外部不可逆，降低了有效能效率。对此，可以采用增大传热面积的方法来减少传热温差，但由此会增加整个系统的重量与初投资。因此，既要减少循环的外部不可逆性，又要使整个制冷系统重量轻、结构紧凑，只有依靠强化换热器中的传热过程来实现。研究制冷换热器中的强化传热过程，寻求新型高效的换热元件和换热器结构，是当前发展制冷技术的重要任务之一。

换热器的强化传热研究及应用是以1861年焦耳发表的一篇有关冷凝器水侧传热强化的实验报告为起始，在20世纪60年代开始得到蓬勃发展，经过30余年来的研究，丰富了强化传热的内容，开拓了强化传热的理论，并使之发展成为第二代传热技术。根据

Bergles 对强化传热的分类，把对流强化传热方法分为无源技术和有源技术两类。其中无源技术有八种，即处理表面、粗糙表面、扩展表面、扰动元件、涡流发生器、螺旋管、添加物和射流冲击；有源技术有五种，即机械搅动、表面振动、流体振动、电磁场喷射或吸出。

各类强化传热措施应当选择换热器两侧流体中热绝缘系数较大的、对换热器总传热系数起控制作用的一侧来实施，如果两侧热绝缘系数相差不多，则需要两侧同时采取强化传热措施。对于换热管两侧，若一侧为氟利昂冷凝，另一侧为冷却水冷却，氟利昂的凝结传热系数大致在 0.8～2kW/(m$^2$·K)，比冷却水侧的传热系数小 3～4 倍。因此，为了减小蒸发器和冷凝器的体积，对低沸点传热介质的蒸发、凝结换热过程强化的研究正方兴未艾。

目前，国内外对制冷空调换热器研究总的趋势是：传热机理及强化传热的研究；开发高效、紧凑、重量轻、可靠性高的新型换热器等。

#### 8.4.1.2 制冷换热器市场现状

2013 年，家用空调的销售量约为 1.24 亿套，销售额约为 700 亿美元以上（图 8.4-1）。按照每台空调使用两台换热器粗略估算，换热器使用量约为 2.48 亿台，销售金额在 250 亿元以上。商业空调方面，从 2008 年经济危机后，全球商用空调市场逐步回暖。整个市场的动力来源于房地产投资规模的上升，特别是办公用房和商业用房规模的上升，导致商用空调产品需求总量的高速增长，尤其是中国和印度市场。根据 JARN 相关数据，2013 年全球中央空调冷水机组中风冷机组的总量为 69 亿美元，比 2012 年增长 5%。按照其售价的 20%保守估算，中央空调换热器的市场规模约为 13.8 亿美元。目前中国已成为仅次于美、日的世界第三大商用空调设备制造国。产业在线数据显示，中国市场的商用空调以中央空调为主，2013 年户式中央空调市场规模已达 398.80 亿元（图 8.4-2）。

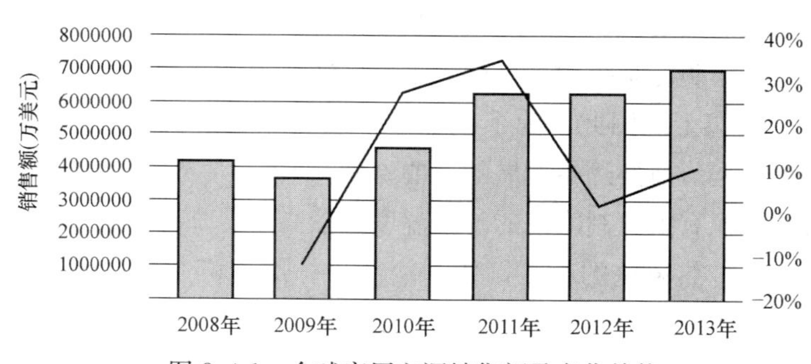


图 8.4-1 全球家用空调销售额及变化趋势

数据来源：ChinaIOL。

其他方面，冷冻冷藏行业，根据 JARN 的预测，随着中国及印度等新兴市场工业化和食品冷链现代化程度的提高，全球商用制冷设备的市场规模在 2018 年有望达到 380 亿美元。由于冷冻、冷藏行业采用的换热器大小不一，按照换热器价值占比 10%的不完全估计，该领域换热器潜在市场规模至少在 38 亿美元元以上。热泵热水器行业是随着热泵

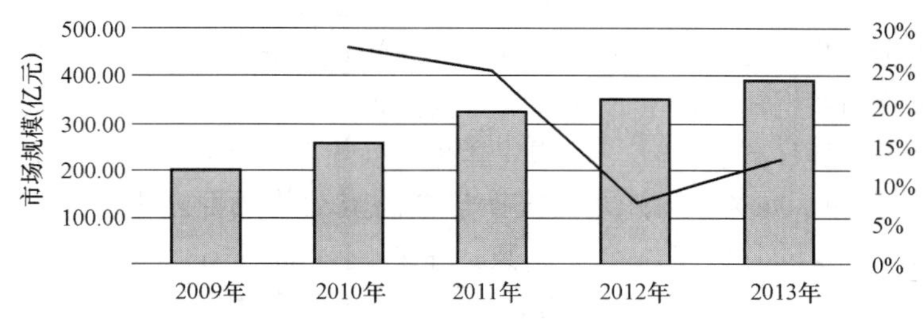


图 8.4-2 中国户式中央空调行业市场规模

数据来源：ChinaIOL

技术发展起来的新领域。根据 JARN 的统计，2013 年全球空气源热泵热水器的市场容量约为 163 万套（其中中国市场 88 万套），比 2012 年同比增长 19%。按照每台热水器的换热器 400 元保守计算，其换热器市场规模至少约为 6.5 亿元。

2014 年我国制冷空调行业延续了 2013 年的增长趋势，据统计 2014 年我国制冷空调设备制造业（包括工商用制冷空调设备及配件、家用电冰箱、家用冰柜、房间空调器等，但不包括家用制冷空调配件及配套设备）的工业总产值（现价）累计约 5950 亿元。随着行业的发展，制冷空调换热器也将持续快速发展。可以预计，制冷空调换热器将以紧凑、高效换热、节能环保为发展方向。其中，新型换热器如板式换热器、微通道换热器等紧凑高效换热器将得到快速发展。

## 8.4.2 翅片式换热器

### 8.4.2.1 翅片式换热器的发展历史

紧凑翅片管换热器是 McQuiston 第一个成功拟合了平直翅片叉排布置换热器热力性能的人。房间空调器的发展为整体套片式管翅换热器的研究提供了大量应用机会，同时全球节能的需要使整体套片管加工工艺的优势得到了生产厂家的青睐，其在生产过程中摈弃了传统焊接连接方法，采用机械或水压涨管，这样消耗的能量就大大地降低了。翅片管换热器的研究进展可从研究内容、研究目标和研究手段等方面来概括，早期对翅片管换热器的研究主要集中在翅片管排总的换热性能和流动性能上，翅片的形式多是平直翅片，主要考察管径、管排数、翅片间距、管排排列方式、翅片厚度等几何参数对换热及流阻的影响情况，换热管管径较大（$D_0$：9.52mm，12.7mm 或 15.8mm）。

近期的研究注重换热器的传热和流动机理，Saboya 和 Spsrrow 将传质技术用于确定一排、二排和三排盘管的局部传质系数，其结果通过类比关系用换热系数的形式来说明局部换热系数的分布情况。欧美的换热器制造商，如 LuveContardo 等对管翅式换热器的研究一直走在世界前列，他们研究的重点集中在寻找新的间断表面，在已有的翅型上发展了多重百叶窗翅片、带翼百叶窗翅片、双面开缝翅片等新的翅型。换热管管径也日趋小型化（扩管前 $D_o$=9.52mm，7.94mm 和 7mm），较大地改进了实验联式的拟合方法，出现了多重拟合方法，充分考虑了各种几何结构参数对换热和流阻特性的影响，从而克服了采用水力直径作为特征尺度带来的预见局限性。张凡对 4 种不同材料的翅片管换热器进行了试验研究，得出了 $Re$=1300～4500 范围内的换热和阻力试验关联式，可供工程实际选用。

康海军对3种管排，3个翅片间距的9个平直翅片管换热器进行了试验研究，得出 $Re=560\sim5000$ 范围内换热和阻力关系式，可供工程设计选用。欧阳新萍运用新型曲线拟合法对翅片管传热性能试验研究，有限定条件少、计算快速准确、实验条件少的特点。谭月普分别对采用铝翅片和黄铜翅片的套片式翅片管换热器进行传热特性与空气流动阻力特性的试验，表明黄铜翅片套片式换热器与铝翅片套片式换热器相比，换热性能优势明显。陈彪借助CFD软件对3种不同类型的翅片管式换热器的流动传热性能进行了三维数值模拟计算，得出倾角渐增波纹翅片的平均努谢尔数比平直翅片的高13.8%～29.3%，比均匀波纹翅片的高5.5%～10.3%，其强化传热效果显著。田丽亭用三维数值模拟的方法对加装三角翼涡发生器的波纹翅片管换热器的流动换热特性进行了研究，得出在不同排列方式下，三角翼产生的纵向涡均提高了波纹翅片管换热器的换热性能。郭宪民对使用条缝翅片管换热器的空气源热泵空调器在结霜工况下的动态性能进行了试验研究，在结霜初期条缝翅片换热器结霜循环周期大大缩短，在低相对湿度工况下，条缝翅片表面霜层在结霜过程中存在一段霜层厚度几乎不增长的时间，延长了结霜时间。唐凌虹分别对9排和12排带平直、开缝、纵向涡3种翅片形式共6个翅片管换热器元件空气侧的传热及阻力性能进行了试验研究，发现开缝翅片管换热器的传热性能高于带纵向涡翅片管换热器和平直翅片管换热器，但阻力相应也增加，带纵向涡发生器的翅片传热性能略低于开缝翅片，但阻力只比平直翅片稍大，这表明采用这种翅片形式可获得较好的综合性能。

开发研究手段有实验研究和数值模拟两种方法，其中实验研究又分为原型实验和放大实验。原型实验即换热器风洞实验，这是一种对换热器热力性能研究行之有效的方法。近期有关的实验研究工作趋势是，实验模型的结构尺寸更系统、更全面，数量更多，实验数据采集的工况范围进一步扩大。实验设备、测量仪器更精密、更先进，实验的精确度得到了很大提高。自从BeauvaisL1965年第一次用放大十倍模型来展示流场的分布后，许多科研人员都采用这种方法进行研究，Yun和Lee等都用这种方法证实了用放大模型研究原型翅片流动的可行性，这种方法比原型模型更方便有效地分析换热及流阻特性。但由于放大模型的方法受加工工艺等因素的限制，与原型模型实验结果相吻合的范围有待扩宽。

随着计算机技术的发展，用于流动与传热数值模拟的商业软件也有了很大的发展，先后出现了像PHOENICS，FLUENT，STAR—CD，CFX等大型通用软件。紧凑式换热器的模拟也由二维升为三维，对换热及流动机理的研究考察的范围也进一步拓宽了，K. N. AtkinsonLs证明了对百叶窗翅片的三维模拟比二维模拟更好地与实验数据相符。加上算法与网格技术的发展，数值模拟越来越成为一种科研及生产大力运用的方法。

**8.4.2.2 翅片式换热器的介绍**

翅片式换热器主要的换热元件仅由一根或若干根翅片管组成，翅片管由基管和翅片组成，基管通常为圆管，也有扁平管和椭圆管，如图8.4-3所示。翅片是基本的传热元件，其作用是扩大换热面积，提高热传递的效率。翅片可以看成是隔板的延伸和扩展；其次，翅片的不同形式使空气在流道内形成了强烈的扰流，并使流动边界层和热边界层断裂、重组，从而强化换热；最后，翅片还可以提高散热器整体强度，有效扩大其应用范围。常用的翅片结构形式有平直翅片、百叶窗翅片、锯齿翅片、多孔翅片和波纹翅片。翅片可以各自加在每根单管上，也可以同时与数根管子相连接。翅片管换热器材料，应根据换热器的用途和操作条件等不同而选择。目前常用的材料有：纯铝、铝合金、铜、黄铜、镍、钦、不锈钢、因康镍合金等。其中，以铝和铝合金用得最多。对于翅片式换热器母材的基本要求是：有较好的钎焊性和成型性，较高的机械强度，良好的耐腐蚀性和导热性。铝及铝合金不仅满足了这些要求，而且具有延性和抗拉强度随温度的降低而提高的特性，所以在世界各国的紧凑式换热器中，特别是在低温的紧凑式换热器中，已经广泛应用。

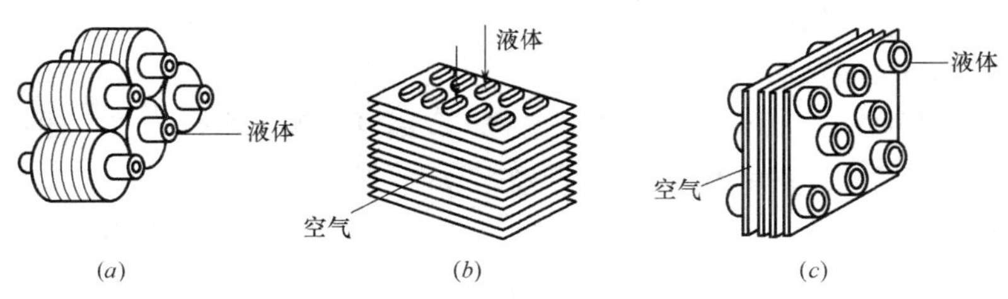


图 8.4-3 翅片管热交换器

(*a*) 圆管；(*b*) 扁平管；(*c*) 椭圆管

翅片管因制造方法不同而使其在传热性能、机械性能等方面有一定的差异。按制造方法分为整体翅片、焊接翅片、高频焊翅片和机械连接翅片。整体翅片由铸造、机械加工或轧制而成，翅片与管子一体，无接触热阻，强度高，但要求翅片与管子同种材料。高频焊翅计管是利用高频发生器产生的高频电感应，使管子表面与翅片接触处产生高温而部分熔化，再通过加压使翅片与管子连成一体而成。这是一种较新的连接方式，因其无焊剂、无焊料、制造简单、性能优良，正为用户认识和采用。机械连接翅片管分为绕片式、镶片式、套片式及双金属轧片式等，如图 8.4-4 所示。

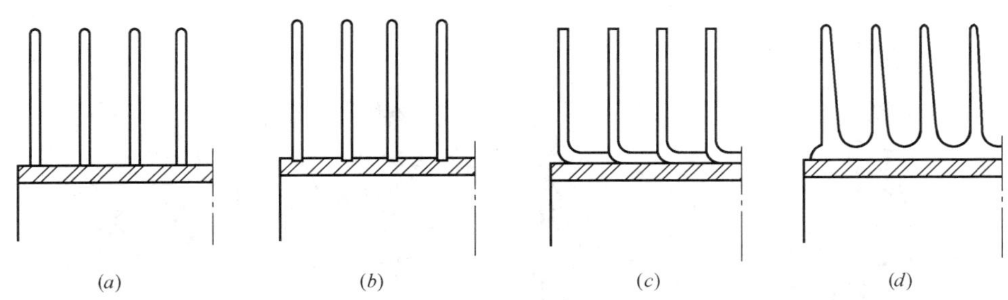


图 8.4-4 几种机械连接的翅片管

(*a*) 绕片式；(*b*) 镶片式；(*c*) 套片式；(*d*) 双金属轧片式

绕片式传热性能较差，主要是接触热阻的存在，特别是在运行时，绕片式的翅片张力随温度的增加而迅速下降，使接触热阻也迅速增加。焊片式传热性能最好。套片式件能也属最好，因为翅片紧套于管表面上后再加以表面热镀锌。双金属轧片式的传热性能类似于镶片式，因为它是在套装后再轧出翅片。

翅片管的基本几何尺寸包括：1）基管外径和管壁厚，对于镶片管，其壁厚应自沟槽底部计算其内壁。(2）翅片高度和翅片厚度，增加翅高使翅片表面积增加，却使翅片效率下降，因而使有效表面积（即翅片表面积乘以翅片效率）的增加渐趋缓慢。翅片厚度主要考虑其强度制造工艺和腐蚀裕量，同产销翅片（统片式、镶片式）和钢翅片（套片式）一般均选用 0.5～1.2mm。3）翅片距，翅片距的数位会影响到翅化面积的大小，但对管外对流换热系数的影响极小。翅片距的选择取决于管外介质。国产用于空冷器的翅片距常为 2.3mm。4）翅化比，它是指单位长度翅片管翅化表面积与光管外表面之比。对于空冷器，因为管外介质已经确定为空气，所以翅化比的选择应根据管内介质的流换热系数而定。当此值小时，应选用较小的翅化比。若选用的翅化比过大，并不能有效地增强传热，反而会使以翅化表面积为基准的传热系数迅速降低，如表 8.4-1 所示。随着翅化比的增加，空冷器单位尺寸的换热面积将增加，但制造费用也增加。实践表明，翅化比的最佳值为 17～28。我国生产的空冷器翅片管的翅化比有两种：高翅片为 23.4，低翅片为 17.1。对于低肋螺纹管的翅化比不属此例。5）管长，国内空冷器翅片管长系列为 3m、4.5m、6m、9m 四种。表 8.4-2 列出了国产翅片管的特性参数。

**三种翅化比的传热系数参考值**　　**表 8.4-1**

| 管内对流换热系数 | 10 | 20 | 30 |
|---|---|---|---|
| 580W/(m$^2$.℃) | 28.4 | 19.0 | 14.2 |
| 5800W/(m$^2$.℃) | 51.6 | 47.3 | 43.7 |

**国产翅片管特性参数**　　**表 8.4-2**

| 翅片类别 | 管材 | 管径/(mm) | | | 翅片参数/(mm) | | | |
|---|---|---|---|---|---|---|---|---|
| | | 内径 | 外径 | 翅片外径 | 翅片高 | 翅片厚 | 翅片距 | 翅片净距 |
| 低翅片 | 钢管 | 20 | 25 | 50 | 12.5 | 0.5 | 2.3 | 1.8 |
| 高翅片 | 钢管 | 20 | 25 | 57 | 16 | 0.5 | 2.3 | 1.8 |
| 高翅片 | 铝管 | 19 | 25 | 57 | 16 | 0.5 | 2.3 | 1.8 |

为取得更佳的传热性能，国产空冷器的翅片管管束常采用等边三角形形式排列。制冷空调中翅片管换热器如图 8.4-5 所示。

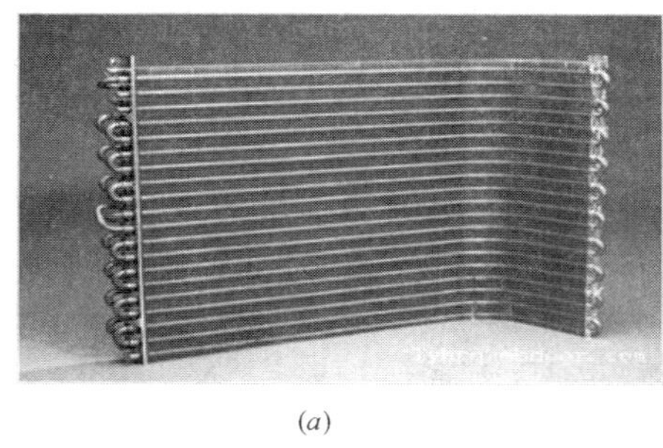

(*a*)

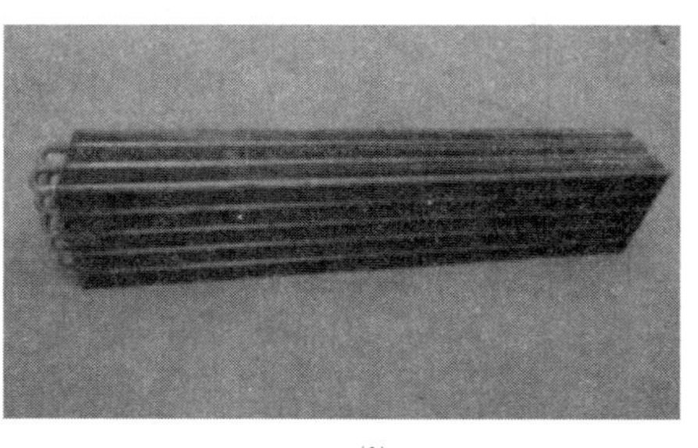

(*b*)

图 8.4-5　制冷空调常见的翅片式换热器

(*a*) 用于冷凝器；(*b*) 用于蒸发器

未来翅片管的发展是朝着换热表面大大强化、翅片与基管连成一体的方向的。并且，生产的成本大幅度降低，生产也愈趋规模化。

#### 8.4.2.3 翅片式换热器发展的挑战和研究工作

由于翅片式换热器的换热及流动机理很复杂，结构参数多而且尺寸小，实验模型的加工工艺必须严格控制才能得到有价值的实验数据，模型的模具制造成本高，这给实验研究、分析研究、数值模拟都带来困难。在许多科研人员的多年努力下，正一步一步揭示其换热和流动机理，得到许多强化换热的方法，也不断发明新的表面形状，并将这些表面形状生产出来，用于空调换热器中。在这方面换热器制造商做出了很大贡献，可惜实验数据无法共享，所以无法将这些翅片形状的应用作有效的推广。另外，每个厂家各自掌握着几种翅片形式的大量数据，科研人员手中的数据又十分有限，各种翅片性能相互比较的工作进行得远远不够。许多空调生产厂家在换热器翅片选型方面存在着盲目性，各种翅片的换热性能及流动特性的实验关联式运用起来也不方便。

翅片管换热器的发展和研究还有以下工作有待进行：1）发展数值模拟技术，减小实物实验的成本和研究周期，特别是与实验研究的有效结合可以获得丰富有价值的数据。2）对新型翅片形式的研究，需要进一步扩大几何参数范围和工况范围，得到预见性及外推性更好的拟合式。3）设计计算中不定因素的确定需要进一步收集数据。4）实验关联式的拟合方法及结果应进一步改善，使其更好地为实际生产所用。5）各种翅片的性能比较需做大量的工作，使比较结果更全面、更符合工厂的需要。6）科研工作还需紧跟生产实践，一些在生产实践证明的翅片改型需要不断总结和揭示其内在的换热机理。

#### 8.4.2.4 翅片式换热器最新研究与应用

随着社会发展和人们生活水平的提高，制冷装置的生产和应用得到了快速发展。我国是制冷空调产品的生产和使用大国，空调产业呈跳跃式发展，2009 年空调的产量已突破 8000 万台，稳居世界第一。统计数据表明，供暖和空调能耗已达到了建筑总能耗的 55%，家用空调的年耗电量达到 400 亿 kWh 以上。如何在设计制冷空调系统时，对各个部件及系统进行优化，是实现节能、节材和减小制冷剂充注量的主要方法，同时。如何尽量高效而低成本地完成产品设计也成为一个关键问题。目前，房间空调器产品主要采用管径为 9.52 mm 或者 7 mm 的铜管。若将管径由 9.52 mm 缩小为 5 mm，单位管长铜管的表面积和内容积分别减少 47.4%和 75.4%。这就意味着，即使铜管的厚度不变，单位管长的铜用量减少 47.4%。实际上，由于耐压强度增加、铜管壁厚减薄，单位管长的铜材可减少 62.9%、制冷剂充注量可减少 73.6%。因此，若能将小管径换热管应用于空调器，则能减少材料消耗和制冷剂充注量，也可以实现高能效换热器的设计。

高晶丹对原 R290 空调系统进行改造，把原室内外机进行小管径优化，原室内外机的结构与优化后的室内外机，如表 8.4-3 所示，通过仿真应用后得出优化前后的室内外换热器的换热量（图 8.4-6）和充注量（图 8.4-7）。

**原始与优化后结构参数** **表 8.4-3**

| 结构参数 | 原始空调 | | 优化后的空调 | |
|---|---|---|---|---|
| | 室内机 | 室外机 | 室内机 | 室外机 |
| 管内径(mm) | 6.5 | 8.96 | 4.6 | 6.5 |
| 长/宽/高(mm) | 228/22/320 | 708/43.3/480 | 228/29.4/270 | 706/36/462 |
| 排数/列数(每排) | 2/12 | 2/20 | 2/14 | 2/22 |

续表

| 结构参数 | 原始空调 | | 优化后的空调 | |
|---|---|---|---|---|
| | 室内机 | 室外机 | 室内机 | 室外机 |
| 排间距/列间距(mm) | 11.0/19.0 | 21.6/25.4 | 14.7/18.0 | 18/21 |
| 每排底层,边界距离(mm) | 4.75,14.25 | 6.5,18.9 | 4.5,13.5 | 5.25,15.75 |
| 流路数 | 2 | 2 | 2 | 2 |
| 翅片厚度(mm) | 0.105 | 0.105 | 0.095 | 0.095 |
| 翅片间距(mm) | 1.6 | 1.8 | 1.4 | 1.4 |
| 翅片类型 | 窗片 | 波纹片 | 窗片 | 波纹片 |
| 管厚(mm) | 0.25 | 0.28 | 0.2 | 0.25 |
| 管径(mm) | 7 | 9.52 | 5 | 7 |

由图可得：5mm 管室内机与 7mm 管室外机的换热量与原始室内机和室外机几乎相等，7mm 管室外机的制冷剂充注量比原始室外机（8.96mm 管换热器）减少约 40%，5mm 管室内机的制冷剂充注量比原始室内机（6.5mm 管换热器）减少约 30%，总充注量可以减少约 27%。作为国家首批补助 R290 生产线的扬子空调，使用 R290 为制冷剂的产品已经即将投产。R290 需要小的充注量来确保系统的安全性，因此更小管径的翅片式换热器运用到此产品上。在扬子的生产线上，目前可以看到管径仅为 4.99mm 的换热器正在生产。小管径翅片式换热器具有节省材料，而且可以大幅度的降低制冷剂充注量的特点，从而降低了生产成本。小管径翅片管换热器是以后制冷换热器行业的一个发展方向。

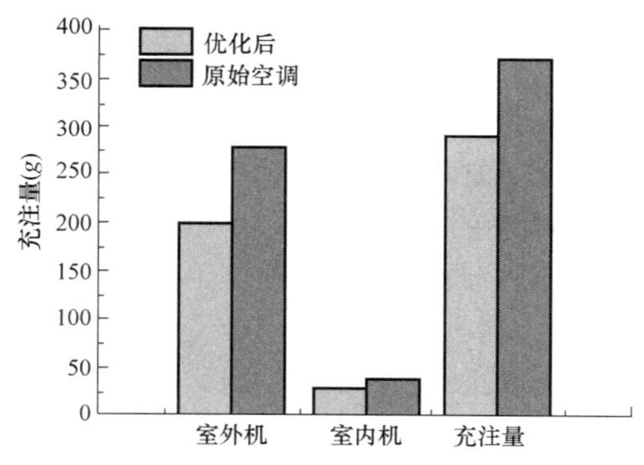


图 8.4-6　优化前后制热量图

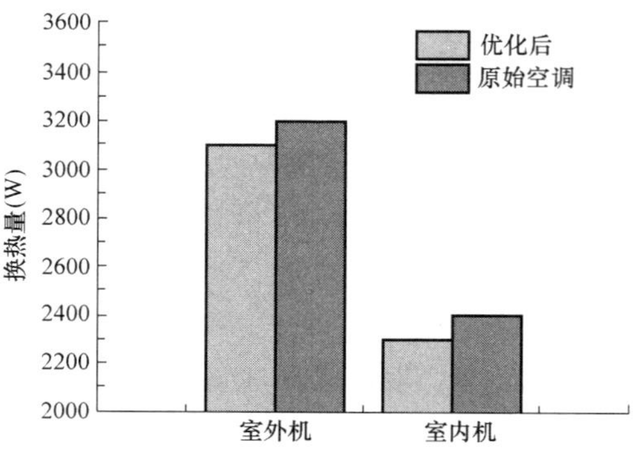

图 8.4-7　优化前后的充注量图

此外，各企业也在对翅片管换热器的强化传热研究做努力，翅片管强化传热主要集中在改变内管的形状、改变翅片的形状和管路的优化布置方面，这几种结构已经趋向成熟，根据不同翅片配合不同内管结构测试换热器的传热系数如表 8.4-4 所示，不同的管型结构如表 8.4-5 所示，不同管型结构性能如表 8.4-6 所示。由表可以看出，不同的翅片与不同的管内结构结合的翅片式换热器对换热的影响很大，超条形片＋开窗片比平片传热性能好很多，螺纹管比光管传热性能好很多。

变间距翅片换热器已经开始应用于空气源热泵产品。空气源热泵系统在北方地区冬季供暖或供热水时，结霜现象是一个既影响制冷循环的耗能，又涉及机组可靠运行的问题。

美的、德州亚太、顿汉布什等公司生产了变间距翅片管换热器，使宽间距翅片解除含湿量较高的迎风面积，从而降低了气流阻力，达到节能的目的，同时结霜量小的翅片间距较小部分可以强化换热效果。这一改进措施将对空气源热泵系统起到技术推动作用。

**各种翅片与不同规格铜管几何的传热系数表　　表 8.4-4**

| 翅片规格 | 光管 | | 内螺纹管 | |
|---|---|---|---|---|
| | 传热系数[W/(m²·k)] | 传热系数比 | 传热系数[W/(m²·k)] | 传热系数比 |
| 平片 | 30 | 1 | 33 | 1.1 |
| 波纹片 | 32 | 1.07 | 36 | 1.2 |
| 条形片 | 36 | 1.2 | 42 | 1.4 |
| 超条型片+开窗片 | 42 | 1.4 | 51 | 1.7 |

**不同的管型结构表　　表 8.4-5**

| 管型 | 光管 | A 型 | B 型 | C 型 |
|---|---|---|---|---|
| 外径(mm) | 9.52 | 9.52 | 9.52 | 9.52 |
| 平均壁厚(mm) | 0.3 | 0.35 | 0.37 | 0.36 |
| 齿根厚度(mm) | — | 0.3 | 0.3 | 0.3 |
| 齿高厚度(mm) | — | 0.12 | 0.15 | 0.2 |
| 螺旋角(°) | — | 7 | 25 | 18 |
| 内表面增大率 | 1 | 1.34 | 1.28 | 1.51 |
| 重量(g/m) | 78 | 90 | 95 | 93 |

**不同的管型的性能表　　表 8.4-6**

| 铜管规格 | 表面传热系数比 | 压力损失比 |
|---|---|---|
| 光管 | 1 | 1 |
| A 型 | 1.55 | 1.03 |
| B 型 | 2 | 1.03 |
| C 型 | 2.4 | 1.05 |

此外，对翅片式换热器的腐蚀性和结霜问题已经有了一些解决办法，中和国泰研发出换热器专用的纳米级防护材料，此材料包含了长效的银离子技术，减少换热器内部发霉和滋生细菌。换热器涂上此材料可保持清洁，不受微生物的污染。一个干净、干燥的无生物膜的换热器比湿的、脏的换热器更节能。此材料经过美国检测，并通过了 FDA 食品级环境应用认证。

## 8.4.3 管壳式换热器

### 8.4.3.1 管壳式换热器概述

管壳式换热器（Shell and Tube Heat Exchanger）又称列管式换热器，是以封闭在壳体中管束的壁面作为传热面的间壁式换热器，具有选材范围广、清洗方便、适应性强、处理能力大、易制造、成本低、及耐高温高压等特点。管壳式换热器结构如图 8.4-8 所示。

管壳式换热器是把管子与管板连接，再用壳体固定。虽然它在结构紧凑性、传热强度

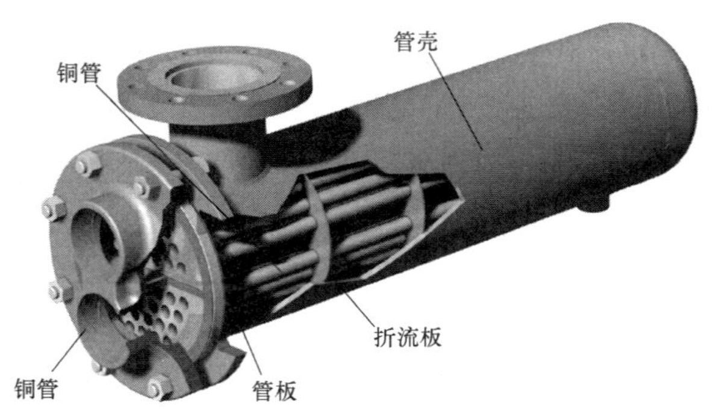


图 8.4-8　管壳式换热器基本构造

和单位传热面积的金属耗量方面无法与板式或板翅式换热器相比，但该类换热器仍然是目前应用最广泛、理论研究水平最高、设计技术最完善、标准化和规范化历史最悠久以及计算机程序软件开发最早的换热设备。它的形式大致可分为固定管板式、浮头式、U 形管式以及涡流热膜换热器。

（1）固定管板式换热器。管束两端的管板与壳体连成一体，结构简单，但只适用于冷热流体温度差不大，且壳程不需机械清洗时的换热操作。当温度差稍大而壳程压力又不太高时，可在壳体上安装有弹性的补偿圈，以减小热应力。其缺点是壳侧不便清理，只能采用化学方法清洗，检修困难，对于较脏或对材料有腐蚀性的介质不能走壳程。

（2）浮头式换热器。管束一端的管板可自由浮动，完全消除了热应力，且整个管束可从壳体中抽出，便于机械清洗和检修。浮头式换热器的应用较广，但结构比较复杂，造价较高。而且浮头端小盖在操作时无法知道泄漏情况，所以装配时一定要注意密封性能。

（3）U 形管式换热器。每根换热管皆弯成 U 形，两端分别固定在同一管板上下两区，借助于管箱内的隔板分成进出口两室。此种换热器完全消除了热应力，结构比浮头式简单，管束可从壳体内抽出，壳侧便于清洗但管程清洗稍困难，所以管内介质必须清洁且不易结垢。U 形管式换热器一般应用于高温高压下，尤其是壳体与换热管金属壁温差较大时。

（4）填料函式换热器。其管束可自由滑动，壳侧介质靠填料密封。适用于一些壳体与管束温差较大，腐蚀严重而需经常更换管束的换热器。结构简单，制造方便，易于检修清洗。它的缺点是使用直径小，不适于高温高压条件，壳程介质不适于易挥发、易燃、易爆、有毒等介质。

（5）涡流热膜换热器。涡流热膜换热器采用最新的涡流热膜传热技术，通过改变流体运动状态来增加传热效果，当介质经过涡流管表面时，强力冲刷管子表面，从而提高换热效率，最高可达 10000W/($m^2$ · ℃)。同时这种结构实现了耐腐蚀、耐高温、耐高压、防结垢功能。其他类型的换热器的流体通道为固定方向流形式，在换热管表面形成绕流，对流换热系数降低。

### 8.4.3.2　管壳式换热器的发展趋势

管壳式换热器的工艺设计方法有 Kern 法、Bell-Delaware 法和流路分析法。随着计算机科学技术的发展，计算流体动力学方法应是 21 世纪的主要设计方法。根据强化传热理论，在管的两侧范围，需要增大传热系数较小的一侧才能有效改进总传热系数。由于无法确定所有工况，需要增大管内或管外的传热系数以得到最高的总传热系数。因此，强化传热理论在工程中的应用不是单一的模式，而是呈现出三种趋势，即对管内、管外、管束整体的强化传热。

1. 管程强化传热

高效强化传热管的研究一直是传热领域最活跃和最有生命力的重要研究课题。管程强化传热技术可归结为两个方面，其一是改变换热管形状以加大管程流体湍流程度或传热面积，如螺纹管、伸缩管、波纹管、翅片管等，其中研究多、较典型的是螺纹管和翅片管；另一种是管内插物，用来增强管程湍流程度，常见的有管内插纽带、绕丝花环等。其中，内插纽带由于制造简单，传热效果优良，得到了国内外研究人员的广泛认定。

螺纹管［图 8.4-9（*a*）］由光滑管在车床上轧制而成，分为单头和多头，用于强化管内气体或液体的传热、强化管内液体的沸腾或管外蒸汽的冷凝。其特殊结构既增大了传热面积，又造成了强烈的扰动，起到了提高雷诺数和减小边界层厚度的作用，多用于壳程热阻较大的情况。翅片可按截面形状分为矩形［图 8.4-9（*b*）］、花瓣形、T 形、钉翅等。其中，某些类型的钉翅管甚至可以利用翅片相互支撑，而取消折流板。在此基础上，近几年国内外研究人员相继提出了一种异型钉翅管，其结构是在光管外交错排列许多钉翅。与其他翅片管相比，其传热效果最佳，是较理想的换热管，应用潜力巨大。管内插纽带［图 8.4-9（*c*）］最早是波兰人 A. Klaczak 提出并进行试验研究的一种高效传热元件，由薄钢板条扭曲而成。通过在管内插入扭曲带产生涡流，加强了流体近壁面和中心区域的混合，从而达到强化传热的目的。因其卓越的稳定性、简单的构造及易于装配等特点，已经被国内外研究人员广泛试验和讨论。

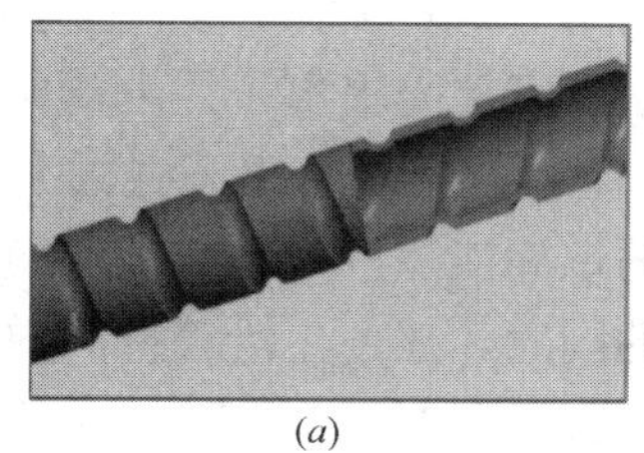

(*a*)

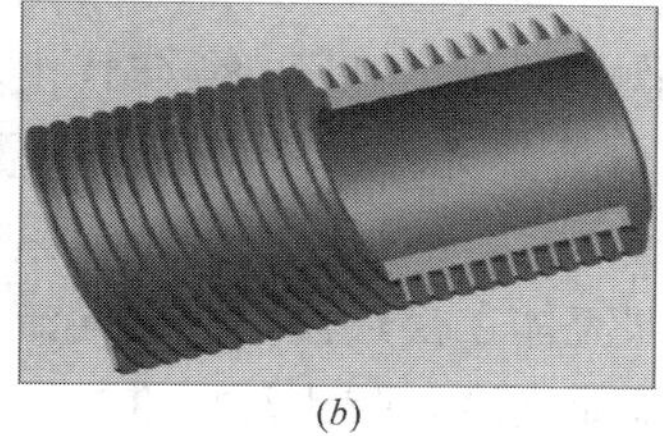

(*b*)

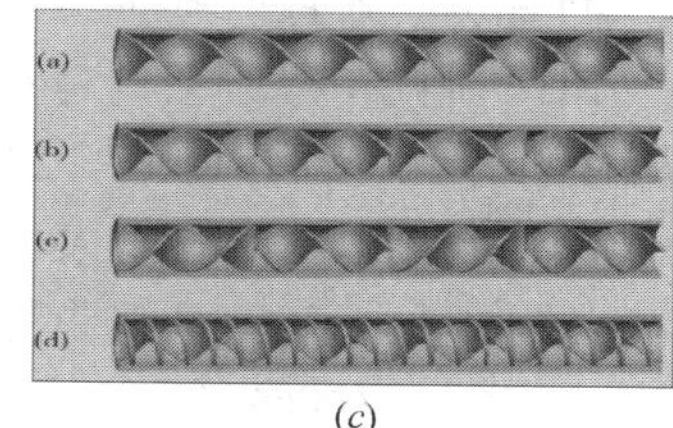


(*c*)

图 8.4-9 壳程强化示意图

（*a*）螺纹管；（*b*）矩形翅片管；（*c*）管内插纽带

2. 壳程强化传热

管束支撑是管壳式换热器中的扰流元件，直接影响壳程的流体流动和传热性能，是提高壳程传热系数的关键部件，因此大多数壳侧强化换热研究都侧重于壳侧支撑结构的改进和创新。在壳程介质为液体的工况下，传统弓形折流板换热器的流体流动阻力和振动较大、能量损失严重、换热不充分、易出现漏流和旁流、流体横向冲击管束易产生振动从而缩短换热器寿命。因此，壳程强化传热显得尤为重要。

近年来，人们采用了各种各样的折流支撑结构来改善壳程流体的强化传热，常用的方式有：异形折流板（花隔板、螺旋折流板、整圆折流板、螺旋叶片、折流杆等）及壳程内插物（扭曲带、空心环）等。一般认为螺旋折流板、壳程扭曲带结构优于其他结构，而引起较多业内人士的关注。螺旋折流板换热器［图 8.4-10（*a*）］强化传热机理为螺旋通道内柱状流的速度梯度影响了边界层的形成，从而使传热系数有较大增加。相对于弓形折流板，螺旋折流板消除了弓形折流板的返混现象、卡门涡街，从而提高有效传热温差，防止流动诱导振动；在相同流速时，壳程流动压降小；基本不存在流动与传热死区，不易结垢，适宜于处理含固体颗粒、粉尘、泥沙等流体。对于低雷诺数下（$Re<1000$）的传热，其效果更为突出。目前，对连续型螺旋折流板换热器［图 8.4-10（*b*）］的研究已被提上日程。有学者经研究指出：相同壳程质量流量和换热量条件下，组合式两壳程螺旋折流板换热器的压损比传统弓形折流板换热器低 14.6℃；相同壳程质量流量下，组合式两壳程螺旋折流板换热器在单位压损下的换热量比弓形折流板换热器提高 10.8℃。纵向多螺旋流管壳式换热器［图 8.4-10（*c*）］是典型的壳程插入物型换热器。

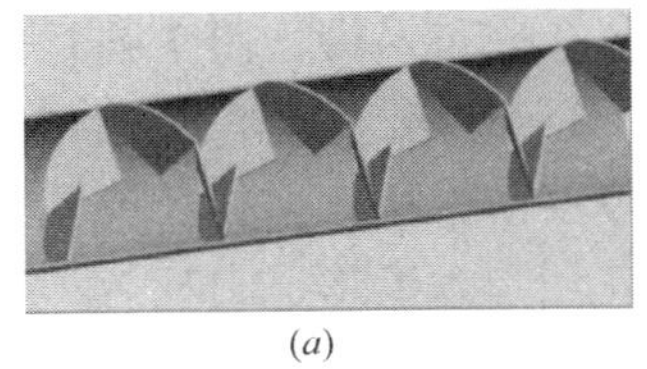
(*a*)

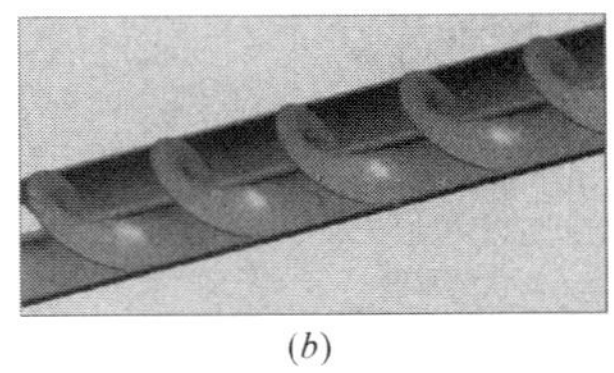
(*b*)

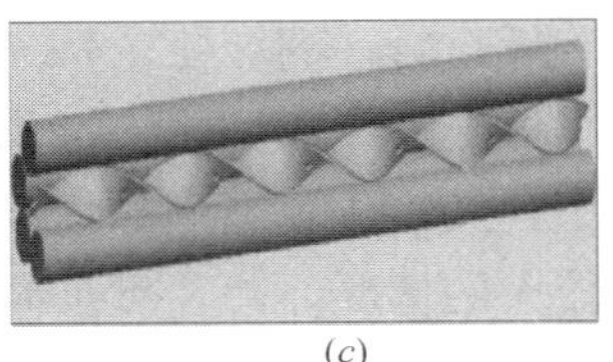
(*c*)

图 8.4-10　壳程强化示意图

（*a*）螺旋折流板；（*b*）连续型螺旋折流板；（*c*）管间插入螺旋扭片

3. 整体强化传热

整体强化传热有两种趋势：一种是将以上两类强化有机结合；另一种是通过改变管束实现强化传热。后者加工简单，易于更新现有设备，强化效果好，应用前景广泛，最具代表性的有扭曲扁管换热器和交错扁管换热器。

扭曲扁管［图 8.4-11（*a*）］换热器是 20 世纪 80 年代由苏联专家首先提出，并由瑞典 Allares 公司首先将其产业化的高效换热元件。管束中不设置折流板，换热管之间通过外缘线保持点接触支撑。管束由扎箍固定，故可在管间形成紧密的螺旋流道。因此，该型换热器的管程与壳程都是螺旋流，即流体在换热器轴线方向流动的同时，还产生沿管壁周向的二次流，这有助于提高流体的湍流程度，防止污垢堆积，减小边界层厚度。由于扭曲管换热器管间距由压扁程度决定，且通常比弓形折流板换热器的管间距小。因此，换热器体积较小，可节约较多壳体材料和减小总体体积。交错扁管［图 8.4-11（*b*）］换热器是近几年开发和推广的新型强化换热器，由普通圆管经压辊滚压而成，相隔一定节距管子被压制成 90°的扁圆形截面。由这种管子组成的管束，其扁圆形截面长轴部分互相支撑形成壳程的扰流元件。

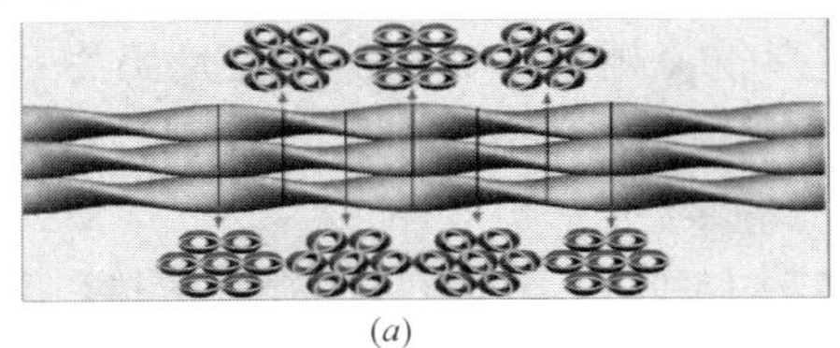
(*a*)

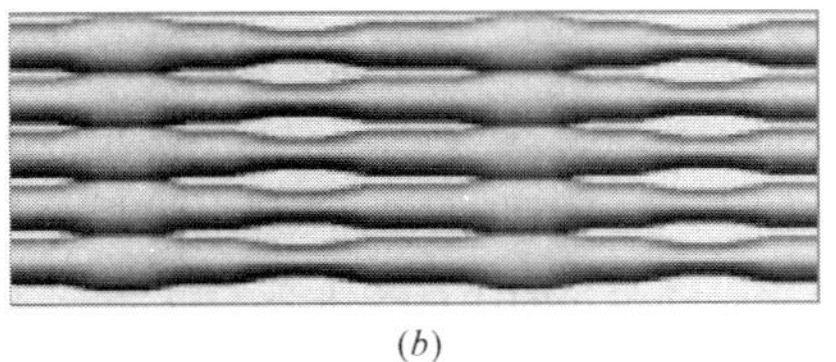
(*b*)

图 8.4-11　整体强化示意图

（*a*）扭曲扁管管束；（*b*）交错扁管管束

4. 降膜蒸发技术

降膜蒸发技术是管壳式换热器中特有的一种换热性质，其优点是传热系数高、制冷剂充注量少、外制冷剂流体的压力降小、无因液位产生的静压头、良好的回油性等。其中比较典型的是水平管降膜蒸发器（图8.4-12），其优点是：蒸发效率高；有效温差高；不易结垢；生产能力调整范围大；承压能力高；设备运行稳定性强等。它是由相对低的温度驱动力或相对低的热流量在水平管外壁面上引起的表面蒸发，由于在管外布成的液膜比较薄，薄膜的流动有利于蒸汽与液相尽快分离，所以管外降膜的传热系数比较高，并且随着热流量的增加和驱动温度的升高，传热系数还会进一步增大。同时，由于可以实现在较小温差下进行传热，表面过热度下降，管表面的结垢情况也得以改善。合理控制物料流量、蒸发温度、加热蒸汽的流量和温度等参数，有助于提高设备的传热系数。

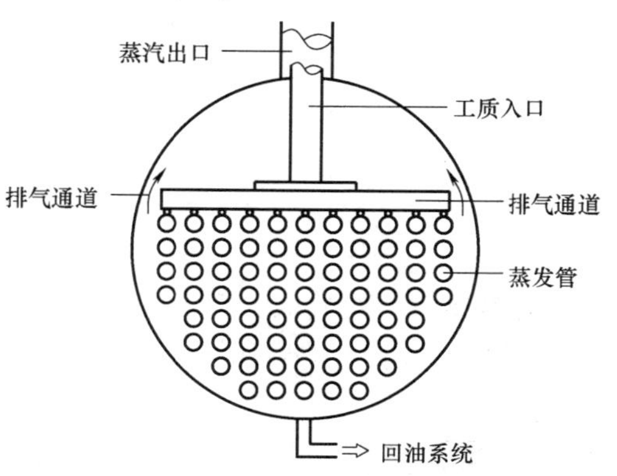

图 8.4-12 水平降膜蒸发器原理

5. 管壳式换热器的研究趋势

随着科技和工艺技术的不断发展，必然会带来更多高性能的换热器。目前对管壳式换热器的研究可主要从以下几方面入手。1）非金属材料的应用，非金属材料在一定范围内具有非常高的使用价值。如：石墨材料有着良好的导热、导电性以及机加工性，化学性质也稳定；氟塑料具有优良的耐腐蚀性，且制造成本低；复合材料如搪瓷玻璃具有优良的耐腐蚀性、耐磨性、电绝缘性以及表面光滑不易粘附物料等优点；陶瓷材料因其出色的耐腐蚀性、耐高温性而在换热设备中得到了应用。2）优质热交换器，优质热交换器是最近几年提出的以新材料为基础的热交换器。以金属材料钽为例，钽本身具有良好的物理和化学特性，它抗腐蚀，耐高温高压，延展性好，利于加工制造，对绝大多数物质表现出良好的惰性。其熔点高达3000℃，采用钽制造的管子可以薄到0.14mm，因此可提高设备的经济性。3）CFD的应用。在换热器的热流分析中，引入计算机技术，对换热器中介质的复杂流动过程进行定量的模拟仿真。利用CFD的分析结果和相对应的模型实验数据，使用计算机对换热器进行更为精确和细致的设计。4）组合强化传热方式，将有源强化传热方式与无源强化等方式进行结合，强化结构组合研究。为达到管程壳程同时强化的目的，强化结构组合研究将成为近期传热强化技术研究的发展方向。

### 8.4.3.3 管壳式换热器应用研究分析

在实际应用中，换热器的各部件参数会对整个换热器的性能有直接的影响。根据换热能力和换热器结构经济性的变化来调整各个变量，最终可以调出一个最优的组合，见表8.4-7，使换热器的性能达到最佳效果。因此有学者采用6sigma仿真技术对管壳式蒸发器的主要部件进行优化分析。

依靠制冷仿真技术来分析各参数对机组性能和成本的影响，计算蒸发器的性价比，以下是各参数的分析结果：

1. 铜管长度的影响

参数说明　　表 8.4-7

| 项目 | 原始值 | 可选范围 | 说明 |
|---|---|---|---|
| 铜管长度(mm) | $A$ | $A\pm100$ | 可选范围由实际可接受范围和经验而定 |
| 折流板数量 | $B$ | $B-0/+2$ | |
| 铜管数量 | $C$ | $C-100/+0$ | |
| 筒体外径 | $D$ | $A\pm100$ | |
| 流程数 | $E$ | 2,3 | |

根据表 8.4-7 对选取三个尺寸进行计算，其他各参数不变，初步分析铜管长度对机组性能和成本的影响，结果如图 8.4-13 所示。

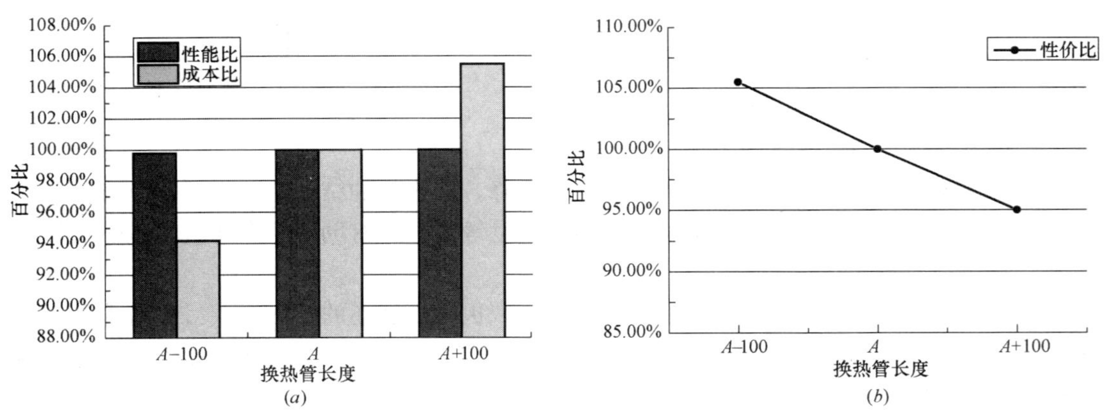


图 8.4-13　换热管长度的影响

($a$) 性能与成本；($b$) 性价比曲线

从图 8.4-13 ($a$) 可以看到，在要求范围内换热管的加长或缩短对机组的换热量几乎没有影响，而随着铜管的缩短，成本明显下降。根据公式：性价比＝换热量/成本，获得可选范围内性价比曲线，如图 8.4-13 ($b$) 所示。

2. 折流板数量的影响

同样，根据表 8.4-7，设置三组数据进行比较，其他参数不变，初步分析折流板数量对性能和成本的影响，结果如图 8.4-14 所示。图 8.4-14 表明，折流板数量对机组性能有比较大的影响，机组换热量随折流板数量的增加而增大，而成本增加不明显。且由图可知，在折流板数量在 $A+2$ 时其性价比最高。但是，折流板数量的增加会引起另外一个问题，就是水侧压降会随之增加，进而使水泵功耗增大，提高了运行成本，因而水侧压降需要控制在一个合理范围内。由此得知，增加折流板数量会提高机组经济性，但是要避免产生过大的水侧压降。

3. 铜管数量

维持其他数量不变，铜管数量按照 $C$-80，$C$-60，$C$-40，$C$-20，$C$ 进行比较计算，初步分析铜管数量对蒸发器性能和成本的影响，结果如图 8.4-15 所示。

由图 8.4-15 ($a$) 可以看到，铜管数量的变化对机组换热量也有较大影响，随着铜管数量的减少，机组换热量明显下降，成本也随着铜管数量的下降而急剧减少。由图8.4-15 ($b$)可

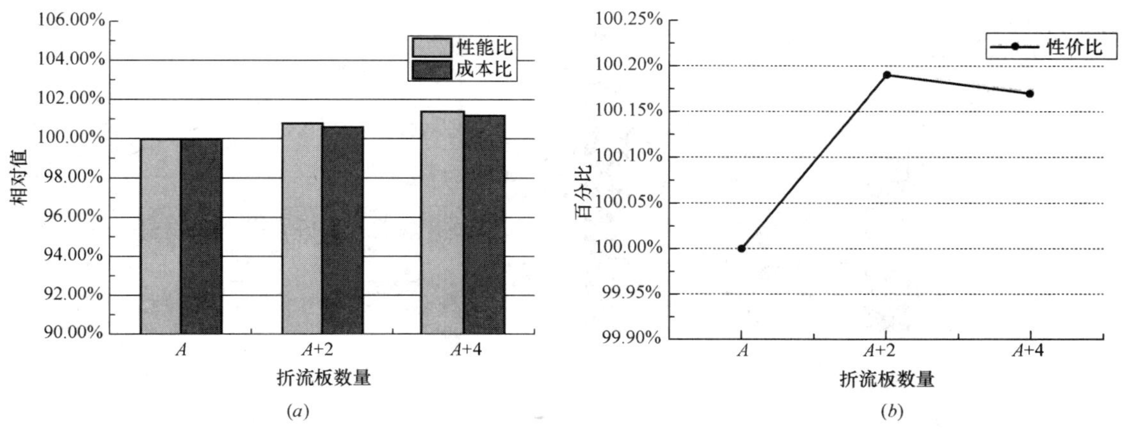


图 8.4-14　折流板数的影响

(*a*) 性能与成本；(*b*) 性价比曲线

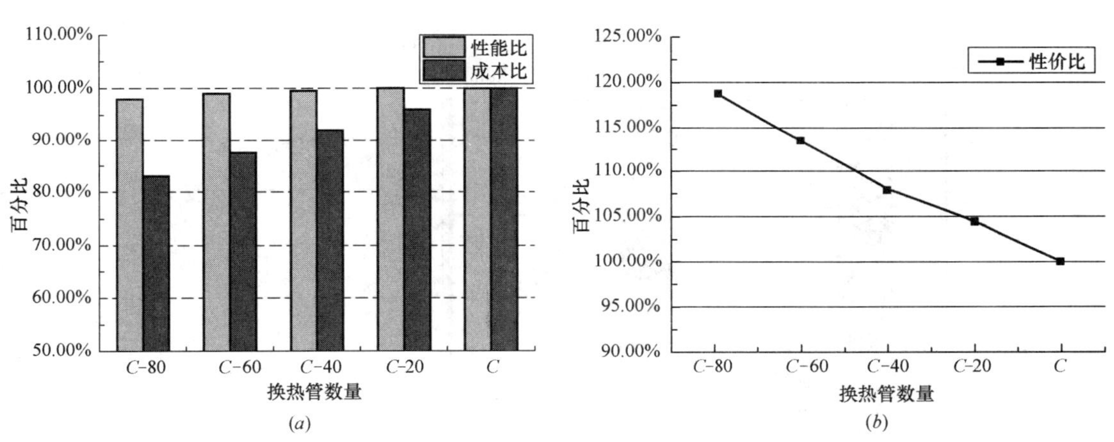


图 8.4-15　换热管数的影响

(*a*) 性能与成本；(*b*) 性价比曲线

知换热器性价比随铜管数量的减少而提高，但要保证性能损失在允许的范围内。

4. 筒体外径

维持其他参数不变，对蒸发器筒体外径按 *D*-33mm，*D*mm，*D*＋68mm 分别进行计算。初步分析筒体外径对机组性能和成本的影响，结果如图 8.4-16（*a*）所示。

结果显示，筒体大小对换热器的成本影响较大，筒径越大换热器成本越高。而性能方面，性能与筒体大小不成正比，筒径过大换热量反而会减小。因此换热器的筒径选取一定要适当，否则对性能和成本都不利。从性价比曲线图 8.4-16（*b*）来看，筒体外径越小，性价比越高。

5. 流程数

一般制冷剂侧的流程大都采用 2 流程或 3 流程，但以 2 流程居多。接下来计算一下其他参数维持不变的情况下，流程数对蒸发器性能和成本的影响。

从图 8.4-17 看到流程数由 2 改为 3 时，机组换热量大幅下降。这说明增加流程数对

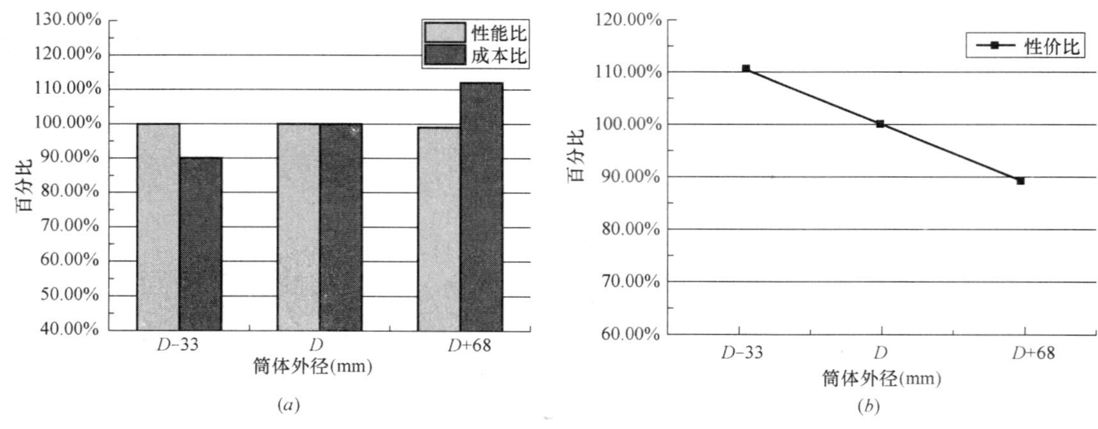


图 8.4-16 筒体外径的影响

（a）性能与成本；（b）性价比曲线

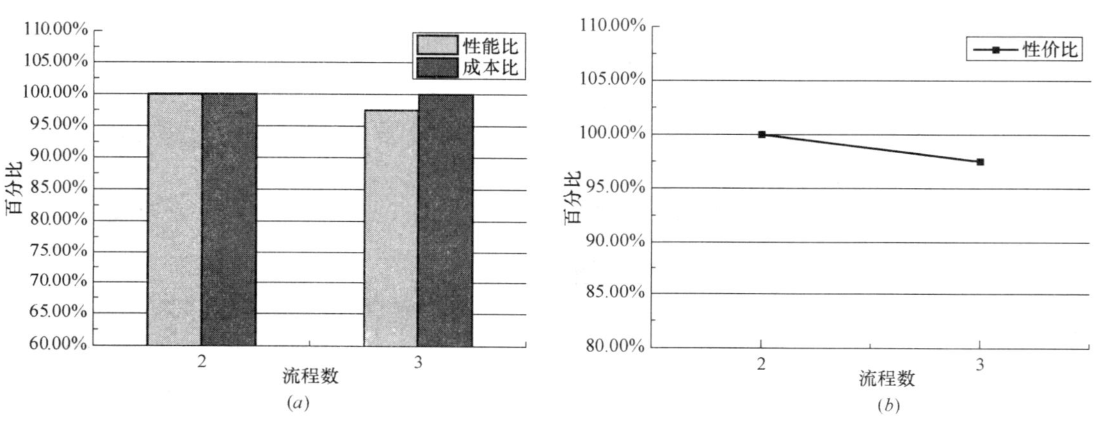


图 8.4-17 流程数的影响

（a）性能与成本；（b）性价比曲线

换热量会产生不利影响，同时会增加制造的复杂度。所以，不宜增加流程数。

通过以上对换热器各结构参数的分析，在实际应用过程中可根据情况提出多个优化方案，对其进行仿真模拟分析，最终可得到一个高性价比的设计方案。

## 8.4.4 微通道换热器

### 8.4.4.1 微通道换热器的优势

微通道换热器是一种紧凑式换热器，包括一对相互平行设置的集流管，两集流管壁对应位置上开有多个狭槽，该狭槽内插入若干扁管从而将两集流管连通；集流管两端包括起密封作用的端盖；扁管内部有若干个平行的小孔，其水力直径小于 3mm，通常在 1mm 左右；扁管之间有加强散热的翅片；同时包括和集流管连接的制冷剂进出口连接部件，制冷剂进出口连接部件与制冷系统的其他部件相连；必要时，还包括起制冷剂流路分割作用的隔板以及起保护作用的边板和边翅等。微通道换热器与普通翅片管换热器结构简图见

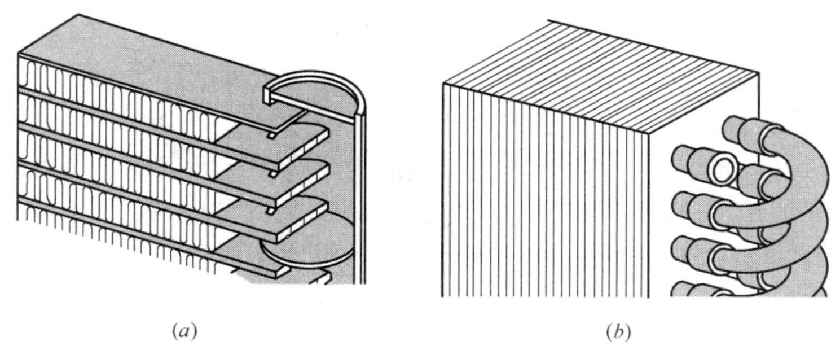


图 8.4-18 微通道换热器与普通翅片管换热器结构简图
(a) 微通道换热器结构简图；(b) 翅片管式换热器结构简图

图8.4-18。

制冷空调行业的风冷换热器采用传统的铜管翅片式换热器，该换热器以圆形的铜管作为换热管，装配有平直或开窗的平直翅片，以便与空气进行热交换。传统的铜管翅片式换热器采用 5～9mm 的管径。

与铜管翅片式换热器相比，微通道换热器应用于制冷空调领域有着明显的优势，主要有以下几点：1）换热高效，结构紧凑。与铜管翅片式的发展趋势一致，微通道换热器正是一种微小管径的换热器，其性能上有明显的优势，主要在于其换热水力直径在 1mm 左右，因此换热器换热效率可提高 30%以上；微通道换热器的翅片与扁管之间采用钎焊技术，无接触热阻，提高了导热性能；扁管的多孔结构，使得换热面积显著增大，制冷剂流道被分成多个平行通道，管侧换热系数由于水力直径的减小显著提高。2）相同功率、相同能效的微通道换热器空调器和铜管翅片式空调器比较，微通道换热器占用空间减小，质量减轻，制冷剂充注量减少，更加环保，相同换热效果所需的风量减小。低制冷剂充注量，微通道换热器的扁管的内容积与铜管相比非常小，以 25.4mm 微通道换热器为例，其内容积仅有 $D$9.52mm 的铜管翅片式换热器的 1/6，在制冷系统使用时所需的制冷剂充注量可显著降低，因而可使得制冷空调系统的制冷剂充注量减少 30%～50%。3）节材降低成本。微通道换热器的主要部件均为铝合金材料，由于铝合金的比重仅有铜的 1/3，因此换热器的重量可显著降低，通常只有 50%～70%。不仅换热器本身更紧凑，还可选用较小叶轮直径的风扇，降低制冷剂和风机成本。

### 8.4.4.2 微通道换热器的发展历史

微通道散热器的概念最先由 Tuckerman 和 Pease 在 1981 年提出，开始应用于电子散热领域。1985 年，Swife，Migliori 和 Wheatley 研制出了两流体热交换的微通道换热器。Friedrich 和 Kang 于 1994 年研制出微尺度换热器，体积换热系数达到 45MW/($m^3$ · K)。Jiang 等于 2001 年提出了微热管冷却系统的概念。

微通道换热器外形与翅片式换热器的外形对比见图 8.4-19。微通道换热器于 20 世纪 90 年代最先应用于汽车空调领域。由于传统的氟利昂系列制冷剂对臭氧层具有较强的破坏作用，已被《蒙特利尔议定书》禁止。R134a 作为一种过渡型替代品，应运而生，通用汽车（General Motor）于 20 世纪 90 年代初引领了 R134a 的实施。使用微通道冷凝器，在汽车空调中R134a制冷剂基本可以实现直接替代R12，在不用对制冷系统做重新设计的情况下，汽车空调采用R134a可以达到与R12相同或更高的性能，而且占用的空间更少，制冷剂充注量更少。因此，通用汽车等汽车企业开始大规模应用微通道换热器，到现在微通道换热器已经成为汽车空调冷凝器的标准形式，使用超过20年。

在空调行业，制冷剂的应用对环境的影响成为最为关注的问题，美国、日本以及欧洲于21世纪初开始应用R410A、R407C以及R134a等HFC制冷剂，空调系统面临着重新设计以适应新制冷剂的要求。微通道换热器相对于铜管翅片式的诸多优势，特别是换热效率高，制冷剂充注量低的特性，使得微通道换热器开始进入北美家用空调市场，替代传统铜管翅片式换热器，获得了主要空调厂家如开利、特灵、江森自控等的广泛认可，在北美市场应用已经有10年的历史。在欧洲市场和亚太市场如韩国、中国及印度，微通道换热器也不断在空调及制冷领域的各个应用扩展，潜在市场规模巨大。

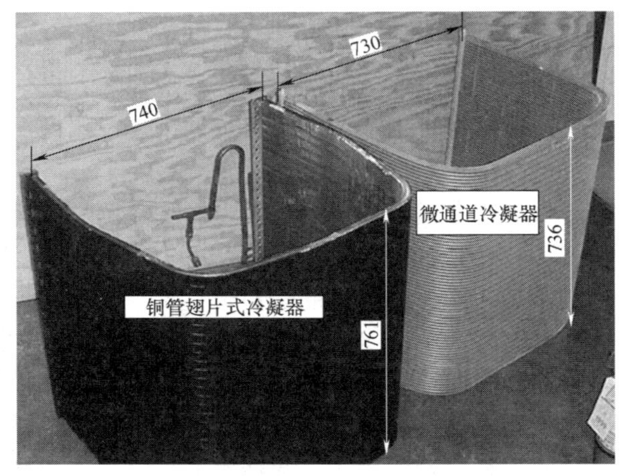


图8.4-19　微通道冷凝器和铜管翅片式冷凝器的照片

在ARI-220/240的标准工况下对微通道冷凝器和原机的铜管翅片式冷凝器进行了性能对比测试，图8.4-20为ARI-A/B/C三个标准工况下机组的性能对比结果，从图中可以看出使用微通道冷凝器的空调系统比铜管翅片式冷凝器的空调系统制冷能力提高约4%～7%，各个工况下的整机能效*COP*提高15%～20%；图8.4-21是采用微通道冷凝器和铜管翅片式冷凝器的系统运行*T-s*图，从图中可以看出对于ARI-A工况，微通道冷凝器的换热饱和压力明显低于铜管翅片式换热器，因此压缩机做功相对较低，并且微通道冷凝器的流动阻力相对较低；虽然与空气之间的温差相对较低，但微通道冷凝器较高的换热能力还是获得较高的换热性能。

#### 8.4.4.3　微通道换热器发展面临的挑战

微通道换热器代替铜管翅片式换热器的广泛应用也面临着来自其他换热器的挑战。铜管翅片式换热器的小管径趋势越来越明显，管径从9mm降低到5mm，甚至4mm。小管径换热器的换热效率优于大管径换热器，因此能带来换热器成本的降低和制冷剂充注量的降低。但是小管径换热器采用更多的铜管，产生更多的焊接问题；同时小管径换热器需要专门的模具和胀管工艺。另一个挑战来自铝圆管翅片式换热器，这类换热器同样符合空调行业铝代铜的发展趋势，能在铜价高企的时候显著缓解换热器的成本压力。

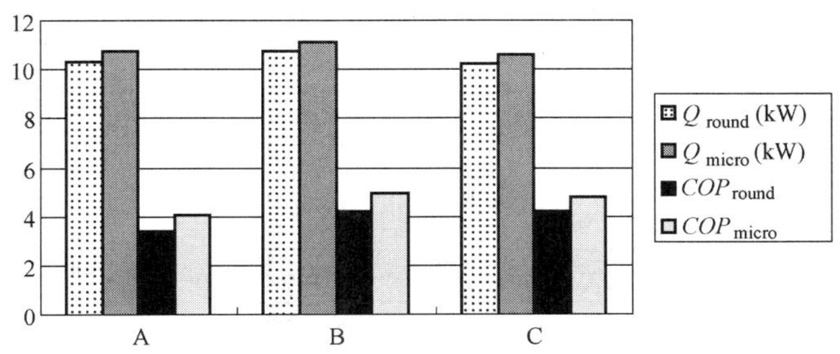


图 8.4-20 ARI-A/B/C 工况下采用微通道和铜管翅片式冷凝器的机组的性能对比

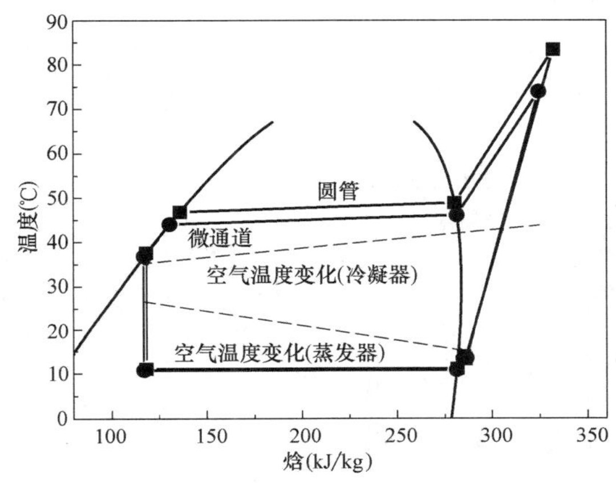


图 8.4-21 采用微通道冷凝器和铜管翅片式冷凝器的机组的循环 $T$-$s$ 图

然而铝圆管翅片式换热器并没有解决铜管翅片式换热器所固有的换热效率低、充注量大的问题，还带来了胀管和焊接等诸多制造工艺问题。同时，铝圆管翅片式换热器仍然面对在一定的环境下铝换热器的腐蚀疑虑，因此铝圆管翅片式换热器没有在室外应用环境大规模使用。

环境耐久性是微通道换热器完全替代铜管翅片式换热器的关键之一。微通道换热器应用于制冷与空调行业已经超过十年，证明了通常环境条件下自身的可靠性和耐久性。然而，与汽车行业的微通道换热器不同，微通道换热器在制冷空调行业还未积累充分的寿命数据。在某些极端环境下，仍然存在腐蚀、灰尘堆积等担忧而影响空调整机厂的使用信心。当然，对于这类环境，行业采用耐腐蚀涂层、降低翅片密度等方法减缓腐蚀环境和灰尘环境的影响，但是这些措施会引起微通道换热器的成本上升，影响全面应用。

### 8.4.4.4 微通道换热器应用典型案例分析

1. 微通道冷凝器应用

微通道换热器在商用空调机组上与铜管翅片式相比也具有明显的优势。在 5HP 一拖三的多联式空调机组上，采用了 16mm 的微通道冷凝器替代 2 排 $D_o$=9.52mm 的铜管翅片式换热器，表 8.4-8 给出了该机组的参数对比，从表中可以看出，采用微通道换热器后，室外机的重量减少了约 50%，制冷剂充注量减少了约 48%。

多联机组室外机原型机和微通道换热器的机组参数对比　　表 8.4-8

| 参数 | 单位 | F&T | MCHE |
|---|---|---|---|
| 长度 | mm | 1012 | 1012 |
| 高度 | mm | 760 | 760 |
| 厚度 | mm | 27 | 16 |
| 翅片间距 | mm | 1.4 | 1.1 |
| 换热管 | | 2-排 9.52mm | 16mm×1.3mm |
| 换热器重量 | kg | 11.4 | 5.6 |
| 制冷剂充注量 | kg | 3.6 | 1.9 |

图 8.4-22 为采用微通道冷凝器的室外机外观，图 8.4-23 为采用微通道冷凝器的机组 *COP* 与原机的 *COP* 对比。从图中可以看出，微通道冷凝器不仅在满负荷条件下性能优于铜管翅片式换热器，在部分负荷条件下更加优于铜管翅片式换热器。

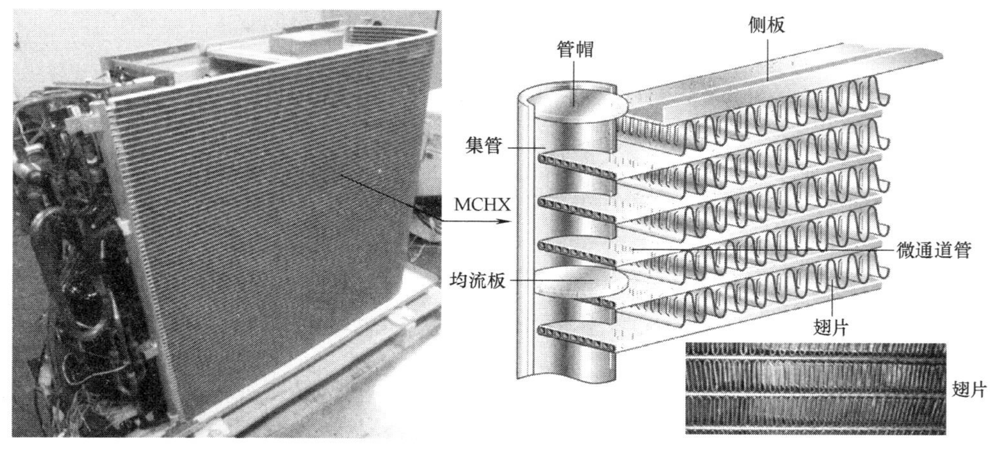


图 8.4-22　采用微通道冷凝器的多联机室外机

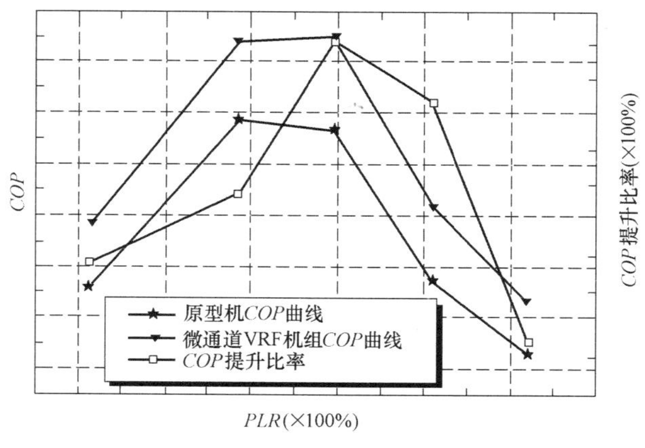


图 8.4-23　多联机应用微通道换热器和原型机的 *COP* 对比

2. 微通道蒸发器应用

微通道换热器的排水能力不强以及制冷剂分配不均匀是微通道作为蒸发器应用的主要障碍，随着冷凝水排放和制冷剂分配问题的解决，微通道换热器作为蒸发器得到了应用。目前微通道蒸发器应用于家用空调、轻型商用和商用空调系统中，具体应用机型包括立柜式空调室内机、风机盘管机组、空气处理机组、一体式空调机组、屋顶机和水源热泵机组。以三花微通道开发的北美家用空调使用的单元式机组的蒸发器为例，详见表 8.4-9，3Rt 的北美家用空调室内机采用 A 形蒸发器，原机为 3 排 $D_o$=9.52mm 铜管翅片式换热器，采用 25.4mm 宽度的微通道换热器后，总体安装尺寸不变的情况下，换热器重量减轻约 54%，制冷剂充注量减少 25%。

**某北美家用空调室内机应用微通道和铜管翅片式换热器的参数对比　　表 8.4-9**

| 项目 | 单位 | 铜管翅片式 | 微通道换热器 |
|---|---|---|---|
| 高度 | mm | 600 | 600 |
| 厚度 | mm | 435 | 435 |
| 翅片间距 | mm | 1.8 | 1.6 |
| 换热管 | | 3 排 9.52mm | 25.4mm×2.0mm |
| 换热器重量 | kg | 13.1 | 6.1 |
| 制冷剂充注量 | kg | 2.83 | 2.13 |

图 8.4-24 和图 8.4-25 分别为 A 型蒸发器采用微通道换热器和铜管翅片式换热器的制冷量和 *EER* 的对比，可以看到机组应用微通道换热器后，性能及能效还略有上升。

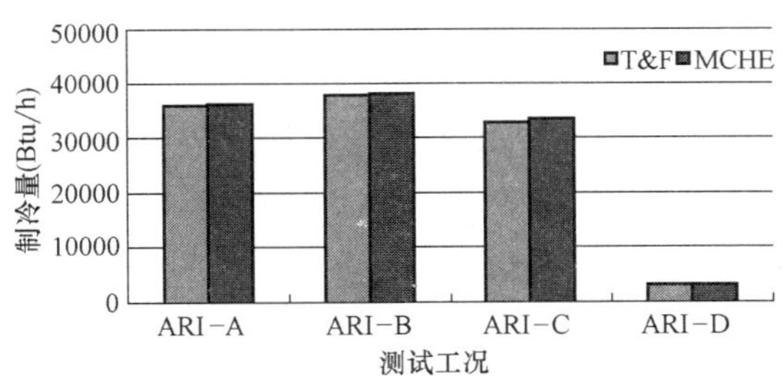


图 8.4-24　采用 A 型微通道蒸发器和铜管翅片式蒸发器的机组制冷量对比

制冷空调领域热泵技术一直都是技术发展的热点，其制热效率远远高于传统的电热模式，因此是一种高效的新能源技术。全球空调市场上中国 80%的产品，日本 100%的产品、欧洲 80%的产品，美国 40%的产品都是热泵产品，因此微通道的发展前景在热泵型空调产品上。微通道换热器在热泵上存在结霜、排水、制冷剂分配等问题，因此限制了产品只能在单冷型的空调产品上使用。三花微通道公司开发成功了热泵室外机上的微通道换热器，于 2012 年应用于北美客户的家用空调室外机中，这是在美国市场上首次应用微通道热泵换热器。图 8.4-26 为某北美家用热泵系列室外机采用微通道换热器与铜管翅片式换热器的能效对比，应用了微通道换热器后机组能效能满足 14SEER 的美国能效标准。同时，对热泵空调系统采用微通道室外机的除霜控制系统进行优化后，机组的结霜周期可达到甚至超过铜管翅片式换热器的结霜控制要求。

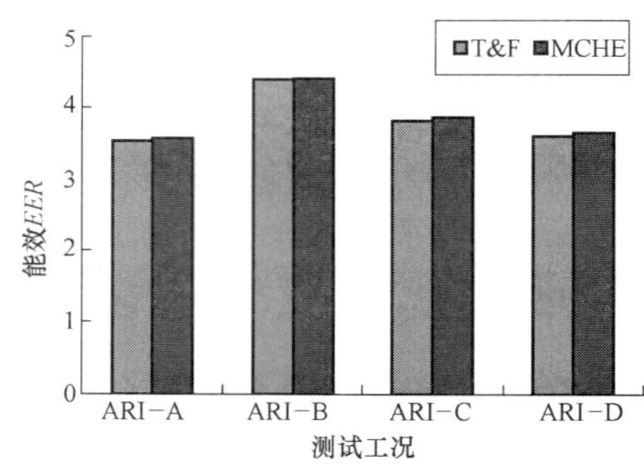


图 8.4-25　采用 A 型微通道蒸发器和铜管翅片式蒸发器的机组 *EER* 对比

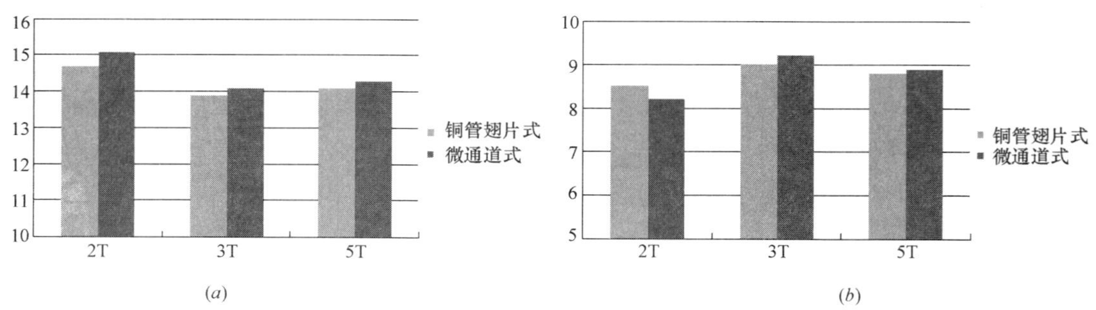


图 8.4-26　北美家用热泵室外机采用微通道微和铜管翅片式的能效对比

(*a*) 制冷工况；(*b*) 制热工况

应用微通道室外机后，机组的成本得到降低，表 8.4-10 为某 3Rt 热泵应用微通道换热器后的机组数据，可以看出将热泵机组的室内机换成微通道换热器后，制冷剂充注量减少约 30%，重量减轻约 25%，而将室内机和室外机都换成微通道换热器后，制冷剂充注量减少约 50%，重量减轻约 45%。

**热泵系统采用微通道换热器的优势**　　**表 8.4-10**

| | 室外机 | 室内机 | R410A 充注量 | 重量减轻 | 制冷量 | SEER | |
|---|---|---|---|---|---|---|---|
| 原机 | 铜管翅片式 | 铜管翅片式 | 100% | — | 100% | 13 | 原机 |
| 微通道一铜管系统 | 微通道 | 铜管翅片式 | ~70% | ~25% | 103% | 13.2 | 微通道一铜管系统 |
| 微通道一微通道系统 | 微通道 | 微通道 | ~50% | ~45% | 104% | 13.3 | 微通道一微通道系统 |

制冷剂分配均匀性同样是影响微通道换热器在热泵机组中应用的技术难点。三花微通道通过反复优化，微通道室外机的制冷剂分配效果良好，可以满足机组的性能要求，图 8.4-27 为微通道热泵换热器的制冷剂分布效果，无论是温度测量还是热成像的结构都显示制冷剂的分布总体是均匀可靠的。

## 8.4.5　其他换热器

### 8.4.5.1　板式换热器

板式换热器是一种高效、紧凑型换热器。近几年，在制冷空调工程领域，将其应用于

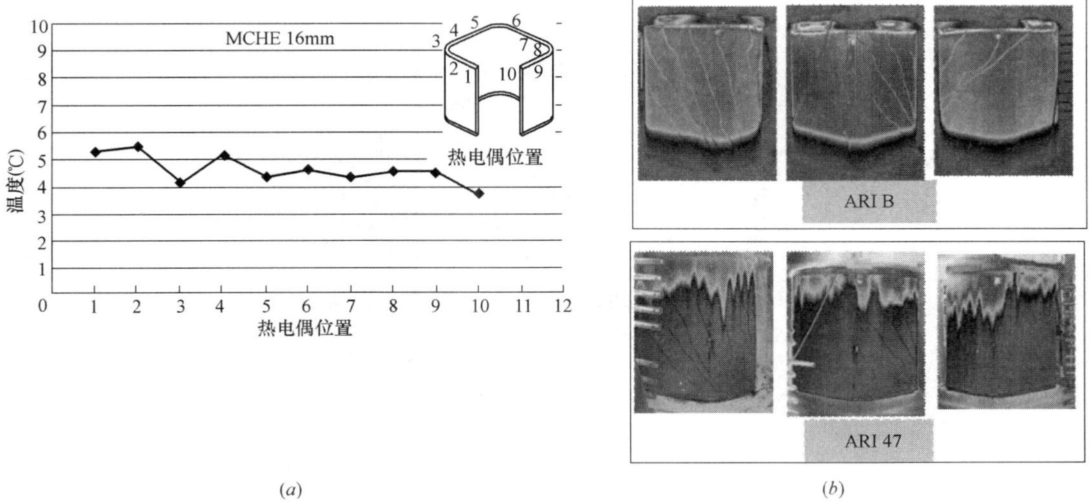


图 8.4-27 微通道室外机的制冷剂分布
(a) 制热模式出口集流管温度分布；(b) 制冷模式和制热模式的热成像

冷却液体的蒸发器的趋势越来越明显。板式换热器是一种高效的强化措施，其单位体积的传热面积高达 250m²/m³。其特点是在低流速下获得较高的传热系数，其波纹板间的流通窄，单位空间的传热面积大，流向多变，很容易激起湍流，形成网状流。根据文献报道，在其他条件相同的情况下，板式换热器做蒸发器使用时，其传热系数比壳管式蒸发器高 50%～200%。

板式换热器由传热板片组合体和框架构成。一般传热片多为不同类型的带肋片的波纹金属板，在板片的周边用密封垫圈垫起，防止介质泄露并构成板间间隙，两端由两块厚夹板夹住。冷、热两种流体分别从上、下角孔进入换热器，相间流过奇、偶数流道，然后分别从上、下角孔流出换热器，这样冷、热流体就在每一金属板的两侧，通过金属板实现冷、热流体的热量交换，一般两流体逆向流动。传热板片的形式多种多样，典型的形式有人字形板片、平直波纹板片等。图 8.4-28 所示为板式换热器结构简图及流体流向。

板式换热器的优点在于其在低流速下有较高的传热系数，波纹板的传热面积大，设备紧凑，拆装方便以便于清洗和检修，热损失小；其缺点是周边很长，密封困难，容易泄露；金属板较薄，刚性差，故不能适应高压或高压差的工况。

板式换热器在应用于制冷系统的蒸发器时，主要应用于冷却液体的蒸发器。其强化传热的方法可以从载冷剂和制冷剂两方面考虑。在制冷剂一侧主要是要造成沸腾时流体流动两相结构为气弹状流或柱状流，以增强沸腾换热过程；在载冷剂侧的强化方法主要是努力使载冷剂在低流速下得到扰动以增强换热。

板式换热器的发展较快，其性能也越来越高。目前板式换热器在压力和温度不太高的场合已经逐步代替管壳式换热器。为强化传热，国内外对传热板片的结构进行了较多地研究，设计出二十多种片型，其中主要片型有：水平平直波纹板、人字形板片、倾斜波板、锯齿形波纹板片。这些板片的共同之处是增大传热面积、增加紊流流动强度、强化换热。板式换热器中密封是个关键问题，大部分故障都是由于密封垫片损坏导致泄漏造成的，而

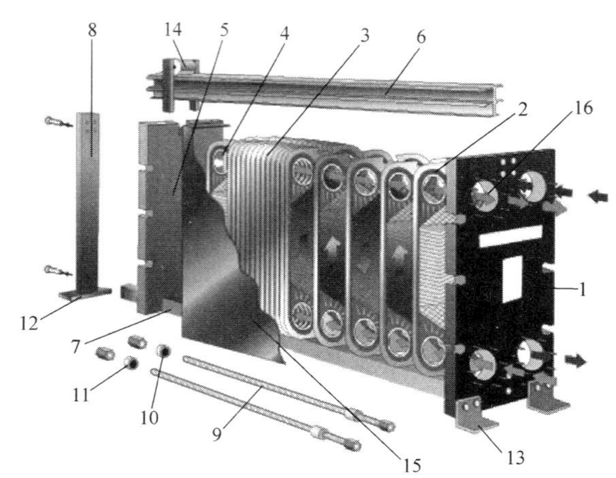


图 8.4-28　板式换热器结构简图及流体流向

1—固定紧固板；2—前端板；3—换热板片；4—后端板；5—活动压紧板；
6—上导杆；7—下导杆；8—后立柱；9—夹紧螺栓；10—锁紧垫圈；
11—紧固螺母；12—支撑地脚；13—框架地脚；14—滚轮组合件；
15—保护板；16—接口

垫片的寿命及可靠性主要取决于材料。板式换热器的密封问题还没有完全解决，研制开发新型的垫片密封结构是今后板式换热器研究的重点。

#### 8.4.5.2　板翅式换热器

板翅式换热器最初应用于航空工业，后来引入低温工程领域，目前已开始应用于制冷领域，如荷兰的学者把板翅式换热器引入到氨制冷系统中，并对其特性进行了初步研究，证明了板翅式换热器应用于制冷领域的可行性。板翅式换热器的优点在于：由于翅片的表面空洞、弯折等，促进了流体的湍流，破坏了流动边界层，加大了换热强度，对空气而言，其传热系数可达 35～350W/($m^2$·K)；结构紧凑，单位体积的传热面积达 1500～2500$m^2/m^3$，相当于管壳式换热器的十几倍；由于采用薄金属板，加上波形翅片的支撑，使得换热器轻巧牢固，在同等换热条件下，板翅式换热器的重量只有管壳式换热器的10%～65%。其适用的范围比较广，可以适用于蒸发器、冷凝器及低温和超低温场合，由于其换热隔板两侧均有翅片，故更适合于两侧传热系数接近的场合。

翅片是板翅式换热器中最重要的部分，传热过程主要是通过翅片来完成的，目前常用的翅片有平直翅片、锯齿形翅片、波纹翅片、多孔肋片、百叶窗肋片、钉状翅片等形式。图 8.4-29 为板翅式换热器板束结构及翅片形式。对于不同翅片形状的翅片换热器的研究，国内外都有着较为详细的研究，美国学者根据大量的实验，总结出 40 多种翅片形状的板翅式换热器的传热和助力关联式，以供设计使用。开展高热流密度换热表面的研究是板翅式换热器的一个研究方向。

气流均布问题对板翅式换热器性能的影响较大，气流均匀分配问题取决于通道的相对长度、翅片的均匀程度、导流片的结构形式和封头的结构与尺寸。如何提高气流分配均匀性的问题是国内外学者研究的一个重要方向。多股流板翅式换热器广泛应用于低温领域，目前研究的重点是通道分配及通道排列问题。对于这方面的研究还不充分，还没形成一个较为一致的原则来知道设计通道分配及通道排列。因此，对于多股流换热的物理模型、数

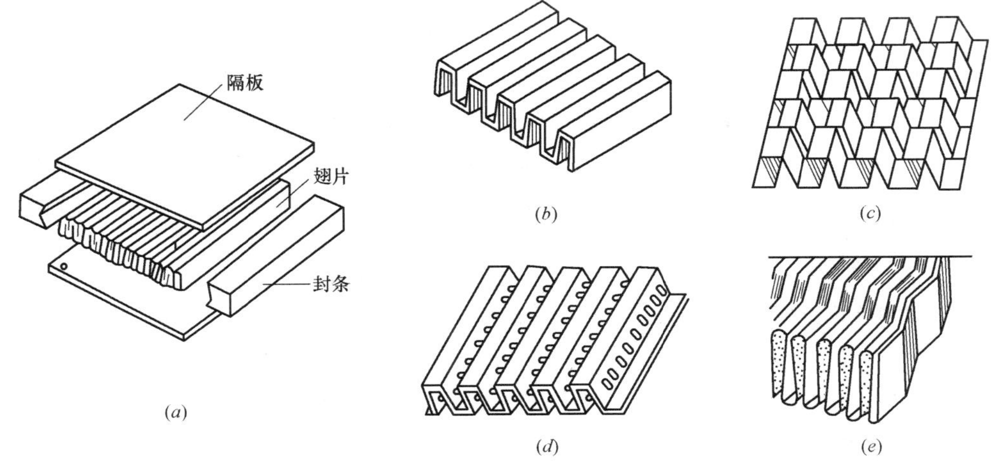


图 8.4-29 板翅式换热器板束结构及翅片形式

(*a*) 板束结构；(*b*) 平直翅片；(*c*) 锯齿翅片；(*d*) 多孔翅片；(*e*) 波纹翅片

学模型、计算方法等还有待于进一步研究。

#### 8.4.5.3 热管换热器

1. 热管换热器的简介及现状

热管是最有效的传热元件之一，它可将大量热量通过其很小的截面积远距离地传输而无需外加动力。与其他常规换热器相比，热管换热器具有许多优点：传热效率高，温度可调节，布置灵活，运行可靠、体积小等。我国自 20 世纪 70 年代开始，开展了热管换热器性能研究，在化工、冶金、动力等部门应用广泛。在制冷空调行业中，由于冷热流体间的温差小，热管换热器更能体现其优越性，使之成为实现制冷空调低能耗、高效率、冷热源多样性、走绿色空调之路的现实技术基础之一。

热管换热器是一种新型高效的传热元件，它能在温差很小的情况下利用相变传递大量的热量，其相对热导率很高，以致被称为“近超导传热体”。由于其结构简单，维护方便，现已广泛运用于废热回收、余热利用及空调换热系统中。热管换热器的基本工作原理如图 8.4-30 所示，典型热管由管壳、吸液芯和端盖组成，将管内抽成 $1.3\times(10^{-1}\sim10^{-4})$ Pa 的负压后充以适量的工作液体，使紧贴管内壁的吸液芯毛细多孔材料中充满液体后加以密封。管的一端为蒸发段（加热段），另一端为冷凝段（冷却段），根据应用需要在两段中间可布置绝热段。当热管的一端受热时毛细芯中的液体蒸发汽化，蒸汽在微小的压差下流向另一端放出热量凝结成液体，液体再沿多孔材料靠毛细力的作用流回蒸发段。如此循环不已，热量由热管的一端传至另一端。

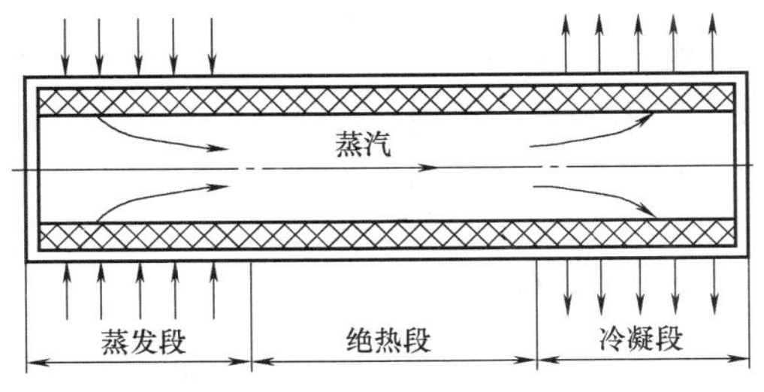


图 8.4-30 热管换热器结构示意图

2. 热管换热器在制冷空调中应用案例分析

热管换热器在房间空调器上有较多的应用。现代人居环境的要求越来越高，不仅要求

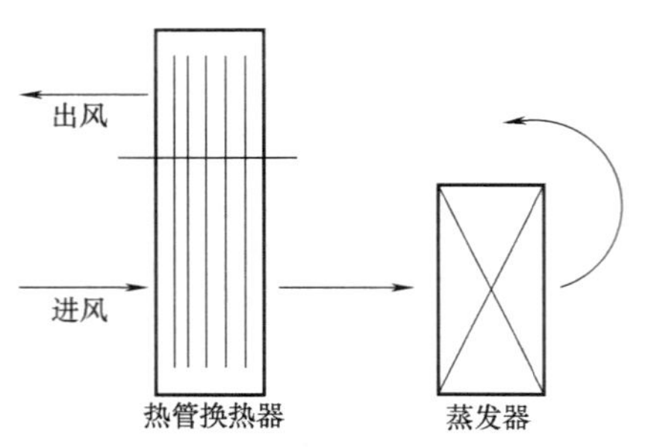


图 8.4-31　热管换热器在房间空调器中的应用

满足舒适的室内温度要求，还要满足一定的湿度要求。将重力式热管换热器应用于房间空调器中，可以保证空调器的制冷量和功耗基本不变，而除湿量却显著增加，同时空调器的送风温湿度适宜，从而可以解决目前现有房间空调器在潮湿地区使用时，因除湿量不足而造成房间内舒适性较差这一问题，其原理如图 8.4-31 所示。室内被处理空气（进风）先经过热管换热器的蒸发段，空气放出显热温度降低，然后经过蒸发器，空气降温去湿；再经过热管换热器的冷凝段，空气吸收热量，温度升高，最后送入室内。经过文献计算，该装置可使空调器的除湿量增加 30%～40%，而制冷量和耗功量基本不变。

在同样的换热效率下，与转轮式换热器相比，热管换热器具有以下优点：1）结构紧凑，安全可靠。转轮式换热器是由机械动力，通过传动设备使转轮转动来工作的。受到机械设备本身寿命的限制。维修率较高，寿命较短。而热管换热器本身不存在运动部件，因此使用寿命较长。并且相对于转轮式换热器，热管换热器体积小，便于安装。2）节能。转轮式换热器转轮转动需要消耗一定的机械能（电能），而热管换热器是通过工质的汽液态转换来实行热交换的，不需要消耗额外的能源。3）无空气污染。转轮式换热器在热交换过程中，新、排风两种介质通过转轮交替转换，不能避免交叉污染。而热管换热器新、排风互不接触，无交叉污染。目前的热交换器还有显热和全热回收两种形式。不同形式的性能、效率和利用方式，设备费的高低、维护保养的难易也各不相同，它们的综合比较如表 8.4-11 所示。

**各种换热器的性能比较**　　　　**表 8.4-11**

| 热回收方式 | 效率 | 设备费 | 维护保养 | 辅助设备 | 占用空间 | 交叉污染 | 自身能耗 | 抗冻能力 | 使用寿命 |
|---|---|---|---|---|---|---|---|---|---|
| 转轮式换热器 | 高 | 高 | 中 | 无 | 有 | 有 | 差 | 差 | 中 |
| 热管换热器 | 较高 | 中 | 易 | 无 | 中 | 无 | 无 | 好 | 优 |
| 板式显热换热器 | 低 | 低 | 中 | 无 | 大 | 有 | 无 | 中 | 良 |
| 板翅式全热换热器 | 较高 | 中 | 中 | 无 | 大 | 有 | 无 | 中 | 中 |

从表 8.4-11 不难看出，热管换热器无论从换热效率、设备成本和维护、空间占用还是从使用寿命等各方面都具有非常明显的优势。因此，热管换热器的应用将成为空调热回收系统的主要发展方向。

## 8.4.6　总结

制冷空调行业未来一段时间的发展方向应是以节能环保、绿色高效的产品装备服务于国民生产生活的各个领域。可以预计，未来一段时间我国制冷空调行业将保持中速发展，行业的发展质量和效益将得到进一步提升。换热器是制冷空调系统中最重要的部件之一，其性能的好坏直接影响整个系统的性能。因此，换热器的研究一直是制冷空调领域中一个非常活跃的方向。今后，国内外对制冷换热器研究总的趋势是：传热机理及强化传热的研究；开发高效、紧凑、重量轻、可靠性高的新型换热器。目前世界各国在对制冷换热器理论研究、新技术和新产品开发方面已经进入高层次的探索阶段，涉及领域很广，虽然近年来我国加大了对各种制冷换热器的研发，但在一些高效换热器领域方面与发达国家还存在一定差距。因此，应借鉴国外先进换热器技术，努力赶上国际先进水平。

## 本节参考文献


[1] F. C. McQuiston，Condition of heat mass and momentum transport efficients for plate-fin-tube heat transfer surface. ASHRAE Transaction 84（1），1978，PP. 294-308.

[2] ［美］W. M. 罗森诺等主编. 传热学应用手册. 齐欣译. 北京：科学出版社，1992.

[3] 张凡，李兆辉，李晓宇，丁靖，陈磊，陶文铨. 不同材料翅片管换热器特性的实验研究. 西安交通大学学报，2015，49（5）.

[4] 康海军，李斌，李惠珍等. 平直翅片管换热器传热与阻力特性的实验研究. 西安交通大学学报，1994，28（1）：91-98.

[5] 欧阳新萍刘宝兴. 新型曲线拟合法及在翅片管传热性能试验中的应用. 化工学报，2002，53（10）：1081-1084.

[6] 谭月普，欧阳新萍. 套片式翅片管换热器传热与空气流动阻力性能试验研究. 低温与超导，2009，37（5）：66-71.

[7] 谭月普，欧阳新萍. 管间距对翅片管换热器热力性能的影响. 低温与超导，37（9）：51-54.

[8] 陈彪，余敏，龙时丹，王晓阳. 翅片管式换热器空气侧流动及换热性能的数值模拟. 上海理工大学学报，2014，36（4）：307-311.

[9] 田丽亭，何雅玲，楚攀，雷勇刚. 不同排列方式下三角翼波纹翅片管换热器的换热性能比较. 动力工程，2009，29（1）：78-83.

[10] 郭宪民，杨宾，陈纯正. 翅片型式对空气源热泵机组结霜特性的影响. 西安交通大学学报，2009，43（1）：67-71.

[11] 唐凌虹，谢公南，曾敏，王海刚，韩武涛，王秋旺. 三种大管径翅管式换热器传热与阻力特性的试验研究. 西安交通大学学报，2007，41（5）：521-525.

[12] F. N. Beauvais，An aerodynamics look at automotive radiatos，SAE Paper No. 650470，1965.

[13] 高晶丹. R290空调小管径翅片管换热器的设计方法. 空调热泵制造技术，2012.

[14] 胡飞. 商用空调用管壳式冷凝器的研究. 重庆：重庆大学，2014.

[15] Kern D Q. Process Heat Transfer. New York：McGraw Hill，1950.

[16] Hewitt G F，Shires G L，Bott T R. Process Heat Transfer，BocaRaton. CRC Press，1994.

[17] 杨筑宁，鲍吉鹏. 换热器设计几个问题的分析. 现代机械，2004，44（5）：11-16.

[18] 王秋旺. 螺旋折流板管壳蒸发器壳程传热强化研究进展. 西安交通大学学报，2004，38（9）：881-886.

[19] 邓斌，陶文铨. 管壳式换热器壳侧湍流流动的数值模拟及实验研究. 西安交通大学学报，2003，37（9）：889-893.

[20] 齐洪洋，高磊，张莹莹 等. 管壳式换热器强化传热技术概述. 压力容器，2012，29（7）：73-78.

[21] 陈贵冬，陈秋炀，曾敏 等. 组合式多壳程螺旋折流板管壳式换热器数值模拟研究. 工程热物理学报，2009，30（8）：1357-1359.

[22] 翟玉燕. 水平管式降膜蒸发器性能仿真及优化分析. 上海：上海交通大学，2009.

[23] 孙志广. 管内降膜流动及降膜蒸发. 上海：华东理工大学，2013.

[24] 刘雪梅，崔永志，陈军. 管壳式换热器的强化传热技术及展望. 纺织机械，2012（1）：16-20.

[25] 孙文喆. R410A 壳管式蒸发器的优化. 上海：上海交通大学，2008.
[26] Tuckerman D. B.，Pease R. F.，High performance heat sinking for VLSI，IEEE Electronic Device Letters，1981，EDL-2，126-129.
[27] Swift G. W.，Migliori A.，Wheatley J. C.，Microchannel crossflow fluid heat exchanger and method for its fabrication，US Patent 4516632 A.
[28] Friedrich C.，Kang S.，Micro heat exchangers fabricated by diamond machining. Precision engineering，1994，16：56-59.
[29] Jiang PX，Fan MH，Si GS，Ren ZP. Thermal hydraulic performance of small scale micro-channel and porous-media heat-exchangers. International Journal of Heat and Mass Transfer，2001，44：1039—1051.
[30] 康盈，柳建华，张良 等. 微通道换热器的研究进展及其应用前景. 低温与超导，2012，40 (6)：45-48.
[31] 葛琪林，柳建华，张良等. 微通道换热器研究进展综述. 低温与超导，2012，40 (9)：76-80.
[32] 张会勇，李俊明，王补宣. 微通道换热器在家用空调中的应用. 暖通空调，2009，39 (9)：80-85.
[33] 闫晨昊，张华. 微通道换热器在 $CO_2$ 制冷循环中的发展及特性分析. 低温与超导，2011，39 (5)：43-46.
[34] 张李铁，李彦洲. 板式换热器板片的发展现状研究. 科技资讯，2014，31：46-46.
[35] 赵晓文，苏俊林. 板式换热器的研究现状及进展. 冶金能源，2011，30 (1)：52-55.
[36] 郭春生，程林，杜文静. 不同波纹比例新型板式换热器的传热、阻力特性及火用分析. 中国石油大学学报（自然科学版），2012，36 (2)：164-167.
[37] 栾辉宝，陶文铨，朱国庆等. 全焊接板式换热器发展综述. 中国科学：技术科学，2013，43 (9)：1020-1033.
[38] 王志远. 制冷原理与应用. 北京：机械工业出版社，2008.
[39] 魏进家，刘海燕，龙延. 板翅式换热器流动和换热性能研究. 工程热物理学报，2012，33 (10)：1785-1788.
[40] 张红，杨峻，庄骏. 热管节能技术. 北京：化学工业出版社，2009.
[41] 鱼剑琳，张华，王宜义等. 热管换热器在房间空调器上的应用. 西安交通大学学报，1996，30 (10)：64-69.
[42] 季阿敏，孟庆海. 热管在空调节能中应用探讨. 哈尔滨商业大学学报，2005，21 (5)：641-648.
[43] 孙世梅，陈荟晶，郑立秋. 热管应用于空调节能的理论分析. 第十一届全国热管会议论文集，2008.

本节执笔人：张华、邱金友、高强

# 8.5 制冷相关阀类的现状和发展

## 8.5.1 阀件的整体规模与分类

在家用制冷领域，主要的阀件为四通阀、截止阀、电子膨胀阀，主要有中国企业和日本企业生产。从技术、成本、可靠性以及知识产权方面而言，双方不相上下；中国企业有成本优势，市场份额领先于外资品牌。在商用领域，技术、可靠性方面，外资品牌领先，特别是在工业制冷方面，差距较大，虽然部分国产品牌已经达到国际先进水平，但是市场份额仍然较小。

据不完全统计，家用空调、热泵和冷冻设备的各类阀件的规模已经接近100亿元，其中75%的需求来自国内市场，预计到2020年，将增长到128亿，2025年预计达到163亿元；商用空调、热泵和冷冻设备的阀件规模预计超过204亿元，欧洲、中北美和亚太区各占约30%的需求，预计到2020年市场规模将达到213亿元，至2025年市场规模将达到241亿元。

阀件的种类繁多，除了膨胀阀是以与压缩机、两器并称制冷系统四大件以外，其他的阀件都是以辅助装置的作用被应用，可以将制冷阀件分为4大类：

（1）制冷制热回路逆转的四通换向阀。

（2）节流阀，包括热力膨胀阀和电子膨胀阀。

（3）回路通断控制的阀门，可以分为机械式和自动控制式，机械式的比如球阀、截止阀等，主要用于系统维修；自动控制类的如电磁阀，电磁阀的作用根据各种系统的设计不同，应用极其多样化。

（4）其他的阀件如安全阀、能量调节阀和单向阀等。

## 8.5.2 新材料在制冷阀件中的应用

### 8.5.2.1 以不锈钢代替铜

除氨系统外，制冷系统的阀件最主要的原材料还是黄铜和紫铜，但是国际电解铜的价格持续波动，给阀件以及系统的成本控制带来非常大的压力；$CO_2$ 系统的应用越来越受到重视，极高的设计压力势必会要求提高材料的使用量，这会阻碍 $CO_2$ 系统的推广和应用；欧盟ROHS现有规定中，对于制冷行业中使用的黄铜的含铅量，只要在4%以内是可以豁免的，但是近年来不断有声音说豁免将被取消，目前无铅黄铜的技术还只掌握在少数厂家手中，而且价格非常高，以上种种表明，找到一种高强度、低成本的替代材料的声音越来越强烈。

不锈钢材料的价格相对于电解铜来说非常稳定，但是在此之前之所以不被广泛使用，主要是因为不锈钢的切削性能较黄铜差距较大，往往在不锈钢材料上的节约还不及加工费的增加，另外不锈钢与紫铜管之间的焊接需要含银量较高（40%以上）的焊料，给钢管的普及带来难度。

但是随着不锈钢加工水平的不断提高，使用不锈钢作为阀体的设计在经济可行性上体现出了其优势，不锈钢材料由于强度的增强带来的成本节约，使用不锈钢材料之后可将产品的壁厚明显减少（特别是 $CO_2$ 系统的应用，详见 8.5.3 节）。

其次不锈钢材料的使用使得焊接的工艺有了巨大的改变，一般黄铜阀体及紫铜的接管多采用火焰钎焊，钎焊后表面会有大量的焊渣，为了保证较好的表面质量，通常需要进行酸洗，从排放角度来看，这样的工艺并不环保。采用不锈钢阀体后，可以与紫铜接管通过隧道炉焊接完成，而不锈钢与不锈钢之间的焊接则可以用激光焊来代替，两者的焊接效率较火焰钎焊大大提高，焊接的一致性也更加好，而且不再需要酸洗，整个生产工艺变得非常环保。

不锈钢比铜还有个非常重要的特性，却容易被忽略，即不锈钢的低热传导性，低热量损失给系统能效带来的提升（详见 8.5.4 节）。

近年来应用不锈钢的阀门实例越来越多，不锈钢的四通阀、电磁阀、电子膨胀阀、热力膨胀阀、球阀和单向阀等，几乎覆盖了所有的制冷阀件。

但是目前应用不锈钢还是有一定的挑战，最突出的是接管的设计，由于制冷系统管路仍然以紫铜材料为主，如果阀件的管路为纯不锈钢的设计，必须解决阀门接管与系统管路的焊接问题，不锈钢管与紫铜的焊接需要使用含银量较高的焊料，焊接时间长，难度较大，市场接受度普高较差，所以在阀件材料采用不锈钢的前提下，可以考虑使用紫铜的接管，或者在不锈钢管的扩口部分焊接一段紫铜的衬套，但是以上并非最优的方案，比较理想的方案是采用不锈钢/紫铜的双金属复合管，复合管采用的是将较厚的不锈钢层与较薄的紫铜层复合后再进行拉伸成型，这样的设计对于焊接的质量来说与铜/铜焊接没有差异，由于不锈钢的低导热性，在进行焊接时，热量将始终维持在管口的紫铜层位置，很难传递到阀体内部，所以即使不使用焊接保护，也不会破坏阀件内部的零件。

#### 8.5.2.2 以铝代替铜

电磁线圈目前所用的漆包线都是以铜为主，近年来受铜价波动影响，铝漆包线的应用越来越受到重视，但是以铝代铜的漆包线也面临着生产工艺上的重大挑战。

首先就铝漆包线本身来讲，和铜比较电阻率不同，所以铜改铝漆包线，需要将铝线的线径加大后，铝线在温升、电流和能效等各个方面才可以与铜达到相同的水平，但是带来的结果是线圈的尺寸会明显增大，如果要维持原先的尺寸，则必须将供电电压下降，或者采用更细的线径，但是小线径的铝漆包线加工难度较大，绕线的难度也大，因为铝的抗拉强度较铜更差，很容易在绕线过程中发生断裂。

其次是相对于铜，铝非常容易氧化，焊接非常困难，如果还是采用原有的铜线焊接工艺及焊料，上锡难度较大，所以必须采用铝漆包线专用焊锡材料及工艺，而解决连接点焊接问题也成为铝漆包线代替铜线的重要课题。

#### 8.5.2.3 以工程塑料代替铜

四通阀内部滑块传统设计使用 PTFE 或者尼龙材料，在涉及高温高压系统时会出现强度不足的情况，PPS 聚苯硫醚的应用将解决这一问题，这是一种综合性能优异的热塑性特种工程塑料，其突出的特点是耐高温、耐腐蚀和优越的机械性能，为了增强其热性能，可以添加一定比例的玻璃纤维进行改性，改性后的 PPS 能在长期工作负荷和热负荷的作用下保持高的力学性能和尺寸稳定性，因而可应用于温度高的受力环境中，而且其冷媒及冷冻油的兼容性极佳，目前尚未发现可在 200℃以下可溶解 PPS 的溶剂。

电子膨胀阀内部的螺母对于润滑的要求很高，传统设计采用铜螺母，在润滑不足的情况下会产生卡死的情况，为了最大限度地实现自润滑，螺母材料也应该使用工程塑料，PEEK 聚醚醚酮与其他特种工程塑料相比具有更多的显著优势，特别是自润滑性好，适合于低摩擦系数和耐磨要求严格的使用环境，另外对交变应力的应对能力优良，耐疲劳是所有塑料中最出众的，这也是电子膨胀阀非常需要的特性，一般在实际应用中也加入一定比例的玻璃纤维进行改性。

#### 8.5.2.4 以石墨代替橡胶材料

制冷行业传统的密封材料均使用的是 CR 或者 HNBR，其中 CR 在耐低温方面性能更好，但是从长期使用的角度来说，－30℃是极限，低于此温度，材质开始发生脆化，在动态操作情况下，阀体极有可能会发生泄漏；HNBR 则在高温性能方面更好，但是过高的温度会使其发生蠕变，虽然抗蠕变的 HNBR 可以将长期使用的极限推高，但是不能高于＋120℃。

石墨则可以将低温和高温的极限扩展到－60℃/＋150℃甚至更宽，但是传统石墨材料的缺点是不耐磨损，十几次的操作可能就会被严重磨损，改进石墨密封材料的这一缺点，则可以将操作寿命至少提高到 200 次以上，非常适合于维修类的止动阀门。

综上所述，新材料的使用改变了阀件的设计和工艺，但是也往往伴随着一些附带的问题需要去解决，只要能够找到其中的平衡点，则可以将阀件的性能提升到更高的水平。

### 8.5.3 新型制冷剂应用带来的阀件的变革

近年来随着各国对于高 *GWP* 值制冷剂的禁令或者限制性政策的出台，各种替代型（包括过渡期和长期）制冷剂也纷纷推出，比如 R290，$CO_2$，R32，R407A/F，R1234yf，R1234ze 以及各类混合制冷剂。

对于阀件的挑战最大的是 $CO_2$，$CO_2$ 热泵热水器 Eco Cute 已经在日本市场上广泛使用，$CO_2$ 在欧洲冷冻冷藏市场上的应用也日渐成熟，用 $CO_2$ 代替 R404A 的趋势已经非常明朗。随着我国淘汰 R22 的步伐的加快，$CO_2$ 冷冻设备研发正如火如荼地进行。

$CO_2$ 热泵热水器都采用跨临界的设计，电子膨胀阀和电磁阀设计压力达到 14MPa，最高动作压差达到 10MPa。

$CO_2$ 冷冻系统分为亚临界和跨临界两种系统，跨临界增压系统在寒带区域的能效比能够与 R404A 或者 R22 接近，但是在温带或者热带区域能效不高，而亚临界复叠系统更加适合，我国地域跨度大，跨临界系统和亚临界系统同时适合。

目前在欧洲市场，亚临界系统中普遍采用 6MPa 的设计压力（考虑热气化霜），而未来的趋势将会是 9MPa。跨临界系统普遍采用 12MPa 的设计压力，未来趋势会是 14MPa。

$CO_2$ 制冷剂的特殊性给阀件带来了如下挑战：

#### 8.5.3.1 高压带来的强度挑战

$CO_2$ 系统的成本随着压力的升高而上升，作为阀件，应该致力于新材料的使用，比如不锈钢材料，使得 $CO_2$ 系统的成本能够维持在一个合理的水平。在接管方面，市场上目前广泛使用 K65 的铜接管，与目前大量使用的紫铜管 TP2 磷脱氧铜相比，K65 加入了一定的铁含量（约 2.3%），强度加强，壁厚可以减薄，在欧洲的 $CO_2$ 系统中被大量使用，其焊接特性与 TP2 无大差异，单位成本虽然较 TP2 高，但是在同样的强度下，K65 有明显成本优势，但是在我国还没有大批量生产与供应，目前进口成本过高。

#### 8.5.3.2 静止状态的安全性（系统停机时的泄压）

球阀应用于冷冻系统中，在关键零部件的前后或者有维修需要的子回路中均有安装使用。在需要维修的时候，通过转动阀杆关闭阀芯球，实现回路的双向隔离，但是在 $CO_2$ 系统中有一些特殊性，在阀芯球关闭时可能会将一部分液态 $CO_2$ 关在密闭的球内腔中，无法溢出，在停机的情况下，如果环境温度上升（$CO_2$ 在常温下的饱和压力非常高），球内液态制冷剂将会汽化，压力升高，甚至会将阀体胀裂，出于安全考虑，必须在阀芯球的一端开一个泄压孔，不至于使制冷剂被关在里面。

但是阀芯球的设计属于浮动球的设计，如图 8.5-1 所示，制冷剂从一个方向流入时，阀芯球能够密封，但是从反方向进来的制冷剂则会从泄压孔漏出，$CO_2$ 球阀从理论上无法达到绝对的双向密封。

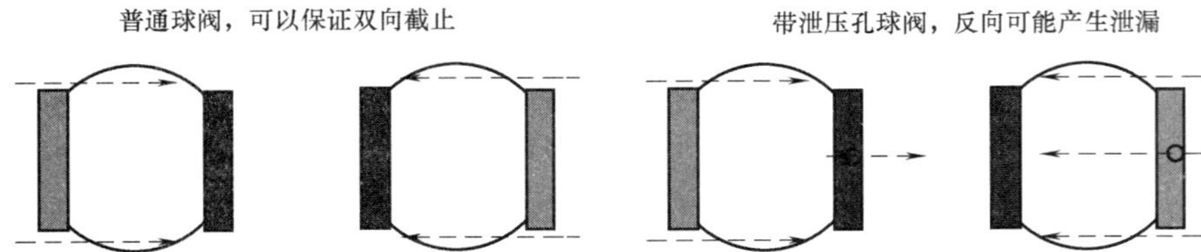


图 8.5-1 普通球阀与带泄压孔的球阀设计

#### 8.5.3.3 密封材料的兼容性

$CO_2$ 的化学稳定性非常好，但是它具有极强的渗透性，在高压环境中会浸入密封材料内部，并且在压力突然下降时从材料内部释放出来，破坏密封材料。对于 $CO_2$ 的这一特性，所选用的密封材料必须通过爆炸性减压测试（ED 试验，1s 内将 9MPa 或者 14MPa 压力完全释放）。从实践来看，传统的 CR 和 HNBR 都没有办法满足要求，EPDM 是最接近要求的弹性橡胶材料，但是在−40℃下长期使用的效果仍然不佳，然而通过改性后的石墨填料技术可以很好地解决这个问题，石墨可以很好地兼容 $CO_2$，同时在 ED 试验下不存在被破坏的问题，改性后可以满足耐磨性的要求，可以应用于球阀中。

### 8.5.4 四通换向阀

四通换向阀（以下简称四通阀）主要应用于热泵空调、供暖或者热泵热水器中，通过切换制冷剂的流向来实现制冷制热模式的切换或者通过逆转回复进行化霜。

四通阀由主阀、导阀和电磁线圈组成，电磁线圈通过螺钉固定在导阀上。通过导阀控制主阀，采用压差推动阀体内部的活塞左右移动，自动控制系统中冷媒流动方向，从而实现制冷制热的切换，换向灵活可靠。

近年来四通阀的发展迅速，创新的设计不断推出，主要体现在高效、节能以及可靠性提升上。

#### 8.5.4.1 四通阀与系统能效

四通阀影响空调系统 *COP* 的因素主要分为三类，即压力损失、热量损失和内泄漏（图 8.5-2）。

四通阀是连接系统高低压侧和两器的枢纽，四通阀的压损对于系统的能效有重要的影响传统四通阀的内部流道分为两个：一个是从排气管与室外换热器的压损为 $\Delta P_d$，流道呈S形，另外一个是从室内换热器到吸气管的压损为$\Delta P_s$，流道呈180°转弯（⋂）。

图8.5-3是系统的压焓图，虚线表示的是理论的循环，但是由于四通阀压损、热量损失等问题的存在，实际的循环为实线所示，而设计的目标是要将压损、热损和内泄漏最小化，使实际的循环趋近于理论的循环，从而使实际*COP*趋近理论*COP*。

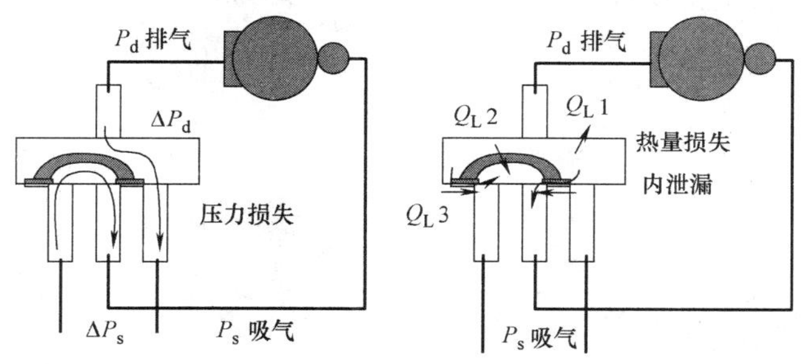


图8.5-2　四通阀的压力损失、热量损失和内泄漏

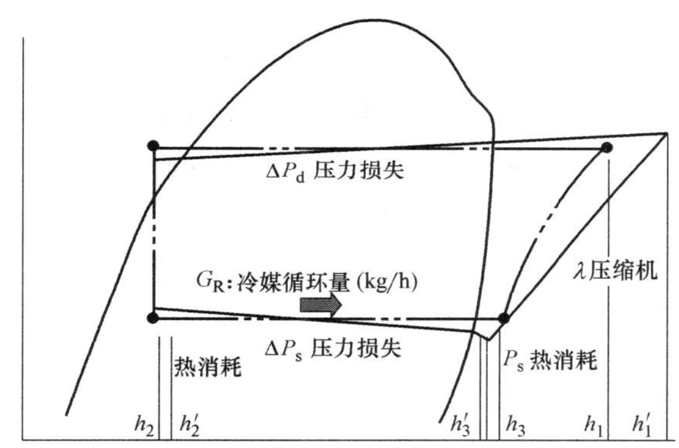


图8.5-3　理论制冷循环与实际制冷循环

1. 降低压损——双流道设计四通阀

传统四通阀单个阀体的制冷量已经发展到60Rt，当系统到达60Rt以上时，往往采用将多个四通阀并联的方式达到更高的制冷量，如表8.5-1所示。

**四通阀并联方案**　　**表8.5-1**

| 系统要求能力/单体制冷量 | 40<br>Rt | 50<br>Rt | 60<br>Rt |
|---|---|---|---|
| 80Rt | ×2 | | |
| 100Rt | | ×2 | |
| 120Rt | | | ×2 |
| 200Rt | | ×4 | |
| 240Rt | | | ×4 |

并联四通阀的缺点在于管路非常复杂，由此造成的压损非常大，焊点较多，对于泄漏的检测难度很大，另外当多个阀并联时，难以保证切换的同步性，进一步造成压力损失。理论上的流通能力并未能在实际中实现，而是需要牺牲系统的能效作为前提。

在相同制冷量要求下，压损与流通能力相关，如何发挥单体四通阀的流通能力成为关键，而采用的“双流道设计”可以极大地提高流通能力。

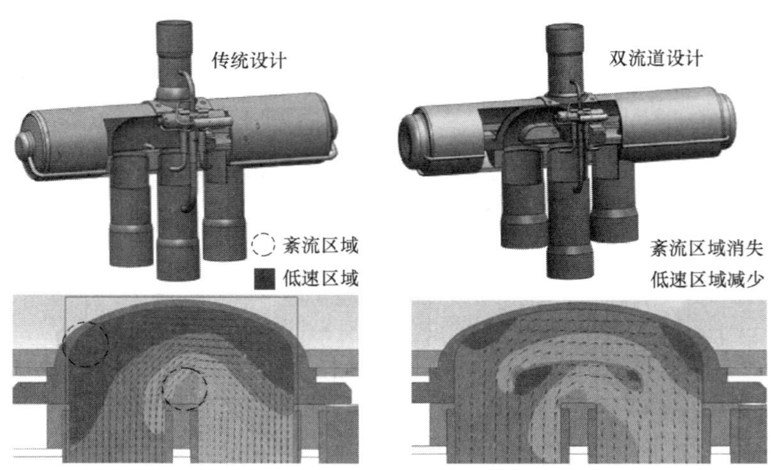


图 8.5-4　传统设计与双流道设计的区别

从图 8.5-4 右图可以看出，双流道的设计采用特殊的滑块设计，在滑块中间增加金属隔板，将流道分为两部分，通过流道的模拟可以发现，采用传统单流道设计的滑块内部存在一些紊流区域（相反箭头方向的流体互相干扰），而双通道设计后则紊流区域消失，采用传统单流道设计的滑块内部存在大量的低速流体区域，低速流体的存在相当于减少了流道面积，使得流阻变大，而双通道设计将低速流体大幅减少，因此可以在不改变阀体尺寸的前提下，最高将流通能力提升 33%。

得益于“双流道”的滑块设计，原 60Rt 的阀体达到了 80Rt 的流通能力，代替原来的 2×40 并联模式，原 80Rt 的阀体达到 100Rt 的流通能力，代替原来的 2×50 并联模式，最高可以将单阀做到 120Rt，代替原来的 2×60 并联模式。

图 8.5-5　旋转四通阀

2. 降低压损——旋转式四通阀

风冷螺杆机多采用 R134a 作为制冷剂，对于四通阀的压损非常敏感，但是传统四通阀的设计在更大冷量上已经达到极限，而旋转型的四通阀成为更好的选择，使得更大的系统使用四通阀成为可能（图 8.5-5）。传统四通阀的流道呈 180°，旋转四通阀的流道为 90°（图 8.5-6 左），从而较传统四通阀实现更低的压损，系统应用显示压损最高可以降低 60%以上。

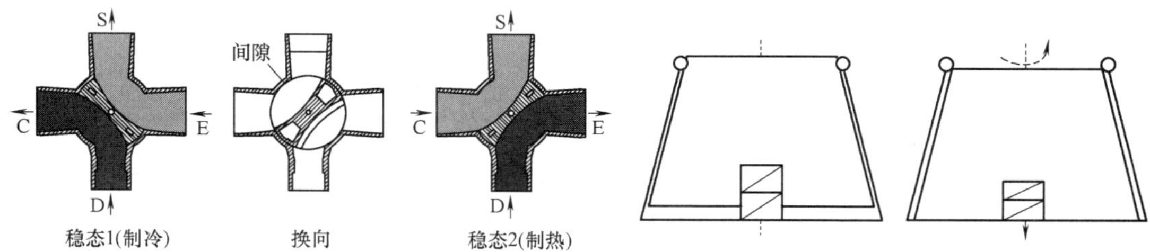


图 8.5-6　旋转四通阀的工作原理图

旋转型的四通阀的传统设计属于接触式的换向，换向过程中容易卡死，换向噪声大，新型的设计采用锥形密封面设计（图 4.5-6 右），使得活塞与阀体之间在换向过程中有一定的空间，该设计通过电机带动齿轮，将活塞先下压，下压后活塞与阀体之间产生空隙，随后活塞进行换向，整个换向过程与阀体不接触，不仅同时解决换向卡死和噪声两个问题，另外由于不接触的设计柔性较好，不会造成液击。

传统的旋转四通阀在静止状态的密封依靠金属与金属之间的硬密封，内漏极不稳定，新设计采用锥形活塞，配合软密封，密封性能甚至优于传统的滑块式四通阀。

3. 四通阀的热量损失与系统能效

四通阀是高低温度流体交汇的所在，D 接管与 C 接管连接压缩机排气口与冷凝器，同时四通阀的 E 和 S 接管连接着蒸发器和吸气侧（图 8.5-6），四通阀通过阀体与环境进行着热交换，同时两个流道也通过滑座进行了热交换，这样的热量损失将影响系统能效。

传统的四通阀采用黄铜作为阀体和阀座的主要材料，而不锈钢较黄铜的材料有着更低的热传导的性能（约为后者的 1/10），采用不锈钢阀体和阀座材料的四通阀降低了由于热传导而造成的能效损失。

目前该技术在 4～35kW 的空调系统中应用效果最佳，配合双稳态的线圈（只在切换瞬间消耗电量），最高可以提高 1%的能效，在领跑者制度下，任何程度的能效提升都可能至关重要，使系统更上一个台阶。

4. 四通阀的内泄漏与系统能效

传统四通阀的内泄漏指的是高压侧制冷剂通过滑块的边缘泄漏到低压侧，使得有效的流通量下降，对于传统四通阀设计，滑块与滑座密封面的配合精度决定了内漏的水平，而旋转型四通阀采用的是软密封方式，内漏水平更好。

#### 8.5.4.2 四通阀可靠性的提高

系统性阀件的可靠性风险往往来自于系统的升级带来的变化，如果不加以仔细的分析，很可能使得阀件无法正常工作。

1. 变频系统与定频系统

变频技术的普及对于四通阀提出了新的挑战，变频系统的特点是在低频模式下流经四通阀的流量很小，高低压侧的压差非常小，甚至达到 1bar，四通阀要在如此低的压差下实现换向，必须满足所谓的“最小动作流量"。

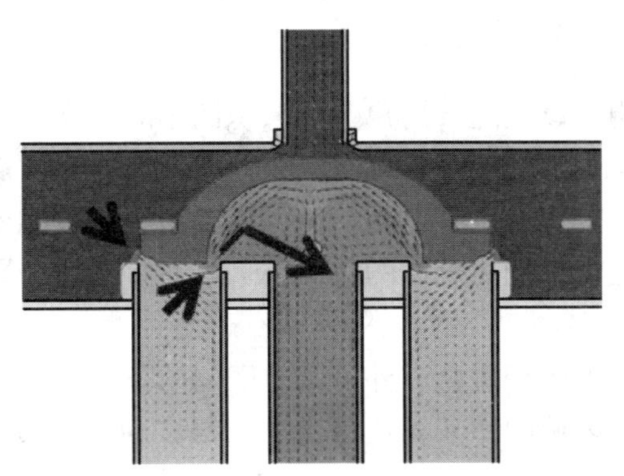

图 8.5-7 四通阀的中间流量

四通阀在换向过程中会有一部分制冷剂从高压侧流到低压侧，称为高低压旁通，旁通的流量又被称为中间流量（图 8.5-7），中间流量越大，动作流量越小，总流量与两者之间有着以下对应的关系：总流量＝内泄漏量(中间流量)＋动作流量。

在总流量非常小的变频系统中，如果中间流量过大，很可能造成动作流量不足，而无法完成换向，滑块将停留在中间位置。

针对变频系统的特点，变频专用四通阀通过合理设计滑块的尺寸，使得中间流量达到最小化，一般中间流量需要控制在总流量的5%～8%左右，而传统设计中间流量会达到15%（图8.5-8）。

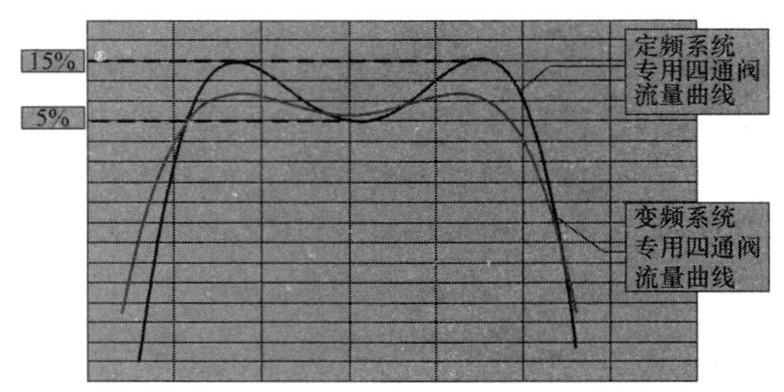


图8.5-8 定频与变频系统用四通阀的中间流量区别

相反在定频系统中，应该选用中间流量相对较大的四通阀，这与四通阀最常见的失效模式（液击）有关，造成四通阀液击的原因往往是四通阀的安装位置位于整个系统的低位，而且D接管向下，这样的系统设计往往会造成四通阀内大量的液态制冷剂的沉积，如果中间流量过小，在滑块切换到中间位置时，ECS管几乎被滑块封死（图8.5-8），此时流速明显减小，四通阀内腔的压力最大，四通阀换向一般需0.6s，而液体由于不能被压缩，腔内短期内压力急剧升高，甚至会超过10MPa，连杆-活塞组件受载荷最为恶劣，会被首先破坏。

2. 热泵专用型四通阀

我国热泵热水器市场虽然发展迅速，但是压缩机沿用了家用空调压缩机，但是在欧美国家，热泵生产厂家采用热泵专用型压缩机，压缩比大，可适用于非常广的环境温度，高低压压差远远大于空调压缩机，如果系统使用R410A制冷剂，设计压力达到45bar，系统最大压差达到40bar，传统四通阀最高动作压差MOPD仅为31～35bar，无法完成换向。

热泵机组排气温度最高时可以达到135℃，而传统的PTFE或者尼龙制的滑块只能承受120℃以下的流体温度，必须采用PPS＋玻纤的滑块设计才能解决上述问题。

市场上经常将能够同时应对高压差和高流体温度的四通阀称为“热泵专用型四通阀”。

## 8.5.5 电子膨胀阀

受能效评价体系和国家节能补贴政策的影响，以及随着用户节能意识的不断增强，整个制冷空调产业也在不断地转型升级，变频技术已经在家用空调、多联机等领域得到广泛应用，而电子膨胀阀因为其极高的调节精度以及较宽的调节范围，使得变频系统的节能效果最大化，后续在商用空调以及冷冻冷藏领域也将得到更全面的应用。

### 8.5.5.1 电子膨胀阀的调节精度优势

毛细管自我控制作用较弱，除了几个定点与理想线重合以外，其他区间的下降幅度较大，不光性能问题，高功率区域的过热、低功率区域的回液等，也存在着很多问题；热力膨胀阀虽然一定程度的功率范围比较接近理想线，但是仍然无法规避迟滞的问题，原因是膜片的特性决定在膜片被打开（变形）的时候比被关闭（恢复形状）的时候需要更多的力，这样的迟滞就会对精度造成影响，即使是最优秀的热力膨胀阀，也只能是相对接近电子膨胀阀，但是永远无法超越电子膨胀阀的水平。

另外一种节流的阀门是脉宽式电子膨胀阀，其实是一种电磁阀，控制器通过分配一段时间内开阀与闭阀的时间比例来控制负荷，比如在50%的负荷的情况，控制器会让阀门在一半的时间内处于关闭的状态，剩余的一半时间处于打开的状态，这样蒸发器接收到的冷媒注入会出现波动，而步进电机式的电子膨胀阀则可以通过调节极小的行程以及开度来调节，温度波动要小很多。

#### 8.5.5.2 电子膨胀阀的关键技术

1. 电机设计

电子膨胀阀根据其电机的励磁方式可以分为单极驱动和双极驱动两种，在单极电机中，电流的方向永远保持同一个方向，也就是说其中一个端子永远都是+DC12V，而在双极电机中，则可以不断地改变信号的极性，同一个端子可以是+DC12V，也可以用-DC12V。

相对来说单极电机的驱动更加简单，但是产生的驱动力和效率不及双极电机，然而单极电机在制冷空调行业被广泛使用和接受，特别是在小冷量的系统中，而在大冷量的系统中，更多的是使用双极电机，以便能更完整地使用整个电机，产生更大的驱动力。

2. 传动装置

电子膨胀阀按传动装置可以分为直动式和减速齿轮式，前者通过电机产生的驱动力直接带动阀针或者阀杆的上下移动进行流量的调节，而后者通过减速齿轮将驱动力放大，能够产生更大的线性力，前者多应用于小冷量的系统中，而后者则应该于大冷量的系统中。

3. 流量（曲线）调节技术

理论上讲，电子膨胀阀可以通过流道的设计来实现任意开度下任意斜率的流量曲线，小口径膨胀阀一般使用V字形的阀针来调节，也可以通过设计V字形的阀座来调节，通过改变V字的形状可以实现不同斜率的流量曲线。

主流的流道设计（曲线）为等比流量曲线与线性曲线，等比流量电子膨胀阀的特点是每增加一步，流量增加的比例是一样的，这样的曲线在小开度的情况下流量变化较慢，开度越大，流量变化越快，在空调系统中常见，小开度部分的曲线非常适合于精确的调节，大开度可以快速打开，适合于化霜的情况（四通阀换热的情况），但是两者如果结合得不当，容易出现低压报警的情况；线性曲线则全程能够实现快速反应，没有迟滞，但是容易产生系统的振荡。所以曲线形势的选择要根据系统的要求来决定。

#### 8.5.5.3 电子膨胀阀控制特性——反馈机制与复位操作

步进电机式电子膨胀阀只根据控制器的信号动作，信号停止则阀停留在该位置，由于膨胀阀本身内部并不具备反馈的机制，所以在信号停止（比如断电）一段时间后，控制器并不真正清楚阀的位置或者开度，为了更好地控制电子膨胀阀，控制器必须要求阀在必要的时候做复位的操作，即在不需要了解目前的阀开度是多少的情况下，控制器可以要求膨胀阀进行关闭的操作，关阀的步数是全开步数（比如500步）外加一定的余量（比如10%），这意味着在大部分的时候（除非执行该操作时阀处于全开位置），这样的复位操作属于过载操作，阀针（杆）与阀座的磨损很大，从阀的设计考虑，必须能够满足一定次数的复位操作，但是从控制逻辑上考虑，不应该使阀的复位操作过于频繁。

一旦完成这样的复位操作后，控制器才能判断阀的开度为0，接下来的阀的动作则可以根据传感器的反馈来计算膨胀阀的开度，并且记录在控制器的内存中。

#### 8.5.5.4 电子膨胀阀在无油环境下的自润滑

传统的电子膨胀阀采用的是金属的丝杆和螺母，对杂质非常敏感，同时非常容易磨损，特别是电子膨胀阀在复位操作时对于螺母和丝杆的磨损异常大，多次复位后会产生金属粉末，导致螺纹卡死，表现为电子膨胀阀关闭后不再打开或者运行过程中的失步现象。

一般电子膨胀阀在出厂时会在螺母和丝杆上涂冷冻油，以适应在初次开机时的润滑，在小型的空调系统中，制冷剂中含有一定的冷冻油，所以在制冷剂到达电子膨胀阀后，会将阀门自带的冷冻油带走，同时用制冷剂中的冷冻油来润滑电子膨胀阀。

但是一拖多系统（典型如多联机）往往拥有良好的回油装置，少量的冷冻油由于系统回路过多，长距离传输而无法保证到达每一个室内的电子膨胀阀，在无润滑的保证下，传统的金属螺母容易发生卡死！

例如安装在酒店里的多联机，将会是对电子膨胀阀最严酷的考验，酒店多采用插卡取电的模式，空调断电、通电频繁，控制器在断电重启后失去膨胀阀开度的记忆，必须要求膨胀阀全行程强制复位（比如560步），如此频繁的复位操作，会使传统电子膨胀阀的阀针与阀座在短时间内磨损并出现卡死的情况，多联机室内机多为顶棚机或者风管机，一旦膨胀阀出现卡死，需要拆除吊顶进行维护，成本极高，因此多联机室内机对电子膨胀阀的可靠性要求极高。

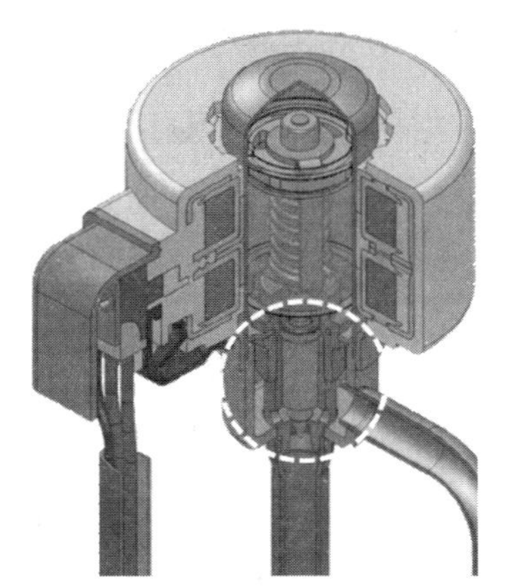

图8.5-9 应用PPS螺母的电子膨胀阀

为了解决这一个问题，则需要采用PPS或者PEEK材质的螺母材料，见图8.5-9，实现膨胀阀的自润滑，提高可靠性。PPS和PEEK属于航天级工程材料，加入一定比例的玻纤材料，非常耐磨，又不失柔性，能够适应极其恶劣的情况。

#### 8.5.5.5 室内机用电子膨胀阀的噪声问题

家用多联机增长近年来尤其快速，当室内机使用电子膨胀阀时，噪声成为很大的问题。电子膨胀阀的噪声主要来自于两方面，动作噪声，即丝杆与螺母之间磨损的噪声，动作速度越快，噪声越大，可以采用减速齿轮的设计来降低噪声；另外一种噪声来自于流体的噪声，电子膨胀阀内部设计复杂，阀体内部结构对于流体的阻挡能够造成较大的噪声，必须采用特殊的流道设计降低流体噪声，所以在室内机使用的电子膨胀阀亦被称为“静音电子膨胀阀”。

#### 8.5.5.6 电子膨胀阀应用于冷冻冷藏系统

在小型冷冻冷藏市场，考虑到维修和售后的问题，大部分仍然使用了热力膨胀阀，前面配置有电磁阀，以便在断电的情况下关闭电磁阀，防止制冷剂源源不断地从膨胀阀处漏到蒸发器，造成再次开机时的带液启动。在电子膨胀阀切换热力膨胀阀的过程中，会遇到的问题便是电子膨胀阀需要额外的控制器和传感器，整体成本上升明显，要求整机系统不再使用电磁阀，而由电子膨胀阀在全关时拥有电磁阀的功能，此时就要求电子膨胀阀的内漏水平与电磁阀具有相当的水平。另外，由于步进电机式电子膨胀阀在意外断电的情况下无法自动关闭，对系统的安全带来了很大的隐患，系统必须带有UPS不间断电源供应，或者是在电子膨胀阀的控制器中集成了超级电容，在电压下降瞬间将足够的电量释放以供电子膨胀阀完全关闭。

目前阻碍电子膨胀阀在冷冻冷藏大规模应用的还有一个重要原因是该领域对于维修和调试的要求很高，而目前这一行业的从业人员多数还不具备电控产品的知识，所以电子膨胀阀要在冷冻冷藏领域大面积推广，即要在电子膨胀阀及控制器本身上做优化，同时也要对于维修人员作广泛地培训。

#### 8.5.5.7 海运冷冻冷藏集装箱——耐腐蚀问题

海洋环境对于阀件的侵蚀作用非常厉害，用于海运冷冻冷藏集装箱的电子膨胀阀对于耐腐蚀的要求最为严格，而电子膨胀阀发展至今，耐腐蚀最为脆弱的部位为阀体与线圈之间的部位，水气容易进入后在此停留，一定时间后开始腐蚀线圈，针对这种特殊的应用，需要在阀体顶部与线圈之间用超声波焊接防护帽，同时在线圈下端与阀体接触部分用O形圈密封，如图8.5-10所示，这样的设计可以满足1000h的中性盐雾试验完全无锈迹的要求。

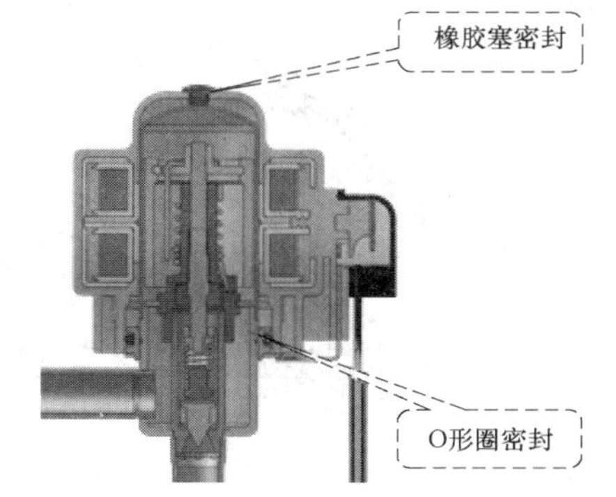


图8.5-10 耐腐蚀电子膨胀阀的设计方案

电子膨胀阀代替毛细管和热力膨胀阀的时代已经来临，但是随着电子膨胀阀不断地在新的领域被应用，一些问题点也被暴露出来，成为电子膨胀阀未来发展必须要迈过的槛。

### 8.5.6 电磁阀

电磁阀主要应用于商用空调冷冻设备，是使用范围最广泛的自动控制类阀门之一。但其在家用空调基本不再使用。

电磁阀的应用根据系统位置或者功能可以分为液管路切断、热气化霜、吸气管切断、压缩机卸载、油路通断、热回收（三通）、闪气罐压力调节以及水路通断等。

电磁阀在以多联机为主的商用空调行业，三花和日本鹭宫占主要市场份额。在商用冷冻行业电磁阀生产厂家云集，国内市场绝大部分的份额由国产品牌控制，但是质量良莠不齐，内漏、外漏和寿命低等问题层出不穷，电磁阀的未来发展趋势应该着重去解决这些问题。

#### 8.5.6.1 电磁阀最小动作压差与系统能效

电磁阀根据其动作的原理可以分为直动式和先导式，直动式用于小口径电磁阀，通过线圈的驱动力克服弹簧力直接提升芯铁，从而实现打开，但是随着阀口径的增加，对线圈驱动力的要求急剧增加，实际应用中，阀口径在4mm以内的可以用直动式设计，更大口径的电磁阀需要采用先导式的电磁阀，通过先导阀来实现高低压的平衡后再将阀打开。

先导式电磁阀的打开需要有一个最小动作压差（min. OPD），这个值应该做到越小越好，从图8.5-11所示的压焓图中可以看出，过高的最小动作压差的电磁阀会使系统拥有更大的过冷量，而这会减少系统冷凝器的面积的使用效率，从而降低能效。

因此系统选阀时会对这一参数重点关注，作为电磁阀开阀性能的重要参数，一般电磁阀生产厂家都会注明最小动作压差的值，即最小能够打开此阀的压差要求，见图8.5-11，但是对于“打开”的定义并不清楚，可能是5%的开度，也可能是完全打开，没有统一的标准，也就很难来衡量电磁阀开阀性能的高低。

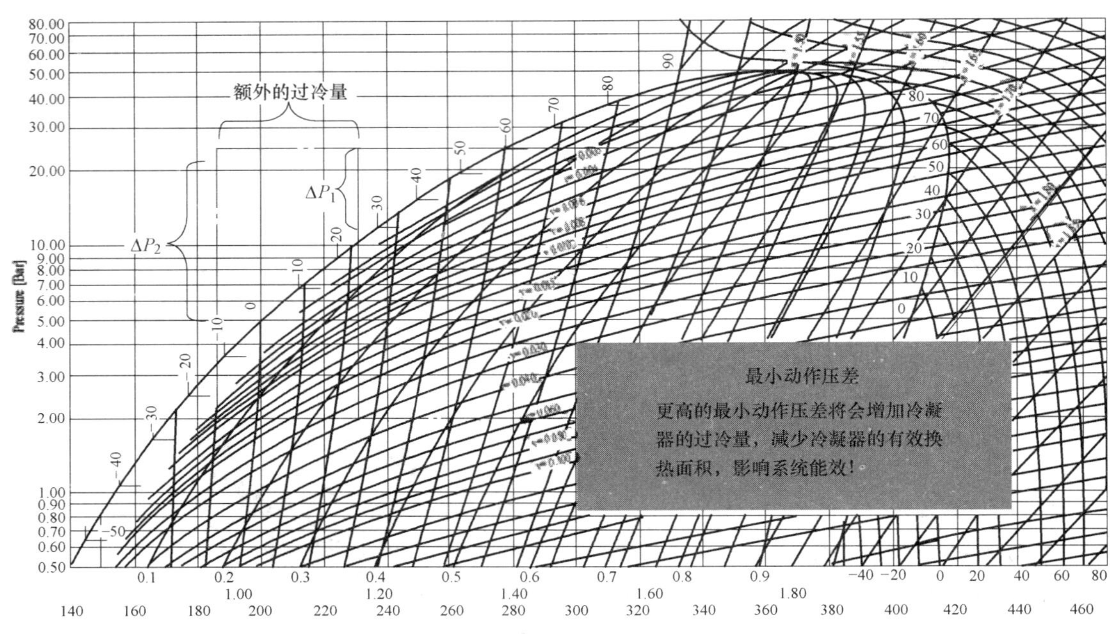


图 8.5-11　最小动作压差与系统循环

### 8.5.6.2　电磁阀的内泄漏与系统能效

商用冷冻系统中多采用抽真空循环方式化霜，液管路的电磁阀会先关闭，如果电磁阀内漏过大，则会由电磁阀源源不断地漏到蒸发器，大大延长化霜的时间，影响系统的能效。热气化霜回路上的电磁阀若在不化霜时需要关闭，如果内漏过大，则会将热气旁通到蒸发器，加热蒸发器，影响制冷的效率，所以电磁阀的内漏对于系统的能效影响巨大。

目前市场上多以气泡检测的方式粗略判断内漏值的大小，而从欧盟 EN12284 的规定来看，作为回路切断用的电磁阀的内漏值应该不大于水流量（$K_v$ 值）的 0.02%。

电磁阀的密封方式可以分为金属硬密封与软密封两种，金属密封一般以钢球的形式密封，钢球的特点是可以承受极高的冷媒温度，但是内漏受钢球的精度影响较大，内漏水平波动较大，而采用 PTFE 的密封（软密封），可以实现理论上的零泄漏，在小口径的电磁阀中内漏效果最佳，而一般在大口径的情况下采用 PTFE 膜片密封效果更佳。

另外一种密封方式为活塞式，与膜片式相比，在耐高温方面有优势，但是活塞在抗杂质方面不如膜片，膜片具有好的弹性，能够一定程度上抵消杂质带来的内漏影响，但是 PTFE 膜片的极限温度为 105°，而活塞式可以达到 120～140°。

一般在封闭式系统中，如空调领域，采用活塞式的电磁阀，在半封闭的冷冻系统中采用膜片式电磁阀，两者在内漏方面都已经可以达到相当的水平。

### 8.5.6.3　电磁阀的寿命

影响电磁阀寿命的原因的一般来说有两个原因：1）阀口撞击磨损；2）芯体与封头的撞击磨损。

1. 阀口撞击磨损

电磁阀在每次关闭时，由于弹簧复位力的影响，芯铁密封部位会撞击阀口，称为锤子效应，随着次数的增加，阀口或者芯铁密封部位会出现严重的磨损，最终出现严重的内漏，先导式电磁阀的问题更加突出，因为先导阀也拥有自己的阀口，设计时需要同时兼顾两个阀口的磨损，一般来说先导阀要实现100次以上的寿命非常困难。

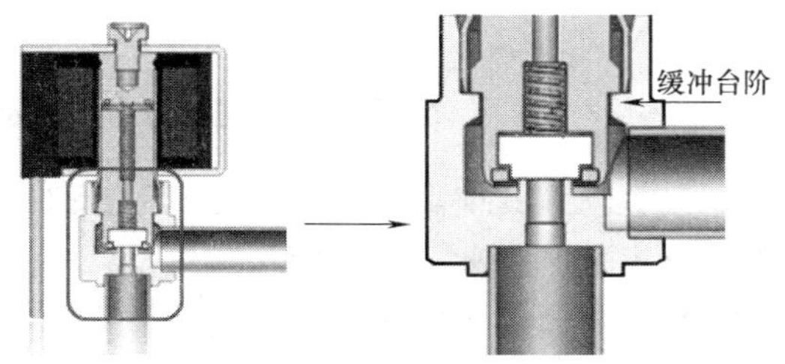

图 8.5-12 应用缓冲台阶设计的电磁阀

为了解决这一问题，需要在阀体上设置一定的缓冲结构，见图 8.5-12，使得每次闭阀时阀口的撞击力量非常小，可以实现3500万次以上的寿命。

2. 芯体与封头的撞击磨损

电磁线圈在通电后产生磁场将芯铁向上吸，如果阀体与线圈之间的间隙不均匀，或者芯铁与套管的间隙不均匀，都会造成芯铁在各边的受力不均匀，芯铁与套管内壁的撞击会加速磨损，见图 8.5-13，而间隙的均匀性取决于加工工艺的水平，所以加工工艺的水平对于产品的寿命起着不可忽视的作用。

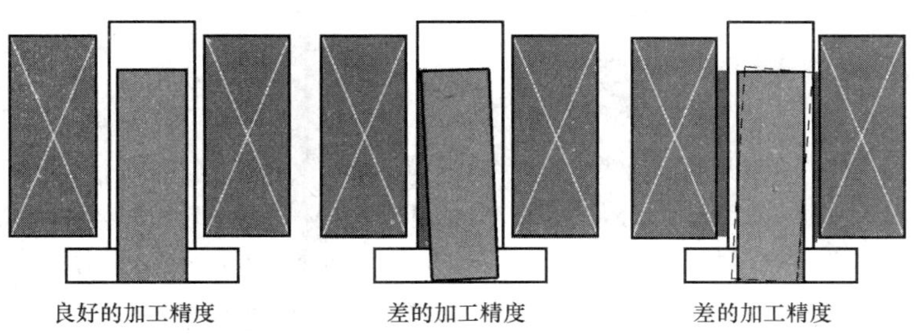

图 8.5-13 加工及装配精度对电磁阀的影响

## 8.5.7 结论

制冷阀件的发展趋势有4个方面（这些非独立存在，而是互相影响，互为因果）：

(1) 新材料的应用，主要指少铜化、去铜化等方面；

(2) 高效、节能、环保，主要指阀件的流道优化，减少压损和环保的工艺；

(3) 细分应用的多样化的设计，满足不同系统的差异化需求，避免系统性的可靠性问题；

(4) 新型制冷剂的应用带来的阀件在强度、兼容性以及安全性方面的变革。

阀件产品单位价值不及压缩机和两器，但由于其应用覆盖面很广，在制冷空调行业中有着举足轻重的地位，阀件技术的发展必能带动整个制冷空调行业的发展，阀件技术的发展方向也应该是与制冷空调系统的发展紧密相连。

本节执笔人：孟鑫洋

# 8.6　变频器与变频控制现状与发展

变频空调因其很高的季节能效比（*SEER*），自 21 世纪初，陆续在日本、中国、韩国及欧洲、美洲、澳洲、中东等地相继应用。

早期的变频空调压缩机和风机均采用交流异步感应电机拖动，其变频控制器也主要通过改变频率与电压（VVVF）或相控的交流异步 PG 电机等实现调速；随着能效比要求的提高，变频空调压缩机和风机先后发展到电转换效率更高的直流无刷（BLDC）电机，其变频控制器也分别由霍耳传感转子位置和 120°方波驱动技术、反电势检测转子位置和 120°（或 150°广角）方波驱动技术，进一步发展到无位置传感器的 180°直流矢量控制与驱动技术；先在压缩机上应用，进一步拓展至室外风机和室内风机上。

对于空调来说，变频技术的发展和应用，犹如一场“革命”，近年来，变频空调的迅猛发展和普及速度十分惊人，所带来的能源节约和环境改善效果十分明显。

## 8.6.1　变频控制器的市场格局

### 8.6.1.1　全球变频空调的普及程度与增长速度

全球空调市场容量与增长趋势情况见图 8.6-1 和图 8.6-2 变频空调普及率最高的是日本，已达 90％以上；其次是中国，目前变频空调普及率也达到 40％以上。欧洲起步虽较早，但发展速度不如中国，且多数从日本和中国进口或 OEM。北美洲地大高楼少、电力丰富，住房又以独栋房为多，空调也因历史原因仍以中央全风管机为多，比较舒适，思变迫切性小；又因变频空调 UL 认证严、技术难、安装要求高；这些原因致使其变频空调发展速度稍慢。中南美洲、南非、中东等地的变频空调也在逐步发展中。此外，如印度、北非、东南亚、东欧等地更需要大量的低价空调。

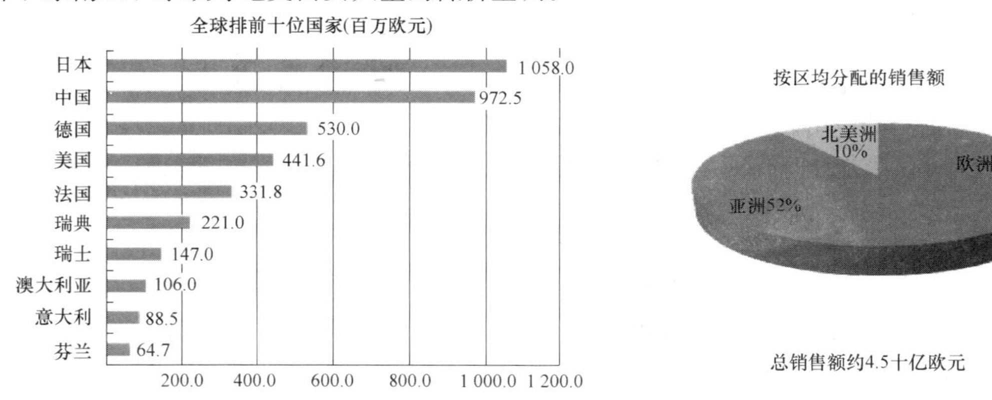


图 8.6-1　全球热泵型空调的市场概况

### 8.6.1.2　变频器和变频技术在各领域的大致应用进程

变频控制器的市场格局（按应用划分）：

（1）全球家用空调变频占比＜50％；

（2）全球轻商空调变频占比＜30％；

（3）全球商业制冷市场变频占比＜5％；

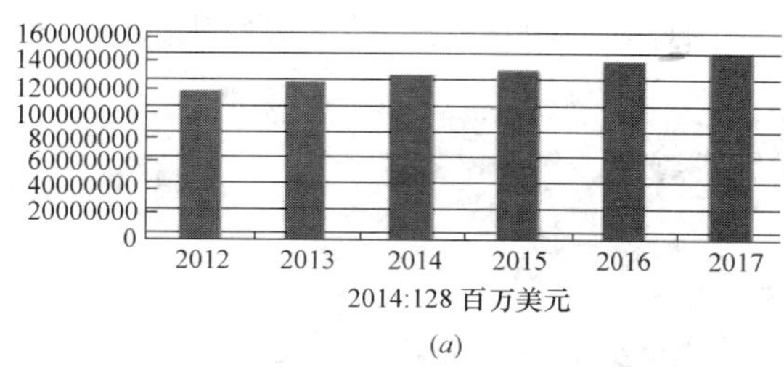


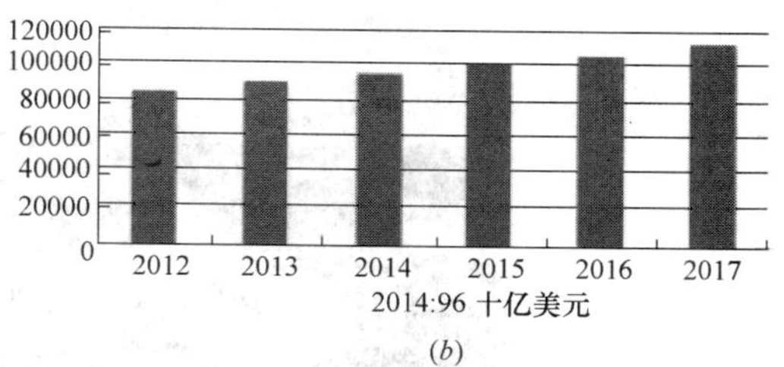


图 8.6-2 全球空调市场容量与增长趋势

(*a*) 2012～2017 年全球空调市场需求量；(*b*) 2012～2017 年全球空调市场销售额（百万美元）

（4）全球热泵热水市场变频占比＜30%；

（5）全球家用冰箱市场变频占比＜15%

（6）全球洗衣机市场变频占比＜10%；

（7）全球洗碗机市场变频占比＜15%。

## 8.6.2 变频控制器的应用现状

### 8.6.2.1 变频控制器在家用挂壁式空调压缩机上的应用

家用挂壁式变频空调因为安装方便，是应用最快的领域，尤其是近十年来，变频控制器在挂壁式空调压缩机上的应用最多，包括一部分简易多联机。

挂壁式空调一般都做成分体机，即室外机挂在室外墙上或专用平台上，室内机挂在房间内的墙壁上。此类变频空调的好处是可以在现有房间内外挂壁安装，无需特别装修，这就为变频空调大面积推广使用奠定了良好基础，也是家用变频空调得以飞速发展的一大因素。

家用挂壁式变频控制器一般装在室外机顶部、室外风机上方，散热器悬挂在控制器下方和靠近外风机，这种方案因维修方便，是目前流行和应用最多的方案。此方案又分为两种：

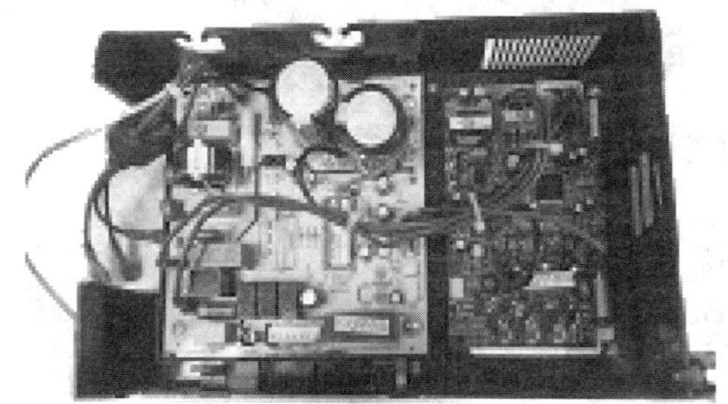

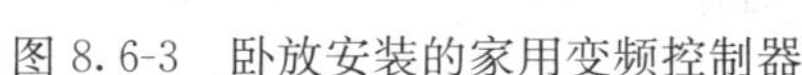
图 8.6-3 卧放安装的家用变频控制器

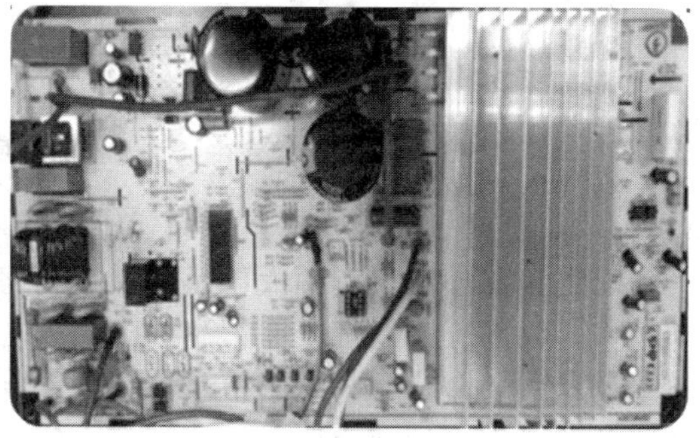

图 8.6-4 倒扣安装的家用变频控制器

第一种（图 8.6-3）是 PCB 主板紧贴电控盒底面，元器件朝上，好处是元器件承重合理，不足是 P 板上容易积灰。另一种（图 8.6-4）是 PCB 在上，元器件在下，俗称“倒扣”，好处是元件面不易积灰、功率器件在元件面便于一起波峰焊和可用单面板、维修测试点易找等；不足是元器件承重在 PCB 焊盘上，对散热器的防水要求高。

简易一拖2～4挂壁式宽变频空调是非常实用的，其控制器见图8.6-5，特别适用于相邻房间的安装与使用。

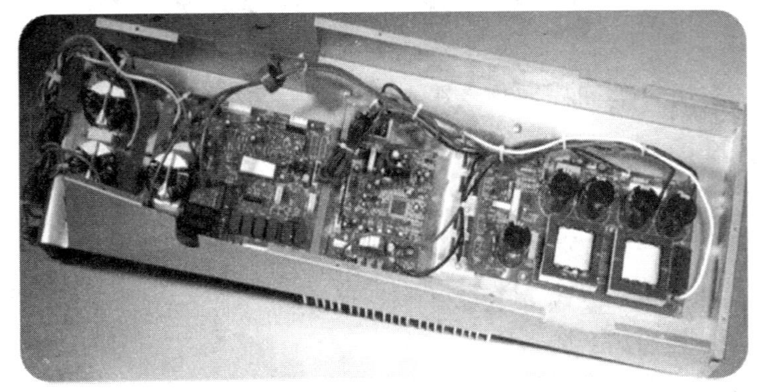

图8.6-5 卧装的家用简易多联机变频控制器

#### 8.6.2.2 变频控制器在商用或家用户式中央空调上的应用

家用挂壁式空调一般功率较小，多在3HP以下；而商用或家用户式中央空调的功率较大，一般在3HP以上；相对而言，室外机尺寸也相应较大，一般都以落地安装为主。

商用或家用户式中央空调因功率大，室外换热器面积也大，因此落地安装的室外机四周被换热器包围，室外风机向上抽风。变频控制器（图8.6-6）多以立式安装、挂装在换热器接缝侧的金属壁上，见图8.6-7；散热器垂直安装有利于空气对流，PCB垂直放置不易积灰、维修和检测均较方便。

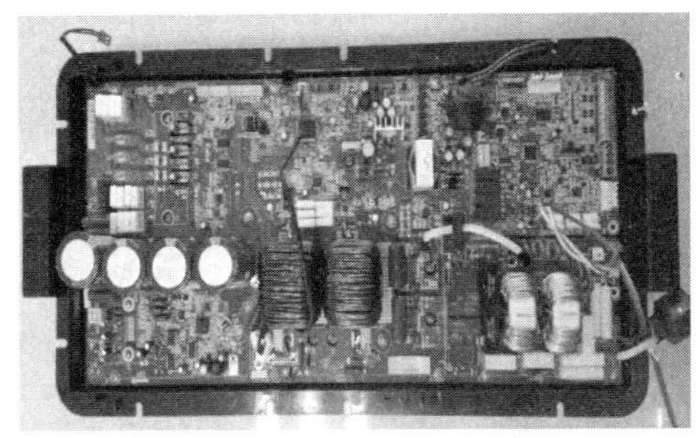

图8.6-6 竖装在金属壁上的商用或家用户式中央空调的变频控制器

#### 8.6.2.3 变频控制技术在室外风机上的应用

因定频室外风机有两大不足：一是当房间温度接近设定温度时变频压缩机运行在很低的频率，大部分时间都只需很小的电输入功率，但定频室外风机不能降低电功率，此时甚至室外风机的电功率与压缩机功率相当，因此大大降低了空调的季节能效比；二是当输入电压较低时，定频感应风机达不到额定转速，使空调的冷凝器热交换环境变劣，压缩机电流增大，空调的能效比也大幅下降。

因此，在进入高能效时代，定频风机已难以满足，取而代之的是变频风机，尤其是直流无刷（BLDC）风机正在逐步替代定频交流感应风机。直流风机一般采用三相无刷永磁电机，可分为带霍尔位置传感器和无霍尔位置传感器两类。BLDC是用直流变频器驱动的，对于带霍尔传感器的小功率BLDC风机，可将变频器装在电机内，称为“内置式”

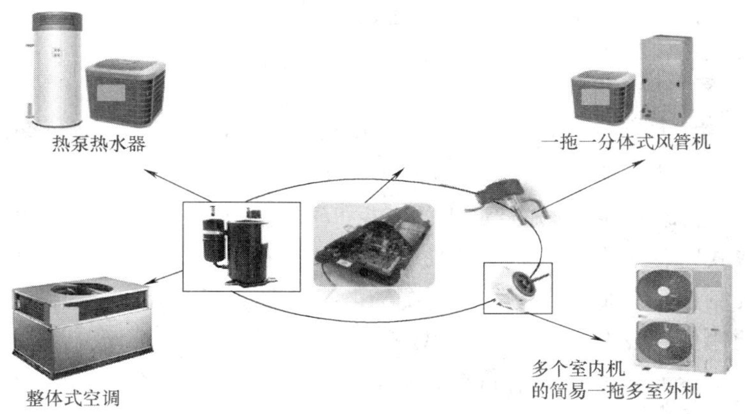


图 8.6-7 商用或家用户式中央空调的变频控制器应用实例

直流变频风机（图 8.6-8），受散热条件限制，内置式直流变频风机的功率较小，一般不超过 120W。由于自带变频驱动，空调上使用比较方便，因此在目前的小功率挂壁式高能效变频空调中得到广泛应用。

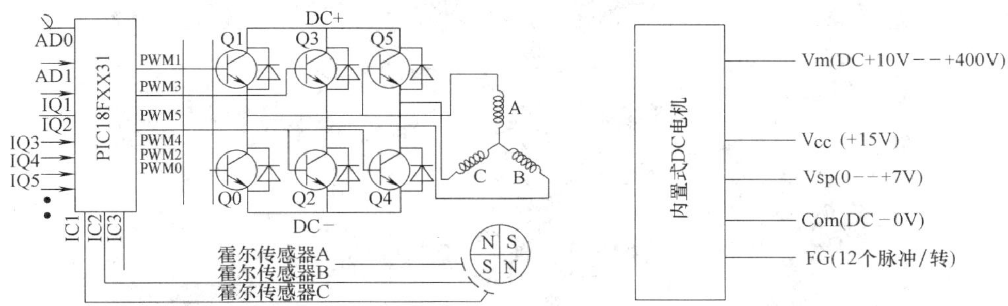


图 8.6-8 内置变频器的带霍尔 BLDC 风机原理及外部接口

对于功率大于 150W 的商用或家用户式中央空调的室外 BLDC 风机，受电机散热条件限制，目前多采用外置变频器。

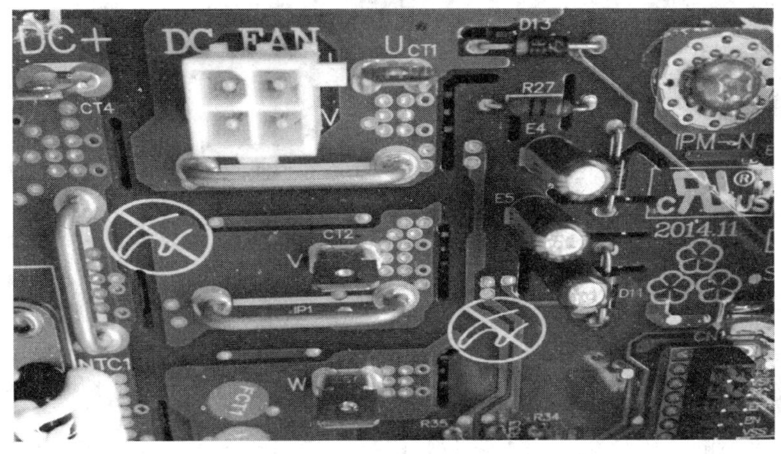


图 8.6-9 无霍尔传感器 BLDC 风机的 180°正弦波变频控制器

带霍耳传感器的 BLDC 和电机驱动的连线较多，不仅连接端口增多，而且容易产生较大的电磁干扰和位置传感器容易受干扰而产生失步等驱动不良。

因此，无霍尔传感器的 BLDC 风机（图 8.6-9）能更好地满足商用或家用户式中央空调需要，采用 180°正弦波（矢量）驱动的变频控制器，并与直流压缩机变频控制板集成在一起。这是目前最为理想的变频室外风机控制方案。

#### 8.6.2.4　变频器在溴化锂吸收式空调上的应用

溴化锂吸收式空调系统中，如溶液泵、冷热水循环泵、冷却风机、室内送风机等，也广泛应用变频控制技术。根据泵、风机所配的电机，目前有交流和直流两类，中大功率的交流电机多用通用变频器驱动，通过 CPU 控制器或 PLC 给出 0～7V 或 4～20mA 指令，变频器按给出的电压或电流指令运行至相应频率；图 8.6-10、图 8.6-11 是两种溴化锂吸收式空调控制板。

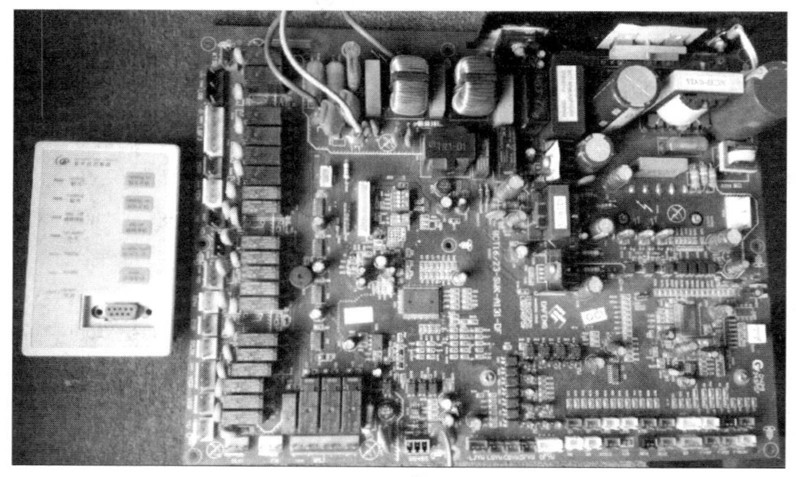

图 8.6-10　一种变频溶液泵溴化锂吸收式空调控制板

图 8.6-11　一种输出 4～20mA 或 0～10V 的变频溴化锂吸收式空调控制板

对于冷水机组的室内风机，目前多数是由抽头变速的交流感应电机驱动的，其最大缺点是噪声大。因此，选用 BLDC 风机和直流变频控制是今后的趋势，不仅风速调节范围大，而且噪声低、效率高。

#### 8.6.2.5 变频器在离心式冷水机组或冷库中的应用

离心式压缩机是一种速度型压缩机，它的排气量和排气压力随转速的变化而改变；而且离心式叶轮转动惯量很大，除轴承外几乎没有摩擦；每一转中不同转角的负荷变化也极微，不需要转矩补偿或直接转矩控制。因此，很适宜采用变频控制，以便很好地控制冷量与实现节能。

因 BLDC 电机尚在发展中，对于较大功率的压缩机电机，暂无 BLDC 电机对应。目前，此类压缩机仍以交流感应电机为多，可用最普通的 VVVF 交流变频器驱动。因此，如图 8.6-11 的“控制板＋通用交流变频器”是最常用的变频方案。与溴化锂冷水机组相似，也可以对冷热水循环泵、冷却风机、室内风机等同时实现变频控制。

#### 8.6.2.6 变频器在螺杆式冷水机组或冷库中的应用

螺杆式压缩机是容积型压缩机，通常具有液压调负载装置。但分析可知，液压调负载的原理是减小螺杆有效长度，如果在相同转速下，螺杆的排气量是不变的；当螺杆有效长度减小，实际上是减小排气压力，换句话说，螺杆压缩机的变容量是通过减小排气压力和增大泄漏量来实现的。

如果改用变频控制，则通过转速的变化，可以在较高的排气压力下仍能调节排气量，达到变容量调节的目的。可见，变频控制对螺杆式压缩机是非常有意义的。

同样，螺杆机的每一转中不同转角的负荷变化也较小，可以不需要转矩补偿或直接转矩控制，因此螺杆变频冷水机组目前也以“控制板＋通用交流变频器”变频方案为主。需要指出的是：螺杆式压缩机停机时受高低压力差的推力是会发生反转的，除在排气侧安装单向阀外，还要考虑螺杆反转所产生的反电势，尤其是永磁直流压缩机，必须配有有效的“电制动”控制技术或 DC 泄放回路。

与上述制冷机组相似，也可以对冷热水循环泵、冷却风机、室内风机等同时实现变频。

#### 8.6.2.7 变频器在活塞式冷水机组或冷库中的应用

多缸活塞式压缩机可以通过改变工作汽缸数实现变容量，虽然是有级控制，但仍比较有效。因此相对来讲，变频控制活塞式压缩机的意义不如上述机组；且活塞式压缩机与转子式压缩机相似，在排气过程的转矩是不同的。因此当低频运行时，要求活塞式压缩机的变频控制器具备转矩补偿或用直接转矩控制技术。

对于冷热水循环泵、冷却风机、室内风机等实现变频同样是可以的。

#### 8.6.2.8 变频控制器在热泵热水器中的应用

热泵热水器是通过制冷系统的吸热，将空气中的热量提温加热水，因此，又称“空气源热水器”。

变频技术应用至热泵热水器的优势是：当初始水温较低时，冷凝温度和排气压力很低，可通过变频高转速弱磁运行，最大限度地提高制热能力，使水快速升温；当水温较高时，冷凝压力也迅速提高，此时压缩机电流大幅增加，变频器就应以较低频率运行，可避免过载。

现多数热泵热水器简单抄袭承压式电热水器，为维持恒温，冷凝器始终在较高水温下加热，使热泵压缩机始终在高负荷下运行，这是目前技术的不足之一。

因制冷剂的冷凝温度与压力密切相关，当水温超过50℃时，冷凝压力已很高，此时能效比将急剧下降，因此热泵热水器的水温不宜过高，这是目前技术的不足之二。

#### 8.6.2.9 变频控制器在其他家电上的应用

变频控制器用于冰箱、冷柜/冷链的优点是：首先可以提高平均能效比，当冰箱内实际温度接近设置温度时，压缩机转速降低→冷凝器温度降低＋蒸发压力提高→能效比提高；其次，冷藏室温度波动可大幅度减小和在不结冰前提下尽量调低冷藏温度（最佳冷藏是"零度不结冰"），使保鲜效果大幅提高、保鲜时间成倍延长；第三，当压缩机高速运转时可实现冰箱内的快速冷冻，提高冷冻食品的保鲜度；第四，压缩机的长时间低转速运行，蒸发压力相对提高，可以减少蒸发器表面结霜；第五，可以避免压缩机的频繁启停，减少启停时的噪声和对电网的冲击与干扰等。上述好处特别是保鲜时间的大幅延长，使变频冰箱逐渐被越来越多的消费者所接受，很多大型超市的冷柜、蔬菜水果的保鲜储运等也将逐步向着变频方向发展。

变频控制器已逐步用于滚筒式洗衣机，过去滚筒式洗衣机多用碳刷式调速电机，有了变频控制技术，已逐步向BLDC电机发展。波轮洗衣机也开始使用变频控制，以减小衣物磨损和提高甩干效果，减小洗衣噪声和增加皮带的使用寿命。

变频控制器用于厨房吸油烟机、电风扇等，不仅吸风或风速的可调节范围大幅增加，提高吸/吹风效果，而且不管电网电压如何波动，都可确保转速稳定。

### 8.6.3 变频空调控制技术趋势

变频空调与控制技术的发展趋势是：高舒适度、低噪声、高能效、更智能、更方便安装和使用、远程/网络控制、与建筑装修更和谐等。因此，变频控制器必须逐步满足上述要求。

#### 8.6.3.1 高舒适度空调的变频控制与实现

早期用继电器或温控器简单控制的定频空调，一会儿开、一会儿停，房间温度波动较大和直接吹风，不仅会造成人体不舒服，而且其噪声时有时无，往往让人无法入睡；室外机的噪声是夏日和冬日的一大环境噪声污染源。

因此，高舒适度空调及其控制技术已经成为消费者和环境保护新的追求和期盼。

1. 减少房间内温度波动的变频控制

当房间温度接近设定温度，或室外环境温度与设定温度相差不是很大时，空调器只需很小的制冷（热）功率就能满足设定温度和维持恒温环境。为此，变频控制器必须能够精确采集房间温度、计算房间温度的变化率及温度变化趋势，并不断给出和调整压缩机的运行目标频率。同时，要求控制器的变频调速范围大，特别是能控制压缩机的低转速运行，这是确保能平稳补给所需制冷（热）量维持房间温度不波动的关键。

由图8.6-12所示的压缩机的转矩特性可知，不同转角的转矩相差很大，在低转速时机械惯量过小情况下，控制器应以180°正弦波直流矢量变频技术为基础，再通过合理的角转矩补偿，使压缩机每一转角所需转矩都能得到恰如其分的补偿，就可以让压缩机在很低转速下都能平稳地运转。

通过空调上的温度传感器感知房间温度与设定温度差值、房间温度的变化率等数据，MCU或DSP进行处理和实现房间的恒温控制，从而实现房间温度几乎不变的高舒适度

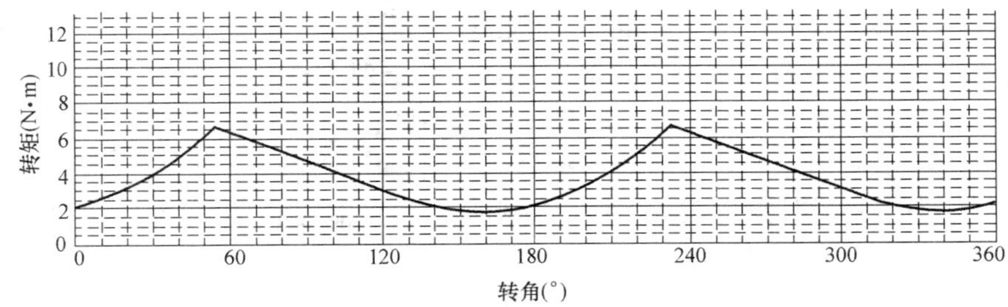


图 8.6-12 某双转子压缩机的转角与转矩关系

要求。

应该指出，不同类型的压缩机有不同的电磁参数和转矩特性，这种 180°正弦波直流矢量控制器都是针对某一种压缩机型号量身定制的，且转矩特性会随工况的变化而变化，需要根据工况的变化作出不同的补偿量。因此，不同控制技术的差异性会直接决定变频空调性能优劣。

2. 降低房间与周围环境噪声的变频控制

人对房间内的噪声大小和变化、房间外的噪声和变化都是十分敏感的，尤其是晚上睡眠期间。当你欲睡时，如果原本开着且均匀发出噪声的风机突然停止，就可能一下子被惊醒；当风机停止时，寂静维持了一段时间，当你又将入睡时风机突然开启，这时又被惊醒；如此循环可能一整夜都睡不好觉。因此，空调噪声是生活中比较烦恼的事情，要实现高舒适度，就必须对空调的噪声问题进行治理。

(1) 室内风机降噪声的主要途径有：

1) 采用全风管机结构，通过静风压和入风口风门大小调节来进行控制。该方案虽然能效较差，但由于舒适度好，在高端用户仍有着广泛的市场，如北美、五星以上宾馆等。

2) 配用宽速变频控制的风机，如 PG 电机、DC 无刷电机，可实现超低转速和静音；DC 风机的载波频率必须在不可闻频率内。

3) 全制冷剂直流变频，室内机不停机连续低风送冷/热。

4) 配用电子膨胀阀实现全面积蒸发和控制最佳蒸发温度。

5) 选用动平衡好的低噪声风叶和风道结构。

(2) 室外风机噪声同样会影响环境的舒适度，室外机降噪的最佳途径是：

a) 全直流宽速变频，不停机连续保持较低风速。

b) 室外风机功率较大，应优选 BLDC 电机和无位置传感器的 180°正弦波驱动控制技术，实现无级调速和低风速低噪声运行；为防止直流调速时的载波频率产生电磁噪声，要求室外风机的 SPWM 载波频率高于 10kHz。

(3) 室外压缩机噪声的降低

1) 转矩补偿技术和超低转速控制技术；

2) 不间断变转速运行；

3) 共振频率避开技术，避免空调系统进入机械共振频率区域；

4) 要求压缩机的 SVPWM 载波频率高于 6kHz。

5) 压缩机避振安装和消音包裹材料与技术。

(4) 空调室外机的安装对降噪也至关重要，要求：

1) 在室外环境允许前提下，尽量安装在草坪上；

2) 对于高楼，3HP以下的室外机应安装在角钢支架上；

3) 在室外机的下部螺栓固定处加装橡皮垫或弹簧垫；

4) 固定用的膨胀螺栓切忌与墙壁或楼面中的钢筋相碰；

5) 不影响通风的室外机遮阳篷，既防止阳光直射又能吸收噪声。

3. 减少人体受风的控制方案

空调房间，人们比较讨厌的是冷风直接吹在身上。夏日环境温度较高，人体感觉较热，希望能吹到一些凉风倒是舒适的；但是在室内舒适温度下，由制冷空调吹出的风往往较冷，如在睡眠时直接吹到人体会感到不适，晚上睡觉时很容易感冒；冬天就更不用说了，为此，热泵型空调几乎都具有“防冷风”功能，即冷凝器温度必须达到人体可接受的温度时才开启室内风机；但即便如此，在冬天，空调热风直接吹在人体也是不舒适的。

高端空调系统多选用全风管式空调，其静压式送冷（热）风不仅无噪声，也没有人体感受空调风的不适。因此一直是高档宾馆空调的首选，北美很多家居也一直是该类空调。

图 8.6-13 风向可调的超静音室内直流变频仿风管机

对于全制冷剂的变频空调，目前开始流行仿风管机，见图 8.6-13，使出风口紧贴顶棚缓缓散落冷（热）空气，在控制技术上选用变频 BLDC 风机，设计多个步进电机，以及分别控制风门、风向。此方案也可以有效避免人体受风，应该是今后变频空调室内机的主流。

对于挂壁式、柜式、窗式等安装位置较低的空调，如何不让或少让人体感受到空调风的不适，也是高舒适度空调控制技术方案所必需考虑的。室内低转速送风，不仅是降噪的关键，也是提高人体少受风的最常见和实用有效的技术方案。目前能够实现低转速送风的最佳方案是选用变频 BLDC 风机，其次是相控 PG 电机，后者仅适用于 1～1.5HP 的小功率空调。

还有，在挂壁机或立式柜机上，采用人体感应定位技术或许也是一种选择。通过红外线人体感应定位和控制步进电机，使空调的风门、风向不直接对准人体，这是解决人体不受风或少受风的一种方案。

4. 合适的房间湿度控制技术

当空调工作久了，房间内的相对湿度是否会大幅下降？如相对湿度过低，人们就会感到唇干舌燥，且不经意间常会被静电“电击”，同样会有一种不舒适感。

采用毛细管作膨胀阀的空调系统，其蒸发器温度基本上是偏低和相对固定的，只要低于露点温度，蒸发器上就不可避免地产生凝结水，即把房间内空气中水气毫不留情地给吸走了。

为此，高端变频空调必须使用电子膨胀阀节流控制技术，在对压缩机、室内外风机进行变转速控制的同时，还要根据室内蒸发器温度，来适时控制与调节电子膨胀阀开度，以维持蒸发器内的蒸汽压力适中和控制露点。一般蒸汽压力较高，蒸发温度也较高，就能避免过多结露和控制房间相对湿度过低的问题。

湿度控制过程：当房间温度接近设定温度时，压缩机转速必须能够降低，室内外风机转速也能调至很低，通过控制电子膨胀阀的开度，维持蒸发器全面积蒸发且有较高蒸发温度，从而减少结露。这样，房间内空气中的水汽就能少被蒸发器所吸走，不仅提高了空调的能效，而且还保持了房间内舒适的相对湿度，从而提高了人体的舒适度。

制热时随着温度提高，相对湿度快速降低，应考虑配置增湿装置。

5. 换新风控制技术

空调房间一般比较封闭，时间久了，难免感到空气不好，特别如吸烟或饮食中气味不易散发，这是空调房间很不舒适的一大弊处。因此，换新风控制技术是提高舒适度的重要环节。

对于全风管式空调系统，一般都配有加湿、换新风装置，因此舒适度很高。

也有一些分体式空调配有换新风风机，通过分体机的内外连接管道将新风引入室内。

对于仿风管机或顶棚机，换新风吸风管可以较容易地在顶棚上从室外引入。

#### 8.6.3.2 进一步追求高能效的变频控制方略

空调的能效比通常由 *COP* 或 *EER* 来表示。对于实际使用的能耗，应按不同季节、不同时段进行计权后定义的季节能效比（*SEER*）进行恒量。变频空调的最大特点是季节能效比高，目前变频高能效机的 *SEER* 普遍在 3.6 以上。

表 8.6-1 是反映变频空调制冷量和能效的实验数据。表中数据表明：制冷能效比与压缩机转速、室外环境温度密切相关。环境温度越低，压缩机转速越低，制冷能效比就越高。

**某户式变频空调在不同环境温度下的运行数据　　表 8.6-1**

| 室外环境温度(℃) | Comp RPM | 1h 制冷量(BTV) | 制冷功率(W) | 室外机耗电功率(W) | 室内机耗电功率(W) | EER1(BTU/W) | EER2(W/W) |
|---|---|---|---|---|---|---|---|
| 35 | 4500 | 36524 | 10704.09 | 2270 | 177 | 14.93 | 4.4 |
| 35 | 3200 | 26485 | 7761.959 | 1515 | 114 | 16.26 | 4.8 |
| 28 | 4500 | 38126 | 1173.59 | 1907 | 127 | 18.74 | 5.5 |
| 28 | 3200 | 27727 | 8125.952 | 1259 | 88 | 20.58 | 6 |
| 31 | 2300 | 20678 | 6060.101 | 925 | 84 | 20.49 | 6 |
| 31 | 1867 | 16426 | 4813.968 | 741 | 47 | 20.85 | 6.1 |
| 28 | 1200 | 11026 | 3231.39 | 465 | 47 | 21.54 | 6.3 |
| 20 | 1200 | 12037 | 3527.684 | 275 | 47 | 37.38 | 11 |

注：美国的制冷量的单位一般用 BTU（英热单位），1btu=0.29307Wh。

表 8.6-2 反映出 *COP* 值与蒸发温度、冷凝温度之间的关系。表中数据说明：空调的能效比（*COP* 或 *EER*）与空调的冷凝器温度和蒸发器温度密切相关，冷凝器温度越低、

蒸发器温度越高，则同样压缩机转速下的制冷功率越高、能效比也越高。

**COP 值与蒸发温度、冷凝温度之间的关系　　表 8.6-2**

| 冷凝温度(℃) | 蒸发温度(℃) | | | | | |
|---|---|---|---|---|---|---|
| | −10 | −5 | 0 | 5 | 10 | 15 |
| 40 | 2.77 | 3.33 | 4.04 | 4.89 | 5.99 | 7.33 |
| 50 | 1.99 | 2.38 | 2.85 | 3.40 | 4.07 | 4.88 |
| 60 | 1.42 | 1.67 | 1.98 | 2.36 | 2.82 | 3.36 |

从电机效率考虑，永磁直流电机的效率比交流感应电机的效率高出 30%以上，特别是在负荷较轻的情况下，变频调速的直流电机节能更加显著。

1. 通过变频控制来降低冷凝器温度

在固定环境温度下，要降低冷凝器温度有以下几种方法：一是增大换热器热交换面积；二是提高空气与散热面的对流速度和风量，尽量降低与散热面接触的空气温度；三是控制进入冷凝器的制冷剂蒸汽量。

增大换热器的热交换面积是定频高能效空调的法宝，但此法必然会增加空调器的成本、体积和重量，并在早几年的高能效定频空调中被大量选用。

以未来的变频控制技术来说，应主要通过以下途径降低冷凝器的温度。

(1) 降低压缩机转速但不停机方式，即以“小压机大二器”方式来相对增大换热器热交换面积；通过直流 180°正弦波变频控制 BLDC 压缩机来实现“超低频不停机”方略。

(2) 加大冷凝器的空气流动速率和提高冷凝能力，根据冷凝器温度，通过直流 180°正弦波变频控制 BLDC 风机来实现宽范围转速控制和最佳风叶转速。

(3) PID 精密控制电子膨胀阀技术实现电子膨胀阀的最佳调节，控制进入冷凝器的制冷剂蒸汽数量和温度。

(4) 选用更好的冷凝器材料与结构，如微通道，提高换热效率。

(5) 利用室内冷凝水洒落至冷凝器上蒸发吸热。

(6) 安装时避免阳光直晒和阴凉之处。

2. 通过变频和电子膨胀阀提高蒸发器的温度

蒸发器中实现制冷剂液相进、气相出，制冷量与进入的液相制冷剂数量成正比。提高蒸发器温度的方法与冷凝器十分相似。

在制冷时，当室内温度接近设定温度时，从舒适度考虑，室内风机会以尽量低的转速送风；此时电子膨胀阀开度较小，进入蒸发器的液态制冷剂较少，蒸发器的温度也相对较高。这也是变频空调在接近设定温度时的低转速运行，能有很高能效比的主要方法。

增大换热器面积也是提高蒸发器温度的有效手段，如选用仿风管机、落地式柜机、四面出风的顶棚机等作为室内机，这些室内机均有较大的空间来增大换热器，并可优选离心式风叶来增大风速、减小转速和噪声，且不会直接吹至人体上。这也是今后的一大发展趋势。

值得一提的是，对于房间制冷来说，事实上有较大一部分的冷量是被冷凝水带走的。当房间中的水蒸气由气态变化为液态时会放出较大的汽化热，这部分汽化热实际上是靠吸收空调蒸发器的制冷量才实现水蒸气变液态水的，也就是说，房间中的冷凝水“吃去”了不少冷量。因此，提高蒸发器结露点温度不仅减小了冷凝水实现保湿，而且非常节能。

3. 提高电机效率和高效控制方略

包括采用直流压缩机、直流风机和180°直流矢量控制技术。

直流电机因为是永磁转子和同步驱动，没有感应电机转子中的短路电流与损耗，因此其效率比交流感应式异步电机的效率高出30%以上；选用直流变频压缩机和直流变频风机是提高电机效率的首选，通过直流矢量控制技术，进一步实现智能高效控制。

如果耗电量最大的压缩机、室外风机都采用BLDC变频电机，可以大幅度提升能效比。特别是室外风机，其耗电功率与风叶转速的立方成正比，当较低转速时，其节能效果是成倍增加的。

#### 8.6.3.3 变频多联机与控制技术

多联机俗称“一拖多”，广义说，也可以是“二拖多”、“三拖多”等。目前精装修商品房和家庭房间装修，一拖多的仿风管机受开发商和住户的青睐。预计会是今后改善型住宅的主流，参见图8-6-13。

1. 多联机的技术方案概述与控制要点

多联机在技术上有多种实现方案，一般按传递冷媒可分为：全风管机、冷水机、全制冷剂等；按结构可分为：简易一拖多、模块机；模块机又可分主从控制、集中控制等类型。

变频技术在多联机上的应用，应具有以下主要技术要求和控制要点：

(1) 压缩机需要宽范围变频，特别是能够超低频运行，这样才能满足多个房间空调的任意开启与运行。

(2) 多联机的室外风机也要求是宽变频，以便跟随压缩机一起升降频；直流变频的室外风机在控制上须满足逆风启动和带堵转保护。

(3) 多联机的室内风机可以多种多样，以满足不同多联机。从发展趋势看，推荐高舒适BLDC宽变速离心式风叶的仿风管机（冷水机或全制冷剂多联机均适用）、四面出风的顶棚机与立式柜机，前面已述。

(4) 多联机中制冷剂分配调节的电子膨胀阀及其控制；电子膨胀阀控制技术是高能效全制冷剂多联机的核心技术之一。

(5) 各房间温度的采集、通信传输与处理；并由此来决定室外机运行频率的控制。

(6) 多联机的供电技术，一般为单机各自供电；要考虑多联机之间的电源隔离。

(7) 多联机的集中控制与显示技术，能与户内的所有室外机、室内机通信和获取各种数据，并能任意设置、显示各种设定与运行数据，最好用点阵屏/中英文显示。

(8) 多联机通过互联网、手机网的监控技术；如多联机的集中控制器通过WiFi、电脑上位机等接入智能家居系统中。

2. 多联供系统

在欧美，不管在冬天还是在春夏秋季，都习惯于用热水洗手；热水也是人们生活中不可缺失的水源。因此，三联供系统在今后也是很受消费者欢迎的。

当室内机制冷时，右侧热水器作为冷凝器，室外机可以不工作，直至热水箱温度达到设定温度；当室内机制热时，室外机制冷，并在室内达温后，将多余的热量“存”于热水器中；或室内机不用，室外机仅为热水器供热。为确保能力可调，需要压缩机的变频控制技术、电子膨胀阀控制技术、BLDC风机的变频控制技术、水温显示等。

系统控制方面，还需要增加一些切换阀（类似四通阀）等。

#### 8.6.3.4 多级压缩机的变频控制技术

随着热泵热水机和低温制热的应用越来越广泛，因压力差过大，单级压缩机的不足逐步体现，不仅是压缩机本身的压力差能否满足，其能效比也大打折扣。如表 8.6-2 所述，随着蒸发温度的下降，*COP* 值大幅下降。为此，多级压缩技术也应运而生。

以二级压缩系统（图 8.6-14）为例，与单级压缩不同的是多了 1 个中间冷却器，中间冷却器通过节流阀 B 流入的液态制冷剂蒸发实现冷却，不仅可以冷却来自低压侧压缩机排出的气态制冷剂温度，还同时对流向蒸发器的液态制冷剂降温；高压侧压缩机不仅吸入来自低压侧压缩机的排气，还同时吸入来自节流阀 B 的液态制冷剂蒸发的气体；中间冷却器的蒸发温度取决于腔内压力。因此，如何调节和平衡中间冷却器的压力、流量就成为控制的关键。最理想的控制手段就是选用变频压缩机和电子膨胀阀。

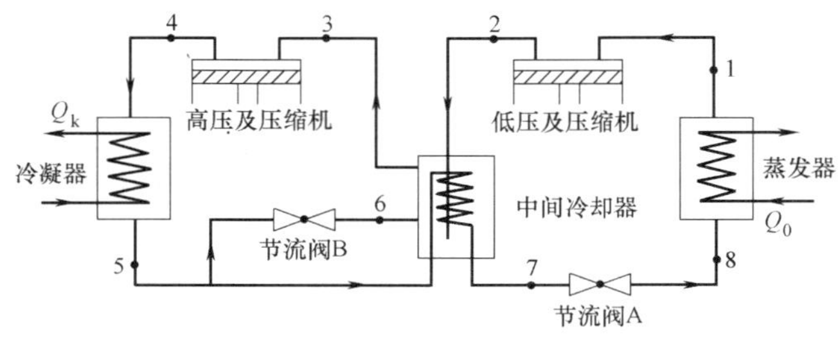


图 8.6-14 二级压缩机系统示意图

二级压缩机需要两个独立的变频驱动器且各自频率可调，根据蒸发器、中冷器、冷凝器三器的温度设定，对电子节流阀 A、B 分别实施开度的闭环调节，同时根据这两个电子膨胀阀的开度和蒸发器、冷凝器、中间冷却器“三器”的实际温度、温度变化率计算出两个压缩机各自的目标频率，从而分别实施变频控制。

#### 8.6.3.5 超低温制热与制冷

随着空调热泵技术的不断发展，空调的制热应用也越来越普及，其高节能和高舒适度更有利于向北方普及。

这种超低温制热或制冷的空调变频控制技术，首先要考虑变频控制器的元器件、零部件的耐低温性，特别是半导体元器件，有很多耐温级别，必须选用低温特性好的器件；其次，室外温度很低时，压缩机中制冷剂容易积液且与润滑油互溶，在压缩机启动时因吸气压力骤降和制冷剂沸腾，容易将压缩机内的润滑油带走，从而导致压缩机缺油磨损。因此，对于低温运行的压缩机，有一项很重要的技术就是压缩机的曲轴箱加热技术，其目的就是防止制冷剂变液态并溶解于压缩机内的润滑油中。

1. 压缩机曲轴箱加热技术

为防止压缩机失油，低温工作的压缩机必须配有曲轴箱加热功能，通常有两种方法：

（1）外包电加热带，电加热带可以是电热丝，也可以用 PTC 材料，后者具有自动限温效果。通过控制继电器的吸合让加热带通电发热，控制电路应具有过电流保护和失效报警功能。

（2）在压缩机定子绕组中流过电流，通过定子绕组的电阻发热，因为压缩机定子绕组的直流电阻值很小（0.1～3Ω 量级），控制器需要输出很大的电流才能产生几十瓦的加热功率，因此，通过PWM控制实现恒电流调节技术是定子加热的关键技术。

同时，要考虑到压缩机的漆包线直流电阻随温度而变化，温度越高铜电阻越大，如果简单的输出一个恒定电流，则压缩机温升会随着温度的升高而加快。

2. 超低温制热与弱磁控制技术

在冬天，当室外环境温度低至－15～－5℃时，室内温度仍要求达到20℃以上。此时，空调能否有效制热，对于变频控制技术又是一个新的挑战。

一般好的变频压缩机最高转速可达7200RPM（俗称120Hz），上述超低温下要有较好的制热效果，可通过提高变频压缩机的转速来实现。这就需要变频控制器也能够实现高达120Hz的高频运行。对于BLDC压缩机的驱动，此时会遇到这样一个问题：转速很高时，反电势也随频率提高，DC母线电压却受到输入电源电压的限制。

如何解决这个矛盾，目前可以有以下途径：

（1）通过DC电机的弱磁控制，即虽然DC母线电压有限，但为了减小高转速下的DC电机反电势，可通过软件控制，相当于将DC电机的磁通量Φ减小，就能降低DC电机反电势，从而实现有限DC母线电压下的高转速运行。

（2）采用PAM技术，通过Boost硬件升压电路，当压缩机进入高转速运行时，DC电机的反电势电压升高，此时，通过Boost硬件电路也同步增大输出DC母线电压，即可冲抵高转速下的高反电势问题，实现BLDC压缩机的高转速运行。

（3）采用两级压缩技术，详见上节介绍。

3. 超低温制冷

在北方地区壁炉等燃气、燃煤取暖是很普及的，但这些原始的取暖方法的，最大不足是房间内的温度波动较大，控温效果很不理想。

为了追求高舒适度，在北美、欧洲、俄罗斯等地的一些高端住宅，通过空调与壁炉相结合的恒温取暖方法应运而生。也就是说，房间内由壁炉等取暖器提供一个大致粗放的供热源，这种供热源的温度波动大、不易控制；房间内再配备一个可精确调节温度的变频空调器。

显然，这种变频空气调节器应能在室外环境温度超低情况下进行制热和制冷。如前所述，当户外环境温度很低时进行制热，其能效比往往较低；所以，更多的是进行制冷调温。即将壁炉等取暖器平均温度略微调高，其最低温度区间为人体舒适温度，当壁炉等取暖温度过高时，房间空调器也同时启动，并运行在制冷模式下，将壁炉提供过高的温度降下来，从而获得舒适的房间温度环境。这种超低温制冷，从前面的理论分析可知其能效比是非常高的。

#### 8.6.3.6 太阳能与全直流变频空调控制技术

太阳能空调一般都采用全直流变频技术，有多种方案，下面按供电条件分别给予叙述。

1. 太阳能供电方案A

虽有电网供电，但距变电站很远，输电线较细而且很长的场合。如无线通信接力基站、高速公路收费站、铁路道叉、电视发射塔、地质勘探、流动牧场、渔船等距离城区较远或自带小型发电机等场合。

适用于此类场合的太阳能全直流变频空调控制器的结构框图如图8.6-15所示。此类弱供电地区的电网或自发电，只能承受较小功率的用电器和仪器用电，承受不了空调类较大功率的电器。因此，通过光伏板和蓄电池的组合供电系统，实现太阳能变频空调的供电。即白天阳光充足时往往气温也高，此时光伏板的供电不仅能满足空调的全功率运行，还可有富余的电能供蓄电池充电。到了夜晚或阴雨天，气温相对较低但仍闷热难耐，此时就利用蓄电池供电，但为省电，空调会限功率运行。同时，弱供电系统也可以较小功率连续为蓄电池充电。

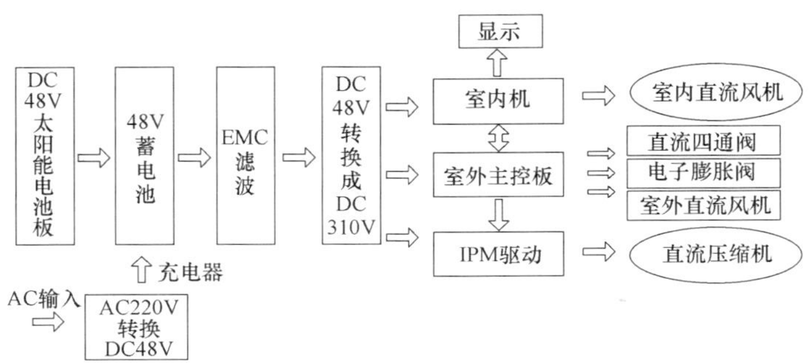


图 8.6-15 弱电网地区的太阳能全直流变频空调控制器框图

需要指出的是，太阳能全直流变频空调必须全部选用 BLDC 压缩机、BLDC 室内外风机电机、DC 四通阀和电子膨胀阀等，空调系统也应按高能效要求配置，控制器等均需按太阳能电源的特点进行设计。

2. 太阳能供电方案 B

完全没有电网但有很大蓄电池容量的场合，如汽车、船舶等时常移动的场合，邮电通信设备系统中基础电源 DC27V 或 DC48V 等。

技术方案与图 8.6-15 相似，仅去除左下的 AC220V 充电器部分，其中光伏板和蓄电池的电压一般在 DC24～DC60V。

对于完全没有电网的地区，一般需要较大容量的蓄电池和电池管理系统。当白天阳光充足时给蓄电池充电，或同时启动全变频空调；当阳光不足或夜晚时就用蓄电池供电。

3. 光伏低电压直驱方案

不配蓄电池，以 DC48V 或 DC 24V 为 DC BUS，压缩机、室内外风机都定制成 DC48V 或 DC24V 供电，一路由太阳能电池输出 DC48V 或 DC24V 通过直流 180°正弦波直接驱动压缩机和风机；另一路由市电经 AC220V→DC48V 或 DC24V 变换获得。当太阳光较强时，DC48V 或 DC24V 的 DC BUS 电压升高，市电 AC/DC 变换器功率自动下降或关闭；反之，当太阳光较弱时，市电 AC/DC 变换器能自动补给电能；当夜晚或雨天无阳光时，全由市电经 AC/DC 变换器供给。

此方案必须定制 DC48V 的压缩机和风机，现在已经有一些压缩机厂商开始生产 DC48V、DC24V 的直流变频压缩机了，但品种仍不多。同时，驱动压缩机的三相逆变功率模块目前还很少，因 DC BUS 电压由 DC310V 降至 DC48V 或 DC24V，逆变模块的输出电流也将增加 6～14 倍，如用 600V 的 IPM 是很不经济的；同样驱动风机的逆变桥也需要专门设计或定制。

此类供电方案的 DC48V 或 DC24V 全直流变频空调更适用于邮电通信或船舶、汽车的基础电源供电，可省去 AC/DC 变换器和 DC48V→DC310V 变换器。

#### 8.6.3.7 变频热泵热水器的新型控制方略

热泵的最大优点是节能，尤其是在低水温下加热时能效比极高。为此，新型高节能的控制方略为：双桶非承压水箱热泵热水器，上桶为加热水箱，由变频控制的热泵将常温水加热至设定温度，然后放入下桶保温水箱；再将冷水放入上桶加热，如此循环。

在需要大于 50℃高水温的场合，常用的空调制冷剂将难以满足要求，为此，新型制冷剂 $CO_2$ 应运而生，此类制冷剂的热泵热水器可以满足高达 90℃的出水温度。但需专用 $CO_2$压 缩机和实施变频控制。

#### 8.6.3.8 遥测遥控与智能楼宇控制技术

随着智能楼宇与 4G 通信、互联网技术的发展，各种家电纳入智能楼宇集控系统（图 8.6-16），或通过手机等 4G 网络对空调系统进行遥测、遥控，也有越来越多的研究与应用成果出现。

变频空调系统纳入智能家居系统可考虑两种方式：

（1）变频空调控制器中，本来就有很多通信接口，至少具有室内、室外机之间的通信。因此，只要增加一个如 RS485 或 RS232 这类标准通信接口与上位电脑或手机实现通信连接，就可以通过 4G 或互联网网络进行遥测、遥控等功能；或者与楼宇智能系统通信，成为智能家居中系统的一个终端。

（2）多联机或单机配备集中控制器，由集中控制器联接入电脑智能检测显示平台或智能楼宇系统。

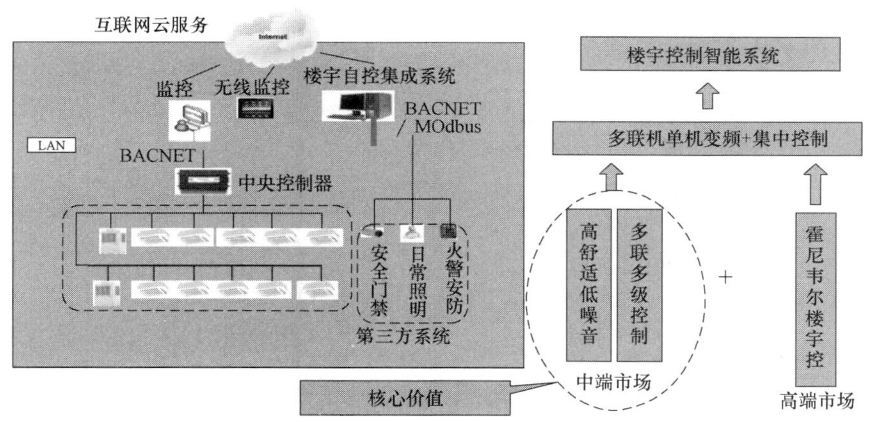


图 8.6-16 多联机楼宇控制系统示意图

### 8.6.4 结束语

家用空调应用变频控制技术已普遍进入到直流 180°正弦波驱动和转矩补偿时代，特别是“小频率压缩机变频技术”、宽速变频直流风机和电子膨胀阀的大规模推广应用，将引领人们进入到变频空调的高舒适度、高能效时代。变频器与变频控制技术在商用空调、各种冷热水机组和各类中大型冷库、冷链中也大有应用前景；宽范围直流变频压缩技术和电子膨胀阀控制技术带动了多联式空调系统的飞速发展；高能效全直流变频空调，更有利于缺电或流动性场合推广太阳能空调；与智能楼宇技术的结合也将成为一种趋势。

## 本节参考文献

[1] 李善根. 变频控制技术在空调中的应用现状与发展趋势. 电源世界，2015，4.
[2] 李钧. 一种双桶式高能效空气能热水器 ZL 2011 2 0181649. X.

本节执笔人：李善根、贺晓为

## 8.7 吸收式热泵的现状与发展

在电厂余热和工业余热回收新应用中对吸收式热泵的外部参数提出了全新的要求，典型的比如吸收式热泵四大部件源侧大的供/回水温差，常规源侧小温差的吸收式热泵已经不能满足新的要求，系列新型流程和新型结构的吸收式热泵和吸收式换热器被研发出来，并开展了系列工程示范和应用。

近年来，“基于吸收式换热的集中供热技术”被提出，使大型集中供/热管网循环水供/回水参数由传统的120℃/60℃改为115℃/20℃，低回水温度可以有效回收各类低温余热，大的供回水温差可以使热网输送能力提高50%以上，为工业废热向城市供热创造了条件。该技术已经成功在大同应用4个供暖季，利用电厂余热增加供热面积2000万$m^2$。目前正在太原全面实施，石家庄、济南、银川等城市也已经将工业废热作为供热发展的主要途径列入城市供热规划中，并陆续开始实施。依靠这种新的供热技术，能够使得传统热网的经济输送距离提高一倍。

回收低品位工业余热用于建筑供热、降低一次网回水温度回收余热并实现热量的长距离输送等需求大大推动了吸收式热泵行业的发展，2013年其市场销售额已近12亿元，为国家节能减排，特别是余热供热方面提供了最主要的技术支持。吸收式热泵是回收利用工业余热的有效装置，具有节约环保的双重作用。截至2014年初，推向市场的吸收式热泵项目已达60多个，总容量近2500MW，主要分布在电力、石化、钢铁及纺织等行业。

下面从吸收式热泵的应用方式、机组流程、机组结构、机组内部的传热传质研究、工质研究等方面介绍吸收式热泵的研究现状，并对未来发展方向提出建议。

### 8.7.1 吸收式热泵的应用方式

吸收式热泵是各种余热、废热的回收和利用系统中的关键设备，被广泛应用于热电、冶炼、石化、纺织、食品加工等工业领域。其中最主要的应用方式包括回收热电联产冷凝热用于北方城镇集中供暖、回收大量低品位的工业余热、解决低品位工业余热长距离输送问题以及各种工业生产工艺自身的制冷和制热。

#### 8.7.1.1 用于热电联产集中供热的系统

吸收式热泵一个最主要的应用领域是热电联产的循环水余热回收，通过吸收式热泵在热电厂回收低温冷凝热，用于城镇集中供暖。实际上，基于吸收式循环的集中供热系统提高热网供回水温差解决长距离输送问题的方案在2008年就被提出，如图8.7-1所示，通过在热源安装吸收式热泵回收凝汽器的冷凝热，并在供热末端热力站用吸收式换热器代替常规板式换热器以降低回水温度拉大热网供回水温差，实现长距离输送。2008年冬季，为解决赤峰市供热能源缺口以及管网输送能力不足的问题，首个完整的基于吸收式换热的热电联产集中供热示范工程在赤峰市完成，其通过末端吸收式换热器将一次网回水温度降至25℃，同时可回收电厂循环水余热，节能34%，每年节省2090tce并减少5200t二氧化碳的排放。2010年冬季，大同第一热电厂也完成了吸收式换热的热电联产集中供热系统改造并投入运行，使一次网返回热电厂的综合回水温度降低到37℃，有效填补了约200

万 m² 的供暖缺口，提高电厂供热能力 49%，提高管网输送能力 50%，降低系统供热能耗 50%。作为该系统的核心设备，吸收式换热机组从 2008 年开始研发，已经应用在山西、北京、内蒙古和山东多个供热系统中，经过长期跟踪测试，机组性能稳定，预计将成为吸收式热泵产业未来发展最重要的一个方向。

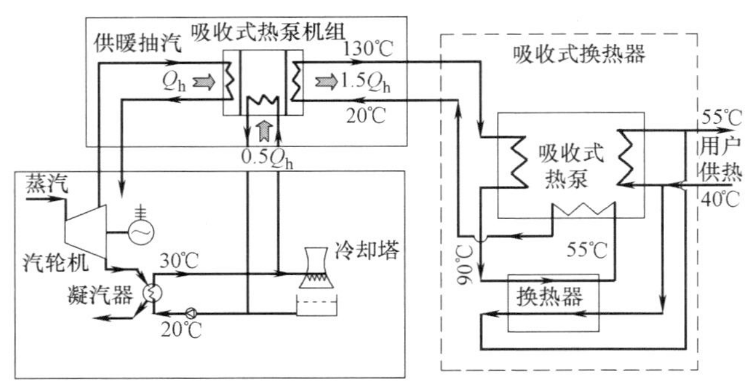


图 8.7-1 基于吸收式换热的热电联产集中供热系统

#### 8.7.1.2 用于低品位工业余热回收

我国工业能耗占全国能源消耗量的 2/3 强，工业能源利用率较低，至少有 50%的工业能耗以各种形式的余热废弃。国家能源统计数据表明，工业部门中能耗排名前五的分别为：石油、炼焦及核燃料生产，化工材料及化工产品生产，非金属矿物制品生产，黑色金属冶炼及锻压，有色金属冶炼及锻压，占工业总能耗的 2/3。这五类工业部门大半分布在我国北方的地级城市，如果能够将其应用于北方城镇供暖，则可解决北方供热热源短缺的难题。根据余热品位的不同，较高温的余热可以直接通过间壁式换热器回收，而较低温的余热（30～40℃）则可以通过吸收式热泵提升热源温度品位，用于对热网回水的加热，近年来回收低品位工业余热供暖的相关技术得到迅速的发展，相关工程案例也取得预期的效果。以铜厂的低品位余热回收供热系统为例，当热网回水温度较高（45～55℃）时，采用铜厂的富余蒸汽驱动吸收式热泵回收 93%浓硫酸的余热（30℃），从而多回收 5～7MW 的低品位余热。

#### 8.7.1.3 用于低品位工业余热的长距离输送

利用吸收式热泵回收低品位工业余热用于供热系统承担大部分供热负荷，可以形成很好的节能减排效果。以京津冀地区为例，北京周边现有的余热资源可承担京津冀 70%以上的供热负荷，但这其中大部分的余热品位较低（70～80℃），同时热源远离城市（30～200 km），使得长距离输送成本太高，因此需要设计合理的系统流程，解决长距离输送问题并回收低品位工业余热进行供热。

现有的工业余热回收项目大多将着眼点放在热源侧，在热源侧安装了吸收式热泵，而对末端不做改变，由于回水温度较高（45～60℃），使得回水难以回收大量温度在 30～40℃的低温废热，同时由于热源品位的限制使得供回水温差较小，导致输配能耗较高。这里，如果在工业余热热源侧通过第二类吸收式热泵（吸收式换热器）利用中温（75℃）低品位工业余热与低温（25℃）一次网回水换热，得到较高温（90℃）的一次网供水，再在供热末端通过第一类吸收式换热器用一次网供水与二次网回水（40℃）换热并降低一次网回水温度（25℃）则可以形成完整的适用于长距离输送的基于吸收式循环的大温差低品位工业余热回收系统，系统的核心在于通过热源和末端不同种类吸收式换热器的配合，达到降低回水温度、提高供回水温差、回收更多低温废热的目的。

#### 8.7.1.4 楼宇式吸收式供热系统

前述的基于吸收式换热的热电联产集中供热系统以及低品位工业余热供热系统中均需要在末端热力站采用吸收式换热器，以此代替传统板式换热器，可以降低一次网回水温度，从而利于低温余热回收并拉大供回水温差减小输配能耗。但现有吸收式换热器供热量最小在 2 MW 以上，供热面积 5 万 $m^2$ 以上，主要安装于小区热力站。一方面，机组占地和空间需求巨大，对于很多发展较为成熟的城市和地区，难以在建筑附近或热力站找到足够的空间安装现有的卧式吸收式换热器，这使得低品位余热集中供热系统的推广难度很大；另一方面，现有机组末端供热楼栋较多，二次网较为复杂，单栋调节能力较差。因此，基于吸收式换热的楼宇式供热系统近年来得到了发展（图 8.7-2），将一次网送到楼边，通过每栋楼安装的楼宇式吸收式换热器与每栋楼内循环水换热。该系统在我国北方完成了多个示范项目，保证供暖温度的同时有效降低一次网回水温度，并采用立式结构大幅减小机组的占地尺寸，使其可以安装在单栋建筑旁，实现真正的单栋调节、单栋计量，从而也降低了末端安装吸收式换热器对于场地的要求，为基于吸收式换热的低品位余热供热系统的推行提供了更加可行的技术支持。

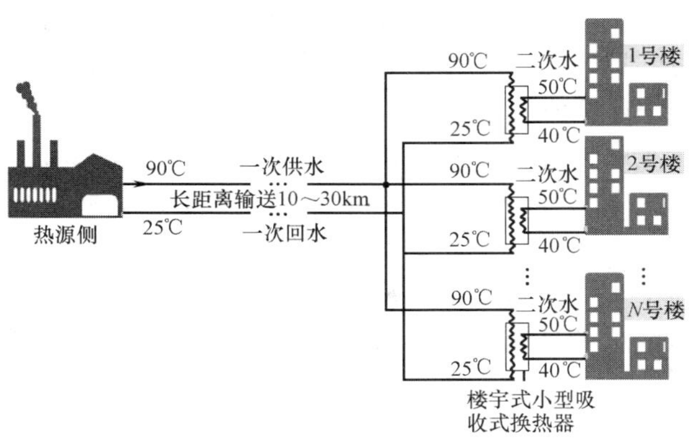


图 8.7-2 楼宇式吸收式换热的系统图

#### 8.7.1.5 用于烟气冷凝热回收系统

北方地区存在很多小区燃气锅炉房，冬季靠燃气锅炉供暖，尽管天然气是非常清洁的能源，但一方面天然气资源短缺、价格昂贵；另一方面天然气燃烧烟气中存在一定量的 $NO_x$ 是城市冬季严重雾霾天气的主要成因。天然气燃烧产生的烟气中含有大量的水蒸气，但由于烟气露点温度通常在 60℃以下，使得这部分水蒸气的热量难以回收，造成热量和能源的浪费。烟气余热回收技术通过吸收式热泵将烟气温度降至 30℃，从而回收大量的烟气低温潜热用于供热，提高天然气的利用率，达到节能的效果。同时，如通过直接接触喷淋换热回收烟气余热还可以对烟气进行脱硫脱硝处理，有效降低排烟中 $SO_2$ 和 $NO_x$ 的排放，从而达到节能减排的效果。此外，针对燃气热电联产烟气余热回收也有相关的工程示范，如北京某燃气热电厂的改造工程，通过在末端使用吸收式换热器将回水温度降至 25℃，在热源侧加装烟气换热器和抽蒸汽驱动的吸收式热泵，配合汽水换热器将回水逐级加热，同时通过吸收式热泵将烟气的低温部分余热提升品位用于供热，从而将烟气排烟温度降至 30℃以下，改造使得供热效率提高了约 38.6%，总系统能源利用效率提高了约 18.7%，增加供热能力 78MW 以上，年节省燃气量 2008 万 $Nm^3$。近两年，雾霾问题逐渐成为国民最关注的问题，相关政策也在支持节能减排产品和技术的推行，因此利用吸收式热泵实现烟气余热回收供热也有着非常好的发展前景。

#### 8.7.1.6　用于工业中工艺过程自身的制冷与制热

吸收机在生产工艺中的使用方式之一是利用余热驱动的吸收式制冷机制冷，用于自身生产工艺过程的冷却，比如兰化303厂利用0.1MPa的低压蒸汽驱动单效溴化锂吸收式制冷机组，代替离心制冷机和丙烯制冷机而实现制冷，投资可在一年之内回收；比如华北制药厂利用消毒尾气（0.12～0.13MPa的饱和蒸汽）引入蒸汽—热水换热器，生产95℃的热水，驱动单效溴化锂吸收式制冷机，制备10℃的冷却水用于发酵过程，每年回收废汽2.5万t；比如燕山石化公司向阳化工厂利用聚丙烯车间的高温凝结水，经闪蒸器减压闪发成0.1～0.12MPa的低压蒸气，驱动单效溴化锂吸收式制冷机，生产7℃冷水供车间工艺冷却和两幢办公大楼的夏季空调用冷等。吸收式热泵的应用较晚于吸收式制冷机的应用，用于产生工艺过程自身所需热量，较多的是第二类吸收式热泵：比如大庆石化总厂化工厂在橡胶生产工艺中，利用化工多组分汽体换热产生高于50℃的废热热水，驱动第二类吸收式热泵机组用于加热自身工艺用的高温热水，每年节省蒸汽6.4万t；燕化顺丁橡胶和高桥石化顺丁橡胶装置中应用第二类吸收式热泵，以胶液凝聚工艺段所得的低温废热为动力，将废热升温后用于加热凝聚用循环热水，实现了每吨干胶可节约0.8～1.0t蒸汽等。第一类吸收式热泵技术在工业余热回收中的应用，典型的是在胜利油田的应用，采用1台7MW的燃油蒸汽锅炉，驱动蒸汽型第一类吸收式热泵，从45℃的采油污水中提取热量，提供55～60℃的热水供胜利油田胜苑小区12万$m^2$的建筑冬季供暖。

### 8.7.2　吸收式热泵的机组流程

#### 8.7.2.1　发生器的热源温度与冷凝器的冷源温度之间温差大时：双效流程

当发生器热源和冷凝器冷源之间的温差很大时，不可逆损失较大，因此出现了双效或多效发生过程，使较大的发生—冷凝驱动温差转化成对热量的高效利用。其中最常用的是双效发生流程，这种流程被广泛应用于以高温导热油、蒸汽、烟气等高温驱动的溴化锂吸收机中，流程主要包括高压发生器、低压发生器、冷凝器、吸收器、蒸发器等部件，发生器的热源首先驱动高压发生器对稀溶液加热浓缩，产生的水蒸气作为低压发生器的热源，再次加热浓缩稀溶液，产生的水蒸气进入冷凝器进行冷凝，双效流程充分利用了发生器热源和冷凝器冷源之间较大的温差作为驱动力，从而利用一份热量制得两份浓溶液，提高机组的*COP*，提高热源的利用率。但由于溴化锂溶液在高温和高浓度下的腐蚀性，对于以溴化锂为工质的吸收式热泵，很难做到三效及以上效数的流程。

#### 8.7.2.2　吸收器的冷源温度与蒸发器的热源温度之间温差大时：双级流程

当蒸发器与吸收器之间的温差较大时，单级单效吸收式热泵可能难以满足温度提升的需求，因此出现了多级流程来解决这一问题。较为常用的是蒸发—吸收双级流程，该流程主要包括发生器、冷凝器、高压吸收器、吸收/蒸发器、低压蒸发器等部件，吸收/蒸发器吸收低压蒸发器的冷剂蒸汽，并将吸收过程产生的热量用于产生冷剂蒸汽供给高压吸收器中的溶液吸收，从而在原有单级单效流程的基础上，增加低压蒸发—吸收过程，有效提高低压蒸发器与高压吸收器之间的温差。另一种流程是发生—冷凝—吸收双级流程，该流程主要包括一、二级发生器，一、二级冷凝器，一、二级吸收器，蒸发器等部件，其中高温热源同时驱动一、二级发生器，第二级发生器、第二级冷凝器、第二级吸收器和蒸发器组成一个吸收式循环，第二级发生器溶液浓缩产生的水蒸气一部分进入第一级吸收器，另一部分进入第二级冷凝器，并于第一级冷凝器、第一级吸收器组成一个吸收式循环。此流程在原有单级单效流程的基础上，利用原有蒸发温度作为新循环的冷凝温度，从而有效降低了实际流程的蒸发温度，有效提高低压蒸发器与高压吸收器之间的温差。

#### 8.7.2.3 吸收式换热器流程

吸收式换热器是自 2009 年至今提出的全新的换热流程，分为两类，如图 8.7-3 所示。第一类吸收式换热器主要由发生器、冷凝器、吸收器、蒸发器、水-水板式换热器等部件组成，其中一次网供水串联依次进入发生器、水-水板式换热器、蒸发器放热，二次网回水一股进入水-水板式换热器吸热，另一股以串联或并联的方式进入吸收器和冷凝器吸热。第一类吸收式换热器主要末端代替传统板式换热器实现一次网向二次网换热，同时大幅降低一次网的回水温度。为了解决低品位工业余热长距离输送问题，又出现了余热热源处用于提高一次网供水温度的第二类吸收式换热器，其部件与第一类吸收式换热器相同，热源水一股进入水-水板式换热器放热，另一股以串联或并联的方式进入蒸发器和发生器放热，一次网的回水串联依次进入冷凝器、水-水板式换热器、吸收器吸热。

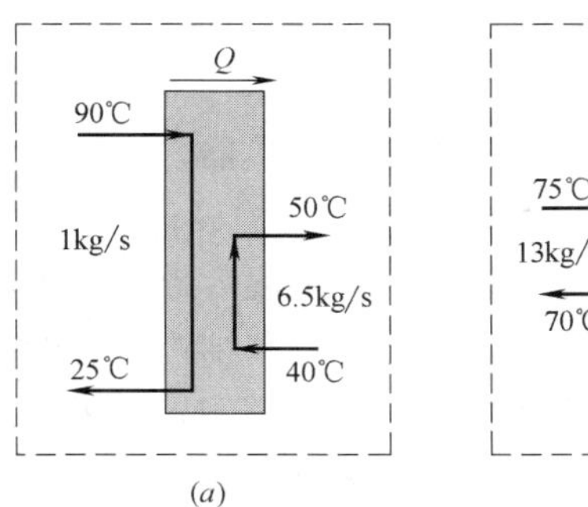

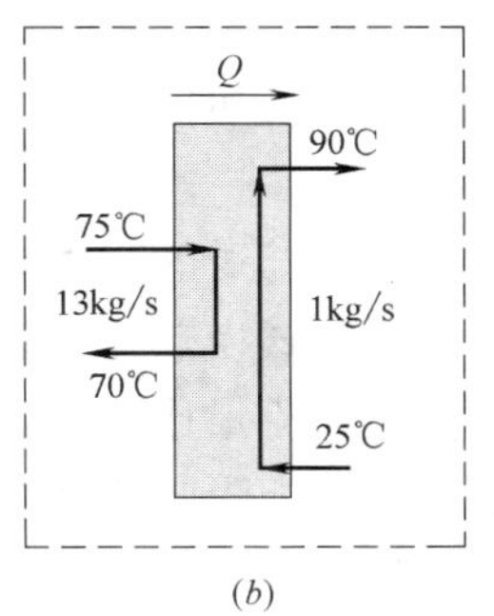


图 8.7-3 吸收式换热器外部流程
(a) 第一类吸收式换热器；(b) 第二类吸收式换热器

吸收式换热器的性能评价方法可以用吸收式换热器的温度效率来表征。对于第一类吸收式换热器，热源流量远小于热汇的流量，其温度效率定义为：

$$\varepsilon=\frac{t_{s,in}-t_{s,o}}{t_{s,in}-t_{r,in}} \tag{8.7-1}$$

式中 $t_{s,in}$——热源侧进口温度，℃；

$t_{s,o}$——热源侧出口温度，℃；

$t_{r,in}$——热汇侧进口温度，℃。

对于第二类吸收式换热器，热源流量远大于热汇的流量，其温度效率定义为：

$$\varepsilon=\frac{t_{r,o}-t_{r,in}}{t_{s,in}-t_{r,in}} \tag{8.7-2}$$

式中 $t_{r,o}$——热汇侧出口温度，℃。

对于每一个实际的吸收式换热器的装置，都有一个在额定工况下的温度效率，来表征吸收式换热器的基本性能。当额定工况变化时，两侧流体的流量比（大流量与小流量之比）越大，吸收式换热器的温度效率越高，并且吸收式换热器的温度效率会受两侧流体进口温度的影响，但进口温度的影响远小于流量比的影响。给出吸收式换热器的表达式，如式（8.7-3）所示：

$$\varepsilon=\varepsilon_0+a\left(\frac{1}{m}-\frac{1}{m_0}\right)+k_s(t_{1,in}-t_{1,in,0})+k_r(t_{2,in}-t_{2,in,0}) \tag{8.7-3}$$

式中 $\varepsilon_0$——额定工况下吸收式换热器的温度效率；

$m_0$——额定工况下的流量比（大流量与小流量之比）；

$t_{1,in,0}$——额定工况况一侧流体的进口温度，℃；

$t_{2,in,0}$——另一侧流体的进口温度，℃。

$a$，$k_s$，$k_r$——常数系数，对于每一个已定的装置，$a$，$k_s$，$k_r$ 均为定值。

以某个实际的立式三段第一类吸收式换热器装置为例，给出式（8.7-3）的一个举例：$\varepsilon_0=1.307$，$m_0=10.57$，$t_{1,in,0}=90$℃，$t_{2,in,0}=40$℃均为额定工况参数。对于单效三段立式吸收式换热器，$\alpha=-1.76$，$k_s=-0.0016$，$k_r=0.004$。

目前，一般单段的吸收式换热器，当两侧流量比在8～10之间时，其温度效率水平在1.15～1.25之间，可通过多段结构设计，提高温度效率至1.3～1.4之间，如下所述。

吸收式换热器也有一个极限温度效率，由热力学第二定律可知，在给定两侧流体的进口参数与流量比之后，任意流程和结构设计的吸收式换热器，均不能超过此温度效率。以上述第一类吸收式换热器的工况举例，此极限温度效率在1.7左右。

吸收式换热器用于供暖系统时，在发生器、冷凝器、吸收器、蒸发器都存在进出口10～20℃的温差需求，冷凝器和蒸发器各自内部的大温差换热与传统吸收式热泵5℃的设计完全不同，由于冷凝温度和蒸发温度恒定，采用传统吸收式热泵结构的吸收式换热器在冷凝器和蒸发器中都存在很大的“三角形”换热，损失较大，从而使得达到相同的参数时所需传热面积较大。目前应对这一问题主要采用分级方式，但分级的方法或者不能彻底解决问题（如分成两级），或者导致系统非常复杂（多级方式）。因此，基于新型多段结构的多段立式吸收式换热器流程被应用在末端换热中，这种流程采用发生—冷凝在上、吸收—蒸发在下的上下结构，各器纵向分段，从而产生多个冷凝压力和蒸发压力将大“三角形”换热变成多个小“三角形”换热过程，减小传热损失，同时利用纵向压力梯度和上下结构的重力作用完成溶液和冷剂水的自然流动。采用这种分段的流程和结构设计，减少了内部传热传质过程的不匹配损失，从而可以较大幅度地提高吸收式换热器温度效率。

#### 8.7.2.4 电厂用于提升热水温度的流程

在城市集中供热系统中，一次网热源为热电厂时，在热源侧，一次网回水的传统加热方式为抽主蒸汽直接换热。膨胀做功完的乏汽中的潜热量则通过冷却塔排出，这部分热量可占到燃料总热量的30%～40%左右。通过吸收式热泵机组回收这部分乏汽余热则可以大幅提高热电厂的效率，但是由于吸收式热泵温度提升能力的限制，吸收式热泵中一次网回水加热的出水温度有限，当需求的一次网供水温度较高时，仍然需要主蒸汽抽汽直接加热，这样供热系统的整体*COP*仍然较低，乏汽回收量有限。

复合式吸收式热泵流程通过提高吸收式热泵的温度提升能力，减小主蒸汽抽汽量，提高供热系统整体*COP*。在复合式吸收式热泵流程中，第一发生器与第二发生器均通过主蒸汽抽汽驱动，乏汽潜热作为蒸发器的热源，一次网回水依次通过第一吸收器、第一冷凝器、第二吸收器、第二冷凝器。复合式吸收式热泵流程在单级单效吸收式热泵的基础上，通过将第一发生器产生的冷剂蒸汽一部分旁通至第二吸收器，替代第二吸收器的蒸发器，从而使得第二吸收器的溶液工作在更低的浓度范围内，在发生器均通过相同的主蒸汽抽汽驱动的情况下，第二冷凝器的冷凝温度更高，从而提高一次出水温度。

#### 8.7.2.5 通过对冷剂蒸气机械增压提高吸收式热泵性能

在吸收式热泵制冷的应用中，由于蒸发温度的要求对发生器驱动热源温度品位要求较高，往往难以利用太阳能和废热等低品位热源驱动；而在利用空气作为蒸发器热源供暖即空气源吸收式热泵的应用中，在气温较低的环境下，空气源吸收式热泵无法运行。在上述特定应用情形中，受限于吸收式热泵的提升能力，无法满足对蒸发温度或冷凝温度的要求。针对这类问题，近年来国内外不少学者提出在蒸发器和吸收器或发生器和冷凝器之间安装增压装置（压缩机），将蒸发器（发生器）产生的冷剂蒸气增压后进入冷凝器（吸收器）。由于机械增压装置的引入，提高了吸收式热泵的温度提升能力，从而使得吸收式热泵可以充分回收利用太阳能、废热、空气等低品位热源，扩展其应用范围。但是目前的研究仍然处于模拟研究与可行性论证的阶段，增压装置引入的效果如何有待进一步的实验验证。

#### 8.7.2.6 吸收式蓄能技术

吸收式蓄能技术利用吸收式循环中产生的浓溶液与液态制冷剂进行蓄能。蓄能时，将吸收式循环的发生、冷凝过程中产生的浓溶液、液态制冷剂分别储存在罐体内；放能时，液态制冷剂与浓溶液分别进入蒸发器、吸收器释放能量。吸收式蓄能技术具有蓄能密度高、热损失小，并能采用环保型工质对及利用低品位余热等技术特征。研究表明，吸收式蓄能用于蓄冷时，其蓄能密度与冰蓄冷相近，蓄冷密度是水蓄冷（5℃蓄冷温差）的7倍；用于蓄热时，蓄热密度是水蓄热（蓄热温差为30～7℃）的3～11倍。吸收式蓄能技术近年来发展迅速，瑞典ClimateWell公司2007年第一个在市场上供应具有内部蓄能功能的热驱动热泵，主要针对地中海地区利用太阳能夏季供冷、冬季供热并全年提供生活热水。学者们提出了单级蓄能循环、双级蓄能循环、增压蓄能、三相蓄能循环（TCA）等多种蓄能形式，在应用上从太阳能短周期蓄冷发展到太阳能季节性蓄冷或供热，但是目前关于吸收式蓄能循环的研究多为实验与模拟层面，高效蓄能循环的性能、对于高浓度溶液长时间蓄存时结晶问题的有效解决方案等问题有待进一步的研究与验证。

### 8.7.3 吸收式热泵的机组结构

吸收式热泵作为一种不同品位热能相互转换的装置，在多个领域有着广泛的应用前景和节能减排潜力，但是由于其体积庞大、造价高昂，使其应用受到了很大的限制。以制冷系统为例，对于制冷量在10～30kW之间的吸收式制冷机组而言，其单位制冷量所需体积约为0.04$m^3$/kW（不考虑冷却水系统体积），而相同制冷量范围下的压缩式制冷机组的单位制冷量所需体积仅为0.02$m^3$/kW。

针对吸收式热泵机组结构小型化的研究，一方面是在管壳式结构的基础上进行优化；另一方面是将吸收式热泵四个主体换热部件改为紧凑型换热结构。

#### 8.7.3.1 管壳式结构的发展

在吸收式换热机组应用于城市集中供热的情形中，传统卧式吸收式换热器的供热量在5～20MW之间，供热面积在100～400$km^2$之间，这种大容量的卧式吸收式换热器体积与占地面积均十分庞大，而实际工程中，二次网用户末端的空间十分有限，使得这种大容量的吸收式换热器难以推广应用。近年来，学者提出了一种楼宇式小容量的立式吸收式换热器，一方面由于吸收式换热器的供热面积为单栋建筑，其热容量大幅减小；另一方面将传统的卧式结构改为立式结构，减小了占地面积并提高了机组紧凑性。

#### 8.7.3.2 紧凑型换热结构

吸收式热泵系统的四个主体部件（蒸发器、吸收器、发生器、冷凝器）从本质上看均为多相多股流体间的热交换器，目前国内外的吸收式热泵几乎全是采用管壳式换热器结构，管壳式换热器具有结构坚固、操作弹性大、适应性强、能承受高温高压等特点，但相比近年来出现的新型换热设备（如板式换热器），其换热效率较差、结构紧凑性低、金属消耗量大，这导致了吸收式热泵整体体积庞大、造价高昂。将吸收式热泵体型小型化，对其推广应用从而发挥其节能减排的潜力十分必要，同时结合换热器的发展趋势来看，吸收式热泵的结构紧凑化从而实现其小型化具有现实可行性。

吸收式热泵小型化的关键是对其四个换热器结构进行改进与优化，近年来，国内外学者在板翅式、部分板式、微通道等不同方向上做了不少研究。

李美玲等于 2003 年提出了一种基于全板翅换热器的溴化锂吸收式制冷机，实验结果来看，*COP* 仅为 0.46～0.61，制冷量在 1.56～2.16kW 之间，但并没有后续报道。Flamensbeck M 等将双效吸收式热泵的低压发生器替换为板式结构，并进行了实验研究。Cerezo J 等将板式换热器应用于 $NH_3$ 吸收式制冷机中，设计了 $NH_3$ 鼓泡吸收器，所应用的板式换热器为 NB51 的 L 型 3 通道换热器，传热系数约为 0.51～1.21kW/($m^2$ · K)，冷量在 0.86～1.27kW 之间。Garimella 等在利用微通道技术进行小容量 $NH_3$ 吸收式制冷机小型化的方面作了深入的研究，研发了电驱动 $NH_3$ 吸收式制冷设备，其制冷量为 300W，*COP* 在 0.25～0.44 之间。

对于利用板翅式结构制作溴化锂吸收式制冷机组的尝试，从实验结果来看，翅片作用不明显，而且结构不够紧凑，整体机组的性能较差，也未见有后续报道。

而对于学者将板式换热器直接用于吸收式制冷机中替代部分部件的尝试，从加工工艺而言，相对简单可行，但目前的研究均采用普通板式换热器作为吸收式热泵的部分组件，未作针对性改进，而吸收式热泵中的发生器和吸收器的热质交换过程与一般的相变传热过程有很大的区别，发生器与吸收器实际上为三股流体（热媒、溶液、冷剂蒸汽）之间的相变热质传递过程，换热器应该包括热媒进出口、溶液进出口及冷剂蒸汽进（出）口五个外接口，而一般的板式换热器只有四个，因此应用于氨吸收式制冷机的吸收器时只能采用射入氯蒸汽的鼓泡式吸收方式，而对于溴化锂吸收式制冷机的吸收器则无法适用，应用于发生器时通过外接蒸汽分离器的实际溶液与蒸汽的分离效果未得到实验证实。而且溶液在板式换热器中的流动方式为满管流，发生器中有液位，使得存在压力分布不均导致的热损失。

利用微通道技术进行吸收式热泵小型化的尝试中，仅有对小容量氨吸收式制冷机的尝试，其用途为军用个体便捷空调，其工艺难度极大，对于大规模，大容量的工程应用而言造价过高，可行性较低。且其内部各器中的流动方式也为满管流，液位导致的热损失问题当热容量扩大之后将严重影响机组性能。

## 8.7.4　吸收式热泵的传热传质与强化

### 8.7.4.1　蒸发器、冷凝器的传热传质研究

吸收式热泵中的蒸发器和冷凝器分别为水蒸发和水蒸气冷凝的场所，其功能与传统压缩式热泵中的蒸发器和冷凝器类似。

蒸发器大多采用管束降膜的形式，基本原理为喷淋在传热管上的冷剂流体润湿管束后成薄膜状滴下，吸收传热管内热流体的热量而不断蒸发。蒸发器相对于吸收器来说形式和机理较为简单，相关研究主要有实验测试传热系数特性和数值模拟蒸发过程等，近年来有

一些关于壁面结构对降膜蒸发影响和新型蒸发器结构的研究。

冷凝器多为壳管式换热。冷凝水在此冷凝并流入蒸发器中，两器之间多为节流小孔或U形管连接。冷凝器这一部件并非吸收式热泵所独有，在各种制冷系统中都扮演着重要角色。故而单独针对吸收式热泵中冷凝器的研究较少，主要集中在数值模拟和实验测试两方面。

总体来说蒸发器和冷凝器属于吸收式热泵中相对成熟的部件，已经有了比较成熟的研究和设计成果。

#### 8.7.4.2 吸收器传热传质研究

吸收器是吸收式热泵或制冷机组中最重要和所占体积最大的部分之一，制约着整体机组的性能和成本，国内外关于吸收器传热传质有大量研究。按照吸收形式，吸收器主要有两种：内冷（降膜）型与外冷（绝热）型。其中内冷型应用广泛，其原理是溶液在吸收水蒸气的同时将热量传递给冷却流体。主要包括竖直管降膜吸收和水平盘管降膜吸收；绝热型吸收器相对较少，其原理是传热传质过程分离，溶液先经过冷却水的冷却，再进入吸收器中吸收水蒸气，吸收过程没有同时向水传热。绝热吸收主要形式为喷洒或喷雾型吸收器。

国内外关于降膜吸收器的研究最多，包括大量实验和理论建模研究。实验研究方面，主要为对单排或多排管束降膜吸收进行实验，由此得到传热传质系数、拟合公式，或者验证理论模型的准确性，各实验工况、吸收器结构都不尽相同，其中不乏采用激光全息干涉方式进行的测量。实验结果受实验条件影响较大，而各研究者所得到的结论相互之间也有所区别。理论研究方面，早期的研究使用了较多假设，对垂直管或竖直板表面采用解析解。近年来的一些研究越来越细致，更多地考虑如膜厚、横向对流等因素。对于水平管降膜吸收器，也由最初的只考虑管壁表面吸收到越来越多地考虑管间、润湿率，并且考虑变物性参数等。

绝热喷淋吸收器的提出较晚，部分研究者认为其可以增强传质过程，并且利于传热传质分别的强化。此类吸收器的研究主要有通过实验不同喷嘴、不同布液形式测试传质性能和建立数学模型数值计算等。总体来说研究者们认为此方式能更好地利用吸收器空间，传质系数和性能较好，但并未见其和传统降膜吸收器的详细比较。

#### 8.7.4.3 发生器传热传质研究

发生器为制冷剂吸收热源热量汽化的场所，设有稀溶液进口和浓溶液出口。同时，发生器中多装有挡液板，防止液滴直接进入冷凝器从而污染冷剂循环，降低吸收式热泵的性能。根据发生器内溶液的状态，可以分为满液式和降膜式。

满液式出现较早，多出现于早期吸收式换热设备中。在这一形式中，加热盘管浸没在溶液之中，溶液在被加热的同时蒸发浓缩。这一形式与最早相变研究中的池态沸腾类似。当加热盘管的过热度逐渐增加时，传热系数会随之改变。

降膜发生器是目前发生器中采用较多的一种形式。溶液通过布液装置均匀布置在加热盘管上，被加热浓缩。从盘管的布置方向来说，主要分为水平降膜和竖直降膜两类。针对这两类降膜方式的文献占了发生器文献中的大部分，各有文献进行大量的实验以及数值模拟的分析，从传热传质性能、流动性质等各方面进行了研究。这一方式与满夜式相比，液膜厚度较小，热阻较低，换热效果更好，同时由于液膜内压力较低，对过热度的要求也更低。

#### 8.7.4.4 传热传质强化研究

强化传热传质研究的方向主要包括：强化传热管研究和添加表面活性剂研究。主要目的是增大传热面积与加强界面马拉格尼对流，以此提高传热传质系数。

1. 强化管

近年来为了实现吸收式机组的高效和小型化，研究者们针对降膜吸收器研制了各种结构的强化传热管。强化传热管主要有肋片管、螺纹沟槽管、花瓣形管、波纹管、DAC双侧强化管等。研究者们对不同类型的强化管进行了大量实验研究，结果表明相对于光管来说其性能都有不同程度的提高，包括使用新型材料制作强化管（如镍合金管）。传热管经过表明处理后，由于表面的凹凸不平对于马拉格尼流的扩展有强化作用，可以提高传热传质系数。

2. 表面活性剂

20世纪50年代，国内外就开始对此强化过程进行研究。在溶液中添加如辛醇添加剂，可以显著地强化吸收。但目前尚未有被普遍认可的机制理论。研究人员比较公认的解释是马拉格尼对流（Marangoni convection）的强化作用，指的是当气相与液相传质时，要发生相变，会放出热量，所以会破坏液体表面张力平衡，使液膜表面产生强烈的扰动。目前的理论模型中缺乏对这一复杂机理的深入研究，一般采用实验观测的方法得到强化传热传质的结论。现有研究表明，针对溴化锂水溶液所使用的活性介质主要有癸醇、辛醇、2-乙基己醇、6-甲基2-庚醇、2-庚醇和氟化醇等。

### 8.7.5 吸收式热泵的工质研究

吸收式热泵中的运行工质通常是由制冷剂和吸收剂组成的二元溶液，这种二元溶液混合物应当具备良好的热稳定性、化学稳定性、较低的质量流量、低混合热、低比热容、高沸点差等性质，这就要求作为吸收式热泵的制冷剂应当具备较高的蒸发潜热、合适的工作压力范围和较小的工作压差。而吸收剂则应当具备较强和吸收制冷剂能力，同时环境友好、价格低廉。目前，吸收式热泵工质中的制冷剂有水、氨、卤代烃、醇类等，$H_2O$/LiBr和$NH_3/H_2O$分别是以水和氨为制冷剂的两种应用最为广泛的二元溶液工质，但是两者均由于工质本身物理化学性质的限制而存在各自的局限性和不足。$H_2O$/LiBr在温度较低或浓度较高时容易结晶，且具有较强的腐蚀性；$NH_3/H_2O$机组整体压力较高，由于$NH_3$与作为吸收剂的水沸点相差较小，需要精馏设备，使其*COP*较低。以上缺陷使得吸收式热泵设备往往在工程应用中受到很大的限制，因此新工质的研发势在必行。

新工质的研究多集中在通过寻找新的吸收剂或添加剂的方式对现有的$H_2O$/LiBr和$NH_3/H_2O$工质对进行改良。对溴化锂溶液工质的研究与改进，主要通过加入添加剂的方式，比如添加LiI、$LiNO_3$、$ZnCl_2$、LiCl＋LiSCN（硫氰酸锂）、乙二醇等改善溶液的溶解度；添加钼酸锂（$LiMoO_4$）、铬酸锂（$Li_2CrO_4$）等防腐蚀；添加LiCl、LiSCN等提高溴化锂吸收机的*COP*；添加庚醇和辛醇等改善吸收机性能。当采用$NH_3$-$H_2O$作为工质时，由于$NH_3$和$H_2O$的沸点接近，系统需要对$NH_3$进行精馏，为避免精馏环节，可以采用$NH_3$为制冷剂，而采用$NH_4Br$、$NH_4I$、$LiNO_3$、NaSCN等为吸收剂。这种添加或替换无机盐的方法成本较低、可操作性较强，但是目前的研究均停留在实验与模拟层面，且大多的新工质对无法彻底解决传统工质的局限或引入了新的问题（如腐蚀性增加、溶液黏度增大等）。

近年来，离子液体作为吸收剂的新工质应用于吸收式热泵的研究是吸收式热泵新工质研究中的热点方向。离子液体是指在室温或接近室温下呈现液态的、完全由阴阳离子所组成的盐，也称为低温熔融盐。离子液体作为离子化合物，其熔点较低的主要原因是其结构中某些取代基的不对称性使离子不能规则地堆积成晶体。它一般由有机阳离子和无机阴离子组成，常见的阳离子有季铵盐离子、季鏻盐离子、咪唑盐离子和吡咯盐离子等，阴离子有卤素离子、四氟硼酸根离子、六氟磷酸根离子等。对于离子液体应用于吸收式热泵的研究报道中，绝大多数为咪唑盐离子液体。

离子液体应用于吸收式热泵的替代工质吸收剂存在如下优点：

(1) 大多数现存的离子液体可以在室温附近的较广范围内稳定存在，由于其蒸气压几乎可以忽略，其沸点远高于室温，因此在吸收式循环的发生过程，制冷剂可以以较高的纯度实现分离；

(2) 离子液体对常见金属几乎没有腐蚀性；

(3) 离子液体组成的溶液的热容较低，有利于提高吸收式循环的运行性能；

(4) 对有机和无机的制冷剂均有较好的亲和性；

(5) 离子液体的化学和热力学稳定性高，热分解温度高且不可燃；

(6) 离子液体的物理和化学性质可以通过阳离子和阴离子的设计进行调整。

以离子液体为吸收剂，制冷剂为水、氨、卤代烃和醇类均有研究报道，从现有的研究成果来看，大多数以离子液体为吸收剂的新工质与传统工质性能上仍然有不小差距，这其中性能最好的 $H_2O$+[EMIM] [$(CH_3)_2PO_4$] 二元体系的 *COP* 已经与传统工质接近，能克服结晶问题而且腐蚀性较小。目前关于离子液体的研究存在如下问题：

(1) 仅以 $H_2O$ 作为制冷剂的离子液体溶液可以达到与传统工质接近的 *COP*，但是仍然存在循环倍率大等问题；

(2) 自发现其可行性至今，研究仍然停留在实验室热力学物性探究与性能模拟的阶段，没有真正应用于实际吸收式热泵设备实测性能研究；

(3) 离子液体的合成方法仍然较为复杂，价格相对高昂，应用推广困难。

### 8.7.6 需要解决的核心问题与发展方向

综上，从吸收式热泵的应用方式、机组流程、机组结构、机组内部的传热过程性能研究与优化、工质研究等各方面对吸收式热泵的国内外研究现状进行了综述、分析与讨论。

吸收式热泵的未来发展，以上各个方面都需要解决一些关键问题，从关键问题出发，对吸收式热泵未来发展方向的展望如下：

(1) 吸收式热泵应用方式的发展：核心问题是吸收式热泵在系统中位置和能够发挥作用的合理、正确的设计，真正发挥其热量变换的功能，解决系统中出现的不匹配问题。吸收式热泵在工业余热回收领域、集中供热领域在现在和未来都是最有潜力的应用方向。

(2) 吸收式热泵机组流程的发展：核心问题是应对源侧的特点，对吸收式热泵内部流程的匹配设计，并且应该发展出一些典型的流程，解决有些应用场合需要提升温差较大或驱动温差不够的情况。未来新的流程可能出现在多级多段流程设计、与压缩式热泵结合的设计、利用水蒸气压缩机提高驱动温差或提高提升温差的流程设计等。

（3）吸收式热泵机组结构的发展：核心问题是设计出紧凑的结构，解决占地面积大、体积大的问题。未来机组结构的发展方向：卧式结构向立式结构发展、大容量机组向小容量机组发展，管壳式结构向板式结构发展等。

（4）吸收式热泵内部的传热传质研究与强化：核心问题仍然是吸收器和发生器的传热传质过程的准确刻画和强化方法研究。未来传热传质强化的发展方向：强化管的广泛应用以及强化管与表面添加剂的结合，并且从实验研究走向工程应用。

（5）吸收式热泵的工质研究：核心问题是找到低腐蚀、防结晶、低成本的工质对，并且改善与提高传热传质性能。未来的发展有两个方面：一是在传统工质的基础上添加添加剂，改善腐蚀和结晶特性；二是研发并应用新的工质，比如以离子液体为吸收剂的工质对也许能成为未来新工质的发展方向之一。

## 本节参考文献


[1] 清华大学建筑节能研究中心 著. 中国建筑节能年度发展研究报告2015. 北京：中国建筑工业出版社，2015.

[2] 付林，江亿，张世钢 等. 基于Co-ah循环的热电联产集中供热方法. 清华大学学报，2008，48（9）1377-1380.

[3] Yan L，Lin F，Zhang S，et al. A new type of district heating method with co-generation based on absorption heat exchange（co-ah cycle）. Energy Conversion & Management，2011，52（2）：1200-1207.

[4] 张世钢，付林，李世一 等. 赤峰市基于吸收式换热的热电联产集中供热示范工程. 暖通空调，2010，40（11）：71-75.

[5] 付林，孙健，李岩 等. 山西大同一电厂基于吸收式换热的热电联产集中供热系统工程测试. 区域供热，2013（3）：10-15.

[6] 江亿，谢晓云，朱超逸. 实现楼宇式热力站的立式吸收式换热器技术. 区域供热，2015（4）：38-44.

[7] Wang S，Xie X，Jiang Y. Optimization design of the large temperature lift/drop multi-stage vertical absorption temperature transformer based on entransy dissipation method. Energy，2014，68（8）：712-721.

[8] 刘世宏，梁磊，张建良 等. 吸收式热泵在火电厂余热供暖中的应用分析. 中国科技纵横，2014（20）：11-12.

[9] 方豪，夏建军，江亿. 北方采暖新模式：低品位工业余热应用于城镇集中供热. 建筑科学，2012（S2）.

[10] 夏建军，方豪，宿颖波 等. 一种用于城市集中供热的铜厂低品位余热回收系统. CN203771515U. 2014.

[11] 方豪，夏建军，宿颖波 等. 回收低品位工业余热用于城镇集中供热——赤峰案例介绍. 区域供热，2013（3）：28-35.

[12] Yi Jiang，XiaoyunXie. Absorption heat exchangers for long distance heat transportation. Proceedings of ICR 2015，August 16-22-Yokohama，Japan.

[13] 李锋，付林，赵玺灵. 燃气热电联产烟气余热回收工程案例. 区域供热，2013（3）：52-55.

[14] 王长庆. 开发溴化锂吸收式制冷机回收工业余热. 能源技术. 1994，1：56-60.

[15] 王长庆，李冰玉，陆震 等. 用于回收余热的几种溴化锂吸收式装置. 节能，1994，11：29-33.

[16] 张长江. 溴化锂吸收式技术在余热利用领域中的应用. 上海电力，2009，4：269-273.

[17] 王长庆. 用高温吸收式热泵回收工业余热. 能源工程，1988，8：13-14.

[18] 樊静琳，解长旺. 溴化锂吸收式热泵技术在油田污水余热采暖中的应用. 节能与环保，2005. 6：39-41.

[19] D M Manole，J L Lage. Thermodynamic optimization method of a triple effect absorption system with wasted heat recovery. International Journal of Heat and Mass Transfer，1995，38（4）：655-663.

[20] 李杰，俞刚，马鑫. 导热油型太阳能双效溴化锂吸收式热泵动态性能分析. 建筑节能，2015（1）：30-33.

[21] 薛岑，由世俊，张欢 等. 利用蒸汽双效溴化锂吸收式热泵回收热电厂余热的研究. 暖通空调，2014（1）：101-104.

[22] 付林，张世钢，任佐民 等. 能够大幅度提高提升余热温度、紧凑型吸收式热泵装置. 中国 200810117049. X.

[23] 李华玉. 一种复合吸收式热泵. 中国 200710114861.

[24] XiaoyunXie，Yi Jiang. Temperature Efficiency Analysis Of Absorption Heat Exchangers. Proceedings of ICR 2015，August 16-22-Yokohama，Japan.

[25] 董素霞，岳永亮，黄英. 高温水大温差溴化锂吸收式制冷机. 制冷与空调，2004. 4（6）：56-59.

[26] 李华玉. 两级与多级吸收式制冷机. 中国，200610171058. 8.

[27] 江亿，谢晓云，付林 等. 一种能够实现大温差的吸收机新型单元结构. 中国 201010191072. 0.

[28] 韩吉才. 吸收式热泵技术在热电联供中的应用研究. 青岛：中国石油大学，2009.

[29] Ventas R，Lecuona A，Zacarías A，et al. Ammonia-lithium nitrate absorption chiller with an integrated low-pressure compression booster cycle for low driving temperatures. Applied Thermal Engineering，2010，30（11）：1351-1359.

[30] 吴伟，石文星，王宝龙，李先庭. 不同增压方式对空气源吸收式热泵性能影响的模拟分析. 化工学报，2013，07：2360-2368.

[31] 张晓灵. 吸收式蓄能与释能的动态特性及其性能改善方法. 北京：清华大学，2014.

[32] N′Tsoukpoe K E，Le Pierrès N，Luo L. Experimentation of a LiBr-$H_2O$ absorption process for long-term solar thermal storage：prototype design and first results. Energy，2013，53：179-198.

[33] García-Hernando N，Almendros-Ibáñez J A，Ruiz G，et al. On the pressure drop in Plate Heat Exchangers used as desorbers in absorption chillers. Energy Conversion and Management，2011，52（2）：1520-1525.

[34] 程卓明，李美玲，崔晓钰，等. 基于全板翅换热器溴化锂吸收式制冷机结构与性能研究. 制冷学报，2003，24（1）：28-31.

[35] Flamensbeck M，Summerer F，Riesch P，et al. A cost effective absorption chiller with plate heat exchangers using water and hydroxides. Applied thermal engineering，1998，18（6）：413-425.

[36] Cerezo J，Best R，Bourouis M，et al. Comparison of numerical and experimental performance criteria of an ammonia－water bubble absorber using plate heat exchangers. International Journal of Heat and Mass Transfer，2010，53（17）：3379-3386.

[37] Determan M D，Garimella S. Design，fabrication，and experimental demonstration of a microscale monolithic modular absorption heat pump. Applied Thermal Engineering，2012，47：119-125.

[38] Roques J F. Falling film evaporation on a single tube and on a tube bundle. Falling Film Evaporation on A Single Tube & on A Tube Bundle，2004.

[39]　Shi C, Wang Y, Hu H, et al. Mathematical Simulation of Lithium Bromide Solution Laminar Falling Film Evaporation in Vertical Tube. Journal of Thermal Science, 2010, 19 (3): 239-244.

[40]　王安琪. 壁面结构对降膜蒸发器内流动和传热性能的影响. 大连：大连理工大学，2010.

[41]　柯欣，吴裕远，谷雅秀，等. 新型蒸发器在小型无泵热水型溴化锂制冷机中的应用//2005 年制冷空调学术年会论文集，2005.

[42]　Islam M R, Wijeysundera N E, Ho J C. Heat and mass transfer effectiveness and correlations for counter-flow absorbers. International journal of heat and mass transfer, 2006, 49 (21): 4171-4182.

[43]　Morioka I, Kiyota M, Ousaka A, et al. Analysis of steam absorption by a subcooled droplet of aqueous solution of LiBr. Jsme International Journal, 1992, 35: 458-464.

[44]　孙健，付林，张世钢. 国内外吸收式热泵强化传热传质研究综述. 制冷与空调，2010，10 (2): 7-10.

[45]　李鸿. 溴化锂制冷机水平管束降膜吸收器热质传递强化实验研究. 天津：天津大学，2009.

[46]　Kashiwagi T, Kurosaki Y., Shishido H.. Enhancement of vapor absorption into a solution using the Marangoni effect. Trans. JSME, 1985, 1: 1002-1009.

[47]　Kang Y T, Akisawa A, Kashiwagi T. Experimental investigation of Marangoni convection in aqueous LiBr solution with additives. Journal of heat transfer, 1999, 121 (4): 1088-1091.

[48]　Kang Y T, Akisawa A, Kashiwagi T. Experimental investigation of Marangoni convection in aqueous LiBr solution with additives. Journal of heat transfer, 1999, 121 (4): 1088-1091.

[49]　Yokozeki A, Shiflett MB. Water solubility in ionic liquids and application to absorption cycles. Ind Eng Chem Res 2010; 49: 9496-503.

本节执笔人：谢晓云、朱超逸、胡天乐、郑姝影、李静原

# 8.8 除湿与加湿技术的现状和发展

## 8.8.1 除湿技术

对于一个特定的空调环境而言，如果存在人等产湿源，有除湿的需求，因此除湿是空调系统非常重要的功能。与对空气降温冷却/加热升温相比，对空气除湿是更困难的任务。常见的除湿技术有冷凝除湿、溶液除湿、固体除湿等多种方法。图 8.8-1 给出了冷凝除湿、溶液除湿和转轮除湿三种除湿方式的空气处理过程。冷凝除湿方式对空气处理的过程中，空气先被降温，温度降低到露点后水蒸气开始变为液态水析出，除湿后的空气状态接近饱和，温度较低。转轮除湿方式对空气处理的过程中，空气状态近似沿等焓线变化，除湿后的空气温度显著高于室内温度，需要再次冷却降温才能送入室内。溶液除湿方式可以将空气直接处理到需要的送风状态点，送风的温度和含湿量可以根据盐溶液的浓度和温度进行控制调节。

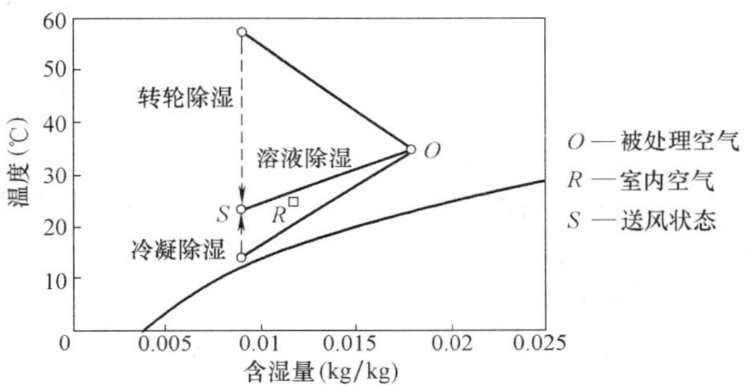


图 8.8-1 不同除湿方式的空气处理过程

对比上述三种除湿技术，冷凝除湿是最为成熟、造价较低、应用最为广泛的一种除湿技术，但其缺点是除湿能力受限、能耗相对较高、控制精度也相对较差；转轮除湿技术的优点是除湿能力特别强，可以把空气处理到含湿量低至 0.1g/kg 的低湿状态，但缺点是设备尺寸较大、能耗高；溶液除湿技术则介于上述两种技术之间，除湿能力要显著高于冷凝除湿，可以将空气处理至含湿量低于 2g/kg，溶液除湿技术通过控制溶液的浓度和温度，可以非常精确地控制除湿量，且除湿能耗较低、尺寸也小于转轮除湿，但设备造价相对较高。本节将分别介绍上述三种主流的除湿技术，并对当前比较热门的一些设备应用形式进行介绍。

#### 8.8.1.1 冷凝除湿技术

冷凝除湿方法是利用低温冷水或制冷剂等冷媒通过表冷器盘管与空气接触，使空气温度降低到露点后再进行除湿的方式，冷凝除湿方式的原理如图 8.8-2（*a*）所示。图 8.8-3（*b*）给出了采用表冷器冷凝除湿的方式，被处理空气所能达到的状态在图示三角形区域内。经过表冷器后，湿空气的含湿量、温度均降低，出口空气接近饱和状态。

普通的冷凝除湿技术已经非常成熟，结构也非常简单，不再赘述。近年来，随着温湿度独立控制技术的迅速发展，对新风（或回风）的除湿要求也相应提高，为了解决低送风含湿量的除湿问题，逐渐产生了一些新的冷凝除湿方式。下面将选择部分具有典型代表性的方式进行介绍。

1. 排风热回收并再热送风的冷凝除湿

上述冷凝除湿方式处理新风装置存在的一个问题是：经过冷凝除湿后的送风温度偏低，当送风含湿量在 8～10g/kg 时，送风温度在 11.5～14.8℃。利用室内排风进行再热

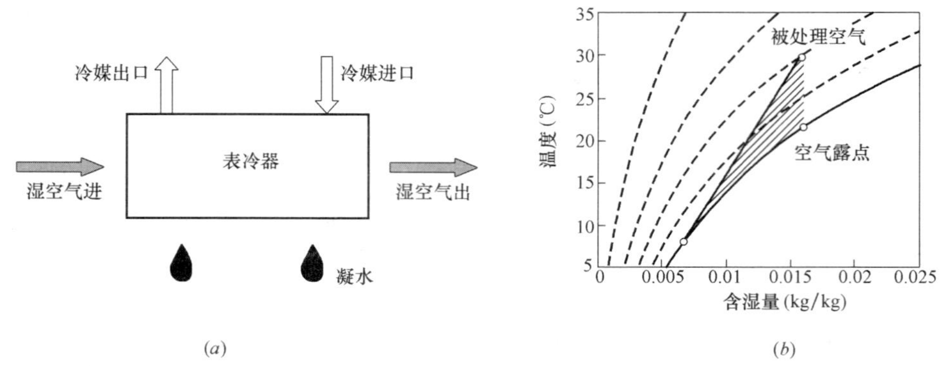


图 8.8-2 冷凝除湿方式原理图

(a) 冷凝除湿原理；(b) 空气处理范围

能够实现对冷凝除湿后空气的再热处理，并尽量减少再热过程带来的能量消耗。

图 8.8-3 给出了一种再热送风的方式，除湿处理后的新风（L）与室内回风（N）之间进行显热热回收，实现了对新风的再热处理（L 到 O）。回风经过与除湿处理后的新风之间的显热回收后温度降低（$N_1$），之后再进入全热回收装置与新风进行全热换热，对新风进行预冷（W 到 $W_1$）。上述过程利用回风对除湿后新风进行再热，回风又将再热过程获得的冷量携带至全热回收段并部分释放给新风，实现了对新风的预冷。

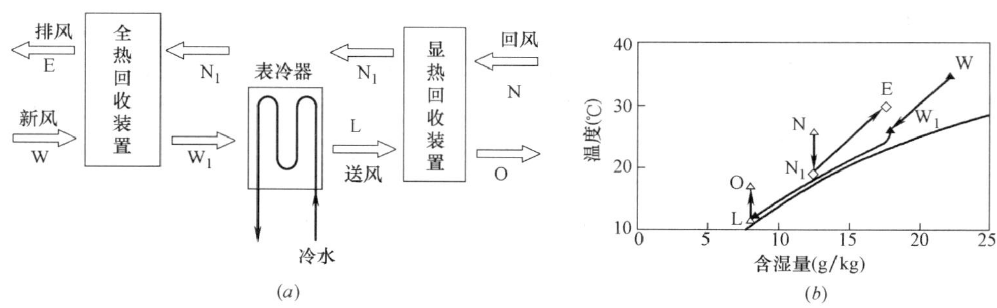


图 8.8-3 采用排风再热和排风预冷的冷凝除湿系统

(a) 系统工作原理；(b) 空气处理过程

2. 高温冷水预冷新风的冷凝除湿

近年来，随着温湿度独立控制空调理念的深入推广，利用高温冷源等对空气进行预冷的冷凝除湿空气处理方式得到了飞速发展。为了提高新风除湿处理过程的效率，可以利用空调系统中的高温冷水（14～18℃）先对室外新风进行预冷处理，然后再用低温冷水对预冷后的新风进一步除湿，如图 8.8-4 所示。高温冷水可以来源于地下水等自然冷源，也可来自高温冷水机组。预冷过程中新风可以从室外的高温高湿状态被冷却至饱和或接近饱和状态，预冷阶段的主要任务是对室外不饱和新风的降温处理，空气由 W 点被冷却至 $W_1$ 点，除湿并非这一阶段的主要任务；再利用低温冷水对饱和空气进行除湿处理，空气由 $W_1$ 点被处理到 O 点，满足送风含湿量的要求。这一系统利用高温冷水进行预冷，充分利用了制取高温冷水的高温冷源效率较高的优点。当室外新风参数变化或需求的送风参数变化时，为充分利用高温冷水进行预冷，新风机组通过调节低温冷水的流量等措施来保证最终的送风参数满足要求。

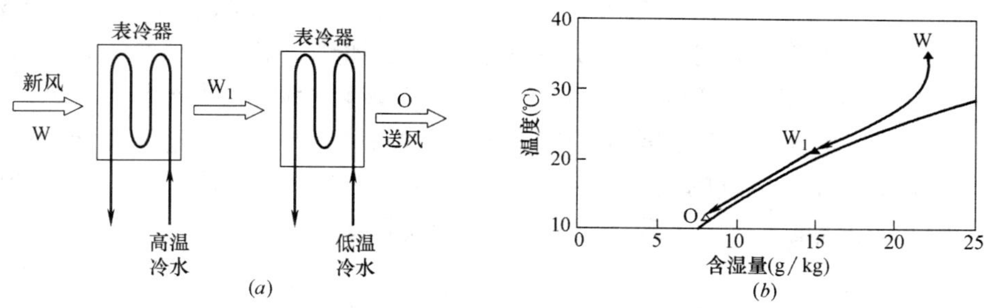


图 8.8-4 采用高温冷水预冷装置的冷凝除湿系统

(a) 系统工作原理；(b) 空气处理过程

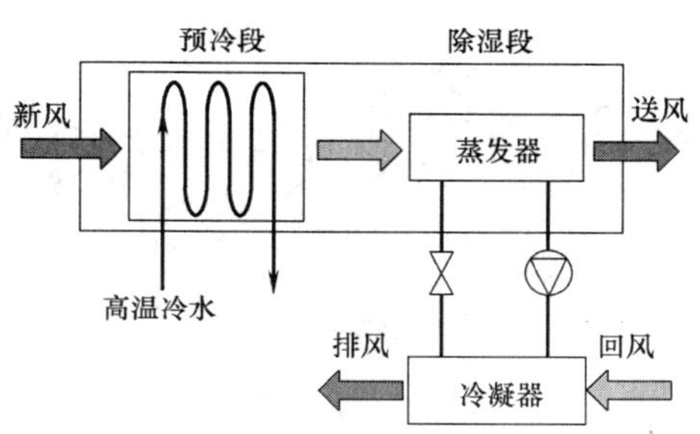


图 8.8-5 一种独立冷源形式的冷凝除湿新风机组原理图

图 8.8-4 所示利用高温冷水预冷的新风机组除湿处理过程需要通入低温冷水，这就使系统同时存在两套冷水输配系统。为了更灵活地布置新风处理机组，一些采用高温冷水预冷的冷凝除湿机组对其空气处理过程进行了改进，图 8.8-5 给出了一种新型的冷凝除湿新风机组的空气处理过程原理。在这种冷凝除湿的新风机组中，新风首先经过高温冷水（14～18℃）的预冷处理，高温冷水则来自空调系统中的高温冷源设备。经过预冷处理后的新风再经过独立的热泵系统的蒸发器进一步除湿，以达到送风含湿量的要求，热泵系统的冷凝器侧可采用室内排风或冷却水带走冷凝器的排热量。

#### 8.8.1.2 固体吸湿材料除湿技术

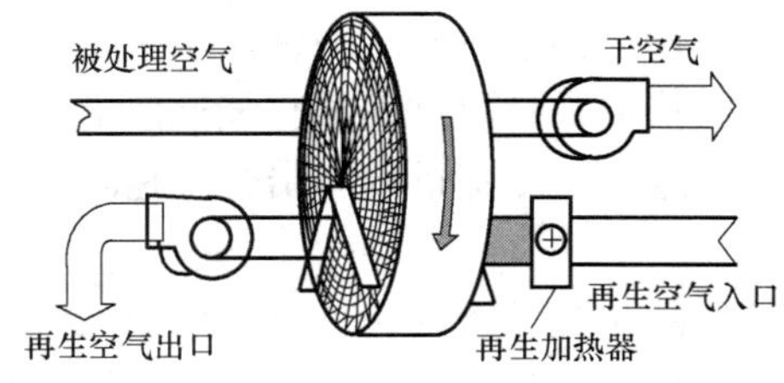


图 8.8-6 转轮除湿方式的基本原理

利用固体吸湿材料的除湿装置有转轮式和固定式两种。转轮式除湿可实现连续的除湿和再生，应用较为广泛，参见图 8.8-6。除湿转轮与全热回收转轮结构类似，在转轮上布满蜂窝状的通道，通道的壁面含有固体吸湿材料，当空气流过这些通道时，与壁面的吸湿材料进行热湿交换从而实现对空气的处理过程。对于除湿转轮，通常转轮的 3/4 扇区为被处理空气通道，剩余的 1/4 扇区为再生空气通道；除湿转轮的优化转速通常在 0.2～0.5r/min（折合 12～30 r/h）。

固体吸附床则是一种常见的固定式固体吸湿处理装置，不同于转轮除湿方式不断转动轮体的方式，吸附床通过直接切换吸湿侧和再生侧来实现固体吸湿剂吸湿与再生过程的交替。由于固体吸附床除湿过程中空气的出口参数并不恒定而是周期性变化（需要风阀、水阀的周期切换），在很大程度上制约了固定吸附床除湿方式的应用。

1. 转轮除湿技术

图 8.8-7 给出了瑞典 Munters 公司的 SX 系列转轮的性能，该转轮采用硅胶作为吸湿剂。以除湿过程处理的空气流量 790m³/h 为例，当除湿量为 3.7kg/h，再生空气流量为 220m³/h 时，再生所需的空气温度约为 130℃，再生器加热功率为 3.9kW。若以空气潜热变化与再生器加热功率的比值定义为除湿效率，则该转轮的除湿效率为（3.7/3600×2500)/3.9=0.7。当进口空气温度为 30℃、含湿量为 20g/kg 时，经过处理后的空气含湿量为 12g/kg，此时出口空气的温度为 58℃，即处理过程中的空气温升为 28℃，即经过转轮除湿后被处理空气的温度显著升高，处理过程参见图 8.8-7（*b*）。

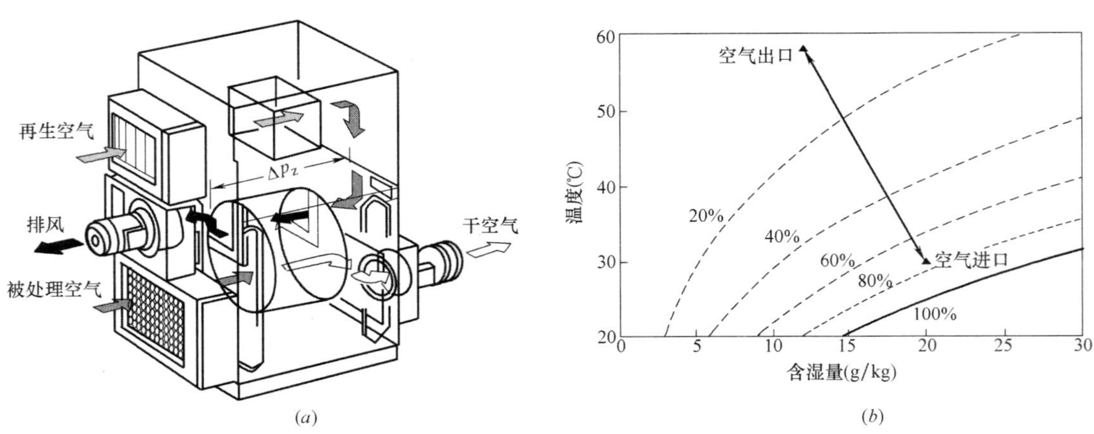


图 8.8-7 Munters 公司 SX 系列转轮的性能

（*a*）机组流程图；（*b*）设备处理性能

从转轮式除湿装置的研究现状和发展趋势来看，其研究热点和难点集中在新型高效的固体吸湿材料、适宜的转轮除湿处理流程及实际机组开发等方面。其中，如何有效降低转轮处理过程的再生温度需求是提高转轮式空气处理装置能效水平的重要问题，也是关系此类空气除湿方式能否有效利用低品位余热等多种能源来作为再生热源的关键。从转轮式空气处理过程的内部传热传质特性来看，在一定的除湿需求下，除湿过程中空气近似沿等焓线升温，将处理过程分级、设置多级或多段式转轮处理过程与冷却过程相结合，是降低其再生温度需求的重要途径。

当处理任务是将室外潮湿的新风处理到希望的较低的含湿量水平时，上述单个除湿转轮系统需要非常高温度的再生加热需求，一般在 100℃以上。为了降低再生过程的加热温度需求，有学者将上述单个除湿转轮的处理任务一分为二，即设计出由两个除湿转轮构成的空气处理装置，如图 8.8-8 所示。

表 8.8-1 给出了单个除湿转轮和两个除湿转轮构成的空气处理系统所需的理论再生温度的对比情况，可以看出：将之前的单个转轮系统成两个转轮除湿装置的系统，可以明显降低再生所需的温度，在同样处理情况下，单个转轮所需的最低再生温度为 81℃，而两个转轮系统所需的最低再生温度为 65℃和 54℃。分析两个转轮系统能够降低再生温度的原因在于：两个转轮系统中固体吸湿剂的吸附量（吸水量）处于较高水平、对应的湿空气相对湿度较高，因而同样再生空气含湿量情况下，两个转轮系统中的固体吸湿剂需要较低的再生温度即可满足需求。

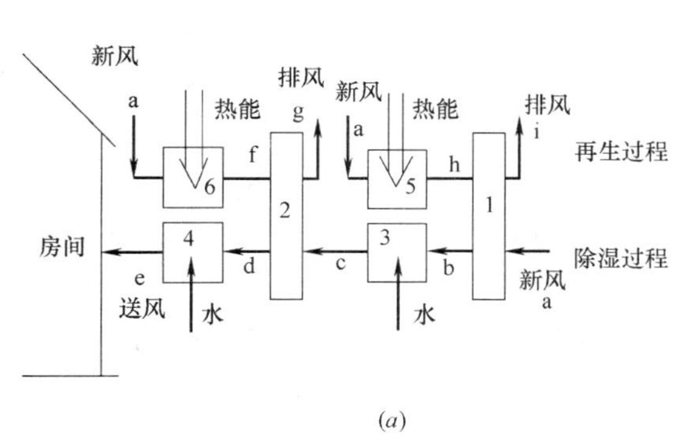


(a)

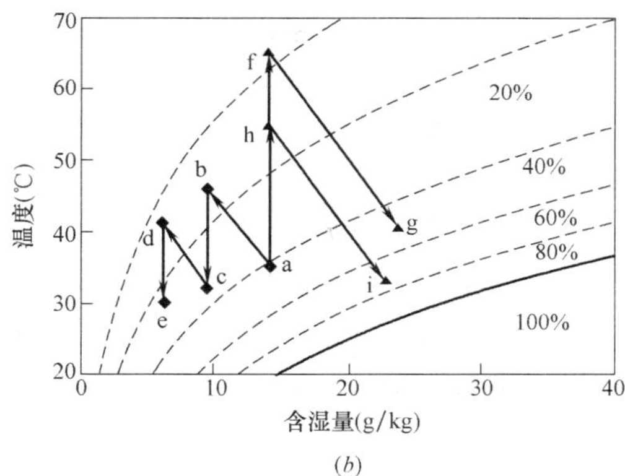


(b)

图 8.8-8　双级转轮空气除湿处理过程原理

(a) 双级转轮空气处理流程；(b) 处理过程在焓湿图上的表示

**单个除湿转轮和两个除湿转轮构成系统所需理论最低再生温度对比　　表 8.8-1**

| | 空气处理过程 | 典型空气状态参数 | 固体吸湿剂与湿空气平衡状态对应的相对湿度 | 理论最低再生温度需求/(℃) |
|---|---|---|---|---|
| 单个除湿转轮 | W→O | W:33.2℃,19.1g/kg<br>O:61.0℃,8.0g/kg<br>M:81.1℃,19.1g/kg | 6.1% | 81.1 |
| 两个除湿转轮 | 第一级:<br>W→$O_1$<br>第二级:<br>W′→$O_2$ | W:33.2℃,19.1g/kg<br>W′:33.2℃,13.6g/kg<br>$O_1$:47.0℃,13.6g/kg<br>$O_2$:47.1℃,8.0g/kg<br>$M_1$:53.8℃,19.1g/kg<br>$M_2$:65.1℃,19.1g/kg | 第一级:20.3%<br>第二级:12.0% | 第一级:53.8<br>第二级:65.1 |

2. 固体吸附床除湿技术

在应用固体吸湿剂对新风进行处理的吸湿床除湿设备中，日本大金（DAIKIN）公司推出了一种将制冷系统与固体吸湿剂有效结合的新风处理装置 DESICA，该机组的基本组成原理如图 8.8-9 所示。对于通常的固体吸湿剂处理空气的过程（如上一节所述的转轮除湿过程），固体吸湿材料的吸湿过程或再生过程都近似为空气的等焓处理过程，被处理的空气温度会发生较大变化。在 DESICA 机组中，固体吸湿剂经过一定处理后贴附在制冷系统的蒸发器、冷凝器表面，使得蒸发器、冷凝器的冷量、热量可以直接传递给固体吸湿剂。

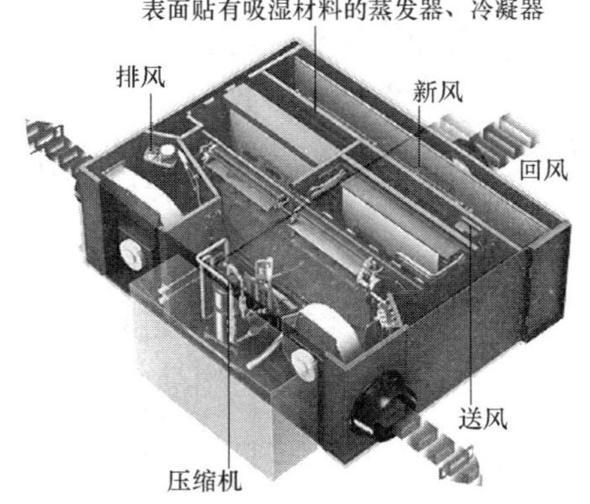


图 8.8-9　DESICA 机组基本组成原理图

(1) 除湿过程：室外新风与贴附在蒸发器表面的固体吸湿剂接触，由于固体吸湿剂表面水蒸气分压力较低，水蒸气被吸湿剂吸收，新风被除湿，而水蒸气相变过程释放的汽化潜热则可被蒸发器吸收，除湿过程中新风温度不仅不会升高，还可以实现对新风的降温处理。

(2) 再生过程：室内回风与贴附在冷凝器表面的固体吸湿剂接触，由于固体吸湿剂表面的水蒸气分压力较高，水分由吸湿剂转移到空气中，实现对吸湿剂的再生。再生过程中水分相变需要的汽化潜热主要来自于制冷系统的冷凝器，再生侧空气不需要具有太高温度即可满足再生需求。

该机组中固体吸湿剂除湿、再生过程的切换通过改变制冷系统的循环方向和切换新风、回风管路来共同实现，如图 8.8-10 所示。在除湿过程中，当贴附在蒸发器表面的固体吸湿剂吸收水分到一定程度需要进行再生时，制冷系统通过四通阀换向，贴附有固体吸湿剂的蒸发器变为冷凝器，同时新风与回风通过风阀切换，使得回风与需要再生的固体吸湿剂一侧接触，完成吸湿剂的再生；贴附有完成再生的固体吸湿剂的冷凝器经过制冷系统换向后变为蒸发器，而新风也经过切换后与蒸发器表面的固体吸湿剂接触，继续完成除湿过程。以 3～5min 为周期来切换制冷系统的方向和新风与排风风道的流向，实现除湿与再生过程之间的切换。制冷系统换向会不可避免地带来切换过程的冷热抵消，造成一定的损失。

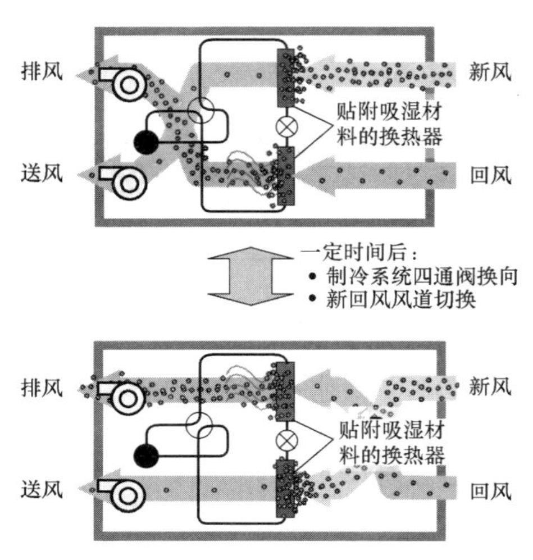


图 8.8-10 DESICA 机组基本工作原理

DESICA 固体除湿新风处理机组将固体吸湿剂与蒸发器和冷凝器进行了有效结合，实现了固体吸湿剂空气处理中的内冷除湿、内热再生过程，与常见的转轮除湿等固体除湿处理过程相比，机组性能得到明显改善。

### 8.8.1.3 液体吸湿材料除湿技术

典型的溶液除湿—再生循环工作原理如图 8.8-11 所示，左侧为除湿过程，右侧为再生过程。当空气中的水蒸气分压力大于溶液表面的水蒸气分压力时，水蒸气会由气相（空气）向液相（溶液）传递。随着质量传递过程的进行，空气的水分含量（含湿量）减少，即完成对空气的除湿过程。在除湿过程中，溶液由于吸收水分而被稀释，被稀释后溶液表面的水蒸气分压力逐渐增大，与空气间的压力差减小而失去了除湿能力。这时，被稀释后溶液需要进行再生，图中给出的是由热水提供溶液浓缩再生过程所需的热量。由此完成除湿一再生一个完整的溶液循环处理过程。

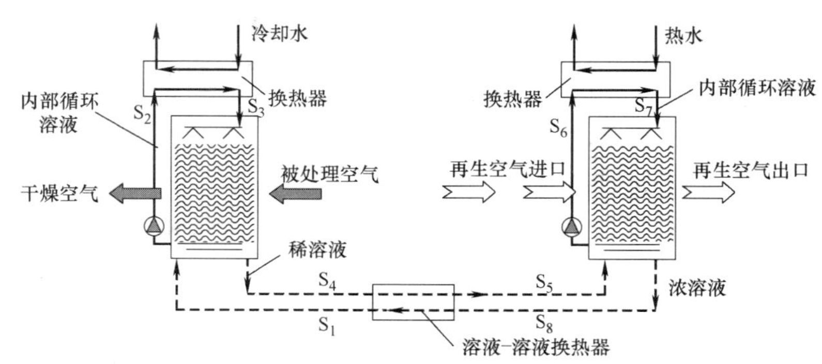


图 8.8-11 典型溶液除湿-再生过程工作原理

除湿与再生装置是溶液除湿空调系统的核心部件，其热质交换过程直接影响整个空调系统的性能。根据是否有外界冷（热）量参与溶液与空气的热质交换过程，可将除湿器（再生器）分成绝热型与内冷（热）型两种形式，参见图 8.8-12。

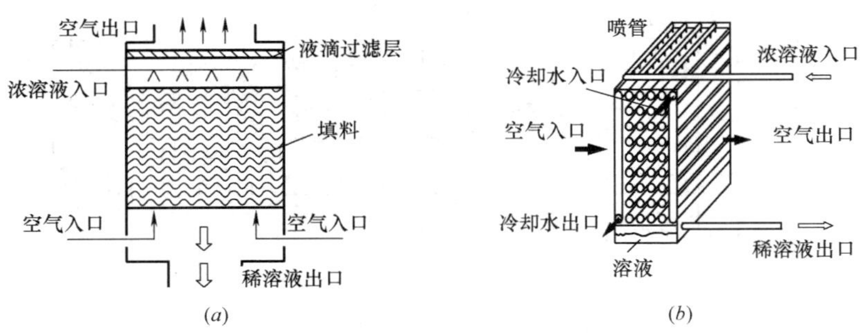


图 8.8-12 绝热型与内冷型热质交换装置

(a) 绝热型；(b) 内冷型

根据溶液再生过程使用的热源方式不同，可分为热泵驱动的溶液除湿新风方式以及余热驱动的溶液除湿新风方式。

1. 热泵驱动的溶液除湿技术

图 8.8-13 给出了热泵驱动的双级溶液调湿新风机组夏季运行原理，由两级溶液全热回收装置（编号为Ⅰ和Ⅱ的喷淋单元）和热泵系统组成，图中带箭头实线表示溶液循环，带箭头虚线表示制冷剂循环。新风机的上层通道是回风处理通道，下层是新风处理通道。室外新风先经过溶液全热回收装置，然后经过由蒸发器冷却的溶液喷淋单元Ⅲ和Ⅳ后，送入室内。室内回风也是首先经过溶液全热回收装置，再经过由冷凝器加热的溶液喷淋单元Ⅳ′和Ⅲ′后排向室外。设置热泵系统的主要原因是仅靠全热回收装置无法达到送风温度和湿度的要求，因此加入蒸发器来对溶液进行降温以增强其除湿能力，从而得到适宜的送风参数。这种空气处理流程是目前市场上应用最广泛、技术成熟度最高的溶液除湿技术方案。

从图 8.8-13 中可以看出：全热回收装置的采用有效降低了新风处理能耗。新风机中热泵循环的制冷量和排热量均得到了有效利用，蒸发器的制冷量用于冷却进入喷淋模块Ⅲ与Ⅳ的溶液以增强其除湿能力，冷凝器的排热量用于溶液的浓缩再生。热泵系统的压缩机采用双机并联以适应部分负荷下的调节，从而使得机组在部分负荷下拥有更高的能效比和控制精度。

2. 余热驱动的溶液除湿技术

当存在高于 55℃的余热可利用时，可考虑采用余热驱动式溶液调湿方式，可采用分散除湿、集中再生的方式，将再生浓缩后的浓溶液分别输送到各个新风机中（图 8.8-14）。需要注意的是，不同的再生热源温度所对应的冷却水温度也是不同的，一般来说需要保持再生热水的温度比冷却水温度高 40℃。例如，当希望用 16℃/21℃的高温冷冻水作为冷却水来冷却除湿时，所需的再生热水的温度为不低于 55℃；当希望用冷却塔所产生的 32℃/37℃的冷却水来冷却除湿时，所需的再生热水温度为不低于 70℃。实际项目应用时，应该根据项目所拥有的冷热源条件进行合理的选择和设计，如果有免费的余热、废热时，应尽可能选择免费热源。

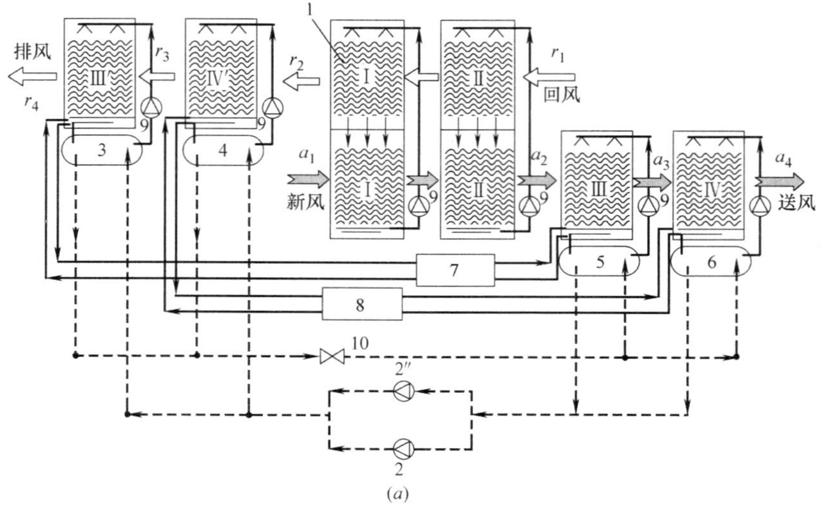

(*a*)

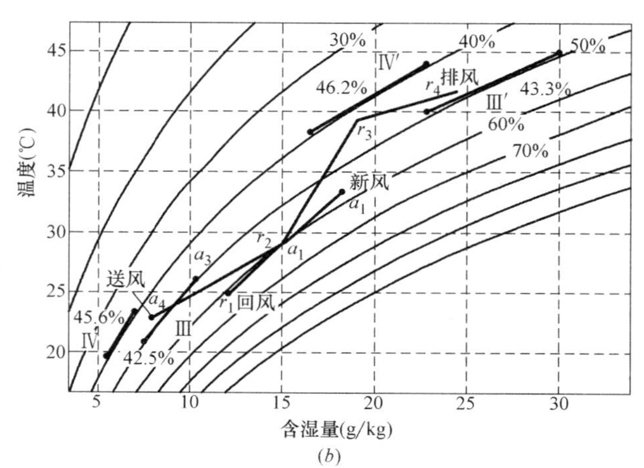

(*b*)

图 8.8-13 双级溶液调湿新风机组夏季运行原理图

(*a*) 机组运行原理；(*b*) 空气处理过程

1—全热交换模块；2—压缩机；3—冷凝器Ⅰ；4—冷凝器Ⅱ；5—蒸发器Ⅰ；6—蒸发器Ⅱ；7—热回收板式换热器Ⅰ；8—热回收板式换热器Ⅱ；9—溶液循环泵；10—膨胀阀

从现有除湿技术的发展情况及不同场合的除湿处理需求来看，各类除湿技术的发展越来越重视能效水平的提升、处理流程的优化和设备成本的降低及调控精确度的提升。与降温相比，除湿是更困难的处理任务，如何高效、简便地满足除湿处理需求，是除湿技术研究者和设备厂家面临的重要问题。从三种主要除湿方法的基本原理和特点来看，冷凝除湿方式是沿饱和线（即 100％等相对湿度线）进行的除湿过程，溶液除湿方式可实现近似沿溶液等浓度线（大致与等相对湿度线重合）的处理过程，而固体转轮处理过程则只能沿近似等焓线进行。基本处理过程的不同使得采用不同除湿技术的空气处理机组在提升除湿过程处理能效方面采用了不同的技术路径，例如近年来市场上出现了越来越多的直膨式冷凝除湿空气处理机组，通过利用制冷剂等冷媒与被处理空气直接进行换热，取消了利用冷水作为中间媒介，在减少换热环节来提高冷凝除湿处理能效、减小机组尺寸及整体占用空间等方面具有显著优势；在溶液除湿方式中，进一步减小装置体积、提升除湿过程的填料性能等被认为是机组性能提升的重要动力；对于固体转轮除湿方式，采用适宜的技术手段来降低再生温度需求是其性能提升的重要手段。

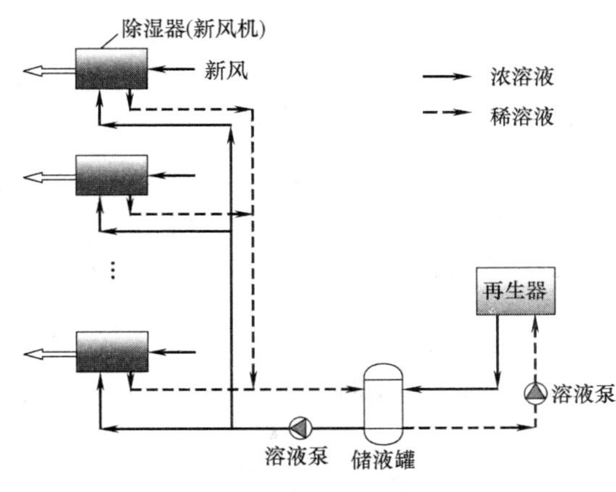

图 8.8-14　余热驱动集中再生的溶液除湿新风处理系统

随着各类除湿技术的发展成熟和节能环保意识的不断提高，当前市场上也出现了越来越多的复合除湿技术和产品。例如随着温湿度独立控制理念的推广，出现了多种采用高温冷源预冷（如 16～18℃的高温冷水）与冷凝除湿、溶液除湿等除湿方式结合的空气湿度处理流程和实际机组。此类处理过程从空气处理初状态与终状态的不同需求出发，不再依赖单一处理环节，而是将预处理与后续除湿处理有机结合起来，对改善处理过程的匹配特性、提高整个除湿处理过程的能效产生了积极作用。

我国工业、民用建筑及国民经济众多领域内对除湿技术及相关设备产品具有持续增长的需求，这也需要相关设备厂家、研究机构和产业界进一步提升在除湿技术方面的技术实力和产品创新程度。未来一段时期内，除湿技术及空气除湿处理机组的发展，应当进一步明确除湿过程的处理任务，在充分认识各类除湿技术处理特点的基础上开展流程设计和集成创新，并将除湿技术与各类空气热回收技术、预处理技术等有机结合，满足不同场合、不同环境的空气处理需求。

## 8.8.2 加湿技术

对空气加湿的方式多种多样，可满足不同场合、不同规模和不同功能建筑中的加湿需求。目前在住宅等普通民用建筑中，一些情况例如冬季供暖时室内存在加湿需求。为了满足此类情况下的加湿需求，采用分散式的超声波加湿器等加湿方式是一种普遍的解决思路。这种分散式的加湿方式能够灵活满足住宅中人员等的加湿需求，例如超声波加湿器的工作原理是通过物理作用来实现液态水的雾化，从而将其送入空气中实现对空气的加湿处理。当前此类加湿器的技术成熟度和产业完善程度较高，在产品工业化设计和个性化定制等方面也达到了较高水平（图 8.8-15），并通过与空气净化等功能复合开发出多种新型集成化室内空气处理产品，可满足室内空气加湿、净化等多种需求。

当通过集中处理的空调系统来满足加湿需求时，也存在多种多样的加湿处理方法。空调系统常用的空气加湿方式包括湿膜蒸发式加湿、干蒸汽加湿、电极式加湿和超声波加湿，以及利用溶液调湿装置实现加湿处理等。不同加湿方式的适用条件不同，当有蒸汽源可利用时，应优先考虑干蒸汽加湿方式，医院洁净手术室等场所通常采用这种加湿方式；

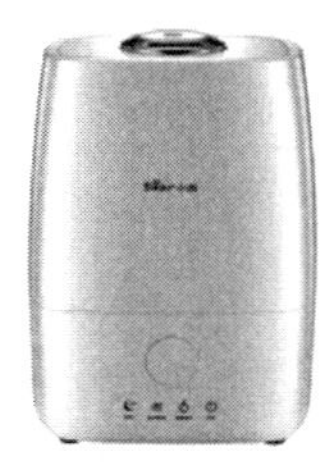

图 8.8-15 多种形式的超声波加湿器

当无蒸汽源可利用时，可选取湿膜加湿方式、电极式或电热式加湿方式等。

#### 8.8.2.1 湿膜蒸发式加湿技术

湿膜蒸发式加湿的工作原理如图 8.8-16 所示，水经过淋水器分配后喷洒到湿膜材料上，空气流经湿膜材料时，水蒸发为蒸气进入空气，实现对空气的加湿处理。湿膜加湿器的加湿过程实际上就是空气的蒸发冷却过程，在冬季工作时，现有做法一般通过提高进口空气的温度来保证加湿的效果。

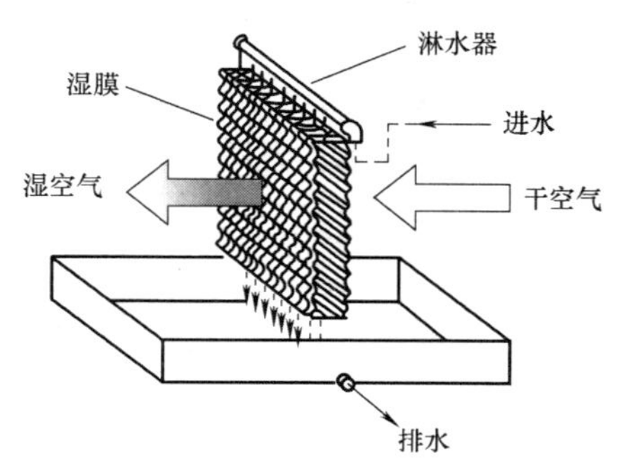


图 8.8-16 湿膜蒸发式加湿工作原理

#### 8.8.2.2 干蒸汽加湿技术

干蒸汽加湿的工作原理如图 8.8-17 所示，饱和蒸汽经过弯管流入蒸发室，设置了折流板保证饱和蒸汽顺利流入蒸发室，流经蒸发室后饱和蒸汽继续经过干燥室排除所有水滴，保证流出的是干蒸汽，调节阀用来调节进入喷管的干蒸汽量。干蒸汽经过喷管喷出，使蒸汽在整个风管宽度范围内均匀扩散，实现对空气的加湿。

#### 8.8.2.3 电极式加湿技术

电极式加湿是通过将电极置于水中，以水作为电阻，通入电流后水被加热而产生蒸汽后，再将蒸汽送入需要加湿的空间，实现对空气的加湿。电热式加湿利用电热元件对水加热来产生蒸汽，其使用与电极式加湿方式类似。

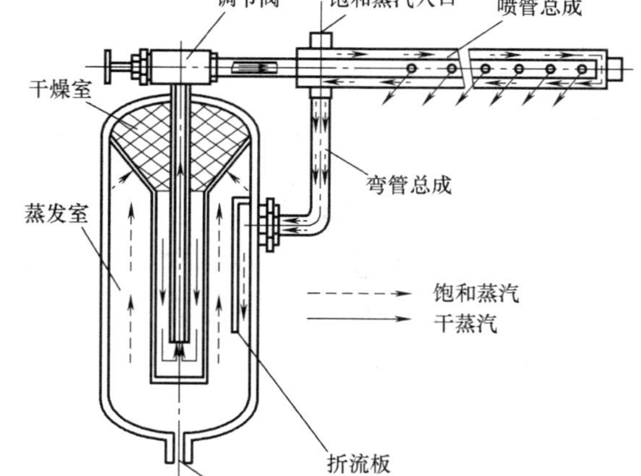


图 8.8-17 干蒸汽加湿工作原理

#### 8.8.2.4 溶液式加湿方式

热泵驱动的溶液调湿新风机组冬季运行时，与工作在夏季的机组相比（图 8.8-13），利用制冷系统的四通阀实现蒸发器和冷凝器相互转换，使制冷装置工作在热泵工况下。图 8.8-18 给出了室外新风的处理过程，室外新风 $a_1$ 首先经过全热回收装置到达 $a_2$ 状态，然后进入喷淋模块Ⅲ和Ⅳ被进一步加热加湿后送入室内，从而实现对新风的加热加湿处理过程。室内回风 $r_1$ 经过全热回收变为 $r_2$ 状态后，进入喷淋模块Ⅳ′和Ⅲ′被降温除湿后排向室外。溶液调湿新风机组可实现夏季对新风的降温除湿、冬季对新风的加热加湿处理以及过渡季对于室内排风的全热回收。

需要指出的是，目前常用的加湿处理过程中，在利用水对空气加湿时，一些实际工程通常将空气加热到一定温度后再与水进行热质交换，实现加湿，运行中经常会出现加湿效果不理想（湿度上不去）的情形。例如在某工业厂房冬季空调处理过程中，利用热水对新风进行加热，再利用湿膜加湿方法喷淋加湿，但实际运行中发现加湿过程难以满足送风含湿量需求。为了满足送风含湿量即加湿需求，运行人员采取的措施是进一步提高热水温度，将原来 70℃左右的热水进一步提升至 90℃，将处理空气加热到更高的温度后再送入湿膜加湿段喷淋处理。这种运行方式尽管一定程度上满足了处理需求，但提高了处理过程中的热水温度需求，即提高了所需的能源品位。那么，加湿过程效果不理想的原因是什么？是否由于加热对象的不同而影响了最终的加湿效果呢？

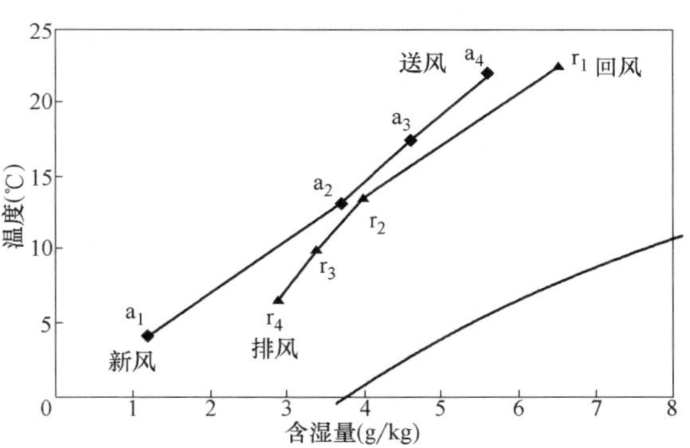


图 8.8-18 溶液调湿新风机组冬季空气处理过程

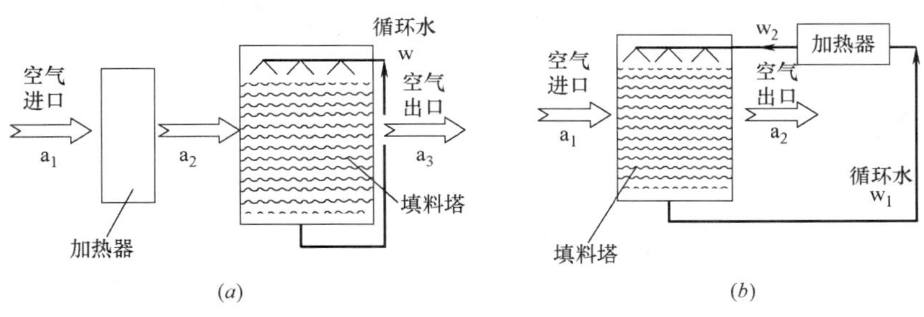


图 8.8-19 空气加湿处理过程

(*a*) 加热进口空气；(*b*) 加热进口水

实际上，在加热过程中，加热器可以用来加热水，也可以用来加热空气。以利用水对空气加湿过程为例，原理如图 8.8-19 所示，其中加热器可以用来加热进口的空气，也可以用来加热进口的喷淋水。下面针对典型工况的空气加湿处理过程进行分析，比较不同加热方式时的空气加湿处理效果。当空气和水的初始温度均为 20℃，空气、水的质量流量分别为 1kg/s、0.4kg/s，加热器的加热量为 28kW，喷淋塔中空气与水热湿传递过程的传递单元数 $NTU_m$ 为 1 时，分别计算加热水和加热空气时的空气加湿过程，结果如图 8.8-20和表 8.8-22 所示。

从表 8.8-2 的计算结果可以看出，当加热器用来加热进口空气时，加湿过程中空气能够获得的最大加湿量为 6.2g/kg；当加热进口水时，空气能够获得的最大加湿量为 9.8g/kg，即后一种加热方式比前一种多出 58%的加湿量。因此，对于实际中应用的湿膜加湿器等加湿处理过程，对进口水进行加热的方式可以比加热进口空气的方式获得更优的

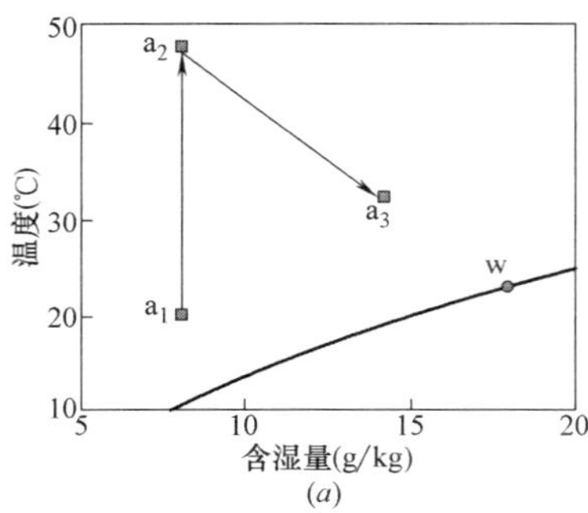


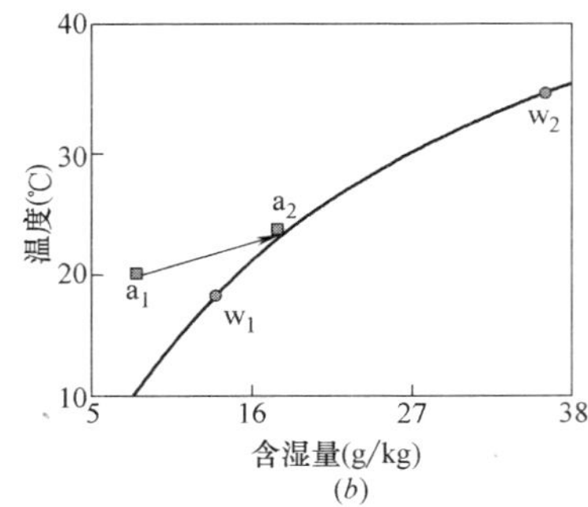


图 8.8-20　不同加热方式时空气加湿过程处理结果

(a) 加热进口空气；(b) 加热进口水

空气加湿处理效果。这也解释了为何有些工程中会出现加热空气获得的加湿效果不理想的问题，通过改变加热对象，将相同的加热量用来加热水即可获得较为理想的加湿效果。

不同空气加湿过程计算结果比较　　表 8.8-2

| 加热对象 | 喷淋塔进口参数 | | | 喷淋塔出口参数 | | | 空气加湿量(g/kg) |
|---|---|---|---|---|---|---|---|
| | $t_{a,in}$(℃) | $\omega_{a,in}$(g/kg) | $t_{w,in}$(℃) | $t_{a,out}$(℃) | $\omega_{a,out}$(g/kg) | $t_{w,out}$(℃) | |
| 空气 | 47.9 | 8.0 | 23.2 | 32.3 | 14.2 | 23.2 | 6.2 |
| 水 | 20.0 | 8.0 | 34.8 | 23.2 | 17.8 | 18.1 | 9.8 |

注：表中 $t$ 为温度，$\omega$ 为含湿量；下标 a 代表空气，w 代表水；下标 in 代表进口，out 代表出口。

## 本节参考文献

[1]　刘晓华，江亿，张涛. 温湿度独立控制空调系统（第二版）. 北京：中国建筑工业出版社，2013.

[2]　江亿，李震，刘晓华，陈晓阳. 一种气液直接接触式全热换热装置. 03249068. 2，2004.

[3]　刘晓华，江亿，张涛，张伦. 建筑热湿环境营造过程中换热网络的匹配特性分析. 暖通空调，2011，41 (3)：29-37.

[4]　刘拴强，江亿，刘晓华，陈晓阳. 热泵驱动的双级溶液调湿新风机组原理及性能测试. 暖通空调. 2008，38 (1)：54-59.

[5]　江亿，刘晓华，陈晓阳，李震. 利用吸湿溶液为循环工质的热回收型新风处理机组. ZL200520022996. 2. 2006.

[6]　刘拴强，江亿，刘昕，陈晓阳. 城市热网驱动的温湿度独立控制空调系统节能减排效果分析. 暖通空调，2009，39 (7)：5-8.

[7]　L. Z. Zhang，J. L. Niu. Performance comparisons of desiccant wheels for air dehumidification and enthalpy recovery. Applied Thermal Engineering，2002，22 (12)：1347-1367.

[8]　刘晓华，李震，张涛. 溶液除湿. 北京：中国建筑工业出版社，2014.

[9]　涂壤. 固体除湿过程中热湿传递特性及流程优化分析. 北京：清华大学，2014.

[10]　D. La，Y. J. Dai，Y. Li，T. S. Ge，R. Z. Wang. Case study and theoretical analysis of a solar driven two-stage rotary desiccant cooling system assisted by vapor compression air-conditioning. Solar Energy，2011，85 (11)：2997-3009.

[11]　T. S. Ge，Y. J. Dai，R. Z. Wang，Y. Li. Experimental investigation on a one-rotor two-stage

rotary desiccant cooling system. Energy，2008，33（12）：1807-1815.

[12] J. Jeong，S. Yamaguchi，K. Saito，S. Kawai. Performance analysis of four-partition desiccant wheel and hybrid dehumidification air-conditioning system. International Journal of Refrigeration，2010，33（3）：496-509.

[13] 喜冠南. 大金空调最新研发技术进展. 中国工程热物理学会传热传质学学术会议，上海，2010.

本节执笔人：刘拴强、刘晓华

# 8.9 冷藏冷冻系统

制冷系统是按照制冷循环，通过管道密封连接，并充注制冷剂，依次连接起来的机械和设备组成的整体。冷藏冷冻系统在目前没有明确的定义，在行业技术工作中广义理解为用于物料降温和降温后储存的制冷系统，由于其中采用蒸汽压缩式制冷循环的制冷系统在食品行业中应用最为广泛，因此比较普遍的狭义理解为用于食品冷库的蒸汽压缩制冷系统。

冷藏冷冻系统按照上述狭义理解主要应用于食品冷库工程中，是工程的组成部分，其技术发展状况与现行工程规范密切相关，主要体现在工程设计和工程施工环节，因此相关工程规范也是本节的重要阐述对象。本节总结我国制冷空调行业内冷藏冷冻系统现行技术状况，主要从系统设计、系统安装和调试、系统运行管理等方面进行阐述，在总结现状的同时初步探讨技术发展方向。

## 8.9.1 冷藏冷冻系统设计现状与发展

冷藏冷冻系统设计主要包括负荷计算、系统形式比选、设备计算与比选、管道系统计算与比选、设备和管道的保冷与保温设计、设备和管道布置等内容，目前在工程中主要执行《冷库设计规范》GB 50072—2010、《室外装配冷库设计规范》SBJ 17—2009、《工业金属管道设计规范》GB 50316—2000（2008版）、《压力管道规范》GB/T 20801—2006等。

### 8.9.1.1 负荷计算

负荷计算是冷藏冷冻系统设计的前提，《冷库设计规范》GB 50072—2010专门用一节进行了详细规定，这是一套根据工程经验利用系数修正的计算方法，主要内容是设备负荷和机械负荷计算，其核心内容已经使用多年（不少于25年），在多年的工程实践中未发现明显偏差，计算方法也简单易行，因此预计短期内不会有根本性改变。但是这套经验算法不能达到逐时精确计算的要求，设计人员如果实际工程经验不足，很容易在确保可靠的心理下各计算环节都按最不利情况取值，从而导致计算负荷偏大，进而造成系统配置过大，影响整个工程的经济性。技术缺陷从另一个角度看往往意味着研发机会，得益于近年计算机技术的突飞猛进，冷藏冷冻系统负荷逐时精确计算的客观条件已经成熟，因此2010版《冷库设计规范》修订组计划进一步简化规范中有关负荷计算的条款，从而为技术进步留出足够空间。

### 8.9.1.2 系统形式比选

目前常用系统形式按制冷剂划分有氨、卤代烃和二氧化碳制冷系统；按供液方式划分有直接膨胀、重力和泵供液制冷系统；按设备组合方式划分有分散和集中式制冷系统；按制冷介质划分有直接蒸发和载冷系统。系统形式主要根据负荷计算和实际工程的安评、环评、生产需求、投资、运营、土建条件等因素进行综合分析后选择，上述常用系统在技术上没有绝对优劣之分，区别主要是按不同的工程需求选择最优系统形式。按现有工程技术和设备制造水平，卤代烃制冷系统相对安全，投资少，但是能效相对低，危害环境，制冷剂本身价格贵，因此适用于中小型系统，尤其是商业领域；氨制冷系统相对能效高，环保，制冷剂本身价格便宜，但是有毒且可燃，适用于大中型系统，尤其是工业和物流领域；二氧化碳制冷系统既安全环保又能效高，但是投资较大，其应用推广刚刚起步。直接膨胀供液制冷系统制冷剂灌注量少，系统构造简单；泵供液制冷系统换热效率高，回气过热小，热气除霜简单可靠；由于制冷用屏蔽泵生产技术成熟、价格低廉，目前工程中已经很少采用重力供液制冷系统。集中式制冷系统多用于大中型工程，例如万吨级以上的冷库、日产量百吨级以上的肉类加工厂，制冷量往往数百到数千千瓦，采用集中式可以有效减少压缩机等制冷设备的配置总量，便于采用能效更高的大型设备，并且同类设备多台之间通过相互备用提高整个系统的可靠性；分散式制冷系统多用于中小型工程，简单灵活，对设计技术要求不高。直接蒸发制冷系统由于换热环节少、制冷介质循环量少而使其能效明显超过载冷系统，目前在实际工程中占绝对多数，传统载冷系统仅用于盐水制冰、低温加工间等少数场所。

系统形式比选是冷藏冷冻系统设计中最重要的环节，选择合理与否直接决定整个工程的优劣，麻烦的是在现有技术条件下要精确完成这项工作几乎是不可能的任务，一方面要考虑的因素很多，例如上文提到的负荷计算和实际工程的安评、环评、生产需求、投资、运营、土建条件等，这些因素不仅跨多个学科，大多又很难量化，在不同时期和地区的权重完全不同，因此很难建立相对完善的数学模型；另一方面系统形式种类繁多，例如上文提到的四种分类，每类中有二、三种形式，各类组合后可选系统形式达十多种，除典型工程只有单选，大多数工程往往面临数种选择，要想精确完成比选，工作量之大可想而知。由于上述困扰，现有规范和工程技术手册都没有给出全面和明确的系统形式比选方法，业内的论文和著作多从不同角度做些原则论述或个别因素间的变量分析，实际工作中只能凭借设计人员的经验或会议讨论决定，即使对于专业人员，毕竟没有几个能达到爱因斯坦的四维思考能力，当变量超过三个时很难在思维中精确评判其相互影响的效果，因此这类讨论结果往往由主导者所关注的个别因素决定，很难说是否最优。

我国在“十一五”、“十二”期间的经济发展和城市化带动了食品冷藏冷冻行业的巨大发展，同时在全球环境保护和阻止气候变化的国际背景下，本行业对安全和环保的要求已提升到历史最高水平，为满足这些需求，欧美等发达国家研发并推广采用天然制冷剂二氧化碳的制冷系统，制冷剂低充注量制冷系统，以丙烯烃衍生的不饱和氟化物为主的零 *ODP* 和低 *GWP* 值制冷剂等技术，不仅使原有制冷系统形式的内涵发生了深刻变化，而且可能带来整个行业的变局，犹如20世纪氟氯烃制冷剂研发成功后使小型制冷系统得到迅速普及。可喜的是国内制冷空调行业不仅紧跟这些技术进步，甚至在一些领域有可能“弯道超车”，例如烟台冰轮股份有限公司成功研发二氧化碳制冷压缩机，到目前与国内贸易工程设计研究院等单位在国内一共设计并投产使用四五十套大中型二氧化碳复合制冷系统；国内贸易工程设计研究院成功研发定量供液制冷系统，与原有氨制冷系统相比，在不降低能效、不增加造价的前提下减少约40%的氨灌注量，示范工程已经正常运行一年，这些技术都深刻预示着冷藏冷冻系统的未来发展方向。

#### 8.9.1.3 设备计算与比选

设备计算与比选技术已经很成熟，在系统形式确定后按部就班进行即可，得益于近年计算机技术的普及，主流设备制造商都编制了完备的设备计算和选型软件，有的甚至向全行业公开，这些软件能够精确计算设备在各工况和使用条件下的性能参数，使设备比选变得简单易行。2010版《冷库设计规范》充分考虑这些行业变化，取消了之前多版内对设备计算细节的硬性规定，为近年的技术进步留出了足够空间，而《室外装配冷库设计规范》在其第一版（2009 版）就没有对设备计算细节进行硬性规定，可以说是业内技术界的共识。凡事都有正反两个方面，有利必有弊，规范编写思路的调整一方面从客观上促进了设备计算与比选技术的多元化发展和进步，另一方面弱化了中立的评判尺度，使数据可靠性更多地建立在商业竞争者的良心和能力基础上，工程所有者为避免遇到问题相互“扯皮”，越来越倾向于采用一家制造商的全套设备，从而使制冷系统内每台设备都按最优性价比配置的可能性越来越小，各制造商也越来越倾向于“全面发展”，大概这就是本行业在近年技术质量水平没有与产量规模同步发展的一个主要原因，但愿这个问题能在国家主导的供给侧改革框架内解决。

制冷压缩机是冷藏冷冻系统的核心设备，目前在工程中常用的有开启式活塞、螺杆压缩机组，半封闭式活塞、螺杆压缩机组和少量全封闭式活塞压缩机组。开启式活塞、螺杆压缩机组多用于氨制冷系统，卤代烃制冷系统很少使用，其中开启式螺杆压缩机组是目前大中型冷藏冷冻系统的主流装备，主要由国内的冰轮、冰山和雪人公司，欧美的 YORK、GEA 等公司生产，年产销量约数千台套，各公司压缩机的构造基本相同，甚至排气量系列都比较接近，都采用双螺杆结构、配置油分离器、以虹吸式为主的油冷却器，蒸发温度－35～－10℃时主要采用中间补气冷却经济器提高能效，低于－35℃时多采用配组或单机双级压缩提高能效，区别主要在于螺杆型线、部件材质和加工精度、控制系统精度和可靠性等方面。开启式活塞氨压缩机组虽然从理论上讲其能效比螺杆压缩机组略高，但是在国内受零部件材质和加工精度等客观条件制约，实际设备的能效与螺杆压缩机组比较并没有优势，并且保养工作量大，可靠性差，导致其应用一直处于衰退状态，目前基本边缘化，与国内情况相反，欧美等发达经济体在中小型冷藏冷冻系统中还在广泛使用开启式活塞氨压缩机组，甚至研发出空气油冷、虹吸油冷等独特技术进一步强化活塞机的优点。另外，随着近年二氧化碳制冷技术的推广，开启式二氧化碳活塞压缩机组以其独特的适用性甚至比螺杆压缩机组还占优势。半封闭式螺杆压缩机组和全封闭式活塞压缩机组全部用于卤代烃制冷系统，半封闭式活塞压缩机组绝大多数用于卤代烃制冷系统，近年随着二氧化碳制冷技术的推广也开始应用于中小型二氧化碳制冷系统。这些压缩机制造基本被 BITZER、EMERSON、CARRIER 等跨国公司垄断，国内厂商仅配套组装机组，以多机头并联机组、压缩冷凝机组等为主，冷量从几个到数百千瓦，小冷量多用活塞式，大一些的采用螺杆式。能效、造价、可靠性、智能永远是制冷压缩机技术追求的目标。从国际上看，传统氨、卤代烃制冷压缩机近年在能效和可靠性上没有明显突破，随着跨国公司的并购和重组，制造成本应有所降低，这一点在国内市场已经有明显感受，智能取得了长足进步，再一次感谢计算机技术的突飞猛进，使本行业受益匪浅，照这个趋势发展下去，制冷压缩机在不远的将来很可能还会成为冷藏冷冻系统中的一个“智能终端”或“互联网节点”；无论国际上还是国内，二氧化碳制冷压缩机技术都取得了重大发展，商业应用完全成熟，已经进入推广期，受制于不同的资源禀赋，对于二氧化碳制冷压缩机的技术发展路线，国际和国内各有侧重，目前看国际稍微偏重于活塞式，国内主攻螺杆式，从理论上讲各有利弊，只能在实际应用中让时间检验，或许最后会殊途同归，就像传统的氨、卤代烃制冷压缩机那样。

蒸发器和冷凝器是冷藏冷冻系统内的主要换热设备，蒸发器负责把热量从低温环境传送给制冷剂，冷凝器负责把压缩后的制冷剂的热量排放到自然环境中去，两者制冷剂侧的相变换热都通过金属壁面进行。在工程中蒸发器主要用于给冷间内空气直接降温，其中空气侧通过风机强制换热的称为冷风机，否则称为排管。换热系数、换热面积和换热温差是蒸发器最重要的性能参数，由于减少换热温差不仅能提升压缩机能效，而且能提高冷间内的相对湿度，利于食品冷藏冷冻，因此目前在工程应用中一般不超过 10K，同时为保障必要的热流密度一般不少于 6～7K，但是二氧化碳制冷剂以其独特的属性能降到 5K，使二氧化碳制冷系统在低蒸发温度时的能效轻易超过传统系统，减少换热面积能有效减少金属材料消耗从而降低成本，因此蒸发器的技术研发就聚焦在提高换热系数上。冷风机相对于排管就是通过强化空气侧换热提高蒸发器的换热系数，翅片管相当于在大幅降低空气侧换热热阻的同时还能加强气流扰动，工程中常用的水冲霜、电融霜、热气融霜等除霜技术本质上是通过去除换热壁面的霜层热阻提高蒸发器在整个运行期的平均换热系数，多倍循环泵供液是从制冷剂侧增加液体部分接触面积从而提高换热系数。上述提高换热系数的技术措施需要以“动态平衡”的理念引入整个制冷系统中，否则很可能“过犹不及”，例如冷风机相对于排管能够大幅提高换热系数，减少换热温差，但同时风机需要消耗电能，并且风机消耗的电能在冷间内转化为热能后还会成为制冷系统的额外负荷，因此按照现有技术和设备制造水平，采用冷风机的制冷系统能效低于采用排管的制冷系统能效，这是导致电费比价相对低的欧美等发达经济体普遍采用冷风机，而电费比价相对高的我国则普遍采用排管的主要原因之一。排管虽然节能，但是又带来其他问题，例如制冷剂灌注量远远超过冷风机，使氨系统的安全性降低、卤代烃系统的造价和泄漏风险提高，可喜的是二氧化碳排管技术由国内贸易工程设计研究院和烟台冰轮股份有限公司于 2013 年联合研发成功并在多个工程中应用，能够在一定程度上弥补这些缺陷。

在冷藏冷冻系统实际工程中广泛应用的冷凝器从技术本质上区分有两类：一类是把制冷剂冷凝热通过金属壁面传给水，水通过与环境的湿球温差作用蒸发把热量排到大气中，蒸发式冷凝器和立式、卧式冷凝器都属于这类；另一类是直接在温差作用下把制冷剂冷凝热通过金属壁面排到大气中，主要是风冷冷凝器。由于水的换热系数远远超过空气，单位质量水的蒸发潜热远远超过空气显热，因此国内大中型冷藏冷冻系统几乎全部采用第一类冷凝器，其中的蒸发式冷凝器由于换热温差小、耗水耗电经济而成为目前的主流装备，风冷冷凝器虽然导致系统冷凝压力升高，设备本身能效也低，但是其构造简单，不需要面对水垢、水藻等麻烦，因此广泛用于小型系统。从冷凝换热角度看，蒸发式冷凝是非常理想的技术，在工程条件下能把冷凝和环境的湿球温差降到 5K，水膜一侧与冷凝盘管换热另一侧在气流作用下蒸发，使单位换热的水和空气的循环量都比较少，因此其本身的能效远高于水冷和风量冷凝器，从运营维护角度看循环水是蒸发式冷凝所需面对的主要麻烦，包括北方地区冬季结冰、滋生水藻、盘管结垢等问题，目前主要通过设置室内循环水箱、用化学药品或电子水处理等措施在一定程度上解决，还没有达到令人完全满意的程度，因此水处理是蒸发式冷凝器需要重点解决的技术问题。

#### 8.9.1.4 管道系统计算与比选

管道是冷藏冷冻系统的重要组成部分，我国的制冷系统设计技术是在 20 世纪 50 年代由原商业部组织从原苏联引入，其中包括全套的管道设计技术，如各类管道的材质、管径、壁厚、流速、阻力、支架间距等参数的计算与比选，为方便使用，还在设计手册中利用图表、公式等方式进行了详细说明，基本能满足常规设计需求，因此不仅在当时，其后多年行业内对其也没有异议，更未探究其所以然。然而在 1996 年，原劳动部以行政令的方式要求在生产、生活中贯彻《压力管道安全管理与监察规定》，提出了压力管道的概念，随后在 2003 年国务院又以行政令的方式要求贯彻《特种设备安全监察条例》，压力管道是其中主要内容之一，至此在政府职能部门的主导下压力管道概念、技术体系和行政监管开始在所有各相关行业强制推广，其中冷藏冷冻行业在全国范围内的普及大约是 2010 年前后。

根据压力管道的最新定义，无论氨、卤代烃还是二氧化碳制冷系统，除个别管段，其中公称直径大于或者等于 50mm 的管道全部是压力管道，因此管道系统计算与比选需要按照《压力管道规范》GB/T 20801—2006 的规定进行，《压力管道规范》包括总则、材料、设计与计算、制作与安装、检验与试验和安全防护，共计六个部分，其中与设计相关的核心内容是先根据压力、温度和介质等参数划分安全等级，再对不同等级的管道在选材、强度、应力和柔性等分析计算给予详细规定，从而确保管道在规定的工程环境和使用寿命内不会发生破裂、超范围变形等故障。按规范的规定，氨、卤代烃和二氧化碳制冷系统的压力管道都属于 GC2 级。压力管道技术体系的引入是本行业技术发展过程中的一件大事，使本行业回顾当年从原苏联引入的管道设计技术时完全知其所以然，国内贸易工程设计研究院用现有压力管道技术对其进行了复核，发现除材质问题有些含混，其他部分基本能够满足要求，揭示出本行业虽然“懵懵懂懂”一千多年却没有发生系统性全面事故的原因。虽然瑕不掩瑜，但还是要谈谈低温低应力的问题，按《压力管道规范》的定义，制冷系统热气融霜和低压部分共用的管道不符合低温低应力工况，必须按常规工况选择材质，否则热气融霜时管道易发生脆性断裂事故，这已经被以往的工程实践证实。压力管道技术体系相对定性是一套通用技术体系，源于化工等重工业，而冷藏冷冻系统有其自身特征，因此本行业还需要深入消化这套技术体系，使其更适合本行业的工程应用。

## 8.9.2　冷藏冷冻系统安装和调试规范

冷藏冷冻系统安装和调试属于工程施工范畴，其技术发展水平与工程规范密切相关，现行“最专用”的规范有《氨制冷系统安装工程施工及验收规范》SBJ 12—2011、《氢氯氟烃、氢氟烃类制冷系统安装工程施工及验收规范》SBJ 14—2007，主要的通用规范有《工业金属管道工程施工规范》GB 50235—2010、《现场设备、工业管道焊接工程施工规范》GB 50236—2011、《压力管道规范》GB/T 20801—2006 第 4 和 5 部分、《机械设备安装工程施工及验收通用规范》GB 50231—2009、《制冷设备、空气分离设备安装工程施工及验收规范》GB 50274—2010、《风机、压缩机、泵安装工程施工及验收规范》GB 50275—2010 等。这些规范规定了在安装和调试工作中应遵循的技术步骤、采用的技术方法及应达到的技术参数，比较全面地反映了本行业的技术发展水平。上述专用规范还处在行业标准的地位，仅包括氨和卤代烃制冷系统，没有包括近年新兴的二氧化碳制冷系统，难以满足“十一五”、“十二五”期间冷藏冷冻行业在国内快速发展所产生的客观需要，为解决这个矛盾，住房城乡建设部 2014 年批准立项《冷库施工及验收规范》编制工作，要求在 2017 年发布实施，其内容涵盖氨、卤代烃和二氧化碳制冷系统的安装和调试，是本行业的“专用国家标准”，预计将会促进行业技术水平的提升，使其更加接近欧美等发达经济体。

冷藏冷冻系统工程与化工、电力等重化产业工程的规模基本没有可比性，因此安装工作普遍停留在人工加小型工器具的水平，工厂预制比例较低。管道焊接是主要工作内容之一，目前多采用手工电弧焊，小直径管道和非碳钢管道则采用气焊，随着压力管道监管的加强，氩弧焊的应用比例在不断提高，预制管件的比例也在不断上升，这些工作从根本上提高了工程质量。安装和调试技术也是随着设计技术从原苏联引进的，之前几十年一直没有系统强度试验的概念，随着压力管道技术体系的引入，2011 版《氨制冷系统安装工程施工及验收规范》提出了强度试验要求，据悉正在编制的《冷库施工及验收规范》将会在行业内全面引入强度试验，进一步提升系统的安全可靠性。

验收是与安装和调试密切相关的工程环节，现有规范体系对验收的要求主要体现在安全、质量、证书文件等方面，缺少对整个系统性能的评判，尤其是严格的实测数据评判，导致工程竣工后很难说清楚整个系统的性能是否达到了预期目标，尤其是能效等经济目标，希望正在编制的《冷库施工及验收规范》能够解决这类问题，使节能减排、提高性价比等落到实处。

### 8.9.3 冷藏冷冻系统运行管理

冷冻冷藏行业在 2013 年发生了两起震惊全国的重大安全事故，国家安监、质监、消防等部门联合对全国的涉氨制冷企业进行了“拉网式”安全检查，事故调查和全国安全检查结果不仅使业内认识到规范设计与施工的重要性，而且发现加强系统运行管理已经到了刻不容缓的地步。其实我国在多年前冷冻冷藏行业中卤代烃制冷技术还未普及，几乎全部采用氨制冷系统，与现在相比设备技术落后、材料质量不高、没有压力管道技术、没有计算机监控系统，但是事故率并不高，业内老同志认为主要原因是当时对运行管理十分重视，用行政管理方式贯彻技术和管理规章，严格落实日常培训，虽然设备和系统故障不断，但是事故基本都能控制在萌芽状态，从没有发生类似 2013 年的重大安全事故，目前这些景象在“老商业系统”的冷藏冷冻企业内还能看到，可见运行管理对行业的重要性。

当时的做法虽然效果很好，但是时移世易，现在很难照搬。另外“十一五”、“十二五”期间冷藏冷冻行业在国内的快速发展客观上使人员培训很难跟上，“十年树木百年树人”，即便重视也需要时间，因此加强技术支持是解决问题的一条有效途径。目前气体探测技术与原件制造已经成熟，能够精确探测氨、卤代烃和二氧化碳制冷剂，对于预防由制冷剂泄漏引发的安全事故效果显著，缺点是造价不低，限制了其使用量。另外，氨检测器需要采用电化学技术，元件的寿命短，进一步增加了其应用成本，经济原因使气体探测系统主要安装在制冷设备相对集中的机房内。为解决这些问题，国内贸易工程设计研究院研发了红外探测泄漏等技术并形成了专利，但是到商业应用还有段距离。采用计算机自动控制和管理技术是解决合格运行管理人员短缺的有效措施，芯片和网络技术的成熟使制冷自动控制系统的功能越来越强、可靠性越来越高、造价却越来越便宜，导致近年自动化制冷系统的应用比例逐年提高，已经显现出取代人工操作的趋势。压力管道和压力容器的在线检验技术能够在制冷系统连续运行时进行一定程度的安全检查工作，虽然全面检验更加可靠，但是冷库等制冷系统很难像化工装置那样有固定的停机检修期，往往要求在寿命期内连续运行，因此需要继续提升在线检验技术的可靠性，幸运的是北京丰台特检所等单位正在开展此类研究，祝愿他们能够取得成果。对于大中型制冷系统还有随运行时间的增加效能下降的问题，客观上需要在寿命期内定期检测，并根据检测结果决定是否需要维修或更新，与小设备不同，大中型制冷系统内的设备拆卸后运到测试台检测的可行性基本不存在，因此需要开发经济可行的现场检测技术。

## 本节参考文献

[1] GB/T 18517—2012. 制冷术语. 北京：中国标准出版社，2013.
[2] GB 50072—2010. 冷库设计规范. 北京：中国计划出版社，2010.
[3] GB 50316—2000. 工业金属管道设计规范（2008版）. 北京：中国计划出版社，2008.

本节执笔人：马进

# 8.10 冷链装备的现状和发展

随着我国经济的快速发展和人民生活水平的不断提高，人们对食品的内在质量、新鲜度、营养、风味等方面的要求越来越高，食品冷藏链得到快速发展。

冷链物流装备是冷链物流体系的核心组成部分，是冷链物流的基础设施，在易腐食品加工、保鲜、储运、销售、信息可追溯、食品安全等领域发挥着重要作用。而且这些装备的使用直接影响到环境、能源、食品品质和食品价格，是冷链物流绿色可持续发展的关键。

冷链装备包括冷加工（预冷和速冻）装置、冷藏设施、冷藏运输工具、冷藏销售装置、冷链信息网络设施。除冷链信息网络设施外，冷链的其他装置和设施都必须应用制冷技术来保证其内部的温度状态，以满足食品冷加工和贮藏的温度要求。

## 8.10.1 预冷技术

预冷是保持果蔬品质、延长货架寿命的重要措施之一，它可以迅速去除田间热，降低呼吸强度，减少微生物的侵袭，防止果蔬产品的腐烂，最大限度地保持果蔬产品的新鲜品质。果蔬腐损率高的主要原因之一就是没有能很好的应用果蔬产地预冷设备。

常用的有效预冷方法包括水预冷、空气预冷和真空预冷。预冷是使食品从初始温度迅速降至所需要的冷藏温度，迅速排除田间热，抑制其呼吸作用，保持水果蔬菜的鲜度，延长储藏期。

预冷装备技术的研究离不开预冷工艺的研究。为了保证产品的品质和最大的经济效益，就要求预冷过程应满足：尽可能快地去除产品田间热；有效降低产品呼吸作用和新陈代谢；降低产品乙烯的释放量；尽量满足产品的自然属性以及市场供需的要求；综合考察成本、质量和能耗等因素，合理使用预冷，以实现经济效益的最大化。

举例来说，在选择预冷方式时需要对产品的冷负荷和冷却速率进行计算，用以指导生产。在计算冷负荷时，国外学者普遍采用的是平均质量温度（Mass-Average Temperature），平均质量温度是由瞬时温度分布得出的单一值，表征了产品在绝热环境下的温度值。冷却速率是由 Thompson 和 Willis 提出的，他们认为冷却速率主要和传热速率、传热温差、产品热力性质和尺寸形状、冷却介质属性、包装样式和码垛方式有关。他们的研究表明产品的温度是随冷却时间以指数形式递减的，而且 Willis 等人还提出了“half cooling time”，即如果产品温度降低 50%需要 2h，那么温度再降低 25%时也需要 2h，如图 8.10-1 所示。通过对产品冷负荷和冷却时间的精确计算可以在实际生产应用中对预冷过程给出合理的指导。

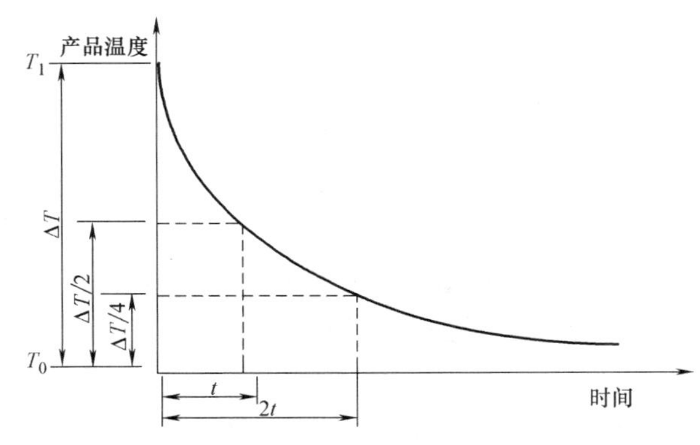

图 8.10-1 产品温度和冷却时间的关系曲线

#### 8.10.1.1 真空预冷

真空预冷的原理是利用低压下果蔬中水分的蒸发吸收大量热量，从而实现快速冷却的目的。其系统原理如图 8.10-2 所示。

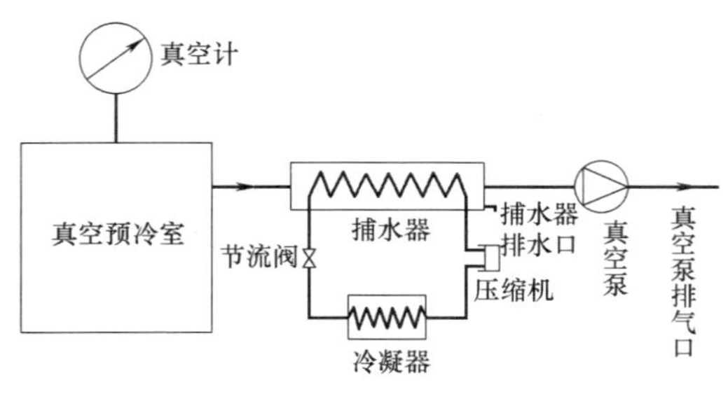


图 8.10-2 真空预冷系统原理图

真空预冷的冷却效果在很大程度上受产品的影响，表面积大的叶菜，如结球或散叶生菜、菠菜等最适合真空冷却。用真空预冷方法，将纸箱包装的生菜由 21℃降到 2℃只需要 25～30min。使用真空预冷的包装容器必需有通风孔，便于水蒸气和热量的散发，而水分减少会造成干耗，温度每下降 10℃，产品的水分会损失 1.7%，对于叶菜类，影响其新鲜度。因此果蔬在进行真空预冷前应采取一定的加湿措施，然而这并不是最好的解决方法。真空预冷是冷却速度较快、冷却均匀的一种预冷技术，在特定种类的果蔬预冷过程中，能够很好地满足处理要求。由于初期投资高，国内真空预冷设备推广率很低，就目前现状而言真空预冷更适合于处理量大的产地使用。

目前，我国的真空预冷技术已有一定的研究基础，能够自主设计并制造真空预冷设备，但是仍然有一些应用和研究的难题需要攻克。例如，在应用方面，不同种类的果蔬蒸发特性不同，选择最佳的蒸发压力、真空持续时间和终止温度是合理使用该技术的关键。在研究方面，果蔬内部的传热、传质规律是实现真空预冷设备自动控制的基础，需要对温度随时间的变化以及水分随时间的变化进行深入研究。

#### 8.10.1.2 压差预冷

压差预冷是利用一定的装置在产品包装两侧形成压力差，增强冷空气流动，使冷空气与产品充分接触换热，快速去田间热的预冷技术，其原理如图 8.10-3 所示。

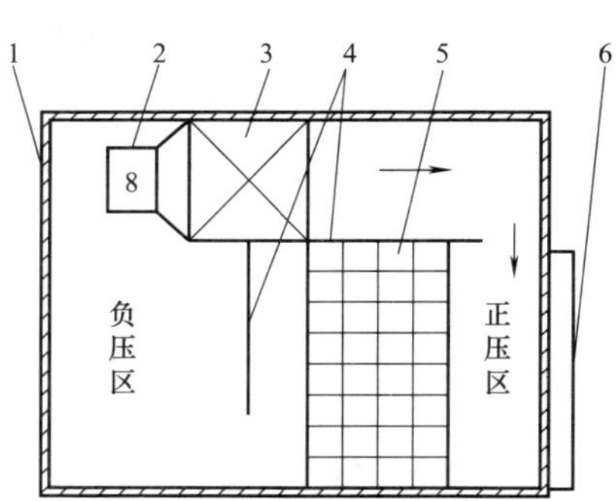


图 8.10-3 差压预冷原理图

1—围护结构；2—风机；3—蒸发器；4—隔风板；5—带孔容器（装有冷却物）；6—冷藏门

压差预冷要求必须在果蔬包装箱两侧打孔，使冷空气仅通过包装箱上的小孔进入果蔬的缝隙中，为使一定量的空气流入箱内，在箱两侧必然存在压差。通常采用风机强制冷风循环在箱体两侧产生压力差，冷风从箱内通过，将箱内果蔬热量带走，以达到冷却的目的。

压差预冷按照结构形式可分为隧道式、蛇形式、冷墙式。目前该技术已在果蔬预冷中得到应用。压差预冷相比于冷库预冷来说，可以明显缩短冷却时间，同时冷却均匀、无死角，此外，隧道式压差预冷由于安装了传送装置，在一定时间内可以进行大批量的产品预冷，预冷效率很高。

L. R. De Castro 等采用隧道式差压预冷的方法进行了实验研究。研究得出了设计隧道宽度的经验公式。John Kienholz 等通过对压差风机的改造，采用橡胶管道和静压箱与风机连接的方法进行了实验研究，使预冷效果更加均匀。

但是压差预冷的研究和应用还存在一些需要尽快解决的问题。首先是推广应用困难，缺少产业化经费，难以真正实现大规模的田间预冷的需求。另一项重要任务是对于压差通风预冷中压差风机的选择、包装箱开孔形状、开孔面积与通风量的关系以及压降等，仍然需要系统深入的研究。

#### 8.10.1.3　水预冷

水预冷是用接近0℃的水同果蔬表面直接接触以使果蔬快速冷到规定温度的方法，通常是将果蔬浸入冷水中或者将冷水喷洒到其表面。冷水预冷装置有喷雾式、洒水式、沉浸式和混合式四种结构形式。表8.10-1显示了不同水预冷方式的优缺点及适用范围。

不同形式水预冷的特点　　表8.10-1

| 水预冷具体方法 | 优点 | 缺点 | 适用范围 |
|---|---|---|---|
| 喷雾式 | 动力消耗小 | 易出现预冷"热点"，预冷不均匀 | 甜玉米、芹菜、芦笋和荔枝等沾水不易腐烂的果蔬 |
| 洒水式 | | | |
| 沉浸式 | 预冷均匀，预冷效率高，具清洗功能 | 需要往水中加入防腐剂，对产品也产生污染 | |
| 混合式（浸渍＋洒水） | | | |

图8.10-4为一种连续沉浸式水预冷装置示意图。产品固定在传送带上，传送带位于装有冷却水的水箱的上部，产品随着传送带转动，被运至另一端并潜入水中再回到起始端传出，这个装置主要是利用碎冰或蒸汽压缩式制冷系统制冷。沉浸式水冷装置中的水是运动的，主要是靠水泵供水。产品在冷却水中的时间主要由产品的初始状态和最终冷却温度决定。实验表明，沉浸式冷水预冷是水冷中最快的预冷方式，它的冷却速度几乎是常规水冷速度的2倍。沉浸式水冷中冷却水完全将产品包围，在短时间内最大限度地降低了产品温度。

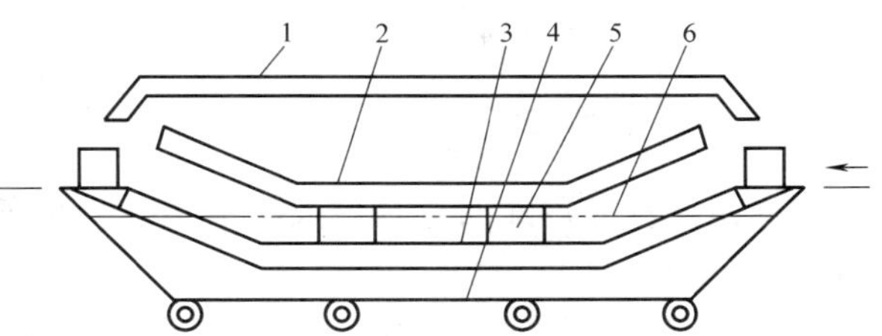


图8.10-4　连续沉浸式水预冷装置示意图
1—顶盖；2—上传送带；3—下传送带；4—槽体；5—物料；6—冷却

Liang等在对荔枝进行冷水预冷的实验中发现，冷水预冷不仅能将电解质液渗漏延迟，而且能将过氧化酶活性降低。阮文琉等在对荔枝预冷方式选择的实验中对比发现，冷水预冷不仅能将荔枝降到较低的温度，而且降温速率较真空预冷和强制通风快。

水预冷由于冷水直接同果蔬表面换热，预冷速度较快，且装置简单，是一种较好的预冷方法。其应用的主要问题是防止循环冷水的污染问题。

#### 8.10.1.4　流态冰预冷

流态冰是一种特殊的冰水混合物，比热容大且流动性好，特别是流态冰中冰晶颗粒小、无尖锐表面，不损伤果菜表面，果菜外观质量保持效果好。因此，流态冰既可以直接对果菜进行预冷，又可以制取低温高湿空气对果菜进行预冷。通过研究不同果菜（如苹果、柑橘、枇杷、杨梅、樱桃、西兰花、水芹、西红柿等）在不同的预冷方式下，果菜与流态冰或者低温高湿空气间的传热传质规律，得出流态冰的流速、含冰率、冰粒直径等参数和预冷空气的温度分布、湿度分布、流场分布等参数对预冷能耗的影响特性，从而强化预冷过程的传热传质，提高果菜预冷速度，降低流态冰消耗和预冷能耗。在保证实现果菜预冷节能的同时，一方面通过流态冰蓄冷降低设备的装机容量、降低能耗、降低初始投资，另一方面通过流态冰蓄冷实现电网的“削峰填谷”，降低流态冰预冷装备的运行费用。

#### 8.10.1.5　预冷装备应用中存在问题及发展建议

目前国内果蔬预冷技术研究的多，但应用的少。需要进行冷链处理的大多采用冷库预冷，方便之处是预冷和贮藏在一个地方，减少搬运费用，但效率低、能耗高。出口果蔬由于目的国的要求，基本采用真空预冷或差压预冷。另外一个问题是，进行预冷不仅初投资高，还要增加一次搬运，考虑成本而不愿采用预冷装置。针对国内预冷技术的应用，建议进行如下工作：

（1）采用机械搬运，制定合理的预冷操作工艺，提高效率。

（2）研究发展连续性预冷设备，同冷库贮藏和冷藏运输有机结合，降低成本。

（3）预冷的应用主要是果蔬产地，考虑到技术人员的匮乏，发展可靠性高的智能化预冷设备和移动式预冷装置。

（4）以提高预冷效率为目的，进一步进行预冷工艺的研究，包括包装箱形式、码垛方式、气流组织、预冷过程的干耗控制等方面。

### 8.10.2　速冻技术

速冻是使食品迅速通过其最大冰结晶区域的冻结方法，最大限度地保持食品原有的营养价值和色香味。

食品快速冻结的方法及装置多种多样，根据冻结装置的结构特征和热交换方式不同，可分为空气强制循环式、接触式、喷淋浸渍式。其中空气强制循环式包括强烈鼓风机式、隧道式、流化床式、螺旋式速冻装置，通常后三种为连续式速冻装置。强制鼓风机式的优点是冻结速度较快，缺点是冻结不均匀、能耗大、生产成本高。流化床式的优点是冻结均匀、速度较快，缺点是只适用于颗粒状物料的速冻。隧道式的优点是冻结速度较快，缺点是设备占地面积大、结构复杂、能耗大。螺旋式的优点是结构紧凑、生产能力大，缺点是能耗大、生产成本较高。接触式的优点是能耗低，缺点是不能进行连续性生产。喷淋浸渍式的优点是冻结速度快，缺点是对冷媒的要求较高。而在食品冷链中用的最多的是空气强制循环式速冻装置。

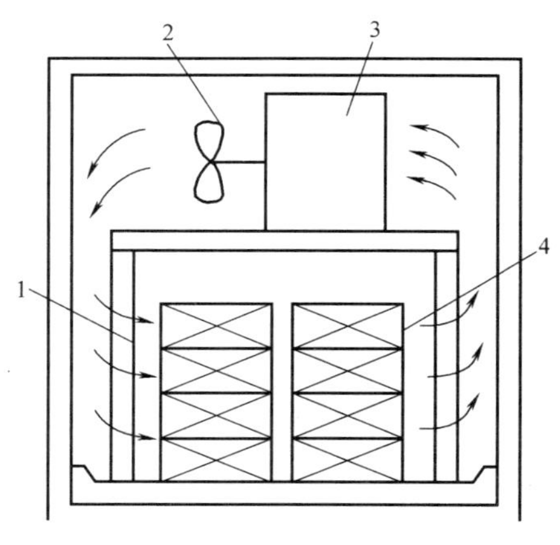

图 8.10-5　冻结间示意图
1—内墙护板；2—风机；
3—冷凝器；4—货架或托盘

#### 8.10.2.1　速冻间（强烈鼓风机式）冻结

利用速冻间进行快速冻结广泛应用于水产品冷冻。图 8.10-5 是速冻间工作示意图，该设施投资少，但冻结时间长，人工工作量大。

#### 8.10.2.2　连续式速冻机冻装置

连续冻结装置由蒸发器、风机、传送带及包围在它们外面的隔热壳体构成。该装置有隧道式、流化床式、螺旋式等几种形式。

隧道式冻结装置是冷空气在隧道中循环、食品通过隧道时被冻结。根据食品通过隧道的方式，可分为传送带式、吊篮式、推盘式冻结隧道等几种。图 8.10-6 为带冷板传送带式隧道冻结装置。

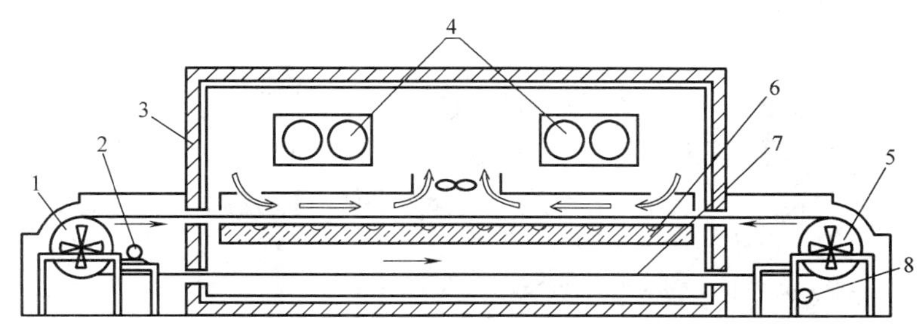


图 8.10-6　传送带式隧道冻结装置内部示意图

1—主动机；2—调速电机；3—隔热层；4—冷风机；5—从动机；
6—冷冻板（蒸发器）；7—不锈钢传送带冷风机；8—传送带清洗刷

传送带式冻结装置是将食品放在不锈钢传送带上在隧道内移动，传送带下部与冷冻板蒸发器相连对食品进行冻结，传送带上方设置有冷风机，加强空气对流换热，如图8.10-6 所示。当冷冻板温度为－40℃，冷风温度为－35℃时，厚 15mm 的食品冻结时间为 12min；相同条件下，厚 40mm 的食品冻结时间为 41min。传送带的速度可以根据食品所需的冻结时间设定。

#### 8.10.2.3　超低温速冻技术

目前，在冷藏运输行业中普遍存在着应用低温工质（如液氮、液体 $CO_2$、LNG 等）气化原理来对易腐食品进行低温储藏的技术研究和应用。在速冻行业中，由于该技术能够方便、快捷、低廉、可靠且可控地获得深低温，因此对其需求也在不断增加。要达到良好的速冻效果，低温工质气化装置要满足以下要求：可靠性高，使用寿命长；温度场分布均匀且温度升降速率控制精确；制冷剂耗量少，节约成本；应用对象广泛。

利用液氮气化技术，解决了一些货架期极短的易腐食品（草莓、毛豆、河豚等）的保鲜问题。图 8.10-7 为已开发的超低温速冻处理设备。另外，超低温速冻设备还可根据实际生产的需要，很方便地进行规模化的设计和应用。

图 8.10-7　超低温速冻设备图

应用该技术对草莓处理后的保鲜效果显著且速度很快（−80℃约 10 分钟），如图 8.10-8 所示。

#### 8.10.2.4　冻结装置存在的问题与发展建议

目前我国的速冻食品种类较少，相比于发达国家，人均占有量偏低，产品质量参差不齐。为了满足速冻产品的多元化需求，急需开发不同种类、结冰点、速冻温度的定制化速冻设备。为了提高产品质量，还需对设备的安全、清洁、卫生等因素进行改进。我国速冻设备的自动控制方面与国外先进水平还存在较大差距。自动控制可以更加精确地控制温度，提高设备运行效率，从而提高速冻产品的质量和产量。在速冻技术中，对低温工质［如液氮、液体二氧化碳、液化天然气（LNG）等］的需求也不断上升，该技术能够方便、快捷、低廉、可靠且可控地获得深低温，解决一些货架期极短的易腐食品的保鲜问题。速冻过程中能耗较大，应发展节能型速冻装置，如开展小换热温差高效冷风机、融霜技术、多段蒸发温度等研究。

图 8.10-8　常规速冻（左）及超低温速冻（右）效果对比

对于传统的空气强制循环冻结装置，由于风速是由电机驱动产生的，而电机产生的热量又排放的低温空间，需要更多的制冷量，因此需要深入研究冻结装置内的风速场，使循环风能有效地对冻结物品产生作用，减少循环风量。另外，冷风机结霜后会增加传热温差，降低制冷系统的效率，因而对于冷风机抑制结霜和连续除霜方法开展研究。连续速冻装置工作时进出料口处外界空气会渗入到速冻机内部，外界空气不仅温度高，而且含湿量相当大，进入速冻机内部后空气的水蒸气会在蒸发器表面结霜，导致制冷负荷增加，并且蒸发器表面结霜引起换热温差增大，使制冷系统效率降低。

### 8.10.3　冷藏技术

冷藏技术主要指冷库设施技术。通常，易腐食品在整个冷链中贮藏于冷库的时间远远大于其他环节。因此在冷库中的贮藏环境对食品的品质影响相当大，也是冷链中最重要的环节。

冷库是指采用人工制冷降温并具有保冷功能的仓储建筑群，包括制冷机房、变配电间等。冷库中采用人工制冷降温房间的称为冷间，包括冷却间、冻结间、冷藏间、冰库、低温穿堂等。冷间的共同特点是其内部温度低于环境温度，其内部温度通常在＋10℃到−40℃之间。因此，需要热防护来保持库内的低温状态，温度越低，热防护要求越高。

冷库按设计规模分为三类，公称容积大于 20000$m^3$ 为大型冷库；20000～5000$m^3$ 为中型冷库；小于 5000$m^3$ 为小型冷库。冷库规模越大，其形状系数（冷间外表面积/容积）越容易做小，其单位热损失［kWh/($m^3$.a)］越小。

冷库按冷间温度分为高温库（冷却物贮藏库）和低温库（冻结物贮藏库）。高温库中的温度通常高于食品的初始冻结温度，接近 0℃，主要贮藏非冻结食品。低温库中的温度在食品的冻结点以下，其最高温度通常不超过−18℃，主要贮藏冻结食品。

冷库按建筑形式分为单层库、多层库和高层库。单层冷库的特点是食品进出库方便。而多层和高层冷库的特点是占地面积小、单位容积耗电量小。

冷库按结构形式我国传统上分为土建冷库和装配式冷库，国际制冷学会分为永久性冷库和非永久性（临时性）冷库。

冷库按照是否使用其他技术设施分为普通冷库、气调库和自动化冷库，也有将冷间温度波动控制在±0.5K以内的冷库称为冰温库。

冷库的电能消耗是冷库主要运营成本，除选用高效的制冷系统外，还应从下面几个方面采取措施，减少能耗：

（1）保证冷藏库围护结构的性能；

（2）减小冷藏库门的冷损耗；

（3）尽量使用机械化操作；

（4）采用合适的冷藏温度；

（5）库房照明控制。

#### 8.10.3.1 冷库保温结构

保温层的作用是减少冷间内部和外部之间的热流率，从而减少冷库制冷系统的能源消耗。保温效果取决于保温层的设计、所使用保温材料的热物性及其使用方法。

1. 传统保温层制作

对于传统的建筑物主体为钢筋混凝土框架结构或者混合结构的冷库，有两种围护结构制作方法。

第一种方法是使用板材，首先在墙面做好隔汽层；在保证隔汽层连续的条件下在墙体安装固定件；安装保温板（通常使用两层，以便搭接密封），随着保温板的安装，板间接缝进行处理以保证保温层的连续性，通常采用固定和/或粘接的方法；最后，在墙壁内表面安装覆盖层，以保护保温层，并防止水渗入保温层。该方法所用保温材料可以是硬质材料（膨胀软木、聚氨酯、聚异氰尿酸脂等）和半硬质材料（泡沫玻璃或岩棉），后者的使用必须保证材料两边有足够的受力支撑结构，保证保温材料不会被直接撞击。由于水蒸气的可渗透性，泡沫玻璃和岩棉的使用必须经过充分论证。

第二种方法是现场发泡，这种现场保温层的做法是在做好隔汽层后，整面墙都可使用该保温材料。保温材料被喷在墙壁上，并发生膨胀形成蜂窝状保温结构。移动喷涂设备使聚氨酯和聚异氰尿酸脂均可实现此过程。这种方法有两种好处：一是完全避免了保温板接缝连接问题，另外是可以在粗糙表面和复杂表面进行操作。然而，这种方法使保温层内壁很难得到平整的表面，且防火要求高。这种保温层做法适用于现有房屋改为冷库或对保温层进行维修。

2. 预制保温板（夹心板）的使用

由于价格便宜且安装快，预制保温板（也称夹心板）现在被广泛使用在冷库建设中。

夹心板由本身具有一定的强度，并且保温、隔汽、防腐。内部保温芯体材料可用聚氨酯、聚异氰尿酸脂和聚苯乙烯，外部材料可用镀锌钢板、铝合金、胶合板、玻璃钢等材料。其表面还可以涂色。夹心板根据制作方法有粘接板和发泡板。

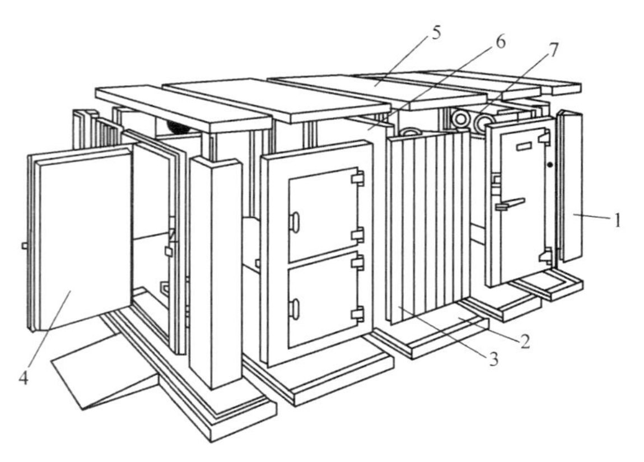


图 8.10-9　室内装配库安装示意图
1—角板；2—底板；3—库板；4—库门；
5—顶板；6—内板；7—冷风机

夹心板之间的连接密封可以采用干密封（用于具有框架的大型冷库）、浇注密封和机械密封。

图 8.10-9 为小型室内装配冷库库安装示意图。小型室内装配式冷库使用的库板本身具有足够的强度，不需要另外的支撑结构，库板尺寸有一定的模块，所获得的冷库容积通常可以从 $2m^3$ 到 $50m^3$。

对于大型冷库来说，保温板需要框架来支撑，以抵抗外界的压力，如风吹压力、积雪压力等，在某些场合，还需要承受内部负荷如制冷设备、管道等。保温层相对于支撑框架（现在只有钢结构）的位置可以是外保温结构或内保温结构（图 8.10-10）。

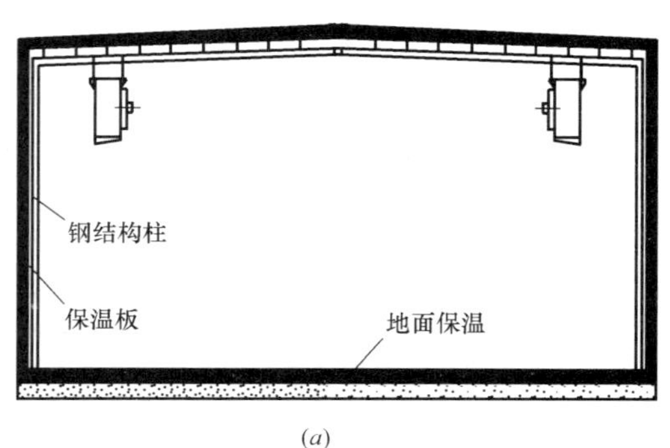


(a)

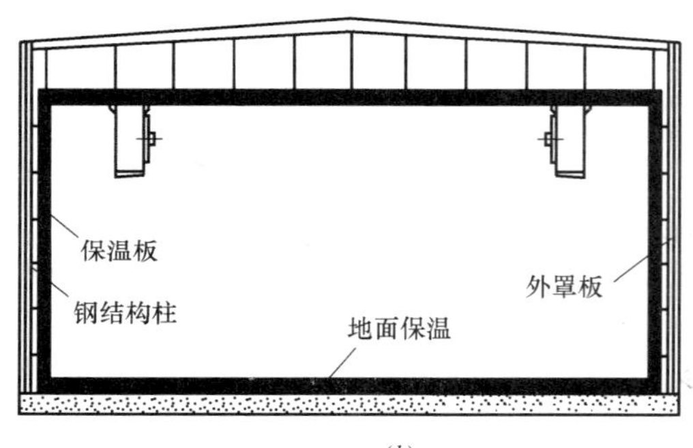


(b)

图 8.10-10　大型冷库保温结构
(a) 外保温结构；(b) 内保温结构

### 8.10.3.2　土建冷库

土建冷库可建成单层或多层库，近年所建冷库多为多层冷库（图 8.10-11），层高4～6m，货物通常为码垛式堆放或货架式堆放。

土建冷库的围护结构属重体结构，热惰性较大，室外空气温度的昼夜波动和围护结构外表面受太阳辐射引起的昼夜温度波动，在围护结构中衰减较大，故围护结构内表面温度波动较小，库温也就易于稳定，耗冷量较少。

图 8.10-11　多层土建库

国内 20 世纪建设的冷库多为土建式

冷库。2000 年以后，我国的土建冷库的总容量、总座数的比例已经明显下降。

#### 8.10.3.3 高货架自动化冷库

高货架自动化冷库（图 8.10-12）通常为大型冷库。冷库的进出货是由计算机控制的堆垛机来完成的。由于没有人员进出，无需照明。没有大门的开启，且进出货常通过缓冲通道（图 8.10-13），很少有与外界的热湿空气交换，因此单位耗电量小。

#### 8.10.3.4 气调冷藏库

气调贮藏又称 CA 贮藏（Controlled atmosphere storage），首先由英国科学家凯德（F. Kidd）和韦斯特（C. West）提出，是一种先进的果蔬保鲜贮藏方法。它是在冷藏的基础上，增加气体成分调节，比如对贮藏环境中温度、湿度、二氧化碳、氧气和乙烯浓度等条件的控制，抑制生鲜果蔬的呼吸、蒸腾、微生物和酶的作用，延缓其新陈代谢，从而推迟果蔬的衰老和防止变质腐烂，达到更好地保持果蔬新鲜度和商品性，延长果蔬贮藏期和销售货架期。气调贮藏通常比普通冷藏可延长贮藏期 1～3 倍。目前气调贮藏在国外较为普遍（在果蔬库中比例为 1/3 以上，美国高达 3/4 以上，英国、法国为 40%），而我国气调储藏技术发展较晚。

气调库的主要组成部分有：库体、制冷机、气体发生器（制氮机）、气体净化系统（二氧化碳脱除机和乙烯脱除机）、温湿度调节系统、气体循环系统、气体测量系统和压力平衡系统，其组成示意图如图 8.10-14 所示。

图 8.10-12 高货架自动化冷库

图 8.10-13 进出货常通过缓冲通道

#### 8.10.3.5 冰温冷库

冰温贮藏是将食品贮藏在 0℃以下至冰点的范围内，是属于非冻结保存。冰温贮藏的特点是不破坏细胞，抑制呼吸作用和有害微生物的活动，延长水果、蔬菜的贮藏时间。因此能够提高商品的价值，同时也满足消费者对鲜食水果、蔬菜的质量要求。冰温技术的原理是首先认为贮藏品是一个具有生命的活体，在一定条件下经过冷却处理后，生物体会分泌出含有糖、蛋白质、醇类等不冻液物质以保持生存状态性物体防御反应。当冷却温度临近冻结点冰点时，贮藏产品达到一种近似“冬眠”的状态，从而让产品在“冬眠”状态下保存，这时产品新陈代谢率最小，所消耗的能量最小，可以有效地保存贮藏品的品质。

冰温库是实现冰温技术贮藏的基础设施，库体的性能和库内温度控制精度将直接影响冰温技术的实现。冰温贮藏设备与普通贮藏设备相比，最大的区别在于冰温库具有更高的

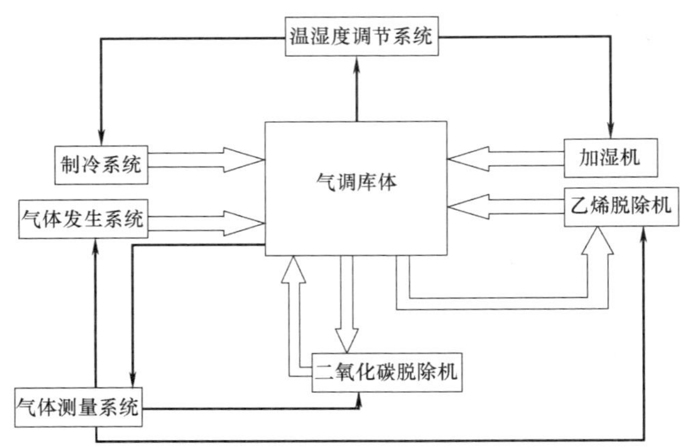


图 8.10-14　气调库系统组成示意图

控制精度。在食物冰温贮藏过程中，造成一个与冻结点极接近、温度分布均匀、温度变化幅度很小的低温环境是保持食物品质的关键因素。冰温库内温度波动不超过±0.5K。

如何控制冷藏库的气流分布，使整个库内的流场尽量均匀是冷库研究中的一个难点和热点问题，也是解决冰温库恒温技术的关键。图 8.10-15 显示了一种简单的送风形式，该库采用了具有夹套的冰温库结构形式，内外层库体间具有空气夹层。采用顶层孔板送风，底部回风口回风的送回风方式，孔板上面铺有多孔棉，孔板与顶棚的夹层有静压箱的作用，保证了流场的均匀性。

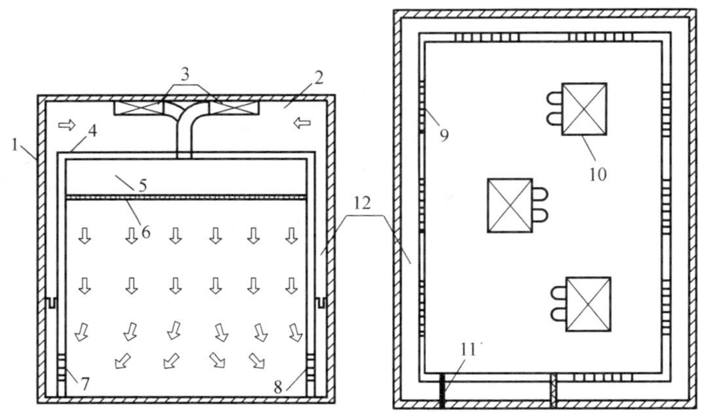

图 8.10-15　冰温库结构剖面及平面示意图

1—外层保温库体；2—回风顶层；3—蒸发器；4—内层库体；5—静压箱层；6—送风孔板；7—回风口；8—回风口；9—回风口；10—蒸发器；11—库门；12—空气夹层

### 8.10.3.6　若干关键技术

冷冻冷藏设备的关键技术主要体现在节能和安全两个方面，关键技术主要包括以下方面：

1. 冷库节能技术

（1）冷库制冷系统的自动化

实现冷库制冷系统自动化的目的是保证制冷剂循环、冷却水循环、润滑油循环和除霜过程设备的正常运行，做到对机房内的压缩机、高压储液器、低压循环桶、中间冷却器等主要制冷设备进行液位、流量、高低压力的调节，保证设备安全高效运行。冷库制冷系统自动化的实现可以大幅降低人工劳动强度，相比手工操作大大降低了冷库耗能（5%～15%）。然而，我国冷库总体中实现自动化控制的只占30%左右，而且仅仅是部分自动化，与国外冷库100%的自动化程度来说，还有很大的发展空间。

（2）保温隔热技术

冷链装备或设施通过围护结构传导的热量通常是制冷系统制冷量的主要部分，且与保温层的材料和厚度直接相关，同时也间接影响着食品的质量和成本。为了降低冷损失，需要采用绝热性能更高且价格适中的保温材料。目前被普遍使用的保温材料是聚苯乙烯泡沫塑料（EPS）、聚氨酯（PU）和岩棉（Rock Wool）。三种材料的导热系数分别为0.041W/(m·K)、0.024W/(m·K)、0.041W/(m·K)，以这些材料为芯材表面粘贴金属板，既提升了强度，且安装方便，主要应用于小型保温箱、保温车厢和冷库等场合。上述材料中聚氨酯绝热性能最好，但是生产加工中会用到臭氧消耗物质，对环境有一定的影响，同时长期使用中还存在有受潮而性能下降的情况。除上述材料外还有一些新型、高效绝热材料，如真空隔热板（VIP），导热系数可达0.003W/(m·K)，但真空板易因碰撞造成真空破坏。VIP+PU复合结构是将真空绝热板作为芯材放置于聚氨酯中间，这样既对真空板起到了保护作用，又减少了聚氨酯的用量，是一种在冷链装备中具有发展前景的保温隔热材料。

（3）其他节能技术

主要包括变频技术、冷库和LNG结合技术以及冷库和热电联产单元结合的技术等。

对冷库实行变频技术可以实现冷库中压缩机、风机、水泵和氨泵的变频调节，使设备能够根据实际工况做出调整，减少耗电量。在近几年的节能实践中，变频技术已成为理想、高效的节电技术之一。

LNG是液化天然气的英文缩写，在天然气储存和运输过程中需要将天然气冷却到−162℃，在使用时再将其转化为常温气体，因此在这个过程中需要释放大量的可用冷能。将这些冷能用于冷却冷库、冷却冷藏船和冷藏运输车的蓄冷板可以在很大程度上节省成本和运行费用。1976年日本已在神奈川县的根岸基地使用LNG技术来对金枪鱼进行冷加工。这种系统较机械制冷来说可以节能37.5%，其工作流程如图8.10-16所示。

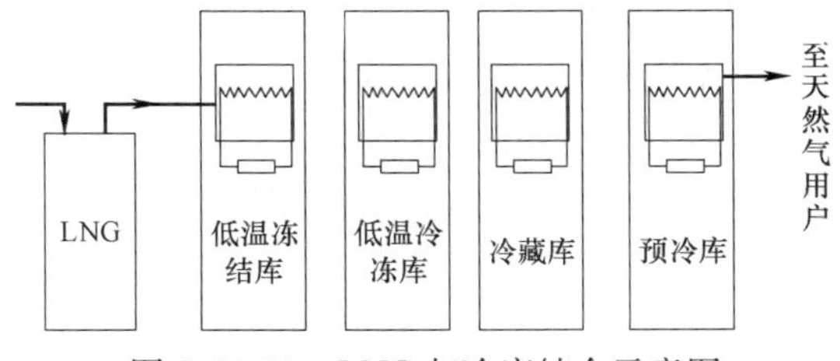

图8.10-16 LNG与冷库结合示意图

此外，英国南岸大学的G. G. Maidment和G. Prosser在1998年提出将冷库和热电联产单元结合的方法来综合利用能量并减少碳排放量，其原理如图8.10-17所示。

2. 涉氨冷库安全技术

就目前的涉氨冷库安全技术发展趋势来看，能够使用和具有应用潜力的技术主要包括：降低氨充注量技术、氨泄漏监测预警技术以及氨泄漏应急处置技术。

（1）氨制冷剂充注减量技术

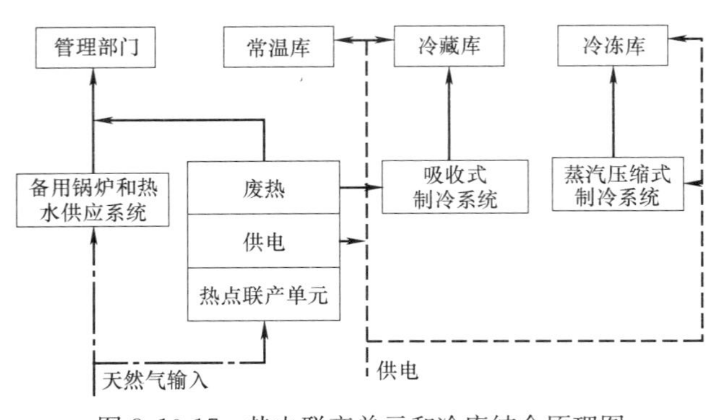


图8.10-17 热电联产单元和冷库结合原理图

采用分散式制冷系统，将大的冷库制冷系统分割为多个小的系统，降低单个制冷系统的氨充注量。这种方法不但降低了氨的总充注量，而且将危险源分割成单个独立的小系统，降低了大范围泄漏的风险。国外根据这个概念已经研究并开发出超低充注量的冷库氨制冷系统，而我国在该方面的研究还处于空白。

其次，可以采用改变氨泵供液方式的方法来降低氨充注量，这主要是因为冷库制冷系统中大量的液氨储存在低压循环桶中，且供液时大多采用多倍供液，目的是保证库内更好的传热效果，但假如采用直接膨胀式制冷系统，同时利用冷风机代替国内普遍采用的盘管式蒸发器，也可以在保证传热损失不大的情况下，大大降低系统的充氨量。目前，北京二商集团的西郊冷库在2014年完成改造，采用的是定量泵供液系统，放弃了多倍供液方式，成功减少了氨的充注量，理论上减少的氨充注量为30%～50%。

另外，采用间接式制冷系统，可以在很大程度上减少氨的使用量，而且能做到将用氨区域和库内区域隔离，使得人员操作更加安全。目前该项技术的研究和应用主要集中在$NH_3/CO_2$复叠式制冷系统。该系统是把$NH_3$作为高温级制冷剂，$CO_2$作为低温级制冷剂的复叠式两级制冷系统（图8.10-18）。将氨制冷机组放置在机房内进行集中操作和管理，而库内采用$CO_2$作为工质进行冷却，两个系统之间通过换热器进行换热。其优点是：一方面减少了库内的用氨量，提升了安全性；另一方面，有研究显示，$NH_3/CO_2$复叠式制冷系统在特定工况下比氨单级制冷系统在制取单位冷吨的冷量耗功方面少25%，比氨双级压缩制冷系统少7%，并且与氨双级压缩制冷系统相比成本降低了7%～8%。

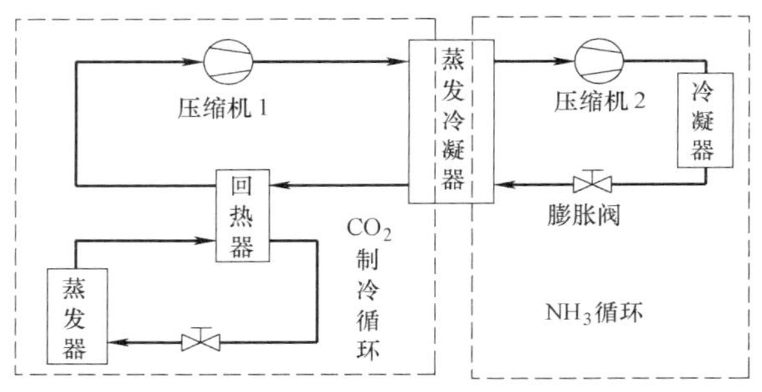


图8.10-18 $NH_3/CO_2$复叠式制冷系统原理图

目前，$NH_3/CO_2$复叠式制冷系统的关键部件的生产、系统集成和应用均处于起步阶段，无论是技术研发水平还是产业化水平均低于国外先进水平。因此，对该技术关键部件的研发以及系统集成仍然需要更深入的研究。

（2）氨泄漏检测技术

氨冷库的泄漏预警技术目前主要采用的是氨浓度报警装置，即通过氨气体浓度探测器对空气中的氨浓度进行检测，当氨浓度达到上限值时发出报警信号，并开启事故排风机，关闭液氨输送管道气动阀，甚至将压缩机组停车。但是这种方法存在着反应时间较长、选择性较差、无法提供准确泄漏位置信息等问题。中国科学院理化技术研究所、国内贸易工程设计研究院以及北京二商集团西郊冷库合作研究了利用流量和压力信号对液氨输送管道进行实时监测的技术，检测系统结构如图 8.10-19 所示。目前该系统可成功实现对泄漏的判断以及泄漏点定位的功能，同时在西郊冷库中得到应用。

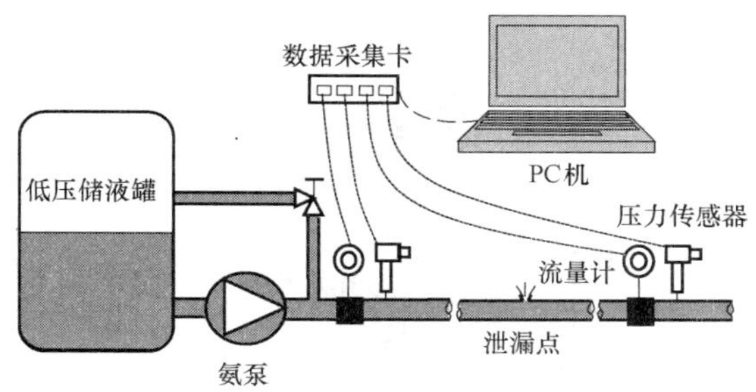

图 8.10-19 管道液氨泄漏流量、压力检测系统

此外，当制冷系统管道发生泄漏后，除了流量、压力发生变化，泄漏点处的温度也会发生变化。因此，可以采用一定的温度检测手段对泄漏进行监测和定位。目前对温度进行监测的技术应用和研究主要集中在桥梁、大坝、电站、隧道等设备设施检测中，这种检测手段在拍摄到热源或冷源后，能够快速报警，但是在泄漏点精确定位方面的技术还未成形，目前在涉氨冷库制冷系统中还未见到应用。

(3) 应急处置技术

在应急处置方面，烟台冰轮股份有限公司开发了一系列的氨冷库“主动防御”技术装备和产品。例如，水幕隔离、爆破片、应急联动等，多角度、多方面控制了氨泄漏的危害性，降低了涉氨冷库的泄漏风险。

3. 超低温冷库技术

深海水产品一般要求在－100～－40℃下储存，低温冷库（－35～－18℃）不能满足要求，国内在一些超低温冷库方面还缺乏相关成熟产品。一般由于工质物性的限制，采用单工质或共沸工质的单级蒸汽压缩循环只能到达－40℃，温度再低就必须采用多级压缩或多级复叠制冷循环。采用两级压缩一次节流循环只能达到－60℃左右，采用两级复叠循环也只能达到约－90℃，当温度再低就只能利用更多级复叠循环，如要达到－120℃以下就应当采用三级复叠循环，温度进一步降低，采用单纯复叠循环已经非常困难，需要结合回热措施来确保系统正常工作。而且串联级数越多，系统可靠性就越低，同时使得制冷效率降低，系统构成复杂、设备成本高、运行和维护费用大。

采用单级油润滑压缩机驱动的多元混合工质回热式节流制冷技术结合了普冷与低温两方面制冷技术的优点，是一种能够满足上述需求的很好的制冷方式，循环效率高、系统结构简单、生产和维护成本低。首先，混合工质节流制冷系统能够采用单级空调或制冷压缩机，为这种制冷技术的高可靠性带来了保障，同时可以大大降低成本，为实现规模化工业生产奠定了基础；其次，采用高效的混合工质确保了制冷系统具有很高的热力性能，在－100℃温区，其效率较常规复叠式制冷循环高 30%；最后，工质节流制冷机还具有很高的灵活性，可以在硬件系统不作大的改动下，通过不同工质实现不同的制冷温度（－196～－40℃）。

图 8.10-20 为混合制冷工质性能原理图及制冷流程图。混合工质制冷技术具有效率高、设备简单、造价低、运行维护费用低等优点，其作为核心技术可以应用于超低温冷库的开发。由于其制冷温度低、控温精度高，可以满足深低温储藏的温度要求，促进我国深低温冷链的建设，同时具有广阔的市场前景。

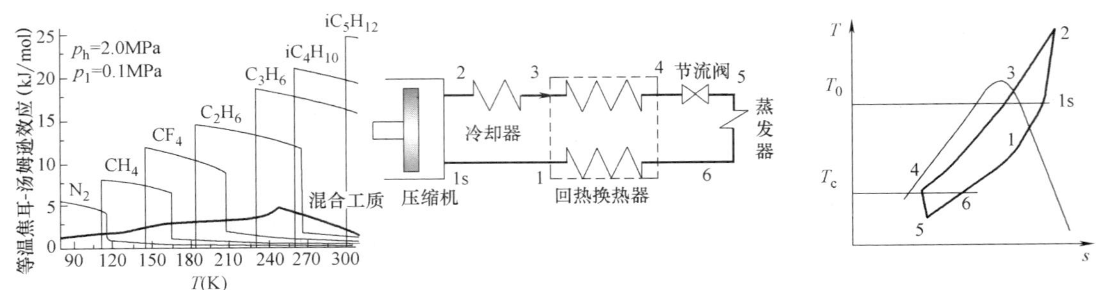


图 8.10-20 混合制冷工质性能原理图及制冷流程图

## 8.10.4 冷藏运输技术

冷藏运输技术主要有公路、铁路、水路、航空、集装箱 5 种方式。

### 8.10.4.1 公路运输

公路冷藏运输以其机动灵活、方便快捷等特点，成为易腐货物运输的重要组成部分，冷链设施较完善国家的公路运输冷藏食品的比例超过 50%。

公路冷藏运输车辆分为冷藏车和保温车两种。

保温车是指车厢内置隔热层，但是没有制冷装置的冷藏运输设备。保温车的外壳有薄钢板和铝合金板两种。保温车的隔热材料通常采用聚苯乙烯泡沫塑料、聚氨酯泡沫塑料和其他新型隔热材料制作隔热层。保温车没有制冷设备，主要靠车箱体隔热材料维持车内温度，因此主要适用于短途运输。

冷藏车是指车厢内置隔热层并且装有制冷装置的冷藏运输设备。有些冷藏汽车还装有加热装置，或者所采用的机械式制冷装置还设有加热循环系统，用来对车厢内进行加热，以便在外界环境温度低于货物适宜温度时，也能保证车厢内的温度符合货物适宜温度条件。

机械式冷藏车（图 8.10-21）主要采用强制通风装置。空气冷却器一般安在车厢前端，冷空气通常沿车厢顶部向后流动，由车厢底部和侧壁回风。

多温冷藏车（如图 8.10-22）内，可以运送多至三种不同贮藏温度的货品，不同的温度区间使用分隔门隔开，在车身可以设置多个侧门。冷藏车的密封性很高，可以在冷藏车内的各个分隔部分同时采用不同的蒸发温度，为多种产品提供适宜的冷藏温度。为多个门店做配送的冷冻冷藏食品批量小、品种多、需要多温层冷藏车，以满足食品的多种温度需求，还可以提高冷藏车配送的效率，一次出车可以完成多个任务。多温度车辆通常有三个货舱，温度分别可以控制在：−18℃或更低，用于冷冻食品；约 2℃ ，用于冷藏食品；约 13℃，用于对冷冻敏感的产品。

液氮制冷冷藏车通过从车厢内部的喷嘴喷出的液氮汽化吸热，以降低车厢温度，其冷却系统如图 8.10-23 所示。它产生的制冷量大，降温速度很快，当外界气温 35℃时，20min 就可以降到−20℃。为防止压力过高，车厢顶部装有排气管。在大气压力下，液氮的沸点为−196℃，汽化潜热为 200kJ/kg。氮气的比热为 1.05kJ/(Kg・℃)，因此每千克液氮汽化并升温至−20℃时，所吸收的热量约为 385kJ，液氮沸点低，并且不像氟氯烃类会对大气造成破坏。类似于液氮制冷，其他低温汽化的液态气体，也可以考虑作为制冷剂，如液态二氮化碳（$CN_2$）等。

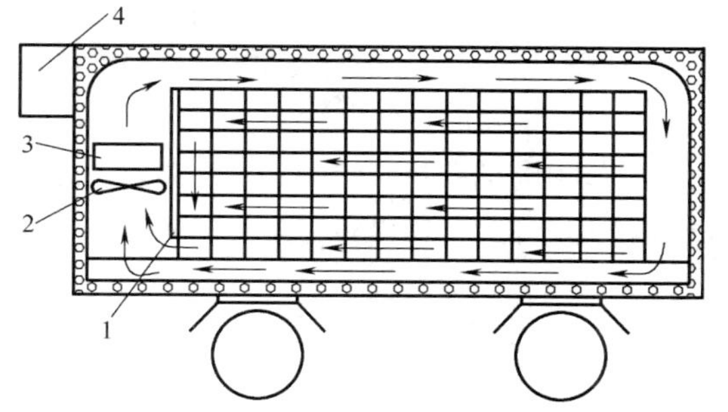


图 8.10-21 顶部送风冷藏车

1—隔舱壁；2—鼓风机；
3—蒸发器；4—压缩冷凝机组

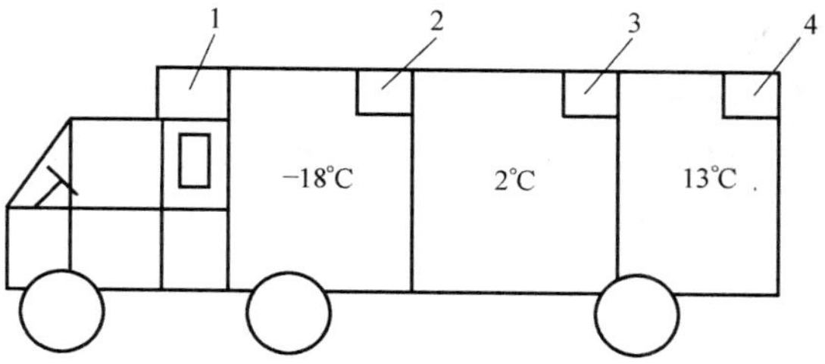

图 8.10-22 多温冷藏车

1—压缩冷凝机组；2—蒸发器一；
3—蒸发器二；4—蒸发器三

蓄冷板冷藏车是利用蓄冷剂冷冻后所蓄存的冷量进行制冷。运输前先将厢内冷板中的蓄冷剂进行“充冷”，使其冷却冻结，然后在运输途中利用冷板中的蓄冷剂融化吸热，使厢内温度保持在运输货物的适温范围内。蓄冷板冷藏车的关键是蓄冷剂的热容量和寿命。

蓄冷板一般安装在车厢顶部和/或两侧（图 8.10-24），以保持车厢重量的平衡。蓄冷冷藏车主要利用辐射的方式进行热传递。需要设立专门的充冷站，在冷藏车停车或夜间时充冷，充分利用夜间廉价的电力。

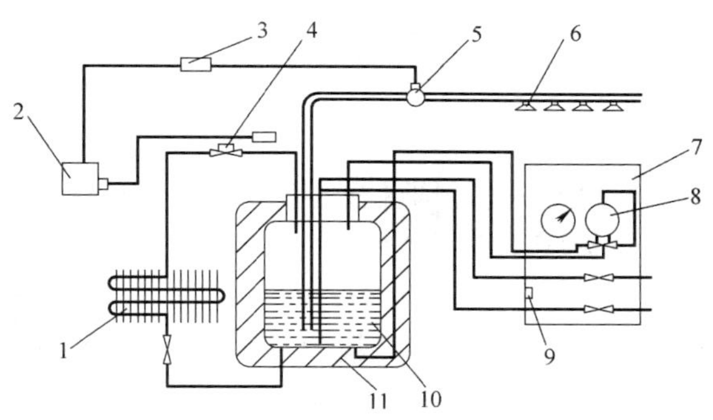


图 8.10-23 液氮冷却系统图

1—蒸发器；2—温度控制器；3—停止开关；4—压力调节器；
5—电磁阀；6—分配集管；7—仪表盘；8—液位计；
9—安全阀；10—液氮；11—杜瓦容器

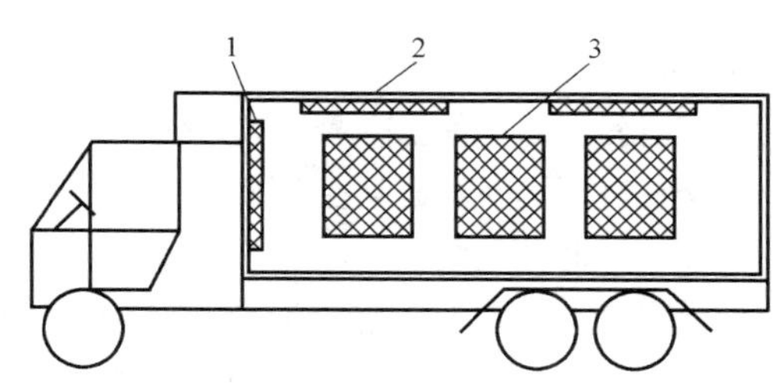


图 8.10-24 蓄冷板冷藏车

1—前置型；2—顶置型；3—侧置型

### 8.10.4.2 铁路运输

目前铁路冷藏运输工具主要有机械冷藏车、冷藏集装箱、冷板冷藏车等，而以前的加冰冷藏车已逐步淘汰。冷藏车的厢体装有隔热材料，车内设有制冷系统、测温装置和通风系统等，冷藏车车车身表面一般涂成银灰色，增强阳光反射，从而减少辐射热。

机械冷藏车是铁路低温运输的重要工具。机械冷藏车制冷温度低（可达－18℃），车内温度分布均匀，运输速度快，能比较好地保持货物的质量。机械冷藏车与冰盐冷藏车相比扩大了运输产品的种类。机械冷藏车在夏季外界温度在40℃时，车内温度可保持在−10℃以下；冬季外温在−50℃时，车内温度可达到50℃左右。

目前新型机械冷藏车采用卫星定位对运输条件（如温度、湿度）及所运易腐食品状态等进行全程监控，并可根据订单要求实现一车多间等。多用于运输冻结食品以及一些对温度、湿度要求高的水果蔬菜。

机械冷藏车一般以车组出现，每辆货物车设有两套相同的制冷加热机组。多采用五节一组，运输量过大，不够灵活。如今，单节机械冷藏车（图8.10-25）也开始崭露头角，它性能不低于多节机冷车，并且灵活性强。

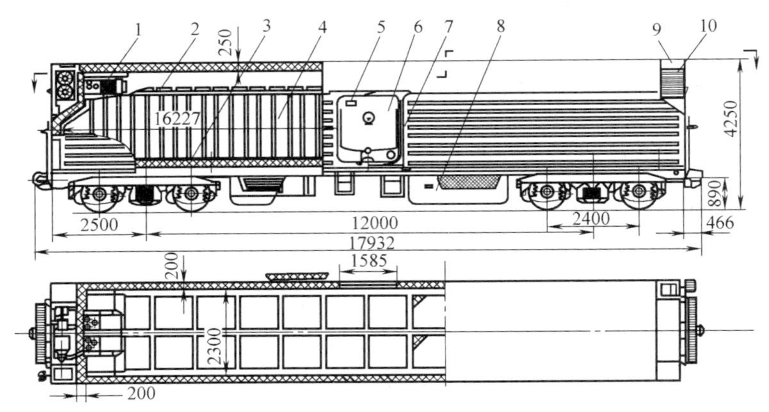


图8.10-25 铁路机械冷藏车典型结构

1—制冷机组；2—车顶通风风道；3—地板离水格栅；4—垂直气流格墙；5—车门排气口；6—车门；7—车门温度计；8—独立柴油发电机组；9—制冷机组；10—冷凝器通风格栅

### 8.10.4.3 水路运输

水路运输有渔业冷藏船、冷藏运输船等，以远洋运输和渔业捕捞应用为主，虽然运量大，经济性好，但是速度较慢，且易受恶劣天气的影响。

1. 渔业冷藏船

渔业生产尤其是远洋渔业，作业时间一般都较长，时间多为几个月至半年不等。因此，在作业时需要冷藏船将捕捞的水产品进行初步冷加工、冷藏和运输，以便渔船返航时使捕获的水产品保持新鲜。渔业冷藏船上配置有制冷装置，方便对水产品进行冷却和冻结，如冷冻拖网船、金枪鱼钓船等。由于易腐货物运输的批次数量不同，冷藏船的运输吨位一般在数百吨到上千吨不等。

冷藏船每个舱体的舱壁和舱门都是气密结构，隔热材料可以是泡沫塑料、铝板聚合物等。舱体之间互相隔离独立，不同舱体可以装载不同温度要求的货物。冷藏船携带制冷系统，制冷剂冷凝多采用海水冷却，冷间冷却方式一般采用冷风冷却，这种冷却方式冷却速度快，温度容易控制，但是容易使货物干耗较大，但贮藏金枪鱼的冷间常采用各壁面布置冷冻排管的方法保证冷间容积高效使用。

渔业冷藏船是相当于海上的移动冷库，但是其设备的要求相比较陆地上的冷藏设施要求要严格许多。

2. 冷藏运输船

这种船主要用于易腐货物在港口与港口之间的运输。一般的冷藏运输船可以同时运输多种货物。但是有的货物必须使用专用冷藏船，比如香蕉运输船和液化天然气运输船等。

随着海上运输业的发展，冷藏船的运输量不断增加，冷藏集装箱的出现减少了港口装卸的时间和成本。易腐食品经过加工后装入冷藏集装箱可以直接经过水运、铁路运输和公路运输，实现“门”到“门”服务。

#### 8.10.4.4 冷藏集装箱

冷藏集装箱的隔热性和气密性很好，适用于运输冷冻冷藏食品，可以满足相应的低温要求。冷藏集装箱是冷藏运输中的重要工具。冷藏集装箱的温度调节范围是－30～20℃，为易腐食品的运输贮藏提供适宜的温度、湿度或气调等环境条件，冷藏集装箱可以看成可以移动的小冷库。冷藏集装箱的主要优点是方便装卸作业，减少了装卸周转时间，避免了食品由装卸造成的机械损伤，并且可以实现多种运输方式的联运。

冷藏集装箱一般内表面和外表面均为金属板，在内外表面之间填充隔热材料，常用的隔热材料有聚苯乙烯、发泡聚氨酯、玻璃棉等。

冷藏集装箱按照制冷方式分为内藏式冷藏集装箱、外置式冷藏集装箱、液氮和干冰冷藏集装箱、冷冻板式冷藏集装箱、气调式冷藏集装箱等。

#### 8.10.4.5 若干关键技术

1. 低温工质气化冷藏车

低温工质气化冷藏车的原理是利用液体工质的蒸发吸收大量的热来平衡厢体内的热负荷，从而达到冷藏货物的目的。这种工质可以是液氮、液体 $CO_2$ 和 LNG。近几年，国际上总的趋势是发展液氮冷藏车和集装箱，但是也有学者提出可以使用液态 $CO_2$ 作为低温工质，来对冷藏车厢体进行降温。除此之外，德国的梅塞尔公司于 1997 年发明了世界上第一辆 LNG 冷藏车，并在实际运行中达到了期望的效果。LNG 冷藏车的构造如图8.10-26所示。

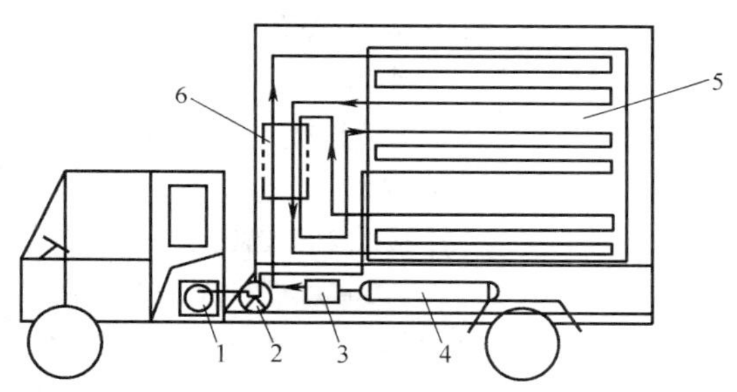


图 8.10-26 LNG 冷藏车示意图

1—天然气发动机；2—加热器；3—流量控制系统；4—天然气储气罐；5—冷板；6—汽化器

2. 冷藏运输节能技术

冷藏运输的能耗是通过运输工具的油耗来表征的，制冷系统耗能在运输工具总耗能中占有大约 1/3 的比例。采用新型制冷机（如日本电装公司的喷射循环系统）以及新型隔热材料车厢可以在一定程度上节省冷藏运输的耗能，并且保证货物的品质。

新型制冷机中的蒸汽喷射式制冷是依靠液体气化来制冷的，工作蒸汽从喷嘴高速喷出，在喷嘴出口处形成低压区，抽吸蒸发器中的制冷剂，并且通过和喷射的蒸汽混合来提高吸入蒸汽的压力。喷射系统可以有效利用系统中膨胀过程损失的能量来实现节能。日本电装公司开发的冷藏车用第二代喷射循环系统，经过实验验证，制冷机的能耗降低了27％，车辆整体耗能降低了 5％。相比膨胀阀式制冷机，在相同的制冷量情况下，*COP* 提升了 32％。其系统原理如图 8.10-27 所示。

3. 蓄冷冷藏车技术

冷藏运输中所使用的蓄冷技术主要是蓄冷板技术，蓄冷板技术是利用冷板中的液体冷

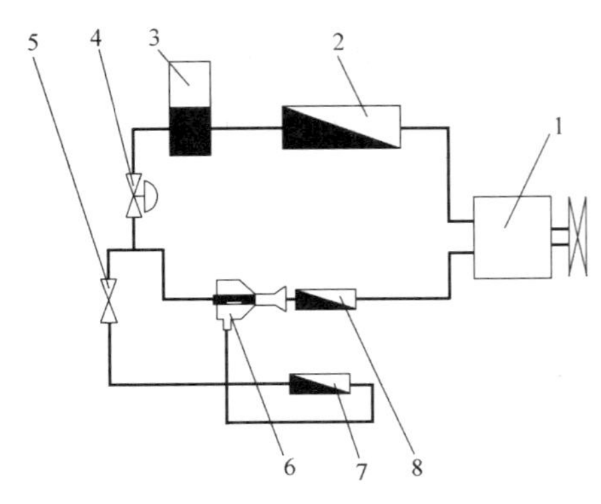


图 8.10-27　电装公司第二代喷射循环系统原理图

1—压缩机；2—冷凝器；3—储液器；4—膨胀阀；5—节流阀；6—喷嘴；7—下风侧蒸发器；8—上风侧蒸发器

却凝固成共晶而蓄存冷量的技术。应用蓄冷板技术可以省去运输工具中的制冷系统，增加厢体体积，并节省能量。此外，蓄冷技术还可以实现在夜间电力负荷低峰时蓄冷，白天电力负荷高峰时释放冷量，达到移峰填谷，节省电费的目的。目前我国在蓄冷板的研究和生产方面已有一定的基础，未来还需要在如何提高蓄冷剂相变潜热、如何发展蓄冷式多温区配送、经济性评价和节能评价方面有所突破。

4. 多温区、多空间冷藏车技术

新型多温区、多空间冷藏运输是一种合理利用物流资源的技术。通过将车厢内的空间进行分区，然后利用制冷系统制造不同的蒸发温度，实现不同种类、不同储藏温度的易腐货物的运输。该技术目前在国内已有一定的研究基础，图 8.10-28 所示为广州大学开发的三温区冷藏运输车。

图 8.10-28　三温区冷藏运输车

注：高温区 0～10℃，中温区－20～0℃，低温区－40℃。

这种冷藏运输车更加适合短途分配性运输，相比传统单温区冷藏车具有运输货物种类多、提升空间利用率等优点。

5. "最后一公里"便携式冷藏设备

轻便、占用空间小的便携式冷藏设备在许多应用场合，如易腐食品从超市到消费者家中、小批次的生鲜配送等，已经越来越受到重视。目前此类设备大致可分为保温冷藏箱和机械制冷冷藏箱。保温冷藏箱适合于短途运输，大多通过蓄冷材料释放的冷量对箱体内的货物进行保温，而且需要在使用前蓄存冷量，使用受到一定的限制。随着生鲜电商的快速发展，多批次、大范围的配送需要能够提供持续、足够冷量的冷藏设备。因此，急需开发机械制冷式便携冷藏箱以及生鲜配送柜来满足生鲜电商的特殊需求。

中国科学院理化技术研究所最新研发出了一款便携式超低温储存箱，该储存箱可用于食品、医疗生物制品的低温保存和运输，也可以为电子器件、新材料、红外等的研究和应用提供低温环境。采用深冷混合工质节流制冷技术，具有环保、节能、成本低、高可靠性、周期长、运行噪声低、交直流电源通用等优势。

6. 现有技术存在的问题与对策

投资和运输成本高是冷藏运输设备的主要问题。一般冷藏车的造价相比于普通货车来说要高出数倍甚至十余倍，而且需要建造与运输配套的地面设施，因而其投资和运营费用较高。此外，由于运输途中需要始终维持货物的低温环境，所需的燃油费和电费也均较高。解决上述问题的方案是研究开发低能耗的制冷机、应用多温区多空间的新型高效冷藏车以及冷藏运输系统技术。

目前，我国与发达国家相比，冷链运输率较低，但冷链物流产业正在保持高增长。结合国内外当前冷藏运输装备技术现状不难发现，改进现有冷藏运输装备技术性能，研发适应我国冷藏运输市场需求的节能、环保、经济、新型设备是未来的发展趋势。

## 8.10.5 冷藏销售技术

### 8.10.5.1 技术分类及特点

这里冷藏销售技术主要指商业冷柜技术。商业冷柜在冷冻冷藏制冷装置中数量、品种最多，使用面最广，而且是最具发展潜力的一类制冷装置。根据商业冷柜形式和功能的不同，通常可分为两大类：冷柜和陈列柜。冷柜通常是指供商店或食堂服务人员用来短期贮存商品或食品的低温柜或箱体。根据冷柜的用途及贮存食品的种类和用途不同，冷柜可分为冷藏柜（温度通常在 0～8℃）和冷冻柜（温度通常在－18℃以下）。陈列柜通常用于商店和超级市场，它既具有低温保存易腐食品或商品的功能，还具有展示和销售商品或食品的功能。陈列柜根据用途、使用温度、使用场合等有不同的构造和形状，其目的在于根据在柜内维持的适当温度和湿度，保证食品的鲜度。

### 8.10.5.2 关键技术

1. 冷热展示柜

针对目前市场上陈列柜大多数为冷柜的现状，有公司开发出了冷热陈列柜，主要工作方式就是通过将陈列柜分为两部分：下面部分为冷藏展示部分，冷量通过制冷系统获得；上部为加热展示部分，热量通过电加热直接获得。这样做的一个很大的好处就是在一个柜体内可以同时提供冷热两种产品，满足不同人群的需要。但是从能耗角度看，如果采用热泵系统，系统的能效可能会更高。

2. 除霜技术

目前商业冷柜中的融霜方式主要有以下几种：电加热融霜、自然融霜和热气融霜。现在大多数冷柜融霜系统采用电加热融霜方式，有研究者认为，用于融霜的电加热热量有大部分将留在商业冷柜内部，从而增大商业冷柜的负荷。为此，研究者们针对以上这种情况提出采用热气融霜的方法，该方法对蒸发器排管的强度要求较高，仍有许多需要解决的问题。目前，除霜依然是国内外技术研究的热门话题之一。

## 8.10.6 冷链信息化关键技术

### 8.10.6.1 信息感知技术

在环境信息感知方面，可以利用的传感器技术，包括温度、湿度、光照、空气含氧量、乙烯含量、硫化氢含量等，实现对环境参数的监测。在产品位置感知方面，结合GPS、北斗导航等定位系统，利用智能手机等移动终端，提高配送车辆、人员的感知精度，从而辅助路径优化和管理决策。在产品品质感知方面，可以利用机器视觉、红外光谱、拉曼光谱、荧光光谱、激光光谱、电子鼻、电子舌、力学传感、超声传感、生物传感等技术，实现食品外表品质、物理品质、营养品质、安全品质、感官品质的快速、无损、实时监测。

#### 8.10.6.2　食品安全溯源技术

追溯系统主要包含个体标识、信息采集及中心数据库三个基本要素。近年来自动识别技术、传感器技术、移动通信技术、智能决策技术等的不断发展，为追溯系统构建提供了有效的技术支撑。在个体标识方面，二维条码相比一维条码具有存储信息密度高、容量大、纠错能力强、抗污损和畸变能力强、支持加密技术、编码范围广、条形码符号形状可变等特点。由于条码技术只能采用人工的方法进行近距离读取，无法实时快速地获取大批量的信息，因此一种非接触式自动识别技术——RFID技术在20世纪90年代兴起，并逐步应用于食品供应链。在信息采集方面，实时感知技术的发展可为环境信息、位置信息、品质信息的感知提供很好的手段。在中心数据库方面，由于追溯数据来源于生产、加工、流通、销售等各环节，基于XML的数据交换技术以其高效、异构等特点成为数据交换的主要方式。

#### 8.10.6.3　冷链大数据技术

在大数据时代，数据具有五个特征：量大、多样化、快速化、价值高和密度低。通过前端的信息感知与数据采集技术，冷链物流过程产生大量的数据，充分挖掘和分析这些海量数据，挖掘价值数据，提高冷链物流的“冷”与“快”两个核心，是冷链物流大数据战略的核心所在。数据挖掘是大数据处理的一个核心，通过对数据进行关联分析、聚类分析、分类、预测、时序模式和偏差分析等，建立冷链物流过程最佳路径调度模型、产品货架期预测模型、库存优化模型、冷链物流效率评价模型等，构建智慧物流平台，为提高冷链效率服务。

### 8.10.7　冷链设备的发展趋势

为保证食品在整个物流过程中维持低温，需开发各档次、功能多样化的分体式或一体化且配有电子技术的自动化机组，将计算机与自动化技术广泛应用于整个制冷系统的自动控制中，发展先进的新型制冷技术，减少能耗、噪声和环境污染，向操作方便、灵活多样、高效安全、环保节能的方向发展，开发质量稳定、可靠性好、性能指标高、自动化水平高、系统匹配性能好、选用方便的制冷设备，延长产业链，降低工程造价。

冷链设备及辅助部件的总体技术发展趋势将表现为技术集成性和单一技术的细化。

#### 8.10.7.1　技术集成性

1. 信息技术的集成

信息技术集成于冷链设备，用于实时监控冷链设备的运行，从而保证贮藏产品的安全，是冷链设备的重要发展趋势。目前，已有厂家推出了智能冷冻机组，从技术上融合了大数据管理、远程数据传输、自动控制、可视化软件等信息技术，使得冷链设备可以实现由制造商来管理而不是使用商来管理，这样做的好处是更有利于设备的安全使用、维修和管理。

2. 设备功能的集成

设备功能的集成具有有效减少安装空间、人工维修、便于管理等优点，目前市场上出现的一些产品已经运用了这样的技术，如一体化制冷机、组合阀。一体化制冷机将冷风机和冷凝器集成在一起，中间通过保温材料连接，减少了传热冷桥，类似于家庭使用的窗式空调，适用于产地、单一农户、小型冷库等；组合阀采用焊接连接加之结构紧凑，易于安装，这种模块化结构设计理念意味着在系统安装、日常维护及维修等方面为客户提供了更大的便捷，同时大幅节约安装时间及成本。组合阀通常包含一个截止阀模块和一个过滤器模块，剩余两个安装口可根据客户需求选择功能模块，包括电磁阀、电动阀与截止阀、调节阀和单向阀，可提供共六种不同的应用配置方案。设备功能集成的冷链设备要求其可靠性要高，否则对设备的运行是一个问题。

#### 8.10.7.2 单一技术的细分

单一技术的细分主要体现在冷链设备的优化、设备设计的精细度上。例如铝排管，在铝管中开设了内纹，加强了制冷剂侧的换热，使整体换热系数得到提高。再比如，在冷风机的设计方面，冷风机更注重风扇安装高度及与换热盘管的距离，而这些在以前的冷风机设计中可能是没有考虑的因素，这样设计的效果使得换热器管外的换热均匀，换热效果好，从而减少换热面积，冷风机体积变小；再比如冷风机的分液方面，考虑同程分液，使每路的液体分布尽量均匀。

## 本节参考文献


[1] 中国科学院学部咨询评议项目. 我国冷链物流的技术现状和发展对策，2015.

[2] 苗玉涛，邹同华，黄健. 压差预冷技术的研究现状与发展趋势. 制冷空调与电力机械，2005（6）：14-18，4.

[3] Tadhg Brosnan，Da-Wen Sun. Pre-cooling technique and application for horticultural products are view. International Journal of Refrigeration，2001，24：154～170.

[4] Wills RT，Graham D，Mc Glasson WB，Joyce D. Post-harvest：an introduction to the physiology&handling of fruits，vegetables&ornamentals. 4th Ed. Sydney：UNSW Press Ltd，1998.

[5] Karl McDonald，Da-Wen Sun. Vacuum cooling technology for the food processing industry：a review. Journal of Food Engineering，2000（45）.

[6] 韦公远. 果蔬真空预冷装置. 保鲜与加工，2002，2（3）：31.

[7] Noble R. A review of vacuum cooling of mushrooms. Mushroom Journal，1985，149：168-170.

[8] 陶菲，张愍. 真空预冷对白蘑菇贮藏品质的影响. 食品与机械，2006，22（2）：47-48.

[9] McDonald K，SunDW. Vacuum cooling technology for the food processing industry：a review. Journal of Food Engineering，2000，45：55-65.

[10] 申江，刘斌. 冷藏链现状及进展. 制冷学报，2009（12）.

[11] L. R. De Castro. Effect of container opening area on air distribution during precooling of horticultural produce. Transaction of the ASAE，2004，47（6）：2033-2088.

[12] John Kienholz，Lke Edeogu. Methods for precooling produce. Alberta Agriculture Food and Rural Development，2002，5（6）：5-9.

[13] 翟家佩，蒋伟. 冷水冷却式果蔬预冷装置设计. 食品研究与开发，2001，22（1）：56-59.

[14] 赵如进. 关于我国铁路蔬菜水果运输预冷环节的探讨. 铁道货运，1998（4）：40-46.

[15] Liang Y S，Wongmetha O，Wu P S，et al. Influence of hydrocooling on browning and quality of litchi cultivar Feizixiao during storage. International Journal of Refrigeration，2013（36）：1173-1179.

[16] 阮文琉，刘宝林，宋晓燕. 荔枝的冷却方式选择. 食品工业科技，2012（11）：352-354.

[17] 谈向东. 冷库建筑，北京：中国轻工业出版社，2006.

[18] 李爽，周丹．立体冷库制冷系统和保温结构节能设计分析，节能，2015（3）：25-29.
[19] 陈滋顶，刘东岭，李巨伟．国内外冷库的发展及自动化技术在冷库中运用的前景．制冷技术，2001（4）.
[20] G. G. Maidment，G. Prosser. The use of CHP and absorption cooling in cold storage. Applied Thermal Engineering，2000（20）.
[21] Gibert V. Ammonia water solution as secondary refrigerant，advantages and drawbacks. The proceedings of Ammonia Refrigeration Technology for Today and Tomorrow，Ohrid，2007.
[22] 刘杨，臧润青．$NH_3/CO_2$ 复叠式制冷系统概述．制冷与空调，2010（4）.
[23] Stuerchler，P.，A. and S. Binz. Safety aspects/Safety measures for refrigerants $NH_3$ and CFC/HCFC. Int. Envir. Tech，2002（12）.
[24] Timmer，B.，W. Olthuis，and A. v. d. Berg. Ammonia sensors and their applications-a review. Sensors and Actuators B：Chemical，2005（107）.
[25] 公茂琼，罗二仓，周远．用于复叠温区的多元混合工质节流制冷机优化分析及实验研究．制冷学报，2000（1）.
[26] 山田悦久．小型货车用喷射式冷冻机．制冷技术，2010（2）.
[27] 李晓燕，高宇航，杨舒婷．冷藏车用新型相变蓄冷材料的研究．哈尔滨商业大学学报（自然科学版），2010（26）.

本节执笔人：申江、田长青、刘广海、康方圆